中原油田年鉴

2010

中原油田史志编纂委员会 编

中国石化出版社

图书在版编目(CIP)数据

中原油田年鉴. 2010 / 中原油田史志编纂委员会编.
—北京:中国石化出版社, 2011.1
ISBN 978-7-5114-0901-0

Ⅰ. ①中… Ⅱ. ①中… Ⅲ. ①油田-河南省-2010-
年鉴 Ⅳ. ①F426.22-54

中国版本图书馆 CIP 数据核字(2011)第071105号

中国石化出版社出版发行
地址:北京市东城区安定门外大街58号
邮编:100011 电话:(010)84271850
读者服务部电话:(010)84289974
http://www.sinopec-press.com
E-mial:press@sinopec.com.cn
中国人民解放军测绘学院印刷厂排版印刷
全国各地新华书店经销
*
889×1194 毫米 16 开本 25.5 印张 34 彩插 1015千字
2010 年 12 月第 1 版 2010 年12 月第1次印刷
定价:130.00元

中原油田勘察设计研究院　修编

2009年4月27日，中国石化集团公司党组成员、股份公司总裁王天普（中）到普光气田调研　（马洪山）

2009年5月14日，中国石化集团公司党组成员、副总经理张耀仓（右一）到钻井三公司调研

（周生荣）

2009年6月17—18日，中国石化集团公司党组成员、纪检组组长王作然（左二）到普光气田调研

（马洪山）

2009年8月11日，中国石化集团公司党组成员、股份公司高级副总裁王志刚（中）到普光气田调研

（马洪山）

2009年5月12日，中国石化集团公司党组成员、股份公司高级副总裁蔡希有（右一）到普光气田调研

（马洪山）

2009年8月6日，中国石化集团公司党组成员、副总经理，川气东送建设工程指挥部指挥曹耀峰（中）到普光气田调研

（马洪山）

2009年2月16—18日，中国石化集团公司党组成员、副总经理李春光（前左三）率调研组到中原油田调研

（全　江）

2009年11月14日，中国工程院院士、中国石化集团公司科学技术委员会顾问王基铭（右一）到普光气田调研

（马洪山）

2009年5月10日，中国石化集团公司高级顾问张家仁（左一）到普光气田天然气净化厂调研 （马洪山）

2009年7月2日，中国科学院院士、著名海洋地球物理学家刘光鼎（中）率领科技重大专项督察组到普光气田调研

（于银花）

2009年12月18日晚，勘探局党委书记、分公司代表沙启军（左一）到文95-100井调研 （赵奕松）

2009年5月21日，勘探局局长、分公司总经理孔凡群（中）到普光气田普303集气站调研 （马洪山）

2009年4月10日，局党委副书记、纪委书记、工会主席王亚钧（左一）到采油四厂调研（陈　峰）

2009年8月27日，勘探局副局长孙清德（中）到沙特SINO-18钻井队调研（林卫卫）

2009年10月8日，勘探局副局长杜广义（中）到采油一厂油气集输大队文三联调研 （雷 茜）

2009年12月15日，分公司副总经理王寿平（左二）到普103井调研 （马洪山）

2009年4月7日，勘探局副局长黄艾华（中）到第一社区管理中心调研（陈　峰）

2009年底，分公司副总经理焦大庆（右二）到内蒙探区调研（赵奕松）

2009年4月9日，分公司副总经理吕新华（右一）到采油二厂作业大队调研　　（陈　峰）

2009年4月10日，分公司总会计师王红晨（中）到物资供应处调研　　（陈　峰）

2009年1月7日，中原油田第七届职工代表大会第二次会议暨2009年工作会议在中原文化宫召开　（马洪山）

2009年5月14日，参加石油工程铁军会议代表到钻井四公司参观学习（赵奕松）

2009年5月14日，中国石化打造石油工程铁军现场会在中原油田召开（赵奕松）

2009年5月22日，中原油田领导和党员干部在兰考县焦裕禄纪念园参观焦裕禄同志事迹展览　　（赵奕松）

2009年6月1日，中原油田召开深入学习实践科学发展观活动领导班子分析检查报告群众评议会　　（陈　峰）

2009年11月28日，中原油田召开厂务公开民主管理总结表彰暨公开网启动大会　　（吕学军）

2009年1月14日，普光气田普102-2井获高产气流 （贺德良）

2009年1月20日，西南钻井公司70188钻井队职工在元坝2-侧1井施工

（马洪山）

2009年5月3日，普光气田普304-普303后河悬索跨越工程西岸塔架一次吊装成功 （马洪山）

2009年8月2日，普303平台3口井酸气联调成功 （马洪山）

2009年8月13日，普光分公司天然气净化厂工作人员在中控室指挥生产运行 （马洪山）

普光分公司天然气净化厂全景 （马洪芳）

2009年9月20日，普光气田天然气净化厂项目实现总体中交　　（马洪山）

2009年12月15日，普光分公司应急救援中心指战员在普302井场开展应急演练　（马洪山）

2009年12月4日，普光分公司天然气净化厂生产的硫黄从堆料悬臂皮带机输出　（马洪山）

2009年6月8日，钻井一公司30477队在内蒙探区查345井施工
（贺德良）

2009年10月9日，技术人员在内蒙探区查干凹陷力1井实施大型压裂改造措施
（赵奕松）

2009年10月19日，地球物理勘探公司2169地震队在内蒙乌里雅斯太凹陷进行三维地震采集施工 （张国军）

2009年5月6日，采油三厂与井下特种作业处职工对卫10井实施压裂措施 （全 江）

2009年6月22日，采油四厂技术人员在检查压缩机配套流程设备 （赵奕松）

2009年7月9日，采油六厂职工在桥21-9井施工 （赵奕松）

2009年7月20日，采油二厂职工在濮3-30井抗洪排涝（贺德良）

2009年8月17日，采油五厂职工在胡5-11井冒雨施工（贺德良）

2009年11月12日，采油一厂职工在油田重点井——濮深18井安装设备（赵奕松）

2009年4月7日，石油化工总厂技术人员正在进行设备检测　　（赵奕松）

2009年8月25日，几千只白鹭落户中原油田黄河南高寨村油区　　（贺德良）

2009年11月9日晚，天然气产销厂职工正在进行夜间施工
（赵奕松）

2009年4月15日，国家“863”项目——“深层低渗透油藏压裂改造工艺与应用技术研究”首口压裂井部17-1井试验成功

（马　军）

2009年6月22日，中原油田首口膨胀管加深试验井实验取得成功　（仝　江）

2009年9月3日，中原油田分别在卫296井和WCQ3气井井场应用液氮诱喷技术获成功

（马　军）

2009年2月28日，中原油田21166-2地震队在苏丹5区利用直升飞机为施工现场补给物资 （何新平）

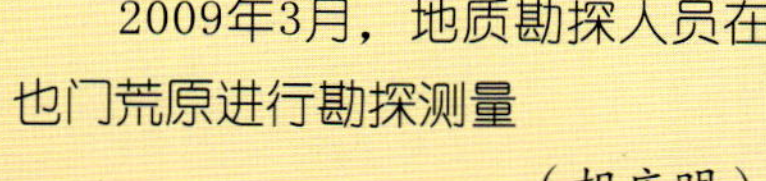

2009年3月，地质勘探人员在也门荒原进行勘探测量

（胡庆明）

2009年4月19日，勘察设计研究院在孟加拉锡莱特市实施凝析油炼油厂规划设计项目 （王念兵）

2009年5月15日，地球物理勘探公司物探队在埃塞俄比亚甘布拉地区施工

（张国军）

2009年10月1日，钻井一公司在毛里塔尼亚承钻的首口油井Rig858井开钻

（王智敏）

2009年12月9日，井下特种作业处2076钻井队通过苏丹石油能源公司和MODUSPEC检验公司验收

（马　军）

2009年7月9日，钻井三公司技术人员进行设备安全检测（马洪芳）

2009年10月6日，塔里木钻井公司70811钻井队职工在中古12井施工（白国强）

2009年12月9日，钻井四公司40756钻井队和录井队人员在卫392井研究钻井参数（白国强）

2009年12月10日，钻井二公司4059钻井队职工在桥29-68井施工

（贺德良）

2009年2月5日，固井工程处职工在散灰储运中心装灰，为文38-8、胡2-70两口新井实施油层固井作业　　（全　江）

2009年6月13日，钻井管具工程处职工正在完善研磨钻杆台肩工序

（赵奕松）

2009年3月13日，工程建设总公司职工在采油二厂濮一污水站进行水质治理改造工程施工（马洪山）

2009年6月15日，建设集团公司职工在濮三联至柳屯油库金堤河输油管线工地施工（赵奕松）

2009年10月20日，物资供应管理人员正在进行物资储备（马洪山）

2009年4月2日，中原油田与中国石油大学举行共建研究生联合培养实践基地协议签字暨揭牌仪式 （马洪山）

2009年6月15日，厄瓜多尔国家石油公司专家在物探研究院听取技术人员的处理解释情况汇报 （褚 铁）

2009年10月16日，博士后曹品鲁与科研人员认真分析空气泡沫的形成质量 （赵奕松）

2009年2月3日，采油工程技术研究院技术人员在研究安全隐患整改措施

（仝　江）

2009年4月21日，勘探开发科学研究院技术人员正在对岩石孔隙结构进行分析

（陈　峰）

2009年12月17日，钻井工程技术研究院技术人员在化验室进行超高温钻井液技术研究

（仝　江）

2009年2月27日，钻井二公司举行“我要安全”承诺签字仪式 （仝 江）

2009年8月6日，采油工在绘制安全生产漫画 （贺德良）

2009年10月17日，中原油田加强青工安全教育，在庆1号计量站进行现场督察 （张义海）

2009年1月7日，邵均克获河南省“感动中原十大年度人物”称号 （仝 江）

2009年9月7日，河南省中原油田公安局“迎国庆、保平安、促和谐”千人大巡防行动正式启动 （贺德良）

2009年9月26日，中原油田举行文化路通车剪彩仪式 （白国强）

2009年10月12日，中原油田选手在焦作参加河南省第五届残疾人运动会，获3金7银5铜的好成绩 （仝 江）

2009年7月15—16日，钻井三公司45727钻井队实习技术员高峰（左）在北京空军总医院为一名白血病患者捐献120克造血干细胞，被中国红十字会授予“红十字博爱奖状” （李广科）

2009年7月5日，中国石化集团公司第二届职工文艺汇演（中原油田赛区）开幕 （仝 江）

2009年10月1日，中原油田在中原文化宫广场举行国庆花展

（全 江）

编辑说明

一、《中原油田年鉴》（简称《年鉴》）是一部综合性企业年鉴，由中国石油化工集团中原石油勘探局和中国石油化工股份有限公司中原油田分公司主办，中原油田史志编纂委员会编辑出版。该书以油气田勘探开发、生产建设为主线，全面、客观、真实地记录了中原油田物质文明、政治文明、精神文明建设的基本情况。

二、《年鉴》于1992年创刊，已连续出版了1992—2009卷。《年鉴》2010卷为单年编纂本，采用“板块式”结构，按篇目、分目、条目3个层次编纂，共分为11个篇目，即特载、概览、大事记、油气主业、石油工程、企业管理、科技进步、党群工作、社会化服务、人物·先进集体、附录。为便于读者查阅，卷首有中英文“目录”，书末附有“索引”。

三、为精简文字，各单位名称首次出现时一律使用规范全称，之后采用规范简称。如“中国石油化工集团公司”和“中国石油化工股份有限公司”分别记述为“中国石化集团公司”、“中国石化股份公司”，两者合称“中国石化”；“中原石油勘探局”为“勘探局”，“中原油田分公司”为“分公司”，两者合称“中原油田”；“中国共产党中原石油勘探局委员会”为“局党委”、“地球物理勘探公司”为“物探公司”、“采油工程技术研究院”为“采油院”、“文化体育活动管理中心”为“文体中心”等。

四、《年鉴》2010卷全面记述了中原油田2009年度的工作情况及发生的主要事件。编辑部统一了全书体例，规范了专业术语，文字使用国家颁布的简化汉字，计量单位采用中华人民共和国法定计量单位名称（汉字）表示。

五、《年鉴》2010卷所用稿件，由中原油田机关各处（部）室及所属各单位提供，并经过供稿单位领导审阅；主要数据以中原油田《统计年鉴》2009年版本为依据，其他数据由各相关部门提供；彩页照片主要由中原石油报社提供，内文黑白照片主要由各单位提供。本卷《年鉴》编纂成稿后，《年鉴》编委会对稿件进行了审核、修订。在此，谨向对《年鉴》编纂、出版工作给予支持和帮助的油田各级领导和有关人士表示诚挚的谢意。

《中原油田年鉴》编辑部

二〇一〇年九月

中原油田史志编纂委员会

《中原油田年鉴》编辑部

地　　址：河南省濮阳市中原路277号

电　　话：0393－4823461

邮政编码：457001

E－mail：zyszb2007@126.com

目 录

特 载

概 览

重要事件

组织机构及领导成员

大 事 记

油气主业

油气勘探

油气开发

普光气田

油气加工

油气集输

油气销售

油气田介绍

石油工程

综　合

物　探

钻　井

钻井管具

固　井

录　井

测　井

井下作业

建设施工

国际市场

企业管理

综　合

HSE管理

节能降耗

人力资源管理

生产管理

规划计划管理

财务资产管理

物资管理

装备管理

技术监督

审计监督

法律事务

信息与档案管理

油地工作

科技进步

综　合

科学研究

学术交流

专利工作

勘探开发科学研究院概览

采油工程技术研究院概览

钻井工程技术研究院概览

物探研究院概览

博士后工作

党群工作

综　合

组织工作

精神文明创建活动

纪检 · 监察工作

信访 · 保密工作

统战工作

直属机关党务工作

工会工作

共青团工作

残疾人工作

企业文化建设

报　纸

电 视

文艺体育

志鉴编纂

社会化服务

综 合

综合治理

公安保卫

人民武装

消防工作

计划生育

医疗卫生

幼教工作

保险统筹

公共事业

房产管理

供水管理

供电管理

供热管理

通信管理

社区管理

离退休职工管理

接待服务

人物·先进集体

附 录

统计资料

2009 年中原油田成立、调整的专业委员会及领导小组

索 引

Contents

Special Columns

Outline

Events

Major Task: Oil& Gas Production

Petroleum Engineering

Business Management

Scientific Progress

Work of Party – masses Relations

Social Services

Figures & Advanced Collective

Appendix

Index

特　　载

苏树林致中国石化集团公司“打造石油工程铁军现场会”会议代表的信

同志们：

在中国石化集团公司全面开展深入学习实践科学发展观活动的时候，石油工程系统组织召开这一次“打造石油工程铁军现场会”，对以中原石油工程为代表的石油工程队伍在建设、经营管理和市场开拓等方面取得的典型经验进行总结提炼，从管理的角度深入剖析制约石油工程全面协调可持续发展的突出问题，研究构建具有中国石化特色的管理模式、提升石油工程管理水平、打造石油工程铁军、力促集团公司勘探开发增储上产的思路和措施。这次会议紧紧围绕党组的工作部署，与学习实践活动两手抓、两不误、两促进，会议开得非常必要、非常及时，我代表中国石化集团公司党组向会议的召开表示祝贺！

三月中旬，中国石化集团公司党组专题听取了石油工程工作情况的汇报。我感觉到，近来石油工程系统的同志们精神状态非常不一样，劲头非常不一样，工作抓得很紧，整个思路打开了，有点像主力军的样子了。近两年来，先是对石油工程各专业的技术发展水平、发展成果、存在问题和发展规划一一进行细致梳理，接着又针对勘探开发各重点区域对石油工程的技术需求、技术瓶颈和解决措施一一进行细致梳理，现在又结合具有中国石化特色管理模式的构建，结合中原标杆的学习，对石油工程系统多年来在管理方面积淀的经验、存在的问题、解决的措施进行深入的总结提炼和分析研究，工作思路清晰、安排部署井井有条，并取得了初步的成效，党组充分肯定你们的工作，并向石油工程战线的全体干部职工表示衷心的感谢！

当前，受国际金融危机持续蔓延和世界经济增长明显减速的影响，中国石化集团公司面临的经营形势非常复杂，充满了挑战和不确定性。受油价下跌、需求下降、竞争加剧等因素影响，油田板块已经开始整体亏损，石油工程系统面临着严峻的局面，在这种情况下，全面总结提炼石油工程的管理经验、剖析存在问题，研究提升管理水平、提高运营效率、打造工程铁军的思路和措施，显得尤为重要。希望同志们以这次会议为契机，增强应对危局的紧迫感，解放思想、开拓思路、群策群力，通过这次会议把经验总结提炼到位、把问题挖掘剖析透彻、把措施研究制定得当，为打造工程铁军、打造上游“长板”奠定坚实基础。

预祝会议圆满成功！

苏树林

2009.5.7

迎难而上 锐意进取 奋力推进油田持续有效和谐发展

——沙启军在中原油田第七届职工代表大会第二次会议暨2009年工作会议上的讲话

（2009年1月7日）

各位代表，同志们：

中原油田七届二次职代会暨2009年工作会议，经过大家的共同努力，顺利完成各项议程，就要圆满结束了。会议期间，代表们以高度的责任感和使命感，审议了油田工作、财务工作、安全生产工作、厂务公开工作等9个报告和2个集体合同，对油田领导班子及成员进行了民主评议。会议通过的各项决议，凝聚着全体代表的真知灼见，体现了油田上下的共同意愿，展现了广大干部职工知难而进、奋发有为的坚定信心。

这次会议是新年伊始油田召开的一次非常重要的会议，意义重大，影响深刻。概括起来，主要取得了5个方面的收获：一是进一步鼓舞了斗志。大家在讨论中普遍感到，2008年是油田在新的起点上实现快速发展的一年，各项事业都取得了新的成就。这充分表明统筹三大板块协调发展的决策部署是正确的，各项工作措施是得力的。只要乘势而进，再接再厉，油田完全能够发展得更好一些、更快一些。二是进一步认清了形势。会议从宏观经济环境、中国石化集团公司战略部署、油田内在企业素质等方面，全面客观地分析了油田当前面临的形势，作出了“既有机遇也有挑战、机遇大于挑战”的形势判断。大家在讨论中一致认为，这一判断科学准确，有利于油田上下清醒深刻地认识发展环境、全面准确地把握各项工作，更好地趋利避害、赢得主动。三是进一步形成了共识。大家在讨论中普遍认为，报告围绕科学发展、挖潜增效、科技兴业、凝心聚力提出的“四个坚持”原则，升华了2008年工作的实践成果，突出了油田发展的新特点，吸纳了油田发展的新经验，具有很强的针对性和指导性。在今后的工作中，必须坚定不移地落实好这些原则。四是进一步明确了方向。大家在讨论中一致认为，会议确定的2009年总体工作要求、主要工作目标、五项工作任务和六大保障措施，符合科学发展观的要求，符合中国石化集团公司党组精神，符合油田实际。只要把这些措施落实好、把这些任务完成好、把这些目标实现好，油田发展一定会跃上一个新的台阶。五是进一步增强了动力。这次民主评议的结果，充分表明了全体代表对油田领导班子及成员的高度信任。油田领导班子将以此为新的动力，团结带领广大干部职工把油田发展大业向前推进，决不辜负大家的期望。

总之，这次会议是一次发扬民主、团结奋进的会议，是一次求真务实、开拓进取的会议，是一次凝聚力量、鼓舞人心的会议，开得很好、很成功，达到了预期目的。下面，我就贯彻中国石化集团公司工作会议精神、应对严峻挑战、做好今年工作，再强调几点意见：

一、深刻领会，统一思想

中国石化集团公司于2008年12月24—26日在北京召开工作会议，总结2008年工作，分析面临形势，部署2009年任务，完善改革发展目标和措施。这次会议是中国石化集团公司党组在关键时期召开的一次十分重要的会议。会议有关材料已经印发给大家。希望各单位、各部门认真学习领会，切实把思想统一到会议精神上来。

一要把思想统一到党组对当前经营形势的科学判断上来。会议对中国石化集团公司面临的生产经营形势进行了全面分析，指出今年国际油价走势仍有较大的不确定性，国内成品油市场将发生根本性转变，化工市场将延续下行走势，石油和炼化工程市场开始萎缩，形势非常严峻。会议同时指出，今年也存在着扩大海外资源机会增多、国民经济对石油石化产品的基础需求依然很大、国家相关政策有利、集团公司整体抵御风险能力增强等积极因素。这些判断为我们把握大势、科学决策指明了方向。我们一定要用全局和战略的眼光来审视油田的发展，把各项工作放到这个大背景下来谋划、来部署。

二要把思想统一到党组对2009年工作的重大部署上来。会议根据面临的经营形势和中国石化集团公司实际，明确了今年工作的总体要求和目标任务，并对生产经营和投资工作进行了安排部署。即：切实加强安全生产和节能减排，继续加大国内油气勘探开发力度，抓住机遇打好炼油效益“翻身仗”，不断增强成品油经营创效能力，全力抓好化工板块扭亏增盈，加快推进国际化经营，进一步加强精细管理和风险管理，精心安排投资和重点工程建设。这些重大部署涉及不同板块，非常全面周到，既有指导性又有实践性，既有针对性又有操作性。我们一定要按照中国石化集团公司的部署，结合油田实际，创造性地抓好贯彻落实，为中国石化集团公司顺利完成今年的目标任务作出积极贡献。

三要把思想统一到党组提出的改革发展目标措施上来。会议着眼“力争再用10—15年的时间，把中国石化发展成为具有较强国际竞争力的跨国能源化工公司”的战略目标，进一步明确了到2020年主业发展的量化目标，提出了“中国石化集团公司、中国石化股份公司实行一体化管理，主营业务整体上市”这一深化改革的总体思路，并要求充分发挥科技创新的“推进器”作用，努力塑造中国石化特色管理模式，造就一流的人才队伍，营造和谐稳定的企业环境。这些目标措施既立足实际、又放眼未来，富有战略性、导向性和前瞻性。我们一定要围绕这一目标谋划发展、深化改革，确保油田沿着正确的方向前进。

四要把思想统一到党组对加强党的建设和干部队伍建设的要求上来。会议强调，要紧紧围绕“推动企业发展，服务职工群众”，以改革创新的精神加强党建和思想政治工作，加强各级领导班子和干部队伍建设，团结带领广大干部职工干事创业。这是中国石化集团公司党组着眼实现科学发展，针对当前面临的形势任务和党建、思想政治工作及干部队伍现状提出的要求。我们一定要落实党组的要求，创新载体、丰富内容，不断增强党建和思想政治工作的针对性、实效性，把政治优势更好地转化为发展优势，为油田持续有效和谐发展提供坚强有力的政治保证、思想保证和组织保证。

二、振奋精神，坚定信心

2009年是跨入新世纪以来我国经济最困难的一年，是中国石化集团公司发展最困难的一年。受宏观经济环境影响，油田面临的形势非常复杂、非常严峻。在困难和挑战面前，信心比黄金还重要。各级党政组织和广大干部职工要正确把握形势，坚定必胜信心，以良好的精神状态迎难而上、积极应对。

第一，必须以奋发进取的精神应对挑战。今年，国际油价走势具有较大的不确定性。如果油价长期低迷，一方面会造成油气销售收入下降，使生产成本居高不下的矛盾更为凸显，油气主业板块将出现亏损；另一方面会造成石油工程市场萎缩，市场开发难度增大，市场竞争更加激烈。目前，我们在海外市场已经有数支施工队伍停工，正处于“找米下锅”的窘境。新的一年里，油田发展面临着新世纪以来最为严峻的考验。在这种情况下，消极避让和后退没有出路。只有勇往直前、敢于亮剑，才能战胜困难、夺取胜利。各级党政组织和广大干部职工要保持清醒头脑，增强忧患意识，充分认识当前局面的严峻性和复杂性，既不能被2008年的成绩冲昏头脑，也不能被今年面临的困难所吓倒。要坚决摒弃得过且过、不紧不慢、按部就班、消极悲观、等待观望等思想，以坚韧不拔、敢打必胜的信念直面挑战，变压力为动力，咬紧牙关，负重奋进，在困境中杀出一条血路来。

第二，必须以开拓创新的精神把握机遇。机遇与挑战不是截然分开的，而是相互交融、叠加在一起的，挑战中有机遇，机遇中有挑战。我们面临的挑战很严峻，但机遇也很多，关键是有没有眼光、有没有能力、有没有办法化险为夷、转危为安。首先要看到，在普光气田投产之际，中国石化集团公司调整油田油气生产指标，有利于我们休养生息、固本强基，进一步搞好老油田调整，增强东濮老区的稳产基础。在石油工程市场的“严冬”面前，感到寒冷的不光只有我们，相对于其他对手，我们还有人才、经验、品牌、与甲方多年合作建立的战略伙伴关系等优势。石油工程市场重新“洗牌”，为我们占据有利位置、占领更多市场提供了机遇。同时，国际金融危机造成国际能源资源资产价值下跌，为集团公司扩大海外资源提供了更多的发展机会，无形中也为我们拓展海外市场提供了新的平台。其次要看到，企业发展过程中，难免遇到这样那样的危机，这场危机对我们来说既是一次考验也是一次锻炼，为各级党政组织提高驾驭复杂局面的能力提供了机遇。同时也要看到，当前的严峻形势为我们打基础、练内功提供了一种“倒逼”机制，逼着我们创新思维、创新思路、创新办法、创造性地开展工作，为我们加快提升企业内在素质、进一步增强抗风险能力提供了机遇。非常时期需要非凡之举，非凡之举才能破解非常之难。各级党政组织和广大干部职工要在做好常规工作的同时，进一步解放思想、转变观念，以变革性的思维谋划发展、捕捉机遇，积极在逆境中发现和培育有利因素，积极到市场上寻找发展的机会，努力做到乘机而上、有所作为。

第三，必须以求真务实的精神狠抓落实。油田今年的各项决策部署，都是立足中国石化集团公司工作大局、经过深入调查研究、广泛征求各方面意见、反复研究论证提出的。目标任务已经明确，必须迅速抓好落实，一天也不能耽误。各单位、各部门要对照会议精神，进一步理清本单位、本部门的工作思路，使之与油田的总体部署更一致、更协调，从源头上保证各项工作有力有序开展。要细化分解目标措施，层层落实工作责任，把压力传递到每一个环节、每一名职工，让人人肩上都有担子、个个身上都有压力。要加强督促指导，及时发现问题，切实加以改进，总结推广经验，推动各项工作深入开展。各级干部特别是领导干部要转变作风，扑下身子、真抓实干，深入一线、深入职工，到困难多的地方去打开局面，到意见多的地方去理顺情绪，到行动慢的地方去督促检查，确保各项工作措施落到实处、见到实效。

三、推进发展，构建和谐

科学发展、和谐建设是油田的中心任务和工作大局。困难越多、挑战越大，越需要推进科学发展、和谐建设。按照中国石化集团公司党组的统一部署，从3月份开始，油田将开展学习实践科学发展观活动。各级党政组织要以这次活动为契机，深入贯彻落实科学发展观，努力实现东濮老区稳定发展、普光气田安全优质高效开发，打造更加响亮的石油工程技术服务品牌，提升社会化服务质量和水平，在推进油田科学发展、和谐建设上迈出新步伐、取得新成效。

必须坚持用科学发展观武装头脑。要组织各级干部和广大党员认真学习科学发展观，把科学发展观的要求是什么，贯彻落实科学发展观能带来什么，推进科学发展、和谐建设应该做什么，搞清楚、弄明白。确立统筹发展的理念，着力推进油气主业、石油工程、社会化服务三大板块协调发展。确立绿色发展的理念，切实抓好节能减排，严格执行清洁生产标准，努力实现永续发展。确立创新发展的理念，依靠科技进步、职工素质提升和管理创新推动发展。确立安全发展的理念，健全HSE管理体系，全面落实各项安全防范措施，为发展筑牢安全屏障。确立人本发展的理念，对职工群众政治上关心、发展上依靠、工作上培养、成果上共享，凝聚起科学发展、和谐建设的强大力量。

必须坚持用科学发展观指导实践。要按照科学发展观的要求想问题、作决策、办事情，真正把科学发展观落实到各项工作之中。要优化勘探部署，努力增加优质可动用储量，实现油气储量的有序接替。精细开发调整，提高储量动用率、采收率和单井产能，增强老区稳产基础。围绕普光气田产能建设目标，严密组织运行各项工作，确保气田按期安全优质高效投产。集团公司把中原石油工程树立为标杆，是对我们的肯定和期望。标杆的标准是什么？我们哪些达到了，还有哪些差距？必须认真总结，深入思考。要坚持服务大局、争创一流、打造品牌、提升能力，持续优化市场、人才、技术、装备等资源，努力做强做大石油工程。强化管理、突出服务，发挥好社会化服务的保障作用。加强“三基”建设，推进精细管理，进一步提升企业内在素质。落实维护稳定各项措施，进一步优化内部发展环境。按照油田三次党代会确定的目标任务，全面加强党建、思想政治工作和精神文明建设，更好地为企业改革发展提供保证和动力。

必须坚持用科学发展观破解难题。要瞄准东濮老区稳产基础薄弱、生产成本居高不下、外部市场竞争日趋激烈、配套技术不够完善、企业内在素质有待进一步提高、社会化服务基础设施欠账较多、维护稳定任务繁重等突出问题，从科学发展观中寻真知、找答案、谋出路，进一步完善油藏经营管理体制、油气高效开发的运作机制、石油工程队伍区域化管理和一体化运作的工作机制、高层次人才的培养选拔和引进使用机制、社会化优质高效服务的运行机制、标本兼治的维护稳定长效机制，更好地推进油田科学发展、和谐建设。尤其要以科学发展观为指导，切实解决好面临的各种新问题，努力把宏观经济环境恶化对油田科学发展、和谐建设的影响降到最低程度。

四、转变作风，率先垂范

领导班子和领导干部的言行，对职工群众是无声的命令，能够产生很强的示范性和号召力。在困难多、挑战大的形势面前，各级领导班子和领导干部更要以良好的作风形象，带动和影响广大干部职工积极进取、共渡难关。

要讲政治、顾大局。越是形势严峻，越需要增强大局意识、发挥整体合力。各级领导班子和领导干部要增强政治敏锐性和政治鉴别力，把“凝心聚力、科学发展、以人为本、促进和谐”作为当前最大的政治，牢固树立油田上下一盘棋的思想，围绕油田工作的大局谋划和开展工作，不折不扣地把油田各项决策部署落到实处。要正确处理好局部与整体的关系，凡属全局做加法、局部做减法的事，就积极去做；凡属只是局部做加法、全局做减法的事，就坚决反对，决不能搞“上有政策、下有对策”。各单位之间要密切配合，团结协作，心往一处想，劲往一处使，拧成一股绳、形成一股力，共同维护好油田的整体利益。

要讲民主、善决策。决策失误是最大的失误、最大的浪费、最大的风险。民主集中制是党的根本组织制度和领导制度，也是正确决策的根本遵循。各级领导班子要按照民主集中制原则的要求，建立权责分明的决策咨询、决策运行、决策评估、决策奖惩等决策保障机制，严格落实领导班子议事规则，真正做到民主决策、科学决策。党政“一把手”要带头在班子内部营造民主讨论、团结和谐的风气，发挥班子成员干事创业的主观能动性，切实提高集中各方面智慧的本领；班子成员要积极主动地支持和配合“一把手”的工作，根据集体决策和工作分工履行职责，着眼全局考虑问题、参与决策，共同提高班子的集体决策水平。

要抓管理、带队伍。抓管理重在抓执行力，带队伍重在带作风。执行力强、作风正，才能出业绩、出战斗力。当前，油田管理中出现的一些问题，不是因为制度不健全、职责不清楚，而是因为观念上不适应新形势新任务的要求、作风不扎实、执行力不强。各级领导班子和领导干部要正视当前企业管理和干部职工队伍中存在的这些问题，狠下心、硬起手，采取有力措施认真解决。要抓好规章制度的学习和落实，使之成为规范企业经营管理和职工行为的准则。加大监督检查力度，强化过程控制，发现问题及时查清原因、抓好整改，决不能视而不见、放任自流。大力倡导“负责任”理念，引导干部职工以“一点都不能差、差一点都不行”的工作态度，严格执行工作标准和岗位职责，一丝不苟地对待每一项工作，严谨细致地完成每一项任务，精益求精地干好每一项工程。

要重品行、作表率。良好的道德操守、模范的言行举止是领导干部发挥影响力和带动力的基础。各级领导干部要时时处处严格要求自己，自觉加强品德修养，遇到困难冲锋在前，为职工群众树立榜样和标杆。要模范遵守社会公德、职业道德和家庭美德，保持高尚的精神追求和健康的生活情趣。严格执行廉洁从业各项规定，管好自己的生活圈、交往圈和娱乐圈。坚持公道正派，始终把心放正、把水端平、把腰挺直，决不能干在少数人中“得分”、在多数人中“丢分”的事情。带头干好工作、带头“过紧日子”，吃苦在前，享受在后，团结带领职工群众奋发有为、共克时艰。

五、依靠群众，凝聚力量

职工群众是应对挑战、克服困难、推进发展、促进和谐的根本力量。各级党政组织要认真贯彻落实全心全意依靠职工办企业的方针，千方百计把职工群众的积极性和创造性引导好、发挥好、保护好、凝聚好，形成万众一心、攻坚克难的强大合力。

要激发职工群众力量。广泛开展形势任务教育，及时把面临的机遇与挑战、有利因素和不利条件向职工群众讲清楚，引导大家坚定信心，增强动力。紧贴生产经营实际，组织好争星夺牌、“工人先锋号”、“青年文明号”“巾帼建功示范岗”、“五比五赛”等劳动竞赛，引导职工争先创优、多作贡献。抓好合理化建议和创新创效成果的征集、推介活动，及时把职工群众的智慧转化成现实生产力。大力选树增储上产、外闯市场、科技攻关、降本增效、爱岗敬业等方面的典型，激励广大职工以先进模范为榜样，走岗位成才之路。发动青年志愿者、女工爱心帮扶小分队同外闯市场职工家庭结对帮扶，为外闯市场职工解除后顾之忧，让他们集中精力投入工作。

要落实职工民主权利。坚持和完善职代会制度，抓好职工代表巡视检查、职代会提案工作、民主评议领导干部等制度的落实，进一步规范职代会程序，落实职代会职权。凡属职代会审议范围的问题，必须提交职代会审议，真正做到不漏项、不混权、不代行职权。认真落实厂务公开民主管理质量体系，切实把厂务公开贯穿于经营决策、生产管理、资金运作、物资采购、工程招标的全过程，充分发挥厂务公开在企业决策、民主管理中的重要作用。抓好平等协商集体合同的签订和履行，帮助、指导职工签订好劳动合同，从起点上促进劳动关系的和谐。我们的职工代表生活在职工群众中间，对职工群众的生活和愿望感受最直接，对现实问题了解最深入，一定要发挥好油田联系职工群众的桥梁和纽带作用，当好职工群众的代言人、贴心人、知心人，不辜负广大职工的信任和重托。

要真情关怀职工群众。只有让职工群众更多地得到科学发展的实惠，应对挑战、推进发展才有广泛而深厚的群众基础。各级党政组织要坚持承诺办实事制度，认真落实中国石化集团公司关于改善职工群众工作生活条件的有关政策，从职工群众急需解决而又办得到的事情做起，一步一个脚印地提高职工群众生活质量。加强“两堂一舍一室”建设，切实改善一线职工的生活、学习条件。落实职工带薪年休假制度，维护职工的休息权利。大力实施“三不”工程，完善帮扶救助体系，加强就业服务指导，做好离退休服务管理，加大扶残助残力度，让各个群体共享油田发展的成果。同时，要加大宣传引导力度，让职工群众知道“惠从何来”，倍加珍惜油田来之不易的发展成果，倍加珍惜干事创业、奋发向上的浓厚氛围，倍加珍惜和谐安定的大好局面，共同建设好中原油田美好家园。

同志们，当前各项工作正处于开局起步阶段，春节也即将到来。各单位要认真落实油田《关于做好2009年元旦、春节期间有关工作的通知》精神，确保生产经营顺利进行，确保油田大局稳定，确保职工群众度过一个欢乐祥和平安的节日。一要切实抓好安全生产。扎实开展“转观念、正作风、强责任、抓基础、上水平”活动，严格执行《安全生产禁令》，层层落实安全生产责任制，强化安全预防措施，加强对关键装置、要害部位的巡检，抓好生活安全、交通安全和公共安全，坚决防止各类事故发生。加强节日期间的干部值班，确保各项工作有序运行。二要切实维护大局稳定。加强对各种不稳定因素的预测排查，严格落实稳控措施，努力把问题解决在基层、消灭在萌芽状态，坚决杜绝群体性上访和突发性事件的发生。三要切实做到清廉过节。各级干部要认真落实“双节”期间党风建设有关规定，保持清醒头脑，注意洁身自好。纪检监察机关要加大监督检查力度，严肃查处违规违纪行为，狠刹各种不正之风，营造清廉过节的良好氛围。四要切实关心群众生活。大力开展送温暖活动，做好对困难群体的帮扶救助，做好重点优抚对象和劳动模范、离退休老同志的慰问工作，做好对节日期间坚守岗位职工、外闯市场职工及其家庭的走访慰问，让他们感受到组织的温暖和关爱。

各位代表、同志们，前进道路上的各种困难和挑战考验着我们，油田科学发展、和谐建设的目标激励着我们。各级党政组织和广大干部职工要以科学发展观为指导，认真贯彻落实这次会议精神，以更加开阔的思路、更加高昂的斗志、更加务实的作风、更加努力的工作，夺取油田持续有效和谐发展的新胜利！

解放思想 开拓创新 应对挑战
努力开创油田持续有效和谐发展新局面

——孔凡群在中原油田第七届职工代表大会第二次会议暨2009年工作会议上的报告

(2009年1月7日)

各位代表、同志们:

我代表中原油田向大会作工作报告,请予审议,并请列席代表、特邀代表提出意见和建议。

一、二〇〇八年工作回顾

2008年,广大干部职工坚持以科学发展观为指导,认真落实中国石化集团公司党组总体部署和苏总来油田调研时重要讲话精神,积极应对勘探开发难度加大、普光建设任务繁重、市场形势复杂多变、生产成本刚性增长等困难和挑战,统筹把握东濮老区与普光新区的协调发展、油气主业与石油工程的互为促进、深化改革与加强管理的有序运作、科技创新与人才培养的共同进步、企业党建与生产经营的深度融合、经济效益与职工利益的同步提升,各项工作扎实推进,成效显著。全年经济总量达到303亿元,首次突破300亿元大关。其中分公司收入161.44亿元,勘探局收入141.56亿元,同比分别增加5.57亿元、7.05亿元。油田发展呈现出经济效益明显提高、发展后劲不断增强、职工生活持续改善的良好局面。

(一)优质储量稳定增长。按照“立足东濮凹陷,拓展白音查干,积极准备新区”的思路,加强精细勘探和效益勘探,探明油气地质储量1222万吨、控制石油地质储量723万吨、预测石油地质储量731万吨。储量品位不断提高,探明储量动用率达92.4%。一是东濮凹陷勘探效果明显。深化复杂断块群成藏规律研究,应用高精度三维地震资料,精细构造分析,实施定向井多层兼探,在卫城周边、文西地垒带、胡状集、赵庄、马寨、桥口、马厂等地区探明了一批油气富集区块,探明油气地质储量1008万吨。二是白音查干勘探取得突破。深化认识锡林好来地区构造—岩性成藏条件,探明9个含油富集区块、石油地质储量214万吨,使其成为新的增储阵地。三是普光气田勘探积极推进。开展普光陆相生烃能力与勘探潜力评价,落实了毛坝、双石庙等2个有利构造,为探明储量持续增加打下了基础。

(二)稳产基础不断巩固。围绕提高储量动用程度和采收率,深化油藏经营管理,促进了开发水平的提高。全年生产原油300.3万吨、天然气10.6亿立方米。一是坚持评建一体化,产能建设优质高效。应用高精度三维地震资料和老资料处理新成果,精细刻画小断块和低幅度构造,优化产能方案,加大双靶定向井、水平井应用力度,及时注采配套。评价并动用石油地质储量1460万吨,新建产能20.1万吨,当年注采配套率75%,产能达标率93%。二是实施精细调整,开发状况逐步好转。加大油藏动态监测和剩余油研究力度,细分调整到单砂体;加强事故井修复治理,优化注采井网。对11个重点单元实施整体治理,对408个井组实施精细调整,增加水驱控制储量1560万吨、水驱动用储量1140万吨,储量替换率达到100%,油田自然递减率由17.65%下降到17.2%。三是精细气藏描述,挖潜力度不断加大。深化单砂体剩余潜力研究,对压力系数在0.4以上的砂体和有利部位,实施侧钻、分层压裂、下4″套等措施,有效地挖掘了气藏潜力,主力气田自然递减率得到控制。

(三)普光建设优质高效。按照整体部署、配套建设、安全环保、效益优先的原则,严密组织,精细施工,保证了气田建设的顺利推进。一是开发方案持续优化。立足于大幅提高单井产量和气田整体效益,加强储层研究,扩大水平井应用规模,普光主体和大湾区块动用储量2971亿立方米,开发井优化减少22口。二是工程建设进展顺利。普光主体完钻开发井33口,钻井成功率100%,全部达到设计指标。组建了高含硫气田井下作业队伍,形成了酸化压裂、投产试气的配套能力。一期20亿立方米产能9口井投产试气已顺利完成,单井平均实测无阻流量581万立方米,比预测指标高55万立方米。34处主要隧道、跨越、道路和一期产能集输工程基本完成,主体装置安装完毕,净化厂工程总体进度完成31.4%;水电信等公用工程基本完工。三是投产准备有序运行。组建采气厂、净化厂和生产服务中心,健全管理运行体系,投产试车方案通过集团公司审查,编制技术资料,完善岗位制度和操作规程,加强全员培训,投产准备工作基本到位。四是应急救援能力逐步增强。普光消防站、气防站竣工投用,配备一流抢险车辆44台、消防器材217种,具备了消防、气防、医疗救护、环境监测、泥浆配送等应急抢险功能,编制完成应急处置方案30个,建成了国家油气田救援川东北基地。

(四)石油工程实力增强。认真落实苏总来油田调研时的重要指示,牢固树立服务保障、内涵发展、规范管理、干事创业、争创一流、打造品牌的理念,深入开展“找差距、定措施、提水平、上台阶”活动，大力推进技术进步和管理创新，推动了石油工程的持续发展。一是市场布局更加合理。按照中国石化勘探开发和重点工程要求，主动调整队伍布局，西北市场钻机由26台增加到32台，东北分公司钻机由11台增加到16台，满足了中国石化西北、东北勘探开发的需要，油田获西北增储上产会战“突出贡献奖”；华北市场钻机由27台增加到29台，规模效益得到提高。海外到期的合同顺利延期或再次中标，保证了工作量的连续性；新中标中东、北非的地面建设项目，合同额达到1亿美元；哈萨克斯坦新上钻机6台，成为继苏丹、沙特、也门之后的又一规模市场。海外队伍总数达到106支，在中国石化集团公司上游企业中继续位居第一。二是装备水平大幅提高。加强装备更新改造，新增7000米、9000米电动钻机2台，升级改造老旧钻机16台，更新物探、测井、固井和压裂等关键装备120套、辅助生产设备150多台，装备新度系数达到0.57。三是技术资源优化配置。整合油田技术资源，成立了油田专家组和区域联合攻关技术组，加强技术交流，加大成熟技术的集成配套和新技术推广力度，见到良好效果。完成5000米以上深井、超深井62口，钻井周期下降16.3%；海拉尔、冀东地区平均钻井周期分别达到21.53天、28.06天，同比分别下降33.5%和28.3%；各区域市场平均机械钻速提高25%。钻井系统创出尾管最深、欠平衡钻井液密度最小等中国石化集团公司纪录5项，刷新油田纪录8项。设计施工4个项目被评为全国优秀焊接工程，国内最大液氨球罐顺利竣工。四是经济效益明显提升。国内外部实现收入60.44亿元，同比增加1.15亿元；海外市场新签合同70个、合同额5.1亿美元、同比增加26.2%，实现收入32.86亿元、同比增加2.28亿元。油田内部、国内外部和海外市场的收入比例为3:4:3，形成了“三足鼎立”的格局，经济运行质量创出历史最好水平。油田连年进入全国对外承包工程30强、全球工程承包商100强。

（五）科技进步获得突破。承担国家科研攻关项目5项、中国石化集团公司科研攻关项目19项，均按计划完成攻关任务；高含硫气田开发、提高超深井钻井速度等关键技术取得突破，相关专业技术得到同步发展。一是高含硫气田开发关键技术取得突破。完善储层预测、产能评价等技术，预测符合率83.4%；规模应用气体钻井、防气窜固井等技术，平均钻井周期较探井缩短127天，固井合格率100%；配套高含硫气井多级分段延时引爆射孔工艺技术，一次射孔井段跨度594米；配套高温高含硫气层作业暂堵、大规模多级注入酸压工艺技术，确保了9口井安全投产试气；配套复杂地形高含硫气田集输工艺、管道施工及焊接工艺技术，保证了施工质量。二是勘探技术取得重要进展。东濮复杂断块群精细勘探技术不断配套完善，建立复杂断块群成藏模式，大力推广高精度三维地震、多靶定向井等技术，探井成功率达78%；应用地质建模、三维地震资料目标处理与储层预测等技术，解剖锡林好来地区成藏要素与桑合地区构造特征，白音查干构造—岩性油藏成藏规律与构造演化特征研究取得新进展。三是老油田调整挖潜技术不断完善。配套评建一体化优快产能建设技术，应用高精度三维地震，加大水平井实施力度，及时注采配套，形成稳定产能，达产率99.2%；形成了不同类型油藏剩余油研究及监测配套技术；配套完善薄差层压裂、深井大修、井组细分注水立体挖潜等技术，压裂成功率提高到87.7%，深井大修成功率91.8%，井组精细立体挖潜见效率85%。小井眼开窗侧钻和水平井技术取得进展，侧钻井钻井周期缩短26%，水平井油层钻遇率提高27%；继续推进三项气驱提高采收率先导试验，并见到初步效果。四是石油工程技术实力不断提升。配套沼泽过渡带地震勘探技术，在苏丹成功应用4500千米，并在厄瓜多尔推广应用；完善超深井盐膏层钻井技术，在哈萨克斯坦顺利钻穿4397米巨厚盐膏层；发展应用多底分支井、短半径水平井等钻井技术，在沙特成功完钻58口；深井超深井钻井技术逐步配套，西南、西北地区钻井周期明显下降。五是节能降耗技术改造效果明显。按照区域优化、节能降耗的原则，加大地面工程技术改造力度，集输系统效率由44.7%提高到48.5%，注水系统效率由46%提高到47%；优化采油方式，机采系统效率由25%提高到26%；强化电力系统改造，综合损耗由9.98%下降到9.5%。油田综合能耗下降16万吨标煤，工业污水实现零排放。

（六）管理创新成效显著。运行机制逐步理顺。深化油藏经营管理，建立了技术分析与技术决策、经营预算与决策优化、生产运行与综合治理、激励约束与监督管理、党建与思想政治工作保障五项运营机制，提高了组织运行效率。理顺普光分公司管理运行机制，初步建立了“油公司”管理模式，适应了普光开发建设的需要。对成规模的国内外市场，推行区域一体化管理，优化资源配置，建立生产配套基地，组建区域公司，实现了集约化管理。探索建立社会化服务内部价格和质量标准体系，为“三分开”运作创造了条件。安全环保管理不断强化。修订完善《承包商安全管理规定》、《生产安全事故管理与责任追究》等8项制度，广泛开展“转观念、正作风、强责任、抓基础、上水平”安全主题活动。严格落实安全环保责任制，抓好《安全生产禁令》的贯彻落实。认真排查和整改事故隐患，完成中国石化集团公司下达的安全环保治理项目15个，建设项目“三同时”评价8个。深入推进安全文化建设，大力开展“四进活动”，举办各类安全培训班294期。清理各类违法占压184处，制止新占压121处，清理高压电线下违章植树30万棵。加强国外施工队伍安全生产和风险防范，确保了海外项目顺利进行。加强奥运期间安全管理，确保了特殊时期的安全稳定。经营管理扎实有效。健全海外资金预算、预算外支出等管理办法，落实“四平衡一分析”制度，建立各板块经营活动分析模板，坚持成本公示，细化节点控制，强化预警分析。实行物资归口管理、区域平衡和统一配送，推行框架协议采购、集中招标采购和网上采购，资金节约率4.97%。管理费用、财务费用、修理费用、非生产性支出等均控制在集团公司下达指标之内；勘探局实现降本增效2.16亿元，油田用电量同比降低0.5亿千瓦·时，作业费同比降低6%。全面推行项目管理，落实投资成本控制责任，对勘探开发、石油工程、节能降耗等重点工作，成立14个项目组，并完善了分级分层次的运行机制。规范29项内控业务流程，细化1092个关键控制点，对8类56项审批权限进行延伸；制定47项业务监督细则，进一步完善了监督约束体系。加强普法教育，坚持依法经营，被中国石化集团公司推荐为全国普法先进单位。按照中国石化集团公司统一部署，顺利完成井下作业委托管理和资产回购工作，全面完成了对外投资和多种经营清理整顿任务；落实规范支持改制企业相关政策，促进了改制企业稳定发展。“三基”工作全面推进。加强组织领导，按油气主业、石油工程、社会化服务三个板块设立三个“三基”办公室，完善两级考核制度，落实了管理责任。各板块紧密结合工作实际，深入开展“五项劳动竞赛”、“创名优工程、树中原品牌”竞赛和“优质服务杯”活动，认真抓好基层组织和班组建设，落实岗位责任制，基层“四好”班子达标率91.8%。大力实施基层人才培养和岗位练兵，员工培训率达到60%，促进了基层管理工作水平的提高。人力资源管理继续深化。补充油田主体工种1759人，一线岗位人员紧缺的矛盾得到缓解。落实“三定”方案，各级机构进一步精干，用工总量得到有效控制。积极推进薪酬分配改革，继续向科研、一线人员倾斜，激励力度进一步加大，职工收入有较大幅度增长。推进10个培训基地建设，形成了两级培训网络。强化尖子人才和主体专业人员培训，共培训员工2.87万人次，保证了国际市场和普光气田建设需要。组织职业技能鉴定1.2万人次，高技能人才比例提高3.7个百分点。在中国石化集团公司职业技能竞赛中，获得4金4银4铜的好成绩。

（七）社会化管理和服务不断完善。按照“保障生产、服务生活、维护稳定”的要求，不断加强基础设施建设，努力提高管理服务水平，职工生活质量明显改善。一是社会化服务保障优质高效。各个社区和水电信气暖等公用工程单位，明确职责定位，改进管理方法，细化工作标准，服务保障能力持续增强。加强“440”热线服务运行和监督检查，职工满意率达到98%以上。加强社会保险统筹管理，医疗保障体系更加健全。规范社区医院管理，建立职工医疗档案，深入一线服务职工7000多人次。二是基础设施逐步配套。筹措资金2亿多元，实施五个外围社区天然气管网改造，油田所有小区居民彻底告别了手提肩扛液化气罐的历史；第三社区黄河饮用水工程建成投用，对35个小区实施供水管网改造，让居民喝上了优质放心水；加强供热管网改造，供暖稳定性得到提高；马颊河综合治理、柳屯污水处理厂和各社区污雨水管网改造基本完成；基地扶余路、黄河路、任丘路部分路段改造、建设路东延和第三社区道路建设竣工；完成数字电视网络改造，加大社区维修维护力度，改善了社区环境。三是住房建设进度加快。经济适用房完工1836套、在建420套，玉兰花园交付1518套、封顶1634套；2008年40万平方米住房建设已陆续开工。四是“平安社区”建设得到加强。为所有小区安装电子监控系统，建立警务室37个，成立治安巡防队113个，形成了“打防控一体化”防范体系，盗窃案件同比下降69.9%，46个小区实现零发案。五是就业服务成效明显。职工子女油田就业1061人，安排再就业3166人；组织开展劳务输出，在山东和江苏建立就业基地，有2600多人次实现社会就业。为失业人员举办培训班45期、培训3951人次，办理小额贷款318万元。六是送温暖工作扎实有效。调高困难救助标准，扩大救助范围，帮扶困难家庭6772户次、助学819人次，发放低保金和各类救助金800万元、实物3.1万余件，基本实现了“三不”目标。七是离退休职工“两项待遇”得到落实。新建、维修老年活动室5.6万平方米，看望患病老同志4500多人次，为60岁以上的离退休职工发放慰问金410万元。

（八）党建和思想政治工作水平有了新提高。“四项活动”富有成效。按照中国石化集团公司党组和河南省委的安排部署，扎实开展“深入群众促和谐，凝心聚力促发展”、“抓源头、促清廉”、“讲理想、比贡献”主题活动和“新解放、新跨越、新崛起”大讨论活动，营造了和谐共进、风清气正、敬业奉献、开拓创新的浓厚氛围。在中国石化集团公司组织的“双促”测评中，群众满意率99.78%；在河南省党风廉政建设责任制考评中，油田领导班子综合得分99.5分。思想政治工作充满活力。深入开展形势任务教育，持续深化创新创效活动，调动了广大职工的积极性和创造性。广泛开展向邵均克、十大杰出劳模等先进学习活动，发挥了典型的示范带动作用。大力宣贯《员工守则》，加强企业文化建设，积极探索党群组织参与基础管理的有效途径，促进了基层管理水平的提高。积极参与抗震救援和恢复重建，组织党员干部和职工为灾区捐款1300多万元，对抢险救援队隆重表彰，彰显了精神，凝聚了力量。党建工作持续加强。召开油田第三次党代会，明确了今后五年油田党委工作的指导思想、奋斗目标和主要任务。深化“四好”领导班子创建活动，加大干部培训力度，抓好干部监督管理，深化巡视工作，提高了领导班子和干部队伍的执行力、创造力。以创建党建示范点为载体，深入实施“双建”工程，探索建立党建质量管理体系，激发了基层党建工作活力。认真贯彻中央《惩防体系2008—2012年工作规划》，坚持教育、制度、监督并重，拓展了源头防治腐败领域。和谐局面得到巩固。深入实施素质、环境、平安、繁荣、阳光、温暖“六大工程”，广泛开展“感动油田年度人物”评选、“喜迎奥运、共建和谐”文体项目展演、“创建学习型班组、争做知识型员工”等群众性精神文明创建活动，油田顺利通过全国文明单位复检验收。加强基层信访稳定工作体系建设，坚持信访稳定评估制度，精心制定奥运会、残奥会和改革开放30周年纪念活动期间的安全稳定工作预案，抓好矛盾纠纷排查化解，集中开展重信重访和信访突出问题专项治理，妥善处置职工群众的合理诉求，油田保持了政治稳定、队伍稳定和生产稳定。民主管理不断强化。坚持和完善职代会制度，油田和直属单位召开职代会、职代会联席会213次，审议、通过或决定重大事项791件。认真做好提案处理工作，油田七届一次职代会的148件提案，处理率达100%、落实率达92.6%。组织职工代表有针对性地开展巡视活动，促进了惠民政策、提案办理和安全生产制度的落实。借鉴ISO 9000质量管理体系标准，出台《中原油田厂务公开民主管理质量手册》，促进了厂务公开工作的科学化、制度化、规范化。深化劳动关系和谐创建活动，抓好《劳动合同法》的宣贯落实，完善带薪年休假实施办法，坚持平等协商和集体合同制度，妥善调处劳动纠纷，促进了职工与企业的和谐。

各位代表、同志们，2008年工作成绩的取得，是中国石化集团公司党组正确领导的结果，是地方各级党委政府大力支持的结果，是油田广大干部职工和离退休老同志团结奋斗的结果，是移交和改制单位共同努力的结果。在此，我代表局党委、勘探局、分公司，向广大干部职工家属和离退休老同志，向关心支持油田发展的上级领导和各界朋友，表示崇高的敬意和衷心的感谢！

二、油田当前面临的形势

中国石化集团公司工作会议对当前面临的国内外经济形势进行了深入的分析判断，作出了重要决策部署。我们要认真学习贯彻，正确把握内涵，从油田实际出发，客观分析生产经营面临的机遇和挑战，科学制定发展的任务和目标。

中国石化集团公司工作会议对打造上游“长板”作出了明确部署。勘探上，要求加强地质综合研究，优化勘探部署，增加勘探特别是物探投入，加强技术攻关，推动油气勘探的良性循环。开发上，继续围绕“东部硬稳定、西部快上产、天然气大发展”的部署，坚持科学开发、精细开发、效益开发理念，不断提高储量动用率、采收率和单井产量，保持油气稳产增产。天然气发展上，重点抓好普光等气田投产和“川气东送”工程建设。石油工程要继续加大装备投入，加快建立技术研发体系，集中力量开展“瓶颈”技术攻关，推广应用成熟技术，不断增强对勘探开发的保障能力。加快推进国际化经营，进一步加大海外油气勘探开发力度，加强与重点市场的国家石油公司合作，提高国际石油工程队伍的整体水平。继续增加社区投入，推进社区环境建设。中国石化集团公司的这些战略部署，为油田发展创造了极为有利的条件。同时经过多年努力，油田具备五个方面的良好基础：

一是东濮老区、普光新区协调发展的局面初步形成。东濮老区经过调整勘探开发思路，实行“四个转变”、调整“三个结构”、强化“三项工作”，实施油藏经营管理，稳产基础得到加强。普光气田今年建成投产，年底将形成105亿立方米生产能力，成为油田的又一个重要生产基地。“十二五”期间油田的油气当量可达到1300万吨，将极大地增强油田的资源基础，促进油气成本明显下降、赢利能力明显增强、经营形势明显改善，综合实力也将迈上一个新的台阶。

二是石油工程内外联动、一体运作的机制基本建立。我们坚持打造石油工程技术品牌，建立完善了油田内外统筹运作、区域市场一体化管理的机制，持续优化市场、队伍、装备三个结构，推广应用先进技术，不断提高勘探开发保障能力和综合竞争实力，实现了经营管理水平、职工队伍素质、市场开发层次、经济运行质量、服务市场信誉、团队文化建设“六个提升”，适应市场的灵活性、资源配置的科学性、抵御风险的能动性进一步增强。

三是技术进步、人才队伍的支撑作用明显加强。多年来，油田深入实施科技兴业战略，坚持科研与生产、勘探与开发、油藏与工程、攻关与引进“四个结合”，努力推进技术集成与配套，形成了具有中原特色的勘探开发技术系列。普光气田高含硫气藏安全高效开发技术等项目列为国家重大科技专项，将对油田的科技进步起到重要的引领作用。三支人才队伍建设得到加强，涌现出一批素质全面、经验丰富的经营管理人才，善于创新、积极进取的专业技术人才，业务精湛、拼搏奉献的技能操作人才。

四是企业的内在素质、管理水平全面提升。转变经营理念，创新管理模式，形成了运行高效、切合实际的经营机制；修订完善规章制度，加强过程管理，形成了全面覆盖、控制有力的制度体系；坚持内控、内审、稽核、监察“四位一体”，形成了透明度高、约束力强的监督网络；强化基础工作，深化精细管理，形成了节支降耗、挖潜增效的浓厚氛围。这为推动油田内涵发展和集约发展奠定了良好的基础。

五是社会化服务的保障作用更加突出。油田统筹三大板块协调发展，完善了社会化管理的体制机制，在企业发展、效益提高的同时，不断加大资金投入，改造基础设施，完善保障功能，千方百计为职工群众办实事、办好事，广大职工生活质量持续提高，打造了保障生产、服务生活、维护稳定的平台和基地。

另一方面，油田发展还面临着新的困难和挑战，工作中还存在一些不容回避的矛盾和问题。一是国际金融危机影响加剧。原油价格大幅下跌，直接导致油气销售收入减少，赢利水平下降；海外石油勘探开发市场需求减少，石油工程工作量存在较大不确定性，外拓市场难度加大；国内市场格局面临新的调整，市场竞争更加激烈。二是安全生产形势不容乐观。部分干部职工安全意识淡薄，责任落实不到位，“三违”现象时有发生，2008年接连发生了一些安全事故，影响很大；部分海外市场所在国政治社会动荡不安，存在一定的公共安全风险；普光气田地质地理条件复杂，对安全高效开发带来了严峻的考验。三是基础管理工作有待加强。我们实施了三大板块加强“三基”建设的一系列制度和办法，但工作进展不平衡，部分单位措施落实还不够到位。四是公共设施建设欠账较多。近几年我们在公共设施建设上加大了投入，弥补了一些历史欠账，但在生活用水、污水处理、住房建设等方面，仍存在比较突出的矛盾，与职工群众日益增长的需求相比还存在不小的差距。五是维护稳定大局任务繁重。由于社区分布范围广、特殊人群比例大等原因，给稳定工作带来较大压力。

虽然前进的道路上存在不少困难和不利因素，但总体上看，目前面临的是一个既有机遇也有挑战、机遇大于挑战的环境。我们要以清醒的头脑认识形势，以正确的思维指导实践，以有效的措施应对挑战，努力做到在困难中坚定信心，在挑战中把握机遇，不断开创各项工作的新局面。一是围绕科学发展，坚持解放思想、创新思路不动摇。面对新的形势和任务，要做好常规性工作，更要具有变革性思维。无论油气主业、石油工程还是社会化服务，都要更加自觉地深入学习实践科学发展观，坚持解放思想，确保在解决突出问题、创新体制机制、推动科学发展、促进和谐建设方面取得实效。二是围绕挖潜增效，坚持眼睛向内、精细管理不放松。经营形势越严峻，越要加强精细管理；经营形势越不确定，越要加强风险管理。我们要确立精益求精的思想，一如既往地练好内功，细化挖潜增效措施，深入推进精细管理，增强管理过程的控制力和执行力，确保投入产出比保持较高水平。三是围绕科技兴业，坚持技术创新、人才培养不懈怠。进一步理顺科技管理体制机制，形成技术创新的推动力；进一步加大科研投入，形成技术创新的保障力；进一步加快成果转化，形成技术创新的生产力。抓好中国石化集团公司部署的三支人才队伍成长通道建设，形成有利于人才健康成长、发挥才干的良好环境。四是围绕凝心聚力，坚持以人为本、共建和谐不含糊。充分发挥党建和思想政治工作的优势，认真落实"推动企业发展、服务职工群众"的基本方针，积极宣传群众、组织群众、关心群众、服务群众，把构建和谐、促进稳定落到实处，实现生产经营与和谐稳定的整体推进、企业效益与员工利益的同步提高。

三、二〇〇九年目标和任务

2009 年是极具挑战性的一年，也是即将迎来大发展的一年。油田总体工作要求是：深入学习实践科学发展观，大力实施资源、科技、市场、人才和国际化战略，创新工作机制，实施精细管理，加强安全环保，转变发展方式，实现东濮老区稳定发展、普光气田开发安全高效、石油工程做强做大、社会化管理水平显著提高，扎实推进油田持续有效和谐发展。

主要工作目标：新增探明石油地质储量 1000 万吨；生产原油 288 万吨、天然气 25 亿立方米（含普光气田）；加工原油、轻烃 79.5 万吨。勘探局实现收入 140 亿元、赢利 2.9 亿元，挖潜增效 2.65 亿元。安全环保实现"六个避免"、"六项达标"的目标，能耗总量同比下降 4.6%。

围绕上述要求和目标，今年要重点完成五项工作任务：

（一）优化勘探部署，努力实现油气储量的有序接替

加强精细勘探，统筹近期与长远、储量与突破、投入与效益的关系，努力增加优质可动用储量，提高经济可采储量替代率。一是加强东濮"三新"勘探，拓展老区增储新领域。主攻东濮环洼带复合油气藏，继续探索前第三系潜山油气藏，重点评价濮卫次洼北、韩庄岩性圈闭、白庙古生界等目标。部署高精度三维地震 200 平方千米、钻井 7 口，探明石油地质储量 200 万吨，控制 + 预测石油地质储量 700 万吨。二是坚持东濮精细勘探，努力增加优质可动用储量。重点评价文西地垒带、濮卫环洼带、桥口构造南翼、马厂构造东南翼、胡状集—庆祖集祖集等地区。部署滚动井 22 口，探明石油地质储量 600 万吨。三是深化白音查干勘探，扩大勘探领域和储量规模。重点评价霍恩和敖伦两个洼陷带，加大深层阿尔善组勘探力度。部署三维地震 100 平方千米、探井 10 口，探明石油地质储量 200 万吨、控制 + 预测石油地质储量 400 万吨。四是加大普光陆相、海相滚动勘探力度。陆相重点评价毛坝构造，部署探井 1 口，预测天然气地质储量 10 亿立方米；海相重点评价普光主体外围长兴—飞仙关气藏，增加新的储量。

（二）精细开发调整，不断增强老区稳产基础

坚持勘探开发一体化，积极寻找和落实可动用储量，努力提高储量动用率；强化精细调整挖潜，改善老油气田开发状况，进一步提高采收率；加强技术集成，优化设计施工，进一步提高单井产能。一是及时跟踪勘探新发现，加强未动用储量评价，扩大水平井应用，加强产能建设方案优化和注采配套。新区产能建设 34 个区块、动用储量 1355 万吨、新建产能 20 万吨，当年注采配套率达到 80% 以上，产能建设达标率 93% 以上。二是加强油藏精细调整治理，推广应用油藏精细描述技术，精细刻画小断块和低幅构造，加大层间动用状况、固井质量、井斜等监测力度。重点描述 8 个单元、调整治理 13 个单元，增加水驱控制储量 1600 万吨、水驱动用储量 1100 万吨，综合含水率保持稳定，自然递减率控制在 17%。三是加强提高采收率先导试验，组织好文 88 块深层高压低渗油藏立体加密分段开发项目，进一步做好 3 个气驱提高采收率先导试验，开展好白音查干化学驱提高采收率研究。四是加强气藏精细挖潜，优选剩余气富集区，优化挖潜措施，开展低品位储量水平井开发先导试验，加强低压低产井管理，努力减缓产量递减。

（三）严密组织运行，实现普光气田产能建设目标

围绕产能建设目标，切实抓好四项重点工作：一是抓好方案设计优化。深化普光气藏储层和产能分析，进一步优化 85 亿立方米产能单井投产方案，提高产能建设质量；加强大湾区块储层评价和预测，优化新钻井的地质和工程设计，提高设计符合率。二是抓好钻井和试气作业。制定切实可行的技术措施，强化重点工序的监控，加大技术应用力度，确保施工质量和施工安全，达到设计要求。三是抓好集输工程、净化厂工程建设及试运投产工作。加强操作规程培训，落实岗位责任制，加强现场管理和安全运行，确保上半年一期投产运行，年底全部达到投运条件。四是抓好事故预防和控制。加强工程抢险抢修能力建设，完善应急预案，控制事故发生，降低安全环保风险。

（四）持续优化提高，努力做强做大石油工程

中原油田的石油工程队伍已被中国石化集团公司树为"标杆"。我们要从管理体制、运行机制、技术集成、队伍建设等方面，认真进行总结和完善，持续创新，提升标准，不断优化市场、人才、装备、技术等资源，逐步打造一支管理科学、作风过硬、技术精湛、经营高效、具有较强国际竞争力的石油工程队伍。一是为东濮老区勘探开发提供保障。完成钻井、作业老旧设备的更新改造，提高施工效率；配套完善薄层水平井、深层 5″套管开窗侧钻能力，全年实施 50 口井；配套完善深层低渗油藏剩余油监测施工能力，加大复杂事故井大修力度，最大限度地提高老油田挖潜效果。二是为川东北勘探开发提供支撑。配套提升气体钻井、超深水平井钻井能力，满足元坝勘探评价和普光滚动勘探开发的需求；配套完善高含硫气田气井测试和水平井分段压裂能力，满足普光气田投产需要；加强高含硫气藏动态监测和安全修井前期研究，为生产阶段做好技术准备。三是为西北、东北重点建设项目提供优质服务。集成配套超深井钻井、防斜打快、井壁稳定的技术能力，解决西部地层埋藏深、垮塌严重、山前高陡易斜的钻井难题，提高钻井速度，确保工程质量；完善配套水平井钻井、分支井钻井、控压钻井配套能力，满足东北新区的勘探

开发需要。四是做强做大海外事业。要进一步加大走出去步伐，在市场变化中把握商机，拓展石油工程的发展空间。努力提升沼泽地物探、巨厚盐膏层钻井和特殊结构井钻井配套能力，加强队伍管理、优化组织方式、提高员工素质，优化调整市场目标，做稳做好苏丹、沙特、也门、哈萨克斯坦等项目，拓展石油工程技术总承包、地面工程 EPC 总承包的综合服务能力，进一步提升海外竞争实力。

（五）坚持优质服务，提高社会化管理水平

油田社区是勘探开发的大本营，是石油工程的大后方。要进一步强化管理，突出服务，发挥好社会化服务的保障作用，筑牢油田和谐稳定的基础。一是加快住房建设。13 栋在建住宅楼上半年竣工验收，抓好 40 万平方米经济适用房工程建设。二是完善基础设施。对基地和前线社区的基础设施项目进行统筹安排，重点解决好道路破损、污水垃圾处理不配套、部分饮用水水质和供暖质量不稳定、文体设施不完善等突出问题。实施绿化提档升级改造，环境卫生保持国家卫生城市标准，园林绿化保持全国模范单位称号。三是提升社会化服务水平。搞好公安、保卫、保安、民兵四位一体的联防，把治安防范措施落到实处；完善“440”管理体系，改进社会化服务质量考核机制；积极争取再就业优惠政策，加大就业指导培训力度，进一步扩大社会就业。四是帮扶困难群体。及时为低保户发放低保金，深入开展“金秋助学”活动，确保“三不”目标的实现。加大对生产一线、外闯市场职工的慰问服务力度，组织做好外闯市场家庭子女的教育工作，努力为他们解决现实困难。

四、主要保障措施

要紧紧围绕确定的工作目标，进一步强化保障措施，以进取的状态、创新的精神、务实的作风，认真抓好工作落实，全面完成生产经营等各项任务。

（一）以安全发展、清洁发展为目标，筑牢安全环保工作基础

全面推进 HSE 管理。牢固树立“一切事故都可以避免”的理念，深入开展危害识别与风险评估，完善程序、规范管理、定期审核，真正把防范措施落到实处。深入开展“我要安全”和“转观念、正作风、强责任、抓基础、上水平”活动，大力加强安全文化建设。突出制度严密、贴近生产、便于操作的原则，完善 HSE 管理体系，健全实施程序、管理制度、技术标准、操作规程，做到工作有标准、实施有步骤、考核有依据，实现由偏重事故控制、事后处理向注重本质安全、事前预防和 HSE 系统化管理转变。

加强监督管理。建立横向到边、纵向到底的监管体系，形成发现、报告、治理的长效机制。抓好重点领域、直接作业环节和要害部位的监管，实现全员、全过程、全方位受控。加大安全检查力度，突出承包商和分包商检查，严格井控管理和硫化氢防护，确保万无一失。完善应急预案，加强应急演练，提高处置突发事件的能力。认真落实中国石化集团公司和油田境外公共安全管理办法，加强施工区域安全评估，提高现场武装保卫能力和防护标准，确保海外事业的公共安全。

严格责任追究。各单位是安全环保的责任主体，各级业务管理部门是安全环保的管理主体，各级安全环保部门是监督主体，基层员工是执行主体，党政“一把手”要切实担负起第一责任人的责任。要层层分解目标，逐级落实责任，真正把工作重心前移到生产现场、重要岗位和每名员工，做到安全环保职责向全员覆盖，安全监控向全过程覆盖，安全管理向全天候覆盖。认真落实“十大禁令”，严格执行《中原油田生产安全事故管理与责任追究规定》、《安全环保监督管理考核办法》，加大对违章和事故的责任追究力度，发生生产、设备或人身伤亡事故的责任单位，要在规定时间内上报，并接受职工代表的听证。发生死亡和重伤的，严格追究相关责任人的行政和法律责任，扣减业绩工资及班子成员年薪；死亡和重伤人数超标的，事故单位领导班子要深刻检查，主要责任者要引咎辞职或解聘、免职，切实解决执规不严、执行不力的问题，避免重大井喷失控、重大伤亡、重大火灾爆炸、重大环境污染、重大质量事故的发生。

抓好节能减排。健全节能减排责任体系、考评体系和技术支撑体系，努力创建资源节约型和环境友好型油田。按照系统优化、区域改造和突出重点、分期实施的原则，重点组织开展马寨、濮二、胡状 3 个注水系统和濮城 6 千伏线路的改造；积极实施节约天然气、供热循环硫化床等节能改造，扩大网电钻机的应用规模，年技措节能 4 万吨标准煤，实现环保“六项”达标。

（二）以完善机制、精细管理为手段，进一步提高整体经济效益

完善运转高效的管理机制。一是建立油田一体化管理运行机制。按照中国石化集团公司党组“一体化管理”的要求，逐步形成统一管理、市场运作、分块核算、协调发展的工作机制，优化资源配置，规范关联交易，落实经营责任，提高管理效益，推动油气主业、石油工程、社会化服务三个板块有序发展。二是推行和提升油藏经营管理五项运行机制。完善开发调整措施评价办法，加大量化考核力度。三是完善普光分公司运作机制。针对普光气田进入工程施工深度交叉、建设和投产并行的阶段性特点，以普光分公司为责任主体，推进项目化管理、市场化运作、社会化服务，统筹协调，科学组织，确保工程建设和试气投产安全、协调、规范、有序。四是完善石油工程技术服务区域一体化管理运作机制。强化市场管理、资金运筹、制度规范、组织协调“四个统一”，国内外区域市场实现联动协调发展、整体推进。五是完善社会化管理运行机制。对经营性、服务性、事业性业务，按照“分开运行、分开核算、分开考核”的要求，健全内部价格和标准体系，实行企业化经营，模拟市场化运作，规范开支渠道，促进增收节支、降本减费。

深化全面预算管理。继续把挖潜增效作为一项突出任务，牢固树立过紧日子的思想，发扬“干毛巾也要拧出三滴水”的精神，积极开展“找差距、挖潜力、精细管理增效益”活动，严格全面预算管理，增强预算的严肃性和约束力。勘探局从增收节支两方面入手落实预算任务，石油工程板块在进一步优化市场结构基础上，力争超额完成增收增效 1.65 亿元；细化单井、单项目支出管理，开展厉行节约活动，压缩非生产性支出，实现降本 1 亿元。分公司按照“优化、降本、减

费”落实安排预算，优化产量、工作量结构，严格控制外协研究项目、外协技术服务项目、特殊作业和高成本措施工作量，降低采购、单耗和作业成本，压缩非生产性支出，实现降本增效2亿元。提高经济活动分析的有效性，及时发现解决生产经营中的突出问题，确保预算任务完成。

切实加强项目管理。围绕生产经营管理重点和难点，抓好各类投资、维修、成本项目的论证、立项、控制、评估，加强成本费用、利润指标和投资回报考核。严格按项目管理模式运行，组建勘探增储、产能建设、重点区块调整治理、钻井提速、降低低效作业、节能减排、降本减费、应收账款清理、青苗赔偿费等项目组，严格过程管理，加强奖惩激励，切实控制好发现成本、开发成本和生产成本。

严格经营过程监督。坚持以内控制度、审计监督、效能监察、财务稽核、法律事务联动为重点，规范问题多发环节和外部项目业务流程，加大外协项目、外部项目、物资采购、安全费用、工程维修、青苗赔偿等方面的审计和效能监察力度，进一步规范经营管理行为。

（三）以科技创新、信息化建设为重点，切实增强油田竞争实力

一是以实施国家科技重大项目“高含硫气藏安全高效开发技术”和“四川盆地普光大型高含硫气田开发示范工程”为契机，开展高含硫气藏地质工程、安全钻井完井、采气工程、集输工艺与安全控制的技术研究，形成普光气田气藏描述、开发技术政策优化、安全优快钻井、采气工程、集输工程、天然气净化配套技术，以及气田开发的技术规范与标准。二是以国家重大专项“东濮凹陷精细勘探关键技术”研究为重点，深入开展精细地质模型研究、油气资源潜力再认识、油气成藏机制与富集规律及增储领域研究、勘探目标精细评价，分区带分层系精细解剖东濮凹陷，形成与勘探对象相适应的技术系列，力争“十二五”期间继续保持新增探明储量的稳定增长。三是以大幅度提高采收率为主线，深化油藏的再认识，开展薄互层改造、空气泡沫驱油、高温抗盐表面活性剂等技术攻关，完善配套深层开窗侧钻等技术，推广应用复杂断块水平井等技术，形成不同类型油气藏提高采收率技术系列。四是以打造石油工程铁军为目标，按照“先进、配套、高效、适用”的原则，加强综合技术研究，完善超深井钻井、气体钻井、分支井钻井、复杂结构井钻井、测井和射孔、复杂地表地震、大型酸化压裂等技术，增强石油工程技术对勘探开发的推动能力。五是以提高信息化程度为手段，按照统一规划、统一标准、统一建设、统一管理的原则，整合勘探、开发、工程等信息资源，实现资源共享，进一步发挥信息化在生产经营管理中的作用。

（四）以夯实管理基础、提高执行力为关键，促进“三基”工作不断深化

“三基”工作是石油行业的好传统、好作风，是推进企业发展的“传家宝”。面对新形势、新任务，要按照中国石化集团公司抓组织、抓思想，抓责任心、抓执行力，抓练兵、抓培训的要求，创新内容和方式，练真功、见实效。

深化基层建设。以基层党组织建设和班组建设为重点，加强基层干部、员工队伍的理想信念、职业道德、企业文化、安全环保、员工守则教育，培养一支事业心强、作风过硬、技术精湛、敢抓敢管的基层干部队伍和爱岗敬业、勇于创新、拼搏奉献的职工队伍。加强“两堂一舍一室”管理，进一步改善一线职工的工作生活条件。

深化基础工作。搞好岗位责任制的修订，统一基层工作标准，严格监督检查，抓好制度落实，增强员工责任心，提高基层执行力；全面推行文本化管理，结合ISO体系、HSE管理体系和内控、ERP系统的要求，梳理修订基层规章制度；推行现场标准化、操作标准化、班组标准化的“三标”管理，严格程序，规范操作，切实提高工作效率。

深化基本功训练。以提高队伍的管理水平、技术素质和施工操作能力为目标，规范基层队伍和班组培训教育，大力开展形式多样的劳动竞赛、技术比武，培养一专多能的复合型基层人才队伍。围绕提高实战能力，加强采油、钻井和作业人员的班组培训；根据国际项目需求，培训在岗人员1000人、后备人才400人、外籍雇员1000人；适应普光项目开发需要，培训各类骨干人员1000人次。新员工、转岗员工安全培训率达到100%。

（五）以优化结构、提高素质为主线，大力加强三支人才队伍建设

优化员工队伍结构。通过社会引进、选拔培养等方式，合理补充主体工种技能操作人员。推行员工动态管理，通过素质测评和业绩考核，完善配套政策，建立“三大板块”人员合理流动机制，优化用工配置。调控用工总量，坚持用工和费用“同口径、双控制”，严禁计划外用工；严格落实工作制度，优化劳动组织形式；加强劳务派遣用工监管，不断规范用工管理。

畅通员工成长通道。落实专家人才选拔办法，加强技术首席、技术专家和优秀人才的选拔管理，加大优秀操作人才的培养晋升力度，进一步创新科技人才动态管理机制，形成层级合理、比例协调、管理规范的职位序列，确保成长有通道、发展有空间、贡献有激励。

深化分配制度改革。按照中国石化集团公司部署，搞好基本工资制度改革，合理设置三支队伍职位序列，优化工资结构，完善工资增长机制。建立高层次人才中长期激励机制，完善各类人员考核分配机制，形成兼顾公平性和竞争性的薪酬体系。

（六）以推动发展、促进和谐为根本，持续提升党建和思想政治工作水平

扎实开展深入学习实践科学发展观活动。按照党中央的要求和集团公司党组、河南省委的统一部署，认真组织深入学习实践科学发展观活动，进一步把油田上下的发展积极性引导到科学发展上来，把科学发展观贯彻落实到油田改革发展稳定的各个方面，创新发展理念，破解发展难题，提高发展质量，努力推动油田在科学发展的道路上迈出新的步伐。

凝聚推进科学发展的强大力量。加大形势任务教育力度，引导职工认清形势，直面挑战。深化群众性创新创效活动，激励职工建功立业。总结推广井站文化，深入开展石油工程系统文化建设，用文化力提升发展力。广泛开展“正风气、尽职责、讲节约、保安全、比贡献”活动，引导干部职工以高度负责的态度履行岗位职责、做好各项工作。

以改革创新精神加强党建工作。深入开展“四好”班子创建活动，抓好思想政治建设，建立“双促”、“抓促”活动长效机制，加大干部培训力度，加强干部监督管理，努力建设能够担当发展重任的领导班子和高素质干部队伍。抓好《党的代表大会代表任期制试行办法》的贯彻落实，深化党建示范点创建活动，探索建立“双建”工程管理体系，完善党组织设置方式，加强党员分类管理，切实增强基层党组织的凝聚力和战斗力。加强反腐倡廉建设，认真贯彻落实油田《惩防体系2008—2012年工作规划》实施细则，拓展源头防治腐败领域。

进一步加强企业民主管理。健全职工代表参政议政制度，完善职工代表培训、巡视和联系制度，通过民主议事会、职工恳谈会等方式，构建开放互动的沟通渠道，充分发挥各级代表的联络员、宣传员和监督员作用。坚持把厂务公开贯穿于生产经营全过程，确保职工群众知厂情、议厂事、参厂政、督厂行。大力宣贯劳动法律法规，健全劳动关系预警和调处机制，认真落实带薪年休假制度，发挥劳动合同、集体合同和职代会制度在维护职工利益中的积极作用，创建更加和谐的劳动关系。

营造和谐安定的良好环境。深入实施精神文明建设“六大工程”，着力提升职工素质，持续优化人居环境，扎实推进平安建设，繁荣群众文化生活，落实职工民主权利，完善生活保障体系，巩固和发展精神文明创建成果。健全调查研究、职工思想动态分析等制度，进一步完善信访考核办法，狠抓维护稳定各项措施的落实，确保油田大局稳定。

各位代表、同志们，新形势孕育新机遇，新挑战激发新动力。我们坚信，有中国石化集团公司党组的正确领导，有地方各级党委政府的大力支持，有广大干部职工的共同努力，有离退休老同志和职工家属的关心支持，我们一定能够战胜前进道路上的困难和挑战，一定能够夺取生产经营和各项工作的新胜利，一定能够开创油田持续有效和谐发展的新局面！

立足中原 走出中原 发展中原
不断提升石油工程综合竞争实力

——中原油田在中国石化集团公司“打造石油工程铁军现场会”上的发言

(2009年5月14日)

中原油田石油工程队伍坚持服从服务于中国石化集团公司国际化经营战略、服从服务于中国石化集团公司重点项目建设、服从服务于油田勘探开发，大力推进科技进步和管理创新，勘探开发保障能力和市场综合竞争实力不断增强。“十一五”以来，累计收入403亿元，其中国际市场收入100亿元，年均增幅分别达49.6%和45.6%。油田连续9年跻身全国对外承包工程企业30强，连续9年荣获河南省“外经业务完成营业额企业状元”、“实施走出去战略先进企业”等称号，2007年进入国际工程承包商100强。

一、大力实施“走出去”战略，积极拓展生存和发展的空间

中原油田共有各类石油工程队伍596支，其中钻井队210支，钻井技术服务队52支，地震队12支，测井、射孔队77支，录井队98支，井下特种作业队伍50支，地面建设队伍97支。拥有甲级队102支、乙级队215支，用工总量26883人，其中高级工程师835人、工程师和技术员5778人，高级技师、技师610人，高级工4373人。固定资产原值55.69亿元，装备6695台套。数字地震、钻机、压裂、作业机、测录井、固井、地面施工等重大装备651台套。目前，油田内部有150多支队伍为勘探开发提供保障，国内有300多支队伍分布在28个省市、自治区的石油和社会市场，基本形成西南、西北、东北、华北四大市场；海外有110支队伍在苏丹、沙特、也门、哈萨克斯坦等10个国家从事工程技术服务，基本形成中东、中亚、非洲、南美、东南亚五大区域市场。油田内部、国内外部和海外市场的收入比例为3:4:3，形成了“三足鼎立”的发展格局。

中原油田石油工程的发展，经历了探索起步、快速扩张、优化发展三个阶段。“十一五”以来，我们进一步增强责任意识，紧跟中石化资源战略和国际化经营战略，把工作重心由市场扩张转移到加强管理、增强后劲上来，持续优化市场、优化队伍、优化装备，积极转变发展方式，努力提高发展质量，市场化、国际化经营水平显著提高，呈现出四个新局面。

一是市场开发层次持续提升。坚持从低效市场向高效市场转移，从单一服务向综合承包转变，从分散经营向规模经营发展，境外90%以上项目来自欧佩克成员国和跨国石油公司，国内以中石化、中石油重点勘探开发区域为目标，市场结构发生了深刻变化。尤其是国际市场，在国际石油工程公司、国际勘探开发公司的大力支持下，充分依靠和发挥中国石化的综合竞争优势，新签合同额和价格每年都有新提高，成为沙特阿美、法国道达尔等国际大公司的战略合作伙伴。

二是市场规模效益持续提升。坚持以经济效益为中心，积极实行“三个并重”，即由重经济规模转变为规模与效益并重，由重收入增长转变为收入与现金流并重，由重市场开发转变为开发与管理并重，经营成果的安全性显著增强。“十一五”以来，市场收入年均增幅近50%，年人均创收增加35.76%，净资产收益率、资本保值增值率、成本费用利润率年均提高2~4个百分点。

三是综合竞争实力持续提升。建立了统一管理的市场体系、统一运筹的资金体系、统一规范的制度体系、统一协调的组织体系，实现了区域化管理、一体化运作；加强三支队伍建设，实行“人才国际化、用工当地化”，锻造了一支作风过硬、纪律严明、攻坚啃硬的石油工程队伍；研发了适应国内外市场需求的八大技术系列45项特色技术，配套了适应不同市场需求的装备系列。

四是市场品牌形象持续提升。“十五”以来，承钻国内外“1”字号重点探井129口，创国家和中国石化集团公司高指标和新纪录72项，获省部级以上荣誉称号32项。中国大陆科探1井实现了“双孔合一”，钻井取芯创出多项世界最新纪录；在塔河、鄂尔多斯、长庆、大庆、吉林、青海等油气田，创造了一系列新纪录。承建甬沪宁管道、大西南成品油管道、西气东输和川气东送管道以及塔里木沙漠公路等一批重点项目，创出了精品工程。在苏丹，连续打出10口高产井，被誉为“王牌钻井队”和“最值得信赖的公司”，沼泽物探和管道施工创出了新的品牌；在也门，连续打出5口千吨井，被甲方誉为“幸运钻井队”；在沙特，有10项关键作业指标居阿美公司钻修井承包商前列；在哈萨克斯坦刷新多项钻井新纪录。

二、牢固树立“四种意识”，强化以效益为中心的发展理念

教育和引导干部职工牢固树立四种意识，促进了由求生存到谋发展的转变。

一是牢固树立忧患意识。“八五”以来，油田油气产量进入递减期，石

油工程队伍三分之二处于停工状态；按陆上油田油气当量100万吨平均1万名职工计算，油田富余5万人。为了解决油少人多的矛盾，探索资源型企业持续发展的新路子，油田上下增强忧患意识，大力弘扬“为生存而超越”的精神，石油工程队伍义无反顾地走出中原，全方位、大力度、快节奏地开拓国内外市场，依靠顽强的作风和成本、技术等比较优势，度过了艰难的起步阶段，在国内外市场占有了一席之地。在石油工程发展壮大的同时，我们始终保持清醒的头脑和强烈的忧患意识，适时进行市场优化，逐步向发展前景好、潜力大、运作规范的市场调整，保持了良好的发展态势。

二是牢固树立效益意识。建立以效益论英雄、干部能上能下、工资能升能降的动态管理机制，各专业化公司和基层队成为自主经营、自负盈亏、自我约束、自我发展的市场主体和经营主体。建立以效益为中心的考核兑现机制，先后有5位专业化公司的经理因完不成效益指标被调整工作岗位。专业化公司由“饥不择食”向“挑肥拣瘦”转变，坚持资信低的业主不合作、资金回收难的工程不承揽、不盈利的工程不投标的“三不原则”，各基层队由只干不算到先干后算再到先算后干，由不关心经营结果变为及时掌握盈亏状况，增强了提高效益、降低成本的自觉性。

三是牢固树立发展意识。我们始终坚持把石油工程作为支柱产业来发展，明确了“立足中原、走出中原、发展中原”的思路，提出了“规范管理、互利互赢、扎根海外、长远发展”的理念，坚持用国际经营的思想、国际公司的标准规范石油工程队伍行为，加大人才、技术、装备投入，努力打造一支具有较强国际竞争力的石油工程铁军。2007年又明确提出“举全油田之力”打造上游“长板”，发展海外石油工程事业。随着队伍的成熟和竞争力的提高，经济增长动力由投资驱动型转为管理驱动型，由量的扩张转向质的飞跃。

四是牢固树立责任意识。继承和发扬石油石化工业的优良传统，以保障国家能源安全，服务集团公司资源战略、国际化战略和重点项目建设，推进油田持续有效发展为己任，努力提高保障能力。多年来，我们把立足中原作为石油工程队伍发展的根基，强化生产组织、技术进步、装备更新和人才培养，促进了东濮老区勘探开发目标的实现。认真贯彻落实国家“稳定东部、加快西部”战略部署，抽调精兵强将，动用专业化队伍近百支，在西部打出了一批优质高效井，累计钻井607口、进尺264万米。在中石化西部产能建设和增储上产会战中，荣获“突出贡献奖”和“突出贡献模范奖”。积极响应中国石化集团公司会战川东北、决战川东北、决胜川东北的号召，从各市场快速调集队伍50多支，其中钻井队25支，打出了普光1井、元坝1井、新清溪1井等一批重点探井。我们组织精干队伍，积极参与石油石化的海外油气勘探开发工作，提供了有力的石油工程支持，扩大了资源份额，拓展了市场空间。

三、着力抓好“三个创新”，初步形成中原特色管理模式

（一）以体制创新为先导，建立精干高效的管理体系。围绕实施“走出去”战略和增强市场竞争能力，我们对管理体制不断进行改革创新和调整完善，形成了有利于石油工程做强做大、持续发展的体制优势。

石油工程管理专业化。在石油系统率先进行全方位、大力度的体制改革，解体“大而全”、“小而全”，实现了办社会部分与生产经营的分离、多种经营与主营业务的分离、辅助队伍与主体队伍的分离。根据生产流程和业务类型，油田层面统一承担办社会职能，对石油工程单位进行重组整合，管理幅度适中、组织精干高效，推行扁平化管理模式，取消三级单位，公司直接管理到基层队伍，提高了生产指挥效率和市场反应能力。通过专业化改造，石油工程系统人员减少40%，业务类型和单位数量减少30%，生产经营的主体地位得到加强，精干了队伍，甩掉了包袱，为轻装上阵闯市场创造了有利条件。

国内市场管理一体化。改变各专业化公司对外部项目的分散管理，建立一体化管理和区域化运作体制，较好地解决了外部队伍管理成本高、协调难度大等问题。在西部、西南地区队伍比较集中的地区，成立西部工委和西南工委，代表油田对外部队伍进行统一指挥协调。对各钻井公司在西南、西北地区的56支钻井队伍进行整合，重组成立2个区域钻井公司，促进了人力、技术、市场资源的优化配置，综合调控得到强化。

国际项目管理公司化。建立“对外经济贸易总公司—海外公司—基层队”垂直管理体系，对外经济贸易总公司代表油田，对国际项目实行品牌、决策、经营、采购、市场布局、生产指挥、技术管理、HSE管理、资金管理、关键岗位和关键设备调配等“十个统一”。海外公司履行所在区域的市场开发、生产组织、队伍管理以及安全、经营、公共关系管理职责。油田各专业化公司作为各施工队伍的母公司，负责提供人才、装备和技术支持，享受项目成果。通过一体化管理，促进了市场资源共享、组织效率提高、管控能力增强。2005年8月至2006年8月，创出了12个月内每半个月有1支队伍、每月有1台钻机出国的纪录，设备配套、装卸发运、人员调整、开工验收等，全部按照合同提前完成。

（二）以机制创新为主导，形成增收增效的经营模式。随着市场规模的扩大，围绕提高运作效率和经济效益，实现内涵式、集约化发展，我们不断健全完善运行机制。

健全内部激励约束机制。将企业、集体、个人利益有机结合，建立经营承包考核评价体系，油田对专业化公司重点考核上缴利润、应收账款、净现金流、安全环保、节能降耗等指标，加大经营业绩与经营者和职工收入、干部使用、年终评先的挂钩力度，严格考核兑现。对境外公司责任人和项目经理实行年薪制，与经营效益、市场开发、HSE管理、应收账款、库存限额等指标挂钩。对基层队实施工程定额考核、日费项目月度考核、大包项目单项目考核，做到公开、透明、及时，调动了职工创收增效的积极性。

健全资源统一调配机制。一是人才统一管理。对国内外项目急需的关键岗位，打破部门、单位和地域限制，在油田范围内公开招聘，为开拓市场提供了人才保证。二是装备统一调配。根据市场对装备的需求，油田在各专业化公司之间及时调配，提高装备利用率，确保合同高效履行。三是物资统一配送。在外部市场设置16个物理

分库，归口管理，区域平衡，节约了资金，降低了库存，提高了保障能力。四是技术统一攻关。成立钻井工程、地面工程等6个专业技术委员会，整合油田技术资源，构建技术攻关与集成机制；在外部市场成立技术专家组和区域联合攻关组，构建实用技术研究配套机制，成功解决了各区域市场的技术难题，适应市场的灵活性、抵御风险的能动性进一步增强。

健全资金集中管理机制。从严控制外部项目开设银行账户，在国内外部队伍比较集中的区域设立5个驻外结算处，依托网上银行，实行集中收支，实现了异地资金的实时监控和远程调度。国际项目严格落实“收支两条线”，强化资金动态监控和统一调配，完善内部制约机制，实行账户限额管理，保证了资金渠道的畅通安全。完善应收账款预警机制，加强债权考核，落实回收责任，对全年应收账款增幅超过主营业务收入增幅的，扣减单位绩效工资和领导班子年薪，改变了重账面收入轻现金回流的现象。

健全外部项目管理机制。依据产值利润、队伍数量、管理难度等，按大型、中型、小型项目进行分类管理，明确机构设置、岗位配备标准和工作职责。加强授权管理和考核激励，定期修订各市场、各区块的单项目、单井成本定额，细化费用控制指标。“十五”以来，我们又率先对国际项目实行成本定额考核，确保了成本费用的有效控制。

（三）以制度创新为引导，增强适应市场的管控能力。结合国内外市场发展趋势，积极推行文本化管理，不断修订完善规章制度，使各项工作有据可依、有章可循、有责可查。

完善符合国际惯例的制度体系。学习借鉴跨国石油公司的经验，建立健全财务经营、物资管理、装备管理、薪酬分配、HSE管理、经营考核等21大类管理制度，将每项工作都纳入到规范化、制度化的轨道。完善合同审查和签字授权制度，整体策划税收方案，做好全员保险和设备保险工作，提高了经营风险防范水平。建立国际化人力资源管理制度，实行招聘、薪酬、奖惩等管理方式的属地化，尊重外籍雇员的风俗习惯，避免了劳资纠纷。2008年油田外籍雇员达到3066人，其中近700人晋升了职位。

完善适应市场发展的制度体系。建立以效益为中心的市场进入、退出和前论证后评估制度，积极优化市场结构，形成区域相对优势，提高了项目创效水平。建立业主资信评价制度，按照信用、经营、逾期付款、环境、风险等指标，实行业主“星级”评价，分级别确定合作意向和风险防范措施。树立精细管理理念，细化合同、质量、成本、劳务分包等管理，为外部项目优质高效运行提供了保证。

完善依法经营管理的制度体系。建立健全生产经营法律风险保障制度，加强对随意决策、违规经营、渎职失察等行为的责任追究。规范29项内控业务流程，细化1092个关键控制点，对8类56项审批权限进行延伸，推动内控工作与日常管理、项目管理的有机融合。健全内控、稽核、审计、纪检监察“四位一体”监督机制，贯彻执行中国石化集团公司11项监督办法，细化制定47项业务监督细则，提高了管控能力。

四、积极培育“三个优势”，促进国内外市场做强做大

（一）培育人才队伍优势，为闯市场增添原动力。近年来，我们立足油田自身、立足实战能力、立足市场需要，充分挖掘人才潜力，坚持培养、使用、引进相结合，初步建成了一支门类齐全、结构合理、素质优良的石油工程人才队伍。

加强培训，提升人才综合素质。对经营管理、专业技术人员，进行先进管理理念和前沿技术培训，提升决策管理和技术攻关的能力。2005年以来，先后选派800多名后备人才到外部项目与成熟人才组成团队，在实战中锻炼能力。加强国际人才与后备力量培训，模拟甲方要求，每年培训4000多人。加强外籍雇员的技能培训，解决其“会干活、干好活”和安全操作、规范操作等问题，适应了当地用工和项目生产需要。建立10个专业培训基地，全员培训率达60%，持证上岗率100%。2005年以来，在中国石化集团公司以上级别职业技能竞赛中，先后获得团体5个第一名、3个第二名，个人17金、13银、12铜的优异成绩。

科学使用，促进人才快速成长。完善以能力和业绩为核心的用人机制，科学设置岗位序列，员工绩效考核与待遇、使用挂钩，2008年有144人晋升高一等级职业资格，70人降低岗位层次，4人被取消出国施工资格。设立国际化人才稳定基金，建立涉外总监选拔管理制度，培养涉外总监39名，畅通了涉外人才成长通道。完善技术专家、优秀人才选拔制度，选聘石油工程首席专家、技术专家59人，建立局、处两级677名优秀人才队伍，在推进技术进步中发挥了重要的带动作用。

择优引进，实现人才有序接替。优化岗位设置，按照市场需求，多渠道择优引进急需人才。一是从社会引进，通过网上发布公告、举办专场招聘会等方式，2005年以来，从北京、上海、西安等地招录各类复合型、高层次人才200多人。二是从院校引进，设立人才引进专项基金，2005年以来，共引进主体专业本科以上毕业生1400多人，博士后研究人员35人，实现了石油工程人才资源的良性循环。海外市场实行人才国际化、用工当地化，近5年国际项目聘用高层管理人才100多人次。

（二）培育特色技术优势，为闯市场增添竞争力。推进技术创新，强化配套集成和成果转化，具备了解决复杂断块油田勘探开发、高含硫气藏开发建设、外部市场优快施工等技术难题的能力。

研发关键技术，突破勘探开发难题。围绕集团公司发展战略和油田生产部署，加强复杂断块地震勘探技术攻关，高精度三维地震勘探达到国内领先水平；攻关水平井钻井、小井眼开窗侧钻、精细分层压裂、复杂井况大修，以及油气层保护、欠平衡钻井液等技术，完善了提高采收率技术系列。近年来，完成5½″套管开窗侧钻160多口；完成水平井250多口，最大水平位移1628米。研发数字图像录井技术，实现含油气性快速评价和岩性准确识别。完善测井技术系列，建立碳酸盐岩、裂缝性砂岩储层解释标准，水平井测井成功率达到98%以上。

应用先进技术，保障普光气田建设。综合应用深层定向钻井、地层防塌、油气层保护等技术，保证了普光气田重点井的顺利钻探和普光气田的成功发现。引进推广气体钻井、防气窜固井等技术，平均钻井周期缩短127

天，固井合格率100%。开发成网固化堵漏、凝胶复合堵漏等技术，解决了地层防漏难题。研发高含硫气井多级分段延时引爆射孔技术，一次射孔井段跨度达594米；配套高温高含硫气层作业暂堵、大规模多级注入酸压工艺，确保了12口井安全试气投产。攻关复杂地形高含硫气田集输、管道施工及焊接技术，保证了施工质量。

集成特色技术，拓宽市场创效领域。健全成果转化激励机制，最大限度地将新技术转化为现实生产力。沼泽地震勘探在苏丹创出品牌，并在厄瓜多尔推广应用。开展深井和复杂结构井优快钻井攻关，“十五”以来，在国内完成5000米以上超深井368口。在沙特完成多底分支井、短半径水平井58口。配套复合压裂、深井大型压裂、水平井分层压裂、煤层气井压裂等技术，满足了不同井型、分段压裂的要求。形成了大型天然气深加工装置设计施工技术系列，相继完成了中石化、中石油、中海油的雅克拉、吐哈、塔里木、桑南、春晓气田以及伊拉克祖拜尔气体处理装置等重大工程。

（三）培育装备竞争优势，为闯市场增添支撑力。坚持控制总量、优化增量、盘活存量，强调先进性、适用性、经济性“三统一”，把市场需求作为装备改造的方向，实现了不同区域市场装备配套的系列化。

加强升级配套，增强市场竞争优势。“十五”以来，更新改造重大装备378台套，淘汰报废了一批老旧装备，新度系数提高到0.61。在中原，重点配套水平井仪器、欠平衡防喷等装备，提高了技术保障能力。在普光，配置高性能钻机以及具有防硫防爆性能的测井、酸压、试气、修井等专项设备，为气田安全高效开发提供了保障。在国内，根据区域地质特点、油层埋深和施工要求，适当补充先进钻机，重点加强原有钻机的改造升级，提高了施工能力和项目效益。在海外，配套先进的电动钻机、发电机组、沼泽物探等装备，适应了高端市场的竞争需要。研发钻机整体拖运装置，井队搬迁时间由100多小时缩短到26小时，被阿美公司誉为“中国速度”。

优化配置结构，促进装备系列配套。一是海外装备标准化。对国际通用标准和业主的具体要求进行研究分析，制定国外施工钻机配置等标准，实现了海外装备标准化。二是钻机改造规范化。按照统一标准、规范配置的要求，实施老旧钻机升级，既盘活了存量资产，又为统一调配、维修和管理提供了便利。三是装备配置系列化。形成了3000～9000米的钻机系列，可满足各种地层、工艺的钻探要求；形成了多级别的压裂车、修井机系列，具备了不同井深、不同地层的压裂、试油、试气、修井和侧钻等施工能力；形成了3000～7000米测井装备系列，为服务勘探开发、拓展国内外市场提供了装备保障。

搞好装备管理，提高市场应变能力。在外部市场建立设备维修服务基地，及时为项目提供备件、配件和设备维修服务。加强装备现场管理，提高了设备运行效率。根据对国际市场发展情况的研究判断，适时适量储备部分大型装备和交货期较长的进口部件，避免影响装备配套错失签约机会，或造成不必要的违约损失。同时，紧跟市场和工艺发展趋势，进行装备升级储备。2006年，经过分析哈萨克斯坦市场需求，提前对大庆130型和ZJ45J型钻机实施技术升级，把握了市场主动权。

五、切实加强“四个保障”，扎实推进石油工程持续有效发展

（一）加强安全环保保障，助推石油工程扩展市场。安全环保是无形资产，是经济效益，更是市场竞争力。我们健全工作体系，建立长效机制，不断强化新条件下的安全环保管理。

健全HSE管理体系。对石油工程系统的1231个施工工序、420个安全关键点进行全面的危害分析，逐项制定防范措施，专业化公司全部通过HSE管理体系认证，在国内外市场全面实现了安全环保管理与国际惯例接轨。中国7号钻井队连续2255天安全生产无事故，创造了沙特阿美公司最高纪录。大力推广应用节能减排技术措施，钻井废弃泥浆无害化处理率、钻井作业废液回收处理率均达到100%。在也门的沙漠戈壁中施工，我们也坚持把垃圾运送到百里之外的处理厂，受到甲方的高度赞誉。

健全责任追究体系。全面修订完善专业化公司2000多个岗位（工种）的安全生产责任制，将各单位安全环保工作纳入单位总体经营考核范畴，与单位领导班子成员绩效工资的30%、全员绩效工资的15%挂钩。管理不力、事故多发单位，党政主要领导和业务分管领导辞职或解聘、直至免职，同时对有关领导、责任人进行高额经济扣款，扣发全员效益工资，切实做到了安全生产与单位经济效益、与员工切身利益、与单位领导职务“三挂钩”。

健全监督管理体系。按照“加强指导、业务管理、区域负责”的原则，实行“1+3”管理模式，油田设立安全环保处，在队伍比较集中的西部、西南和境外设立3个监督管理部门；专业化公司在每个区域市场设立HSE监督站，每个项目部设立安全组，每个基层队设立监督官，全方位、多层次进行监督管理。组织因年龄退出科级岗位的安全环保专业人员，采用不定期、不定点、不通知的“三不”方式，对内外部石油工程队伍进行现场检查，成为安全环保监督管理的有效补充。参照国际市场第三方监督的安全管理模式，推行异体监督，专业化公司选聘HSE监督官，代表公司独立行使监督权。把井控作为监管的重点，配强配好人员和装备，钻井系统连续22年没有发生重大井喷失控事故。

健全风险防范体系。加强对境外员工的教育引导，人手一份HSE管理手册，使员工增强防范意识，掌握防范知识。在海外高风险地区加大物防工作力度，施工现场完善了“深挖沟、高筑墙、瞭望塔、铁丝网、防弹房”5项防范设施，督促甲方按合同标准配备武装保卫人员。把风险防范向应急救援延伸，分级修订完善油田、专业化公司、基层队站、操作岗位四级应急处置预案，分专业建立应急专家库，组建应急抢险队伍，配齐抢险救援物资，建成了国家川东北油气田救援基地，应急抢险能力明显增强。

（二）加强“三基”工作保障，夯实石油工程发展基础。

抓班组，促进基层队伍建设。围绕创建“学习型、安全型、清洁型、节约型、和谐型”班组，重点加强班组长岗位培训，培养了一支技术熟练、作风过硬、事业心强、敢抓敢管的班组长队伍。突出抓好班组标准化建设，按照“三定”方案配齐岗位人员。国际项目实行整建制倒班休假，并利用假期进行集体培训，避免了因为倒班而打乱建制、影响工作效率、安全生产和技能培训的现象，班组实现了规范化、标准化管理，提高了独立作战能力。

练内功，提高岗位操作技能。把技能培训、语言培训和操作规程培训有机结合，采取理论学习、岗位练兵、模拟演练、导师带徒等多种形式，增强了培训的针对性和实效性。加强劳动竞赛组织，细化“优质高效杯”、“创建金银牌基层队”竞赛考核标准，形成涵盖1000余个指标的考核体系；认真抓好日常管理，全面落实月度打分、季度讲评、半年考核、年度验收的考核评比制度，形成了全面抓、人人抓、天天抓的工作格局。

强基础，规范基层制度管理。狠抓基层制度建设，修订完善安全环保、经营核算、物资采购、生活管理等制度40多项。狠抓岗位责任制落实，全面推进基层岗位工作考核，将岗位职责履行情况与业绩考核挂钩，增强了员工的责任心和执行力。抓好“标准化现场、标准化班组、标准化岗位”建设，使岗位职责更加清晰、操作标准更加科学、工作流程更加合理、作业现场更加规范。

（三）加强文化品牌保障，展示石油工程队伍形象。面对激烈的市场竞争，中原石油工程队伍在创造物质财富的同时，注重开展企业文化创建活动，创造了宝贵的精神财富。

以企业文化凝聚战斗力。在继承和发扬石油石化行业优良传统的基础上，积极适应拓展海内外市场的战略需要，大力加强企业文化建设，提炼了新时期中原石油文化理念，形成了指导石油工程事业发展的企业文化体系。主要包括：“创业创新创效，建设和谐油田”的企业宗旨，“为社会创造财富、为企业创造效益、为员工创造价值”的核心价值观，“立足中原、走出中原、发展中原”的发展战略，“建设国际一流石油工程队伍”的发展愿景，“人才培养国际化、人才使用市场化、人才激励多元化”的人才理念，“开放融合、统一规范”的管理理念等。注重企业文化理念的宣传引导，增强了专业化队伍扎根外部市场、实现长期发展的责任感和使命感。在进入塔里木之初，我们以“只有荒凉的沙漠、没有荒凉的人生”为理念，激发了外部将士征战沙漠戈壁的壮志豪情。

以品牌形象提升竞争力。牢固树立品牌意识，统一形象标识、统一品牌管理，外闯市场队伍旗帜统一规范为“SINOPEC－ZPEB”，扩大中国石化品牌的影响力。坚持“规范、诚信、高效”的经营准则和“规范管理、互利双赢、长期发展”的市场理念，注重与甲方建立长期、稳定、互信的合作关系，努力做到干一项工程、树一座丰碑、交一批朋友、拓一片市场、育一批人才。把“创名优工程、树中原品牌”作为拓展市场的重要保证，树立为承建项目“负责一辈子”的思想，让每个工程、每个项目都成为展示油田形象的平台。勇于担负国有企业的政治责任、经济责任和社会责任，密切与当地政府、社区、群众的关系，积极参与助学、解困、扶贫、救灾等公益事业，树立了文明之师、友谊之师的良好形象。

（四）加强思想政治保障，激发石油工程竞争活力。专业化队伍在外部市场特别是在海外市场施工，自然条件艰苦，社会环境复杂，管理难度加大。我们不断探索党建和思想政治工作的新途径、新办法，找准着力点、选准结合点，实现了对外部市场队伍的全面覆盖。

深化教育引导。广泛开展“为国家争光、为石化添彩”，“忠诚石化、心系油田”的思想教育和形势任务教育，宣传油田发展面临的机遇和挑战，宣传打造石油工程铁军、构建长久发展基业的深远意义，组织开展比工程质量、比技术水平、比队伍建设、比经济效益、比运行质量、比安全环保竞赛活动，激发了干部职工干事创业的积极性和主动性。

加强党建工作。坚持基层党组织建设“三同步”，根据施工项目和区域分布建立完善党的组织，队伍走到哪里，党的组织就设置到哪里、党建工作就跟进到哪里、党员作用就发挥到哪里。选拔政治强、威信高、懂生产、会经营的干部到外部项目担任书记，并实行党政正职交叉任职。组织开展“我为党旗增辉添彩”、创建“党员先锋岗”等主题实践活动，引导党员把先进性体现在工作岗位上、体现在排险克难中。制定《闯市场党员干部工作守则》、《“十要十不准”规定》，加大外部项目效能监察和廉政巡查力度，形成了有效的监管机制。

坚持以人为本。在人文关怀具体化上下功夫，实行食堂餐馆化、宿舍宾馆化，让职工吃上可口饭、洗上热水澡、睡上安稳觉。因地制宜开展各种文体活动，为基层队配备卫星电视、影碟机等设备和图书、光盘等物品，丰富职工的精神文化生活。发动青年志愿者、女工爱心帮扶小分队与外闯市场职工家庭结对帮扶，帮助他们解除后顾之忧。

注重典型示范。每年选树一批立得住、叫得响的模范人物来影响和带动职工，2005年以来，石油工程系统涌现出省部级以上先进典型11人、先进集体5个，局级先进典型57人、先进集体70个。组织“外部市场万里行”采访团，奔赴海内外市场，大力宣传干部职工的精神风貌和外闯市场的良好业绩。成立专题报告团，在油田巡回宣传石油工程队伍的先进事迹，形成崇尚先进、学习先进、争当先进的浓厚氛围。石油工程队伍发扬不畏艰难、勇往直前的拼搏精神，敢为人先、追求一流的创新精神，忠诚石化、心系油田的奉献精神，众志成城、同舟共济的协作精神，轻装上阵闯市场、一心一意谋发展。特别是在海外市场的职工，有的先后7次感染“马来热”，有的一年多都没有回国休息，甚至还有的在枪林弹雨中经历了生死考验，但他们从无怨言，始终保持奋发有为、积极向上的精神状态。

各位领导、同志们，近年来，我们虽然取得了一些成绩，但与中国石化集团公司党组对石油工程的新定位、新要求、新目标相比，还有很大差距。今后，我们将在中国石化集团公司的坚强领导下，深入学习实践科学发展观，紧紧抓住这次大会的有利契机，虚心学习兄弟单位的先进经验，找差距、定措施、上台阶、提水平，积极构筑人才、技术、装备“三个高地”，不断精细安全环保、成本费用、生产运行“三项管理”，统筹推进油田、国内、海外“三个市场”，持续提升石油工程板块的保障能力和竞争实力，努力锻造一支作风过硬、技术精湛、经营高效、具有较强国际竞争力的石油工程铁军，打造一个国内一流、国际知名的石油工程品牌，加快推进国际化石油工程技术总承包，为中国石化实施资源战略和国际化经营战略、建设具有较强国际竞争力的跨国能源化工公司作出新的更大贡献。

逐鹿中原创伟业 科学发展铸辉煌

——《中国石化改革发展之路》中原油田专题介绍

（2009年7月）

中原油田位于豫鲁两省交界黄河两岸，主要勘探开发区域东濮凹陷面积5300平方千米，地跨河南省的濮阳、新乡、安阳、开封和山东省的菏泽、聊城6个市12个县区，基地在濮阳市。1975年9月，濮参1井喷出工业油流，宣告中原油田的诞生，1979年投入开发建设。30年来，中原油田在原石油工业部、中国石化集团公司党组和河南、山东省委、省政府的领导下，乘着改革开放的东风，高举邓小平理论伟大旗帜，认真实践“三个代表”重要思想，全面落实科学发展观，解放思想、与时俱进、开拓创新、艰苦奋斗，在昔日的黄河故道、盐碱滩地上建成了我国东部重要的石油天然气生产基地，发展成为集油气勘探开发、工程技术服务、石油天然气化工等多种优势于一体的国有特大型企业。

30年来，共发现油气田21个，累计探明石油地质储量5.76亿吨、天然气地质储量1323亿立方米，生产原油1.23亿吨、天然气396.6亿立方米，上缴税费448亿元，为国民经济建设和石油工业发展作出了重要贡献。2005年，中国石化集团公司把普光气田划归中原油田开发建设，已探明天然气地质储量3812.57亿立方米，2009年可建成105亿立方米产能，极大地增强了中原油田持续有效发展的资源基础。多年来，油田先后荣获全国文明单位、全国“五一”劳动奖状、全国职业道德建设先进单位等多项荣誉称号，发展呈现出速度加快、质量提高、活力增强、效益上升、和谐稳定的可喜局面。

一、精细勘探、科学开发，逐鹿中原作出重要贡献

30年前，正值我国改革开放之初、国家经济建设急需石油的全面发展时期。随着中原油田的发现，数万名石油职工从渤海之滨、松花江畔、巴山蜀水、西北高原、荆楚大地，浩浩荡荡汇集中原，胸怀为国家找油找气、开辟我国石油后备资源的雄心壮志，在吃住困难、道路不通、电信不灵、物资匮乏的情况下，发扬大庆传统和铁人精神，砍去杂草搭帐篷，挖地两米盖地窖，在东濮凹陷5300平方千米的土地上，拉开了全面勘探开发的帷幕。

（一）油气勘探取得良好成果。勘探初期，集中力量以东濮凹陷为主包括外围探区9个凹陷开展油气勘探工作。历经预探、详探和深化勘探三个阶段，迅速迎来了石油天然气地质储量的高速增长。1993年底，累计探明含油面积297.5平方千米、石油地质储量45481万吨，探明含气面积78平方千米、天然气地质储量369.73亿立方米。1994—2000年，在国内风险区块公开招标中，中原油田先后获得了内蒙古白音查干凹陷、陕北富县、新疆塔里木中原探区等7个区块的勘探权。同年，东濮凹陷新增探明石油地质储量3701万吨；白音查干凹陷探明石油地质储量160万吨，控制储量1769万吨，预测储量999万吨；民和与富县等盆地证实了烃源岩，突破了出油关。1995年9月，中原油田承担了苏丹6区的勘探开发项目，成为我国率先进入国际勘探开发市场的油田企业，并取得重大突破。

2004年以来，中原油田与中联煤合作的永利区块上报预测天然气地质储量43.83亿立方米，控制天然气地质储量24.12亿立方米；查干凹陷毛1井试油喜获工业油流，取得重要突破。东濮凹陷三叠系潜山勘探取得重要突破，在东濮凹陷探明石油地质储量7316万吨、天然气地质储量169亿立方米，迎来了油气储量增长的第二个高峰期。普光陆相浅层勘探研究取得重要进展，普光8井区、105井区含气性较好，分布面积大，是下步有利勘探部位。2004—2005年，中原油田获得了也门69/71区块、阿曼36/38区块的勘探权，并取得重大突破。

“十一五”以来，中原油田以科学发展观为指导，认真落实中国石化集团公司“东部硬稳定、西部快上产、天然气大发展”的工作部署，及时转变勘探思路，创新勘探理念，老区以增加优质储量为目标，新区以发现和突破为重点，实施精细勘探和效益勘探，探井成功率从47%提高到53%，储量动用率从57%提高到94%，每年新增探明储量都在1000万吨以上，储量替换率从77%提高到104.3%，促进了油气主业的持续有效发展。

（二）开发建设取得显著成绩。开发建设初期，中原油田针对极其复杂的地质条件，采取滚动勘探开发方式，优先动用埋藏浅、渗透性好、认识程度高的优质储量；实施开发与详探相结合，边开发边认识，兼探深部层系、滚动扩边，逐步完善井网扩建产能；同时不断放大油井生产压差，加快开采速度。五年时间将濮城、文中、文南、文明寨、卫城5个主要油田投入了开发，动用石油地质储量1.35亿吨，建成生产能力300万吨。

根据国家工作重心转移到经济建设上来，急需石油的客观实际，中原油田根据国务院要求，进行了为期3年的科技攻关会战，具备了开发复杂断块、岩性油气藏及复合油气藏的技术能力，极大地推动了油田的高速开发。开发难度较大的文东、文南沙三中、濮城沙三中、卫城沙四等高压低渗和特低渗油藏陆续投入开发，同时

探明和开发了胡状集、桥口、马厂油田。此阶段开发的特点是储量探明快、动用快、产量上升快，5年共投入开发储量1.8亿吨，平均每年投入储量3617万吨、建产能152万吨、增加原油产量84万吨，累计建成原油生产能力762万吨，采油速度保持在2%以上。

1989年开始，面对油田开发新增动用储量减少、含水上升速度加大、原油产量快速递减等困难，中原油田不断深化油藏认识，加强调整挖潜，细分开发层系，提高中差层动用程度；对低渗油藏实施水体改造和高压增注，改善注水状况，加大调剖堵水力度，加强井况防治。至1995年底，累计动用石油地质储量3.78亿吨、可采储量1.14亿吨，采收率30.15%。

为了扭转产量连年下滑的不利局面，中原油田加大滚动勘探和未动用储量评价，加强老区调整挖潜，针对复杂断块油藏平面注采井网难以完善、纵向上水驱动用程度差异大等突出问题，开展以构造研究为重点的精细油藏描述，充分挖掘剩余油潜力。同时加大压裂、补孔等措施挖潜力度，措施强度由上阶段的62%提高到70%，措施年增油量由44万吨增加到53万吨。1996—1998年，实现了原油产量3年400万吨硬稳定。

“十五”以来，针对油藏开发中面临的储量投入不足与保持稳产矛盾突出、开发井网损坏严重与增强油田稳产基础矛盾突出、采油工程技术水平不能适应高含水期老油田精细开发调整需要、石油工程技术不能满足勘探开发需要等四个方面的突出矛盾，中原油田制定了“四三三”开发思路，即实行以产量为中心转变为以效益为中心、以生产运行为中心转变为以油藏经营管理为中心、以上产抢产为中心转变为以增强稳产基础为中心、以油井工作为中心转变为以水井工作为中心的“四个转变”，调整注水、产液、措施产量“三个结构”，强化精细油藏描述、开发井网分类调整、采油工程技术的配套集成和地面工程系统的技术改造“三项工作”，以增强稳产基础为目标，全面推行油藏经营管理。加大了老区分类调整治理力度，重点开展井网恢复和优化重组，实现开发对象的转移；深化滚动勘探开发一体化，加大油藏评价及新区产能建设力度，新区产能建设规模逐步扩大，每年新动用储量从698万吨上升到1398万吨，新建产能从8.3万吨提高到18.6万吨。老油田稳产基础得到加强，开发状况逐步改善，油水井数比由1.8下降到1.59，水驱动用程度由45.1%提高到50.3%，综合含水率基本稳定在89%，自然递减率由24.54%下降到16.34%，年储采比由0.93提高到1.0，阶段储采比0.98。油田开发逐步呈现出稳定生产的态势。

二、安全环保、优质高效，建设普光气田再展宏图

在中国石化南方勘探开发分公司的组织实施下，普光气田勘探取得了重大突破。2003年7月30日，中原油田承钻的普光1井获得工业气流，发现了普光气田。这是目前国内发现的规模最大的海相整装气田，位于四川省宣汉县，区域构造在大巴山推覆带前缘褶断带与川中平缓褶皱带相接处，矿权区面积1116平方千米，天然气资源量8916亿立方米。已探明天然气地质储量4050.79亿立方米，其中，普光主体探明天然气地质储量2782.95亿立方米，大湾气藏累计上报探明天然气地质储量1015.99亿立方米，毛坝气藏4、6井区探明天然气地质储量251.85亿立方米。

以川东北普光气田开发为龙头的川气东送工程被列为国家“十一五”重点项目，是继西气东输、三峡大坝、南水北调、青藏铁路之后的又一重大工程。2005年以来，在国家川气东送工程建设领导小组和中国石化集团公司党组领导下，中原油田调集60多支队伍、4000多名职工和一批优良装备投入到川东北会战，设立普光分公司，建立完善了“油公司”管理体制和运作机制，严密组织，精心施工，各项重点工作均按计划优质高效运行。经过3年多的开发建设，普光气田已全面进入试气投产阶段。2009年8月，实现一期20亿立方米/年天然气生产能力的投产。同年年底，陆续实现105亿立方米/年生产能力的投产。

（一）开发方案不断优化。根据实钻情况，在不断提高认识的基础上，结合国外考察成果和最新地质认识，对普光主体开发方案和大湾、毛坝区块初步开发方案进行了多次优化。《普光气田主体开发调整优化方案》于2008年3月编制完成并通过中石化专家组评审，动用储量1811亿立方米，部署开发井39口，平均单井配产80万立方米/日。气田产能按2个台阶稳产，第一年105亿立方米/年，采气速度5.8%；从第二年开始73亿立方米/年，采气速度4%，预测稳产期9年。《普光气田大湾区块开发优化方案》于2008年4月编制完成并通过中石化专家组评审，动用储量1160亿立方米，部署开发井15口，平均单井配产86万立方米/日，产能37亿立方米/年，采气速度3.2%，预测稳产期9年。

（二）工程建设进展顺利。普光主体钻井工程已开钻38口、完井37口、正钻1口，累计完成钻井进尺23万多米；大湾区块已开钻4口，累计进尺17万米，2010年6月底全部完成该区块的钻井工作。集输工程一期20亿立方米3座集气站、1座污水站、1座集气末站，6.82千米酸气管道、10座管道阀室、1条隧道穿越，2处大开挖穿越、3处桁架跨越，均已竣工。二期85亿立方米集输工程主要包括13座集气站、15个平台、19座阀室、4条隧道穿越、23处跨越、30.18千米酸气管道，2009年第三季度将全面完工。净化厂工程搬走山峰4座，填平山谷3个，改造河流1条，平整山地3402亩，挖填土石方4080万立方米，相当于三峡工程的三分之一。共建设6套联合12列天然气净化装置，具备单列处理能力300万立方米/日、总处理能力120亿立方米/年及240万吨/年硫黄生产能力。配套的变电所、净化水场及消防泵站、水处理及凝结水站、污水处理场、循环水场、动力站、空分空压站、紧急疏散广播系统、通信系统等公用工程，已全部竣工并投入使用。

（三）投产准备有序运行。试气作业安全推进。一期20亿立方米/年产能建设试气投产9口井，单井配产80万~100万立方米/日，共配产830万立方米/日，2008年11月底圆满完成试气作业任务，全面达到方案配产指标。二期85亿产能投产29口井，单井配产40~135万立方米/日，共配产2352万立方米/日，2009年9月将全部完成，已试气井获高产工业气流。污水回注工程提前运作。气田稳产期

平均日需回注污水568立方米，设计回注1井、普光11井、大湾3井，毛开1井作应急备用井，以上井已于2009年9月竣工投用。

（四）应急救援能力逐步增强。普光气田具有储量丰度高、气藏压力高、硫化氢含量高、二氧化碳含量高、气藏埋藏深等“四高一深”的特点，海拔300～900米左右，气候温暖潮湿多雨，雨季极易发生山体滑坡等地质灾害，开发生产的安全风险大。为适应开发建设需要，2008年建成投用应急救援中心，目前已配置消防坦克、强风抢险车等国内一流的先进装备55台，各类抢险器材217余种，具备了“气防、消防、医疗救护、环境监测、泥浆配送、应急广播疏散、工程抢险”等功能，可处置井喷失控、硫化氢泄漏、火灾、爆炸、自然灾害等事故，成为全国4个油气田救援基地之一。环境监测站可开展七大类60多个项目的监督与应急监测，于2009年3月通过了国家实验室计量认证和质量认证。

中原油田坚持开发建设与环境保护并重的原则，以维护生态环境为前提，以保障普光气田高效开发为目标，以井控和气防为重点，以强化全过程监督为手段，科学施工，优化设计，清洁生产，加大防治污染力度，努力把普光气田打造成为“福祉工程”、“生态工程”、“安全工程”，保护了川东北的青山绿水。

三、走出中原、发展中原，扬帆四海创出辉煌业绩

1988年，中原第一支钻井队参加塔里木会战；1992年，巴基斯坦55号公路项目拉开了中原油田进军国际市场的序幕。多年来，石油工程队伍转战大江南北，角逐世界石油工程市场，逐步发展壮大，国内外部形成了西南、西北、东北、华北等四大区域市场，海外形成了非洲、中东、中亚、东南亚、北美五大市场格局。

（一）牢固树立四种意识。一是牢固树立忧患意识。“八五”以来，油田油气产量进入递减期，石油工程队伍三分之二处于停工状态。面对油少人多的矛盾和生存的危机，石油工程队伍全方位、大力度、快节奏地开拓国内外市场，依靠顽强的作风和成本、技术等比较优势，度过了艰难的起步阶段。在石油工程发展壮大的同时，中原油田始终保持强烈的忧患意识，适时进行市场优化，保持了良好的发展态势。二是牢固树立效益意识。建立以效益论英雄、干部能上能下、工资能升能降的动态管理机制，各专业化公司和基层队成为市场主体和经营主体。建立以效益为中心的考核兑现机制，坚持资信低的业主不合作、资金回收难的工程不承揽、不赢利的工程不投标的“三不原则”，增强了专业化队伍提高效益、降低成本的自觉性。三是牢固树立发展意识。始终坚持把石油工程作为支柱产业来发展，明确了“立足中原、走出中原、发展中原”的思路，提出了“规范管理、互利双赢、扎根海外、长远发展”的理念，坚持用国际经营的思想、国际公司的标准，规范石油工程队伍行为。2007年，明确提出“举全油田之力”打造上游“长板”，发展海外石油工程事业。四是牢固树立责任意识。以保障国家能源安全，服务集团公司资源战略、国际化战略和重点项目建设，推进油田持续有效发展为己任，努力提高保障能力。

（二）着力抓好“三个创新”。一是坚持体制创新。从1994年开始，在石油系统率先解体“大而全”、“小而全”，实现了办社会与生产经营、多种经营与主营业务、辅助队伍与主体队伍的分离，形成了扁平化管理架构，建立了专业化的管理模式。在队伍比较集中的外部市场成立西部工委和西南工委，促进了资源的优化配置，形成了国内市场一体化管理的模式；建立“对外经济贸易总公司—海外公司—基层队”垂直管理体系，对国际项目统一组织管理，国际市场在项目部管理的基础上，形成了公司化管理模式。二是坚持机制创新。健全激励约束机制，境外公司责任人和项目经理实行年薪制，基层队实施定额考核、日费项目月度考核、大包项目单项目考核。健全资源统一调配机制，在油田范围内公开招聘项目急需的人才，统一调配市场需求的装备，在外部市场设置物资分库，成立专业技术专家组，适应市场的能动性进一步增强。健全资金集中管理机制，国内外部市场设立5个驻外结算处，国际项目严格落实收支两条线，完善应收账款预警机制，实现了异地资金的实时监控和远程调度。三是坚持制度创新。完善符合国际惯例的制度体系，学习借鉴跨国公司的经验，建立健全财务、薪酬、考核等21类管理制度，将每项工作都纳入到规范化、制度化的轨道。完善适应市场发展的制度体系，建立以效益为中心的市场进入、退出和前论证后评估及业主资信评价制度，为项目高效运行提供了保证。

（三）积极培育“三个优势”。一是培育人才优势。对管理、技术人员进行先进理念和前沿技术培训，强化国际人才与后备力量培训，加强外籍雇员的技能培训，全员培训率60%，持证上岗率100%。完善以能力和业绩为核心的用人机制，建立涉外总监选拔制度，完善技术专家、优秀人才选拔制度，培养涉外总监39名，选聘石油工程首席专家、技术专家59人。多渠道择优引进急需人才，招录社会各类复合型、高层次人才200多人，引进主体专业本科以上毕业生1400多人、博士后35人，海外市场实现了人才国际化、用工当地化。二是培育技术优势。围绕中国石化集团公司发展战略和油田生产部署，研发了适应国内外市场需求的八大技术系列45项特色技术，提高了石油工程的综合竞争实力。三是培育装备优势。“十五”以来，更新改造重大装备378台套，新度系数提高到0.61。坚持海外装备标准化，钻机改造规范化，装备配置系列化，形成了3000～9000米的钻机系列，形成了多级别的压裂车、修井机系列和3000～7000米测井装备系列。

（四）切实加强“两个保障”。一是加强文化品牌保障。统一形象标识、统一品牌管理，扩大中国石化品牌的影响力。坚持“规范、诚信、高效”的经营准则和“规范管理、互利双赢、长期发展”的市场理念，注重与甲方建立长期、稳定、互信的合作关系。树立为承建项目“负责一辈子”的思想，让每个工程和项目都成为展示形象的平台。二是加强思想政治保障。广泛开展“为国家争光、为石化添彩”，“忠诚石化、心系油田”的思想教育，激发了干部职工干事创业的积极性。坚持队伍走到哪里，党的组织就设置到哪里、党建工作就跟进到哪里、党员作用就发挥到哪里，组织开展“我为党旗增辉添彩”、创建“党员先锋岗”等主题实践活动，党员作

用得到较好发挥。

经过多年发展，中原油田的国内外市场呈现出四个新局面。一是市场开发层次持续提升。境外90%以上项目来自欧佩克成员国和跨国石油公司，国内以中石化、中石油勘探开发区域为目标，无论经济总量、市场结构还是经营质量，都发生了深刻变化。尤其是国际市场，新签合同额和价格每年都有新提高，成为沙特阿美、法国道达尔等国际大公司的首选合作伙伴。二是市场规模效益持续提升。坚持以经济效益为中心，积极实行“三个并重”，即由重规模转变为规模与效益并重，由重收入增长转变为收入与现金流并重，由重市场开发转变为开发与管理并重，经营成果的安全性显著增强。“十一五”以来，市场收入年均增幅45%以上，年人均创收增加35.76%，净资产收益率、成本费用利润率年均提高2~4个百分点。三是综合竞争实力持续提升。实现了区域化管理、一体化运作，锻造了一支作风过硬、纪律严明、攻坚啃硬的石油工程队伍，研发了适应国内外市场需求的八大技术系列45项特色技术，配套了适应不同市场需求的装备系列。四是市场品牌形象持续提升。累计承揽国内外“1”字号重点探井191口，创国家和中国石化集团公司高指标和新纪录72项，获省部级以上荣誉称号32项。中国大陆科探1井实现了“双孔合一”，钻井取芯创出多项世界最新纪录；承钻的普光1井促进了普光气田的发现。承建了甬沪宁管道、大西南成品油管道和川气东送管道等一批重点工程。在苏丹连续打出10口高产井，管道施工创出了开焊、穿越等“四个第一”，被誉为“王牌钻井队”和“最值得信赖的公司”。

四、勇于创新、永不满足，科技攻关取得重大成就

东濮凹陷是中国最复杂的断块油气田之一，地质特点为“三高一低一破碎”（即高温、高压、高盐、低渗透、断块破碎），许多勘探开发技术难题都属于世界级的难题。三十年来，中原油田始终坚持实施科技兴业战略，积极创新科技创新的管理思路、工作措施和攻关实践，探索出了一套行之有效的管理体系、组织形式和运行方式，培养和锻炼了一支优秀的人才队伍，攻克了一大批勘探开发和外闯市场中的技术难题，推动了整体技术实力和市场竞争能力的不断提升。

（一）健全科技管理体制机制，确保科研项目的顺利实施。优化配置科技资源，完善攻关运行机制，形成了“一个整体、两个层次、三个等级”的科技管理模式。一个整体：中原油田作为一个整体，调整充实了科学技术委员会和专业技术委员会。两个层次：科研机构分两个层次进行设置。油田层面设有5个研究院，包括勘探开发科学研究院、采油工程技术研究院、物探研究院、钻井工程技术研究院、勘察设计研究院。二级单位根据生产特点和需求设科研机构，采油生产单位设地质研究所、采油工艺研究所，专业化公司设固井研究所、测井研究所、录井研究所和井下特种作业研究所等。三个等级：科研项目按国家重大专项、集团公司科技项目、油田科研项目三个等级进行管理。

全面推行项目长管理责任制，研究力量得到了合理集中和流动，做到了课题到人、任务明确和责权到位。强化科研与生产、勘探与开发、油藏与工程的结合，科研选题围绕普光气田建设、老区增储挖潜、石油工程技术进步和国内外市场的需求，突出制约油田发展的难点技术、关键技术和瓶颈技术。项目立项采取会议论证、专家定量评价形式，重点对项目的研究内容、需求性、创新性、经济性和保障能力等方面严格审查。对重点科研项目实行跟踪检查，建立项目组季度例会、项目月报、中评估制度和科研项目退出制度，促进了科研成果质量的不断提高。同时，探索建立现场试验风险管理机制，加大新工艺、新技术的推广力度，提高了科技攻关的针对性和有效性。

（二）努力攻克关键技术，增强油田发展的保障能力。1983年，为加快油田建设，经国务院批准，中原油田开展了为期3年的第一次生产建设技术攻关会战。相继与中国科学院、清华大学等34个科研单位和高等院校联合攻关，与20个国家80多个公司进行技术合作，以开放的思想引进吸收消化国内外先进技术和装备，攻克了在地质研究、三维地震、盐膏层钻井、测井、试油、采油、油气层改造、油气集输等8个方面的技术难题，有力地促进了生产建设的快速发展。1985—1988年，探明石油地质储量、原油产量年均分别增长5000万吨和110万吨。

“九五”以来，中原油田勘探开发面临着诸多技术难题，严重影响了油田产量、效益和竞争力的提高。2003年开始，在中国石化集团公司的领导下，中原油田组织开展了“十五”三年科技攻关会战，四项瓶颈技术和四项配套技术取得了重大突破。

一是套管损坏防治技术。开展油水井套管损坏因素及机理、预防与修复等技术研究，完善套管保护、修复、复杂落物打捞、整形加固和5"套管开窗侧钻等技术，应用高抗挤毁套管796口，新老井套管预防2959口，修复事故井1049口，恢复控制储量5228.1万吨、可采储量645.4万吨。

二是分层注水工艺技术。开展深层低渗油藏高压分注、特殊井况分注等科研项目12项，完善推广支撑锚定补偿分注管柱等新技术14项，形成了适合中原油田的高中压、不同直径的系列分注技术。2002年底到2005年6月，实施分注1359井次，分注率提高15.2个百分点，分注层段合格率提高4.5个百分点，减少低效注水365.5万立方米，对应油井见效增油8.98万吨。

三是低渗油气藏压裂改造技术。开展复杂断块油气田重复压裂、水井短宽缝压裂、二氧化碳泡沫压裂等压裂项目攻关23项，推广区块整体压裂、卡封分层压裂、重复压裂等技术，3年内共实施油气水井压裂883井次，累计增油68.98万吨、增气2.75亿立方米。通过压裂改造，改善了4260万吨二、三类储量和6310万吨深层低渗油气储量的动用状况，采收率提高2.14%，探井压裂改造工艺成功率达94.4%，开发井压裂成功率达96.3%，平均单井增油781吨。

四是深层凝析气藏有效开发技术。形成了一套适应深层低渗凝析气藏开发的有效技术，实现了白庙、桥口气藏难动用储量的开发，深层凝析气藏年生产能力由2002年的0.8亿立方米上升到2004年的1.6亿立方米。

五是油气勘探综合评价技术。开展东濮凹陷复杂断块群勘探潜力及目标评价、成藏规律、外围盆地油气成

藏条件及目标评价、东濮凹陷隐蔽油气藏评价技术等研究，完成专题项目43个，落实勘探目标区74个，获工业油气流井72口。

六是地球物理勘探开发技术。开展复杂断块三维地震二次采集处理解释、精细描述、“三低”（低孔、低渗、低阻）油气层测井解释、高含水井测井解释，测井、射孔技术及工艺配套等技术攻关，完成高精度三维地震采集522平方千米、叠前偏移处理1752平方千米，大大提高了资料品质和解释符合率，低电阻率油层解释评价挖潜地质储量1000万吨。

七是注水开发油田提高采收率技术。开展中渗复杂断块油藏、深层低渗油藏、严重非均质油藏的精细描述、开发技术政策、井网优化重组、剩余油分布及挖潜配套技术等研究，实施综合调整治理，覆盖储量2.01亿吨，占总储量的47.5%。油田水驱控制程度由67.13%提高到74.73%，水驱动用程度由44.01%提高到51.6%，自然递减率由2002年的25.31%下降到2005年的20.66%。

八是钻井工程综合配套技术。开展提高钻井速度、特殊工艺钻井、新型钻井完井液及堵漏、油气层保护及天然气井安全钻井配套、提高固井质量、快速录井六大项目的攻关，满足了勘探开发和市场需求。建立和完善全尺寸科学实验井等5个重点实验室、2个中试车间和1个钻井数据中心，研制开发了数字钻井参数仪、钻井液净化配套系统装备和井下特种工具。三年共交井3248口，进尺718.3万米，其中水平井24口、5"套管开窗侧钻井88口、大斜度定向井379口，平均机械钻速提高22.75%，井身结构优化设计率和质量合格率达100%。

（三）持续推进技术创新，技术支撑作用显著提升。2006年以来，中原油田以国家科技重大专项为主线，强化技术攻关、配套集成和成果转化，开展科研项目337项，获中国石化集团公司科技进步奖18项、国家专利90项，具备了解决复杂断块油田勘探开发、高含硫气藏开发建设、外部市场优快施工等技术难题的能力。一是精细勘探水平不断提高。形成了东濮老区高精度三维地震勘探技术、复杂断块群勘探配套技术、三叠系砂岩裂缝油气藏勘探配套技术。二是开发技术手段不断丰富。形成和完善了中渗油藏精细注水及细分开发配套技术、深层低渗油藏分层改造及降压增注配套技术、深层复杂事故井井况治理配套技术、深层低渗凝析气藏有效开发配套技术、老气田精细描述提高采收率配套技术。三是先导试验取得明显效果。进行二氧化碳驱、空气泡沫驱、天然气驱先导试验，为提高采收率提供了技术储备。四是普光开发关键技术取得突破。完善储层预测、产能评价等技术，预测符合率83.4%；规模应用气体钻井、防气窜固井等技术，平均钻井周期缩短127天，固井合格率100%；配套高含硫气井多级分段延时引爆射孔工艺技术，一次射孔井段跨度594米；配套高温高含硫气层作业暂堵、大规模多级注入酸压工艺技术，确保了安全投产试气；配套复杂地形高含硫气田集输工艺、管道施工及焊接工艺技术，保证了施工质量。五是石油工程技术进步明显加快。形成了超深和超厚盐膏层钻井技术、小靶径多目标定向井和水平井钻井技术、深层小井眼侧钻井技术、高含硫气田优快安全钻井和气体钻井技术、复杂裂缝性储层测井技术、数字荧光图像录井技术，具备了油气田地面工艺、大型气体处理和炼化装置、长输管道、特大型桥梁等工程设计施工能力。

2009年，中原油田承担了国家重大科技专项科研任务。一是“东濮凹陷精细勘探关键技术”，重点开展东濮凹陷油气成藏机理、富集规律以及东濮凹陷外围新区领域的研究，解决“十二五”期间东濮凹陷的储量问题。二是“高含硫气藏安全高效开发技术”，主要针对西南地区高含硫气藏的安全高效开发，解决关键技术难题。三是“四川盆地普光大型高含硫气田开发示范工程”，重点开展从碳酸盐岩储层气藏描述、开发技术政策优化、安全快速钻井，到科学有效控制的采气工程、安全高效的地面集输工程和净化工程，以及内部管理、安全控制、应急抢险等一整套的技术攻关和技术配套。以上3个项目，不仅对中原油田持续有效发展具有重要的现实意义，而且对我国同类型油气藏开发也将起到重要的指导作用。目前，3个重大专项的研究工作进展顺利，并取得阶段成果，分别在东濮凹陷、普光气田应用，并在中石化元坝等区块进行了推广。

五、解放思想、创新实践，经营运行质量持续提高

中原油田牢固树立“科学、规范、严格、高效”的管理理念，不断创新思维、创新实践，完善管理体制和运行机制，促进了管理水平和经济效益显著提升。

（一）创新管理模式，优化运行机制。一是建立和推行油田一体化管理运行机制。按照中国石化集团公司党组“一体化管理”的要求，逐步形成统一管理、市场运作、分块核算、协调发展的工作机制，优化资源配置，规范关联交易，落实经营责任，提高管理效益，推动了油气主业、石油工程、社会化服务三个板块有序发展。二是健全和加强油藏经营管理五项运行机制。建立技术分析与技术决策、经营预算与决策优化、生产运行与综合治理、激励约束与监督管理、党建与思想政治工作保障五项运营机制，提高了组织运行效率，深化了油藏经营管理。三是理顺和深化普光分公司管理运行机制。针对普光气田施工深度交叉、建设和投产并行的特点，以普光分公司为责任主体，推进项目化管理、市场化运作、社会化服务，统筹协调，科学组织，确保工程建设和试气投产安全、协调、规范、有序，适应了普光气田开发建设的需要。四是创新和完善石油工程区域一体化管理运行机制。建立统一管理的市场体系、统一运作的资金体系、统一规范的制度体系和统一调配的组织体系，完善油田内部、国内外部、海外市场内外联动、一体运作机制，形成各有侧重、专业互补、有机联系、密切配合的专业业务和技术特长整体格局，石油工程实现了做优做强。五是探索和实行社会化管理运行机制。对经营性、服务性、事业性业务，按照“分开运行、分开核算、分开考核”的要求，积极探索建立社会化服务系统内部价格和质量标准体系，实行企业化经营，模拟市场化运作，规范开支渠道，促进增收节支、降本减费，为“三分开”运作创造了条件。

（二）加强集中管理，精细过程控制。坚持以持续有效发展和提高投资效益为中心，按照“集中资金、确保

重点”的原则，将有限的投资向勘探开发、开拓市场倾斜。建立统分结合、分级管理、责权对应、效益投资的投资计划管理体制，层层传递投资控制责任和压力；完善项目前期管理运行体系，重点抓好项目方案优化和估算审查两个关键环节。加强质量、投资、进度、安全、合同控制，切实落实项目法人责任制、工程质量领导负责制、投资总量控制责任制，同时借助 ERP 支持系统，强化项目全过程管理，实现了投资规模的有效控制。完善分公司、采油厂两级项目评价体系，逐步建立开发项目评价结果使用和严格考核机制，促进了投资决策水平的提高。

（三）实行项目管理，加强经营分析。一是将油田经营管理工作重点作为项目管理，先后在油田层面成立油气勘探、新区产能建设、应收账款、物资库存等项目组 14 个，明确目标，细化措施，严格奖罚。加强所属单位的经营项目管理，油田在立项、组织、职责、目标和运行计划、质量控制、保障措施、评价考核等方面作了具体规定，促进了项目管理的有序运行。二是加强全面预算管理，严格预算执行的刚性控制，坚持月度通报、季度考核、年度兑现，维护了预算的严肃性。认真查找管理漏洞，明确成本动因，实行成本展布和公示，将成本费用展布到各个消耗点，同预算和行业先进水平对标，查找问题和不足，抓好整改与提高，各项成本得到有效控制。三是实行物资和资金集中管理，加大网上采购、厂家直购和招标采购力度，降低采购费用和物资库存。坚持外部市场资金集中管理，通过网上银行对资金进行统一调配，实现了国内外资金收支的统筹调控和高效运转。四是深化经济活动分析，形成了勘探局和分公司的经济运行分析模板。定期开展不同层次的经济运行活动分析，促进了经济运行质量的不断提高。五是加强激励约束，以油藏经营管理和项目管理为主线，以提高效益和持续发展为目标，根据三大板块的生产经营特点，分类修改完善了绩效考核办法。合理设置个性化的考核指标，加大考核奖惩力度，将产值利润、成本费用、油气产量等主要技术经济指标评价到基层单元，考核到单井、单台设备，与职工绩效工资挂钩，把危机意识和经营压力传递到每一个员工。

（四）深化内部改革，激发企业活力。近年来，根据中国石化集团公司的统一部署，中原油田稳步推进内部改革，不断理顺体制机制，企业活力得到明显增强。一是改制分流按计划完成。2003—2007 年，先后完成了特种车辆修造总厂、机械制造总厂、氯化橡胶厂、油田建设工程部、运输处、油田总医院、河南中原绿能高科有限责任公司等 7 个单位的改制分流工作，分流员工 4253 人。二是分离办社会职能顺利完成。2004 年 12 月，配合中国石化集团公司分别与河南、山东省地方政府签署公安移交协议，向河南省公安厅、山东省菏泽市公安局移交公安干警 482 人。2005 年 1 月，将油田所属的 38 所中小学和教育管理机构建制移交地方政府，该移交涉及 5442 人。三是清理整顿有序推进。中原油田被纳入中国石化集团公司清理整顿范围的对外投资和多种经营项目共有 122 个，除 4 家宾馆外，有 118 个项目被列入清理整顿计划。2006 年以来，油田按照“人、财、法”的终结标准，严格执行政策，规范履行程序，纪检、审计、法律人员提前介入、全程参与，保证了清理整顿的工作质量和可追溯性，全面完成了清理整顿任务。四是精简机构效果明显。2005 年以来，油田不断压扁管理层，精简机关和管理人员，采油厂取消矿级单位，对部分事业单位进行了整合。油田直属单位压缩 27 个，减幅 25.5%；油田机关减少处室 12 个，减幅 27.9%，分流管理人员 154 人，减幅 20.5%；压缩科级机构443 个，减幅 21.4%；精简科级管理人员1673 人，减幅 25%；减少一般管理人员2379 人，减幅 16%，理顺了管理体制，降低了管理费用。

（五）严格内控管理，加强审计监察。细化了 29 项内控业务流程，关键控制点增加到 1092 个，对 8 类 56 项审批权限进行延伸，完成和深化内控措施，加强对重要业务活动和关键业务环节的控制，有效防范了 4 个方面的经营风险。一是防范资金风险。严格落实应收账款清理责任制，对主要责任人落实在岗清欠、离岗清欠和下岗清欠追究制度，近几年应收账款回收率逐年同比提高 10%，杜绝了两年以上的应收账款。二是防范项目风险。认真执行《外部项目管理办法》，健全项目的“前论证、后评估”制度，加大分析、检查力度，提高了外部项目的运行质量。三是防范法律风险。建立油田法律顾问网络体系，进一步完善法律咨询、合同管理、案件责任追究等工作机制，积极跟进重大经济活动，依法维护了油田利益。四是防范财务风险。进行财务技术分析，做好负债合理筹划、长短期安排以及举债规模的科学控制；充分利用中国石化集团公司资金集中管理的优势，加大内部筹融资力度，确保资金流的安全与畅通。同时，油田制定了 49 项业务监督办法，加强内部审计和效能监察，进一步完善了内控、内审、稽核、监察“四位一体”的监督体系，有效地堵塞了管理漏洞，规范了生产经营行为。

（六）推进“三基”建设，夯实发展基础。油田成立“三基”工作领导小组，按油气主业、石油工程、社会化服务三个板块设立运行组，推进“三基”工作全面开展。以“创建金银牌基层队”、“五项劳动竞赛”为载体，组织开展争旗、创优、夺牌活动。加强基层班子建设，一线队站党组织健全率 95.2%，91.3% 的基层班子实现了党政领导交叉任职，提高了基层班子和队伍的战斗力。建立健全岗位责任等管理制度 12 项，将指标量化分解到班组、岗位，基层经营管理水平不断提升。加强职工培训，全员培训率达到 60% 以上，操作人员全部持证上岗。油田有 133 个基层队获中国石化集团公司“金银牌队”和“星级站库”称号，5 个单位获“红旗采油（气）厂”、“优胜采油厂”称号。

六、落实责任、严格管理，安全环保形势保持稳定

中原油田始终坚持“以人为本、安全发展、清洁发展”的理念，认真贯彻“安全第一、预防为主、综合治理”的方针，以深化 HSE 管理为主线，积极探索建立安全环保、节能减排管理长效机制，为油田持续有效和谐发展提供了重要保障。

（一）加强制度落实，提高安全管理的规范化水平。不断完善和创新安全环保管理制度，努力提高针对性、有效性。一是完善规章制度。认真贯彻落实中国石化集团公司《安全生产禁令》，细化钻井、作业等 13 个岗位的安全生产禁令，修订完善岗位操作规程，把常见不安全行为归纳为 13 大

类338项，加大查处力度，狠反“低、老、坏”。根据不同阶段的实际，先后修订完善了《安全环保监督管理考核办法》、《事故管理与责任追究规定》等多项规章制度，实现了安全制度全面覆盖、不留死角。二是健全管理体系。大力开展HSE示范单位和“四无”队站（个人无违章、岗位无隐患、班组无违规、基层无事故）创建活动，全面加强HSE理念宣传和知识普及，建立《班组HSE记录》，促进了HSE管理制度的有效落实。明确各级、各部门、各岗位的安全环保责任，建立了纵向到底、横向到边、分工明确的责任体系。实行隐患分级管理和挂牌督办，促进了各类隐患的及时治理。三是加强应急管理。分级修订完善油田、直属单位、基层队站、操作岗位四级应急救援预案和程序，分专业建立应急专家库，组建应急抢险队伍，配备抢险救援物资，加强应急培训和实战演练，应急管理能力不断提升。

（二）加强培训教育，提高员工安全意识和操作技能。一是完善培训工作手段。设立培训中心，配套实验井场、井控模拟装置等设备设施，成为国家二级安全生产培训机构和国际钻井承包商协会（IADC）成员、石油石化系统井控培训基地。所属单位也都建立健全了培训机构和设施，实现了人员、时间、内容、效果“四落实”。二是提高员工安全技能。不间断地对全体员工进行分工种、分岗位、有针对性的岗位技能和安全技能培训，严把新员工、转岗员工安全教育关，加强特种作业人员取证、复审培训，开展每日一题、每周一课、每月一考、每季一赛的“四个一”活动，员工的操作技能、安全技能不断提升。三是构建安全特色文化。开展安全文化进班子、进班组、进岗位、进家庭的“四进”活动，推行工会义务安全监督员、团员和党员安全示范岗，充分发挥先进典型示范和监督引导作用，做到安全文化入眼、入心、入脑，使全体员工逐步养成知行合一的安全习惯。

（三）加强监管机制，提高现场安全管理水平。一是创新监管方式。针对外部市场施工队伍点多面广、地域分散的特点，在西南工委、西部工委、对外经济贸易总公司等单位设立安全环保监督管理部门，形成了集中统一、区域覆盖的一体化、精细化监管新机制。对9个境外公司，按区域明确了HSE监督机构，实行区域一体化监督管理，提升了安全环保的整体管理水平。二是深化异体监督。各专业化公司在设置安全环保科的同时，成立HSE监督站，安全监督官由公司委派，按照有关标准和工程设计独立进行现场监督，实现了“五个保证”：保证了监督的超脱性和公正性，保证了监督的及时性和有效性，保证了各项规章制度的严肃性和实效性，保证了基层信息传递的完整性和准确性，保证了HSE管理体系实施的经常性和针对性。三是突出井控安全。落实以井控为中心的安全责任制，注重“四抓、四提高”，即抓思想，提高井控意识；抓管理，提高落实井控技术规程效果；抓装备，提高完善配套能力；抓培训，提高人员井控素质，形成了领导重视、全员参与、常抓不懈的良好井控工作氛围。分布在国内20多个省（市）、海外10个国家的201支钻井队，连续22年无重大井喷失控事故。在川东北地区建成了防喷器气密封实验装置，配套完善了14套105兆帕、70多套74兆帕的井控装置，井控装备管理和服务能力进一步提升。

（四）加强风险管理，提高境外安全防范能力。一是识别风险，有进有退。充分利用涉外资源，依靠国家外交部、商务部、驻外使领馆的信息渠道和业主的安全评估资源，全面了解项目所在国的政治、经济、军事、人文等社会安全整体情况，坚持把决策建立在风险评估基础之上，果断退出、撤离不安全地区，最大限度地保证员工的人身安全。二是夯实基础，规范行为。编制《HSE钻井手册》、《公共安全手册》、《常见传染病预防知识手册》，完善境外HSE管理、公共安全管理、突发事件应急等一系列办法，全面推行STOP卡（不安全因素卡），各类管理文本和程序文件更加完善，做到了“六有”、“六无”：基层管理有目标、有制度、有人员，操作有规范，检查有记录，考核有依据；作业无“三违”、设备无缺陷、生产无事故、环境无隐患、教育无遗漏、健康无损害。三是健全设施，防卫在先。在存在公共安全风险的施工现场，采取“深挖沟、高筑墙、铁丝网、瞭望哨、避难房”等防护措施，为每个基层队配备防爆防弹营房、海事卫星和无线网络通信系统，落实应急后勤保障，保证随时能够组织撤离或现场避难。要求甲方履行合同，严格按标准配备武装保卫人员，增添了监视、检测、报警等技术装备。多年来，油田境外施工队伍未发生恶性公共安全事件，实现了经营业绩、安全业绩、环保业绩与员工健康的共赢。

（五）加强节能减排，提高油田清洁生产水平。一是落实节能责任。建立以技术监督处为主体、专业管理部门分工负责的管理模式，对节能工作进行统一监督和管理；配备专兼职管理人员，年耗能5000吨标准煤的重点能耗单位都设立了专职人员。油田与各单位党政一把手签订节能目标责任书，做到节能减排与生产经营同规划、同部署、同实施、同考核。对主要节能技术指标完成情况实行季度通报、半年预考核、年末总兑现，严格实行“一票否决制”和“问责制”，保证了节能压力和工作措施层层落实到位。二是加强节能管理。全面推进以“找差距、上措施、创达标、争先进”为主题的节约型企业创建活动，修订完善《节约能源管理办法》、《节能目标责任考核办法》和《节能达标工作实施方案》，开展节能标准体系建设，实行能源审计，将用能监督同节能监测结合起来，加强建设项目节能审查和验收，保证了新、改、扩建项目的实施效果。三是加强节能技术改造。按照“增量优化、存量改造”的总体要求，围绕集输、注水、机采、电力等八大系统，依靠新技术、新工艺、新设备、新材料，大力实施技术改造，提高了系统效率。加强采油污水深度处理和再生利用，实现了百分之百综合利用不外排。研发钻井废弃泥浆固化技术，投资1.2亿元对钻井泥浆进行固化处理，复耕还田200余万平方米。采用油气密闭集输技术，推广应用定向井、水平井、分支井、丛式井组等特色技术，节约了资源，保护了环境。与“十五”末相比，油田万元工业产值综合能耗下降20.7%，二氧化硫等排放实现达标。在千家企业节能目标责任评价考核中，被评为“超额完成”档次。

七、以人为本、统筹兼顾，和谐油田建设成效显著

坚持把推进油田发展的过程作为为职工群众谋利益的过程，通过创新

体制机制、加大投入力度、拓展服务领域等一系列措施，使职工群众生活质量显著提高，幸福指数和快乐指数持续上升。经过30多年的不懈努力，一个环境优美、功能配套、安定有序、文明和谐的石油城，正在以崭新的姿态展现在世人面前。

（一）公共服务体系日益健全。30多年来，油田公共服务体系建设在探索中前进、在创新中延伸，走过了一条从单位统管到专业化服务的演变之路。2008年，油田进一步明确了统筹油气主业、石油工程、社会化服务“三大板块”协调发展的工作思路，把社会化服务板块的发展摆到了与油气主业、石油工程同等重要的位置，以促进和谐油田建设为目标，积极探索“专业化管理、企业化经营、市场化运作、社会化服务”的新路子，进一步完善“分开运行、分开核算、分开考核”的管理体制和运行机制，努力把社会化服务板块打造成保障企业生产、服务职工生活、维护社区稳定的平台和基地。2009年，油田成立社会化服务办公室，专门负责社会化服务板块的管理、协调和运作，进一步完善了以社会化服务办公室为牵头、以10个社区管理中心为主体、以水电信暖气等专业化单位为辅助的社会化服务工作格局。目前，油田共设有10个社区管理中心，负责全油田生活小区的环卫绿化、武装保卫、房屋维修、居民管理、计划生育管理、失待业人员劳动就业、居民文体活动等工作；设有供电管理处、供水管理处、供热管理处、通信公司、燃气管理处等专业化单位，负责与油田生产和职工生活密切相关的水电讯暖气保障工作。同时，在各社会化服务单位开通尾号为“440”（事事灵）热线电话，整合公共服务资源，构建了集信息、指挥、实施、监督为一体的“440”服务体系，打造了统一调度、统一运作、整体联动、快速反应的集约型公共服务平台。

（二）公用基础设施更加完善。坚持高起点谋划、高标准建设、高水平管理，切实搞好公用基础设施建设，职工群众的工作生活环境实现了由建设初期“路无一条、房无一间”的简陋条件向宜居石油城的历史性转变。加大城市和小区道路建设维护力度，在总部基地建成高、中等级街道70多千米，为职工家属创造了安全、顺畅、便捷的出行条件。加强文体活动设施建设，累计建成图书阅览室、篮球场、旱冰场、棋牌游艺室、游泳池等各种文化体育娱乐场所509个，总面积94977平方米。精心组织黄河水源完善工程，在油田企业中率先实现“双水源”供水。狠抓供水、供暖、供气管网改造，防止了水质二次污染，提高了供暖质量，油田所有居民小区全部用上了管道天然气。加大绿化建设投入，油田绿地面积达到7654万平方米，绿化覆盖率39%，长年保持三季有花、四季常青，被评为全国绿化先进单位。

（三）职工住房条件明显改善。随着油田的快速发展，职工群众在建设初期居住的帐篷、地窖、泥巴房、草房、简易房已经被鳞次栉比的住宅楼群所取代，一片片整洁有序、清新优美的居民小区，像璀璨的明珠撒落在百里油区。特别是近几年，油田坚持经济适用房和商品房建设双管齐下，对居民小区进行统一规划、集中建设，一大批现代化居民小区陆续建成入住，职工群众的居所更加宽敞、明亮、舒适，人均住房面积达到23.6平方米。2008年底，油田新规划的40万平方米经济适用住房破土动工，建成后将进一步满足职工群众不断增长的住房需求。

（四）社区治安环境持续优化。坚持把增强安全感作为提高职工群众生活质量的重要内容，形成了一整套具有油田特色的社区治安管理模式。以创建“平安社区”活动为载体，着力构筑打防控一体化的治安防范体系，形成了“空中有监控、地面有警亭、日夜有巡逻、家联440”的治安防范格局，小区发案率连年下降。建立党政领导联席会议专题研究综合治理工作例会制度，层层落实社会治安综合治理领导责任制和目标管理责任制，狠抓治安保卫队伍建设，形成了领导有力、责任明确、运作高效的平安建设工作网络。建立油地综治联席会制度，打造了油地携手、共保平安的工作平台。大力推行公安、保安、治安巡防有机结合的“三安联动”管理模式，将平安创建活动分为10个责任区，广泛开展创建零发案小区、“平安杯”、“我护我家”等多种形式的群防群治活动，建立了统一指挥、互为联动、协同作战、快速反应的社区治安运行机制。加大技防投入力度，为所有居民小区安装电子监控系统，进一步提高了社区治安防范能力。

（五）就业服务平台逐步拓宽。“八五”末以来，随着油田原油产量递减和劳动用工制度改革力度不断加大，就业问题日益凸显。为了帮助失待业人员早日实现就业，油田成立就业服务中心，在各社区设立就业服务站，组建劳务公司，以劳务派遣用工形式安排职工子女就业。广泛开展以送观念、送政策、送技能、送信息、送服务为主要内容的“五送”活动，大力选树、表彰自立创业带头人，引导失待业人员转变就业观念，走出“石油庄园”，到更加广阔的天地里寻找生存发展的空间。加大对油田改制企业的支持力度，以市场换安置，努力增加就业容量。优先向失待业人员提供商业用房，帮助失待业人员申请小额担保贷款，为他们自谋职业创造条件。紧密结合市场需求和失待业人员意向，组织开办家政服务、计算机应用、汽车驾驶、会计从业资格、缝纫等各种类型的培训班，帮助失待业人员提高就业技能。在山东和江苏建立就业基地，组织开展向沿海经济发达地区劳务输出，拓展了面向社会就业的渠道。与发达地区和国内知名企业建立合作关系，定期举办人才劳动力交流洽谈会，为失待业人员面向社会就业牵线搭桥。大力挖掘公益性劳动岗位，优先安置困难家庭人员，消除了零就业家庭。

（六）扶贫济困措施温暖人心。大力实施以不让一户困难家庭生活过不下去、不让一个困难家庭子女上不起学、不让一名患大病职工看不起病为内容的“三不”工程，建立健全帮扶解困长效机制，构筑了多层次的生活保障体系。建立职工救急解困互助基金会，筹集资金2000多万元，对发生意外、生活困难的职工家庭及时进行救助。多次组织党员干部举行“扶贫济困献爱心”捐款活动，及时补充到互助基金之中。将油田特困家庭纳入政府“低保”范围，为特困家庭提供基本生活保障。组织职工家属参加大病补充医疗保险，有效解决了大病重病高额医疗费的问题。直属单位成立职工互助基金会，缓解了患大病职工医疗资金周转难的压力。坚持给困难家庭学生减免学费、发放助学金，保障了他们的学习条件。在各社区设立爱心服务站，探索出一条对困难群体进行实物帮扶的新路子。大力扶持残疾人企业发展，拓宽就业渠道，油田残疾人就业率超过国家规定标准。

（七）离退休老同志安享晚年。认真落实离退休职工“两项待遇”和“六个老有”，促进了离退休老同志心理和谐、身体健康。以“生活上需要照顾、精神上需要慰藉、家政上需要服务”的老同志为重点，在服务的制度化、日常化、细微化上下功夫，着力拓宽服务渠道，丰富管理内涵。定期向老同志通报油田工作情况，营造了尊老、爱老、助老的浓厚氛围。认真办好老年大学，新建、改建、维修老年活动室56000多平方米。目前油田共有门球场41个，地掷球场75个，老年活动中心43个，老年大学总校1所、分校8所，晨晚练点120个，满足了离退休职工的文化活动需求。注重发挥老年文体组织的作用，不仅丰富了离退休职工的精神文化生活，而且促进了油田群众性文化活动的繁荣。完善离退休职工党组织设置，加强离退休职工党支部书记培训，离退休党建工作水平不断提高。广泛开展思想教育活动，确保了离退休职工政治坚定、思想常青、理想永存。顺应广大离退休职工发挥余热、老有所为的愿望，发动他们参加献计献策、公益服务、关心下一代和互帮互助等活动，配合各级党政组织共同做好子女、亲属及周围群众的稳定工作，发挥了离退休老同志在油田科学发展、和谐建设中的作用。

八、围绕中心、服务大局，政治思想保证坚强有力

油田各级党组织坚持立足实际、着眼大局，求真务实、开拓创新，努力把政治优势转化为改革发展稳定的强大推动力和保障力，为油田持续有效和谐发展提供了坚强的政治保证、思想保证和组织保证。

（一）企业党建工作不断加强。坚持把保持和发展先进性作为党建工作的永恒主题，着力夯实组织基础、创新活动载体、健全工作制度，党组织的创造力、战斗力和凝聚力得到持续增强，政治核心和战斗堡垒作用得到有效发挥。各级党组织切实履行《党章》赋予的职责，通过思想引导、参与决策和组织保障等途径，把握发展大局，引领发展方向，保证了党和国家的方针政策、上级各项决策部署在油田的贯彻落实。抓好党组织和党员队伍建设，党组织和党员队伍不断发展壮大。目前，油田共有党员45736人，设有直属单位党委67个、基层党委（党总支）254个、党支部2484个。深入开展“创先争优”、“双学”、“三讲”、“三高一争”等党建活动，大力实施“四个一”和“四有两促”等党建工程，增强了党组织功能和党员的党性意识。特别是2005年以来，扎实开展保持共产党员先进性教育、深入学习实践科学发展观活动，大力实施以建设学习型党组织和“三高”型党员队伍为主要内容的“双建”工程，加强党建示范点建设，进一步激发了党建工作活力。抓好制度建设，制定党支部工作细则、党组织十项制度、代表任期制等一系列党建工作制度，形成一套覆盖全面、措施完备、切实管用的制度体系。持续推进“四好”领导班子创建活动，加大干部教育培训力度，完善领导班子议事规则，加强领导班子和领导干部巡视工作，认真落实民主生活会制度，深入开展“负责任”、“讲正气、树新风”、“深入群众促和谐，凝心聚力促发展”等主题活动和“新解放、新跨越、新崛起”大讨论，增强了领导班子的整体功能和干部队伍的能力素质。建立健全教育、制度、监督并重的惩治和预防腐败体系，广泛开展廉洁文化“六进”活动，认真组织“抓源头、促清廉”主题活动，严格落实党风廉政建设责任制，营造了风清气正、干事创业的良好环境。

（二）思想政治工作富有活力。坚持把思想政治工作贯穿于生产经营全过程，结合生产经营和职工思想实际，开展有效发展、拓展市场、自主创新、整体观念、忠诚企业等一系列主题教育，以及“油藏经营管理”大讨论、外闯市场先进事迹巡回报告等活动，不断加强形势任务教育，为完成生产经营任务奠定了坚实的思想基础。针对生产经营的重点和难点，大力开展劳动竞赛、合理化建议和争创工人先锋号、青年文明号、巾帼建功示范岗等群众性创新创效活动，激发了广大职工的智慧和力量，油田先后荣获全国青年创新创效活动先进单位、全国巾帼建功示范岗等称号。大力选树宣传增储上产、外闯市场、科技创新、降本增效、敬业爱岗等方面的典型，涌现出“青年科技创新的楷模”王中华、全国劳动模范田纪民、廉洁勤政好干部邵均克、中华技能大奖获得者何强等一大批模范人物，营造了崇尚先进、学习先进、争当先进的浓厚氛围。积极探索党组织参与“三基”建设的方法和途径，促进了基层管理水平的提升。

（三）精神文明建设成果丰硕。根据企业发展实际和职工群众需求，大力开展“五讲四美三热爱”、“双文明建设”、“工农共建”、“创三优”、“四学”活动，深入实施素质、环境、平安、繁荣、阳光、温暖“六大工程”等一系列形式多样、内容丰富的精神文明创建活动，油田连续两届被评为全国文明单位。以培养“四有”队伍为目标，坚持不懈地开展理想信念、思想品德教育和业务技能培训，不断深化文明单位、文明小区、文明楼栋、文明家庭、文明员工创建活动，以及“创建学习型班组、争做知识型员工”、青工技能振兴计划等活动，促进了职工综合素质的持续提升。油田被评为全国职业道德建设先进单位，在全国、石油石化系统和河南省组织的各项技能大赛中多次取得优异成绩。加大环境综合整治投入力度，加强日常维护管理，10个居民小区被评为国家级文明小区、25个居民小区被评为省部级文明小区，环境卫生保持国家园林城市和卫生城市水平。持续开展油区治安专项整治行动，深化油地和谐共建，生产治安秩序不断好转。本着贴近群众、因地制宜、喜闻乐见的原则，广泛开展群众性文体活动，坚持夏秋两季每周组织一次大型广场文化活动，经常组织文艺小分队深入生产一线、外部市场演出，丰富了职工的文化生活。坚持和完善职代会制度，不断深化厂务公开工作，大力开展和谐劳动关系创建，抓好《劳动合同法》的宣传贯彻，油田先后被评为全国劳动争议调解先进组织、河南省民主管理工作先进单位。

（四）企业文化建设深入推进。坚持继承优良传统与弘扬时代精神相结合，努力建设富有特色的中原石油文化。进入“八五”以后，伴随着全方位、大力度的企业改革，油田企业文化建设开始由自发走向自觉，提炼概括了“为生存而超越”的企业精神，设计了局旗、局徽，创作了局歌。2005年以来，油田确定了“创业创新创效、建设和谐油田”的企业精神，“为社会创造财富、为企业创造效益、为员工创造价值”的企业宗旨，“油气并举、拓展市场、效益优先、科学发展”的经营理念，“规范、诚信、高效”的经营准则和“立足中原、走出中原、发展中原”的发展战略，完成了新时期企业文化的构建。同时，注重总结提炼体现行业性质和单位特点的子文化理念，着力推进与企业管理的深度融合，用符合文化理念的管理机制引导、规范企业和职工行为，较好地发挥了文化力的作用。

（五）维护稳定工作扎实有效。在特殊群体数量庞大、企业改革不断深化、稳定形势十分复杂的情况下，坚持把维护稳定作为硬任务和第一责任，狠抓各项措施的落实，确保了油田政治稳定、生产稳定和队伍稳定。油田多次在集团公司有关稳定工作会议上介绍经验。认真贯彻“谁主管、谁负责”和“属地管理、分级负责”的原则，把稳定工作责任层层分解、逐级传递，形成了党委统一领导、党政一把手负总责、分管领导具体抓、其他领导配合抓、各部门齐抓共管的工作格局。以创建信访工作示范点为载体，指导所属单位设立信访接待场所、配备专门工作人员、建立健全运行机制，提高了化解矛盾纠纷的能力。抓好信息网络建设，建立了上下贯通、层层覆盖、反应灵敏的预警系统。大力宣传《信访条例》，引导职工群众以理性、合法的方式表达利益诉求。落实信访稳定评估制度，在事关职工群众切身利益的政策措施出台前，对可能出现的稳定风险进行先期预测、先期评估、先期化解。对重信重访推行项目管理，明确包案领导、责任部门和解决时限，使疑难信访得到了有效处理。广泛开展“无邪教单位（社区）”创建活动，抓好“法轮功”人员的教育转化，严密防控、深挖打击法轮功等邪教组织的破坏活动，油田被评为全国同法轮功邪教组织斗争先进集体。

新形势激励中原石油人解放思想、积极探索，精心谋划油田发展的新思路；新挑战激励中原石油人振奋精神、迎难而上，再次踏上油田发展的新征程；新目标激励中原石油人坚定信心、真抓实干，努力开创油田发展的新局面。中原油田必将在中州大地、巴山蜀水、海外市场，奏响更加雄浑激昂的乐章，描绘更加宏伟壮丽的画卷，为中国石化建设具有较强国际竞争力的跨国能源化工公司作出新的更大的贡献。

2009年8月，普光分公司天然气净化厂全景　（郭继辉）

概　览

2009年中原油田总体情况

中原油田为中国石化集团中原石油勘探局（简称勘探局）、中国石油化工股份有限公司中原油田分公司（简称分公司）的总称，主要从事油气田勘探开发、炼油与天然气深加工、石油工程技术服务等业务，勘探开发区域主要包括东濮凹陷、普光气田、内蒙探区。油田基地位于河南省濮阳市，职工家属24万人，累计上缴税费448亿元，年经营收入300多亿元。

1975年9月7日，濮参1井喷出工业油气流，发现了中原油田。1998年由中国石油天然气总公司划归中国石油化工集团公司管理。截至2009年底，中原油田有直属单位60个、机关处室33个、机关直属单位22个，用工总量87024人，其中正式员工62948人。全油田有专业技术人员9744人（不含管理技术人员），包括高级技术职称762人、中级技术职称4381人、初级技术职称3219人。中原油田总资产594.15亿元，固定资产原值657.38亿元、净值265.99亿元。

东濮凹陷地跨河南、山东2个省6个市12个县（区），勘探开发区域面积5300平方千米，1979年投入开发，累计探明石油地质储量5.84亿吨、天然气地质储量5441.34亿立方米，累计生产原油1.26亿吨、天然气327.48亿立方米。普光气田勘探面积1116平方千米，已探明天然气地质储量4121.73亿立方米，建成100亿立方米/年生产能力。内蒙探区面积3万平方千米，成为油气主业资源接替阵地。

“八五”以来，中原油田大力实施“走出去”战略，石油工程技术服务实现了跨越式发展。截至2009年底，中原油田有400多支队伍在国内20多个省（市）、自治区施工，形成了西南、西北、东北、陕北、华北5个区域市场；116支队伍在海外10个国家作业，形成了非洲、南美、中东、中亚、东南亚5个国际市场。勘探局连续9年跻身全国对外承包工程50强，连续9年获河南省“外经业务完成营业额状元”等称号，并进入全球工程承包商225强。油田先后获全国“五一”劳动奖状、全国厂务公开先进单位、全国送温暖工程先进单位、全国职业道德建设先进单位等称号，2009年再次被评为全国文明单位。

2009年，中原油田统筹油气主业、石油工程、社会化服务三大板块的协调发展，油田勘探开发、普光气田建设、石油工程、社会化服务等工作取得新进展，全面完成各项生产经营任务。新增探明含油气面积42.3平方千米，新增探明石油地质储量930.65万吨、天然气地质储量11.8亿立方米，合计探明油气地质储量1048.65万吨；生产原油289.19万吨、天然气9.26亿立方米，加工原油77.21万吨。完成二维地震4896千米、三维地震1662平方千米，石油钻井856口，钻井进尺230.9万米；完成工业总产值218.94亿元，实现销售收入277.61亿元，实现利税2.28亿元，综合能耗114.25万吨标准煤。

油气勘探取得新成果。油田按照“立足东濮凹陷、拓展白音查干、积极评价新区”的勘探方针，加强精细勘探，加强分层系评价，应用高精度三维地震资料，精细油藏解剖，寻找优质储量，取得重要成果。东濮凹陷滚动在复杂断块群和构造—岩性油气藏取得进展，新霍构造探明石油地质储量267万吨，在文卫、马寨等地区探明油气地质储量655万吨，濮深18井获高产油气流。在白音查干凹陷加大滚动勘探和深层评价力度，部署实施锡23井等重点探井，新增探明石油地质储量127万吨。查干凹陷勘探取得重要突破，系统分析评价乌力吉构造，控制石油地质储量1468万吨，深层、浅层均展示出良好勘探前景。普光气田进入海相、陆相立体勘探新阶段。年内，中原油田新增探明油气地质储量1048.65万吨，探明储量当年动用率78%。12月20日，中原油田新增探明油气地质储量报告通过国家储量委员会专家组审查验收。

油田稳产基础不断加强。2009年，中原油田开发系统以提高储量动用率和采收率为重点，深化油藏经营管理，加强精细调整挖潜，在5个方面取得成效。新区产能建设稳步推进，动用石油地质储量1308万吨，新建产能19.1万吨，产能达标率93.14%；老区稳产基础逐步增强，自然递减率减缓，地层能量和综合含水率保持稳定，水驱控制、水驱动用程度分别提高2.98和2.26个百分点；天然气开发管理明显加强，自然递减率下降8个百分点；气驱先导试验有序推进，天然气驱预测采收率提高22.54个百分点，二氧化碳/水交替驱预测采收率提高7.9个百分点，空气泡沫调驱见到效果；系统效率得到提高，与2007年相比，机采系统效率由26%提高到28.5%，集输系统效率由44.7%提高到45.2%，注水系统效率由47%提高到48%，电力综合网损由10%下降到9.5%。

普光气田安全投产试运。油田针对普光气田高含硫气田特点，优化气田开发方案与井位设计，精心组织作业施工和地面建设，确保普光气田各项重点工作有序推进。普光气田主体开发井优化和钻井工程全面完成，38口开发井均钻遇优质气层。一期20亿立方米产能9口井，单井平均实测无阻流量585万立方米，比预测增加59万立方米；二期85亿立方米投产作业完井24口，单井实测无阻流量平均487.86万立方米。集输工程全面竣工，一期20亿立方米集输工程投入生产，二期85亿立方米集输工程进入联调。天然气净化厂工程进展顺利，有3套联合装置进入试车阶段，另有3套联合装置进入调试阶段。试投工作严密运行，按照石化集团公司统一部署，10月12日投产试运。

石油工程业务稳步发展。油田各专业化公司不断优化市场、人才、装备、技术等资源，实现了石油工程市场稳步发展。5月，中国石化集团公司在中原油田召开打造石油工程铁军现场会，总结推广中原石油工程的经验和做法。中原油田贯彻现场会精神，进一步整合资源，调整市场。国内外部市场，不断优化结构，加强统一管理，石油工程队伍承担了西北、东北、川东北等项目的建设任务，提高了石油工程技术总承包、地面工程EPC总承包综合服务能力，确保了生产经营稳定运行，国内外部市场实现收入61.58亿元。海外市场坚持“规范管理、互利双赢、扎根海外、长期发展”的理念，实现了市场结构进一步向高端高效市场优化、队伍结构进一步向潜力市场优化、项目结构进一步向技术配套方向优化的“三个优化”，苏丹、沙特、也门、哈萨克斯坦等海外市场实现市场规模和经济效益同步增长，海外市场实现收入5.13亿美元，新签合同53个、合同额6.28亿美元，同比增长22.4%。年内，中原油田完成5000米以上深井、超深井69口，钻井周期同比缩短12.82%，机械钻速同比提高14.32%；创国家企业新纪录9项、中国石化集团公司钻井新指标6项，再次入选中国对外承包工程企业19强、国际承包商112强。

科技进步实现重要突破。油田积极推进国家科技重大专项研究，以重点项目突破带动相关技术配套水平的提高。结合勘探开发和石油工程需要，成立科技工作组9个、开发关键技术项目组14个、石油工程技术项目组5个，高含硫气田开发技术形成礁滩相储层评价与预测等关键技术8项，取得技术创新6项，申报专利5项，研发新装置4项和新产品5个。建立东濮凹陷稳产资源基础研究成藏模式8种，指导老油田精细勘探。14项开发关键技术见到成效，4项攻关技术在微构造刻画、薄层识别、深层开窗侧钻等方面取得突破，9项推广技术应用效果较好，其中引进的水力喷射压裂技术工艺成功率100%。石油工程技术配套逐步完善，开展5个方面、18项配套、70个课题的攻关研究，水平井、超深井、气体钻井、复杂结构井、复杂地表地震、大型酸化压裂等技术日趋成熟，高分辨率测井、水平井射孔技术取得进展。

企业精细管理见成效。油田理顺运行机制，建立油藏经营管理五项运营机制、普光气田“油公司”运作机制、石油工程区域一体化机制、社会化服务建立“四个体系”，形成了油田特色管理模式。完善投资成本预算长效控制机制，加强重大项目优化决策、效益评价和过程管理。加强内控管理、审计监督、效能监察和财务稽核，内控工作位居中国石化集团公司油田企业前列。全面深化HSE管理，开展“我要安全”等主题活动，加强安全监管和安全环保工作，工业“三废”实现零排放、零污染。搞好节能减排，与“十五”末相比，油田万元工业产值综合能耗下降20.7%，用电总量下降3.5亿千瓦·时。抓好“三基”工作，修订完善22个专业队种的岗位责任制和工作标准，开展“五项劳动竞赛”、“创名优工程、树中原品牌”竞赛和“优质服务杯”活动，命名表彰局级党建示范点100个。

职工生活质量明显改善。一是加大基础设施投入，优化小区供水管网，改善居民饮用水质量，维修基地主次干道和前线社区道路，改造居民小区排水、供暖、医院等设施；住房建设加快，滨河小区主体工程已经验收，其他3个小区基础工程已经完成；绿化美化提档升级，新增绿地面积9.3万平方米。二是充分发挥“440”热线作用，强化服务质量考核，职工满意率96%；开展“平安之星”创建活动，物防、技防、人防力度加大，36个小区实现零发案，治安发案率下降63%。三是抓好就业服务和扶贫济困工作。招收子女就业1785人，困难家庭失业人员再就业1160人，帮助实现社会就业2439人次；为困难家庭发放救助金1260万元，向一线职工、外闯市场职工家庭及军烈属发放慰问金468万元。四是落实离退休职工“两项待遇”和“六个老有”。新建、维修老年活动室1.6万平方米，发放慰问金447.7万元；协调地方为老同志办理乘车IC卡4500张、优待证3265张。

党建和思想政治工作扎实有效。开展学习实践科学发展观活动，深化“四好”领导班子创建，建立“双建”工程管理体系，实施“百千万示范行动”，推进廉洁文化“六进”活动，实施素质、环境、平安、繁荣、阳光、温暖六大工程，坚持和完善职代会制度，审议、通过重大事项154件，职代会提案答复率100%，落实率96.8%。厂务公开内容向重大事项延伸、向热点问题延伸、向班子建设延伸、向外部项目延伸。对物资装备采购、工程建设项目招标等14个方面，在中国石化集团公司网上公开；对征兵、人才引进、职称评定、内部市场管理、经济适用住房分配等19项工作，在油田网上公开。开展合理化建议、技术革新、发明创造等群众性经济技术创新活动，采纳合理化建议7708条，应用创新成果740项。2009年，中原油田被评为集团公司廉洁文化“六进”工程先进单位、全国“创争”活动优秀组织单位、全国“五五”普法中期先进集体，继续保持全国文明单位称号。

（吴宝英）

2009年中原油田主要生产经营指标完成情况公报

一、油田勘探

新增探明石油：含油面积12.7平方千米，地质储量930.65万吨；

新增探明天然气：含气面积29.6平方千米，地质储量82.7亿立方米。

二维地震工作量：4896千米；

三维地震工作量：1662平方千米。

二、钻井工程

钻井总进尺：230.90万米；开井856口，其中探井205口、开发井651口。

三、工业生产

工业总产值：218.94 亿元；

工业增加值：94.63 亿元；

原油产量：289.19 万吨；

天然气产量：9.26 亿立方米；

注水总量：3386 万立方米；

油气田开发：油气水井总数 8031 口，其中油井 4621 口、气井 241 口、注水井 3169 口；综合含水率 89.57%，综合油气比 125 立方米/吨，注采比 1.22；采油时率 95.11%，注水时率 90.07%；

新投采油井：185 口；

新增原油生产能力:25.3 万吨/年；

新增天然气生产能力：0.81 亿立方米/年；

注水能力：16.6 万立方米/日；

总供电量：15.54 亿千瓦 · 时。

四、炼油生产

原油加工量：77.21 万吨，其中生产汽油 21.76 万吨、柴油 33.29 万吨、燃料油 1.38 万吨、液化气 5.69 万吨；汽油、柴油收率：71.30%。

轻烃产量：14.30 万吨，其中凝析油：10.79 万吨、油田液化气 1.43 万吨、乙烷 2.07 万吨。

五、油气销售

原油：统一配置销售量 280.45 万吨，其他销售量 2347 吨，企业自用量：0 吨。

天然气：外供量 6.91 亿立方米。

（吴宝英）

重 要 事 件

【中国石化集团公司打造石油工程铁军现场会】 2009 年 5 月 14—15 日，中国石化集团公司打造石油工程铁军现场会在中原油田召开。中国石化集团公司党组书记、总经理苏树林致信会议代表，对大会表示祝贺。中国石化集团公司党组成员、副总经理张耀仓出席会议。中国石化集团公司油田管理部主任袁政文、副主任雍自强，油田事业部副主任赵殿栋，以及来自中国石化集团公司总部机关有关部门、各油田企业石油工程板块的会议代表 200 余人参加会议。中原油田领导沙启军、孔凡群、王亚钧、孙清德、杜广义、黄艾华、焦大庆、吕新华、王红晨出席会议。14 日，张耀仓宣读苏树林致“打造石油工程铁军现场会”会议代表的信。在信中，苏树林代表中国石化集团公司党组希望所有代表以这次会议为契机，增强应对危机的紧迫感，解放思想、开拓思路、群策群力，通过这次会议把经验总结提炼到位、把问题挖掘剖析透彻、把措施研究制定得当，为打造石油工程铁军、打造上游“长板”奠定坚实基础。会上，袁政文代表中国石化集团公司油田管理部作题为《总结经验持续改进，提升管理科学发展，为打造中国石化石油工程铁军而努力奋斗》的报告。报告指出，经过“十一五”以来的持续改革和发展，石油工程各专业的管理水平、技术水平、施工能力和市场竞争力逐步增强，初步建立适合油田企业发展的管理模式、运行机制和控制体系，形成很多好的做法和特色经验、特色技术，队伍、装备、技术进一步升级，初步形成配套优势，为中国石化集团公司资源战略的实施提供有力的保障，也为非上市油田企业的稳定运行提供了有效的经济支撑。会上，中原石油勘探局副局长孙清德受中原油田委托，向大会作《立足中原，走出中原，发展中原，不断提升石油工程综合竞争实力》的专题汇报，全面介绍中原石油工程大力实施“走出去”战略，积极拓展生存和发展空间；牢固树立“四种意识”，强化以效益为中心的发展理念，促进了由求生存到谋发展的转变；着力抓好“三个创新”，初步形成中原特色管理模式；积极培育“三个优势”，促进国内外市场做强做大；切实强化“四个保障”，扎实推进石油工程持续有效发展等方面的新做法。中原油田对外经济贸易总公司、钻井四公司在会上作典型发言。5 月 15 日，张耀仓在讲话中说，两天的会议全面总结了以中原油田为典型的石油工程队伍经营管理方面的典型经验，剖析了目前石油工程队伍管理中存在的突出问题，探讨了石油工程铁军的内涵、标准与测评办法，安排部署了构建中国石化特色管理模式、打造石油工程铁军的相关工作。张耀仓对中原石油工程的精神内涵和管理经验进行概括：临危奋起、自强不息的创业精神，志存高远、转危为安的发展眼光，迎难而上、锐意改革的创新勇气，开疆拓土、永不满足的进取精神，精益求精、持续改善的管理风格，激励约束、机制制胜的经营策略。希望大家进一步深入学习思考和吸收借鉴中原油田的宝贵经验，推动石油工程事业持续有效发展。张耀仓强调指出，打造石油工程铁军，必须建立鼓舞人心的发展愿景、科学可行的战略目标和发展规划；必须配套适宜的管理模式，建立高效的运行机制；必须突出差异化发展战略、高新技术发展战略和低成本发展战略；必须整合优化制度体系，建立用制度管人治事的制度保障；必须完善目标管理体系，建立凭绩效说话、依绩效分配的激励机制和绩效文化；必须未雨绸缪、科学规划，严格控制队伍规模，坚持走内涵发展的道路；必须建立完善严格的管控体系，明确经营管理的禁忌高压线，始终保持严明的纪律和过硬的作风；必须提高各层次管理人员带队伍的水平，把善于凝聚人、激励人、培养人、服务人、支持人作为队伍管理的基本功，千方百计调动广大职工的的主动性、积极性和创造性。打造石油工程铁军是一项艰巨的、长期的、系统性很强的任务，是一个长期持续改善、不断超越、日臻完善的过程，贵在长期坚持不懈、逐渐深化推进。最后，张耀仓要求：这次会议是近年来石油工程管理经验的总结会、构建具有中国石化特色管理模式的部署会、打造工程铁军的动员会，也是近年来在石油工程管理方面规模最大的一次会议，对中国石化集团公司石油工程未来发展具有重要意义。各单位、各部门领导班子要高度重视，将贯彻落实会议精神与开展深入学习实践科学发展观活动结合起来，与技术创新结合起来，与生产经营结合起来，真抓实干、务求实效，将石油工程十万大军打造成一支作风过硬、技术精湛、经营高效、具有较强国际竞争力的石油工程铁军，为打造上游“长板”作出更大贡献。

（吴宝英）

【七届二次职代会】 2009 年 1 月 7 日，中原油田第七届职工代表大会第二次会议暨 2009 年工作会议在中原文化宫召开。大会应到代表 547 名，实到 509 名，符合法定人数。油田七届二次职代会主席团常务主席沙启军、孔凡群、王亚钧、孙清德、杜广义、黄艾华、焦大庆、吕新华、王红晨及油田老领导林治开、周沛、任宗声出席会议。河南省公安厅中原油田公安局，山东省菏泽市公安局黄南分局、聊城市公安局聊南分局，濮阳市油田教育中心等单位负责人作为特邀代表出席。沙启军宣布会议开幕，孔凡群作题为《解放思想　开拓创新　应对挑战　努力开创油田持续有效和谐发展新局面》的工作报告。报告全面总结了2008年油田取得的良好业绩，反映了油田经济效益明显提高、发展后劲不断增强、职工生活持续改善的良好态势。2009年油田工作的总体要求是：深入学习实践科学发展观，大力实施资源、科技、市场、人才和国际化战略，创新工作机制，实施精细管理，加强安全环保，转变发展方式，实现东濮老区稳定发展、普光气田开发安全高效、石油工程做强做大、社会化管理水平显著提高，扎实推进油田持续有效和谐发展。代表们审议并通过油田工作报告、财务工作报告、培训工作报告、安全生产工作报告以及勘探局、分公司集体合同和女职工权益保护专项集体合同的决议，民主评议了油田党政领导班子及成员。对领导班子综合评价为“好+较好”的占98.61%，10名领导班子成员综合评价为“优秀+称职”的占99.5%。最后，沙启军在讲话中强调，油田各单位和广大职工要切实把思想统一到中国石化集团公司党组对当前经营形势的科学判断、2009年工作的重大部署、提出的改革发展目标措施及加强党的建设和干部队伍建设的要求上来，振奋精神，坚定信心，推进发展，构建和谐；各级领导班子和领导干部要转变作风、率先垂范，各级党政组织要认真贯彻落实全心全意依靠职工办企业的方针，激发职工群众力量，落实职工民主权利，真情关怀职工群众，千方百计把职工群众的积极性和创造性引导好、发挥好、保护好、凝聚好，形成万众一心、攻坚克难的强大合力。　（吕学军）

【中原油田创中国企业新纪录9项】
2009年11月7日，在中国企业联合会、中国企业家协会联合发布的第14批中国企业新纪录中，中原油田创新纪录9项。（1）钻井一公司在部1－23侧钻井欠平衡施工中，使用的水包油乳化钻井液最小密度为0.85克/立方厘米，创国内同行业水包油乳化钻井液密度最小新纪录。（2）钻井二公司施工的冀东油田重点预探井南堡5－98井，在井段356.5~1952米井段，使用直径444.5毫米BESTPDC钻头钻进，完成钻井进尺1595.5米，创国内同行业直径444.5毫米单只PDC钻头一次下井钻井进尺新纪录。（3）钻井三公司在鄂尔多斯苏里格气田施工中，完成开钻12口，交井12口，完成井平均井深3628.75米，钻井进尺4.35万米，创国内同行业完钻井深2501~4000米井钻井进尺新纪录。（4）塔里木钻井公司施工的于奇6井，完钻井深7510米，钻井周期282.54天，创国内同行业完钻井深7501~8000米井钻井周期最短新纪录。（5）西南钻井分公司在元坝3井7405.70~7414.20米井段取芯，取芯进尺8.50米，岩芯长8.45米，取芯收获率99.4%，创国内同行业取芯井段最深新纪录。（6）西南钻井分公司在元坝3井206.00~1540米空气钻进井段，使用直径444.5毫米SHT22RG牙轮钻头，完成钻井进尺1334米，创国内同行业直径444.5毫米单只牙轮钻头空气钻一次下井钻井进尺新纪录。（7）井下特种作业处在东北地区DD11－8井压裂施工中，一次压裂5层，创国内同行业单井一次压裂分层最多新纪录。（8）井下特种作业处在普301－3井酸化压裂入井液量1104立方米，创国内同行业单井压裂压入井液最多新纪录。（9）地球物理测井公司在普302－2井射孔作业中，射孔井段5688.3~5093.9米，一次射开油层厚度594.4米，创国内同行业射孔一次射开油层厚度最厚新纪录。

【中原油田入选ENR国际工程承包商225强】　多年来，中原油田坚持市场布局战略化、有所为有所不为的原则，用战略思维规划市场布局，正确处理当前与长远、局部与全局、做大与做强的关系，开发潜力市场，培育规模市场，持续优化结构。2009年，中原油田海外市场收入90%以上来自OPEC成员国和跨国石油公司，中原油田成为沙特阿美石油公司、法国道达尔等国际知名油田公司的战略合作和首选合作伙伴，培育苏丹、沙特、也门、哈萨克斯坦四大规模市场，形成了中东、非洲、中亚、南亚、南美连片发展的五大区域市场格局。中原石油工程队伍成为也门第一、沙特第三大石油工程承包商，苏丹最具实力的综合服务承包商之一。苏丹10部钻机工作量饱满，哈萨克斯坦12部钻机满负荷运转，也门公司年初停工的6台钻机陆续启动，SINO－10钻机、SINO－18钻机首次进入沙特探井市场。同时，中原油田的海外市场向石油工程综合服务、油田技术服务等综合性项目延伸，先后中标毛里塔尼亚1台7000米钻机1+3口探井合同，科威特3台钻机5+1年钻井项目，1台7000米钻机获准进入伊朗亚达瓦兰油田施工。地面工程项目得到快速发展，连续中标沙特4个路桥项目，合同金额达到1.8亿美元，其中成功中标延布高密度聚乙烯项目，成为中原油田海外市场新的经济增长点。9月5日，美国麦格劳·希尔建筑信息公司（McGraw－Hill）根据企业2008年度工程承包营业收入情况，在其官方网站发布了2009年度Engineering News－Record全球最大225家国际承包商排名，中国有50家企业榜上有名。中原油田第3次参加评选，以5.19亿美元的营业收入位居第112位，位居中国50家企业第19位，是中国石化集团公司唯一上榜的施工企业。

（汪中华）

【中原油田名列河南省百强企业第六位】　2009年，中原油田在东濮老区产量递减的情况下，积极寻找接替资源，根据中国石化集团公司的安排部署，大打东濮老区稳产阵地战、普光气田开发攻坚战、内蒙探区勘探进攻战，形成中原油田三足鼎立的局面。在长期的创业、发展过程中，中原油田不断适应国内外市场环境的变化，坚持继承与创新相结合，通过体制改革拉动机制创新，通过机制创新促进经济增长方式的转变，不断改进和完善管控方式，逐渐形成了具有中原油田特色的管理模式：一是集中统一的管理体制。油田坚持“精干高效、权责分明、运转流畅”的原则，持续改进、不断优化，建立了集中一体化管理体系。二是协调有序的运营机制。在油田科学发展战略指导下，建立以效益为中心、以市场为导向、以项目管理为手段的运行机制，不断提高管理效率，推进油气主业、石油工程、社会化服务三个板块协调发展。三是全员绩效考核激励与全方位监督约束管控原则。油田以精细化管理为主线，以强化过程控制为手段，以提高管理效率和经济效益为目的，构建了科学规范、严谨有序、反应快捷、运转高效、监督到位的“五个管控体系”：QHSE管理体系，物流、资金流、信息流管理体系，投资、成本、全面预算管理体系，全员绩效考核激励体系，内控、审计、监察、稽核、法律“五位一体”的监督体系。四是党建和思想政治工作保障体系。坚持党建、思想政治工作、企业文化与生产经营深度融合，充分发挥思想政治优势和群众工作优势，着力凝聚全员的智慧和力量，确保油田持续有效和谐发展。2月25日，根据河南省企业联合会、河南省企业家协会联合下发的《关于申报河南省企业100强的通知》精神和油田领导批示，企业管理处组织财务资产处、财务资产部、科技处、人力资源处等单位收集整理资料、填报数据，勘探局和分公司合并报表经各部门多次核实无误，报请油田主要领导审定签字后上报河南省企业联合会。10月30日，根据河南省企业联合会公布，中原油田位列河南省百强企业排名第六位。

（刘宗儒）

2009年7月21日，普光气田20亿立方米产能地面集输系统联调完毕　　（赵奕松）

组织机构及领导成员

中国共产党中原石油勘探局委员会

书　记：沙启军
副书记：孔凡群　王亚钧
常　委：沙启军　孔凡群　王亚钧　孙清德　杜广义
　　　　王寿平　黄艾华
委　员：沙启军　孔凡群　王亚钧　孙清德　杜广义
　　　　王寿平　黄艾华　焦大庆　吕新华　王红晨
　　　　赵化廷　曾大乾　张明功　王　东　冷　潜
　　　　李振智　张瑞民　范　锐　韩苏宁　刘大恕

中原石油勘探局

局　长：孔凡群
副局长：沙启军　孙清德　杜广义　黄艾华
副总师：张明功　赵培兰　王中华　齐秀芳
　　　　渠继铎（总法律顾问）　胡群爱
　　　　闫光庆　李恩洲　王　东　史学东
　　　　杨　波　冷　潜（7月6日任职）
　　　　酒尚利（7月6日任安全副总监）
　　　　杨祥彬（7月6日任职）
　　　　舒尚文（7月6日任职）
调研员：刘谦峰（任至9月30日）
　　　　姜福耀（任至9月30日）
　　　　张文宗

中原油田分公司

代　表：沙启军
总经理：孔凡群
副总经理：王寿平　焦大庆　吕新华
总会计师：王红晨
总经理助理：赵化廷（3月12日任职）
副总师：曾大乾　谈玉明　陈惟国　甄维胜
　　　　渠继铎（总法律顾问，兼）
　　　　盛兆顺　韩保清
　　　　赵化廷（任至3月12日）
　　　　呼舜兴　邓瑞健
　　　　黄泽贵（7月6日任职）
　　　　李振智（7月6日任职）
　　　　杨焕文（7月6日任职）
　　　　韩玉柱（7月6日任职）
调研员：刘明立

中国共产党中原石油勘探局纪律检查委员会

书　记：王亚钧
副书记：李恩洲　王来喜　谢德林
常　委：王亚钧　李恩洲　王来喜　谢德林
　　　　韩玉柱　郝景喜　常振岭
委　员：王亚钧　李恩洲　王来喜　谢德林
　　　　渠继铎　韩玉柱　郝景喜　杨祥彬
　　　　吴玉玲　王道明　常振岭　李永哲
　　　　李海涛　章大庆　姚泉河

中原石油勘探局工会委员会

主　席：王亚钧
副主席：吕　杰（任至3月12日）
　　　　王心锋（兼，任至3月12日）
　　　　王明亮　杜继平（兼）
　　　　郑　娟（3月12日任职）
经费审查委员会主任：王明亮（兼）
女职工委员会主任：郑　娟（兼）
调研员：李成文（任至9月30日）
　　　　吕　杰（3月12日任职）
　　　　韩　青　龚元学　王加山

普光分公司

经　理：孔凡群（兼）
副经理：王寿平（兼）　曾大乾（兼）　陈惟国（兼）
　　　　盛兆顺（兼）　闫光庆（兼）　王召民（兼）
　　　　吴全顺
党委书记：王亚钧（兼）
党委副书记：王寿平（兼）　王　俭（正处级，兼）
纪委书记：王道明（兼）
工会主席：王　俭（兼）

西南工作委员会

主　任：王寿平（兼）
副主任：曾大乾（兼）　陈维国（兼）
　　　　盛兆顺（兼）　闫光庆（兼）
　　　　王召民　吴全顺（兼）
　　　　周祥林（兼）
党委书记：王亚钧（兼）
党委副书记：王寿平（兼）　王　俭（正处级）
纪委书记：王道明（正处级）

西部工作委员会

主　任：孙清德（兼）
副主任：华学理　蔡　元（任至6月2日）
党委书记：孙清德（兼）
党委副书记：华学理　蔡　元（任至6月2日）
　　　　　　马汝臣（11月27日任职）

中原油田机关工作部门及领导

局长办公室　总经理办公室（政策研究室）
主　任：张明功（兼）
副主任：魏国良（正处级）　任孟坤
政策研究室
主　任：张喜亭（任至3月12日）
副主任：张　峰　陈　雨（8月22日任职）

企业管理处（改革办公室、招标管理办公室）
处　长：王承来
副处长：李洪珍（任至7月6日）
石书灿（8月22日任正处级）　朱景川
调研员：李洪珍（7月6日任职）

规划计划处
处　长：庄　铭
副处长：苌新宇　温德鑫

规划计划部
主　任：唐立永
副主任：段文胜（兼）　裴　辉
调研员：顾顺元

人力资源处
主　任：郝景喜
副主任：蔡东清（兼）　刘　兴（9月5日任职）
李英庆（9月5日任职）
正处级干部：韦旭升［中国石化川气东送建设工程指挥部办公室值班室主任（借聘）］

财务资产处
处　长：杨祥彬（兼）
副处长：刘作庆　张　伟　吕庆武（3月12日任职）
正处级干部：张敬辉［中国石化川气东送建设工程指挥部计划财务部财务处副处长（借聘）任至4月29日；中国石化川气东送建设工程指挥部政治部审计处处长（借聘），任至5月31日］

财务资产部
主　任：吴玉玲
副主任：吴全顺（兼）　栾灿根　刘建军

生产管理处
处　长：黄泽贵（兼）
副处长：范智海（正处级）　杨灵信（正处级）
明柱平（正处级）　刘金亮
调研员：李　铎

对外关系处（土地管理办公室）
处　长：杜树林
副处长：李晓倩（兼）　秦军平　周　雷

技术监督处
处　长：周文耀（3月12日任职）
副处长：黄学锋［技术安全监督处副处长（正处级）任至3月12日；3月12日任技术监督处副处长（正处级）］　曹天生（技术安全监督处副处长任至3月12日，3月12日任技术监督处副处长）

安全环保处
处　长：酒尚利（兼，技术安全监督处处长任至3月12日，3月12日任安全环保处处长）
副处长：周松景［技术安全监督处副处长（正处级）任至3月12日，3月12日任职安全环保处副处长（正处级）］　王家印（3月12日任职，正处级）
熊良淦（兼，3月12日任职）　唐安全（兼，3月12日任至6月30日）　栗明选（技术安全监督处副处长任至3月12日，3月12日任安全环保处副处长）　赵荣峰（3月12日任职）　武少英（兼，3月12日任职）
调研员：肖永庆（技术安全监督处正处级调研员任至3月12日，3月12日任安全环保处正处级调研员）
徐海珍（技术安全监督处副处级调研员任至3月12日，安全环保处副处级调研员任至9月30日）

基建处
处　长：王召民（兼）
副处长：王西平（正处级）　张桂霞（8月22日任职）

装备处
处　长：张超平
副处长：苏安平　周和平

法律事务处
处　长：渠继铎（兼）
副处长：张东方　多俊方（8月22日任职）
调研员：沈树成　王德志

科技部（知识产权保护办公室）
主　任：徐卫东
副主任：黄　强　赵良金（3月12日任职）

钻井工程处
处　长：胡群爱（兼）
副处长：陈付立　牛建新　张建华（3月12日任职）
调研员：刘子春　王德良
正处级干部：程广存［中国石化川气东送建设工程指挥部安全环保部综合处处长（借聘）］

勘探管理部
主　任：王生朗
副主任：马维民　李赣勤
调研员：郑鸿稳（任至9月30日）

开发管理部
主　任：呼舜兴（兼）
副主任：杨世刚（正处级，兼）　马改正
　　陈爱仁　古习伟

油藏监测办公室
主　任：杨世刚

油气销售管理部
主　任：杨焕文（兼，7月6日任分公司副总经济师）
副主任：唐远洋（兼）　马传友
副处级干部：袁国正［中国石化川气东送建设工程指挥部法律事务部合同管理处副处长（借聘）］

油气技术管理部
主　任：赵化廷（兼，分公司副总工程师任至3月12日，3月12日任分公司总经理助理）
副主任：王兴增［中国石化川气东送建设工程指挥部施工管理部项目管理处处长（借聘）］
　　阚庆山　侯天江　谢慧华　刘祖林　王青涛
调研员：陈光明（任至9月30日）

油藏经营管理办公室
主　任：左代容
副主任：李洪珍（兼，任至7月6日）　宣　东

外事办公室
主　任：游志明（8月22日任职）
副主任：游志明（任至8月22日）

审计处
处　长：韩玉柱（兼）
副处长：徐永贵

局党委办公室（信访办公室、局党委防范和处理邪教问题工作办公室）
主　任：王　东（兼）
副主任：吴思锋（兼）　刘宪伟　王少一（8月22日任职）
　　陶　红（兼，8月22日任职）
信访办公室
主　任：吴思锋
局党委防范和处理邪教问题工作办公室
负责人：韩　青（任至8月22日）
副主任：陶　红（8月22日任职）

局党委组织部
部　长：冷　潜（兼）
副部长：常振岭　康永华　丁学成

局党委宣传部（局党委统战部、精神文明建设指导委员会办公室、企业文化处）
部　长：张瑞民
副部长：王　俭（兼）　张宏伟（任至8月22日）
　　苏献锋（8月22日任职）
调研员：解建国

局纪律检查委员会（监察处）
监察处处长：王来喜（兼）
监察处副处长：谢德林（兼）
　　李永哲（3月12日任职）
副处级纪检监察员：吕昭峰（任至8月22日）
调研员：刘智焕　王彦龙　高大鸣
纪检监察一室：李海涛
纪检监察二室：吕昭峰（8月22日任职）
纪检监察三室：刘大庆
纪检监察四室：李永哲（兼）
案件审理室：苗德安（8月22日任职）
办公室：贾玉彬
教育调研室：孙宏亮

局工会工作部门及领导
办公室：王纪宏
组织民管部：左文平
生产保障部：韩伟利
宣教部：刘洪斌
女工部：郑　娟（兼）
文化体育部：杨　跃

局团委（局党委青年工作部）
书　记：魏永军

社会综合治理办公室（保卫处）
主　任：崔洪琦（任至3月12日）
　　于　卫（3月12日任职）
副主任：于　卫（正处级，任至3月12日）
　　赵　琦（正处级）
调研员：崔洪琦（3月12日任职）

人民武装部（人民防空办公室）
副部长：王朝英
调研员：段崇礼

社会化服务管理办公室（卫生处、计划生育管理办公室、爱国卫生委员会办公室、绿化委员会办公室
主　任：齐秀芳（兼，4月28日任职）
副主任：樊启春（正处级，4月28日任职）
　　郗庆国（4月28日任职）
　　杨　琼（4月28日任职）

油田直属机关党委
书　记：王亚钧（兼）
副书记：陈辉才（正处级）
纪委书记：陈辉才（兼）
工会主席：陶金成（任至3月12日）
　　赵益春（8月22日任职）
调研员：孔存柱　陶金成（3月12日任职）

普光分公司工作部门、所属单位及领导

经理办公室（西南工作委员会综合办公室）

主　任：陶常青

副主任：侯耀东（兼，3 月 12 日任正处级）
　　梁江红　成新亮（兼）

生产管理部（西南工作委员会调度室）

主　任：刘地渊（生产技术管理部主任任至 3 月 12 日，3 月 12 日任生产管理部主任）

副主任：王和琴（生产技术管理部副主任任至 3 月 12 日，3 月 12 日任生产管理部副主任）　何　伟（生产技术管理部副主任任至 3 月 12 日，3 月 12 日任生产管理部副主任）

天然气技术管理部

主　任：李明志（3 月 12 日任职）

副主任：张庆生（生产技术管理部副主任任至 3 月 12 日，3 月 12 日任天然气技术管理部副主任）
　　刘德绪（3 月 12 日任职）

HSE 监督管理部（西南工作委员会 HSE 办公室）

主　任：熊良淦

副主任：廖家汉　邵理云

开发管理部

主　任：张世民

副主任：姜贻伟

钻井管理部

主　任：李铁成

副主任：叶文超

工程管理部

主　任：郭　强（3 月 12 日任职）

副主任：郭　强（任至 3 月 12 日）　王令群

计划财务部

主　任：段文胜

副主任：王云龙　夏晨红

人力资源部

主　任：蔡东清

副主任：陶祖强　杨作海

对外关系部

主　任：李晓倩（3 月 12 日任职）

副主任：李晓倩（任至 3 月 12 日）

销售管理部

主　任：唐远洋

物资保障部

副主任：王德仓

法律事务部（西南工作委员会法律事务部）

副主任：贾克俭

党群工作部（西南工作委员会党群办公室）

主　任：王　俭（兼）

副主任：马仁生（兼）

纪检监察审计部（西南工作委员会纪检监察审计部）

主　任：王道明（兼）

采气厂

厂　长：杨发平

副厂长：郝春山　王　斌（任至 3 月 12 日）
　　张分电　韩玉坤　李存峰

党委书记：郝春山

党委副书记：杨发平

工会主席：郝春山

天然气净化厂

厂　长：朱德华

副厂长：袁守民　商剑峰　尹琦岭　马崇彦　吴基荣
　　焦玉清（3 月 12 日任职）

党委书记：袁守民

党委副书记：朱德华

工会主席：袁守民

生产服务中心

主　任：吴维德（3 月 12 日任职）

副主任：王　斌（3 月 12 日任职）
　　张世文（公用工程项目部副主任任至 3 月 12 日，3 月 12 日任生产服务中心副主任）
　　苗　辉（公用工程项目部副主任任至 3 月 12 日，3 月 12 日任生产服务中心副主任）

党委书记：王　斌（3 月 12 日任职）

党委副书记：吴维德（3 月 12 日任职）

应急救援中心

主　任：陈惟国（兼）

副主任：杨永钦　何建锋　马新文

党总支书记：杨永钦

党总支副书记：陈惟国（兼）马新文

工会主席：马新文

基地工程项目部

主　任：慕庆波

副主任：李炳坤（正处级）　刘庆俊

工程监督站

副站长：卢立泽

西部工作委员会工作部门、所属单位及领导

市场工作部

副经理：张　君（任至 11 月 27 日）
　　刘荣法（3 月 12 日任至 11 月 27 日）
　　尹洪生（11 月 27 日任职）　唐风雷

综合办公室

主　任：马汝臣（兼，11 月 27 日任职）

副主任：马汝臣（任至 11 月 27 日）

HSE 监督管理站

站　长：张　君（兼，任至 3 月 12 日）
　　武少英（3 月 12 日任职）

西北石油工程项目管理部

经　理：华学理（兼，11 月 27 日任职）

副经理：张　君（11 月 27 日任职）

陕北石油工程项目管理部

经　理：刘荣法（11 月 27 日任职）

内蒙石油工程项目管理部

经　理：徐常生（11 月 27 日任职）

海拉尔石油工程项目管理部

经　理：李忠庆（11 月 27 日任职）

东北石油工程项目管理部

经　理：张古森（11 月 27 日任职）

华北石油工程项目管理部
经　理：龚成栋（11月27日任职）
江苏石油工程项目管理部
经　理：樊好福（11月27日任职）
西南工作委员会工作部门及领导
综合办公室
副主任：侯耀东（3月12日任正处级）　成新亮
调度室
主　任：刘地渊（兼）
副主任：王和琴（兼）　何　伟（兼）
HSE办公室
主　任：熊良淦（兼）
副主任：廖家汉（兼）　邵理云（兼）
法律事务部
副主任：贾克俭（兼）
党群办公室
主　任：王　俭（兼）
副主任：马仁生　钟建堂［中国石化川气东送建设工程指挥部政治部协助工作（借聘）至4月29日，4月29日任中国石化川气东送建设工程指挥部政治部新闻中心副主任（借聘）］
纪检监察审计部
主　任：王道明（兼）

西南工程技术项目管理部
经　理：闫光庆（兼）
副经理：周祥林（兼）　陶现林（兼）
党支部书记：闫光庆
综合管理部
副经理：杜先玉（副处级）
工程技术部
经　理：白俊成
安全环保部
经　理：陶现林（兼）

中原油田直属单位及领导

采油一厂
厂　长：李振智（任至7月24日）
　　陈宗林（7月24日任职）
副厂长：倪崇科　莫言起
　　陈宗林（任至7月24日）
　　窦让林　马青印　李绍兵
总工程师：陈宗林（任至7月24日）
总地质师：窦让林
总会计师：刘新胜
党委书记：倪崇科
党委副书记：李振智（任至7月24日）
　　陈宗林（7月24日任职）
　　李兴明
纪委书记：李兴明
工会主席：李兴明

采油二厂
厂　长：刘　伟
副厂长：范　锐　张振顺　王万平　吴庆东
　　王春浦　朱德智
财务总监：秦　波
党委书记：范　锐
党委副书记：刘　伟
纪委书记：孙瑞敏
工会主席：孙瑞敏

采油三厂
厂　长：张强德
副厂长：周文耀（任至3月12日）　应　斌　冯　挺
　　张学堂　吕清河　吴旭光
总工程师：吕清河
总地质师：吴旭光
总会计师：裴德芳
党委书记：周文耀（任至3月12日）
　　应　斌（3月12日任职）
党委副书记：张强德
纪委书记：苏　青
工会主席：苏　青
调研员：王振水　盛春鹏

采油四厂
厂　长：李存贵
副厂长：王合芬（任至7月6日）
　　李随山（7月24日任职）
　　温佐元（任至7月24日）　宋清明
　　国殿斌（任至3月12日）　王　飞
总工程师：王　飞
总地质师：国殿斌（任至3月12日）
总会计师：郭延山
党委书记：王合芬（任至7月6日）
　　李随山（7月24日任职）
党委副书记：李存贵
纪委书记：章大庆
工会主席：章大庆
调研员：付大成（任至9月30日）
　　王合芬（7月6日任职）

采油五厂
厂　长：周延军
副厂长：李随山（任至7月24日）
　　温佐元（7月24日任职）
　　仲维平　苏凯元　范锡彦
　　刘国宏（任至3月12日）
总工程师：范锡彦
总地质师：贾云超（3月12日任职）
总会计师：唐俊峰
党委书记：李随山（任至7月24日）
　　温佐元（7月24日任职）
党委副书记：周延军

纪委书记：郭庆彤
工会主席：郭庆彤
调研员：刘国宏（3 月 12 日任职）

采油六厂
厂　长：耿师江
副厂长：张学昌　王铁林　张赞武　李才学　卢文涛
总地质师：李才学
党委书记：张学昌
党委副书记：耿师江
纪委书记：杨永春
工会主席：杨永春
调研员：邱洪明　王宪周

钻井一公司
经　理：卓景军
副经理：徐洪兴　李忠庆（3 月 12 日任至 11 月 27 日）
翟群林（3 月 12 日任职）
邱传俊（11 月 27 日任职）
付天明（兼）　陈养龙（兼）
总工程师：张建华（任至 3 月 12 日）
王自民（3 月 12 日任职）
总会计师：曲　波（财务总监任至 3 月 12 日，3 月 12 日任总会计师）
党委书记：徐洪兴
党委副书记：卓景军
纪委书记：姚泉河
工会主席：姚泉河
调研员：崔希友

钻井二公司
经　理：魏风勇
副经理：许作平（任至 3 月 12 日）
张喜亭（3 月 12 日任职）　王坤明
焦朝选（3 月 12 日任职）
李俊峰（11 月 27 日任职）
杨红光（兼）　张金斌（兼）
总工程师：尹洪生（任至 11 月 27 日）
王宏杰（11 月 27 日任职）
总会计师：周立保（财务总监任至 3 月 12 日，3 月 12 日任总会计师）
党委书记：许作平（任至 3 月 12 日）
张喜亭（3 月 12 日任职）
党委副书记：魏风勇
纪委书记：王东风
工会主席：王东风
调研员：胡玉忠　许作平（3 月 12 日任职）　于存芳

钻井三公司
经　理：高绍智
副经理：韩苏宁　王秉胜
刘春文［任至 2 月 28 日，中国石化国际勘探开发公司缅甸 B 区块副经理（借聘）］
李伟廷　施建国　徐常生（兼，任至 11 月 27 日）
董成林（兼）　张　旭（兼）
总工程师：刘春文（任至 2 月 28 日）
总会计师：瞿绪宝
党委书记：韩苏宁
党委副书记：高绍智　卢沂伦
纪委书记：卢沂伦
工会主席：卢沂伦
调研员：李东祥　宋秀兴　王德云（任至 9 月 30 日）
副处级干部：张合成［中国石化川气东送建设工程指挥部总调度室油地关系处副处级调研员（借聘）任至 4 月 29 日，4 月 29 日任中国石化川气东送建设工程指挥部总调度室油地关系处副处长（借聘）］　李传武［中国石化川气东送建设工程指挥部安全环保部安全处副处长（借聘）］　袁　超［4 月 29 日任中国石化川气东送建设工程指挥部物资装备部物流调度处副处长（借聘）］

钻井四公司
经　理：黄松伟
副经理：孙文臣　刘乐善　徐　泓　魏殿举　杨学德
刘进华（兼）
总工程师：何启贤
财务总监：孟凡忠
党委书记：孙文臣
党委副书记：黄松伟
纪委书记：田立华（任至 7 月 6 日）
桂春华（8 月 22 日任职）
工会主席：田立华（任至 7 月 6 日）
桂春华（8 月 22 日任职）
调研员：田立华（7 月 6 日任职）

塔里木钻井公司
经　理：郭宝玉
副经理：谭群升　蔡光学（任至 3 月 12 日）
张革新（任至 11 月 27 日）
赵国顺　郗刘明　陈养龙
张金斌　张　旭　刘进华
总会计师：蔡光学（任至 3 月 12 日）
范克东（3 月 12 日任职）
党委书记：谭群升
党委副书记：郭宝玉
纪委书记：王　宁
工会主席：王　宁
调研员：滕树中　余金能　吴庆忠

西南钻井公司
经　理：周祥林
副经理：赵子安　李金钟（正处级）
张革新（11 月 27 日任职）
陶现林　徐常生（任至 11 月 27 日）
付天明　杨红光　董成林

杨学德（任至 11 月 27 日）
总会计师：李金钟
党委书记：赵子安
党委副书记：周祥林
纪委书记：郭东峰
工会主席：郭东峰

对外经济贸易总公司
总经理：史学东（兼）
副总经理：杨　波　张培翥　刘东波
唐安全（任至 6 月 30 日）
成景民（兼哈萨克斯坦公司经理）
王富群（兼也门公司经理）
何树栋（兼厄瓜多尔公司经理任至 6 月 30 日）
莫宇亭　付保俊　宋保健　郑小平
总工程师：刘东波
总法律顾问：刘先刚
党委书记：杨　波（兼）
党委副书记：史学东
纪委书记：曹　军
工会主席：曹　军
调研员：薛学辉
正处级干部：王忠勇［中国石化川气东送建设指挥部总调度室工程建设运行处处长（借聘）］
经营条法部
经　理：刘先刚（兼）
市场开发部
经　理：史学东（兼）
项目管理部
经　理：张广波［中国石化国际石油勘探开发公司温菲尔德石油服务有限公司哈萨克斯坦钻井监督（借聘）］

勘探开发科学研究院（决策咨询评估中心）
院　长：邓瑞健（兼）
副院长：李智信　国殿斌（3 月 12 日任职，正处级）
陈　昊　赵　蔚　赵良金（任至 3 月 12 日）
王秀林（任至 6 月 30 日）　姜贻伟（兼）
总地质师：毕建霞　苏　惠
财务总监：赵　蔚
党委书记：李智信
党委副书记：邓瑞健
纪委书记：杨德林
工会主席：杨德林
调研员：董焕中
决策咨询评估中心
主　任：陈　昊（兼）
副主任：王景富
副处级咨询员：李长春
调研员：李中强

采油工程技术研究院
院　长：吴信荣
副院长：姜春河　李明志（兼）　张庆生（兼）
林伟民　韩　进　陈传东
总工程师：李明志
党委书记：姜春河
党委副书记：吴信荣
纪委书记：陈德明
工会主席：陈德明

钻井工程技术研究院
院　长：舒尚文（兼）
副院长：王希民　张克勤　李少海　王兴武
总工程师：王中华（兼）
党委书记：王希民
党委副书记：舒尚文
纪委书记：鞠德泉
工会主席：鞠德泉

勘察设计研究院
院　长：郭晓明
副院长：张秀泉　杨　华（任至 5 月 31 日）　银永明
总工程师：杨　华（任至 5 月 31 日）　刘德绪（兼）
党委书记：张秀泉
党委副书记：郭晓明
纪委书记：胡彦核
工会主席：胡彦核
副处级干部：李占胜［4 月 29 日任中国石化川气东送建设工程指挥部办公室综合处副处级调研员（借聘）］

物探研究院
院　长：蔡其新
副院长：王立新（任至 3 月 12 日）
左新华（3 月 12 日任职）
肖　斌（3 月 12 日任职）
郝加良（3 月 12 日任职）
总地质师：汪功怀
党委书记：王立新（任至 3 月 12 日）
左新华（3 月 12 日任职）
党委副书记：蔡其新
纪委书记：王立新（任至 3 月 12 日）
左新华（3 月 12 日任职）
工会主席：王立新（任至 3 月 12 日）
左新华（3 月 12 日任职）

石油化工总厂
厂　长：李乃义
副厂长：白建东　赵　勃
左泽军［新疆塔城地区乌苏市委副书记（援疆）］
毛庆江　赵　剑　闫德兴
总工程师：左泽军
党委书记：白建东

党委副书记：李乃义
纪委书记：闵　学
工会主席：闵　学
调研员：王世泉

天然气产销厂
厂　长：张中伟
副厂长：王乃欣　郝春山（兼）　张海青　赵先进
　　　　苏月琦　张　云
总工程师：杨发平（兼）
总地质师：苏月琦
党委书记：王乃欣
党委副书记：张中伟
纪委书记：齐孟田
工会主席：齐孟田
调研员：刘树清

天然气处理厂
厂　长：程振华
副厂长：陈仕杰　陶常青（兼）　朱德华（兼）
　　　　邵友信（任至8月30日）
　　　　商剑峰（兼）　焦玉清（兼）
　　　　尹琦岭（兼）　魏忠昕（3月12日任职）
总工程师：朱德华　尹琦岭
党委书记：陈仕杰
党委副书记：程振华　袁守民（兼，8月22日任职）
纪委书记：袁守民（兼，任至8月22日）
　　　　　宣　进（8月22日任职）
工会主席：袁守民（兼，任至8月22日）
　　　　　宣　进（8月22日任职）

井下特种作业处
经　理：杜卫平
副经理：刘让杰　杨立志　张光平
　　　　银本才　赵社强
总工程师：银本才
财务总监：杨立志
党委书记：刘让杰
党委副书记：杜卫平
纪委书记：刘　生
工会主席：刘　生
调研员：王复林　娄焕荣（任至9月30日）

钻井管具工程处
经　理：李　飞
副经理：沈伯卿　贾建贞
　　　　张　达（8月22日任职）
总会计师：潘双师
党委书记：沈伯卿
党委副书记：李　飞
纪委书记：王　森
工会主席：王　森
调研员：韩天英　时德兴

固井工程处
经　理：石凤岐
副经理：韩万吉（任至6月2日）　徐相欣　张启运
　　　　韩宗文　陈道元（8月22日任职）
财务总监：韩宗文
党委书记：韩万吉（任至6月2日）
　　　　　徐相欣（8月22日任职）
党委副书记：石凤岐
纪委书记：王荣亭
工会主席：王荣亭

地球物理勘探公司
经　理：周明非
副经理：牛玉彬　沈万杰　卫　东　马　峰　王广平
　　　　阮　明（3月12日任职）
党委书记：牛玉彬
党委副书记：周明非
纪委书记：吴明春
工会主席：吴明春
调研员：李会欣
正处级干部：邵继尧（任至3月12日）

地球物理测井公司
经　理：田素月
副经理：陈家阔　黄宏才　黄奇源
　　　　李建华（3月12日任职）
总工程师：黄宏才
总会计师：刘三海（3月12日任职）
党委书记：陈家阔
党委副书记：田素月　张玉科
纪委书记：张玉科
工会主席：张玉科
调研员：吴云峰　林铭升

地质录井处
经　理：陶国强
副经理：刘海清　李江陵　贾世亮（借聘）　朱世海
　　　　赵铁锁
财务总监：王称意
党委书记：刘海清
党委副书记：陶国强
纪委书记：常　恒
工会主席：常　恒
调研员：李匡时（任至9月30日）　张德成　葛慎荣

物资供应处
处　长：李　卫
副处长：王忠胜　陈金良　王建利　李树全
　　　　刘丁林　王德仓（兼）
总会计师：王友明（8月22日任职）
党委书记：王忠胜
党委副书记：李　卫
纪委书记：段　华

工会主席：段　华
副处级干部：王　暾［中国石化川气东送建设工程指挥部物资装备部物流调度处副处长（借聘）］
李　波［中国石化川气东送建设工程指挥部物资装备部采购与管理处副处长（借聘）］

油气储运管理处
经　理：贾宗贤
副经理：唐远华　任忠杰　陈助军　赵统永
总工程师：邹　润
总会计师：邹昌平
党委书记：唐远华
党委副书记：贾宗贤　徐业华（任至3月12日）
纪委书记：徐业华（任至3月12日）
杨文代（3月12日任职）
工会主席：徐业华（任至3月12日）
杨文代（3月12日任职）
调研员：陈润苗（任至9月30日）

工程建设总公司
经　理：刘大恕
副经理：张永为　王建国　陈彦平
程家富（任至8月17日）　陈四庚
高玉生（9月26日任职）
总工程师：王建国
总经济师：程家富（任至8月17日）
总会计师：史先轲
党委书记：张永为
党委副书记：刘大恕
纪委书记：孙庆山（任至8月17日）
工会主席：孙庆山（任至8月17日）
调研员：李中明　李光荣

建设集团公司
经　理：朱跃武（任至8月17日）
程家富（8月17日任职）
副经理：孔令奇（任至8月17日）
孙庆山（8月17日任职）
慕庆波（兼）　李金林
邢卫民　高普兵（任至3月12日）
王永胜（任至4月30日）　刘秋丰
吴　勇（3月12日任至8月17日）
窦文林（8月17日任职）
总会计师：韦　斌（8月17日任职）
党委书记：孔令奇（任至8月17日）
孙庆山（8月17日任职）
党委副书记：朱跃武（任至8月17日）
程家富（8月17日任职）
纪委书记：杨宏伟
工会主席：杨宏伟
调研员：何茹霞
副处级干部：杨德景
吴　勇（8月17日任职）

钻采处
经　理：夏长淮
副经理：祁守文　卢玉刚［中国石化国际勘探开发公司阿尔及利亚分公司副经理（借聘）任至4月30日］
李　伟
总工程师：黎　永
总地质师：周海彬
党委书记：祁守文（党总支书记任至6月30日，6月30日任党委书记）
党委副书记：夏长淮（党总支副书记任至6月30日，6月30日任党委副书记）
纪委书记：祁守文（6月30日任职）
工会主席：祁守文

供电管理处
经　理：史增洪
副经理：刘贤武　张承林　郝新领　张文广
总工程师：郝新领
财务总监：张庭金
党委书记：刘贤武
党委副书记：史增洪
纪委书记：张　锐
工会主席：张　锐
调研员：李永德　常洪才（任至9月30日）

供水管理处
经　理：吴海宁（任至4月28日）
李　惠（4月28日任职）
副经理：王宗民　付效东　霍其贞
财务总监：吴向前
党委书记：王宗民
党委副书记：吴海宁（任至4月28日）
李　惠（4月28日任职）
纪委书记：王延年
工会主席：王延年
调研员：李夜明（任至9月30日）

供热管理处
经　理：樊启春（任至4月28日）
吴海宁（4月28日任职）
副经理：刘玉增　冯瑞生（任至7月6日）
邢　亮　方士宾
总会计师：陈光普
党委书记：刘玉增
党委副书记：樊启春（任至4月28日）
吴海宁（4月28日任职）
纪委书记：赵运章
工会主席：赵运章
调研员：张新民（任至9月30日）　吴胜利　王杰新
冯瑞生（7月6日任职）

通信管理处
经　理：刘育江

副经理：栾爱玲　张水堂
总工程师：娄国成
总会计师：毕珂琴
党委书记：栾爱玲
党委副书记：刘育江
纪委书记：栾爱玲
工会主席：栾爱玲
调研员：李元江（任至9月30日）　张立华　赵　允

燃气管理处
经　理：陈延进
副经理：陈钦明　任钦贡（3月12日任职）
　　朱德兴（任至7月6日）
　　曹再强　李学峰　杨林祥
党委书记：陈钦明
党委副书记：陈延进　任钦贡（任至3月12日）
　　张宏伟（8月22日任职）
纪委书记：任钦贡（任至3月12日）
　　张宏伟（8月22日任职）
工会主席：任钦贡（任至3月12日）
　　张宏伟（8月22日任职）
调研员：周　冀　任钦贡（3月12日任职）
　　朱德兴（7月6日任职）

技术监测中心（装备监测总站）
主　任：王　海（兼装备监测总站站长）
副主任：秦平安　赵金献（3月12日任职）
党委书记：王　海
党委副书记：许庆文
纪委书记：许庆文
工会主席：许庆文
调研员：余泓江　杜如诗

消防支队
支队长：周　振
副支队长：杨永钦（兼）　孙承保　陆林瑞
党委书记：周　振
纪委书记：卢次贵
工会主席：卢次贵

公共事业管理处
经　理：邓战强
副经理：武希宝　郗庆国（任至4月28日）
　　尹长辉　苏永杰（兼，4月28日任职）
　　朱胜南（8月22日任职）
党委书记：邓战强
党委副书记：武希宝
纪委书记：武希宝
工会主席：武希宝
调研员：王光来（任至9月30日）

房产管理处
经　理：林　荷
副经理：尹才发
　　苏永杰（兼，房产租赁中心主任任至4月28日）
党委书记：林　荷
纪委书记：乔守忠
工会主席：乔守忠
调研员：李本昌　杜林昌

房产租赁中心（副处级）
主　任：苏永杰

中原石油报社
社　长：李忠良（兼《中国石化报》中原油田记者站站长）
副社长：王德仁　王新顺　徐书林［6月2日任职，7月9日任新疆塔城日报社副社长、副总编辑、党组成员（挂职）］
党委书记：王德仁
党委副书记：李忠良
纪委书记：王德仁
工会主席：王德仁

广播电视中心（广播电视管理处）
台　长：林　滨
副台长：张路平　李　鹏
党委书记：林　滨
纪委书记：张路平
工会主席：张路平
调研员：张兴华　李才猛（任至9月30日）

培训中心（油田党校）
油田党校
校　长：王亚钧（兼）
副校长：刘怀忠　陈增明　田思忠
培训中心
主　任：刘怀忠
副主任：陈增明　田思忠　刘德云
　　孔令启（3月12日任职）
党委书记：陈增明
党委副书记：刘怀忠
纪委书记：尹华斌
工会主席：尹华斌
调研员：程兆民　张慧英　牛茂林

行业服务中心
主　任：薄其成
总会计师：程宏伟
党委书记：薄其成
纪委书记：李　珉
工会主席：李　珉
调研员：周玉才（任至10月31日）

内蒙探区勘探开发指挥部
北方区块勘探开发项目部
经　理：李双泉（宁夏区块勘探项目部副经理、党支部副

书记任至8月22日，8月22日任职）
副经理：庞尚明（8月22日任职）

第一社区管理中心
主　任：李　强
副主任：林家贺　田少华（正处级）　张荣乾　邵均克
党委书记：林家贺
党委副书记：李　强　王天寿
纪委书记：王天寿
工会主席：王天寿
调研员：耿生梅

第二社区管理中心
主　任：白建义
副主任：黄文森　聂兴斌　张顺峰
党委书记：黄文森
党委副书记：白建义
纪委书记：黄文森
工会主席：黄文森
调研员：王彦华

第三社区管理中心
主　任：郝志华
副主任：李子山（任至3月12日）
徐业华（3月12日任职）
张　林　李保胜（8月22日任职）
党委书记：李子山（任至3月12日）
徐业华（3月12日任职）
党委副书记：郝志华
纪委书记：常银忠
工会主席：常银忠
调研员：葛国建（任至10月31日）

第四社区管理中心
主　任：董明顺
副主任：朱成银　颜新运
党委书记：董明顺
纪委书记：王相国
工会主席：王相国

第五社区管理中心
主　任：朱廷珍
副主任：李子山（3月12日任职）　张　军
党委书记：朱廷珍（任至3月12日）
李子山（3月12日任职）
党委副书记：朱廷珍
纪委书记：左红江
工会主席：左红江
调研员：齐先恕　周作成　赵吉汉（任至9月30日）

第六社区管理中心
主　任：张恒军
副主任：魏吉祥　毛家瑞　高普兵（3月12日任职）
党委书记：张恒军
党委副书记：杨子宏
纪委书记：杨子宏
工会主席：杨子宏
调研员：邱兆银

第七社区管理中心
主　任：李兆申
副主任：宋立国　张同山　肖学海
党委书记：宋立国
党委副书记：李兆申
纪委书记：刘茂林
工会主席：刘茂林

第八社区管理中心
主　任：李洪斌
副主任：于西任　刘　杰（任至3月12日）
刘洪福　岳宏鹏　李同茂
财务总监：陈文校（任至3月12日）
党委书记：于西任
党委副书记：李洪斌　许学民（任至3月12日）
刘　杰（3月12日任职）
纪委书记：许学民（任至3月12日）
刘　杰（3月12日任职）
工会主席：许学民（任至3月12日）
刘　杰（3月12日任职）
调研员：岳学孟　陈凤华　安利庆（任至9月30日）
唐学文　胡廷金　李文庆　张文生
陈文校（3月12日任职）
许学民（3月12日任职）

第九社区管理中心
主　任：王金德
副主任：梁新义　盖　峰　杨宇青　解宏学
党委书记：梁新义
党委副书记：王金德
纪委书记：耿代明
工会主席：耿代明
调研员：郭金龙　韩春田　滕光明　孔祥增

第十社区管理中心
主　任：杨　业
副主任：薛儒明　袁卫东　彭永有
崔新龙（任至3月12日）　侯典忠
党委书记：薛儒明
党委副书记：杨　业
纪委书记：马开友（任至3月12日）
崔新龙（3月12日任职）
工会主席：马开友（任至3月12日）
崔新龙（3月12日任职）
调研员：李敏光　管恩甫　齐承景
马开友（3月12日任职）

北京办事处
主　任：陈　伟
党支部书记：陈　伟

河南金桥宾馆（驻郑州办事处）
经　理：龚明清
副经理：李军旗　翟　红
　　　　王凤华（8月22日任职）
党总支书记：龚明清

威海职工教育培训中心
副主任：谭永伟
党支部副书记：谭永伟
调研员：邢明福

中原油田机关所属单位及领导

档案管理处（档案馆）
处　长：张明功（兼）
副处长：石立铭
党总支书记：张明功（兼）
党总支副书记：车　杰
工会主席：车　杰
调研员：李士竹

概预算中心
主　任：于连俊（兼普光气田工程造价管理站站长）
副主任：邵继尧（正处级3月12日任至4月30日）
　　　　郭建民　常　军　崔玉宝
党支部书记：于连俊
调研员：周翔传（任至9月30日）　王　品

财务结算中心
主　任：许广森
副主任：李学民　陈　鸣　邹本国
　　　　蔡光学（3月12日任职）
党委书记：李学民
党委副书记：许广森
纪委书记：李学民
工会主席：李学民
调研员：付双有（任至9月30日）
　　　　孙华荣（任至9月30日）
　　　　刘生会　孙德县

生产物资调剂中心
主　任：高春祥
副主任：武　宇
党支部书记：高春祥

文化体育活动管理中心
主　任：王心锋（任至3月12日）
　　　　杜继平（3月12日任职）
副主任：杜继平（任至3月12日）　李　伟　耿卫华
党委书记：杜继平
纪委书记：李保生
工会主席：李保生
调研员：孙现勤（任至9月30日）
　　　　王心锋（3月12日任职）　付朝绪

社会保险统筹中心
主　任：蔺义洲
副主任：高银钟　王利民
党总支书记：蔺义洲
调研员：孙存旺

投资管理中心
主　　任：贺俊峰
副 主 任：张合林　梁国杰
党委书记：贺俊峰
纪委书记：张合林
工会主席：张合林
调 研 员：高树理

审计中心
主　任：韩玉柱（兼）
副主任：徐永贵（兼）
党委书记：韩玉柱（兼）
调研员：张荣才　闫振明　胡祖春
审计一分处处长：郭立宏
审计二分处处长：王宗秦
审计三分处处长：姚　胜
审计四分处处长：马科友
审计五分处处长：吴朝彬

离退休职工管理处（离退休职工管理中心）
主　任：田崇亮
副主任：陈宝光
党委书记：田崇亮
党委副书记：张庆国
纪委书记：张庆国
工会主席：张庆国
调研员：左效爱

内蒙采油事业部
经　理：杨福成
副经理：王明献　孙玉生　时永刚（8月22日任职）
总会计师：时永刚（8月22日任职）
党总支书记：王明献
党总支副书记：杨福成
工会主席：王明献
副处级干部：李方伍［中国石化川气东送建设工程指挥部总调度室产能建设运行处副处长（借聘）］
调研员：吴佩芳（任至9月30日）

信息中心
主　任：左新华（任至3月12日）
　　　　王立新（3月12日任职）
副主任：叶传中　陈　力　龙　飞（8月22日任职）
党总支书记：左新华（任至3月12日）
　　　　　　王立新（3月12日任职）

石油化工工程质量监督总站中原石油分站（副处级）
站　长：杨建芹
副站长：贾祥生
党支部书记：杨建芹

就业服务中心
主　任：栾殿涛
副主任：韦来平（任至7月6日）　黄宗凯
党支部书记：栾殿涛
调研员：韦来平（7月6日任职）

中原油田宾馆
经　理：蔡克贤（4月28日任正处级）
副经理：董玉斌（4月28日任职）
　　　　裴　庆（4月28日任职）
　　　　马继山（4月28日任职）
　　　　张　树（4月28日任职）
　　　　刘　杰（4月28日任职）
党支部书记：蔡克贤

矿区建设工程部（副处级）
经　理：杨建森
副经理：白学贤　王敬彩
党总支书记：白学贤
党总支副书记：杨建森
工会主席：白学贤

住房公积金管理中心（副处级）
主　任：刘乃启
副主任：高锁华（9月30日任职）
调研员：王自力

债权债务清理处（副处级）
负责人：刘作庆
调研员：孙长水

机关车辆管理中心（正科级）
经　理：孟宪泉
副经理：张文广（任至1月23日）
　　　　郭勇军（1月23日任职）
　　　　李朋利（任至12月30日）　鞠庆仁
党委书记：张文广（任至1月23日）
　　　　　郭勇军（1月23日任职）
党委副书记：朱安明（1月23日任职）
纪委书记：朱安明（1月23日任职）
工会主席：朱安明（1月23日任职）

（沈中峰）

2009年5月21日，普光气田普202－2井完成大型酸化施工　（马洪山）

大事记

1月

1日 中原油田组织2009年“新春新跨越”万人长跑活动。

5日 中原石油勘探局、中原油田分公司获中国石化集团公司“2008年度环境保护先进单位”称号。

7日 中原油田第七届职工代表大会第二次会议暨2009年工作会议在中原文化宫召开。

8日 中原油田在中国石化集团公司第三届职工文艺录像调演活动作品评选中获27个奖项。其中，舞蹈《和谐新中原》、《清风荷叶》获一等奖，《2008年中原油田春节晚会》获最佳晚会奖。

12日 河南省委书记徐光春对中原油田《关于2008年工作情况的报告》作出批示：“中原油田克服困难，开拓进取，在2008年创造了良好的业绩，值得祝贺。省委对中原油田对河南经济社会发展作出的贡献表示衷心感谢。”

15日 长江大学党委书记张忠家率长江大学走访团来中原油田走访。

20日 中原油田再获“全国文明单位”称号。

21日 中原油田国家科技重大专项领导小组成立。

同日 中原石油勘探局印发《关于地球物理勘探公司等单位更名的通知》。地球物理勘探公司、地球物理测井公司、地质录井处、钻井管具工程处、固井工程处、供水管理处、供热管理处、通信管理处、生产物资调剂中心、投资管理中心、南方经济开发中心名称前均冠以中国石化集团中原石油勘探局；中原油田宾馆、中原油田敬托院、中原油田郑州金桥商务酒店名称前均冠以中国石化集团。

同月 中原油田供电管理处获河南省总工会、河南省劳动和社会保障厅、河南省企业家联合会、河南省企业家协会联合授予的“2008年度全省模范劳动关系和谐企业”称号及河南省总工会授予的“五一劳动奖状”。

2月

5—8日 中原油田获2009年中国石化集团公司焊工职业技能竞赛团体总分第二名。中原油田工程建设总公司李超获第一名、采油六厂李英杰获第三名。

10日 中原油田领导沙启军、孔凡群、黄艾华率油田有关部门和单位负责人，将筹措的抗旱专项资金300万元分别捐赠给濮阳市清丰县、濮阳县、华龙区和范县等4个县区。濮阳市副市长阮金泉参加抗旱浇麦资金捐赠活动。

13日 部署在东濮凹陷新霍构造的新16井射孔求产，日生产原油22.8立方米、天然气2300立方米，预计可探明石油地质储量80万~100万吨。

16—18日 中国石油化工集团公司党组成员、副总经理李春光率调研组到中原油田调研。

19日 中原油田分公司空气—泡沫驱提高采收率技术项目领导小组成立。

同日 以中原油田援疆干部、新疆维吾尔自治区乌苏市市委副书记左泽军，市委常委许飞一行组成的考察团到中原油田考察参观。

20日 普光气田新清溪1井投产。

同日 普光气田至四川达州化肥厂末站分支天然气管道正式投运。

24日 中原油田邵均克在中华全国总工会第五届女职工委员会第一次会议中获全国五一巾帼奖，并受到中共中央政治局委员、全国人大常委会副委员长、中华全国总工会主席王兆国等国家领导人的接见。

25日 河南省政协文史委员会副主任、省史志年鉴协会会长许还平一行到中原油田检查指导油田志鉴编纂工作。

26日 中原油田分公司印发《关于中原油田普光分公司机构设置调整的通知》。中原油田普光分公司生产技术管理部的技术管理职能被分离，成立天然气技术管理部，为普光分公司机关职能部门。生产技术管理部更名为生产管理部，与西南工作委员会调度室合署办公，一个机构，两块牌子。撤销公用工程项目部，成立生产服务中心，为普光分公司直属单位。

同日 中原油田印发《关于公共事业管理处等单位机构设置调整的通知》。公共事业管理处负责的社区管理、医疗卫生、计划生育等管理职能被分离，成立社会化服务管理办公室，为油田机关职能处室，同时加挂卫生处、计划生育管理办公室、爱国卫生运动委员会办公室、绿化委员会办公室牌子。公共事业管理处业务调整后，按局直属处级事业单位管理。

同日 中原油田印发《关于技术安全监督处机构调整的通知》。技术安全监督处负责的技术监督职能被分离，成立技术监督处，为油田机关职能处室。原技术安全监督处更名为安全环保处。房产租赁中心从房产管理处分离出来，按局直属副处级事业单位管理。中原油田宾馆升格为正处级。

3月

5日 中原油田效能监察领导小组成员调整。

7日 四川省宣汉县县长赵波，县委副书记、普光气田开发及天然气净化厂建设地方工作指挥部指挥长张宗昭一行到中原油田走访。

9日 中原油田深入学习实践科学发展观活动领导小组成立。

17日 中原油田分公司获中国石

化股份公司2008年度“ERP应用达标企业”称号。

18日 中原油田分公司获中国石化集团公司2008年度“物资供应管理先进单位”称号。

21日 河南省委组织部助理巡视员、组织二处处长周斌一行到中原油田调研党建工作。

3月 中原油田获中宣部、司法部、全国普法办授予的“全国‘五五’普法中期先进集体”称号。

同月 在第七届香港国际武术节上，中原油田太极武术选手获中青年组陈式传统太极拳、24式太极剑、42式太极剑、42式太极拳4个项目的金牌和太极拳集体项目银牌。

4月

2日 中原油田领导王亚钧与中国石油大学（北京）党委副书记吴小林签订中原油田与中国石油大学（北京）共同建立研究生联合培养实践基地协议；中原油田领导孙清德与中国石油大学（北京）副校长张士诚为实践基地揭牌。

11日 中原油田手足口病防治工作领导小组成立。

15日 中原油田国防动员委员会成员进行调整。

23日 中原石油勘探局获中国石化集团公司2008年度“财务管理先进单位”称号。

24日 中原油田安全生产、环境保护、职业卫生（HSE）委员会成员进行调整。

同日 在河南省思想政治工作研讨会暨省思想政治工作研究会年会上，中原油田职工政研会获省政研会授予的“2008年度河南省优秀政研会”称号。

同日 由中原油田钻井四公司70173钻井队承钻的中国海洋石油总公司重点科技实验井——科索1井开钻。

28日 中原油田钻井三公司获中华全国总工会授予的“全国五一劳动奖状”。

本月 中原油田以5.19亿美元的营业额获2008年全国对外承包工程企业30强称号，名列第23位，这是油田自2000年以来连续第9次获此称号。

本月 中原油田邵均克、李雪峰、张硕等3人获国家人力资源和社会保障部、国务院国有资产监督管理委员会联合授予的“中央企业劳动模范”称号；陈惟国、刘明国、曹彦杰、艾华英、岳玉红、金华等6人获“河南省劳动模范”称号；钻井三公司70118ZY钻井队获中华全国总工会授予的“全国工人先锋号”称号；钻井二公司45722钻井队、石油化工总厂催化车间、钻井三公司70118ZY钻井队获河南省总工会授予的“河南省工人先锋号”称号。

5月

6日 河南省国土资源厅副厅长杨士海一行到中原油田调研。

8日 河南省安全生产监督管理局副局长郝敬红一行到中原油田检查安全生产工作。

同日 中原石油报《服务周刊》创刊。《服务周刊》为对开四版，全彩印刷，免费发行到油田职工家庭。

8—9日 中国石化集团公司2009年油田企业信息工作研讨会在中原油田召开。

10日 中国石化集团公司高级顾问张家仁到普光气田净化厂调研。

12日 中国石化集团公司党组成员、中国石化股份公司高级副总裁蔡希有及集团公司总部机关相关部门负责人到普光气田调研。

14—15日 中国石化集团公司打造石油工程铁军现场会在中原油田召开。中国石化集团公司党组书记、总经理苏树林致信会议代表，中国石化集团公司党组成员、副总经理张耀仓出席会议。

18日 濮阳市油田总医院与郑州大学第一附属医院结为协作医院。

19日 中国石化股份公司内控办公室与信息系统管理部一行5人对中原油田分公司ERP系统权限整改试点工作进行验收。

同日 河南省污染源普查验收团到中原油田检查工作。

20日 中原油田第一社区黄河水管线建设工程正式动工。

21日 中原油田召开干部、党员“扶危济困献爱心”捐款活动动员会。

同日 普光气田第一口水平井普202-2H井完成大型酸化施工。采用8毫米气嘴放喷求产，日产天然气40万立方米。

22日 中国石化股份公司委派沙启军为中原油田分公司代表。中国石化股份公司聘任孔凡群为中原油田分公司总经理，王寿平、焦大庆、吕新华为中原油田分公司副总经理，王红晨为中原油田分公司总会计师。

同日 中原油田企业文化建设委员会成员调整。

同日 分公司资金集中管理试点工作领导小组成立。

30日 普光气田20亿立方米产能建设集输工程完成实物交接。普光气田一期产能建设从施工阶段全面转入投产试运和生产管理阶段。

31日 中原油田全面质量管理委员会、标准化委员会成员调整。

本月 普光气田大湾区块第一口水平井——大湾405-1H井完钻。该井设计井深5848米，完钻井深5860米，最大井斜89度，水平位移1270米。

6月

4日 普光气田20亿立方米地面集输工程燃料气管网试运成功。

7日 局党委、勘探局、分公司联合印发《中原油田业务公开工作实施意见》，将物资采购、工程建设项目、职称评定、劳模评选等26项业务公开。

9日 河南省计生委副主任刘绍杰一行到中原油田调研。

12日 中原石油勘探局、中原油田分公司获“中国石油化工集团公司改制分流工作先进单位”称号。

16日 全世界首只拥有自主知识产权的241.3毫米仿生石油钻头在中原油田研制成功。

17日 国家博士后管理办公室主任侯福兴率团到中原油田检查工作。

同日 中国石化集团公司代旭升先进事迹报告团到中原油田作报告。

18日 普光气田主体钻井施工提前完成。

19日 中原油田召开文96气田地下储气库可行性报告审查会。中国石化股份公司天然气分公司副总经理孟伟，中原油田分公司副总经理吕新华出席审查会。

同日 中国能源化学工会调研组到中原油田调研实施《劳动合同法》情况。

29 日 也门 71 区块的一口重点预探井——Rabaa－1 井开钻。

7 月

2 日 科技部、财政部、发展和改革委员会三部委组织的科技重大专项督察组一行 12 人，在中国科学院地质与地球物理所院士刘光鼎的率领下，到普光气田现场调研。

5—7 日 中国石化集团公司庆祝新中国成立 60 周年暨第二届职工文艺汇演（中原赛区）在中原文化宫举行。来自石化系统 18 家单位的 500 多名文艺工作者参加汇演。中原油田参演的 5 个节目获金牌 2 枚、银牌 1 枚、铜牌 2 枚。

15—16 日 中原油田钻井三公司 45727 钻井队实习技术员高峰，在北京空军总医院为一名白血病患者捐献 120 克造血干细胞，中国红十字会北京分会为他颁发“红十字博爱奖状”。

16 日 中原油田获中华慈善总会授予的“中华慈善突出贡献企业”称号，这是中国石化集团公司唯一获该称号的单位。

18—19 日 中国石化集团公司安全环保局组织专家对普光气田首期 20 亿立方米产能投产条件进行安全环保专项确认验收。中国石化集团公司安全环保局局长彭国生，川气东送建设工程指挥部常务副指挥王春江、副指挥郑国生参加验收讲评会。

22 日 东濮凹陷新霍构造的新 17－1 井射孔后，获日产原油 25.4 立方米的工业油流。

26 日 普光气田集输系统后 85 亿立方米/年先期投产工程完成中交。

28 日 河南省国家税务局党组书记、局长范立新一行到中原油田调研。

8 月

5 日 中原油田首口水平井——文 92－平 2 井压裂施工成功。

同日 普光气田完成 20 亿立方米/年集输站场酸气试运工作。

11—12 日 中国石化集团公司党组成员、股份公司高级副总裁王志刚到普光气田调研。

19 日 河南省安全监督管理局党组书记李永新一行到中原油田检查安全生产。

20 日 普光天然气净化厂硫黄袋装线系统实料试车成功，达到袋装硫黄 30 吨/时的设计能力。

30 日 中原油田庆祝新中国成立 60 周年暨第十四届职工文艺汇演开幕。

本月 内蒙古白音查干地区首口水平井——达尔其油田达平 1 井顺利完钻，日产原油 16 吨。

本月 中原油田在东濮凹陷和白音查干、查干凹陷 11 个油气田 29 个断块区落实探明油气地质储量 1043 万吨，完成年度计划储量任务的 104%，新增控制石油地质储量 1468 万吨，新增控制储量加预测储量完成年计划的 122%。

9 月

3 日 中原油田分别在卫 296 井和 WCQ3 气井首次应用液氮诱喷技术获成功。

6 日 普光气田集输系统后 85 亿立方米/年第二批 22 项工程顺利中交。

7 日 普光集输工程后 85 亿立方米第一批投产项目完成净化气、氮气联动调试。

15 日 河南省 2009 年职业技能竞赛的石油地震勘探工、测井工、电焊工 3 个工种技能竞赛在中原油田举办。

16—17 日 全国政协人口资源环境委员会副主任李元率全国政协人口资源环境委员会调研组到中原油田调研。

18 日 中原油田举行庆祝新中国成立 60 周年“为祖国放歌”群众性歌咏比赛。

20 日 普光气田天然气净化厂项目实现总体中交。

25 日 中国石化股份公司将原东北油气分公司负责勘查的二连盆地布日敦凹陷南部、阿拉坦合力、朝克乌拉、南部十格木、苏尼特地区、西乌珠穆沁地区、准宝力格等 7 个油气勘查区块（共计 1.96 万平方千米）调整到中原油田分公司负责勘查。

同日 中原油田 163 名处级领导干部在油田党校集中参加油田组织的党风廉政建设知识测试。

26 日 中国石化集团公司安全环保局、川气东送建设工程指挥部、中原油田普光分公司联合组织完成普光气田地面集输工程后 85 亿立方米/年产能先期工程投产条件安全环保专项确认工作。

同日 中原油田举行庆祝新中国成立 60 周年座谈会。油田领导，退休老领导、老职工代表，油田各个发展时期的先进、劳模代表，民主党派和无党派人士及油田机关处室负责人参加。

26 日 中原油田文化路通车剪彩仪式举行，五一路和黄河路贯通。

27 日 中原油田印发《甲型 H1N1 流感防控工作方案》，并成立甲型 H1N1 流感防控指挥部全面负责指挥防控工作。

10 月

1 日 由钻井一公司 858 队承钻的毛里塔尼亚国家有史以来的第一口油井——Rig858 井开钻。

10 日 全国产业（行业）系统庆祝新中国成立 60 周年职工歌咏比赛颁奖晚会在中原文化宫举行。中原油田参赛节目《在灿烂阳光下》获金奖，《石油男子汉》获银奖，《国歌响起》获铜奖，《石油男子汉》同时获创作一等奖。中原油田获大赛特殊贡献奖。中国文联党组副书记、副主席、书记处书记、活动组委会主席覃志刚，中国石化集团公司高级顾问、中国石化文联主席、活动组委会主席周原，中国文联国内联络部主任夏潮，中华全国总工会宣教部部长李守镇，中国石化集团公司思想政治工作部主任、中国石化文联副主席张殿国，中国文联国内联络部副主任周雪静及中原油田领导出席晚会。

15 日 河南省第五届残疾人运动会闭幕。中原油田选手在比赛中获得 3 金 7 银 5 铜，中原油田代表团获残运会“体育道德风尚奖”。

22 日 四川省委常委、宣传部部长黄新初一行到普光气田天然气净化厂调研。

30日 根据河南省公布结果，中原油田名列河南省百强企业第六位。

11月

5日 中原石油勘探局获中国石化集团公司2009年职业技能竞赛焊工团体第二名，并获“优秀组织奖”。

6日 中原油田财务结算中心加挂中原油田财务稽核办公室牌子。

19日 中原石油勘探局获中国石化集团公司发展计划部授予的中国石化集团公司“非上市部分生产统计报表先进单位”和“对外直接投资统计报表优胜单位”称号。

23日 中原石油勘探局西北石油工程项目管理部、陕北石油工程项目管理部、内蒙石油工程项目管理部、海拉尔石油工程项目管理部、东北石油工程项目管理部、华北石油工程项目管理部和江苏石油工程项目管理部成立。7个石油工程项目管理部隶属西部工作委员会管理。

27日 中原石油勘探局获河南省“信用建设示范单位”称号。

12月

10日 部署在东濮凹陷西部斜坡带的濮深18井，经试油，日产原油20吨、天然气5000立方米，控制有利勘探面积10平方千米，储量600万~800万吨。

15日 在苏丹施工的中原油田钻井一公司828钻井队被苏丹政府授予国内外钻井队伍的最高荣誉——“钻井杯”。

16日 驻洛阳全国和河南省人大代表一行29人到中原油田考察。

25日 中原石油勘探局党委巡视工作办公室成立，与局纪委监察处合署办公。

同日 中原油田内蒙探区勘探开发指挥部成立，为油田派出机构，对外使用北方区块勘探开发项目部名称。内设综合办公室、勘探开发部、生产管理部、计划经营部、HSE监督管理部、合作区块管理部、内蒙石油工程项目管理部等7个副处级部门。

28日 河南省反腐倡廉建设工作第十一考核组到中原油田检查考核油田2009年度反腐倡廉建设工作。

30日 濮阳市暨中原油田第四届新年诗会《迎新年、颂祖国》在中原油田广播电视中心演播大厅举行。中原油田分公司总会计师王红晨，濮阳市人大党组副书记、原市人大常委会主任徐教科等参加诗会。

是年 中原油田在2009年度全球工程承包领域最具权威性的排行榜——《工程新闻记录》“ENR全球最大225家国际承包商”排名中位居第112位，在50家中国上榜企业中列第19位。这是油田自2007年以来第3次入选《工程新闻记录》。

是年 中原油田新增探明油气地质储量1048.65万吨，新建产能19.1万吨，生产原油289.19万吨、天然气9.26亿立方米。 （孙安业）

2009年元月1日上午，中原油田举办2009年“新春新跨越”万人长跑活动 （马洪山）

油气主业

油气勘探

【油气勘探工作概况】　中原油田油气勘探的管理部门是勘探管理部。主要职责：负责组织中原油田所辖勘探区域资源潜力分析和战略研究，提出油气勘探工作方针、部署思路和任务目标，编制油气战略接替规划；组织编制油田中长期勘探规划和年度勘探部署，提出勘探投资建议，并组织实施；负责油田储量管理、圈闭管理、矿产资源管理、勘探标准化管理、勘探技术管理、勘探信息资源管理，组织各探区勘探生产项目实施等工作。截至2009年底，勘探管理部有员工27人，其中高级职称19人、中级职称7人、初级职称1人；机构下设科室6个。2009年，中原油田勘探范围涉及东濮凹陷及外围、内蒙古白音查干和查干探区等区域。完成内蒙古二连新区二维地震采集1077.2千米、三维地震高精度采集758.15平方千米，分别完成年计划的96.78%、100.28%。在东濮凹陷和白音查干、查干地区完成探井43口，为年计划的107.5%；完成钻井进尺13.85万米，为年计划的103.53%。完成试油井45口69层，新获工业油气流井26口。在东濮凹陷和白音查干凹陷的12个油气田26个断块区，新增探明石油地质储量930.65万吨、天然气地质储量11.8亿立方米，合计探明油气地质储量1048.65万吨，完成年计划的105%。落实东濮凹陷可动用地质储量876.9万吨，可动用率84%；上报查干凹陷控制石油地质储量1468万吨，完成年计划的294%。　（曹延军）

【新增探明油气地质储量1048.65万吨】　2009年，中原油田以“立足东濮凹陷、拓展白音查干、积极评价新区”为勘探方针，应用高精度三维地震资料，开展油藏解剖，找到一批优质储量。在东濮凹陷复杂断块群和构造—岩性油气藏滚动勘探取得进展，新霍构造探明石油地质储量267万吨，在文明寨、卫城、马寨等地区探明油气地质储量655万吨。加大白音查干凹陷滚动勘探和深层评价力度，新增探明石油地质储量127万吨。系统分析评价查干凹陷乌力吉构造，控制石油地质储量1468万吨，深层与浅层均展示出良好勘探前景。普光气田进入海相、陆相立体勘探新阶段。年内，中原油田新增探明油气地质储量1048.65万吨，探明储量当年动用率78%。　（黄　琥）

【登记油气勘探开采区块46个】2009年，中原油田登记国内油气资源勘探开采区块46个、总面积4.5万平方千米。（1）登记探矿权区块27个、总面积4.36万平方千米。其中，登记东濮凹陷探矿权区块3个、面积5294.48平方千米；登记东濮凹陷外围地区探矿权区块6个、面积1.28万平方千米；登记外部新区（内蒙古）油气探矿权区块18个、面积2.55万平方千米。（2）登记采矿权区块19个、总面积1412.11平方千米。其中，登记东濮凹陷采矿权区块16个、面积1012.95平方千米；登记内蒙古白音查干区块2个、面积97.63平方千米；登记四川普光区块1个、面积301.53平方千米。此外，在河北承德地区登记区域地质调查区块1个、面积1.02万平方千米。年内，上述区块经3次资源评价，共评价石油资源量19.65亿吨、天然气资源量5904亿立方米（不含普光气田），在东濮凹陷、白音查干凹陷发现油气田21个；累计完成二维地震勘探6.82千米、三维地震勘探5879.22平方千米；钻井1479口，钻井进尺467万米；累计探明石油地质储量5.93亿吨，探明天然气地质储量1319.58亿立方米。

【圈闭储备及评价】　2009年，中原油田储备可靠、较可靠圈闭63个79层，圈闭面积1202.9平方千米，圈闭石油资源量3.02亿吨、天然气资源量1342.9亿立方米。综合评价认为：一类圈闭30个35层，圈闭面积581.7平方千米，圈闭石油资源量1.68亿吨、天然气资源量459.4亿立方米；二类圈闭33个44层，圈闭面积621.2平方千米，圈闭石油资源量1.34亿吨、天然气资源量883.5亿立方米。（1）在东濮凹陷储备一、二类圈闭34个（新发现圈闭3个）、圈闭面积471.7平方千米，圈闭石油资源量1.54亿吨、天然气资源量553亿立方米。综合评价认为：一类圈闭15个、圈闭面积212平方千米，圈闭石油资源量6354.3万吨、天然气资源量245亿立方米；二类圈闭19个、圈闭面积259.7平方千米，圈闭石油资源量9044.9万吨、天然气资源量308亿立方米。（2）在白音查干凹陷储备圈闭9个（新发现圈闭4个）、圈闭面积76.1平方千米，圈闭石油资源量5271.4万吨。综合评价认为：一类圈闭6个、圈闭面积59.8平方千米，圈闭石油资源量3852.4万吨；二类圈闭3个，圈闭面积16.3平方千米，圈闭石油资源量1419万吨。（3）在东濮外围储备圈闭10个、圈闭面积390.9平方千米，圈闭石油资源量3370万吨、天然气资源量595亿立方米。综合评价认为：一类圈闭3个、面积110.3平方千米，圈闭石油资源量2045万吨、天然气资源量65亿立方米；二类圈闭7个、面积280.6平方千米，圈闭石油资源量1325万吨、天然气资源量530亿立方米。（4）在查干凹陷储备圈闭6个（新发现圈闭1个）、面积122.3平方千米，圈闭石油资源量5740万吨。综合评价认为：一类圈闭4个、面积81.6平方千米，圈闭石油资源量4564万吨；二类圈闭2个、面积40.7平方千米，圈闭石油资源量1176万吨。（5）在普光区块储备圈闭2个、面积118平方千米，圈闭天然气资源量149.4亿立方米，综合评价均为一类圈闭。（6）在永利区块储备二类圈闭1个、面积18平方千米，圈闭天然气资源量45亿立方米。（7）接收东北分公司探矿权区块7个，储备二类圈闭1个、面积5.9平方千米，圈闭石油资源量442万吨。2008年8月—2009年7月，中原油田对13个圈闭实施钻探，获工业油流圈闭5个，钻探成功率38.46%。

【东濮凹陷勘探】 2009年，中原油田按照“主攻复杂断块和构造—岩性油气藏、探明优质可动用储量”思路，以富含油气构造周边、构造结合部、构造翼部低幅度小断块为目标，开展东濮凹陷精细勘探，探明石油地质储量792万吨。（1）中央隆起带南部低勘探程度区新霍构造勘探。在新16井沙三上—沙三中电解油层6层19米、油水同层5层8.2米，对沙三中3767.9~3778.3米井段3层6.6米试油，日产原油22.68立方米，取得新霍构造勘探新突破。之后，又分别部署新17井、新16-1井、新17-1井，均获成功，新增探明石油地质储量237万吨。（2）中央隆起带北部复杂断块精细挖潜。利用濮卫高精度三维地震资料，评价卫370块圈闭面积1.73平方千米，圈闭资源量125万吨。部署钻探卫370-2井、卫370-3井，在目的层沙三上获工业油流，探明石油地质储量76万吨。加强文西—文南地区精细刻画与综合地质研究，在文269块、文123块新增探明石油地质储量121万吨。（3）中央隆起带北部构造—岩性复合油气藏勘探。整体评价研究卫城构造沙一上，认为该亚段砂体发育，具有与沙一下相同的成藏条件；通过卫3-5井试油和钻探卫18-27井，在沙一上新增探明石油地质储量68万吨。在文东斜坡带分层系开展构造、储层精细研究，认为构造与砂体配置关系良好，可形成构造—岩性复合圈闭，并在文200块沙三上和文203块沙三中分别部署钻探文92-133井、文203-58井，新增探明油气地质储量95万吨。（4）西部斜坡带滚动勘探。在马寨卫348断块区部署实施卫349井，在沙三下段获日产10.78立方米的工业油流，探明石油地质储量100万吨。在赵庄构造主体部署实施赵4-1井、赵4-2井，发现沙三上新含油层系，沙二下、沙三上新增探明石油地质储量32万吨。胡庆地区实施低幅度油藏勘探开发一体化，探明庆92断块、胡105断块石油地质储量66万吨。

【柳屯洼陷勘探】 2009年，中原油田在东濮凹陷柳屯洼陷东北翼部署钻探风险探井——濮深18井，钻探目的是探索柳屯洼陷东翼沙三中、沙三下储层发育情况、含油气情况及油气藏类型。濮深18井于6月30日开钻，10月8日完钻，完钻井深4470米，在主要目的层段沙三中解释油气层18层38.5米、差油层5层4.4米、油水同层1层1.4米。对沙三中3999.6~4176.5米井段11层25.5米进行试油，用5毫米油嘴自喷求产，日产原油23.1吨、天然气4914立方米，预测有利勘探面积10平方千米、资源量600万~800万吨。

2009年10月9日，中原油田对力1井实施大型压裂改造 （赵奕松）

【查干凹陷勘探】 查干凹陷位于内蒙古银额盆地东部的查干德勒苏坳陷中部，勘探面积2000平方千米，中原油田登记勘探面积1040平方千米。2009年，中原油田重点研究查干凹陷基本构造特征，落实3大构造带和8个次级构造单元，通过分区带、分层系开展老井复查，以乌力吉构造带苏红图组二段作为突破口，首选毛1井苏二段进行试油。经抽汲求产，毛1井日产原油2.22立方米，查干凹陷首次获得工业油流。之后，又分别部署毛6井、毛7井、毛8井、毛9井、毛12井等5口井，其中毛6井、毛8井、毛9井钻遇厚油层。根据资料分析评价，苏二段上报控制石油地质储量1468万吨。为进一步摸清该区深层勘探潜力，又优选力1井进行试油，在巴一段3179.6~3339.9米井段的11层19.8米进行酸压试油，获日产18.8立方米的工业油流。地化分析认为：力1井巴一段油藏为自生自储的构造—岩性油藏，预测力1井区巴一段油藏含油面积15.07平方千米，拥有石油地质储量969万吨。毛1井苏二段、力1井巴一段获工业油流，实现查干凹陷勘探的重大突破，展现了乌力吉构造带多层系含油，具有多油藏类型的勘探前景。 （曹延军）

【白音查干凹陷构造—岩性油藏勘探】 内蒙古白音查干凹陷具有多物源、近物源的沉积特征，地层岩性与岩相变化大，与断层结合可形成构造—岩性油藏。2009年，中原油田继续加强白音查干凹陷构造—岩性油藏勘探，开展油藏解剖，取得新成果。滚动勘探腾格尔组，评价深层阿尔善组含油层面，部署实施的锡23井、锡27井获工业油流，锡29井在腾格尔组—阿二段钻遇油层 11 层 22.6 米、油水同层 2 层 3.2 米，新增探明石油地质储量 127 万吨，进一步证实了锡林好来地区腾格尔组和阿尔善组阿二段具有多套含油层系，且腾格尔组含油规模逐步扩大，阿尔善组阿二段含油范围趋于明朗。

【新增探明储量特点】　2009 年，中原油田新增探明储量区块 19 个。其中，东濮凹陷新增储量区块 18 个，探明石油地质储量 803.61 万吨、天然气地质储量 11.7 亿立方米，占总探明地质储量的 88%；白音查干凹陷新增储量区块 1 个，探明石油地质储量 127.04 万吨、溶解气地质储量 0.1 亿立方米，占总探明地质储量的 12%。统计显示：东濮凹陷仍然是中原油田增储的主要阵地，白音查干凹陷锡林好来地区具有较大增储潜力。新增探明储量主要有 3 个特点：（1）储量品位好，可动用程度较高。千米井深日产原油 1.9 ~ 13.4 立方米，以中等产量为主，占探明地质储量的 60%；油藏埋藏深度 1150 ~ 3780 米，以中浅—中深层为主，占探明地质储量的 74%；储层孔隙度 10% ~ 26.8%，以低孔隙度为主，占探明地质储量的 67%。除濮 153 块、卫 79 - 19 块为构造—岩性油气藏外，其余均为断块油气藏。截至年底，已动用或计划动用的区块 89%。（2）新增储量主要分布在老油田周边。东濮凹陷 18 个新增探明储量区块，全部分布在文明寨油田、濮城油田、卫城油田、文东油田、文南油田、马寨油田、赵庄油田、胡状集油田、庆祖集油田、桥口油田、马厂油田 11 个老油区周边。（3）新增储量块碎、块小，平均单块储量规模小。19 个新增探明储量区块全部为小型、特小型油气藏，包含自然断块 60 个，平均每个自然断块面积 0.35 平方千米，面积最小的 0.09 平方千米；平均每个自然断块探明地质储量 17.48 万吨，最小断块储量仅有 5.21 万吨，勘探难度大。

【老区勘探有效推进】　2009 年，中原油田不断探索精细勘探、效益勘探新举措，形成“精细研究、完善配套、严细管理”三位一体的勘探新机制，推进了老区勘探工作的持续有效开展。（1）按照勘探阶段油藏经营管理理念，进一步细化项目管理制度，完善勘探项目研究、物探工程、钻井工程、录井、测井、试油、试采、动态管理、数据库信息、招投标、预结算等管理办法 12 项，实现了程序规范、责任明确、分级负责的管理模式。（2）制定井位分级论证评价标准，做到测网密度解释不够不上会研究、断层性质评价不准不上会研究、油气成藏规律不明确不上会研究，在目标评价研究阶段规避地质风险。量化地质因素论证参数，实行专家打分、科学评议制度，建立地质、工程风险预警机制与预案，取得勘探效益最大化。（3）遵循甲方设计与“安全、适用、经济”的理念，优化地质设计与工程设计方案。抓好勘探工程项目设计，通过简化井身结构，不下或少下技术套管，减少无效钻井进尺和试油、压裂层数等工作量，降低成本。明确优化设计的关键质量控制措施，制定设计单位自审、管理部门审核、分公司审定的三级审批程序。（4）建立全程控制、分级监督的质量控制体系，加强施工单位的自身监督和第三方现场监督，完善质量控制流程，提高勘探项目施工质量。年内，油田各项工程质量合格率 100%，其中地震采集优质率 97%、录井油气显示发现率 100%、测井资料优质率 90%、钻井工程质量优良率 98%、试油工程质量优质率 93%。（5）地质评估方面，按照不同项目组标准，评价方案的符合率、钻探成功率、提交储量达标率等指标，并按合同内容进行奖罚。工程评估方面，按照单项工程进行质量考核评定，实行奖励工作量和工程质量扣款等措施。（6）推行部—院—厂（勘探管理部、开发管理部、科研研究院、采油厂）相结合的一体化运作模式。研究部署方面，勘探开发部门共同讨论区块滚动勘探开发部署方案，把滚动评价井与油藏评价井、开发井结合起来实施。管理运行方面，录取的勘探开发资料相互兼顾、各有侧重，实现滚动评价向滚动开发延伸，最大限度地发挥每口井的作用。

（曹延军）

2009 年中原油田新增探明油气地质储量情况

油或气	油气田	区块	层位	新增、复算、核算储量	储量类别	含油（气）面积（平方千米）	原油或凝析油地质储量（万吨）	气层气或溶解气地质储量（亿立方米）	原油或凝析油可采储量（万吨）	气层气或溶解气可采储量（亿立方米）
油	文明寨	明 15	沙二下	新增	已开发	0.13	18.79	0.05	4.77	0.01
		明 492	沙三上	新增	已开发	0.09	5.21	0.03	1.15	0.01
		小　计				0.22	24.00	0.08	5.92	0.02
	卫城	卫 18	沙一上	新增	未开发	1.60	67.68	0.18	15.16	0.04
		卫 370	沙三上	新增 + 复算	未开发	1.41	77.51	0.21	13.38	0.03
		小　计				3.01	145.19	0.39	28.54	0.07
	马寨	卫 84	沙三下	新增	已开发	0.49	7.84	0.01	1.65	0.00
		卫 348	沙三下	新增	未开发	1.00	91.89	0.06	14.88	0.01
		小　计				1.49	99.73	0.07	16.53	0.01
	文东	文 92 - 133	沙三上	新增	未开发	1.46	42.57	0.20	8.34	0.04

续表

油或气	油气田	区块	层位	新增、复算、核算储量	储量类别	含油（气）面积（平方千米）	原油或凝析油地质储量（万吨）	气层气或溶解气地质储量（亿立方米）	原油或凝析油可采储量（万吨）	气层气或溶解气可采储量（亿立方米）
油	文南	文269-33	沙三上、沙三中	新增	已开发	1.21	32.01	0.57	6.04	0.11
		文269-21	沙二下、沙三上	新增	已开发	0.92	58.96	1.08	11.62	0.21
		文123	沙三中	新增+复算	已开发	1.37	30.50	0.60	7.33	0.12
		小计				3.50	121.47	2.25	24.99	0.44
	胡状集	胡39-2	沙二上	复算	已开发	0.09	11.97	0.03	2.78	0.00
		胡105-17	沙二上	新增	已开发	0.13	20.27	0.04	4.28	0.01
		小计				0.22	32.24	0.07	7.06	0.01
	庆祖集	庆92	沙三中、沙三下	新增	已开发	0.99	34.25	0.04	6.31	0.01
	桥口	新16	沙三上、沙三中	新增	未开发	3.71	237.24	3.02	47.68	0.60
	马厂	马86	沙三下、沙四上	新增	已开发	0.54	23.62	0.23	1.79	0.01
	赵庄	赵4	沙二下、沙三上	新增	未开发	0.97	32.19	0.18	5.96	0.03
	达尔其	锡3	腾格尔组、阿尔善组	新增	未开发	2.06	127.04	0.10	19.19	0.00
	油合计				已开发	5.96	243.42	2.68	47.72	0.49
					未开发	12.21	676.12	3.95	124.59	0.75
					已开发+未开发	18.17	919.54	6.63	172.31	1.24
气	濮城	濮153	沙三中	新增	未开发	0.62	11.11	1.86	2.02	0.93
		卫79-19	沙三中	新增	未开发	1.90		3.31		2.32
	气合计				未开发	2.52	11.11	5.17	2.02	3.25
油气合计						20.69	930.65	11.80	174.33	4.49

2009年中原油田新增控制石油地质储量情况

油或气	油气田（构造带）	区块	层位	新增、复算、核算储量	储量类别	含油面积（平方千米）	原油地质储量（万吨）	溶解气地质储量（亿立方米）	原油可采储量（万吨）	溶解气可采储量（亿立方米）
油	查干凹陷乌力吉构造带	毛1块	苏二段	新增	控制一类	10.32	1468.11	0	146.81	0

（曹延军）

【内蒙探区勘探开发指挥部概况】 内蒙探区勘探开发指挥部于2009年12月25日成立，2010年1月11日正式挂牌，是中原油田派出机构，主要代表中原油田负责北方区块勘探开发建设的管理、组织工作。内蒙探区矿权区块东至锡林郭勒盟，西至阿拉善盟，东西跨度2400千米，横跨河北省和内蒙古自治区、宁夏回族自治区，分布在20多个县市。拥有探矿权区块20个，总面积3.42万平方千米，其中合作区块10个，面积4327平方千米。截至2009年底，内蒙探区勘探开发指挥部有员工92人，其中借聘员工65人；机构下设部室7个。年内，内蒙探区勘探开发指挥部完成二维地震2.3万千米、三维地震1348平方千米；累计探明石油地质储量1430万吨，控制石油地质储量1468万吨，预测石油地质储量1498万吨；拥有资源量近6亿吨。其中，宁夏永利合作区块控制天然气地质储量24亿立方米、预测天然气地质储量44亿立方米；二连新区有勘探面积1.96万平方千米，油气勘探登记区块15个，主要集中在东乌珠穆沁旗、苏尼特右旗、二连浩特地区，资源量2.92亿吨；查干地区有勘探面积1040平方千米，油气勘探登记区块1个，资源量1.39亿吨；白音查干地区有勘探面积2099平方千米，油气勘探登记区块2个，资源量1.53亿吨。此外，在冀北地区拥有油气勘探登记区块2个，面积8731平方千米。截至年底，中原油田在内蒙探区白音查干地区建成10万吨原油生产能力。

（仝利洲）

油气开发

【油气开发工作概况】 中原油田开发地质的管理部门是开发管理部。主要职责：负责制定分公司油气开发中长期规划及年度、季度计划，制定油气开发规章制度并组织实施；组织编制年度油气田开发部署，组织完成油气田开发任务和审查新老区产能建设方案、技术改造方案、注采方案、综合治理方案和先导试验方案；负责油气田动态监测方案的编制和审查，监控方案实施和资料质量；审查油气田开发新钻井的井位设计、投产地质方案等；组织季度油气田开发动态和开发趋势分析，跟踪分析各类方案的实施动态及效果，及时组织编制调整方案；负责油气藏目标化管理和油气藏基础管理工作及计算机开发信息技术管理；负责油气田滚动开发和调整治理区块前期研究项目管理及油气田开发新技术的推广应用；负责产能核定、难采储量、可采储量、三次采油、井籍管理工作。截至2009年底，开发管理部有员工30人，其中教授级高工2人、高级职称20人、中级职称7人、初级职称1人；机构下设科室9个。中原油田主要开发区域包括东濮凹陷、白音查干凹陷，累计探明石油地质储量5.85亿吨，其中东濮凹陷5.71亿吨、白音查干凹陷0.14亿吨；探明天然气地质储量1320亿立方米；投入开发油田18个、气田3个，动用石油地质储量5.41亿吨，其中东濮凹陷5.28亿吨、白音查干凹陷0.13亿吨，天然气地质储量1073亿立方米。2009年，中原油田生产原油289.19万吨、天然气9.26亿立方米。新建（增）原油生产能力25.33万吨，其中新区新建产能17.54万吨，老区新增产能7.79万吨，产能建设达标率94.8%，开发成本14.8美元/桶；新增可采储量278.88万吨，其中新区增加可采储量196.72万吨，老区调整增加可采储量82.16万吨，油田储量替换率96.4%；新建（增）天然气生产能力0.81亿立方米，其中新区新建产能0.06亿立方米，老区新增产能0.75亿立方米，产能建设达标率99.3%，开发成本551元/千立方米；新增天然气可采储量2.74亿立方米，其中新区增加可采储量0.51亿立方米，老区调整增加可采储量2.23亿立方米。

（高　平）

【油田稳产基础不断加强】 2009年，中原油田开发系统以提高储量动用率和采收率为重点，深化油藏经营管理，加强精细调整挖潜，在5个方面取得成效。（1）新区产能建设稳步推进，动用石油地质储量1308万吨，新建产能19.1万吨，产能达标率93.14%。（2）老区稳产基础逐步增强，自然递减率减缓，地层能量和综合含水率保持稳定，水驱控制、水驱动用程度分别提高2.98%和2.26%。（3）天然气开发管理明显加强，自然递减率下降8%。（4）气驱先导试验有序推进，天然气驱预测采收率提高22.54%，二氧化碳/水交替驱预测采收率提高7.9%，空气泡沫调驱见到效果。（5）系统效率得到提高。与2007年相比，机采系统效率由26%提至28.5%，集输系统效率由44.7%提至45.2%，注水系统效率由47%提至48%，电力综合网损由10%降至9.5%。

（黄　琥）

【油水井生产状况】 截至2009年底，中原油田有油水井7790口（含报废井利用），其中油井4621口（自喷井67口、机械采油井4554口）、水井3169口。油井开井4030口，日产液水平7.46万吨，日产原油水平7927吨，单井日产液水平18.51吨，单井日产原油水平1.97吨，综合含水率89.57%；年产原油289.19万吨，地质采油速度0.53%，剩余可采储量采油速度10.37%；累计生产原油1.26亿吨，地质采出程度23.36%，可采储量采出程度81.93%，油田自然递减率16.93%、综合递减率9.78%。注水井开井2510口，日注水平9.22万立方米，平均单井日注水平36.7立方米，年注水3386万立方米，累计注水8.61亿立方米，阶段注采比1.17，累计注采比1.22。

【评价落实可动用石油地质储量1342.5万吨】 2009年，中原油田针对油藏评价区块储量规模小、控制程度低的特点，坚持滚动勘探开发一体化模式，实施油藏评价井成功后即转为开发井，依靠大量油藏评价井快速落实优质可动用储量。一是坚持勘探开发一体化、评建一体化原则，评价28个区块，落实可动用石油地质储量886.5万吨；二是加大未动用储量评价力度，在14个区块落实可动用石油地质储量456万吨。年内，中原油田在42个目标区评价落实可动用石油地质储量1342.5万吨，动用石油地质储量1269.92万吨。

【新区建产能17.54万吨】 2009年，中原油田针对低幅度断鼻油藏和复杂断块油藏特点，加大定向井及复杂结构井应用力度，集成应用配套工艺技术，提高单井产能；按照区带整体研究、整体部署、分步实施的工作思路，及时做好注采完善工作，确保形成稳定产能，实现新区产能建设优质高效。年内，中原油田动用34个区块的石油地质储量1269.92万吨，在新区建产能17.54万吨，注采配套率82.3%，产能达标率93.14%，开发成本9.08美元/桶。

【老油田精细调整见效】 2009年，中原油田实施老油田精细挖潜，油田递减率和含水率保持稳定。一是利用高精度三维地震资料，识别小断层、微构造和单砂体的变化情况，并结合不同类型油藏监测技术，对重点单元开展精细描述和调整治理。通过对13个单元采取恢复井网、细分重组、缩小井距调整等措施，使其自然递减率、综合递减率同比分别减缓6.19和7.48个百分点。二是在濮城油田实施层间精细注采调整井组457个，并通过合理配置注采井网，科学组合潜力层段，增产原油13.2万吨。三是在潜力层段实施有效注水，实现油井精细挖潜。年内，油田分注率由51%提至55%，水驱动用程度提高2.2个百分点；油田自然递减率16.93%、综合递减率9.78%，同比分别减缓0.27、0.39个百分点；油田综合含水率89.62%，同比保持稳定。

【提高气田开发管理水平】 2009年，中原油田在文23气田、户部寨等气田开展精细挖潜，提高气田开发管理水平。一是利用高精度三维地震资料，对9个重点区块进行气藏精细描述，发现15个剩余气相对富集的构造高点和独立小断块，并通过新钻、侧钻和改采等措施，挖掘剩余气潜力，建成产能0.57亿立方米，增加可采储量1.2亿立方米；二是开展白庙地震资料目标化处理和白庙平1井水平井先导试验，预计控制天然气地质储量1.31亿立方米、凝析油5.4万吨；三是加强白庙、桥口气田深层凝析气藏气举排液管理及措施挖潜工作，自然递减率同比下降8个百分点；四是加大溶解气管理力度，通过加强回收，降低损耗等措施，保持集气量稳定。

【气驱先导试验有序推进】 2009年，中原油田有序推进气驱先导实验，继续开展天然气非混相驱试验、空气泡沫调驱实验、二氧化碳气水交替先导试验，探索不同类型油藏提高采收率的新途径。在文88块沙三中[10]开展天然气非混相驱实验，累计注气5514.06万立方米，4口对应油井增产原油1.26万吨、天然气4400万立方米，采收率提高22.54个百分点；实施空气泡沫调驱试验的井组年增产原油2827.4吨，证明空气泡沫对大孔道具有封堵作用，其地层能量恢复、产液剖面改善、水驱波及体积均有所增加；在濮城沙一下开展二氧化碳/水交替驱替提高采收率先导试验，采收率增加7.9个百分点，井组含水率有所下降。

【加强开发基础管理工作】 2009年，中原油田通过3项措施加强开发基础管理工作。一是通过举办开发技术培训班，召开提高采收率研讨会，学习双河油田重组精细开发技术等方式，提高技术人员的业务能力。二是制定《产能建设方案管理规定》、《井组层间精细调整规范》、《油气藏开发动态分析管理办法》等规章制度，规范不同类型油藏精细描述技术，从制度上保障降低开发成本和自然递减率。三是开展13个重点单元的调整治理工作，并确保治理见效；精细描述明一块沙二下油藏10米以上断层，预测单砂体展布情况，为该块的调整治理提供基础资料；开展地层对比，重新编制10米等高线，绘制比例尺为1∶5000的油藏构造图和主要区块主力小层沉积微相图。四是对各单位的数据库进行调查，根据已建数据库的类型、结构，开展安全共享分析，为实现全油田数据共享做好前期准备工作。

（高　平）

【采油工程队伍概况】 2009年，中原油田采油工程系统有油气生产单位8个、科研单位1个。其中，油气生产单位包括采油一厂、采油二厂、采油三厂、采油四厂、采油五厂、采油六厂和天然气产销厂、内蒙采油事业部；科研单位包括采油工程技术研究院。采油（气）厂有生产一线队伍（单位）202个，其中采油管理区44个、采气管理区5个、注水（气）队7个、输气队10个、污水处理站13座、联合站8座、接转站5个、测试队9个、作业队95个、其他队6个。采油（气）厂有科研单位16个，其中地质所8个、工艺所7个、其他1个。

【分公司油水井生产状况】 2009年，中原油田分公司有油井3739口，其中开井3184口，开井率85.2%，平均单井日产液21.8吨，平均单井日产原油2.3吨，综合含水率89.58%，年产原油286.5万吨。各种采油方式生产情况：抽油机井3275口，占总井数的87.6%，产量占87.3%；电泵井146口，占总井数的3.9%，产量占8.3%；气举井51口，占总井数的1.4%，产量占2.3%；自喷井51口，占总井数的1.4%，产量占1.7%；其他井216口，占总井数的5.8%，产量占0.4%；抽油机井平均动液面1513.3米，泵挂深度1929.3米，泵效44.5%，检泵周期491天。有注水井2602口，开井1945口，开井率74.8%，平均注水压力22.6兆帕，平均单井日注水47.2立方米，日注水9.2万立方米，年注水3375.07万立方米；分注井1215口，分注率46.7%，分注层段以一、二层为主。有增压注水站95座，增压注水泵886台，平均泵出口压力31.1兆帕，增压注水井平均注水压力27.3兆帕，平均单井日注水41.9立方米，年注水2343.27万立方米。油田注入水水质达到B2－A2标准，出站水质达标率95.8%，井口水质达标率89.4%。

【分公司井下事故井分类状况】 2009年，中原油田分公司有井下事故井1504口，占油气水井总数的22.7%，其中油井823口、气井25口、水井656口。按井况分类，有套损井873口、井下落物井459口、卡管柱井39口、复杂事故井133口。长停井1011口，占总井数的15.2%，其中因地质因素停产井507口、工程因素停产井504口，分别占长停井总数的50.1%和49.9%。

【管杆使用状况】 2009年，中原油田有油气水井井下在用油管1654.62万米，其中新油管在用量224.33万米（老井新油管在用量166.76万米）；老井油管更新率10.4%，其中油井18.6%、气井5.45%、水井3.3%。油气水井井下在用抽油杆710.51万米，其中新抽油杆在用量175.41万米（老井新抽油杆在用量131.82万米），抽油杆更新率19.8%。

【分公司完成井下作业工作量7469井次】 2009年，中原油田分公司完成油气水井井下作业工作量7469井次，其中措施作业4264井次，维护作业2959井次，投产、投注246口井，分别占总工作量的57.1%、39.6%、3.3%；措施维护作业频次1.34次，其中措施作业频次0.79次，维护作业频次0.55次。从油气水井作业分类状况统计：油井作业4968次，其中措施作业2588井次、维护作业2146井次、新投234口井；气井作业123井次，其中措施作业84井次、维护作业35井次、新投4口井；水井作业2378井次，其中措施作业1592井次、维护作业778井次、投注8口井。油气水井措施有效3697井次，有效率86.7%。其中，油井措施有效2115井次，有效率81.7%，年增产原油35.20万吨，平均单井增产原油136吨，平均有效期123天；气井措施有效73井次，有效率86.9%，年增产天然气2033.61万立方米，平均单井增产天然气24.21万立方米，平均有效期102天；水井措施有效1509井次，有效率94.8%，年增注水388.96万立方米，平均有效期135天。

【投产水平井6口】 2009年，中原油田围绕水平井钻井及配套技术开展攻关，为开发低渗薄油层提供技术支持。按照兼顾油藏、钻井、采油和经营的整体设计思路，形成适合中原油田特点的水平井井身结构；研究应用“GAMMA + C1”地质导向技术，满足薄油层水平井轨迹控制的需要，提高油气层钻遇率；开发低密度水包油钻井液体系，引进管外封隔器水泥胀封新工艺，水平井油气层保护技术取得进展；研制刚性铸铝扶正器，开发多凝水泥浆体系，保证水平井固井质量；研究水平井完井方式，形成套管、筛管、复合和砾石充填等多种完井方式，满足后期采油和措施作业的需要。年内，中原油田投产水平井6口，全部达到预期效果。

【实施水力喷射压裂15井次】 2009年中，中原油田引进水力喷射压裂技术，开展水力喷射压裂优化设计和配套技术研究，研制低伤害、耐高温、抗剪切系列压裂液，同时改进水力喷射工具，解决了水平井特别是筛管完井水平井储层改造难题，满足了4″套管井与无法机械分层直井的分层压裂改造的需要。年内，油田实施水力喷射压裂15井次，成功率100%，平均砂比20.5%，累计增产原油4756吨、天然气15.3万立方米。

【58口井应用新型高抗挤套管】 2009年，中原油田针对TP130厚壁套管成本高，且在下入盐岩层、泥岩层、盐膏层时施工风险大，质量难以保证的问题，与宝钢集团有限公司和天津钢铁集团有限公司合作，分别开发BG150T、TP155V高抗挤套管。新型套管壁厚从16.9毫米降至11.3毫米，外径从152.4毫米降至141.3毫米，具有壁厚减小、钢级提高的特点。年内，油田在58口井应用新型高抗挤套管，累计下入1.51万米，与TP130厚壁套管相比，节约资金565.98万元。

【8座污水站应用低污泥水处理技术】 2009年，中原油田研究并应用低污泥水处理技术，在文南油田、胡七南油田开展注入水与地层水配伍性评价，应用预氧化剂杀菌、除铁、除硫，并用非金属离子混凝体系替代石灰乳絮凝剂，降低了污泥产出量。年内，油田8座污水站现场应用低污泥污水处理技术，日处理水量3.7万立方米，平均千立方米水污泥产生量由1.4吨降至0.46吨。

（刘长松　刘香敏）

【50座高架计量站改造完成】 中原油田大多数计量站于1985年前后投入使用。随着使用年限的延长，部分计量站出现基础设施老化、站内工艺管网与设备腐蚀严重、站内设施不能满足安全生产要求等问题。2009年，经中国石化集团公司批准，中原油田对50座高架计量站进行改造，重点更换站内流程、注水流程、油气计量流程、外输阀组、油气分离器和站内照明装置，改造注水管线及油水管线，并对腐蚀严重的高架计量站值班房进行拆除，新建值班房、工具房和计量间。截至12月8日，50座计量站改造完工并投用。

（黄　琥）

【塔架式节能抽油机节电率37%】 2009年，中原油田针对游梁式抽油机存在能耗高、故障率高、系统效率低等问题，研制开发WCYJW14－7－3Z塔架式节能抽油机。该机采用外转子稀土永磁同步电机和直接平衡方式，与变频控制技术相结合，先后在濮城油田、胡状油田、文中油田试验应用。应用结果表明，WCYJW14－7－3Z塔架式抽油机与游梁式抽油机相比，节电率37%，系统效率提高10%以上，噪音低于54分贝，比国标标准87分贝减排33分贝，整机润滑点由13处降至6处，平衡度可调至100%，具有低耗能、环保达标、控制智能化和维护便捷的特点。

【薄差层压裂技术措施有效率90.9%】 2009年，中原油田重点开展射孔、压裂、压裂液、支撑剂、施工设计、施工工艺等系列优化研究，形成低渗油藏薄差层压裂技术，提高了薄差层压裂效果。年内，对单层厚度小于2米、沉积微相上属于边滩、席状砂物性差的储层，实施薄差层压裂改造37井次，平均单井日增产原油2.3吨，施工成功率97.3%，同比提高9.3%，措施有效率90.9%，同比提高18.6%。

【实施不压井作业90井次】 2009年，中原油田开展不压井作业装备配套技术研究。调整改进装备液控系统、密封系统和举升系统，提高设备的稳定性；应用锥形自锁式双向卡瓦，提高安全性能；研究开发2½″油管内堵塞工具，解决油管内密封问题。10月，完成第一套不压井作业装备和修井机的配套，静密封压力35兆帕，动密封压力21兆帕，防喷器关闭时间小于5秒，蓄能系统最高工作压力21兆帕，升降液缸上顶力60吨、下拉力42吨，液缸行程3.5米，各项技术指标均优于行业标准。年内，中原油田实施不压井作业90井次，其中自主施工作业9井次。

【采油助剂管理】 2009年，中原油田对采油助剂实行统一类别、统一名称、统一型号、统一标准的管理模式，提高了产品质量。根据采油助剂的名称、规格型号、成分构成和使用效果，对作用相同或相近的产品进行合并，将202个产品的名称和型号规范为8大类、42个品种、74种规格，并废止标准128项，保留标准59项，新增标准15项。同时，修订《油田用采油助剂管理办法》，进一步加强采油助剂矿场准入资质的审查、计划、检验等环节的管理。年内，对560个采油助剂进行使用前抽检，检验合格率98.38%，同比提高4.05%。

【采油（气）工程数据库建设】 2009年，中原油田分公司组织开展采油（气）工程历史数据集中补录工作。一是规范数据库建设标准，以油气生产单位为数据建设基本单元，梳理与制定数据表180张、数据项4430个，以及相关附录代码标准，确定源头数据采集点 107 个，制定采集任务 2784 项，编制补录模板 117 个。二是制定天然气处理与油气储运数据库建设标准，在中国石化集团公司数据库建设中尚属首次。三是组织技术业务培训班 2 期，170 人次参加培训，集中学习补录标准和数据采集细则。截至年底，分公司累计补录数据表 653 张、数据记录近 380 万条，完成补录工作量 95%，数据入库全准率达到 95% 以上，工程数据采集体系初步建立。

【井下作业井控安全平稳率 100%】 2009 年，中原油田加强井控基础管理，实现作业生产安全运行。一是树立“一切事故都是可以避免”的安全理念，宣传井喷事故的危害性，增强员工对井控工作的忧患意识、责任意识。二是完善管理制度，组织编制《油气生产组织安全主题活动实施方案》，制定《射孔作业安全管理规定》等 5 个安全管理规定，编写《井下作业、采油采气、油气集输危害识别与防范》系列丛书，修订《井下作业井控检查细则》，并汇编《井下作业井控文件、井控标准》，从制度上保证作业井控责任的落实。三是加大培训演练与现场检查力度。组织举办员工井控培训班 60 期、班组井控演练 19 次，3000 多人次参加学习与实践操作；组织“三不”检查 22 次，发现问题 450 个，现场督促整改 446 个，整改率 99.1%。四是加强基础工作。建立技术管理和技术论证制度，落实施工设计审核审批程序；优化配置作业队班组人员，5 人施工班组 316 个，占作业队总数的 73.83%；制定《井控防喷装置管理办法》，加强设备管理，确保作业井控本质安全。年内，油田未发生作业井喷失控和井喷着火事故，井下作业井控安全平稳率 100%。

【低无效注水量与产液量治理】 2009 年，中原油田开展低无效注水量与产液量治理。（1）开展低无效注水井调查和动态分析。以低效井组治理为重点，集成应用分注、堵水、调剖等工艺技术，治理注采不对应、套漏、管外窜、外溢、大孔道、封隔器失效等低无效注水井 237 口，并通过加强注采动态和油藏特点分析，跟踪巩固治理效果，及时做到防治并举，全年累计减少低无效注水量 147 万立方米。（2）加强层间挖潜技术配套与应用，治理低无效产液量。全年优化低效电泵井 30 口，实施堵水、调层、分层改造等措施 832 井次，减少低无效液量 30.85 万立方米。截至年底，油田含水率大于 95% 的井同比减少 45 口，产液量占总产液量的比例由 42.5% 降至 38.9%，产液结构得到进一步优化。

【作业项目实行精细管理】 2009 年，中原油田建立作业管理组织机构，完善项目管理实施细则，实现作业过程精细管理。（1）加强作业预算管理，加大过程控制力度，坚持月度预算审查、分析和总结，并实行严格考核，提高预算执行率。（2）加强工程与地质部门的结合，实施重点措施方案会审制度，措施维护结合率同比提高 6.4 个百分点。（3）按照“一井一策一目标”原则，开展多轮次作业井和躺井治理，躺井比例由 3.79% 降至 3.43%，多轮次作业井同比减少 532 井次。（4）建立质量管理体系，抓好施工方案、入井材料、工序质量等 7 个关键环节，措施维护作业工作量同比减少 127 井次，作业频次降低 0.05，作业操作成本减少 1.01 亿元，油井检泵周期同比延长 4 天。

【油气工程技术改造】 2009 年，中原油田先后开展机采系统、集输系统、注水系统、污水处理系统的改造治理，提高了油气工程技术改造水平。（1）机采系统。完成油井系统效率测试 1778 口，通过对比不同区块的系统效率差异，制定相应的治理方案，并配套应用节能电机、变频器、抽油机减速器、新型塔架式抽油机等节能装备与技术，提高机采系统效率。年内，全油田机采系统效率 28.5%，同比提高 2.6 个百分点，吨油单耗同比下降 6.6 千瓦·时。（2）集输系统。对文南油田集输系统、文二联合站伴生气增压机组进行整体改造，油田油气集输系统效率由 44.7% 提至 45.2%，减少天然气损耗 650 万立方米/年。实施 50 座高架计量站落地安全隐患治理改造工程，保证了计量站安全平稳生产。（3）注水系统。对胡状油田北区、文南油田和马寨油田注水系统进行分级、分压技术改造，调整注水系统管网，油田注水系统效率由 47% 升至 48%。同时，对管线压力损失大于 0.2 兆帕/千米的 16 条注水干线进行清洗，清洗后，除垢率达到 98% 以上，管线压力损失由 0.32 兆帕/千米降至 0.08 兆帕/千米，节电 140 亿（千瓦·时）/年。（4）污水处理系统。对 12 座污水处理站进行全面改造，其中完成 9 座、处在改造阶段 3 座。改造治理后，注入水水质指标由 B2 级提至 A2 级，井口水质达标率由 81% 提至 90%，满足了低渗油藏对注入水水质的要求。

2009 年中原油田分层注水井分类情况

分注井分类	一层	二层	三层	三层以上	合　计
井数（口）	544	566	99	6	1215
所占比例（%）	44.8	46.6	8.1	0.5	100

2009 年中原油田注水井注水压力分级情况

注水井分类	压力≤16 兆帕	16 兆帕＜压力≤25 兆帕	25 兆帕＜压力≤32 兆帕	压力＞32 兆帕
井数（口）	579	562	425	379

续表

注水井分类	压力≤16 兆帕	16 兆帕 < 压力 ≤25 兆帕	25 兆帕 < 压力 ≤32 兆帕	压力 > 32 兆帕
所占比例（%）	29.8	28.9	21.8	19.5
水量（万立方米）	1174.65	1028.61	780.14	391.67
所占比例（%）	34.8	30.5	23.1	11.6

（刘长松　刘香敏）

【油藏经营管理工作概况】　中原油田油藏经营管理的职能部门是油藏经营管理办公室。主要职责：贯彻落实中国石化推行的油藏经营管理政策和管理规定，制定中原油田分公司有关政策和管理规定；研究、协调建立和完善油藏经营管理体制、运行机制和管理机制，制定落实配套管理制度；管理新投入开发区块的地面系统归集工作，审查并监督实施新区地面系统划分方案；组织编制和优化各级油藏经营管理方案，开展油藏经营分析和油藏经营管理水平评价；管理分公司的油藏经营项目，指导二级单位项目管理工作；推进分公司企业精细化管理；组织管理分公司“三基”工作和“五项劳动竞赛”活动；组织开展油藏经营管理课题研究、国内外油藏经营管理信息调研，推广应用研究成果和先进经验。截至2009年底，油藏经营管理办公室有员工10人，其中高级职称8人、中级职称2人；机构下设科室4个。2009年，油藏经营管理办公室以建立5项油藏经营管理运营机制为中心，推动建立油藏经营管理区新模式和采油作业一体化管理试点，继续开展“五项劳动竞赛”和“三基”工作，细化油藏经营管理方案、油藏经营分析、油藏经营管理水平评价运行体系，推动了油藏经营管理工作的深入开展。

【继续推行5项油藏经营管理运营机制】　2009年，中原油田在8个油气生产单位继续推行5项油藏经营管理运营机制。先后制定《2009年油藏经营项目管理办法》、《老区新井（侧钻井）和油气水井措施优化决策实施办法》、《2009年油藏经营管理工作评比考核办法》和《学习江苏油田精细化管理经验和2010年精细化管理工作要点》，从制度上保证油藏经营管理工作的深入开展。督促指导各单位根据实际情况，编制运营方案，建立特色管理体系，并明确各项机制的管理部门与各部门需承担的职责。重点落实优化决策论证制度，落实新井（侧钻井）和油气水井措施620井次，否决130井次，节约投资和成本1.4亿元。选定8个条件较好的区块作为示范区块，合理配置技术、资金、资产、资源等要素，实现科学、高效管理油田。

【推广采油五厂油藏经营管理经验】　2009年，中原油田在油气生产系统推广采油五厂油藏经营管理经验，通过采取4项措施细化目标管理，提高了经营计划的准确性和执行度。一是将各采油（气）厂总目标细分成管理产量、措施效益、维持生产规模操作成本、生产辅助单位效益4个分目标，明确不同层次责任主体的管理责任。二是创新基础产量配产、成本实测单耗配置、措施效益评价、定额产值和定额利润核定等4个方法，提高油藏配产、成本预算的准确性，促进降本增效与减员增效工作。三是实行流程化、程序化、标准化管理，加强计量、设计方案、生产运行管理和成本控制工作，提高方案实施水平。四是实行全员量化评价考核，管理人员考核其分管工作业绩，技术人员考核其方案符合率与措施效益，岗位员工考核其基础产量、节点成本和岗位履职情况，增强了员工的主观能动性。

【创建基层油藏经营管理模式】　2009年，中原油田创建以“调整挖潜项目管理，自然递减率分因素控制，成本消耗分节点控制，绩效考核全员量化”为主要内容的基层油藏经营管理模式，在采油一厂五区、采油五厂六区等22个管理区试点运行，油藏经营管理效果得到持续改善。（1）实行分级控制与管理。成立调整挖潜项目组，负责录取资料、注采管理、制定常规措施、提出并参与调整措施论证，精细管理油藏开发指标；将影响自然递减率的因素分成7大类33个分因素118个控制点，由区经理、技术人员和班组长、岗位员工分级控制；将成本消耗分成9大类37个小项169个控制点，由区经理、班组长、岗位员工分级管理。（2）制定工作标准和管理制度。制定调整挖潜项目管理标准3项、制度3项，自然递减率分因素控制标准7项、制度34项，成本消耗分节点控制标准9项、制度41项。（3）实行全员量化考核。管理人员按岗位工时、经营目标、分管工作“433”比例考核，项目组人员按岗位工时、自然递减率、成本消耗、措施效益、经营目标“41122”比例考核，岗位员工按岗位工时、自然递减率、成本消耗、基础工作“4222”比例考核，考核项目根据岗位特点分别设置，增强了考核工作的针对性。

【推行采油作业一体化管理】　2009年，中原油田推行方案设计共同审定、作业过程全面监控、实施效果共同分析的采油作业一体化管理，不断加强方案设计优化、作业前技术交底、作业质量监督和作业效果评价工作；建立采油作业利益共享、风险共担的经营考核机制，对作业井次、作业费用、检泵周期、作业达产率等指标实行双向捆绑考核，作业工作量和作业费用节余或超支按50%的比例核增或核减作业队收入。年内，分公司38支作业队与27个管理区推行采油作业一体化管理，作业时效提高2.3%，施工一次合格率提高2.9%，维护作业下降328井次。

【油藏经营项目管理创效1.02亿元】　2009年，中原油田分公司加大推行油藏经营项目管理力度，成立12个项目组，明确各项目组的管理职责、成本控制目标和储量、产能、效益目标，实行月度预考核，半年预兑现，年终总兑现，并加强项目运行过程中的指导、监督和考核管理工作，勘探开发重点任务和重大费用控制指标均按计划完成。年内，油田新增探明油气地质储量1048.65万吨，控制石油地质储量1468.11万吨，完成年计划的104.8%和293.6%，探明储量可动用率86%，当年动用率83%；新区动用储量1308万吨，建成产能17.54万吨，完成年计划的101.1%，产能达标率94.8%，当年注采配套率76.4%。2008—2009年，油田累计治理低效井组865个，实施水井措施914井次，油井措施443井次，增加水驱动用储量827万吨，增产原油26.83万吨；物资系统采购价格压缩5.43%，降低库存7670万元。2009年完成的各项指标与未实行油藏经营项目管理的2007年相比，作业工作量由7685井次降至6795井次，用电量由16.99亿千瓦·时降至15.53亿千瓦·时。年内，分公司通过实施油藏经营项目管理，实现创效1.02亿元。

【建立油藏经营管理循环运行程序】 2009年，中原油田不断探索油藏经营管理的新方法、新模式，建立"评价年度油藏经营管理水平→编制年度油藏经营管理方案→分析季度油藏经营效果"的循环运行管理程序，提高了油藏经营管理工作水平。（1）评价油气藏经营管理水平。完善油气藏经营管理水平评价技术规范，开发网上操作系统，组织进行油气开发、生产、财务及储量经营一体化的油藏经营管理水平评价。年内，评价油气开发单元208个、油气开发管理单元157个、油气藏经营管理单元55个、油气藏经营管理区46个、采油（气）厂8个。评价结果表明：分公司油气藏开发管理水平量化得分81.94分，同比提高1.03分，达到一类管理水平；生产管理水平量化得分85.35分，同比提高4.95分，达到一类管理水平；财务管理水平量化得分78.2分，同比降低1.72分；储量经营管理水平量化得分92.48分，同比降低3.28分，达到一类管理水平；分公司油气藏经营管理水平量化得分83.44分，同比提高0.68分，达到一类管理水平。按照年度平均市场油气价格计算，截至年底，油田剩余经济可采储量价值102.57亿元，增值9.15亿元，储量保值增值率9.74%。（2）编制油藏经营管理方案。组织编制分公司和采油（气）厂的年度油气藏经营管理方案，依据油田中长期规划和系统调查分析结果，细化编制开发技术、单项工程和生产管理等3个方案，并依据方案进行投入产出预算，把工作量、投资、成本、产量、利润等开发技术经济指标，细化落实到每个油藏经营管理单元，并制定实施运行计划和保障措施。（3）开展油藏经营分析。按季度组织开展油气藏经营分析工作，检查油气藏经营管理方案的执行情况和重点工作效果，评价新井和措施的投入产出经济效益，总结采油厂、管理区、油气藏经营管理单元的油气开发生产经营效果，合理调整投资、成本、产量结构。

【"五项劳动竞赛"活动】 2009年，中原油田分公司加强"五项劳动竞赛"活动的组织领导和方案制度保障，注重目标管理和过程控制，保持竞赛活动的连续性；以竞赛活动为平台，发挥"红旗、金牌、五星"的品牌效应，推动油气主业单位精细管理、增储稳产、降本增效；将开展竞赛活动与落实5项油藏经营管理运营机制、采油厂细化目标管理、基层油藏经营管理模式、采油作业一体化管理和油藏经营项目管理等5项工作相结合，提高油藏经营管理水平；以竞赛活动为主导，开展节能达标、系统单耗对标、可控成本考评、方案符合率和方案效益考评、基础产量考评、低效井挖潜增效、系统效率提升、井组稳升达标和培育长寿井等10项特色竞赛，提高经济技术指标；以竞赛活动为主线，进一步加强基层组织建设、基础工作、基本功训练、基础设施建设、HSE管理和企业特色文化6项工作，基层基础管理水平大幅提升。经分公司检查验收，评出红旗采油（气）厂6个、优胜采油（气）厂3个，金牌基层单位101个、银牌基层单位74个，五星级站（库、所）25个、四星级站（库、所）18个，进步奖3个，优秀组织单位8个、优胜组织单位7个，优秀组织管理者46人、先进工作者154人。

2009年中原油田油气藏经营管理单元及经营管理区归集划分情况

单位名称	油气经营管理区名称	管理油气藏经营管理单元		管理油气藏开发管理单元	
		单元数	单元名称	单元数	单元名称
采油一厂	一区	1	文10－101块	2	文10块、文101块
	二区	2	文15块、文25块	2	文15块、文25块
	三区	1	文13西	3	文228块、文14块、文13西块
	四区	1	文203	2	文115块、文203块
	五区	1	文西垒块	4	文38块、文209块、文276块、文234块
	六区	1	文13北	4	文110块、文92北块、文13北块、文16块
	七区	1	文13东	2	文92南块、文13东块
	八区	1	文19－220	3	文19块、文220块、文200块难采储量

续表

单位名称	油气经营管理区名称	管理油气藏经营管理单元		管理油气藏开发管理单元	
		单元数	单元名称	单元数	单元名称
采油二厂	一区	1	东区北	8	东沙二上^{1}、东沙二上$^{2+3}$、东沙二上$^{4-7}$、东沙二下、沙三上$^{1-10}$、沙三中$^{1-5}$、沙三中$^{6-10}$、沙一上中
	二区	1	东区南	12	东沙二上^{1}、东沙二上$^{2+3}$、东沙二上$^{4-7}$、东沙二下、沙三上$^{1-10}$、沙三中$^{1-5}$、沙三中$^{6-10}$、西沙二上^{1}、西沙二上$^{4-7}$、西沙二下、南沙二上^{1}、南沙二上$^{2+3}$
	三区	1	西区	11	西沙二上^{1}、西沙二上$^{2+3}$、西沙二上$^{4-7}$、西沙二下、沙三上$^{1-10}$、沙三中$^{1-5}$、沙三中$^{6-10}$、东沙二下、南沙二上$^{2+3}$、南沙二上$^{4-7}$、南沙二下
	四区	1	南区	12	南沙二上^{1}、南沙二上$^{2+3}$、南沙二上$^{4-7}$、南沙二下、东沙二上^{1}、东沙二上$^{4-7}$、东沙二下、西沙二上^{1}、西沙二上$^{4-7}$、沙三上$^{1-10}$、沙三中$^{1-5}$、沙三中$^{6-10}$
	五区	1	文 51 区	8	文 51 沙二下、文 51 沙二上、濮 83、文 213 – 濮 92、濮 85、卫 42 – 卫 43、卫 79 块、西沙二上^{1}
	六区	1	外围北	9	卫 42 – 卫 43、卫 317、濮 97、卫 68、濮 98、濮 83、卫 79、西沙二上^{1}、零散井
	七区	1	外围南	7	濮 85、文 90、文 98、濮 95、卫 79、文 213 – 濮 92、文 51 沙二下
	八区	1	沙一	10	沙一上中、沙一下、西沙二上^{1}、西沙二上$^{2+3}$、西沙二上$^{4-7}$、东沙二上^{1}、南沙二上^{1}、南沙二上$^{2+3}$、零散井、濮 98
采油三厂	明一区	1	明一东明六	6	明一东、明六、卫七、卫 77 沙四、明 473、文明寨卫 77 块三叠系
	明二区	2	明一西、明 15 块	6	明一西、明 237、明 14、明 16 块、明 470、明 15 块
	马寨区	1	马寨油田	4	卫 95、卫 305、卫 334、卫 94
	卫东区	2	古云集、卫 360	3	古云集、卫 360 块、卫 49
	卫一区	1	卫 22	4	卫 22 块、明 9、卫 63、卫 18
	卫二区	1	卫 2	5	卫 37、卫 20、卫 229、卫 2、卫 81
	卫三区	1	卫 11	5	卫 10、卫 11、卫 34、卫 56、卫 58
	卫四区	1	卫 4	4	卫 4，卫 75，卫城卫 77 块三叠系，卫城零散卫 370、卫 377、卫 31 及其他
	卫城气区	1	卫城气藏	3	卫 11 气藏、卫城气顶、云 3 块
采油四厂	一区	1	文 33 块	3	文 33 块沙三下、文 33 块沙三上、文 33 块沙三中
	二区	1	文 95 块	4	文 95 块、文 266 块、文 294 块、文 219 块
	三区	1	文 85 块	4	文 269 块、文 72 块文 85、文 72 – 134 块、文 72 沙三中
	四区	1	文 135 块	7	文 82 块、文 72 块文 135、文 72 东、文 88 块、文东 99 块、文 99 南块、文 72 – 408 块
	五区	1	文 79 块	8	文 79 块 – 133、文 79 块 – 136、文 79 块 – 79、文 79 南块、文 79 – 85、文 138 块、文 179 块、文 297 块
	六区	1	文 184 块	4	文 188 块、文 184 块、文 181 块、文 123 块

续表

单位名称	油气经营管理区名称	管理油气藏经营管理单元		管理油气藏开发管理单元	
		单元数	单元名称	单元数	单元名称
采油五厂	一区	1	胡5	1	胡5块
	二区	2	胡19、胡2	3	胡19块、胡2块、胡47块
	三区	2	胡7-94、胡7	4	胡7-94块、胡7北块、胡7南沙三中、胡7南沙三下
	四区	1	胡12	4	胡12块沙三中—沙三下、胡90块、胡10块、胡52块
	五区	1	庆祖集	3	庆祖集、胡62块、赵庄
	六区	2	胡状散块、刘庄	5	胡39块、胡63块、胡105块、胡状零星井、刘庄
采油六厂	桥口区	1	桥口	2	桥口低渗油藏，桥58块、66块高压低渗油藏
	马厂区	1	马厂油田	1	马厂中渗油藏
	徐集区	1	徐集油田	1	徐集、马26、马75块低渗油藏
	三春集区	1	三春集油田	1	三春集低渗油藏
	白庙气区	1	白庙桥口	2	桥口凝析气藏、白庙凝析气藏
内蒙采油事业部	内蒙区	1	桑合	1	桑合
		1	达尔其	1	达尔其
		1	锡林好来	1	锡林好来
天然气产销厂	采气一区	2	文24、文96	2	文24、文96
	采气二区	1	文23	1	文23
	采气三区	1	户部寨	1	户部寨
合　计	46	55		157①	

注：①管理油气藏开发管理单元数含交叉管理单元。 （侯保华）

【采油一厂概况】 采油一厂组建于1980年4月，担负着文中油田、文东油田的开发生产和建设任务，所辖油区占地面积120平方千米，涉及河南省濮阳县文留镇、鲁河乡、梁庄乡、户部寨乡、白堽乡、王称堌乡6个乡镇97个自然村。截至2009底，采油一厂有员工4138人，其中正式员工3253人、劳务用工885人；管理人员和专业技术人员941人，其中高级职称71人、中级职称406人、初级职称464人。机构下设机关科室17个、三级及直属单位26个。拥有各类生产设备1323台套，其中活动设备491台套、固定设备832台套，新度系数0.37；固定资产原值70.47亿元、净值29.53亿元。全厂有开发断块22个，区域构造位于东濮凹陷中央隆起带文留构造中北段，动用含油面积54.77平方千米，动用石油地质储量9904万吨，标定采收率31.01%，可采储量3072万吨。其中，中渗复杂油藏6个，石油地质储量3234万吨，占总储量的32.7%；中渗极复杂油藏4个，石油地质储量1411万吨，占总储量的14.2%；低渗常压油藏5个，石油地质储量902万吨，占总储量的9.1%；低渗异常高压油藏7个，石油地质储量4357万吨，占总储量的44%。累计生产原油2669.29万吨、天然气67.55亿立方米。地质采出程度26.95%，工业采出程度86.9%，剩余可采储量采油速度10.61%。管理油水井1381口（其中油井777口、开井583口，注水井604口、开井387口）、油水井计量站81座、油气集输干线96千米、污水处理及注水干线10千米、联合站2座、污水处理站2座、气举采油增压站1座。2009年，采油一厂坚持“依靠科技进步，稳定文中、调整文东，寻找恢复储量接替，精细老油田开发”的宗旨，开展以“提升精细管理认识度、增强工作把握度、提高工作精细度”为核心的“精细管理深化年”活动，油藏开发水平不断提高。全年生产原油47.73万吨，完成原油统销量45.7万吨；生产天然气5950万立方米，完成天然气外输4975万立方米；油田自然递减率16.49%，综合递减率9.77%，同比下降0.39%和0.99%。年内，采油一厂被河南省总工会授予“河南省五一劳动奖状”；“以增强可持续发展力为主导的老油田创新体系建设”成果获中国石化集团公司企业管理协会第十八届管理现代化创新成果二等奖。

【采油一厂新建产能4.11万吨】 2009年，采油一厂新建产能4.11万吨。新区产能建设集中在文38北、文234南、文209西、文220东和文403等5个区块23口井，新建产能2.77万吨。其中，完钻新井12口，钻遇油层100层318.9米，油水同层18层44.4米，平均单井钻遇油层8层26.6米；投产新井11口，累计生产原油1.62万吨，新增动用石油地质储量68万吨。老区调整投产井9口，平均单井钻遇油层8层15.9米，累计生产原油1.23万吨，新增地质储量9.2万吨，新建产能1.34万吨。

（姜洪洁）

【文东、文西斜坡带滚动勘探开发】 2009年，采油一厂按照“整体评价，优选目标，重点突破”的研究思路，在文东、文西斜坡带开展滚动勘探开发工作。在文东斜坡带开展构造、储层和成藏规律再认识，综合评价断层遮挡与东倾地层形成的反向屋脊式低幅度构造圈闭，由西向东、由浅到深分条带部署滚动井。加强文西斜坡带的储层预测，重点在文西1号断层下降盘沙三中层位部署风险探井，并进行评价。年内，在文东斜坡带精细评价文110北块、文200－7块、文92－135块、文75井区、文225井区等5个目标区，部署滚动井5口，完钻4口，累计钻遇油层76层141.1米，油水同层10层28.2米，探明含油面积2.6平方千米、石油地质储量176万吨。10月8日，部署在文西斜坡带的风险探井濮深18井完钻，钻遇沙三中油层26层49.7米，11月8日投产沙三中$^{6-8}$砂组11层25.5米，初期日产原油23.1吨、天然气4914立方米，控制含油面积1平方千米，探明石油地质储量120万吨。

【采油一厂精细治理井组72个】 2009年，采油一厂对油藏剩余油分布规律进行再认识，先后开展精细油藏描述、油藏微构造和沉积微相研究，实施井组层间精细注采调整，改善了水驱开发效果。年内，精细治理井组72个，其中单砂体井组6个、最小自然段井组30个，二、三类层组合井组36个；实施注采调整措施107井次，增加水驱控制储量103.6万吨、水驱动用储量63.3万吨；48个井组62口油井见效，日增产原油186.8吨，年增产原油1.8万吨。实施水井措施75井次，治理后注水层数由769层减至406层，注水厚度由1419米减至754.1米，平均单井减少5层8.8米，累计注水55.5万立方米；46口对应油井见效，日增产原油92.3吨，累计增产原油8423吨。实施油井配套措施32井次，有效24井次，日增产原油94.5吨，累计增产原油9608吨。

【采油一厂实现储采平衡】 2009年，采油一厂增加可采储量53万吨，其中新区增加可采储量20万吨，老区调整挖潜增加可采储量33万吨，储采平衡系数1.11，实现储采平衡。（1）开展滚动与油藏评价研究，实现储量接替。利用高分辨率三维地震资料，综合评价文东斜坡带反向屋脊式低幅度构造圈闭，发现并精细评价滚动目标区5个，部署滚动井5口；开展文西斜坡带沙三中储层预测，探索柳屯洼陷东翼文西1号断层沙三中、沙三下储层发育情况和含油气情况及油气藏类型；对文220块东部和文110北块2个区块进行油藏评价。年内，落实并动用地质储量82.57万吨，新增可采储量20万吨。（2）开展老区构造与储层研究，实现产能接替。深化老区构造、储层与剩余油分布特征认识，在老区投产新井12口，增产原油1.57万吨；加大油水井恢复力度，大修油水井7口，增产原油800吨；依托配套工艺和监测技术，实施层间挖潜，治理井组16个，增产原油6400万吨，老区增加可采储量33万吨。

（姜洪洁）

【采油一厂实施配套油藏动态监测707井次】 2009年，采油一厂针对不同类型油藏特点，完成油藏监测707井次，完成计划的103.1%，为油藏调整治理提供了科学依据。在文中常压中渗油藏进行饱和度测井监测15井次，用于指导高含水后期油藏的精细挖潜，根据测试结果，实施油井补孔9井次、堵水4井次、转注1井次、酸化1井次，增加水驱控制储量13.2万吨、水驱动用储量5.6万吨，日增产原油32.1吨，年累计增产原油2775吨。在文东低渗油藏引进高精度碳氧比、脉冲中子—中子等饱和度测井监测技术，实施监测14井次，根据测试结果，指导实施油井补孔7井次、堵水3井次、分注6井次，精细层间治理3个井组，年增产原油1328吨。推广氧活化找漏找窜测井监测技术，实施监测37井次，根据测试结果，指导实施油井措施23井次，有效17井次，日增产原油29.1吨，累计增产原油3461吨；水井措施6井次，有效6井次，日增有效注水254立方米。

（姜洪洁　王荣军）

【采油一厂调整注水结构】 2009年，采油一厂按照“点弱面强”的注水工作思路，合理调整注水结构，改善井网匹配状况，增加了水驱控制储量及动用程度。年内，实施注水结构调整167井次，日增注水3048立方米，累

2009年1月21日，采油一厂员工对文65－54井实施洗井措施　（赵奕松）

计增加注水53.12万立方米，增加水驱控制储量247万吨、水驱动用储量179万吨，对应油井216口，日增产原油119.2吨，累计增产原油1.29万吨。与2008年12月相比，受控油井由468口增至470口，其中多向受控井由266口增至276口，受控见效井数由369口增至373口，受控见效率提高0.6%，油田水驱控制程度由80.4%提高到82.5%，水驱动用程度由53.8%提高到55.4%，分别提高2.1%和1.6%。（1）实施转注、大修措施，完善或恢复局部注采关系。转注42口井，对应油井55口，累计增产原油4192吨。评价井损区大修可行性，选择潜力区9口事故井进行大修恢复，对应油井12口，累计增产原油1775吨。（2）实施注水层间调整，改善层间水驱动用状况。完成注水井层间调整114井次，增加水驱动用储量58.8万吨，对应油井144口，增产原油6819吨。与2008年相比，调整工作量减少10井次，增产原油增加911吨。（3）细化动态调配机制，搞好注水井合理调水。由根据油井产量变化进行调水转变为预见性调水，适时合理调控注水强度，保持井组平稳生产。全年上调水井水量338井次，下调水量377井次，油井见效155口，日增产原油104.4吨。

【文13东沙三中层系调整治理见效】 文13东沙三中$^{7-10}$层系是文东油田主力油藏之一，属异常高压低渗油藏，含油面积8平方千米，石油地质储量858万吨，标定采收率28.32%，是分公司重点治理单元。2009年，采油一厂针对文13东沙三中$^{7-10}$层系特点，明确“根据储层特征、剩余油分布特点及开发现状，通过新钻高效调整井，完善注采关系，依靠缩小开发井段，提高二、三类层动用程度，从而整体改善油藏开发效果”的调整思路，部署新井、技改及配套工作量34井次，其中油井17井次、水井17井次。截至年底，采油一厂在文13东沙三中$^{7-10}$层系投产新井3口，完成部署工作量75%；实施油水井措施工作量30井次，完善注采井组13个，完成部署工作量100%。（1）通过水井封堵、分注、调配等手段，精细治理井组10个，完成计划的100%。治理后，注水井的平均注水厚度和层数由9层21.8米降至2.3层8.7米，差层得到有效动用，年增产原油2672吨。（2）通过油藏数值模拟和动态分析，明确二、三类层动用状况和剩余油潜力，实施先期转注完善。投产调整井3口，累计生产原油2646吨。治理后，文13东沙三中$^{7-10}$层系增加水驱控制储量29.3万吨、水驱动用储量33.8万吨。与2008年底相比，日产液量由643吨升至785吨，日产油量由65吨升至89吨，综合含水率由89.9%降至88.7%，采油速度由0.28%升至0.37%，自然递减率由35.05%降至18.98%，综合递减率由21.38%降至12.78%。

【采油一厂开展新区油藏评价】 2009年，采油一厂综合应用复杂断块三维地震解释技术，深化新区油藏评价工作，使储量得到充分动用。重点开展文220块东部和文110北块2个区块的油藏评价，评价油藏含油面积0.94平方千米、地质储量75万吨，部署文220-3井、文92-134井2口评价井。实施后，电测解释油层11层22.3米，油水同层1层3.6米。投产初期单井平均日产原油18吨，综合含水率11.4%，落实含油面积0.5平方千米、地质储量52万吨。

【采油一厂实施井筒挖潜】 2009年，采油一厂健全井筒挖潜分析机制，从基础资料入手，结合精细井组动态分析，制定井筒挖潜措施。年内，实施以提液为主的井筒挖潜措施139井次，增产原油1.5万吨。其中，抽油井泵升级提液59井次，有效58井次，平均液面由642米降至1038米，平均泵效由55.3%升至64.6%，增产原油4791.9吨。泵加深提液64井次，有效61井次，平均泵挂深度由1901米增至2173米，增产原油4876.5吨。电泵提液16井次，有效13井次，增产原油4802.5吨。

【采油一厂提高机采系统效率】 2009年，采油一厂将提高机采系统效率作为重点工作，通过优化工艺设计，调整机采井的生产参数，使机采系统效率呈上升趋势。经技术监测中心测试，该厂抽油井系统效率26.66%，电泵井系统效率24.88%，同比分别提高0.96和3.28个百分点。

【采油一厂降低低无效液量】 2009年，采油一厂进一步调整采油方式，降低低无效液量。年内，调整采油方式31井次，日减少注气3.9万立方米，日降低液量270.3吨，日增产原油22.8吨。其中，优化气举井16井次，包括转抽井9口、转注井1口、新转气举井6口，气举压缩机开机控制在4台以内，日增液量190.2吨，

2009年8月29日，采油一厂员工对高产电泵井文209-54井实施加药措施
（赵奕松）

日增产原油5.2吨；优化电泵井15井次，包括电泵转抽井10口、新转电泵井5口，日降液量270.3吨，含水率下降6.2%，增产原油3211.5吨。

【采油一厂开展水力喷射压裂试验】 水力喷射压裂工艺是国内外广泛采用的一种先进压裂工艺，是集射孔、压裂、隔离为一体的油田增产措施。2009年，中原油田为解决低产井多、单井平均产量低的问题，与中国石油大学合作，对采油一厂文东油田水平井文92－平2井等7口井，运用水力喷射压裂技术进行治理，累计增产原油1910吨。之后，中原油田对此项技术进行改进，先后在文明寨油田、濮城油田的不同井筒中应用，所有试验均获成功。

【采油一厂集成应用油水井套管修复技术】 2009年，采油一厂集成应用16臂及电磁探伤组合测井、复杂落物打捞、套管变形井整形打通道、换井底、浅层套管化学堵漏、深井悬挂4″套管、膨胀管补贴等7项油水井套管修复技术，形成适应文留油田深井复杂井况治理的技术系列，提高了油水井修复成功率，取得增储上产效果。年内，采油一厂推广应用油水井套管修复配套技术61口，其中电磁探伤及16臂组合测井20口、套管修复28口、复杂落物打捞13口，修复成功率95.1%，年增产原油9160吨，恢复控制储量140.7万吨，动用储量35.6万吨，创直接经济效益2381.6万元，投入产出比达1∶3。

（姜洪洁）

【采油一厂生产运行推行“四化”管理】 2009年，采油一厂在生产运行系统推行“四化”管理，提高生产组织的快速反应能力和工作效率。一是生产信息传输网络化。完善全厂调度系统的计算机和网络传输设备，建立涵盖全厂的生产信息网络传输系统，实现全厂生产系统办公自动化。二是通知指令可视化。在调度系统推广应用网络办公软件，分类设定办公组群，以短信形式将每天的产量数据、重大生产信息24小时不间断向各级主管人员发送，确保生产信息及时传达。三是工作运行程序化。修订完善《生产运行管理规定汇编》，明确各项生产组织程序和部门、人员及职责，确保生产运行组织高效有序。四是突发事件处置流程化。绘制重大突发事件信息上报流程图，将突发事件按照分类和归属有序上报，确保突发事件快捷有效处理。年内，全厂通过网络上报生产信息4.9万条，发送生产信息8.5万条，处置突发事件122起，工农治安保卫部门处理问题效率同比提高10%。

（姜洪洁　白　虎　秦贵丞）

【采油一厂完成重点节能技术改造项目3项】 2009年，采油一厂重点实施节能技术改造项目3项。（1）文留油田油气集输系统整体优化改造工程。主要将文三联合站改造为中转站，原油外输由文一联合站进行集中处理，提高集输系统运行效率。改造后，停运文三联合站的负压螺杆压缩机1台、轻烃冷却水泵1台和冷却塔2座，年节约电量103万千瓦·时；停用文三联合站轻烃回收冷却系统，年节约清水1.8万立方米；降低原油出站温度，年节约天然气31万立方米。（2）文25块注水系统节能技术改造。新建文25东注水站，集中管理单体泵12台，注水系统效率提高6%～8%，平均注水单耗降低2.4（千瓦·时）/立方米，年节电160万千瓦·时。（3）优化文一污水站净化水外输工艺流程。将文一污水站过滤后的净化水直接外输到文一联合站，减少外输泵3台，年节约电量197万千瓦·时。

【文一污水站注水水质升级】 2008年，中国石化集团公司投资2000万元，用于采油一厂文一污水站设备改造工程，主要目的是提升该站注水水质。工程于2008年7月开工，2009年6月29日完工。主要改造项目：新建1000立方米玻璃钢收油罐2座、1500立方米沉降罐2座，改造一次滤罐器10座，新建二次精细过滤器6座，改造300立方米缓冲罐4座、500立方米净化水罐2座，新增加压泵3台、排污动力泵2台，更换加药装置4套，并安装自控系统。工程完工后，装置一次投产试运成功，文一污水站注水水质由B2级提至A2级，文中油田60%以上的低渗透断块油藏实现注水开发。（姜洪洁）

【采油一厂6口井钻遇良好油气层】 2009年，采油一厂采用井身轨迹和井身结构优化设计、复合钻井、地层压力监测、深井防卡等钻井工程新技术，完成文203－58井、文203－59井、文92－133井、文92－135井、文15－108井和濮深18井等6口井的滚动勘探钻井施工。其中，文203－58井、文203－59井和濮深18井井深均在4200米以上，最大井斜61.7度，且濮深18井在钻井过程中钻穿600米以上的巨厚文九盐盐层段，这3口井均属高难度钻井。完钻的6口井全部有良好油气显示，合计钻遇油气层120层240.6米。（姜洪洁　李华照）

【采油一厂完成15座高架计量站落地改造】 2009年，采油一厂按照“充分利用原有布局和设备，减少资金投入”的原则，对投产早、腐蚀严重、存在安全隐患的15座高架计量站实施落地改造。其中，3座计量站实施整体改造，10座计量站实施原地落地改造，2座计量站实施地基用砖砌至一层半高、阀组未动改造。截至年底，15座计量站全部改造完毕并投用。

（姜洪洁　吴　佩）

【文东油田高压分注见效】 2009年，采油一厂对文东油田高压分注井从储层物性、连通关系、井下状况、分注有效期、失效原因等方面进行分类分析，对不宜下封隔器的井单独管理，并健全注水井单井规划，开展有针对性的高压分注工作。年内，实施注水压力大于25兆帕的分注井27口，其中新分层井13口、换封隔器井14口，分注后最高注水压力42兆帕，平均注水压力33.4兆帕，有效期196天；测吸水剖面10口，启动新层12层38.4米，13口油井见效，累计增产原油1785吨。措施实施后，文东油田分注率由78.4%升至82.9%，同比上升4.5%，层段合格率由92.6%升至95.4%，同比上升2.8%。

（姜洪洁）

【文23气田累计生产天然气100亿立方米】 文23气田是中国东部地区陆上探明规模最大的整装砂岩干气田，发现于1976年，含气面积12.2平方千米，探明地质储量149.4亿立方米。自1978年12月第一口气井投产以来，中原油田不断深化地质研究，加强周边滚动勘探，精细气藏管理，创新工艺技术，始终保持气田高产、稳产。截至2009年7月10日，文23气田累计生产天然气100亿立方米，成为中原油田开发时间最长、产量最高、规模最大的气田。 （黄　琥）

【采油一厂采油作业一体化管理试点】 2009年，采油一厂选取油藏经营管理一区与作业12队、油藏经营管理四区与作业15队进行采油作业一体化试点工作。设置维护井作业后产量、作业井优质率、作业返工井、油水井作业免修期、长寿井5个责任考核指标，制定《采油作业一体化试点管理办法》、《采油作业一体化试点区队沟通互访制度》、《采油作业一体化试点基础资料台账录取建立制度》及《采油作业一体化“三共同”管理制度》，实行作业方案共同会审、作业效果共同分析、后期管理措施共同研究，提高了油井井下作业质量，全年未出现作业返工井，躺井率同比下降0.04个百分点。

【采油一厂引进动力水龙头装置】 2009年，采油一厂引进S－85动力水龙头装置，主要用于套铣、磨铣、钻桥塞水泥塞、打捞等作业施工。该装置集机械、液压、气动于一体，由水龙头本体、液压站和辅助控制系统3大部分组成，采用远程控制方式，使操作人员免受振动和噪音的伤害。8—12月，采油一厂应用动力水龙头装置完成措施施工18井次，平均单井施工周期由56小时缩至40小时，节约特车费用70余万元、作业费用130万元。 （姜洪洁）

【采油一厂文中老三块开展防砂治理】 2009年，采油一厂针对文10块、文15块、文25块等文中老三块出砂严重的状况，对防砂工艺进行技术攻关。研制开发小井眼长柱塞防砂泵，可用于4″套管井和4″套管悬挂侧钻井防砂排砂，先后在文101－44井、文15－侧37井等7口井成功应用。开展污水压裂防砂先导试验，在文38－侧22井试验成功。完成油水井防治砂工作量83井次，其中压裂防砂1井次、化学固砂5井次、机械防砂77井次，年增产原油500吨，降低注水11.52万立方米，减少因出砂导致的躺井6井次，节约作业费用30万元。

2009年8月7日，采油一厂作业队员工在文13－388井首次使用S-85动力水龙头装置进行钻堵剂施工 （赵奕松）

【采油一厂一区实施“6个到层”精细管理】 2009年，采油一厂油藏经营管理一区实施认识、研究、评价、措施、管理、效益“6个到层”管理法，实现油藏经营精细管理。“认识到层”就是准确录取各项资料，描述油藏各小层的动静状态，对油藏的认识精细到单层。“研究到层”就是利用各种技术手段对大量资料进行综合分析，搞清剩余油分布规律。“评价到层”就是对剩余潜力量化分类，并选择最佳方案，对实施效果进行前期评估。“措施到层”就是根据剩余油潜力制定不同的措施对策，分类挖掘不同层区潜力。“管理到层”就是采取各种管理方法，实施到层注采管理。“效益到层”就是对前5个到层的效果进行不间断的跟踪、总结、评价，从而确定下步工作方向。通过实施“6个到层”精细管理，采油一厂油藏经营管理一区原油产量全年超产569吨，节约成本82万元，所管理的文10块油藏采收率由36.61%升至45.63%，文101块油藏采收率由28.1%升至32.97%。

（姜洪洁）

2004—2009年采油一厂油气开发生产情况

项目＼年份	2009	2008	2007	2006	2005	2004
原油统销（万吨）	45.70	47.43	49.64	51.66	55.29	60.38
天然气外销（万立方米）	4975	5429	7096	7939	8768	10823
新增石油地质储量（万吨）	142.57	33.92	119.33	275.96	429	19
新井投产（口）	32	27	30	33	49	43
新井产量（万吨）	3.69	2.49	3.19	3.05	3.13	3.87

注：新井包括当年投产的滚动井、油藏评价井及新老区产能建设井。

2004—2009 年采油一厂油井措施工作量

单位：井次

项目＼年份	2009	2008	2007	2006	2005	2004
补孔	29	24	27	54	73	55
酸化	28	32	32	40	51	37
压裂	12	20	28	34	23	43
转抽	1	1	8	3	0	0
大泵	32	28	44	49	40	34
电泵	5	12	10	9	15	11
气举	1	1	1	6	2	2
大修	15	13	18	17	17	10
卡堵水	29	29	42	30	50	15
扶躺	7	7	16	20	9	5
深抽	1	4	2	7	13	6
其他	24	1	1	8	4	5
合计	184	172	229	277	297	223

2004—2009 年采油一厂水井措施工作量

单位：井次

项目＼年份	2009	2008	2007	2006	2005	2004
转注	42	58	56	72	56	51
大修	9	10	9	13	21	16
增注	19	29	41	25	28	53
补孔	24	20	11	21	14	0
分注	21	19	31	41	30	34
调剖	6	8	9	0	8	36
封堵	28	26	20	15	20	9
调配	16	22	14	34	29	30
调驱	5	8	14	25	24	0
其他	0	0	3	0	0	15
合计	170	200	208	246	230	244

（姜洪洁　陈　丽）

【采油二厂概况】 采油二厂组建于1980年3月，担负着濮城油气田的开发生产和建设任务，所辖油气田占地面积115平方千米，横跨河南省范县、濮阳县和山东省莘县等3个县8个乡镇130多个自然村。截至2009年底，采油二厂有员工5012人，其中正式员工3678人、劳务用工1334人；有专业技术职称人员771人，其中高级职称74人、中级职称413人、初级职称284人。机构下设机关科室17个、油气生产单位8个、科研单位2个、辅助生产单位12个、机关直属单位3个。拥有固定资产原值96.53亿元、净值27.58亿元。全厂有油藏经营管理单元8个，管理开发单元77个，累计探明含油面积79.31平方千米，探明石油地质储量1.61亿吨，动用含油面积75.1平方千米，动用石油地质储量1.53亿吨，标定可采储量5026万吨，标定采收率32.79%；累计生产原油4507.24万吨，地质采出程度29.42%，工业采出程度89.68%，累计生产天然气76.83亿立方米。管理油气水井1506口（不含报废油水井476口）、计量站109座、高压增注站11座、联合站1座、中转站2座、污水处理站3座。有油井830口，开井742口，日产原油1592.6吨，综合含水率94.4%；注水井676口，开井533口，日注水平3.34万立方米，累计注水3.79亿立方米，累计注采比1.24。2009年，采油二厂制定“1553”工作思路，开展以“精细注水、精细管理”为核心的“管理提升年”活动，油藏稳产基础不断增强。全年生产原油58.96万吨，完成原油统销量53.95万吨；生产天然气1.24亿立方米，完成天然气外输9689万立方米；油气田自然递减率13.79%，综合递减率7.35%，同比下降4.46和3.92个百分点。年内，采油二厂完成的“以增强高含水开发油田可持续发展能力的基础管理提升”成果被中国石化集团公司企业管理协会评为第十八届管理现代化创新成果三等奖。

（梁铁强　苗大军）

“1553”工作思路的含义：坚持一个中心——以经济效益为中心；做好5篇文章——精细注水、基础管理、降本增效、技术创新、滚动增储；加强5项机制——技术分析和技术决策机制，经营预算和决策优化机制，生产运行、日常管理、综合治理运作机制，激励约束与监督管理机制，党建与思想政治工作保障机制；实现3个目标——油田稳产基础不断加强，经营管理水平不断提高，员工收入和生活质量不断提高。

【采油二厂新建产能2.31万吨】 2009年，采油二厂新建产能2.31万吨。（1）新区产能建设以卫68块沙三下、濮128块沙三上与沙三中、文51－216块、新濮参1块等4个区块为重点，动用石油地质储量125万吨，设计新井11口，预计新建产能2.34万吨。但由于储量不落实、产能较低等原因，实际新钻井6口，新建产能0.61万吨。（2）老区产能建设以西区沙二上$^{2+3}$、西区沙二下$^{1-8}$、沙三中$^{6-10}$、文51块、卫68块等5个重点治理单元为重点，完善局部注采井网和二、三类层注采井网，实施新钻井30口，其中调整井4口、技术改造井26口，钻遇油层107层222.6米，水淹层193层555.9米，达到设计标准。完井后，新井初期日产液404.2吨，日产原油108.5吨，年产原油1.02万吨，新建产能1.7万吨。

【采油二厂油藏动态监测1184井次】 2009年，采油二厂完成油藏动态监测工作量1184井次，完成计划的107.8%。其中，工程测井、固井质量检查和裂缝与饱和度监测，分别完成121井次、47井次、40井次、80井次，完成计划的198.4%、134.3%、266.7%、148.1%；油井测压完成343井次，完成计划的99.1%；水井测压完成150井次，完成计划的109.5%；吸水剖面完成336井次，完成计划的95.5%；试井完成4井次，完成计划的13.8%。年内，应用监测资料347井次，指导精细注采调整井组180个，累计增产原油1.22万吨。

【采油二厂开展水淹气藏剩余气研究】 2009年，采油二厂开展水淹气藏剩余气研究。在复杂带微构造气藏选取有利井点实施挖潜措施7井次，日增产天然气3.5万立方米以上，其中濮3－122井日增产天然气2万立方米。加强天然气井筒和地面管理，对气井、高油气比重点井实施一井一对策，注重防盐、防蜡等精细管理，加大套管气的封堵力度，减少气量流失。年内，采油二厂完成天然气商品气量9689万立方米，超产189万立方米。

2009年3月21日，实验中的二氧化碳增注泵　（宋运武）

【采油二厂精细注水】 2009年，采油二厂按照“简化层段、寻找差异、精细注水”的原则，开展井组层间精细调整工作。制定《注采精细管理及油藏监控管理考核办法》，明确精细注水的运作模式和标准；以沙二下、沙三中、文51块等治理油藏为重点，加强单层、最小自然段和二、三类潜力层的注水工作，减缓自然递减率。年内，采油二厂实施水井分注58口，全厂分注井486口，分注率54.4%，同比上升4.36%；实施精细注水井组208个，对应油井年增产原油4.74万吨，平均单井组增产原油228吨。

（彭清华）

【采油二厂开展二氧化碳驱先导试验】 采油二厂濮1－1井组二氧化碳驱先导试验是中国石化股份公司的重点科研项目，也是中原油田提高高含水率开发油藏采收率的重点先导试验之一。2008年3月，采油二厂开始向濮1－1井组试注二氧化碳，11月，对应3口油井见到增产效果。截至2009年底，濮1－1井组累计注入二氧化碳1.1万吨，3口油井增产原油2912.4吨，其中濮1－67井增产原油2713.4吨。经调查分析，确认见效主要原因：二氧化碳注入井组后，地层能量得到补充，原油黏度降低，扩大了水驱波及体积，且二氧化碳对原油组分有萃取和抽提作用。

（宋运武）

【濮2－523井成功应用加深井实体膨胀管完井技术】 加深井实体膨胀管完井技术是将钢质套管下到井下后，通过冷挤扩张的方法使膨胀管达到要求尺寸，从而进行固井、完井等作业的一项技术。2008年，采油工程技术研究院对加深井实体膨胀管完井技术进行攻关，经室内反复试验，于2009年6月在采油二厂濮2－523井试验成功并完井。加深井实体膨胀管完井技术的成功应用，打破了国外公司的技术垄断，成为中原油田实现老油田稳产增产的一项关键配套技术。

（黄　琥）

2009 年 2 月 26 日，采油二厂技术人员试用小排量洗井清蜡装置　（叶显军）

【采油二厂治理躺井见效】　2009 年，采油二厂在治理躺井方面实现系统化管理。把躺井治理分成落实躺井、设计方案、控制入井材料、躺井治理配套、作业流程、采油管理等 6 个环节进行治理，并完善旬度、月度躺井采油例会和月度质量分析例会，针对重点问题召开专题会议，分析作业质量、材料质量、躺井原因，及时协调解决控制躺井过程中出现的问题。同时，为增强措施的针对性，技术人员对免修期少于 360 天的抽油机井躺井原因进行排查，共筛选特殊井 419 口，制定一井一对策的治理方案。年内，采油二厂躺井比例 4.34%，同比下降 1.1 个百分点；培养长寿高效井 97 口，同比增加 22 口。

（宋顺杰）

【采油二厂加大油气开发技术应用力度】　2009 年，采油二厂从 6 个方面加大油气开发技术应用力度，取得明显成效。(1) 细分层压裂工艺。应用卡单封压单层、卡单封压双层工艺 23 井次，在 2 口水平井实施水力喷射压裂技术，工艺成功率 100%。(2) 创新应用免污染带压注灰工艺。应用改造后的 Y442 型工具，采用独特、安全的锚定和解封机构，确保带压注灰工艺安全有效。年内，现场应用 6 口井，注灰一次成功率 100%，减少了压井液对油层造成的污染，且能满足小夹层注灰，灰面准确率控制在 2 米以内。(3) 自行研制 4″套管丢手装置。该装置外径小、长度短，可提升大修下 4″套管的施工速度。同时，针对部分井溢流大、井口压力高的特点，创新 4″套管挤固井工艺，采用带压替灰和挤堵固井一体化施工，解决了压井和固井质量差的问题。应用该项工艺后，单井节约修井费用 8 万 ~ 10 万元。(4) 自主研制弱酸性和非酸除垢剂。应用自主研制的弱酸性除垢剂实施水井除垢 22 井次，有效率 100%，平均油压 7.8 兆帕，日增注水量 22 立方米，累计增加注水量 3.09 万立方米；研制对管柱无腐蚀的非酸除垢剂，应用成功率 100%。(5) 研制 YJ－01 有机复合堵剂。在文 51－179 井进行先导试验，日增产原油 3 吨。(6) 研究多级助排酸化技术。针对低渗油藏水井增注困难问题，研制多级助排酸化技术，在卫 350 井实施先导试验，增加注水量 2560 立方米。

（许少永　马香丽）

【采油二厂完成井下作业工作量 1514 井次】　2009 年，采油二厂完成油水井井下作业工作量 1544 井次，其中新井、侧钻井投产（注）30 井次，措施 924 井次，维护 590 井次，累计修复成品油管 21.8 万根、抽油杆 7.34 万根、抽油泵 318 台、各类井口 326 套。作业完井一次合格率 97.67%，因作业质量问题返工井占总井数的 0.66%。

（王宪良）

【采油二厂加强油井治理】　2009 年，采油二厂从 3 个方面加强油井治理。(1) 优化洗井方式。压缩水泥车洗井 966 井次，实施小排量清蜡 291 井次、化盐 1953 井次；引进蒸汽洗井清蜡装置，应用该装置洗井 56 井次，减少影响原油损失 3859 吨，节省抑盐剂 108 吨。(2) 对出砂、结盐、结蜡等特殊井实行针对性治理。采取下防砂泵、双层绕丝防砂筛管、激光割缝防砂管等措施，治理出砂井 22 口；采取下内罩式、高效回旋式气锚等措施，治理气体影响井 28 口；采取加抑盐剂、掺水替盐、无效井停井收油等措施，治理严重结盐井 67 口。(3) 按照“三大一小”的参数设计原则，实施抽油井调参措施 350 口 548 井次，增产原油 426 吨。

三大一小：大泵径、大冲程、大沉没度，小冲次。

【采油二厂防腐工作】　2009 年，采油二厂以降低腐蚀速度，延长油井使用寿命为重点，进一步加强防腐工作。对全厂 24 条在用集输干线实施化学系统防腐，新建端点加药站 1 座，更换腐蚀老化严重的输油支干线 6 条 5.58 千米、北二输油干线 3.58 千米，更换分注、回水支干线 3.32 千米；应用油井药剂防腐技术 137 口、井下工具防腐技术 77 口、交错防腐技术 35 口，加入缓蚀剂 592 吨。年内，采油二厂油井平均腐蚀速率控制在 9.9×10^{-3} 毫米/年，低于部颁标准 7.6×10^{-2} 毫米/年。

（黄增长）

【采油二厂注水工作】　2009 年，采油二厂从提高注水合格率、改善注水水质、优化注水设施配套等方面入手，加强注水工作，改善开发效果。一是加强注水合格率管理。建立日常责任分析、旬度例会、季度考核等配套制度，抓好水井日常注水、作业质量、入井材料质量等管理，注水合格率 69.3%，同比提高 4.7%。利用废旧油管恢复水井回水管线总长 8675 米，恢复完善回水系统。二是加强水质达标管理。通过开展濮二污水站低污泥污水处理技术现场试验、濮一污水站水质专项治理工程、濮二系统管网清洗等工作，水质达标率由 95% 升至 98.7%，提高 3.7%。三是加强注水成本管理。通过节能降耗、加快低无效

注水井治理、内部挖潜减少外部委托费用等措施，节约注水成本235.6万元。（王秀英）

【采油二厂油藏经营管理得分80.9分】 2009年，采油二厂以“精细注水、精细管理”为重点，组织编制以油藏开发单元为基础的油藏经营方案，全厂8个油藏经营管理单元中有7个单元整体水平提高，油气田自然递减率13.79%，综合递减率7.35%，同比分别下降4.46%和3.92%。落实财务预算制度和预警制度，发生操作成本5.43亿元，同比下降1029万元，成本控制工作位列分公司第二名；根据不同的考核群体、工作目标、工作要求和考核措施，建立3个考核体系、6大考核类别、47个具体考核办法；成立油藏经营管理、精细注水、井下作业、青苗赔偿等项目组20个，并建立配套的管理考核办法，实现节能降耗、安全环保、机采管理水平等多项指标的提高。年内，采油二厂油井平均检泵周期508天，同比延长18天，比计划延长58天；单井作业频次由1.04次/(井·年)减至0.99次/(井·年)，集输系统效率由50.5%升至52.1%，机采系统效率从26.1%升至27.99%，注水系统效率从48.17%升至52.06%。在中原油田开展的油藏经营管理考核中，采油二厂油藏经营管理水平得分由79.19分升至80.9分。

【采油二厂实行采油作业一体化管理】 2009年，采油二厂通过测算8个油藏经营管理区的作业工作量，确定油藏经营管理区联产的作业队伍数量，将11支油井作业队与油藏经营管理区进行联产承包，通过“双向选择”的方式确定合作方。联产承包作业队主要承担相应油藏经营管理区的油井措施和作业维护，并将油气产量、油井维护作业工作量、躺井率、自然递减率等有利于油藏长期合理开发的关键指标作为关联考核指标，使油藏经营管理区与作业队形成风险共担、利益共享的利益共同体。截至年底，采油二厂实行采油作业一体化管理5个月，减少维护工作量163井次，躺井率同比下降1.07个百分点。

【采油二厂“五项劳动竞赛”深入开展】 2009年，采油二厂通过完善规章制度，创新活动内容，推动“五项劳动竞赛”深入开展。制定《采油二厂“三基”工作及“基础管理提升年”活动考核办法》，细分竞赛活动指标，在油藏经营管理区系统设置原油产量、成本管理、安全管理等指标22项，在生产辅助系统设置工作任务、生产组织等指标16项，在科研直属系统设置成本管理、创新管理等指标14项，在厂机关系统设置费用控制、服务基层等指标10项，建立责任明确，分级负责的厂、区、队三级管理网络。修订完善岗位责任制、工作标准和工作流程，在各系统分别开展井组稳升达标竞赛、培养长寿井竞赛、基础产量和油藏经营管理水平提升竞赛等9项活动。创建“班组管理一日一主题、党建工作一周一重点、职业素养一月一习惯、文明建设一季一侧重、精细管理一季一论坛、文化建设一年一主线”的“六个一”工作模式，促使基层工作向精细化和日常化转变。加强过程管理，建立日常“三不”检查、月度基层自查、季度综合检查、年度累加评比的检查考核体系，全年组织“三不”检查100余次，召开经验交流会9次，解决基层存在问题100余个。（房晓军）

2004—2009年采油二厂油气开发生产情况

项目＼年份	2009	2008	2007	2006	2005	2004
原油统销量（万吨）	56.13	59.15	66.64	71.30	75.24	79.39
天然气外销（万立方米）	9689	10013	10324	10386	10527	10702
新增石油地质储量（万吨）	9.21	106.28	143.85	110.25	634.00	0.00
新井投产（口）	36	23	52	55	60	87
新井产量（万吨）	1.13	1.37	2.50	3.28	3.31	4.67

（彭清华）

2004—2009年采油二厂油井措施工作量　单位：井次

年份＼项目	压裂	酸化	补孔	下电泵	泵升级	泵加深	卡堵水	关井利用	大修	其他	合计
2009	45	9	118	1	19	12	50	5	13	56	328
2008	49	8	20	48	6	0	79	10	13	37	270
2007	45	16	49	2	25	1	121	15	20	44	338
2006	61	20	107	33	18	0	113	18	35	37	442
2005	59	21	203	12	14	0	107	2	19	20	457
2004	37	25	70	28	84	0	80	16	27	30	397

（苗大军）

2004—2009 年采油二厂水井措施工作量

单位：井次

年份＼项目	转注	酸化	压裂	补层	大修	措施恢复	调剖	分注	封堵	其他	合计
2009	67	45	0	54	20	8	4	55	50	17	320
2008	67	48	0	37	33	6	1	56	86	9	343
2007	78	53	0	32	28	2	39	72	59	10	373
2006	101	56	0	23	27	9	95	75	31	25	442
2005	80	52	0	21	37	6	96	36	34	31	393
2004	65	64	5	12	24	5	121	31	34	32	393

（苗大军）

【采油三厂概况】　采油三厂组建于1981年3月，主要负责文明寨、卫城、马寨、古云集4个油田的开发生产和建设任务，所辖油区占地面积150平方千米，涉及河南省柳屯乡、户部寨乡、古云乡、大张乡、六塔乡、瓦屋头乡等6个乡镇98个自然村。截至2009年底，采油三厂有员工4398人，其中正式员工3277人、劳务用工1121人；高级职称70人、中级职称416人、初级职称522人。机构下设机关科室17个、直接生产单位13个、科研所2个、辅助生产单位10个。拥有固定资产原值3.26亿元、净值1.35亿元。全厂有油藏经营管理单元11个，管理开发单元46个，开发动用石油地质储量9017万吨，动用含油面积51.6平方千米，动用可采储量2864.54万吨，采收率32.99%。其中低渗复杂油藏22个，地质储量4092.56万吨，占总储量的47.13%；中渗复杂油藏13个，地质储量1671.82万吨，占总储量的19.25%；中渗极复杂油藏8个，地质储量2735.46万吨，占总储量的31.50%；砂岩裂缝油藏3个，地质储量184万吨，占总储量的2.12%。管理油气水井1347口、计量站78座、联合站3座、污水处理站3座。有油井753口，累计生产原油2247.38万吨，综合含水率85%；注水井572口，累计注水1.28亿立方米，注采比1.10；工业采油速度2.5，工业采出程度78.46%，综合递减率8.42%，自然递减率16.83%；累计外销天然气11.12亿立方米。2009年，采油三厂坚持精细油藏开发思路，地质储量实现接替，全年新增探明石油地质储量80万吨、可动用地质储量346万吨、可采储量71.3万吨；生产原油71.5万吨，外销天然气3703万立方米，油气当量超产800吨。年内，采油三厂被中国石化股份有限公司授予“红旗采油厂”称号，继续保持“河南省文明单位”称号。

2009年4月6日，采油三厂技术人员在新钻井施工现场对照方案查看进度
（杨官武）

【采油三厂调整老区】　2009年，采油三厂加强老区复查和滚动扩边研究，深化剩余油认识，新增老区小断块7个，新增动用储量89.2万吨，建成产能3.76万吨。（1）复查明6块明32井沙二下油水边界，部署评价井明468井，在该井钻遇沙二下、沙三上油层9层16.5米，日产原油13.8吨。取得初步认识后，对沙二下、沙三上进行整体部署，新增含油面积0.4平方千米，落实地质储量89万吨，投产新井12口，平均单井日产原油12.5吨，累计生产原油2.04万吨。（2）在实施油井调整、技术改造措施的同时，兼探高部位剩余油气。投产的5口新井平均单井钻遇气层10层23.4米、油层12层26.9米，新增动用储量30万吨。（3）完善平面注采系统，在卫22块、云3块、卫11块沙一下、卫84等区块实施8口调整井，新增水驱地质储量41万吨。

【采油三厂单砂体挖潜增产原油6100吨】　2009年，采油三厂加强井组层间精细治理，重点加大单砂体挖潜力度，应用打塞、卡封等手段实施单层注水，提高分层动用程度。开展井间单砂体沉积微相和储层变化研究，精细刻画单砂体平面展布规律及剩余油分布状况，绘制单砂体等厚图130余张。年内，采油三厂实施单砂体挖潜井组11个，对应油井平均日增产原油4.4吨，累计增产原油6100吨。

【明6块橡胶颗粒调剖先导试验】 2009年，采油三厂在明6块明96井、明194井、明205井、新明142井开展橡胶颗粒体系调剖先导试验。试验目的：解决明6块在油气开发过程中存在的层间矛盾突出，纵向上动用程度不均，注入水有单层突进现象等问题。截至年底，4口井注入橡胶颗粒6667.5立方米，合计用料74.86吨，其中橡胶颗粒用料57.7吨、聚丙烯酰胺13.44吨、悬浮剂3.72吨，实施调剖后累计增产原油223吨，降低注水量778立方米。

【卫22块无机凝胶调剖先导试验】 2009年，采油三厂在卫22块卫22－28井、卫22－70井、卫22－84井、卫201井等4口井开展无机凝胶调剖先导试验。试验目的：解决卫22块进入高含水开发阶段后，油藏存在层间矛盾突出，隔层小，事故井多，层间精细调整受限等问题。截至年底，完工2口井，继续施工2口井，4口井累计注入调剖剂8110立方米，其中无机凝胶调剖剂4200立方米，预交联凝胶颗粒调剖剂3910立方米，累计增产原油294吨，降低注水量450立方米。

【明15块空气泡沫驱先导试验】 2009年，采油三厂在明15块明403井、明425井、明486井、明415井、明402井、明411井、明414井等7口井开展空气泡沫驱先导试验。试验目的：提高明15块原油采收率。截至年底，明403井、明425井、明486井3口井开注，注入空气泡沫液6744立方米（地下体积），其中注入泡沫液4367立方米、空气2077立方米（地下体积）、水300立方米；应用活性剂浓度：α烯烃磺酸盐（AOS）浓度0.3%、乙氧基化烷基硫酸钠（AES）浓度0.09%、HM－06L泡沫分散剂浓度0.21%、聚丙烯酰胺（CMC）浓度0.05%。对应2口油井日增产原油2.8吨，累计增产原油167.33吨。

（单晓伟）

【采油三厂区块腐蚀专项治理见效】 2009年，采油三厂开展区块腐蚀专项治理工作。针对卫2块、卫22块和卫81块3个腐蚀严重区块，选择向13口作业频繁井加入新型缓蚀剂，加入后单井作业频次由2007年的3.11次降至2009年的1.01次。同时，针对封隔器卡井无法加药的情况，结合换封隔器改下丢手3口井，实施挤堵去封隔器卡2口井，防止了因卡封井腐蚀造成的躺井。年内，采油三厂因腐蚀造成躺井60井次，同比减少10井次。

2009年10月20日，采油三厂工艺技术人员在泡沫调驱现场督促加药施工

（李　英）

【采油三厂完善控躺配套技术】 2009年，采油三厂以培育长寿井为目标，以延长检泵周期为目的，不断完善控躺配套技术。在搞好防腐、防偏磨、防砂、防盐、清防蜡“五防”成熟控躺工艺的基础上，试验抗磨腐接箍和碳纤维防磨接箍等防偏磨新技术，应用高效防污染洗井管柱，推广防砂卡装置和防砂卡泵等井筒防砂新工艺，引进KZQ－48/89内罩式防气装置，采取“地层降黏、井筒降黏和地面配套相结合”的立体降黏工艺技术，取得较好控躺效果。年内，躺井占总井数比例5.01%，同比下降0.5个百分点。

【采油三厂提高机采系统效率】 2009年，采油三厂加强日常采油管理，进一步提高机采系统效率。抽油机调平衡39井次，平衡度合格率62.4%，同比上升7%；试验应用新型节能WCYJW复式永磁电机抽油机，节能率55%，提高机采效率1倍；推广泵升级降冲次48井次、节能电机8井次、双桥减速器36井次。年内，采油三厂机采系统效率31.2%，同比提高4.1%。

（符喜德）

【文明寨油田推广防砂技术】 2009年，采油三厂针对文明寨油田明一东块、明一西块、卫7块和明16块等4个区块的出砂状况与特点，推广应用旋流沉砂器、激光割缝防砂筛管、防卡泵、无泵采油和化学防砂等多种防治砂技术，增加对防砂目的层的针对性，解决砂管筛堵问题。截至年底，文明寨油田推广应用防砂技术120井次，控制了区块出砂现象，所在区块油水井作业免修期由150天延长至195天。

【采油三厂大修完井64口】 2009年，采油三厂进一步加强井况防治工作，先后应用组合测井技术、套管整形打通道技术、换井底技术和取换套管技术，创造性地将电磁探伤测井技术应用于4″套管悬挂点的选择和套管错断井的修复上，合理调整小套管聚中和固井工艺设计，完善了大修换井底一体化技术、小井眼固井技术和下部套管定点保护技术。年内，采油三厂大修完井64口，正常完井57口，中途完井7口，大修成功率89.12%。其中，油井完井38

口，恢复可采储量22.22万吨，投产31口井，增产原油8703吨；水井完井26口，恢复水驱控制储量68.21万吨，投产20口井，增加注水量13.61万立方米。 （单晓伟）

【采油三厂复合降黏解堵试验成功率100%】 2009年，采油三厂针对卫城油田沙一层系油藏原油黏度大，胶质、沥青质易在近井地带沉积堵塞的情况，试验应用复合降黏解堵技术。年内，在卫城油田应用复合降黏解堵技术7口井，工艺成功率100%，有效率85.71%；平均单井日产液12.52立方米,日增液9.6立方米,平均单井日产原油2.41吨,日增产原油1.9吨;全年增产原油531.88吨,增液2348立方米。

【采油三厂3个油区实现分站低压计量】 2009年，采油三厂在文明寨、马寨、古云油区安装低压用电计量装置，主要目的是确保这3个油区的4个油藏经营管理区的低压用电计量工作。工程总投资286万元，由勘察设计研究院负责设计，建设集团公司负责施工建设，设计规模为建设低压计量装置100台。工程于2008年6月开工，2009年12月完工。装置投用后，采油三厂3个油区实现分站低压计量。

【卫城油区8座计量站集中改造】 2009年，采油三厂对卫城油区2号站、3号站、15号站、6号站、19号站、11号站、30号站、26号站等8个计量站实施改造，主要目的是改善油区不法分子窃电带来的计量站变电级数多、用电损耗严重以及接线零乱，易发生触电事故等问题。工程总投资406万元，由勘察设计研究院负责设计，中原油田工程建设总公司和南阳油田亚盛公司负责施工建设，设计规模为将8个站的55台多级变压器合并归集为20台直型变压器，12台露天配电装置更换为撬装式配电装置。工程于11月25日开工，12月25日竣工。工程完工后，计量站变压器台区设备拥挤、设备对地安全距离小等问题得以解决，变压器变电级数由2级改为1级，集中控制供电装置置于全封闭结构撬装房内，消除了在雨天、潮湿天气进行操作存在的安全隐患。

（符喜德）

2004—2009年采油三厂油气开发生产情况

项目＼年份	2009	2008	2007	2006	2005	2004
原油统销量（万吨）	68.12	69.63	67.10	62.23	61.15	65.81
天然气外销（万立方米）	3703	4027	3963	4072	4242	5467
新增石油地质储量（万吨）	273.39	323.74	271.58	554.32	213	381
新井投产（口）	41	59	40	45	41	54
新井产量（万吨）	5.59	6.47	7.61	4.33	3.22	6.55

注：新井包括当年投产的滚动井、油藏评价井及新老区产能建设井。

2004—2009年采油三厂油井措施工作量

单位：井次

项目＼年份	2009	2008	2007	2006	2005	2004
补孔	173	166	126	82	64	79
酸化	131	76	73	53	46	36
压裂	79	81	43	53	26	67
转抽	21	11	2	14	2	10
大泵	33	33	30	64	64	69
电泵	1	8	5	4	3	0
大修	38	44	38	45	21	18
卡堵水	70	102	103	24	49	68
深抽	22	11	29	61	117	115
其他	23	33	54	33	44	15
合计	591	565	503	433	436	477

2004—2009年采油三厂水井措施工作量

单位：井次

项目＼年份	2009	2008	2007	2006	2005	2004
转注	65	72	59	70	56	78

续表

项目＼年份	2009	2008	2007	2006	2005	2004
大修	25	32	35	44	26	26
增注	22	22	24	15	35	19
补孔	78	86	68	74	78	81
分注	83	79	81	85	81	69
调剖	22	29	71	78	119	110
封堵	24	32	26	34	28	31
调驱	4	0	0	0	0	15
其他	3	3	31	24	19	18
合计	326	355	395	424	442	447

（单晓伟）

【采油四厂概况】 采油四厂组建于1984年，主要负责文南油田的开发管理工作，所辖油区占地面积360平方千米，主要分布在濮阳县的徐镇、梁庄、八公桥等8个乡镇102个自然村。截至2009年底，采油四厂有员工3708人，其中正式员工2851人、劳务用工857人；有专业技术人员238人，其中高级职称9人、中级职称56人、初级职称173人。机构下设机关科室18个、基层单位22个。拥有固有资产原值75.75亿元、净值27.23亿元。全厂有油藏经营管理单元6个，管理着开发单元35个，动用含油面积64.4平方千米，动用石油地质储量8610万吨，标定可采储量2017万吨，标定采收率23.43%。天然气地质储量145.65亿立方米，可采储量56.44亿立方米。其中，动用伴生气地质储量117.01亿立方米，可采储量40.87亿立方米；气藏含气面积12.09平方千米，地质储量28.64亿立方米，可采储量15.57亿立方米。管理油水井1114口、计量站77座、注水站38座、联合站1座、污水站1座。有油井654口，开井597口，日产原油1173吨，年产原油44.57万吨，累计生产原油1602.21万吨，地质采出程度18.61%，可采储量采出程度79.44%，综合气油比296立方米/吨，综合递减率14.88%，自然递减率21.99%。注水井460口，开井381口，水井利用率84.57%，日注水1万立方米，年注水389.44万立方米，累计注水8233.17万立方米，累计注采比1.42。2009年，采油四厂以油藏经营管理为中心，以油气产量和成本控制为主线，推进“四个转移”，实施“三个结构调整”，实现资源快速增长、科技兴厂和管理创新创效。全年生产原油35.57万吨，完成原油统销量37.38万吨；生产天然气1.12亿立方米，外输天然气1.07亿立方米，油气单位完全成本1954.25元/吨，油气单位操作成本1088.16元/吨。

四个转移：油田开发由油藏开发管理向油藏经营管理转移，措施管理由以油井工作为中心向以水井工作为中心转移，储量管理由新增探明储量和技术可采储量向新增探明可采储量和经济可采储量转移，成本控制由操作成本向经营成本转移。

三个结构调整：注水结构调整、产液结构调整、措施结构调整。

【文南油田落实石油地质储量64万吨】 2009年，采油四厂按照“探、评、建”一体化工作思路，重点加强文南油田成藏规律的研究，对重点目标区进行精细解剖，在成熟区开展小层精细评价，逐步实现精细勘探和立体勘探。年内，在文269块南、文123块沙三中、文182块等区带部署滚动评价井8口，实施7口，完钻井平均钻遇油层30.9米，目的层段平均钻遇油层15.6米，累计生产原油5360吨、天然气380万立方米，预计探明石油地质储量206万吨，落实石油地质储量64万吨。

【采油四厂新建产能7.65万吨】 2009年，采油四厂加强新老区产能建设，新建产能7.65万吨。（1）新区产能建设。在文33块沙三中、文123块、文95块沙二下等8个单元，动用含油面积5.39平方千米、石油地质储量416.3万吨，汇报审批新井16口，完钻井16口，投产新井14口，平均单井钻遇油层14层23.7米。单井初期平均日产原油9吨，含水率54.4%，日产天然气1706立方米；14口新井年产原油1.05万吨，新建产能3.64万吨。（2）老区产能建设。在文95块沙二下、文72东块及文72块沙三中西北部等8个单元，动用含油面积5.39平方千米、石油地质储量416.3万吨，部署新井22口，其中局部高效调整井14口、技术改造井8口，投产新井18口，平均单井钻遇油层10层21.6米。单井初期平均日产原油12.8吨，含水率39.1%，日产天然气3637立方米；18口新井年产原油2.23万吨、天然气742.61万立方米，新建产能4.01万吨。

【文南油田注水效果得到改善】 2009年，采油四厂针对文南油田注水状况差的问题，以注进水、注够水为重点，加强二类层的研究配套，油田注水效果得到改善。一是进一步细化相控剩余油研究，加大剩余油较富集的一类层差异相带和二类层的注采井网完善力度；二是在局部井网不完善或油井受效方向单一的区域，增加注水井点，增加受控方向；三是对构造复杂带和储层变化大的的油藏，立足于一对一的注采完善，及时补充地层能量；四是对特低渗透油藏和特殊油藏，扩大小井距试验规模，探索注水开发的可行性；五是抓好水井动态调配，控制含水率上升速度。年内，采油四厂实施水井措施199井次，增加水驱控制储量320.6万吨，增加水驱动用储量231万吨，增加受效方向263个，48口油井见到调整效果，日增产原油169.5吨，年增产原油2.1万吨。

【采油四厂精细调整老区】 2009年，采油四厂加强老区层间精细调整，通过完善工艺技术配套，针对不同类型油藏实施不同调整对策，取得增产效果。年内，实施调整井组51个，开展油水井调整工作量67井次，其中水井51井次，对应油井配套工作量16井次。见效井组26个，其中油井措施见效井组13个，初期日增产原油100吨，累计增产原油1万吨；油井注水见效井组13个，初期日增产原油45.4吨，累计增产原油8274吨。

【文79块增产原油1.15万吨】 2009年，采油四厂在文79断块区开展整体沉积微相研究，选择能量充足的水下分流支河道砂体，在其侧翼相带实施钻塞归位3井次、补孔重炮3井次、压裂引效3井次，累计增产原油6500吨。应用整体沉积微相研究成果，探索水下分流支河道展布规律，在文79断块区重点实施补孔重炮2井次、压裂引效1井次，累计增产原油3800吨。年内，该区实施调整措施17井次，增加水驱控制储量12.5万吨、水驱动用储量15.6万吨，新增见效方向5个，日增产原油80吨，累计增产原油1.15万吨。

【文88块立体开发先导试验】 2009年，采油四厂在文88块沙三中$^{3-6}$油藏实施立体开发先导试验。实验目的：以井组为单元，平面上根据沉积微相发育规律，进行相控布井；纵向上利用特殊结构井及定向井，应用高压分注、降压增注等技术，实现储量的有效控制与动用。方案设计总井数33口，其中油井16口、水井17口，注采井数比1∶0.94；利用老井21口，设计新钻井12口，其中新钻油井8口、水井4口，新井平均井深3725米，钻井进尺4.47万米。实验过程中，采油四厂采取缩小井距、提高注采井数比的方式，加强一类层开采；通过补充少量新井和单注合采的方式，改善层间矛盾，提高二、三类层储量动用程度；应用平面相控压裂、水平井分段喷射压裂等先进技术，控制和动用地质储量。试验方案历经5次讨论，于7月通过中国石化集团公司专家组审查。10月，采油四厂在文88块开展立体开发先导实验，第一批上钻新井3口，其中水平井1口、直井2口，试验效果待观察。

【采油四厂开展2项先导试验】 2009年，采油四厂在文南油田继续开展注气开发和试注2项先导实验。（1）文88块注气开发先导试验。文88块沙三中试验层位为沙三中^{10}砂组，注气方案设计为2口注水井对应4口采油井。2008年7月，试验开始；2008年9月，由于注气设备故障停注；2009年5月15日，注气恢复，日注天然气10.35万立方米，累计注天然气5010.73万立方米。其中，实验井文88－25井油压37.48兆帕，日注天然气6.75万立方米，累计注天然气3077.96万立方米；文88－15井油压40.76兆帕，日注天然气3.6万立方米，累计注天然气1932.76万立方米；对应油井文88－14井见到增油效果，日增产原油8吨。（2）文269南块试注试验。2008年，文269南块先后转注3口井，平均注水压力29兆帕，日注水量80立方米，注采井距330米，2009年2月，对应油井文269－16井见效，日产原油由2.2吨升至8.2吨，累计增产原油1807吨。

【采油四厂加强天然气生产管理】 2009年，采油四厂加强天然气生产管理。对产量在3000立方米以上的高气液比井实行专人承包制度，探索高气液比井的合理排液周期，实现高气液比井周期性排液，并采取措施延长其自喷期。年内，对高气液比井实施气井泡排45井次，增产天然气123.2万立方米。推广应用计量站自动温控节能火嘴及自用气计量表76套，自用气同比节约554.2万立方米。对边缘单拉井生产的天然气，实行冬季进气罐、夏季进系统回收，全年回收边缘井天然气48井次，累计回收804.5万立方米。开展油区窃气专项治理活动，减少天然气流失800立方米/日。开展天然气潜力分析，通过措施挖潜剩余气，实施补孔32井次、注水井改采油井4井次、小泵深抽排液4井次，增产天然气1986万立方米。　（刘明镜）

【文72－258井实现措施增产】 文72－258井位于采油四厂文南油田文72断块区，是2004年钻探的开发井，钻探目的是挖潜文82断块沙二下、文135断块沙三上的剩余油气。该井于2004年投入开发，截至2009年7月底，先后经过5次补孔、1次压裂，累计生产原油1200吨、伴生气780万立方米。为进一步提高该井生产能力，

2009年2月21日，采油四厂员工为文88－6井实施修井作业做好准备工作　（马洪山）

2009年8月5日，采油四厂在该井实施深抽排液采气措施，深抽后仍用38毫米深井泵，抽油杆采用普通杆加玻璃杆的组合方式，泵挂深度3000米。措施实施后，文72－258井日产天然气6189立方米，实现增产目标。

（朱斯明）

【采油四厂开展注水会战】 2009年4月11日—6月10日，采油四厂开展注水会战活动。一是通过优化论证，从遗留的56井次水井工作量中，筛选出对油藏调整影响较大的50井次优先实施治理。二是通过转注措施，进行新区注采配套和老区注采完善，实施工作量9井次，日增产原油28吨。三是通过打塞、卡封、挤堵、补孔重炮和增注等措施，加强以水井为中心的井组层间精细调整挖潜，实施工作量41井次，日增产原油99吨。

【采油四厂日用电量下降21.3%】 2009年，采油四厂平均日用电量28万千瓦·时，同比降低7.6万千瓦·时，下降21.3%，控电工作取得成效。一是加大高压线路无功补偿工作力度，全厂计量站无功补偿装置完好率保持在98%以上，11条高压配电线路功率因数全部达到0.9以上。二是实施单体泵和间开井错峰、避峰用电方案，减少电费支出。三是2008年实施的徐镇镇、文留乡用电转农网工程见效，减少用电负荷1250千瓦。四是更换9座站的高耗能变压器11台，减少变压环节，实现节能降耗。

【采油四厂节能减排取得成效】 2009年，采油四厂注重从细节开展节能减排工作，对厂内水、电、油等涉及耗能的设备进行登记注册，对不能进行技术改造的生产效率低、高耗能的陈旧设备进行淘汰更新。同时，开展投资管理创效、技术革新创效、免修期创效、节约创效等多项工程，鼓励员工通过技术创新，实现油田挖潜增效。开展节余成品油、节约天然气、降低电耗等节能减排活动，创效1610万元。截至年底，采油四厂油气综合能耗84.5千克标准煤/吨油气，比分公司下达的指标降低7.14%，相当于节约3524.3吨标准煤。

（刘明镜）

【采油四厂推广成熟工艺技术】 2009年，采油四厂推广应用成熟工艺技术，解决文南油田开发中的深层次矛盾，为油田开发提供技术支持。一是成立压裂工艺项目组，应用薄差层压裂工艺技术33井次，成功率100%，累计增产原油7153吨。二是实施降压增注工艺，实施水井增注45井次，有效率88.9%，累计增加注水量13.4万立方米，平均单井降压7.4兆帕。三是全面推进油井挤堵工艺，其中免钻塞挤堵、低温堵漏、大溢流油井挤堵、超高温层段挤堵等工艺经过不断完善，均取得良好增油效果。年内，实施油井挤堵24井次，有效率89.5%，增产原油6330吨。

【文99－30井连续生产1702天】 文99－30井位于采油四厂文99块，于2005年5月4日实施检泵措施后，实行抽油生产。为保持地层能量，技术人员结合该井产量变化情况，不断加强对量油、诊断、测试电流等资料的跟踪对比，制定出每40天高温蒸汽热洗15立方米与60天超导热洗8立方米相结合的热洗方式，将套压控制在0.5兆帕，冲次由每分钟5次下调为3次，泵效提高34%，并坚持实行人员承包、产量分析、管井措施“三个到位”管理，提高该井生产时率，延长免修期。截至2009年底，文99－30井连续生产1702天，日产原油基本稳定在8吨，累计生产原油1.56万吨，成为采油四厂免修期最长的高效长寿井。

【文南油田注水水质连续13年优质达标】 1997—2009年，根据中原油田出具的水质监测数据，采油四厂文南油田注入水的pH值、溶解氧、二价硫、悬浮固体、含油量、滤膜系数、总铁、硫酸盐还原菌、腐生菌等9项指标的综合达标率均为100%。这标志着文南油田的注入水水质在13年间始终保持优质达标水平，各项指标均达到或超过国内石油行业标准，为深层低渗复杂断块油藏扩大水驱动用程度打下基础。

【采油四厂机采系统效率27.23%】 2009年，采油四厂通过多种措施提高机采系统效率。应用能耗最低机采系统效率优化软件，调整管柱设计187井次，改造低速电机120井次，调整抽油机平衡294井次，实施调参255井次，机采系统效率27.23%，同比提高3.93%。

【采油四厂躺井数同比下降49井次】 2009年，采油四厂发生躺井155井次，躺井数同比下降49井次，躺井比例2.74%，同比下降0.86%，躺井数

2009年12月5日，采油四厂44号计量站员工为长寿井——文99－30井戴大红花

（张国力）

与躺井比例实现双递减。一是实施月度躺井预警和躺井原因责任分析制度，加强躺井隐患治理，做到超前预警、分析到位、责任到人、措施落实。二是开展“机械采油配套技术”、“提高机采系统效率技术”等科研项目攻关，为控制躺井提供技术支持。三是推广适应该厂文南油田特点的技术，综合应用防砂、防蜡、防气、防腐、防偏磨等配套技术，实行新型缓蚀剂及端点加药前移工作制度，有效控制油井躺井。

【采油四厂提高作业质量】　2009年，采油四厂优化作业施工方案，加强作业跟踪，提高了作业井管理水平。发挥作业监督员的职能作用，为作业监督员制定工作目标和具体考核方式，确保监督工作高效运行。细化作业质量的过程监督，对重点井、重点工序实行24小时监督，对作业过程中发现的入井管杆脏、大直径工具起下快、不正确使用小滑车等现象予以制止，并责令施工单位进行整改。严格操作规程，对油管试压、井口憋压等重点工序，督促作业队按照规定程序操作，确保重点井的作业质量。加大返工井的事故调查和责任追究力度，及时剖析事故原因，摸索监督的关键环节，降低事故发生率。年内，采油四厂实施老井作业措施190井次，有效158井次，完井合格率83.2%。

2009年12月7日，采油四厂作业监督员在文72-162井监督吊装井口

（张国力）

【采油四厂研制成功新型套削器】　2009年，采油四厂针对文南油田套管结垢及钻塞不彻底造成井筒不规则的问题，研制新型套管刮削处理器。该工具由不锈钢材料制作，避免了常规套管刮削器耐酸性差、处理井筒不彻底等问题，提高了卡封工艺一次成功率。截至年底，新型套管刮削处理器投入现场应用75井次，实施成功率100%，卡封一次成功率提高8%，对应6口油井增产原油1186吨，综合创效355.8万元。

【采油四厂堵水措施有效率72%】　2009年，采油四厂立足文南油田实际，加强堵水措施方案的前期论证，精细施工过程的监督与管理，严格措施效果的跟踪与评价，提高堵水有效率。年内，采油四厂实施油井堵水21井次，有效16井次，有效率72%，同比提高21%；平均单井增产原油323吨，累计增产原油6793吨，同比增加2480.7吨。

2004—2009年采油四厂油气开发生产情况

项目＼年份	2009	2008	2007	2006	2005	2004
原油统销量（万吨）	37.38	43.73	44.58	47.50	47.78	52.92
天然气外销（万立方米）	10726	12881	17526	15695	14333	15346
新增石油地质储量（万吨）	151.97	148.43	313.54	412.21	655	138
新井投产（口）	38	43	39	51	51	62
新井产量（万吨）	4.65	7.05	7.56	8.93	6.06	6.76

注：新井包括当年投产的滚动井、油藏评价井及新老区产能建设井。

2004—2009年采油四厂油井措施工作量

单位：井次

项目＼年份	2009	2008	2007	2006	2005	2004
补孔	103	94	106	119	86	153
酸化	1	0	4	6	10	10
压裂	28	36	23	32	40	40

续表

项目＼年份	2009	2008	2007	2006	2005	2004
转抽	0	0	0	0	0	6
大泵	11	11	25	33	21	43
大修	15	15	19	23	29	22
卡堵水	18	35	47	24	22	41
扶躺	2	4	3	9	0	0
深抽	11	6	10	6	0	11
其他	16	22	29	9	15	22
合计	205	223	266	261	223	348

2004—2009 年采油四厂水井措施工作量

单位：井次

项目＼年份	2009	2008	2007	2006	2005	2004
转注	49	61	58	89	63	59
大修	11	8	6	2	6	5
增注	41	56	74	71	42	18
补孔	19	27	19	20	13	6
分注	51	24	34	26	31	14
调剖	4	8	4	5	1	5
封堵	20	26	23	10	12	13
其他	5	0	1	8	1	1
合计	200	210	219	231	169	121

（刘明镜）

【采油五厂概况】　采油五厂组建于1986 年 7 月，担负着胡状、庆祖、刘庄、赵庄 4 个极复杂断块油田，所辖油区占地面积 375 平方千米，分布在河南省濮阳县、滑县境内，横跨 14 个乡镇 116 个自然村。截至 2009 年底，采油五厂有员工 3525 人，其中正式员工 2708 人、劳务用工 817 人；具有专业技术职称 975 人，其中高级职称 58 人、中级职称 422 人、初级职称 495 人。机构下设机关科室 17 个、基层单位 19 个、科研单位 2 个、外部项目部 2 个。拥有固定资产原值 2.51 亿元、净值 1.14 亿元。全厂有油藏经营管理单元 6 个，管理着开发单元 20 个，开发动用含油面积 44.6 平方千米，动用地质储量 6407.82 万吨，占探明储量的 90%，标定采收率 22%，累计生产原油 1024.98 万吨，累计注水 7306.79 万立方米，累计注采比 1∶1.11；累计探明含气面积 12.6 平方千米、天然气地质储量 55.34 亿立方米，动用天然气地质储量 22.14 亿立方米，动用程度 40.01%。管理油水气井 925 口、联合站 1 座、中转站 4 座、注（污）水站 2 座、变电所 2 座、计量（配水）站 57 座、单井点 106 个。有油井 593 口，开井 479 口，开井率 80.8%，平均单井日产原油 2.13 吨，综合含水率 90.05%。水井 324 口，开井 240 口，开井率 74.1%，平均单井日注水平 43 立方米，年注水 365.83 万立方米。气井 8 口，年生产溶解气 844.97 万立方米，气层气 104.49 万立方米，年外销气量 208.04 万立方米，累计生产天然气 4.66 亿立方米。2009 年，采油五厂健全油藏经营管理 5 项运营机制，坚持滚动增储，推进老区控水稳油，各项工作取得新成绩。全年生产原油 37.23 万吨，完成原油统销量 34.6 万吨；生产天然气 890 万立方米，外销天然气 282 万立方米；油田自然递减率 16.57%，综合递减率 11.04%，综合含水率 90.05%。年内，采油五厂连续三届获中国石化股份公司“红旗采油厂”称号；“以落实责任为核心的采油厂精细化管理”成果获中国石油企业协会第二十二届管理现代化创新成果一等奖。

（张彦林　崔士霆　杨　鲁　徐安书　程如铁）

【采油五厂 4 项措施深化“五项劳动竞赛”】　2009 年，采油五厂以“系统化、标准化、精细化”管理为目标，通过 4 项措施推动“五项劳动竞赛”活动深入开展，优化了油井维护比例和机采系统效率等关键指标。一是明确岗位目标责任，健全方案规划体系、目标管理体系、责任落实体系，将全厂基层单位划分为11个类别22个系统，并全部纳入考核评比。二是通过建立基层油藏经营管理模式、基层“三基”工作模式、班组精细管理模式，抓好油藏经营管理水平提升、节能树标对标、可控成本考评3项活动，不断加强管理基础。三是加大日常“三不”检查力度，开展季度动态达标验收和现场“三标”建设活动，注重过程管理。四是将“五项劳动竞赛”纳入绩效考核管理，每月对油藏经营管理区和生产辅助单位实施“343”绩效考核，对科研部门实施“22132”绩效考核，发挥竞赛的推动效力，确保全厂生产经营任务的完成。年内，采油五厂发生维护井262井次，维护井比例3.87%，同比下降0.45%；机采系统效率29.07%，同比提高2.18%。实施“四优化”措施385井次，其中工作制度优化措施86井次、机型优化措施13井次、采油方式优化措施2井次、“五防”工艺优化措施284井次，井下系统效率45.2%，同比提高3.9%。

（崔士霆　李艳峰　程如铁　杨晓勇）

油藏经营管理区“343”绩效考核：对产量、成本、基础管理目标，按照30%、40%、30%的比例确定考核基数。

生产辅助单位“343”绩效考核：对产值利润、产值成本、管理指标，按照30%、40%、30%的比例确定考核基数。

科研部门“22132”绩效考核：对产量指标、可持续发展指标、切块资金、措施费用及措施产量、本单位成本，按照20%、20%、10%、30%、20%的比例确定考核基数。

五防：防出砂、防结蜡、防偏磨、防腐蚀、防气体影响。

2009年7月23日，采油五厂召开上半年经济活动分析会　（梁建超）

【采油五厂精细化管理获中国石化集团公司肯定】　2001—2009年，采油五厂以实现油藏经营管理效益最大化为目标，创新管理模式，开展科学精细管理，初步建立一套适应采油厂特点的全新油藏经营考核机制和精细化管理模式。（1）开展“五比五赛”活动，通过规范评比程序，建立系统化评比指标体系，将全厂11个类别的22个系统全部纳入考核管理中。（2）建立调整挖潜项目管理模式、自然递减率分因素控制模式、成本消耗分节点控制模式和绩效考核全员量化模式，推进油藏经营管理向科学化、规范化迈进。（3）将基层建设模式细分为基层党组织建设、班子建设、群众组织建设、班组建设、思想政治工作等5个专项模块20个项目48个分项目，将基础工作管理模式分为经营管理、注水管理、采油管理、生产管理、设备管理、HSE管理、地质管理、电力管理等8个模块31个项目80个分项目，将基本功训练模式分为训练内容要求、方式方法、基本程序、效果考评等4个模块11个项目26个分项目，提高基层管理水平。（4）完善油藏经营指标体系，重新规范单项配套政策，制定机制运行—部门管理内容—执行部门工作运行组织—工作考核—反馈意见—修改不足—改善效果的运行程序，细化每个环节的工作。2008年9月，中原油田精细化管理推广现场会在采油五厂召开，该厂经验在油田油气生产单位全面推广。2009年4月、11月，采油五厂连续2次在中国石化集团公司召开的精细化管理交流会上作典型发言，其经验与做法得到各级领导肯定。年内，采油五厂获分公司“油藏经营管理先进单位”称号。

（崔士霆　彭志渊　李艳峰）

【采油五厂实施油藏评价井10口】　2009年，采油五厂加强沙二段浅层油气富集规律和未动用储量区块的地质研究，重点在胡63块、胡52块开展油藏评价，实施油藏评价井10口，其中投产井7口、投注井1口、裸眼完钻井2口，平均完钻井深2686米。电测解释钻遇油层33层69.8米，平均单井钻遇油层5层10米。投产后，初期日产液121.3吨，日产原油51.5吨，含水率58%。截至年底，油层厚度射孔率62.2%，层数射孔率48.5%，日产液114.3吨，日产原油32.5吨，含水率72%，平均单井日产原油5.4吨，累计生产原油5734吨，平均单井累计生产原油819吨。

（杨　鲁　崔士霆）

【采油五厂新区产能建设】　2009年，采油五厂以长垣下降盘沙一、沙二低幅度构造油藏及2大断裂带富集小夹缝为重点，重点在庆92块、胡39东块实施新区产能建设。共实施产能建设井9口，平均完钻井深2307米，钻遇电测解释油层56层108.4米，平均单井钻遇油层6层12米。完钻后9口井全部投产，初期日产液238.3吨，日产原油97.8吨，含水率59%。截至年底，有生产井8口，转注井1口，日产液156.1吨，日产原油29.1吨，综合含水率81%，平均单井日产原油3.6吨，累计生产原油1265吨。

（张彦林　杨　鲁）

【采油五厂老区产能建设】　2009年，采油五厂针对构造剩余油、注采完善区剩余油及产能较高的目标区进行挖潜，以井网恢复和井网调整为主，实施老区产能建设。共实施产能建设井32口，侧钻井完钻17口，平均完钻井深2437米，平均钻井进尺525米，钻遇油层141层254.4米，平均单井钻遇油层8层15米。完钻后投产15口井，初期日产液181.2吨，日产原油55.1吨，平均单井日产原油3.9吨，综合含水率70%。截至年底，有生产井12口，转注井3口，日产液158.3吨，日产原油39吨，综合含水率75%，平均单井日产原油3.3吨，累计生产原油326吨。

（朱彦群　杨　鲁）

【采油五厂开展重点油藏监测58井次】 2009年，采油五厂围绕胡庆油田油藏特点和层间精细注采调整工作，重点开展饱和度、分层测试等层间分层动用状况监测58井次，并根据监测结果采取措施51井次，措施后日产原油137.4吨，含水率87%，日增产原油95.7吨，累计增产原油8845吨，累计减少无效产出水2.97万立方米。

（杨　鲁　徐安书）

【采油五厂工艺技术应用】 2009年，采油五厂发挥多学科优势，重点攻克影响油气生产的瓶颈技术，增强了自主创新能力。(1) 集成应用成熟工艺。实施调剖、堵水、解卡、分注、提液等挖潜工艺244井次，工艺一次成功率98.8%，同比提高0.5%，措施有效率81.8%，同比提高6.5%，累计增产原油2.52万吨，降低液量8.99万立方米，增加注水12.88万立方米。(2) 完善井筒配套工艺。实施配套工艺428井次，完善直径19毫米注塑杆、抽油杆双向保护节箍、激光割缝防砂管、丝质滤砂管等4种新工具，改进推广4″套管旋流沉砂器。与2008年相比，检泵周期延长7天，平均泵效提高0.8%，分柱管柱有效期延长35天，机采系统效率提高1.17个百分点，各项指标均达到中国石化集团公司一类水平。(3) 加强新工艺自主攻关与引进试验。自主研究新型交联聚合物、小套管井多级分注、连续冲砂作业、地面恒流配水装置、射孔下泵一体化管柱等5项新工艺与装置，引进液压丢开式卡堵水管柱、薄差层压裂、水力喷射压裂、污泥调剖等4项新工艺，开展空气泡沫驱先导试验、卡封分层挤堵、高压注水井降压增注、污泥调剖等多项技术攻关，并取得进展。

（田保权　徐安书）

【采油五厂科技工作】 2009年，采油五厂加强技术引导，开展科研攻关，为全面完成油气生产任务提供了技术支持。全年获国家专利成果4项，完成局级科研、新技术推广项目10项，职工创新成果13项，创经济效益5100万元；开展厂级科研、新技术推广项目56项，明确科技示范井组10个，完成小改小革项目254项、管理创新成果14项、QC小组成果28项，创经济效益2300万元。在国内各类期刊发表科研论文27篇。8月，采油五厂获油田“职工创新活动优秀组织单位”称号。

（程如铁　崔士霆）

2009年11月30日，采油五厂工艺技术人员开展精细注采关系调查

（崔士霆）

【采油五厂防腐工作】 2009年，采油五厂不断完善防腐管理网络，开展节点腐蚀的预防和治理工作，防腐效果全面提高。截至年底，该厂地面油系统中，油井、液外输、联合站阀组的平均腐蚀速率分别为1.02×10^{-2}毫米/年、2.26×10^{-2}毫米/年、3.4×10^{-3}毫米/年；地面水系统中，胡状产出水、胡二污输二线、滤后水平均腐蚀速率分别为2.43毫米/年、1.72×10^{-1}毫米/年、3.33×10^{-2}毫米/年；所有指标均控制在标准内运行。对10座计量站安装电流阴极保护装置，完善地面监测点21个，录取地面监测点防腐资料146点次；投加油井缓蚀剂、缓释剂2878井次118.46吨，推广应用固体防腐技术119井次。更换计量总站至31号计量站输油干线，局部更换胡二集输站至胡状联合站低含水输油干线腐蚀严重管段9处，更换腐蚀单井管线24条7000米；更换36号计量站站内注水干线，更换18座计量站站内腐蚀严重注水支干线；对胡7南块进行腐蚀专项治理，区块腐蚀躺井同比下降5井次。

（程如铁　徐安书）

【采油五厂完成油水井作业804井次】 2009年，采油五厂完成油水井作业804井次，其中措施613井次、维护191井次，发生操作成本6903.69万元。该厂主要从4个方面加强油水井作业工作，提高作业井控管理水平。(1) 提高运行效率。对高产井、重点措施井的作业，提前制定井控措施，编制井控预案，安排专人24小时全程监督作业施工。作业现场停井超过2小时以上，相应人员会到场协调解决。作业队伍在进行关井测压、打塞、化堵候凝工序时，超过36小时后，可进行维护井、拔管井等交叉施工作业。应用这种交叉施工法，增加维护施工15井次，减少作业占产336小时。

(2) 加强作业监督管理。根据施工周期、监督工作量、施工难易程度一次合格率、井控管理等重点指标，对作业监督员进行考核，并不定期对重点工序、重点井施工进行抽查。(3) 搞好作业现场标准化。按照“一井一方案”的监督原则和作业情况，确定作业监督的重点内容，优化施工工序，对关键工序重点监督，随时掌握施工进度。(4) 加强井控验收。对现场井控装置的产品合格证、检验有效期、压力等级等方面进行严格检查，对施工中的射孔、压裂等重点工序和高地层压力、高油气比井，进行全程监控，确保井控安全无事故。 (白彦岭)

【采油五厂节能工作】 2009 年，采油五厂注重节能降耗工作，全面完成各项节能指标。全年综合耗能 3.84 万吨标煤，单位油气综合能耗 101.3 千克标煤/吨油气，万元产值综合能耗同比下降 0.01 吨标准煤。围绕“集输、注水、机采、电力”4 大耗能系统，投入节能资金 2914.67 万元，实施技能技改项目 10 项，节约 5416.96 吨标煤。

(杜文权　徐安书)

【采油五厂井况治理工作】 2009 年，采油五厂开展套管损坏治理技术攻关，加大资金投入力度，加强井况防治工作。年内，新发现事故井 48 口，其中油井 32 口、水井 16 口，损失地质控制储量 154.5 万吨、水驱动用储量 71.8 万吨、可采储量 21.8 万吨。治理事故井 45 口，其中大修 28 口、开窗侧钻 17 口，治理成功 43 口，恢复地质控制储量 176.5 万吨、水驱动用储量 83.4 万吨、可采储量 24.7 万吨，增产原油 8000 万吨，增加注水 2.9 万立方米。 (白彦岭)

【庆祖集改善开发效果项目赢利 3694 万元】 2009 年，采油五厂针对庆祖集构造极复杂小断块油藏特点，开展改善开发效果对策项目研究。项目运用三维地震精细解释技术，结合老井试采资料，评价落实庆 92 块构造；研究注采技术政策及沉积微相、剩余油分布规律，开展以井组为中心的精细注采调整，科学部署井网及注采方式，实现储量动用最大化。年内，依据研究成果实施区块调整治理方案，增加石油地质储量 50 万吨。区块日产原油由 108 吨升至 145 吨，采油速度提高 0.19%；增加可采储量 18.4 万吨，采收率提高 2.3%；发生各项措施、监测费用 1.56 万元，增产原油 1.52 万吨，创利润 3694 万元，投入产出比 1∶2.38。 (杨　鲁　魏　敏)

【胡 5 断块注采调整增产原油 8700 吨】 2009 年，采油五厂针对胡 5 断块油藏高含水期特点，开展注采优化调整及挖潜项目研究。项目通过开展构造精细解释，加密构造等高线至 5 米，明确 5～20 米小断层的发育特征；分析测井相与沉积相特征，正确识别砂体，确定剩余油的分布规律；研究复杂小断块的注水技术政策，控制综合含水率上升速度。成果实施后，胡 5 断块日产原油由 229 吨升至 240 吨，综合含水率保持稳定，自然递减率 6.7%，同比下降 5.9%；发生各项措施费用 1085 万元，增产原油 8700 吨，创利润 1960 万元，投入产出比 1∶2.8。

(谷　磊　魏　敏)

【采油五厂空气泡沫调驱先导试验取得进展】 2007—2009 年，采油五厂空气泡沫调驱先导试验经过逐步探索实践，取得重要进展。一是改进注入流程、注入管柱、集输流程、注入工艺、井网调整和监测工艺等 6 项主要配套工艺，基本满足空气泡沫驱的施工要求。二是推进空气泡沫腐蚀室内评价试验、现场评价试验，完成缓蚀剂优选及牺牲阳极保护器的研究应用工作。三是编制完成胡 7 南块沙三下^4 层系和胡 5－183 井区空气泡沫驱方案，在胡 12－32 井开展泡沫选择性堵水试验，提高注气效率。四是组织胡 12－152 井空气泡沫驱和胡 19－12 井空气泡沫降黏施工，注入空气 222.84 万标准立方米，注入泡沫液 1.16 万立方米，对应油井见效率 90%。

【新型液压丢开式卡堵工艺试验成功】 2009 年，采油五厂开展新型液压丢开式卡堵水工艺试验，通过机械卡封中间油层、生产上部油层和下部油层。同时，应用支撑器代替油管锚，降低作业难度和顶封井上层出砂埋管柱的风险。年内共试验 5 井次，工艺一次成功率 100%，单井措施费用与实施分层化学堵水相比降低 10 万元。

(田保权　崔士霆)

【采油五厂解决污泥污染环境问题】 2009 年，采油五厂针对污泥耐温、抗盐，有一定强度和良好的悬浮性等特点，开展污泥调剖试验，重点对污泥 pH 值、固含量、密度、黏度进行评价，并开展提高强度、配伍性等试验，制定污泥调剖技术方案。8 月 27 日，污泥调剖技术在胡 7－31 井实施，注入污泥 2000 立方米，解决了污泥污染环境问题。 (田保权　徐安书)

【水平井成功应用水力喷射分层压裂工艺】 2009 年 12 月 21 日，中原油田第一口水平井水力喷射分层压裂工艺在采油五厂庆平 1 井成功应用。庆平 1 井压裂层段为沙三下^5，压裂范围 3003.9～3145 米，水平段 141 米，采用 1 趟管柱分 2 段定点水力喷射压裂施工。该工艺的成功应用，为水平井及复杂井况井的分层压裂改造提供了技术支持。同时，可节约部分射孔、压裂和作业劳务费用。

【采油五厂交联聚合物调剖技术研究取得进展】 2009 年，采油五厂针对有机类堵剂种类少，其强度、抗温性能均难以满足油藏条件等问题，继续开展低成本低污染交联聚合物调剖剂攻关研究，并取得进展。一是堵剂耐剪切能力提高 6 倍以上，成胶稳定性有所增强，能够满足不同的注入工艺条件。二是耐温能力提高 10℃，水井调剖适应油层深度从 2300 米升至 2600 米。截至年底，低成本低污染交联聚合物调剖技术在采油五厂试验 7 口井 8 井次，累计增产原油 1312 吨。

(田保权　徐　鹏)

【采油五厂自主研究 4″套管多级分注工艺】 2009 年，采油五厂自主研究 4″套管多级分注工艺，并在胡5－侧 6 井等 5 口井试验，实现完井座封、投捞测试一次成功。该工艺的成功应用，解决了小套管井分注级数受限制，无法进行三段以上分层注水，任意层单独投捞以及吸水剖面难测试等问题。

【采油五厂研制射孔下泵一体化管柱】 2009 年，采油五厂自主研制应用射孔下泵一体化管柱，实现射孔下泵一道工序完成，避免了放喷造成的污染。年内，采油五厂应用射孔下泵一体化

管柱3井次，单井节约作业费用1.2万元。（田保权　崔士霆）

【采油五厂连续冲砂工艺单井节约工费3万元】　2009年，采油五厂研究应用连续冲砂工艺，解决了冲砂存在的效率低下、污染环境及漏失井、定向井易发生井下卡钻事故等问题。年内，采油五厂实施连续冲砂工艺6井次，平均单根节约作业时间27分钟，单井节约施工费用3万元。

（张彦林　田保权）

【采油五厂细分层系开发配套技术满足油田开发需要】　2009年，采油五厂针对胡庆油田特点，开展细分层系开发配套技术研究。制定细分层系技术界限，明确不同储层、物性、井筒条件下的工艺技术配套决策标准、施工工艺和配方体系，通过集成应用调、堵、解、分工艺，提高单井、井组、层系、区块整体开发效果。项目实施过程中，重点针对压力异常、复杂井况细分开发需要，完善自动扶正分注工艺、分层压裂工艺、低伤害深部酸化工艺、复杂井况井免钻塞化堵工艺、扩张式封隔器分注工艺，基本满足了胡庆油田开发需要。截至年底，细分层系开发配套技术在采油五厂应用油水井措施47个井组67井次，增加水驱控制储量74.37万吨、水驱动用储量56.76万吨，增产原油1.53万吨，投入1451.4万元，投入产出比1∶3.58。

【采油五厂推广防砂控躺配套技术】　2009年，采油五厂推广应用防砂控躺配套技术，取得2项成果。一是建立机械防砂工艺系列，创新工艺配套技术；二是从前期预防、过程控制、配套优化3个环节，制定防砂工艺优化决策原则，形成适合油田开发的防砂工艺技术。防砂控躺配套技术在胡庆油田实施后，防砂有效率93%，同比提高14.5%；出砂井平均检泵周期313天，同比延长61.5天；投入资金113.06万元，减少检泵费用175万元，创效557.8万元，投入产出比1∶4.93。

（田保权　崔士霆）

2004—2009年采油五厂油气开发生产情况

项目＼年份	2009	2008	2007	2006	2005	2004
原油统销量（万吨）	34.6	36.48	35.1	34.2	32.74	33.26
天然气外销（万立方米）	282	200	364	788	1490	1339
新增石油储量（万吨）	114.42	258.94	330.9	262	739	260
新井投产（口）	45	45	59	58	28	49
新井产能（万吨）	4.32	4.88	2.86	4.38	3.06	4

注：新井包括当年投产的滚动井、油藏评价及新老区产能建设井。

2004—2009年采油五厂油井措施工作量　　单位：井次

项目＼年份	2009	2008	2007	2006	2005	2004
补孔	159	182	180	115	124	126
堵水	56	34	52	46	54	58
钻塞	8	10	6	9	6	5
回采	19	28	23	23	19	12
长停井利用	2	12	16	19	5	10
大修	12	14	18	9	3	7
酸化	1	2	12	7	7	6
压裂	8	5	1	2	2	11
提液	0	7	5	4	4	6
下电泵	0	3	1	0	5	2
转抽	2	2	5	1	3	2
其他	4	1	6	3	4	2
合计	271	300	325	238	236	247

2004—2009 年采油五厂水井措施工作量

项目＼年份	2009	2008	2007	2006	2005	2004
补孔	22	21	24	17	21	23
打塞	6	5	9	9	7	6
大修	3	13	9	15	4	4
调剖	8	25	36	44	41	32
分注	17	26	29	25	17	32
化堵	12	26	6	13	11	7
酸化	14	11	15	13	13	27
填砂	21	14	16	0	23	14
转注	55	45	54	65	31	29
钻塞冲砂	12	10	8	8	7	6
其他	2	0	0	0	0	0
合计	172	196	206	209	175	180

（魏　敏　徐安书）

【采油六厂概况】　采油六厂组建于1982年7月，主要负责马厂、桥口、徐集、三春集油田和白庙、桥口凝析气田的开发生产和建设任务，所辖油区横跨山东、河南两省，占地面积5.6平方千米，分布在2个市2个县1个区15个乡镇的100个自然村。截至2009年底，采油六厂有员工2143人，其中正式员工1608人、劳务用工535人；有专业技术人员142人，包括高级职称3人、中级职称65人、初级职称74人。机构下设基层单位23个、机关科室17个。拥有固定资产原值49.23亿元、净值6.90亿元。全厂有4个油藏经营管理单元，管理着9个开发管理单元，分属中渗透极复杂断块油藏、常压低渗油藏和高压低渗油藏3种油藏类型，构造上位于东濮凹陷中央隆起带南端，含油层位为沙二下—沙三下，油藏埋藏深度2500～3600米，孔隙度11%～23%，渗透率0.95～121.3平方微米，除桥58、桥66两个断块压力系数在1.2～1.59外，其余17个断块压力系数均在1.01～1.06。全厂累计探明含气面积55.24平方千米，探明天然气地质储量193.97亿立方米，探明凝析油地质储量534.14万吨；探明含油面积82.69平方千米，探明石油地质储量4429万吨，动用含油面积50.52平方千米，动用石油地质储量3135.86万吨，可采石油地质储量638.65万吨；累计生产原油525.29万吨，累计生产天然气9.41亿立方米。管理油气水井569口、计量站35座、注水站3座、集气站7座、气举增压站2座、配气站1座、阀组站3座。有油井297口，开井218口，日产液2637吨，日产原油519.9吨，综合含水率81.65%，生产原油18.21万吨。气井72口，开井66口，开井率91.67%，平均单井日产天然气1700立方米。注水井200口，开井133口，开井率66.5%，平均单井日注水29.7立方米，年注水116.63万立方米，累计注采比1.13。2009年，采油六厂通过加强基础管理和老区井组层间精细注采调整，抓好以精细挖潜为主的经营管理措施，实现各项工作平稳运行。全厂生产原油18.21万吨、天然气0.54亿立方米，外输天然气4476万立方米。新增探明石油地质储量275.2万吨、控制储量106万吨、可采储量27.67万吨；工业采出程度82.25%，采油速度0.58%，综合递减率12.7%，自然递减率15.8%。

【采油六厂油藏经营管理工作】　2009年，采油六厂积极探索适合该厂的生产经营管理政策，加强油藏经营管理水平评价，科学编制油藏经营方案，实现油藏经营管理水平不断提高。（1）在制定生产经营管理政策上，将油气商品量和成本指标分解、落实到三级单位，设置油气藏经营管理区月度基础商品量考核指标，并将材料费、修理费、维护性井下作业费、青苗赔偿费、电费等可控成本指标的完成情况与绩效工资挂钩，调动基层单位增收节支的积极性。（2）在实施生产经营责任考核体系上，采用主要考核指标与辅助考核指标加单项奖惩相结合的评价模式。绩效工资考核以月度预拨，季度累计考核，年终总考核兑现方式进行。考核中，主管部门采取实地调研、分析各单位承包指标的完成情况等方式，进行全过程、全方位的绩效评价。（3）在提高油藏经营管理水平上，按照经营单元和开发单元2种类型，从开发管理水平、生产管理水平、财务管理水平和储量经营水平4个方面对油气藏经营管理水平进行综合评价，提高了全厂5个油（气）藏的经营管理单元水平。（4）在实施油藏经营管理方案上，注重方案对各项工作的指导性，开展油气资源开发、地面系统建设、人员与财务资产、油藏经营管理及效果等方面的分析，制定科学合理的油藏经营目标。同时，通过研究实现油藏经营目标的有利条件和不利因素，制定出精细地质基础研究、加强注采管理、调整老区注水结构、搞好油井防腐与防偏磨综合治理、进一步完善5项油藏经营管理运营机制等5项保障措施。年内，在分公司对采油六厂油气藏经营管理水平开展的综合评价中，该厂综合得分82.5分，达到一类水平，其中油气藏生产管理水平、财务管理水平、开发管理水平分别得分81.09分、79.34分、81.13分，同比分别提高1.76分、5.11分和1.67分。

【采油六厂创新"五项劳动竞赛"】
2009年，采油六厂创新开展"五项劳动竞赛"，不断创新竞赛机制，丰富竞赛内容，完善考核体系，各项工作取得新成绩。控制作业成本，提高作业质量和投资效益，全厂井组稳升率70.6%，油井检泵周期740天，机采系统效率同比提高5.6个百分点。在油气生产、井下作业、财务经营、队伍建设、油气技术5个板块开展"精细化管理年"活动，加强老油田精细注采管理和井组层间精细调整，抓好成本管理、电力管理和伴生气管理。加强思想政治建设、岗位技能培训和基础设施建设，提高员工素质，促进全厂各项工作开展。年内，采油六厂实现自然递减率、综合递减率和成本的有效控制，原油产量保持基本稳定，有14个基层单位被分公司评为金（银）牌队、五（四）星级站所，其中白庙气藏经营管理区和作业四队获中国石化集团公司"金牌队"称号。

【采油六厂实施滚动评价井10口】
2009年，采油六厂利用高精度三维地震资料在新霍地区、三春集地区、马82断块区和马19断块深层4个地区开展滚动评价和部署工作。在新霍地区落实新18断块区各小断块高部位沙三上—沙三中含油气情况及油气藏规模，其中新16井、新17井、新16－1井、新17－1井等滚动井试油投产，新霍地区首次突破工业油流关；在三春集地区部署春9－20井，钻遇油层14层32.8米，这是三春集地区自1977年投入勘探开发以来钻遇油层最厚的1口探井，且首次在东掉断层上升盘发现沙三下油层，三春集勘探取得突破；在马82断块区评价马84西块沙三下—沙四上油层分布情况及油藏规模；在马19断块评价马19南块沙三中—沙四上油层分布情况及油藏规模。截至年底，采油六厂实施滚动评价井10口，其中投产5口、封井3口、试油2口。投产井中，平均单井钻遇油层11层36米，投产油层2层11.4米，初期日产液16吨，日产原油11.9吨，综合含水率25.5%；至12月底，平均单井日产液8.4吨，日产原油6.8吨，综合含水率19%，累计生产原油5649吨。

【采油六厂新建产能4.98万吨】
2009年，采油六厂实施油藏评价和新老区产能建设井19口，新建产能4.98万吨。（1）在三春集、马厂地区实施油藏评价和新区产能建设井12口，平均单井钻遇油层8层32.9米，初期投产7层27.6米，平均单井日产原油15.9吨，含水率32.8%。截至年底，平均单井日产原油6.6吨，含水率43.2%，新建产能3.84万吨；12口井累计生产原油1.4万吨，平均单井累计生产原油1558吨。（2）在桥口和马厂油田部署老区产能建设井10口，完钻投产7口，其中调整1口，老油田技术改造6口，平均单井钻遇油层7层8.7米，控制地质储量20.7万吨，增加（恢复）可采储量6.1万吨，初期平均单井投产3层5.6米，单井日产液11.5吨，日产原油4.1吨，含水率54.7%。截至年底，平均单井日产液7.8吨，日产原油1.9吨，含水率75.5%；平均单井生产原油695吨，新建产能1.14万吨。

【采油六厂天然气外销超产76万立方米】 2009年，采油六厂通过3项措施增产气量，完成天然气外销4476万立方米，超额年度计划76万立方米。（1）推广气井排液技术，控制自然递减率。实施"激动式"排液采气技术120井次，增产原油70吨，增产天然气30万立方米；实施化学泡沫排液技术28井次，增产天然气142.8万立方米；实施增压气举排液技术2360井次，排出井底积液1.87万立方米，增产原油7090吨，增产天然气258万立方米。气田自然递减率11.67%，同比下降10.51%，综合递减率－1.16%，同比下降8.43%。（2）开展老井措施挖潜，有效接替措施产量。实施补孔、压裂措施12井次，增产天然气455.1万立方米，增产原油1665.1吨；实施扶躺及修复利用气井1井次，增产天然气33.6万立方米，增产原油1024.1吨。（3）细化伴生气集输管理，增加集气量。组织实施桥口联合站伴生气增压外输工程和新霍地区伴生气外输地面配套工程，桥口、新霍地区实现伴生气外输。年内，桥口、马厂油区伴生气外输商品量合计380万立方米。

【采油六厂油藏动态监测295井次】
2009年，采油六厂从3个方面抓好油藏动态监测工作。一是加强油水井测压监测，了解地层压力变化情况；二是加强剖面和剩余油饱和度监测，了解油藏水驱状况和层间动用状况，研

2009年12月1日，采油六厂员工在白庙1号集气站安装增压气举流程自动调压阀 （尹瑞璞）

究剩余油分布规律；三是继续开展井斜复测监测，为调整挖潜提供依据。年内，采油六厂实施油藏监测工作量295井次，其中油水井测压监测124井次、吸水剖面监测103井次、产出剖面和剩余油监测13井次、工程测井监测30井次、井斜复测监测4井次、试井监测4井次、示踪剂监测4井组、井温裂缝监测11井次、其他监测2井次。

【采油六厂措施增产天然气553.8万立方米】 2009年，采油六厂按照"沙二下、沙三上层系以补孔挖潜为主，沙三中下以储层压裂改造为主"的天然气开发思路，实现层间、井间产量接替。在凝析气藏管理方面，利用白庙、桥口气田新建成的增压气站，加大气田排液采气力度，控制气田自然递减率和综合递减率。年内，完成措施工作量15井次，其中补孔11井次、压裂4井次，增产天然气553.8万立方米、原油3093吨，平均单井增产天然气36.92万立方米、原油206.2吨。

【采油六厂6项重点地面工程完工】 2009年，采油六厂以"确保生产需要，提高投资效益"为原则，建立项目管理模式，加强合同管理，严格按照内控制度和基建管理程序要求规范运作，确保6项重点地面工程完工。（1）新霍地区产能地面配套工程。工程投资106.8万元，7月3日开工，8月22日竣工。（2）桥7块地面配套工程。工程投资72万元，10月15日开工，11月13日竣工。（3）春24块地面配套工程。工程投资161.3万元，3月21日开工，3月27日竣工。（4）桥口外围区块地面配套工程。工程投资127万元，1月10日开工，6月9日竣工。（5）桥口2号、11号注水站改造工程。工程总投资41万元，3月10日开工，3月15日竣工。（6）马厂联合站防洪排涝工程。工程投资141万元，4月20日开工，7月30日竣工。

【采油六厂成功应用小直径气举管柱配套技术】 2009年，采油六厂针对凝析气田部分开窗侧钻井应用常规技术无法实现气举排液问题，开展小直径气举管柱配套技术研究，自主研制直径80毫米的偏心工作筒，其偏心距5毫米，有效内径40毫米。6月2日，采油六厂在白17井实施小直径套管井气举管柱配套技术，实施后，该井测压和气举工况正常，日增产天然气133立方米，年增产天然气7.05万立方米。

小直径气举管柱气举阀工作筒结构示意图

1. 工作筒；2. 阀座；3. 护罩

【采油六厂防腐工作】 2009年，采油六厂从2个方面开展防腐工作。（1）开展缓蚀剂适应性评价，淘汰普通型号1种，引进高效缓蚀剂1种。年内，投加缓蚀剂74口井120.2吨，其中在马厂油田40口井投加高效缓蚀剂19吨，在2条集油干线投加普通缓蚀剂31.2吨。（2）新建白庙及桥口气田集气支干线地面腐蚀检测点7个、全厂油气水系统地面腐蚀监测点45个。其中，油系统监测点23个，取得腐蚀速率数据80个，达标78个，平均腐蚀速率3.08×10^{-2}毫米/年，监测点腐蚀速率达标率97.5%；输气系统腐蚀监测点7个，达标7个，达标率100%，平均腐蚀速率0.14×10^{-2}毫米/年；水系统监测点15个，取得腐蚀速率数据54个，其中不达标25个，达标率53.7%，平均腐蚀速率9.01×10^{-2}毫米/年。

【采油六厂实施采油管理措施1.3万井次】 2009年，采油六厂实施采油管理措施1.3万井次，其中低产井扫线4021井次、高油气比井控套4776井次、热洗1465井次、油井加药2656井次、调参110井次。措施后，油井开井率73.4%，气井开井率91.67%，水井开井率66.5%，机采泵效38.6%；油井检泵周期432天，油井生产时率96.1%，机采系统效率25.1%，综合水质达标率90.3%。

【采油六厂主要设备完好率98%】 2009年，采油六厂设备工作按照"全面推进设备精细化管理，突出经济安全运行，持续优化设备结构，加强集成配套，提高整体实力"的思路，保障设备安全运行，控制设备管理系统的修理费用，主要生产设备综合完好率98%，综合利用率78%，各项管理指标全面达标。年内，采油六厂被评为河南省第八届设备管理优秀单位。（1）重新修订下发采油六厂《设备管理手册》、《设备油水管理办法》、《三级单位设备检查细则》等相关制度和办法，进一步明确设备管理人员的岗位操作规程和管理职责。同时，定期对各单位装备基础管理情况进行检查、考核、通报。全年开展大检查4次，抽查设备480台套，查出问题686个，及时整改率达到90%以上。（2）加强

2009年6月18日，采油六厂设备管理人员在作业现场对联合作业机进行油水化验　　（赵奕松）

现场管理,杜绝只用不保,或以修代保的现象;采用内部修理与外部修理相结合的方式,最大限度保障设备安全运行,全年未出现重大设备责任事故。

【采油六厂建立采油作业一体化管理模式】 2009年,采油六厂建立采油作业一体化管理新模式,各项业务形成有机统一体,采油、作业系统呈现出风险共担、利益共享的局面。(1)实行采油作业一体化单元管理,对单元内的作业队伍实行专业化管理,固定队伍分别负责油井施工、水井施工和措施作业。(2)成立采油作业一体化考核委员会,抓好现场施工的监督与协调,负责采油作业一体化过程管理及考核兑现工作。(3)将经营指标、生产技术指标和管理指标纳入采油作业一体化管理考核体系,其中经营指标为核心指标,用于考核油藏经营管理区和作业队,生产技术指标为辅助指标,用于考核作业队,针对采油队和作业队分别设置1.2和1.4的绩效工资系数,并与经营指标挂钩考核。(4)制定《地质开发技术分析与技术决策管理办法》、《采油工程技术分析与技术决策管理办法》等相关管理与配套办法,完善动态分析模型、注采井网模型和井筒管理模型,为技术决策提供依据。年内,采油六厂作业工序一次合格率98.5%,同比提高0.6%;作业工作量432井次,同比减少124井次;作业成本9476.55万元,同比降低1918.18万元。

【桥口管理区运行5项油藏经营管理运营机制成功】 2009年,采油六厂选择桥口油藏经营管理区为5项油藏经营管理运营机制示范区块,实行“五组两班三站”扁平式管理,取得增产效果。(1)在技术分析与技术决策机制建设方面,采用“统一组织、分级管理,相互联动”的管理模式,成立技术分析与决策小组,明确各部门和桥口油藏经营管理区在技术分析与技术决策工作中的职责、程序和采取分析决策的方法。(2)在经营预算、决策优化机制建设方面,建立预算运行实时控制体系,并引入现代经济决策理论与方法开展技术经济决策和措施效益后评价,分析无效益工作量,并查找其影响因素。(3)在生产运行、日常管理、综合治理机制建设方面,完善生产组织运行网络,制定生产组织运行规程、夜间生产管理规程、突发性事件生产组织规程、“五小”措施管理规程等配套管理办法12个,加强信息管理。(4)在激励约束与监督管理机制建设方面,成立桥口油田5项运营机制督察工作领导小组,对生产运行、技术分析与决策、经营预算与决策、成本管理、计量管理、安全管理、设备管理、物资管理等制度的执行情况进行监督,并采取领导承包监督责任区和聘请职工代表监督相结合、定期检查和不定抽查相结合的方式,每月进行分析讲评和结果公示,并与绩效考核挂钩。(5)在党建与思想政治保障工作机制建设方面,将油藏经营管理工作纳入班子工作业绩考核范围和党员责任目标管理体系,加强人才队伍建设,增强队伍凝聚力。年内,桥口油藏经营管理区生产原油6.93万吨,综合含水率76.96%,注水44.23万立方米,注采比1.3,各项指标均按计划运行。

(李兵华)

五组两班三站:油藏经营管理组、生产管理组、技术组、安全设备管理组和党群工作组;维修班和电工班;计量站、注水站和单拉点。

2004—2009年采油六厂油气开发生产情况

项目 \ 年份	2009	2008	2007	2006	2005	2004
原油统销量(万吨)	18.55	16.06	17.26	17.20	17.06	16.63
天然气外销(万立方米)	4476	4850	5868	5804	11170	12118
新增石油地质储量(万吨)	219.55	26.98	160.93	761.40	33	85
新井投产(口)	20	33	26	19	25	28
新井产量(万吨)	2.28	1.95	1.82	2.12	1.83	2.18

注:新井包括当年投产的滚动井、油藏评价井及新老区产能建设井。

2004—2009年采油六厂油井措施工作量

单位:井次

年份 \ 项目	新投	补孔	压裂	堵水	酸化	大修	转抽	换大泵	深抽	长关井利用	其他	合计
2009	20	18	12	3	0	0	0	4	3	1	1	62
2008	33	13	19	11	6	3	0	0	0	2	3	90
2007	25	16	17	14	0	6	0	0	0	0	14	92
2006	19	32	12	7	0	4	0	4	0	4	2	84
2005	25	28	4	12	2	3	1	0	0	0	0	75
2004	28	23	19	8	3	2	1	0	0	0	2	86

2004—2009 年采油六厂水井措施工作量　　单位：井次

年份＼项目	转注	补孔	酸化	大修	分注	封堵	调剖	增注	措施恢复	其他	合计
2009	24	0	0	0	15	8	0	0	1	1	49
2008	19	3	1	5	12	11	1	3	2	1	58
2007	30	6	0	3	14	4	0	10	0	0	67
2006	26	7	6	0	9	13	0	0	0	1	62
2005	7	5	8	6	8	11	0	1	0	2	48
2004	9	5	8	1	12	8	1	0	0	0	44

（李兵华）

【内蒙采油事业部概况】　内蒙采油事业部于 2004 年 5 月 29 日成立，主要负责白音查干探区的勘探、开发一体化生产管理及原油开采、集输、处理、销售等工作。截至 2009 年底，内蒙采油事业部有员工 114 人，其中高级职称 16 人、中级职称 51 人、初级职称 13 人；机构下设机关科室 8 个、科级单位 6 个、项目部 1 个；固定资产原值 4431.54 万元、净值 3259.85 万元。管理油水井 206 口、桑合集中处理站 1 座、撬装计量站 4 座、撬装计量脱水站 4 座、集中脱水拉油点 2 座、撬装注水站点 17 座。2009 年，内蒙采油事业部投入开发小油田 3 个，分别为达尔其油田、桑合油田、锡林好来油田，投入查干试采单元 1 个，共计 33 个断块 46 个单元，建成油水井 206 口，其中油井 154 口、水井 52 口，注采井数比 1∶2.92，有注水开发单元 37 个，占总开发单元的 80.43%，其他单元为天然能量开发。总探明石油地质储量 1908 万吨，动用地质储量 1334.79 万吨，可采储量 187.32 万吨，水驱控制储量 406.2 万吨，水驱动用储量 239.5 万吨。油藏类型主要以反向断块油藏为主，其次是少量顺向断块及在断层控制下的岩性油藏，油藏普遍具有含油高度低、含油带窄的特点。截至年底，内蒙采油事业部油井开井 120 口，日产液 725 吨，日产原油 211 吨，综合含水率 70.85%，年生产原油 8.33 万吨，年产水 19.66 万吨，累计生产原油 36.34 万吨，累计产水 67.63 万吨，地质储量采出程度 3.39%，可采储量采出程度 24.4%。水井开井 45 口，日注水 543 立方米，年注水 19.31 万立方米，累计注水 57.96 万立方米；月注采比 0.74，累计注采比 0.56，累计亏空 46.39 万立方米，自然递减率 19.47%，综合递减率 18.1%。

【内蒙采油事业部部署油藏评价井 9 口】　2009 年，内蒙采油事业部重点对查 12 块 2 砂组、达 14 南断块、锡 13 块开展油藏评价和储量落实工作，共部署油藏评价井 9 口，总钻井进尺 1.39 万米，平均单井 1547 米，电测解释油层 56 层 128 米，平均单井 6 层 14 米，新增动用储量 263.92 万吨，新增可采储量 38.35 万吨。（1）在桑合油田部署油藏评价井查 12－7 井，侧钻完井后日产原油 3.8 吨，含水率 57%，落实了查 12 断层上盘都一段 2－3 砂组含油气情况。（2）在达尔其达 14 南断块部署油藏评价井 3 口，落实都红木与腾格尔组石油地质储量 58.95 万吨。（3）在锡林好来油田部署油藏评价井 4 口，全部完钻投产。其中，锡 3－16井在腾下段电测解释油层 15 层 40.1 米，投产后日产原油 5.3 吨，落实了锡 13 块含油面积和地质储量；锡 3－27 井、锡 3－30 井分别落实了锡 21 块、锡 1 块构造及含油气情况；锡 3－60 井落实了锡 12 块腾下段和阿尔善组油藏情况。

【达尔其油田新建产能 0.75 万吨】　2009 年，内蒙采油事业部在达尔其油田开展老区复杂断块滚动挖潜工作，先后部署滚动井 8 口，其中投产 6 口、投注 2 口，新建产能 0.75 万吨。一是采取老井复查与精细构造研究相结合的方式，落实达 14 块、达 47 块低幅度含油断块圈闭。二是根据达尔其地区反向断块控油，主力含油层系在都一段 2 砂组和腾上段的成藏规律，对达 16 块和达 2 块进行滚动增储，发现断块油藏 4 个，新增探明石油地质储量 47.4 万吨，6 口新井初期日产原油 37.8 吨，含水率 19%，年生产原油 4227 吨。

【桑合、达尔其老区开发见效】　2009 年，内蒙采油事业部针对桑合、达尔其等老油田的地质特征与开发特点，通过转注改变液流方向，培养新的增油井；通过分注和降低采油强度，控制油井含水率；通过分注、调配、堵水等措施，实现老油田的控水稳油。年内，实施油井措施 25 井次，累计增产原油 3768 吨；实施注水井措施 10 井次，新增受效方向 13 个，增加水驱控制储量 68.4 万吨，水驱动用储量 36.5 万吨。

【白音查干油田泵效同比提高 9.1%】　2009 年，内蒙采油事业部针对白音查干油田产出液中含蜡量高、熔点高、腐蚀速率快、结垢严重等问题，推广应用新工艺，并加大工艺配套力度，提高采油管理水平。在清防蜡工艺上，推广使用空心杆洗井装置、空心杆电加热装置；在防腐蚀防偏磨工艺上，开展腐蚀机理研究和腐蚀评价室内试验；在防结垢工艺上，选择有机膦酸盐类缓蚀阻垢剂，并开展注水管网管线损失调查。新工艺实施后，白音查干油田泵效 49%，同比提高 9.1%，检泵周期 667 天，同比延长 51 天。

（侯平舒）

【内蒙采油事业部地面工程建设】　2009 年，内蒙采油事业部加强地面工程建设，进一步配套和完善油田基础设施，前线职工的工作及生活条件得到改善。完成单井地面工程配套 35 口，建设单井拉油站 9 座，铺设单井集油管线 29 条 11.45 千米，铺设原油集输支干线6条8.02千米；建成投产撬装注水站1座，搬迁注水站1座，注水泵站增容改造3座，转注油井14口，新增单井注水管线9.2千米。架设35千伏供电线路5千米，铺设电力电缆35条18.19千米；修筑单井简易道路6.82千米、油区主干道路1.79千米。完成达尔其油田地面配套工程、锡林好来油田地面配套一期工程、锡林好来油田前线值班点工程、乌力吉油区供配电工程等4项重点工程。

【达尔其油田地面配套工程】 达尔其油田地面配套工程是为解决达尔其油田计量脱水站的污水处理工艺简单、生产成本高等问题而立项的，总投资357万元，设计新建污水处理站1座及站外配套污水输送管网，污水处理能力200立方米/日，处理后水质达到B3级标准。工程由勘察设计研究院负责设计，工程建设总公司负责施工建设，2009年7月开工，11月完工。主要工作量：安装撬装污水处理装置1套，新建40立方米加高收油罐1座、40立方米矩形污水缓冲罐1座、60立方米拱顶污水储罐2座、500立方米污水事故池1座、彩钢复合板结构综合用房1栋。站外新铺设埋地污水输送管线9条13.74千米，在计量脱水站安装污水提升泵5台。工程竣工后，达尔其油田实现污水集中处理。

【锡林好来油田地面配套一期工程】

锡林好来油田地面配套一期工程是为解决锡林好来油田单井拉油站多、管理难度大等问题而立项的，总投资369万元，设计新建锡林好来集中处理站1座及站外配套工程，原油处理能力150吨/日。工程由勘察设计研究院负责设计，工程建设总公司负责施工建设，2009年8月开工，11月完工。主要工作量：处理站新建200立方米储油罐1座、60立方米污水储罐2座、卧式三相分离器1台、250千瓦·时燃气水套加热炉1台、原油装车泵2台、160千伏安变压器1台；新建砖砌平房、操作间各1栋，合计建筑面积218平方米。竣工后，锡林好来油田实现原油集中处理，脱水后的原油可直接装车外销。

【锡林好来油田前线值班点工程】

锡林好来油田前线值班点工程是为解决锡林好来油田前线值班点房屋紧张，办公及生活设施不配套等问题而立项的，总投资350万元，按50人办公及住宿标准设计。工程由勘察设计研究院负责设计，建设集团公司负责施工建设，2009年6月开工，12月完工。主要工作量：新建建筑面积1476平方米房屋，安装热水锅炉1台、40立方米储水罐1座、饮用水处理装置1套、125千伏安变压器1台。竣工后，锡林好来油田前线员工的办公住宿及生活配套设施方面得到改善。

【查干油田乌力吉油区供配电工程】

查干油田乌力吉油区供配电工程是为解决乌力吉新勘探区块因采用柴油发电机发电导致的生产成本高、管理难度大等问题而立项的，总投资82万元，设计主供电线路按35千伏等级单回路线路架设。工程由勘察设计研究院负责设计，建设集团公司负责施工建设，2009年11月开工，12月完工。主要工作量：架设35千伏架空线路5千米，安装隔离开关1组、高压计量装置1套、160千伏安变压器1台，户外配电柜1台。竣工后，查干油田乌力吉新勘探区块的生产用电需求得到满足。 （李 伟）

【钻采处概况】 钻采处于2003年2月成立。主要职责：负责国内油气合作区块前期论证、地质研究、规划部署、勘探开发方案研制、组织生产管理和油气销售工作。2009年3月，钻采处将中原油区油井移交分公司管理后，具体负责陕西省延长油矿下寺湾油田合作区块开发和宁夏永利项目的生产组织运行，以及为东北莫里青油田提供开发技术服务。6月，根据局党委组织部《关于同意召开中国共产党钻采处换届选举党员大会的批复》和局党委《关于钻采处党委、纪委候选人预备人选的批复》要求，选举产生中国共产党钻采处委员会委员和纪律检查委员会委员。截至年底，钻采处有员工101人，其中管理和专业技术人员92人，包括高级职称28人、中级职称45人、初级职称12人。机构下设机关科室8个、基层单位5个及东北项目部、靖边项目部临时机构2个。2009年，陕北下寺湾油田和油田难采区块合计生产原油2.7万吨，主营业务收入6853万元，回收并上缴勘探局资金5716万元，完成年度经营承包指标。2004—2009年，生产原油21.69万吨，销售21.53万吨，实现原油销售收入5.49亿元。

【陕北下寺湾油田年产原油2.64万吨】

2009年，钻采处针对陕北下寺湾油田缺乏新区产能接替，没有新井投入的特点，抓好老井管理和油藏精细开发。恢复老井地层能量，对78口低产低效井实行套压控制和间开生产，提

2009年9月16日，建设中的锡林好来油田集输处理站 （仝 江）

高油相渗透率。加强油井诊断和井况防治，安装旋转井口 19 台，投加清蜡剂、防垢剂 1839 井次，热洗 350 井次，控制井况恶化。精细老区油藏描述和潜力评价，选择主力油层进行层间产能挖潜，实施补孔压裂措施 26 口，成功率 96%，措施增产原油 1960 吨。年内，陕北下寺湾油田生产原油 2.64 万吨，完成分公司配产任务。

【钻采处移交文 200 块、胡 96 块油水井】 2006 年 4 月，钻采处接管中原油田难采区块文 200 块、胡 96 块的油水井。2009 年 3 月 12 日，根据油田统一安排，钻采处将文 200 块、胡 96 块油水井及相关资产和人员分别移交给采油一厂和采油五厂，将马寨卸油点移交给采油三厂。1—3 月，文 200 块、胡 96 块生产原油 688.39 吨。2006 年 4 月—2009 年 3 月，文 200 块、胡 96 块生产原油 1.82 万吨。

【钻采处参与北方区块生产组织运行】 2009 年 7 月，根据中原油田《关于宁夏区块勘探项目部机构调整的通知》要求，宁夏区块勘探项目部更名为北方区块勘探开发项目部，主要负责宁夏永利、二连盆地、冀北等油气勘探开发区块的规划部署和管理工作，项目部的生产组织运行以合同方式全权委托钻采处负责，包括项目现场管理、工程监督、设计方案的组织工作，提出开发方案的报批和审查、组织参与施工队伍的招标等。10 月，钻采处与北方区块勘探开发项目部签订宁夏永利区块油气勘探开发委托管理合同，标志着钻采处在北方区块生产组织方面进入实质运作阶段。（崔连秀）

普光气田

【西南工作委员会概况】 西南工作委员会（简称西南工委）于 2006 年 9 月 26 日成立。主要职责：统一领导中原油田在西南地区的钻井、油田建设等专业化队伍管理、技术管理和普光气田开发建设等工作；负责西南地区生产协调和 HSE 管理工作；代表中原油田协调与地方政府和其他单位之间的关系；负责西南地区队伍的党建、思想政治等工作。西南工委和普光分公司合署办公，实行一个机构两块牌子。西南工委下设职能部室 6 个，有员工 83 人。2009 年，普光气田面临投产，工程施工任务减少，钻井工作中心由普光气田转移至元坝区块，西南钻井公司、钻井管具工程处、地球物理测井公司等专业化公司先后搬到四川省南充市，并在南充市建立基地，仅留部分人员在普光气田维持气田正常生产。针对这种情况，西南工委一是组织各参建单位集中精力，全力以赴加强普光气田工程建设，确保天然气净化厂一、二、四联合装置投产试车；二是组织搞好国家有关部委、地方相关政府部门、中国石化领导来普光气田考察调研等工作；三是把安全环保工作放在各项工作首位，加强 HSE 的监督管理，完善应急预案、指挥、救援、维修“四大体系”，深入开展“我要安全”主题活动，做到全年安全生产无事故。四是积极与油区地方政府联系，坚持“建设和谐油区，实现油地双赢”的工作方针，不断加强和完善油地工作机制，主动与施工区域各级党委、政府联络沟通，保持油地关系和谐稳定。五是开展深入学习实践科学发展观、党员投产立功竞赛活动，推进党风廉政建设，关心职工群众生活，充分发挥党建和思想政治工作的保证作用，促进普光气田开发建设。年内，西南工委被中国石化川气东送建设工程党工委指挥部评为优秀指挥部。

【普光分公司概况】 普光分公司的前身为普光气田开发项目管理部。2005 年 2 月，中原油田成立普光气田开发项目管理部。2008 年 2 月，按照中国石化集团公司要求，普光气田开发项目管理部被撤销，成立普光分公司。截至 2009 年底，普光分公司定员 1418 人，实际到位 1345 人，其中高级职称 104 人、中级职称 296 人、初级职称 329 人；机构下设机关职能部室 13 个、直属单位 6 个；固定资产原值 43.49 亿元、净值 42.82 亿元。在管理模式上实行中原油田分公司下属的油公司运作模式。2009 年，普光气田完钻 9 口井，均钻遇优质气层；投产 11 口井，合计生产天然气 2.41 亿立方米。完成集输工程和天然气净化厂工程建设，承担每年外运硫黄 200 万吨的铁路专线完工，实现天然气销售收入 1.62 亿元。

【普光气田 20 亿立方米产能投产试运】 2009 年，普光分公司针对气田高含硫特点，优化气田开发方案与井位设计，精心组织作业施工和地面建设，确保普光气田各项重点工作有序推进。普光气田主体开发井优化和钻井工程全面完成，38 口开发井均钻遇优质气层。一期产能工程投产 9 口井，平均单井实测无阻流量 585 万立方米；二

2009 年 12 月 1 日，完成工程建设任务的天然气净化厂全景　　（成新亮）

期产能工程投产24口井，平均单井实测无阻流量487.86万立方米。集输工程全面竣工，一期20亿立方米集输工程投入生产，二期85亿立方米集输工程进入联合调试阶段。天然气净化厂工程进展顺利，有3套联合装置进入试车阶段，另有3套联合装置进入调试阶段。按照石化集团公司统一部署，10月12日，普光气田一期产能投产试运。截至12月31日，普光分公司净化处理酸气1.11亿立方米，外输商品气7724万立方米，生产硫黄1.2万吨，产品质量达到国家标准。

【普光气田主体开发钻井任务完成】 2005年12月—2009年6月，普光分公司按照“整体部署、分批实施”的原则，发挥科技优势，合理制定开发方案，完成普光气田主体开发钻井任务38口，均钻遇优质气层，单井钻遇气层厚度118~623.4米，达到设计指标要求。其中，32口直井和大斜度井钻遇气层厚度118~531.8米，平均厚度309.7米；6口水平井钻遇气层厚度410.2~623.4米，平均厚度569.1米。

（李长江）

【普光气田全年完钻9口井】 2009年，普光气田开钻3口井，完钻9口井，完成钻井进尺2.86万米，其中空气钻井3口，钻进进尺4789米。9口井平均井深6134.78米，平均钻井周期258天，平均建井周期309天，录井发现气显示594层5924米，单井平均气显示66层658.2米，电测解释气层754层5411米，单井平均解释气层84层601.2米。

（李长江　程启超）

【普光气田年产天然气2.41亿立方米】 2009年，普光气田有生产井11口，生产天然气2.41亿立方米。其中，普光气田主体区块有生产井9口，日产天然气346.4万立方米，年产天然气1.29亿立方米，累计生产天然气1.29亿立方米，动用储量采气速度0.63%，采出程度0.07%；清溪区块生产井——新清溪1井，该井于2009年12月1—26日正常生产，之后按计划关井，生产时油压35.5兆帕、套压3.1兆帕，日产天然气22.03万立方米，年产天然气1.11亿立方米，累计生产天然气1.11亿立方米；双庙区块生产井——双庙1井，该井于2008年4月开井，2009年12月关井，关井油压49兆帕、套压33.5兆帕，年产天然气143万立方米，累计生产天然气1196.65万立方米。

（李长江）

【普光气田实现无污染开发】 普光气田地处四川省宣汉县，该地区植被茂密、水系发达，是国家自然保护区和重要饮用水源地。而普光气田是国内勘探开发难度最大的酸性气田，在开发过程中稍有不慎，就会破坏生态环境。2005—2009年，普光分公司坚持“开发与生态保护并重”的指导思想，把周边环境保护和水土保持放在首位，从3个方面实现无污染开发。一是钻井过程中采用钻井废弃泥浆不落地随钻处理技术，减少钻井固体废弃物产生的总量；对于完钻后产生的少数废弃物，采用固废烧砖技术进行烧结，从根本上解决钻井废弃泥浆污染问题。二是在放喷等容易造成环境污染的关键环节，引进燃烧率高达99.99%的焚烧炉用于试气作业，保证高含硫天然气长时间燃烧不对环境造成污染。三是将气田开发建设过程中产生的工业废水，通过回注井引流到深层地下，同时利用污水处理装置，对生产、生活污水进行处理后再进行排放。2009年10月12日、12月18日，普光分公司环境监测站的工作人员全天候对天然气净化厂周边空气中的二氧化硫、硫化氢、二氧化氮、总悬浮物的含量，以及地表水、地下水质进行监测。监测结果表明，空气和水资源各项数据均在正常范围，未受到污染。

（黄　琥）

【普光气田铁路专线完工】 2009年，普光气田铁路专线工程完工。专线始于襄渝铁路宣汉站，止于普光气田天然气净化厂，承担着每年外运硫黄200万吨的任务。工程于2007年8月8日开工，2009年12月31日完工。主要工作量：完成普光站5.77千米6股道、宣汉站1.6千米3股道、普光—宣汉正线7.7千米的地质勘察、工程设计、征地拆迁、架桥钻隧、路基平整、轨道铺设以及站后工程等施工任务。

（李长江　吴春雨）

【普光分公司编制完成钻井技术规范29项】 2009年，普光分公司全面总结钻井工程技术，共整理出气体钻井、垂直钻井、大斜度和水平井钻井、复杂压力体系固井及堵漏等十大主干技术，并围绕这些技术，组织完成29项钻井系列技术规范的编写、修订和完善工作。（1）新编制规范1项：普光气田钻井取芯作业技术规范。（2）修订规范18项：普光气田钻前工程技术规范、垂直钻井技术规范、复杂压力条件下钻井技术规范、钻井扩孔技术规范、套管保护技术规范、钻机设备配套技术规

2009年12月31日，普光气田外运硫黄铁路专线开通　（成新亮）

范、天然气井报废与处置技术规范、气体钻井技术规范、气体钻井安全技术规范、钻具的配套与使用以及维护技术规范、天然气钻井工程安全技术规范、气体钻井录井技术规范、PDC 钻井录井技术规范、电缆测井技术规范、固井技术规范、固井质量解释规范、正交偶极子声波测井技术规范、多极子阵列声波测井资料解释技术规范。（3）新增规范10项：普光气田丛式井井场布置规范、井控设备配套及实施规范、钻井工程设计技术规范、钻井应急预案规范、套管试压技术规范、钻井开钻验收规范、钻井管理规范、录井技术规范、钻具输送测井技术规范、套管管材及附件技术规范。截至年底，这29项规范被中国石化集团公司确定为酸性气田示范性工程技术规范。

（李长江　程启超）

【普光气田主体试气作业任务完成】 2009年，普光分公司组织85亿立方米产能试气工作，完成普光气田主体24口井试气作业任务，实测平均单井无阻流量487.86万立方米/日，作业施工一次成功率100%，生产时效95%，节约工期332天，创出川东北射孔井段最长（594.4米）、射孔层最厚（519.7米）、6套延时引爆装置和纵径向减震器同时使用、首用防硫油管等多项新纪录。（李长江）

【普光气田主体集输工程建设任务完成】 2009年，普光气田主体集输工程建设任务完成，包括建成站场18个、紧急关断系统阀室29座、山体隧道5处、穿跨越26处，铺设酸气管线37千米、矿区道路57千米。截至年底，集输工程酸气联合调试完成，并实现投产投运；大湾、清溪等区块完成管道试压和智能检测、站场单机调试等任务。

【普光气田天然气净化厂工程建设任务完成】 2009年，普光气田天然气净化厂工程建设任务完成，包括建成6套联合装置及配套公用工程、硫黄储运等工程。先期投用公用工程给排水及消防管网、供电系统、净化水场、水处理站、循环水场、空压站、动力站锅炉等单元，在此基础上，通过不断优化第一、第二联合试车投产计划，加强系统吹扫、单机试运及“三查四定”工作，实现第一、第二联合4列装置的投产试运，第三至第六联合装置也将按计划陆续投产。

三查四定：查设计漏项、未完工程、质量隐患；定任务、人员、措施和完成时间。

【普光分公司完成基地建设任务】 2009年，普光分公司适应开发建设需要，相继竣工投用生产管理中心办公楼、应急救援中心办公楼和职工公寓楼及食堂，完成中国石化达州基地办公楼、会议楼、餐饮楼、宿舍楼等建设任务，并达到入住条件。

（李长江　张剑锋）

【完成川气东送管道一期工程施工任务】 川气东送工程是国家“十一五”规划重大项目，其输气管道起于四川省达州市宣汉县普光镇，止于上海，途经重庆、湖北、安徽、江苏、浙江等省市。川气东送管道一期工程于2007年3月15日开工建设，2009年3月22日完工。中原油田工程建设总公司负责管道一期工程第一、第二标段施工任务。施工中，工程建设总公司克服管道穿越山体隧道多、山区段线路长、施工条件恶劣等困难，应用大口径管道施工技术、吹扫试压干燥技术，成功铺设主管线、分支管线86千米，建设线路阀室2座。

【普光分公司科技攻关取得突破】 2009年，由普光分公司牵头，勘探开发科学研究院、采油工程技术研究院、勘察设计研究院、钻井工程技术研究院合作研究的国家科技重大专项“高含硫气藏安全高效开发技术”和“四川盆地普光大型高含硫气田开发示范工程”项目，经中国石化组织专家鉴定，在地质、钻井及酸性气田研究等方面取得突破，形成储层精细描述和开发政策优化技术、安全试气投产技术、酸气管道建设与安全运行技术、防腐监测与控制技术、废液废酸污水环保处理技术等8项关键技术；中国石化集团公司“十条龙”项目——“普光气田产能建设关键技术研究”项目在攻关中，取得开发地质、采气工艺、气藏工程、地面工程、安全环保等方面成果，经中国石化组织专家鉴定，多项指标达到国际领先水平。

【普光分公司建立应急响应体系】 2009年，普光分公司建立应急响应体系并成功接受考验。一是编制分公司、厂、车间三级应急预案464个，初步建立“一点一案、一事一案”和“横向到边、纵向到底”的应急预案体系。二是建立分公司、厂两级应急指挥系统，配备专职应急管理工程师，实行

2009年5月6日，普光分公司员工在现代化的普光分公司应急救援中心119指挥大厅实施监控　（成新亮）

24小时安全监管。三是建立分公司与宣汉县、厂与乡镇、集气站与村的三级应急联动机制。普光气田投产试运以来，应急响应体系发挥重要作用，气田未发生不可控酸气泄漏事件。

（李长江）

【普光气田天然气销售收入1.62亿元】

2008年9月，普光分公司成立销售领导小组，主要负责对天然气（硫黄）销售重大事项的讨论和决策，管理销售价格，并审批大客户的销售合同。2009年7月，普光分公司为进一步加强销售管理工作，制定《中原油田普光分公司销售管理办法》，对天然气销售的计划、合同、客户、价格、质量及计量、运行及结算等方面作出明确规定。年内，普光分公司销售天然气1.2亿立方米，其中双庙区块7.81万立方米、清溪区块5503.07万立方米、天然气净化厂6517.9万立方米，实现销售收入1.62亿元。

【普光气田硫黄销售收入101.64万元】

硫黄是普光分公司在生产天然气过程中产生的副产品。根据硫黄产量大、当地交通条件不便等特点，普光分公司制定了硫黄销售的2个原则：一是硫黄要及时外运销售，不能因积压产品影响天然气的正常生产。二是产品滞销时以保证销量为主，价格为辅；产品畅销时可既保证销量，又保证价格。在运输上，制定了以火车运输为主、汽车运输为辅的方案。2008年9月，普光分公司成立销售领导小组。2009年1月12日，普光分公司与铁道部运输局签订关于加强运输合作的框架协议，明确普光分公司自购平车，由铁道部统一管理、专车专用的运输方式。7月，普光分公司制定《中原油田普光分公司销售管理办法》，对硫黄（天然气）销售的计划、合同、客户、价格、质量及计量、运行及结算等方面作出明确规定。12月，普光分公司开始销售硫黄，完成销量1720吨，实现销售收入101.64万元。

（李长江　郭香梅）

2009年普光气田生产情况

普光气田区块	井数（口）	产气量（万立方米）				采气速度（%）	采出程度（%）
		日均产气量	月产气量	年产气量	累计产气量		
主体区块	9	346.4	10759.53	12914	12914	0.63	0.07
清溪区块	1	22.03	682.99	11055	11055		
双庙区块	1	0.40	11.92	143	1196		
合 计	11	368.83	11454.44	24112	25165		

（李长江　刘　欣）

【西南工程技术项目管理部概况】

西南工程技术项目管理部于2006年9月23日成立。主要职责：代表勘探局负责西南地区各专业化公司的生产协调管理、技术管理、安全环保监督和招标、投标的组织协调等工作。截至2009年底，项目部有员工6人，其中高级职称3人、中级职称3人；机构下设副处级职能部门3个。全年开钻11口井，交井18口井，钻井进尺5.68万米，创川东北地区新纪录3项，其中元坝3井创完钻井深最深纪录——7450米，元坝27井创单只钻头进尺最深纪录——633.02米，元坝6井创直径508毫米导管下入最深纪录——496.22米。完成测井和射孔施工325井次，研发并应用多级延时和多级减震相结合的射孔技术方案，解决了大跨度酸性高含硫碳酸岩盐气田开发中的射孔技术难题。录井20口，上交完井资料37口，气层显示发现率、取芯层位卡准率、完钻层位卡准率均为100%。完成各类固井施工78井次，固井质量合格率100%。钻具供井26井次，钻具周转量30万米，防喷器供井29井次，未发生钻具事故。开展科研项目20项，其中中国石化集团公司“十条龙”专题“废液残渣处理技术研究”项目完成合同内容，空气泡沫钻井技术取得进展，ZYH228型液动锤在大湾404-2H井试验获初步成功。自主研发的新型空气锤及配套钻头试验应用4井次，其可靠性和主要技术性能指标达到或超过国内同类产品；气体钻井雾化技术应用5井次，气井暂堵技术应用31井次，一次成功率100%。2009年，西南工程技术项目管理部加大安全环保工作的监管力度，制定下发《关于完井作业的井控补充要求》，定期召开井控例会，确保井控工作无失误。开展技术研究与难点攻关，妥善处理钻具断、卡钻等问题，在元坝10井660.4毫米井眼中首次采用泡沫钻井技术，机械钻速是使用泥浆钻井技术的3倍。组织元坝地区钻井提速活动，实现管理提速、安全提速和技术提速。

【西南工程技术项目管理部开拓市场】

2009年，西南工程技术项目管理部加强市场开拓工作。钻井方面，开拓了中国石油西南能源公司及中国石化勘探南方公司兴隆区块等市场，先后中标元坝6井、元坝10井、普陆1井、官深1井、元坝103H井、兴隆1井、大湾404-2H井、毛坝503井等钻井工程；固井方面，承担了中原油田在中国石化勘探南方公司承钻油井的固井任务；录井方面，在四川省通江、南江、巴中地区和川西等区块找到新的工作量。（杜先玉）

【西南钻井公司概况】　西南钻井公司始建于2008年6月，主要负责中原油田在西南地区的市场开拓及钻探任务。截至2009年底，西南钻井公司有员工1283人，其中高级职称11人、中级职称79人、初级职称79人；机构下设机关部室11个、直属单位7个、钻井队24支；固定资产原值8.03亿元（含西南工程技术项目管理部129.78万元）、净值5.88亿元（含西南工程技术项目管理部95.03万元）。2009年，西南钻井公司开钻11口井，交井18口，完成钻井进尺5.68万米，实际完成产值 6.84 亿元；全年所交井井身质量、固井质量合格率均为 100%。在川气东送建设工程指挥部开展的综合量化评比中，西南钻井公司连续 7 个月获第一名，其中 5 月份的前四名均为西南钻井公司钻井队。

【西南钻井公司完成普光气田主体钻井施工】 2001—2009 年，西南钻井公司承担普光气田主体钻井工程 14 个平台 33 口井的施工任务，占全部施工任务的 78% 和 87%，钻井进尺 20.07 万米。33 口井工程质量全部合格，固井施工一次合格率 100%，其中 13 口井被评为优质井，占施工井总井数的 39%。2009 年，西南钻井公司在普光气田主体、大湾区块开钻 4 口井，交井 9 口，完成钻井进尺 3.3 万米。8 月 18 日，川气东送建设工程党工委（指挥部）召开普光气田主体钻井工程庆功大会，西南钻井公司获"功勋单位"称号。（孙志华）

【普光气田大湾区块第一口水平井完钻】 大湾 405－1H 井位于四川省宣汉县黄金镇贾口村三组，是普光分公司布置在大湾构造北部高点上的一口开发井，也是大湾区块的第一口水平井。该井由西南钻井公司 70717ZY 钻井队施工，2008 年 9 月 24 日开钻，2009 年 5 月 19 日开工，完钻井深 5860 米，最大井斜 89 度，水平位移 1270 米。

【普陆 1 井创新纪录】 普陆 1 井位于四川省宣汉县清溪镇长青村，是普光分公司部署在普光主体构造上的一口重点定向评价井，设计井深 3600 米，主要任务是探明陆相地层天然气储藏情况。该井由西南钻井公司 70801ZY 钻井队承钻，2009 年 11 月 23 日开钻。钻探过程中，钻井队首次在陆相地层须家河组使用螺杆＋MD 高速钻头，使机械钻速取得突破：单只钻头纯钻时间 73 小时，单只钻头进尺 106 米，平均机械钻速 1.45 米/时，是常规钻盘钻进的 1.6 倍。截至年底，普陆 1 井钻进正常，各项指标均达到设计标准。（董温杰）

油气加工

【原油加工工作概况】 中原油田的原油加工工作主要由石油化工总厂负责。石油化工总厂始建于 1986 年，主要负责中原油田的原油加工、轻烃处理，以及为中原油田生产和周边地区供应成品油、为中原石油化工股份有限公司供应原料油等任务。截至 2009 年底，石油化工总厂有员工 1220 人，其中正式员工 1007 人、劳务用工 213 人；高级职称 33 人、中级职称 196 人、初级职称 181 人。机构下设机关职能科室 12 个、科研部室 3 个、基层单位 19 个。固定资产原值 7 亿元、净值 2.44 亿元。拥有各类生产装置 10 余套，年加工原油能力 120 万吨。主要装置有 120 万吨/年常压装置、50 万吨/年催化裂化装置、8 万吨/年气体分馏装置、8 万吨/年特种油装置、1.8 万吨/年聚丙烯装置、5 万吨/年油田轻烃处理装置、2 万吨/年液态二氧化碳装置、7 万立方米成品油库、铁路专用线和建设中的 25 万吨/年汽油加氢装置。主要产品有 93 号、90 号乙醇汽油组分油，石脑油，柴油，石油液化气，精丙烯、精丙烷、聚丙烯系列产品，液态二氧化碳，溶剂油系列产品，混合芳烃等。2009 年，石油化工总厂加工原料 82.41 万吨，其中加工原油 77.22 万吨、轻烃 5.19 万吨；完成可比综合商品率 92.14%，轻油收率 79.74%，控制加工损失率 0.62%；实现销售收入 33.86 亿元，完成利润 2.32 亿元。全厂各项经济技术指标均优于中国石化股份公司炼油装置达标指标要求，连续 17 年获"中原油田安全生产先进单位"称号。

【石油化工总厂硫氢化钠装置改造成功】 2009 年，石油化工总厂改造硫氢化钠装置，采用先进工艺对炼油装置在生产过程中产生的酸性气体进行综合利用。装置于 10 月建成，设计年产硫氢化钠 1000 吨。投产后，不仅消除了工业废气中硫化氢对空气造成的污染，而且生产的 30% 液体硫氢化钠产品还可作为铜矿选矿剂、脱毛剂等广泛应用。

【汽油加氢项目方案通过中国石化股份公司审核】 2009 年 9 月 2 日，石油化工总厂汽油加氢项目基础设计方案通过中国石化股份公司专家评审。项目通过采用 RSDS－Ⅱ工艺对催化汽油进行脱硫改质，使汽油达到国家三级排放标准。9 月，完成该项目与原有装置、公用系统的工艺管线连线、管线预留等工作；10 月，物资订货工作启动。截至年底，石油化工总厂编制压缩机、反应器、换热器等设备规格书 9 大项、100 余件，与设计单位签订技术协议 7 项，为项目施工做好了前期准备工作。

【石油化工总厂炼油装置检修完成】 2006 年 6 月 25 日，石油化工总厂 120 万吨/年炼油装置开工生产，至 2009 年 8 月 21 日停工检修，实现装置连续平稳运行 1153 天，创中原油田炼油装置连续运行时间最长纪录。参与装置检修的施工队伍有 14 支，检修人员 850 人，检修项目 2600 多个，实施技改技措项目 7 个，工期 40 天。检修中，该厂实行项目负责制，并抽调基层业务骨干 70 余人组成监护队伍，做好施工现场的安全监督和质量验收工作。9 月 30 日，石油化工总厂炼油装置检修完成，并实现开工一次成功。

【石油化工总厂完成动力锅炉系统改造】 2009 年，石油化工总厂加强节能减排工作，开展"动力锅炉燃油改燃气"项目研究，并应用研究成果完成动力锅炉系统改造。项目是将原动力锅炉所用燃料油改为油田自产的天然气，并将节约的燃料油进行深加工，以达到提高经济效益，减少综合能耗的目的。动力锅炉系统应用此项成果进行改造，系统 8 月开始施工，10 月建成投用。运行后，动力锅炉每天消耗天然气 0.7 万立方米，折合燃料油 6.52 吨，同比每天节约燃料油 5.48 吨；节约的燃料油用于催化加工后，提高该厂综合商品率 0.4%，综合能耗下降 2 千克标油/吨。

2004—2009 年石油化工总厂油气产品加工生产情况

年份 项目	2009		2008		2007		2006		2005		2004	
	产量（吨）	收率（%）	产量（吨）	收率（%）	产量（吨）	收率（%）	产量（吨）	收率（%）	产量（吨）	收率（%）	产量（吨）	收率（%）
原油加工量	772138	–	900042	–	855832	–	735411	–	742273	–	693566	–
轻烃加工量	51878	–	58591	–	58737	–	47846	–	50542	–	6670	–
商品量合计	755419	91.68	880016	91.80	836957	91.51	712828	91.01	716718	90.40	620943	88.68
汽油	217589	26.41	237654	24.79	224405	24.54	179970	22.98	167701	21.15	150730	21.53
70 号汽油	0	0	0	0	0	0	0	0	0	0	0	0
93 号汽油	0	0	0	0	0	0	0	0	0	0	5371	0.77
90 号汽油	0	0	0	0	0	0	0	0	0	0	40764	5.82
90 号乙醇汽油组分油	6963	0.85	17023	1.78	115343	12.61	132962	16.98	139114	17.55	0	0
93 号乙醇汽油组分油	210626	25.56	220631	23.02	109062	11.92	47008	6.00	28587	3.61	0	0
柴油	332928	40.40	400604	41.79	384918	42.09	330127	42.15	334872	42.24	314090	44.85
+5 号柴油	0	0.00	13000	1.36	191472	20.94	181097	23.12	0	0.00	0	0.00
0 号柴油	279288	33.89	311899	32.54	125614	13.73	81650	10.42	38878	4.90	50682	7.24
-10 号柴油	53640	6.51	75705	7.90	67832	7.42	67380	8.60	77782	9.81	76358	10.90
+10 号柴油	0	0	0	0	0	0	0	0	218212	27.52	187050	26.71
-5 号柴油	0	0	0	0	0	0	0	0	0	0	0	0
液化气	56945	6.91	72935	0.24	63140	0.00	52929	0.00	54392	6.86	48229	6.89
石脑油	72160	8.76	86699	7.61	95253	6.90	79268	6.76	74095	9.35	36393	5.20
200 号溶剂油	10020	1.22	2275	0.29	0	0	0	0	0	0	0	0
6 号溶剂油	6940	0.84	3976	0.42	4573	0.50	2820	0.36	6641	0.84	7202	1.03
120 号溶剂油	5064	0.61	2774	2.19	19663	2.15	8	1.97	8321	1.05	12901	1.84
混合芳烃	6912	0.84	9427	0.98	13343	1.46	15113	1.93	16012	2.02	12793	1.83
混合碳 5	6826	0.83	11104	1.16	9790	1.07	8095	1.03	5106	0.64	895	0.13
丙烯	18769	2.28	20987	2.19	19636	2.15	15464	0	11671	1.47	3913	0.56
聚丙烯	0	0	17447	1.82	1272	2.23	3470	2.19	9532	1.20	11814	1.69
丙烷	1342	0.16	4039	0.94	4567	0.50	2785	0.00	3702	0.47	3350	0.48

（华静宇）

【天然气处理厂概况】 天然气处理厂担负着中原油田伴生气和凝析气处理、轻烃生产、轻烃深加工和干气反输等任务。截至 2009 年底，天然气处理厂有员工 1240 人，其中正式员工 991 人、劳务用工 249 人；高级职称 32 人、中级职称 179 人、初级职称 231 人。机构下设机关科室 13 个、基层单位 15 个。资产原值 7.9 亿元、净值 2.5 亿元，拥有从德国、美国、英国、意大利、日本等国家引进的成套大型天然气处理设备。管理着大型气体处理装置 2 套、深加工装置 2 套、8700 立方米大型轻烃储运站库 1 座。该厂下属的第三气体处理厂天燃气处理装置，是中国最大的以回收乙烷等单体烃为主要目的的天然气处理装置，伴生气日处理能力 240 万立方米；第二气体处理厂年轻烃深加工能力 5 万吨，是中国最大的戊烷发泡剂生产基地；丁烷厂年产能 2.5 万吨的气雾剂级烃类抛射剂装置，为中国首家丁烷生产装置。全厂伴生气日处理能力 240 万立方米，年产轻烃 8 万 ~ 10 万吨，年产轻烃深加工产品 100 余种共计 6 万 ~ 8 万吨。2009 年，天然气处理厂处理天然气 3.42 亿立方米，其中伴生气 2.82 亿立方米；生产轻烃 8.22 万吨，超产 9963 吨，其中轻油 4.72 万吨，超产 5957 吨。实现销售收入 5.54 亿元，上缴内部利润 1.04 亿元，超缴 7724 万元，其中外部市场创收 3770 万元。综合能耗 4.56 万吨标准煤，比计划节约 2.78%。年内，天然气处理厂获“危险化学品从业单位二级（省级）企业”证书，并通过青岛中化阳光体系认证中心年度审核和油田清洁生产审核小组验收；获中国石化集团公司“廉洁文化‘六进’工程先进集体”、省级“文明单位”称号；生产的产品被评为“石油质量协会用户满意产品”和“中国质量协会用户满意产品”。（王　刚　钱宏春）

【天然气处理厂降低产品库存】 2009年，天然气处理厂针对国际金融危机导致的产品滞销，采取3项措施加大销售力度，降低产品库存。一是调整营销策略，与客户积极联系、沟通，共同分析化工原料价格走势，引导客户利用有效库容加大原料储备，促进产品的销售。二是及时收集、反馈市场信息，了解产品的销售动态及市场同类产品的生产规模、价格和市场变化情况，制定合理的营销策略，确保产品销售工作顺利开展。三是做好产品的售前、售中和售后服务，对客户提出的建议与要求，在第一时间给予回复解决，提高客户的满意度。年内，天然气处理厂销售化工产品6.91万吨，6号溶剂油、发泡剂等产品库存有所下降。（王　刚　彭少辉）

【天然气处理厂签订化工产品销售合同147份】 2009年，天然气处理厂针对化工产品市场需求萎缩的情况，主动寻找客户，加大销售量。收集已有和潜在客户信息162条，摸清客户需求，主动向客户推介产品，达成供求意向；对达成意向的客户，采取走访调查、网络搜索等方式，对其进行资信评估，以确定信用等级，控制客户风险。年内，天然气处理厂与110家客户签订147份化工产品销售合同，总量6.91万吨。

（钱宏春　彭少辉）

【天然气处理厂3项成果通过省级鉴定】 2008年，天然气处理厂依靠自身科研能力完成“凝析油电脱盐工艺技术研究与应用”、“GE MARK V燃气轮机控制系统在大型天然气处理装置中的应用”及“异戊烷产品脱酸技术的研究应用”3个项目的研究。2009年2月，濮阳市科学技术局受河南省科学技术厅委托，组织专家对天然气处理厂完成的这3个项目进行省级科技成果鉴定。鉴定委员会认为：这3个项目资料齐全，数据可靠，整体技术达到国内领先水平，符合鉴定要求，同意通过鉴定。

（王　刚　钱宏春）

【天然气处理厂开发物资计划管理系统软件】 2009年，天然气处理厂在ERP系统中开发出物资计划管理系统软件。该软件可实时跟踪和显示进出库物资信息，及时更新ERP系统采集的各项数据，监督每日计划完成情况，加大物资计划执行的监控力度。系统软件于3月20日投入使用，运行状况稳定。（钱宏春　彭少辉）

【天然气处理厂成功开发高纯度异丁烷产品】 1998年3月18日，天然气处理厂年产2.5万吨气雾剂级烃类产品分离装置建成投产，其主要产品为气雾剂级异丁烷、气雾剂级正丁烷、气雾剂级丙烷。2009年，该厂通过局部设备改造和连续参数优化等措施，在原有气雾剂级产品基础上，成功开发出纯度99.9%的高纯度异丁烷产品，超过计划纯度0.4%，含水量由百万分之十降至百万分之八以下。产品主要用于替代制冷用氯氟烃，其消耗臭氧潜能值和温室效应潜能值均接近零，是环保型产品。年内，天然气处理厂销售高纯度异丁烷产品482吨，产品附加值每吨增加2000元。

（王　刚　钱宏春）

【天然气处理厂资质认定计量认证通过省级评审】 2009年4月19日，河南省计量认证评审组按照“实验室资质认证评审准则”要求，通过听、看、查、问、考、评等方式，对天然气处理厂进行实验室资质认定计量认证监督评审。评审组认为：天然气处理厂质量体系运行规范有效，同意通过实验室资质认定计量认证监督评审。这标志着天然气处理厂检测机构出具的液化气、稳定轻烃、戊烷发泡剂、植物抽提溶剂油、橡胶工业溶剂油以及润滑油等10多种产品的参数检测结果具有准确性和权威性。

（王　刚　彭少辉）

【天然气处理厂成立普光项目部】 2009年5月15日，天然气处理厂成立普光项目部。项目部由1名厂副总师和分管硫黄储运、计量化验、车辆管理等专业人员组成。主要职责：配合普光气田天然气净化厂的建设、投产等工作，加强赴普光工作人员的日常管理。截至年底，天然气处理厂为普光气田天然气净化厂建设提供各级各类管理人员、技术人员535人，支援现场生产用车15辆。

（钱宏春　彭少辉）

【天然气处理厂46人通过国家注册安全工程师考试】 2009年，天然气处理厂针对企业要害单位、部位集中的特点，从提高安全管理层次入手，注重培养专业安全管理人员，鼓励员工报考国家注册安全工程师资格考试。同时，制定《安全工程师管理办法》和相应的考核制度，明确专兼职安全管理人员的责任、义务和享有的待遇，促进全厂安全管理工作。截至年底，天然气处理厂有46人通过国家注册安全工程师考试，占该厂总人数的3.8%，其中26人被聘为专职安全管理员。

【天然气处理厂修复6号油系统】 天然气处理厂6号油系统于2001年9月投产运行，因运行时间久，出现塔底泵腐蚀、再沸器进口管线堵塞、操作参数不易控制等现象，吨产品耗气量由106立方米增至116立方米。针对6号油系统存在的问题，天然气处理厂制定工艺大修方案，并成立工艺大修项目组，从7月20—31日，完成6号油系统大修工作。系统修复后，生产6号油的原料处理量由2立方米/时增至3.5立方米/时，整套装置日节约天然气1000立方米。

（王　刚　钱宏春）

【天然气处理厂成功生产植物油抽提溶剂】 植物油抽提溶剂是天然气处理厂的高附加值产品，各项指标均符合国家发布的《6号抽提溶剂油》标准（GB16629－1996），年产量6500吨，主要销往河南、河北、山东、湖南、安徽、陕西、浙江、广东、辽宁等省。随着人们对食品安全认知程度的加深，2008年6月23日，国家发布《植物油抽提溶剂》标准（GB16629－2008），代替《6号抽提溶剂油》标准（GB16629－1996），其主要指标苯含量由1%降至0.1%，硫含量由0.012%降至0.0005%。同时，产品馏程、溴指数、密度等指标也有所下降。面对新的标准，天然气处理厂确定了在不增加装置投入的情况下，利用优选萃取剂、控制萃取剂流量和减少分馏塔的热负荷等技术手段来实现产品达标。改进过程中，技术人员利用 HYSYS 软件，计算出影响产品质量的相关因素，制定多套优化方案，并进行模拟实验。同时，加密现场过程产品质量检验频次，实时将分析结果应用到调整生产装置参数中。经反复调试，2009 年 5 月 20 日，天然气处理厂试生产出植物油抽提溶剂达标产品，苯含量 0.02%，优于国家标准。

（钱宏春　彭少辉）

相关链接：植物油抽提溶剂主要用于食用油加工，并广泛应用于印刷油墨、皮革、农药、医药，以及 IC 电子部件的清洗等领域。

【天然气处理厂与雅克拉采气厂再次签订技术服务合同】　从 2005 年开始，天然气处理厂与西北油田分公司雅克拉采气厂逐年签订技术服务合同，产品合格率始终保持在 99.9% 以上，碳 3 产品收率 96%，其工作得到甲方认可和中国石化集团公司肯定。2009 年 9 月 23 日，天然气处理厂与西北油田分公司雅克拉采气厂再次签订为期 1 年的技术服务合同，合同标的同比上涨 71.55 万元，增幅 15%。

【天然气处理厂承办河南省职业技能轻烃装置操作工竞赛】　2009 年 9 月 7—8 日，天然气处理厂按照河南省总工会和中原油田统一部署，承办河南省轻烃装置操作工技能竞赛。该厂成立专门的筹备机构，制定详细的筹备方案，组建经验丰富的师资、选手队伍，通过分批、分期对选手进行集训和选拔，最终 45 人参赛。通过理论与实践考评，天然气处理厂初丽莉以 91.37 分取得竞赛第一名。根据油田相关规定，对取得竞赛前三名的选手分别进行 6000 至 1 万元奖励，对取得 4 至 31 名的选手按照有关规定分别破格晋升高一级等级职业资格。

（王　刚　彭少辉）

【工业正己烷产品被石油质量协会评为用户满意产品】　工业正己烷属饱和脂肪烃类，适合作植物油抽提工艺中的萃取剂、电子工业的溶剂或清洗剂，在工业中有广泛用途。多年来，中原油田天然气处理厂生产的工业正己烷产品，有良好的化学稳定性、热稳定性和高溶解性，销往国内 20 多个省市，曾获得中国环境科学学会“中国名优环保产品”、河南省科委“高新技术产品”称号。2009 年 6 月，该产品被评为“石油质量协会用户满意产品”。

（王　刚　钱宏春）

【第一气体处理厂关停】　天然气处理厂第一气体处理厂于 1983 年 8 月建成投产，是中原油田首座气体处理厂。2009 年 7 月 16 日，第一气体处理厂被整体关停。关停后，该厂 27 名管理人员和技术骨干被派至普光分公司天然气净化厂工作，其余 70 人分别在该厂内部消化或划转到采油一厂和天然气产销厂。

（钱宏春　彭少辉）

【第二气体处理厂轻烃加工装置改造完成】　2009 年，天然气处理厂对第二气体处理厂轻烃加工装置的卸车、进料、不合格产品回线等 6 个工艺流程和控制系统以及部分仪表、电路进行改造，使装置在处理伴生气稳定轻烃原料的同时，兼备处理原油稳定轻烃的能力。改造工程投资 35 万元，7 月 18 日开工，8 月 12 日改造完成。8 月 15 日—9 月 30 日，第二气体处理厂开始处理油田稳定轻烃，接收原油稳定轻烃 6387 吨，加自产原料后，总处理量 1.26 万吨，产品质量合格率 100%。

（王　刚　钱宏春）

【第三、第四气体处理厂合并】　2009 年，天然气处理厂针对伴生气量下降，第三气体处理厂、第四气体处理厂装置长期处于一套运行一套备用的情况，4 月 24 日，将第四气体处理厂与第三气体处理厂合并。合并后，两厂机关人员由 43 人缩至 30 人，精简后的人员全部充实到一线生产班组。同时，原两厂中控班组人员合为一个班组，共同做好 2 套装置的运行管理。

【第三气体处理厂应用新型智能流量仪表】　2008 年 12 月、2009 年 6 月，天然气处理厂分别在第三气体处理厂一期、二期工程装置安装新型智能流量仪表系统。安装后，技术人员根据燃气轮机燃料气的消耗情况调整设备运行参数，减少燃料气的损耗。同时，根据相关损耗数据进行轻烃收率“六清一衡算”，开展相关工艺检查，最大限度地提高装置轻烃收率。新型智能流量仪使用后，两期工程均实现精确计量损耗气，碳 2 收率 76.81%，碳 3 以上组分收率 96.06%。

（王　刚　彭少辉）

六清一衡算：每天做到处理气量清、外输干气量清、再生气量清、转换气量清、损耗气量清、轻烃产量清；根据这 6 种情况进行平衡计算，找出输差，推算出输差产生原因。

【第三气体处理厂燃气轮机壳体振动值偏高问题解决】　2009 年 2 月，天然气处理厂针对第三气体处理厂改扩建装置的燃气轮机装置壳体振动值偏高问题，研究制定维修方案，从南京聘请燃气轮机专家到现场检查，先后成功解决 VGV 执行机构传动片变形、进气涡壳软连接破损等问题。维修后，邀请西门子公司工程师利用 10 个小时完成对维修部位的校验。10 月 25 日，燃气轮机装置启动，壳体振动值控制在允许范围之内，日处理气量稳定在 90 万立方米，产品合格率 100%。

（钱宏春　彭少辉）

油气集输

【原油集输处理状况】　2009 年，中原油田有计量站 433 座、联合站 8 座、接转站 5 座、中心油库 1 座。联合站原油处理能力 890 万吨/年，原油稳定能力 850 万吨/年，原油外输能力 560 万吨/年；油库原油储备能力 36 万立方米；原油集输管线长 2247.23 千米。年处理原油 248.09 万吨，原油稳定量 230.68 万吨，原油稳定率 93.0%；原油密闭量 229.88 万吨，原油密闭率 92.7%；回收轻烃 4.33 万吨，轻烃回收率 1.7%；外输原油 249.85 万吨。有污水处理站 13 座、注水站 105 座、配水间 403 座；注水管线 1848.43 千米，年处理污水 3839.89 万立方米，原油污水回注率 100%。

（刘长松　刘香敏）

【油气储运工作概况】　中原油田的油气储运工作主要由油气储运管理处负责。油气储运管理处成立于 1997 年

4月25日，主要管辖中原油田分布在山东、河南2个省4个县9个乡（镇）116个自然村的6条总长98千米的输油干线，与采油一厂至采油五厂交接计量站6座、原油计量站1座、外销计量站1座和总容量为36万立方米的油库1个。该处担负着中原油田85%以上原油的内接、外销任务，新疆塔河油田重质原油外输系统、凝析油外输系统、轻烃液化气系统及天然气外输系统等4大系统的运营管理。同时，负责中国石化西北油田分公司原油、天然气、凝析油的内接外销工作，管理着油气站库8个和输油管线、凝析油管线、输气管线500多千米；承担中国石化天然气分公司8个山东天然气管网工区、47座输气站、26座阀室、3座阀井和1746千米天然气干线的运行管理任务。与中国石化股份公司天然气分公司签订川气东送天然气集输项目合同，负责中国石化股份公司天然气分公司川气东送管道分公司下辖的8座输气站、1座清管站、21座阀室、近600千米天然气支干线的运行管理任务。截至2009年底，油气储运管理处有员工1413人，其中正式员工724人、劳务用工689人；正高级职称1人、副高级职称21人、中级职称114人、初级职称156人。机构下设机关职能科室11个、基层单位19个。固定资产原值1.75亿元、净值6119.35万元。2009年，油气储运管理处外输原油864.08万吨，其中油田内部外输原油238.52万吨，新疆项目部外输原油583.82万吨、凝析油41.74万吨；在山东管网接收天然气11.75亿立方米，外销天然气11.71亿立方米。年内，油气储运管理处通过中国石化集团公司“五星级站库”验收，并连续13年蝉联油田“安全生产先进单位”称号。

【输油管线看护工作】　2009年，油气储运管理处管辖着6条总长近100千米的输油干线，干线上有岗楼17座，护线队员123人。维护中，该处主要利用微机监控系统、泄漏定位系统和防盗系统，及时发现不法分子打孔窃油和管线自然腐蚀穿孔。年内，输油管线发生穿孔66次，全部进行焊接补孔，管线被不法分子打孔窃油39次，发生腐蚀穿孔27次，现场累计损失油量2.59立方米，同比下降57.9%，打孔数同比下降20.4%。

【文一联至柳屯油库输油管线更换】
采油一厂文一联合站（简称文一联）至柳屯油库输油管线于1985年3月建成投产，承担着采油一厂原油外输任务，设计年输油能力300万吨。2009年9月15日，油气储运管理处针对该管线金堤河穿、跨越段腐蚀严重的情况，实施部分管线更换工程。工程投资68.4万元，由建设集团公司负责施工，更换管线650米，管线直径325毫米，壁厚7毫米。9月30日，管线更换工程完工并投产运行。

【濮三联至柳屯油库输油管线更换】
采油二厂濮三联合站（简称濮三联）至柳屯油库输油管线于1985年1月建成投产，承担着采油二厂原油外输任务，设计年输油能力180万吨。2009年5月19日，油气储运管理处针对部分管线腐蚀严重的情况，实施管线更换工程。工程投资295.26万元，由建设集团公司负责施工，更换管线3410米，管线直径219毫米，壁厚7毫米。6月25日，管线更换工程完工并投产运行。

【文二联至柳屯油库输油管线更换】
采油四厂文二联合站（简称文二联）至柳屯油库输油管线于1983年6月建成投产，承担着采油四厂原油外输任务，设计年输油能力150万吨。2009年11月5日，油气储运管理处针对管线腐蚀严重的情况，实施管线更换工程。工程投资507.82万元，由建设集团公司和工程建设总公司两家单位负责施工，更换管线6940米，管线直径219毫米，壁厚6毫米。12月26日，管线更换工程完工并投产运行。

【胡状联至柳屯油库输油管线更换】
采油五厂胡状联合站（简称胡状联）至柳屯油库输油管线于1986年12月建成投产，承担着采油五厂原油外输任务，设计年输油能力150万吨。2009年10月18日，油气储运管理处针对该管线金堤河穿、跨越段严重腐蚀的情况，实施部分管线更换工程。工程投资153.6万元，由工程建设总公司负责施工，更换管线740米，管线直径159毫米，壁厚7毫米。11月5日，管线更换工程完工并投产运行。

（周　静）

【天然气产销厂概况】　天然气产销厂组建于2000年，是集天然气开发生产、集输、外销为一体的油气生产单位，管理着文23气田、文24气藏、文96气藏、户部寨气田、濮城气顶等5个气田、107口气井、11座集气站、2座脱水站、9座增压站、32座输配气站和217条634千米集输气管线，担负着中原大化、中原乙烯等大中型企业工业用气，郑州、开封、濮阳等大中城市居民生活用气和油区60多家乡镇企业用气的供输任务。截至2009年底，天然气产销厂有员工2375人，其中专业技术人员128人、管理人员315人、操作服务人员1932人；机构下设机关科室16个、基层单位25个、项目部3个；固定资产总额21.96亿元、净值4.45亿元。2009年，天然气产销厂面对气田压力低、自然递减率大、结盐积液严重等问题，开展“大干90天，冲刺一百万”和职工创新创效等上产会战与劳动竞赛，实现了开发生产稳步推进、集输系统安全可靠、天然气外供平稳运行、内部管理持续加强、综合治理成效显著的目标。年内，天然气产销厂完成气井气商品量3.23亿立方米，生产凝析油5643吨，外销天然气5.25亿立方米，销售收入5.95亿元，清理历史欠款240万元，收款率102.61%。通过河南省“文明单位”复审验收，在中国集团公司第四届“五项劳动竞赛”活动中，第4次蝉联“红旗采气厂”称号。

（李　冬）

【中开输气管线】　中开输气管线是中原油田向开封、郑州输送天然气的管道，隶属天然气产销厂管辖。管线全长154千米，设计压力4兆帕，设计年输气量1.5亿立方米，管线材质为A3镇静钢、16锰钢。起点为天然气产销厂文留工业配气站（又称中开首站），终点为开封市东郊乡边村的中原油田开封输气站，途经河南省濮阳县，山东省东明县，河南省兰考县、开封县，穿越黄河等大中型河流4条、小型河流干渠44条、公路27条、铁路3条。全线设截断阀室6座、数字微波通信站5座、阴极保护电流防腐站4座、工艺计量站3座。中开输气管线工程是原石油部重点工程之一，投资5676.5万元，1984年4月施工，1985年2月竣工，3月14日正式输气。中开线投产之初，日输气量10万~20万立方米，日最高输气量27.4万立方米，年输气量6109万立方米。2009年，中开输气管线日输气量62.67万立方米，年输气量2.29亿立方米。（李青海）

【文23气田累计生产天然气100亿立方米】 文23气田是中国东部地区陆上探明规模最大的整装砂岩干气田，发现于1976年，含气面积12.2平方千米，探明地质储量149.4亿立方米。自1978年12月第一口气井投产以来，中原油田不断深化地质研究，加强周边滚动勘探，精细气藏管理，创新工艺技术，始终保持气田高产稳产。截至2009年7月10日，文23气田累计生产天然气100亿立方米，成为中原油田开发时间最长、产量最高、规模最大的气田。（黄 琥）

【文23气田措施增产天然气3975.3万立方米】 2009年，天然气产销厂开展文23气田精细描述研究，重点落实分块断层和局部微构造，理顺气田断块形态；利用取芯资料开展沉积微相研究，建立沉积相模式，研究气田沙四段有利储集相带的展布；运用采出程度法、RFT压力评价法等多种方法，评价气田各断块、分小层储量的动用状况，分析剩余气潜力分布，明确剩余气挖潜方向；依据气田精细描述成果，针对不同类型的剩余气潜力，实施调整井、老井开窗侧钻、换井底、下4″套管及储层改造等多种挖潜措施。年内，天然气产销厂在文23气田投产新井8口，实施措施井19井次，累计增产天然气3975.3万立方米，增加动用天然气地质储量1.85亿立方米。（杨富生）

【文留北部天然气滚动目标评价】 2008年1月—2009年12月，天然气产销厂开展文留北部天然气滚动目标评价。通过研究对比该区200多口气井的统层，建立标准对比剖面；开展构造精细研究，明确文23南延区与文23主体构造关系，编制沙四上、沙四下、三叠系顶面构造图；开展储层地球物理预测，确定有利储集区带的分布；分析研究区沙四段成藏规律，建立该区成藏模式；综合评价有利区带，进行勘探潜力分析和滚动勘探部署。2009年，天然气产销厂应用文留北部天然气滚动目标评价结果，选择有利目标1个，预计增加天然气地质储量5.4亿立方米。（李 冬）

【户部寨气田实施挖潜措施6井次】 2009年，天然气产销厂与勘探开发科学研究院、物探研究院联合开展户部寨气田挖潜方案研究。运用新采集、处理的高分辨率三维地震资料，精细解释气田断层分布及切割关系，重点落实块内小断层，在卫79－9块内部增加小断层4条；研究认为气田沙四段发育洪水—漫湖、滨—浅湖滩坝、浅水重力流及半深湖4种亚相，受沉积微相控制，气田各小层砂体发育程度差异大；采用FMI测井、常规测井、钻井井漏及压裂停泵压力等方法，分析裂缝发育情况，明确气田裂缝相对发育区；运用动静结合法评价气田的地质储量及各井区、小层的储量动用情况，落实气田潜力。年内，天然气产销厂依据户部寨气田挖潜方案研究成果，实施各类挖潜措施6井次，增产天然气330万立方米，增加动用地质储量0.37亿立方米。（魏玉鑫）

【天然气产销厂引进清洁压裂液＋氮气泡沫压裂技术】 2009年，天然气产销厂引进清洁压裂液＋氮气泡沫新型压裂技术。该技术与传统的水基压裂相比，清洁压裂液水化更彻底，可减少压裂液对地层的伤害，同时在施工过程中注入氮气，可提高压裂液返排效率。年内，天然气产销厂对文23－侧33井、文23－16井和文23－18井进行新型压裂技术试验，成功率100%，初期日增产天然气3.4万立方米，年增产359.6万立方米，其中文23－18井日增产天然气2.8万立方米。该工艺的成功应用，表明清洁压裂液＋氮气泡沫压裂技术适合低压储层，在文23气田有推广价值。（李青海）

【天然气产销厂引进水力喷砂射孔压裂技术】 2009年，天然气产销厂针对部分气井固井质量差、常规压裂不能有效改造目的层的问题，引进水力喷砂射孔压裂技术。该技术是集磨料射流与射孔、压裂、隔离一体化的新型增产措施，实施中，无需在现场额外准备材料和地面设备，只需在压裂液中加入石英砂和陶粒支撑剂，即可实现射流成孔和后续的分层段压裂作业，避免了压裂的盲目性，具有定点射孔、定点压裂的特点。年内，天然气产销厂对新文106h井实施水力喷砂射孔压裂技术实验，措施后初期日增产天然

2009年7月10日，天然气产销厂召开文23气田累计生产天然气100亿立方米庆功大会（岳耀仲）

气0.38万立方米。该工艺的成功应用，表明水力喷砂射孔压裂技术适用于射孔井段长、层间差异突出的气井。（杨富生）

【应用泡沫酸解堵技术增产天然气440.7万立方米】 2009年，天然气产销厂针对低压气井作业后，井周污染严重、常规酸化解堵针对性差的难题，与采油工程技术研究院合作引进泡沫酸解堵工艺技术。该技术是将预先配置好的高效泡沫酸液体注入泡沫发生器与高压氮气混合，形成稳定的充气泡沫酸再泵注入井，并利用充气泡沫，暂堵低压亏空层，达到解除近井地带污染，恢复气井产能的目的。年内，天然气产销厂先后在文23－39井、文23－29井等5口井成功实施泡沫酸解堵实验，增产天然气440.7万立方米。

2009年3月23日，天然气产销厂员工在濮城配气站改造流程　（杨兴阁）

【天然气产销厂接收榆济线来气】 2009年，天然气产销厂按照中国石化集团公司要求，实施柳屯增压站榆济线流程改造工程，用以接收榆济线从清丰县分输的天然气。工程投资74.61万元，由工程建设总公司负责施工建设，2009年11月2日开工，11月12日投产。主要工作量：铺设3种不同型号管线337米，安装气动球阀1套、钢法兰球阀5套、节流截止放空阀1套、先导式安全阀1套。11月15日，天然气产销厂正式接收榆济线来气。（李　冬）

【铺设柳屯配气站至石油化工总厂供气管线】 2009年，石油化工总厂对加热锅炉进行节能大修改造，所用燃料由渣油改为天然气，所需天然气由天然气产销厂柳屯配气站负责供给。天然气产销厂经研究论证，实施柳屯配气站至石油化工总厂供气管线铺设工程。工程投资49.8万元，由工程建设总公司负责施工建设，8月3日开工，8月30日竣工投产。主要工作量：铺设3种不同型号管线399米，安装高级孔板阀流量管理器及配套设施各1套、球阀2台。工程完工后，技术监测中心对管线进行检测、评估，各项指标均达到要求，可保障石油化工总厂的生产燃料用气。（李青海）

【天然气产销厂完成濮城配气站流程优化改造】 1986—2009年，濮城配气站已连续运行24年。为进一步规范地面工艺流程，解决地下管网杂乱且腐蚀严重的问题，天然气产销厂对该站流程进行优化改造。工程总投资48万元，由天然气产销厂负责组织施工，2009年7月3日开工，12月20日竣工投产。主要工作量：拆除分离器3台、站场汇管3个、万能阀组1套，新建站场汇管基础3个，购置阀门23套，更换濮一联合站、濮三联合站等计量直管段，对新铺设的埋地管线采用加强级沥青防腐管，并对自动计量电缆重新配置、统一铺设。（魏玉鑫）

【濮三联增压站配气区流程优化改造】 1987—2009年，濮三联增压站配气区已连续运行23年。为进一步优化地面流程，节约维护成本，天然气产销厂决定实施流程优化改造工程。工程投资45万元，由工程建设总公司负责施工建设，2009年8月3日开工，9月30日竣工投产。主要工作量：拆除站内闲置流程，新建伴生气和乡镇企业供气阀组，新建干气管线120米，铺设流程区地面彩色水泥步砖160平方米。工程完工后，实现了濮城乡镇企业3号站与濮三联增压站功能的合并，濮三联增压站配气区实现乡镇企业平稳供气。（杨富生）

【水电配气站流程优化改造】 为实现油田基地的双气源供气，满足居民冬季供气需求，天然气产销厂实施水电配气站流程优化改造工程。工程投资36万元，由工程建设总公司负责施工建设，2009年1月25日开工，1月28日竣工投产。主要工作量：拆除旧阀组2套，修理球阀5套和高级孔板阀2套，铺设管线90米，安装计量管理器1套，对地下管线除锈、防腐500平方米。（李　冬）

2004—2009 年天然气产销厂开发工作量

单位：井次

年份 \ 项目	工作量	文 23 气田	户部寨气田	文 24 气藏	文 96 气藏	合　计
2009	新井	4	0	0	0	4
	补孔	10	7	0	0	17
	压裂	11	7	0	0	18
	大修	0	1	0	0	1
	其他	20	4	0	0	24
2008	新井	8	1	0	0	9
	补孔	9	0	0	0	9
	压裂	12	7	0	0	19
	大修	4	0	0	0	4
	其他	18	14	0	0	32
2007	新井	7	2	0	0	9
	补孔	20	20	0	2	42
	压裂	16	19	0	0	35
	大修	0	1	0	0	1
	其他	5	1	0	3	9
2006	新井	6	5	0	0	11
	补孔	19	12	0	0	31
	压裂	26	11	0	0	37
	大修	0	1	0	0	1
	其他	7	2	0	1	10
2005	新井	7	7	0	0	14
	补孔	11	5	2	1	19
	压裂	18	10	1	0	29
	大修	0	0	0	0	0
	其他	2	0	0	1	3
2004	新井	5	3	0	0	8
	补孔	4	4	0	1	9
	压裂	8	9	0	0	17
	大修	1	1	0	0	2
	其他	1	0	0	0	1

（杨富生）

油气销售

【油气销售工作概况】 中原油田的油气销售工作由油气销售管理部负责。油气销售管理部于2004年成立，统一管理油田油气烃销售业务。主要职责：贯彻落实国家、中国石化股份公司油气烃销售政策，研究制定油田营销战略和销售策略，制定油田油气烃销售管理制度、办法；负责油气烃市场信息研究、市场开发及销售价格管理；负责油田及油田外部合作区块油气烃的年、季、月销售计划管理及销售运行管理；负责油田油气烃用户管理，组织协调油气烃年度供销合同的签订及执行工作；负责油田居民生活用天然气、液化气管理；掌握油田油气烃生产运行动态，负责油气烃供销运行协调工作。截至2009年底，油气销售管理部有员工20人，其中高级职称5人、中级职称15人；机构下设科室5个。2009年，中原油田实现销售收入110.38亿元。其中，销售原油189.46万吨，实现销售收入63.06亿元；销售成品油53.57万吨，实现销售收入30.77亿元；完成天然气商品气量5.7亿立方米，实现销售收入6.5亿元；销售一般化工产品22.23万吨，实现销售收入10.05亿元。在实际销售过程中，通过落实结构调整、积极推价、精确计量等措施，项目管理取得成效，全年实现销售增效2.09亿元，完成指标的174.38%。完成历史清欠1931.9万元，其中原油销售方面完成清欠1606.4万元，天然气销售方面完成清欠240万元，一般化工产品销售方面完成清欠85.5万元。

（刘金湘）

【原油与成品油销售】 2009年，中原油田销售原油（不含石油化工总厂用油）189.46万吨，其中供应管道原油161万吨、销售给地方企业28.23万吨，其他0.23万吨，平均销售价格3328.17元/吨，实现销售收入63.06亿元；销售成品油53.58万吨，其中供应河南省39.90万吨、河北省1.95万吨、油田自用11.73万吨，平均销售价格5742.46元/吨，实现销售收入30.77亿元。（张庆海　沈　静）

【天然气销售】 2009年，中原油田完成天然气商品量（不含普光分公司天然气）5.7亿立方米，其中外销量4.97亿立方米、内供量1.24亿立方米。天然气平均销售价格1.14元/立方米，实现销售收入7.17亿元，同比提高0.048元/立方米，实现创效2755万元。完成代输外部天然气2.84亿立方米，实现代输费收入1826万元。

（李宝连）

【化工产品销售】 2009年，中原油田销售化工产品22.23万吨，同比减少2.64万吨；平均销售价格4522元/吨，同比下降1277元/吨；实现销售收入10.05亿元，同比减少4.37亿元。（李　岩）

【天然气供应实现安全平稳运行】 2009年，油气销售管理部采取2项措施确保天然气供应安全平稳运行。(1)落实内外两种资源。争取中国石化股份公司追加投资5300万元，用于增加气井措施工作量，提供资源保证；制定天然气生产激励政策和自用气考核政策，加强燃气设备管理，提高天然气商品量；加大油区综合治理，挖掘伴生气潜力，减少天然气流失；加大外部资源引进力度，引进资源2.84亿立方米，其中从濮阳地区引进1.74亿立方米，占总资源量的61%，缓解了供需矛盾。(2)抓好调峰供气的运行。在季调峰上，夏天加强产能建设，储备调峰资源，鼓励工业用户夏季满负荷生产，入冬前完成主要工业用户的年度供气计划，入冬后停止供气，为民用气避峰。在日调峰上，居民三餐用气高峰时，工业用户降低负荷、CNG加气站停止加气，工业用户在夜间提高生产负荷。通过实施应急预案和立体调峰手段，实现天然气产、输、销、用各个环节的紧密衔接，削减了峰谷差。（李宝连）

【油气产品销售内控监管工作】 2009年，油气销售管理部进一步深化ERP系统应用，加强销售内控监管工作，未出现个人擅自提价现象，货款回收率100%。(1)启用ERP系统客户信用控制，将不同客户设置为高中低3种风险级别，对中国石化外部客户采用高中风险级别管理，即先到款后发货的销售方式，对中国石化内部客户，尤其是通过中国石化财务有限责任公司内部转账网络结算的企业，设置为低风险，采用订单销售方式。(2)加大价格监管力度，开发ERP价格审批程序，使销售人员无法在系统中调整价格，由财务人员维护价格主数据；在销售价格审批方面，在ERP系统中设定不同级别的价格审批权限，规范了审批程序。(3)加强内控权限管理，完善不相容岗位设置，使任何一项经济业务活动均要经过不相容的几个部门或人员的验证、核对和制约。

（李　岩）

【油气产品销售业务监督工作】 2009年，油气销售管理部贯彻落实中原油田《油气产品销售业务监督办法》，从4个方面开展监督活动，不断提高规范化管理水平。(1)完善油田层面的监督机制和奖惩机制，做好业务监督的统筹协调、宏观指导和检查落实工作；各销售业务单位通过细化目标、明确责任，将业务监督执行到现场、落实到岗位，确保业务监督取得实效。年内，监督检查各种凭证、发票、银行对账单、函证等1万余份，发现问题26项，通过督促相关业务人员及时整改，避免了销售风险。(2)聘任销售监督员265人，形成包括油田、系统、单位、基层在内的4级立体监督网络，做到项目管理率100%、销售环节监督率100%。(3)对原油、轻烃和成品油等统配产品，主要抓好计量人员培训、计量仪表标定、计量参数优化和计量交接把关，将监督管理重点放在精确计量、降损增效上。对石油化工产品和天然气深加工产品等自销产品，监督重点主要体现在跟踪市场、积极推价上，尤其是在天然气商品的销售上，既保证了销售效益，又兼顾了社会稳定。(4)将业务监督与开展销售创效大讨论相结合，通过“比一比、看一看、找一找、挖一挖”，充分挖掘提高油气销售效益的有效途径，促使销售创效由“监督约束”向“积极主动”转变。将业务监督与项目管理相结合，成立调整产品结构创效、推价创效、降耗创效、清理历史欠款和代输天然气管理创效5个子项目组，把项目总目标进行分解，并制定详细、严格的奖罚标准，调动销售人员的积极性。全年实现销售增效2.09亿元，完成指标的174.38%。

【中原油田销售创效 2.09 亿元】 2009 年，针对中原油田首次将油气产品销售创效纳入项目管理，油气销售管理部制定项目运行方案，成立项目组办公室，分解项目总目标，并制定考核细则和奖惩标准，促使销售人员从被动监督向积极创效转变。同时，结合销售工作实际，在系统内部开展销售创效大讨论活动，找准创效方向和挖潜空间。年内，中原油田实现销售创效 2.09 亿元，完成项目指标的 174.38%。其中，调整产品结构创效 1845 万元；天然气推价创效 2691 万元，一般化工产品推价创效 1075 万元；实现原油降耗 3.31 万吨，按照全年原油平均价格计算创效 1.1 亿元；成品油及轻油减少储运损耗增收 545 万元；清理销售原油历史欠款 1606.40 万元，清理销售天然气历史欠款 240 万元；全年代输天然气 2.84 亿立方米，实现管输费收入 1826 万元；液态乙烷管输费收入 102 万元。

（刘金湘）

2004—2009 年中原油田天然气商品量完成情况

单位：亿立方米

区域	序号	用户	2009	2008	2007	2006	2005	2004
河南省	1	郑州市	0.20	0.32	0.67	0.80	0.90	0.62
	2	开封市	0.20	0.34	0.44	0.38	0.33	0.24
	3	安阳市	0	0.35	0.72	0.91	0.94	0.79
	4	濮阳市	2.93	3.21	3.67	3.57	2.86	3.02
	5	石化企业	0.21	0.20	0.17	0.16	0.15	0.15
	6	河南省中原大化集团有限责任公司	0.41	1.60	2.17	2.69	3.04	3.32
	合　计		3.95	6.02	7.84	8.51	8.22	8.14
山东省	1	中济线	0	0	0.12	1.16	1.71	1.10
	2	德州市	0	0.07	0.37	0.42	0.38	0.26
	3	聊城市	0.15	0.44	0.50	0.43	0.44	0.46
	4	菏泽市	0.40	0.48	0.61	0.48	0.31	0.31
	合　计		0.55	0.99	1.60	2.49	2.84	2.13
河北沧州化肥厂			0	0	0.02	0.16	0.45	1.08
沈阳黎明发电厂			0	0	0.03	0	0.21	0.36
外销气合计			4.50	7.01	9.49	11.16	11.72	11.71
内供气	1	油田生活	0.45	0.39	0.37	0.36	0.36	0.32
	2	河南中原绿能高科有限责任公司	0.75	0.84	0.66	0.51	0.44	0.43
	合　计		1.20	1.23	1.03	0.87	0.80	0.75
商品量合计			5.70	8.24	10.52	12.03	12.52	12.46

（李宝连）

【燃气管理处概况】 燃气管理处主要负责油田居民生活、取暖、工业及部分商业用天然气的供气管理和液化气的供应、批发、销售工作。截至 2009 年底，燃气管理处有员工 1033 人，其中正式员工 830 人、劳务用工 203 人；高级职称 24 人、中级职称 182 人、初级职称 169 人。机构下设机关科室 10 个、供气大队 11 个，液化气经销、服务单位 2 个，辅助生产单位 7 个。固定资产原值 1.94 亿元、净值 1.42 亿元。2009 年，燃气管理处销售天然气 4765 万立方米、液化气 4.59 万吨，实现销售收入 2.22 亿元，完成油田下达的生产经营指标。

【天然气供应与管理】 2009 年，燃气管理处合理分配气量指标，加强生产协调和运行管理，做好计量交接和输差控制，确保天然气的供应与管理平稳有序。根据国家和河南省天然气价格政策，经与河南省发展和改革委员会、濮阳市物价局商讨，并召开天然气价格调整听证会征求意见，完成天然气推价工作。新执行的天然气价格：如当月用气量不超过 50 立方米，居民天然气价格由每立方米 1.2 元升至 1.8 元，当月用气量超过 50 立方米，天然气价格为每立方米 2.2 元。同时，工业用气、采暖用气、经营用气的价格均有所上升。年内，为油田内部居民供气 2305 万立方米，为油田外部住宅小区供气 67 万立方米，为工业采暖供气2113万立方米，为商业用户供气280万立方米，实现天然气气款收入5300万元，在供气数量和经济效益方面均有所增长。

【销售液化气4.59万吨】 2009年，中原油田液化气销售全部面向市场，实行批发兼零售经营方式，在价格上随行就市；加大销售信息搜集、销售指标分解、客户跟踪等方面的工作力度，根据市场走势，提高营销效率，确保油田液化气的整体产销平衡。年内，累计销售液化气4.59万吨，销售收入1.69亿元。

【液化气充装站改造工程完工】 燃气管理处液化气大队充装站治理改造工程，是中国石化集团公司安全治理项目，涉及甲级要害部位的管网、消防、电器、监控等多个环节。工程于2009年8月10日开工，10月27日完工。11月10日，充装站投入生产试运行，各项指标显示运行状况安全平稳。

（张新军　李家俊）

油气田介绍

【文中油田】 文中油田隶属采油一厂管辖。构造位于东濮凹陷中央隆起带文留构造中部，南北长10千米，东西宽8千米，有开发单元12个，开发层位为沙二段—沙三段，属复杂断块低渗透岩性油藏，地层水为氯化钙型。1975年5月，濮参1井见到工业油流，发现文中油田，并于1979年7月全面投入开发，是中原油田最早投入开发的油田。截至2009年底，文中油田动用含油面积28.87平方千米，石油地质储量4823.02万吨，可采储量1720.47万吨，标定采收率35.67 %。有油井363口，年生产原油29.78万吨，综合含水率91.26%，累计生产原油1477.84万吨；注水井284口，年注水418.80万立方米，累计注水1.03亿立方米，累计注采比1.25；工业采油速度1.77%，工业采出程度87.76%，综合递减率13.36%，自然递减率18.64%。

【文东油田】 文东油田隶属采油一厂管辖。构造位于东濮凹陷中央隆起带文留构造东翼，西以文东断层为界，东临前梨园生油洼陷，纵向上以文9盐层为界，分为文东盐上和文东盐间2个油藏。其中文东盐间油藏为文东油田的主力油藏，有开发单元6个，开发目的层为下第三系沙河街组沙三中亚段，主要含油层位沙三中$^{4-10}$是泥岩夹稳定油页岩与砂岩—粉砂岩组成的砂泥岩段；构造背景以文13背斜为主，构造平面上呈北东向延伸，南北长约20千米，东西宽约2～4.5千米，油藏构造被文东断层和文13断层切割形成断层遮挡构造圈闭，内部发育多条次级断层；盐上油藏包括开发单元4个。1976年10月，文2井钻喷获天然气，发现文东油田，1987年正式投入开发。截至2009年底，文东油田动用含油面积27.4平方千米，石油地质储量5223.42万吨，可采储量1400.45万吨，标定采收率26.81%。有油井223口，年生产原油17.98万吨，综合含水率90.58%，累计生产原油1191.45万吨；注水井170口，年注水250.32万立方米，累计注水6919.87万立方米，累计注采比1.23；工业采油速度1.3%，工业采出程度85.87%，综合递减率6.58%，自然递减率15.52%。

（姜洪洁）

【濮城油田】 濮城油田隶属采油二厂管辖。构造位于东濮凹陷中央隆起带北端，南北长16千米，东西宽12千米，整个管辖面积约115平方千米，是一个埋藏深、含油层系多、油藏类型多、非均质性严重的断块油气田。油气田由濮城主体和文卫濮结合部2部分构成，发现沙一、沙二上、沙二下、沙三上、沙三中、沙三下、沙四上等7套含油气层系，地层水为氯化钙型。1979年3月，文35井首获工业油流，发现濮城油田，1980年3月正式投入开发。截至2009年底，濮城油田累计探明石油地质储量1.61亿吨，动用含油面积75.1平方千米，动用石油地质储量1.53亿吨，标定可采储量5026万吨，标定采收率32.79%。全厂共有开发单元32个，其中高渗透油藏1个，石油地质储量1135万吨，占总储量的7.4%；中渗复杂断块油藏10个，石油地质储量8221.7万吨，占总储量的53.6%；常压低渗油藏10个，石油地质储量4030.7万吨，占总储量的26.3%；高压低渗极复杂断块油藏11个，石油地质储量1940万吨，占总储量的12.7%。有油井830口，年生产原油58.96万吨、天然气1.24亿立方米，累计生产原油4507.24万吨、天然气76.83亿立方米；有注水井676口，年注水1199万立方米，累计注水3.79亿立方米，累计注采比1.24；工业采油速度1.18%，工业采出程度89.68%，综合递减率7.35%，自然递减率13.79%。

（苗大军）

【文明寨油田】 文明寨油田隶属采油三厂管辖。构造位于东濮凹陷中央隆起带最北端，是一个在穹窿背景下被断层复杂化的极复杂断块油田，具有断层多、断块小的特点。油田被北东走向、倾向东南的明5块断层和走向北东、倾向相反的卫7断层所控制，地层水为氯化钙型，分为10个开发单元，含油面积10.8平方千米，地质储量2821.42万吨，占总储量的32.49%，标定采收率39.07%，地层水为氯化钙型。1982年，文明寨油田正式投入开发。截至2009年底，文明寨油田有油井239口，年生产原油24.45万吨，累计生产原油881.23万吨，综合含水率85.00%；注水井196口，年注水185.62万立方米，累计注采比0.89；工业采油速度2.22%，工业采出程度79.94%，综合递减率6.29%，自然递减率15.8%。

【卫城油田】 卫城油田隶属采油三厂管辖。构造位于东濮凹陷隆起带北段、濮城凹陷西侧，是一个受东北走向、倾向相反的卫东和卫西2个断裂带控制的垒型复杂断块构造，包括浅层油藏和深层油气藏，含油面积26.1平方千米，地质储量4199.01万吨，标定采收率31.28%。浅层油藏有卫58块、卫18块、卫36块、卫20块、卫4块、卫37块、卫229块等14个开发单元，均为复杂断块油藏，含油层系为沙一下—沙三中，石油地质储量1660.56万吨，占总储量的19.12%。深层油藏有卫11块、卫10块、卫2南块、卫2北块、卫22块、卫81块、卫49块、卫360块、卫75块、卫77块三叠系等10个开发单元，含油层系为沙三下—沙四，均为低渗透砂岩油藏，石油地质储量2538.45万吨，占总储量的29.23%。深浅层油藏地层水均为氯化钙型。1982年，卫城油田正式投入开发。截至2009年底，卫城油田有油井374口，年生产原油33.78万吨，累计生产原油1018.23万吨，综合含水率84.55%；注水井258口，年注水314万立方米，累计注采比1.34；工业采油速度2.57%，工业采油程度77.53%，综合递减率10.36%，自然递减率19.11%。

【马寨油田】 马寨油田隶属采油三厂管辖。构造位于东濮凹陷西斜坡带的北端，含油面积9.8平方千米，石油地质储量1236.87万吨，标定采收率28.91%，含油层位主要为沙三中、沙三下和沙四段，有卫95块、卫305块、卫94块、卫334块等5个开发单元，均属复杂断块油田，地层水为氯化钙型。1987年，马寨油田正式投入开发。截至2009年底，马寨油田有油井112口，年生产原油7.36万吨，累计生产原油299.35万吨，综合含水率88.12%；注水井97口，年注水量101.86万立方米，累计注水量1974.57万立方米，累计注采比1.13；工业采油速度2.24%，工业采出程度79.93%，综合递减率9.16%，自然递减率15.65%。

【古云集油田】 古云集油田隶属采油三厂管辖。构造位于东濮凹陷中央隆起带北端，是卫城构造向东方向延伸的被断层复杂化的滚动背斜构造，含油面积7.4平方千米，动用石油地质储量426.73万吨，标定采收率21.40%，含油层系沙三上、沙三中、沙三下，包括云3块、云2块、明10块、云2沙一中、卫53块、云9块等7个开发单元，均属复杂断块油田。其浅层构造主要是卫东断层及与之相伴生的一系列西倾断层形成的滚动式半背斜反向屋脊式构造，深层是卫城垒带向北东方向的延伸部分，主力区块云3块于1980—1994年先后部署9口井，除云2井沙三中处于油水边界外，其余井均获工业油流。1990年，古云集油田正式投入开发。截至2009年底，古云集油田有油井28口，年生产原油5.92万吨，累计生产原油51.97万吨，综合含水率80.92%；注水井21口，年注水量14.39万立方米，累计注水量104.81万立方米，累计注采比0.60；工业采油速度6.78%，工业采出程度55.98%，综合递减率－0.36%，自然递减率7.96%。

（单晓伟）

【文南油田】 文南油田隶属采油四厂管辖。构造位于东濮凹陷中央隆起带文留构造南部，南北长12.6千米，东西宽5.1千米，含油面积64.4平方千米，呈北东—南西向分布，主要有文33块、文95块等9个断块区组成，主要含油层下第三系沙河街组沙二下、沙三上和沙三中亚段，是一个异常高温、高压、高油气比、低渗、高饱和的复杂断块油气藏。1983年，文南油田正式投入开发。截至2009年底，文南油田有油井654口，累计生产原油1602.21万吨，累计外输天然气47.39亿立方米，综合含水率80.3%；有注水井460口，年注水量389.44万立方米，累计注水量8233.17万立方米，月注采比1.74，累计注采比1.42；地质采油速度0.52%，工业采出程度82.07%，地质采出程度18.61%，综合递减率14.88%，自然递减率21.99%。

（刘明镜）

【胡状集油田】 胡状集油田隶属采油五厂管辖。构造位于东濮凹陷西斜坡带中部，南北长50千米，东西宽7.5千米，呈北东—南西向分布，主要受五星集断层、石家集断层和长垣断层控制，含油层为下第三系沙河街组和沙四段，地层水为氯化钙型。1983年5月，开37井首获工业油流，发现胡状集油田，1985年正式投入开发。截至2009年底，胡状集油田有油井497口，年生产原油30.6万吨，累计生产原油917.82万吨，综合含水率90.99%；注水井282口，年注水333.85万立方米，累计注水6820.14万立方米，累计注采比1.09；工业采油速度2.5%，工业采出程度74.87%，综合递减率11.23%，自然递减率15.63%。

（杨　鲁　魏　敏）

【庆祖集油田】 庆祖集油田隶属采油五厂管辖。构造位于东濮凹陷西斜坡石家集和长垣2条断层结合部，东北与胡状集油田胡12块相连，西南与海通集洼陷相通。庆祖集油田主要发育3条东倾正断层，自东向西依次是长垣断层、石家集断层、五星集断层。含油层位沙河街沙三上到沙四段，地层水为氯化钙型。1986年9月，庆4井首获工业油流，发现庆祖集油田，1987年2月正式投入开发。截至2009年底，庆祖集油田有油井68口，年生产原油5.02万吨，综合含水率78.94%，累计生产原油92.22万吨；注水井37口，年注水30.13万立方米，累计注水474.04万立方米，累计注采比1.45；工业采油速度3.66%，工业采出程度67.26%，综合递减率－0.76%，自然递减率15.38%。

（杨　鲁　谷　磊）

【刘庄油田】 刘庄油田隶属采油五厂管辖。构造北部是中央隆起带向南的倾没端，南部是桑村集—南湖—桥口—白庙横向变换调节带，与中央隆起带相隔，东西两侧为前梨园、海通集洼陷；勘探面积约120平方千米。刘庄油田主要由郎中集和刘海2大断块区断块组成，含油层位沙河街组沙一至沙三段，地层水为氯化钙型。1981年实施地震勘探发现刘庄构造，1983年刘1井首获工业油流，发现刘庄油田，1983年5月正式投入开发。截至2009年底，刘庄油田累计探明石油地质储量484万吨，动用地质储量279.55万吨，可采储量42.17万吨。有油井23口，年生产原油1.43万吨，综合含水率76.06%，累计生产原油13.25万吨；注水井5口，年注水1.86万立方米，累计注水10.14万立方米，注采比0.32；工业采油速度3.39%，工业采出程度31.41%，综合递减率11.2%，自然递减率12.41%。

（杨　鲁　徐安书）

【赵庄油田】 赵庄油田隶属采油五厂管辖。构造位于东濮凹陷斜坡带长垣断层下降盘赵庄构造，呈东西分带、南北分区隆洼相间特征，从西到东可分为桑村集断阶带和东部洼陷带。2005年，赵庄油田正式投入开发。截至2009年底，赵庄油田有油井5口，年生产原油1804吨，综合含水率69.57%，累计生产原油1.69万吨，自然递减率48.77%，油田未投入注水开发。

（杨　鲁　魏　敏）

【桥口油田】 桥口油田隶属采油六厂管辖。构造位于东濮凹陷中央隆起南部桥口至徐集亚二级构造带的北端，南北长10千米，东西宽8千米，呈北东—南西向分布，主要由桥7块、桥18块、桥29块、桥46、桥50块、桥58块、桥66块7个开发区块、34个小断块组成，含油层系沙二下—沙三下，油藏埋藏深度2500～3550米。1987年10月，桥口油田正式投入开发。截至2009年底，桥口油田动用含油面积26.4平方千米，动用石油地质储量1414.82万吨。有油井104口，年生产原油6.93万吨，综合含水率76.96%，累计生产原油187.91万吨；注水井76口，年注水44.23万立方米，累计注水878.74万立方米，注采比1.3；工业采油速度2.92%，工业采出程度79.19%，综合递减率4.27%，自然递减率8.99%。

【马厂油田】 马厂油田隶属采油六厂管辖。构造位于东濮凹陷中央隆起带南部的唐庄至马厂构造带，是被马厂系列断层复杂化的断背斜构造，东西宽6千米，南北长17千米，总面积102平方千米，包括马19块、马11块、马10块、马1块等7个区块。主力含油层系沙三中和沙三下亚段，油藏埋藏深度2500～3200米。区域内形成自然断块44个，平均断块面积0.16平方千米，其中最大0.98平方千米，最小0.02平方千米，属极复杂断块油藏。1987年10月，马厂油田正式投入开发。截至2009年底，马厂油田动用含油面积17.9平方千米，动用石油地质储量1261.11万吨。有油井116口，年生产原油6.63万吨，综合含水率86.97%，累计生产原油264.08万吨；注水井71口，年注水59.99万立方米，累计注水1573.21万立方米，注采比1.08；工业采油速度2.05%，工业采出程度81.76%，综合递减率24.45%，自然递减率27%。

【徐集油田】 徐集油田隶属采油六厂管辖。构造位于东濮凹陷中央隆起带桥口至徐集构造带南端，为徐集地垒带的东北部分，油田主体是由徐6断层和徐东断层夹持的复杂断块区，含油层系沙三中—沙三下，属常温常压油藏。1994年1月，徐集油田正式投入开发。截至2009年底，徐集油田动用含油面积2.2平方千米，动用石油地质储量211万吨。有油井14口，年生产原油1.06万吨，累计生产原油31.35万吨；注水井15口，年注水6万立方米，累计注水122.24万立方米，注采比1.29；工业采油速度2.53%，工业采出程度74.63%，综合递减率11.78%，自然递减率16.51%。

【三春集油田】 三春集油田隶属采油六厂管辖。构造位于东濮凹陷中央隆起带南端，东南与固阳洼陷、红庙至宋营构造带相望，北西与葛岗集南洼、姚寨次洼与唐马构造带为邻，南端与兰考凸起相接，向北倾没于葛岗集南洼陷之中，构造带主体南北长20千米，东西宽6千米，勘探面积120平方千米，是黄河南地区重要油气聚集区之一。该构造已探明春8、春8东块、春9、春17块4个油气富集块，探明含油面积4.7平方千米，探明石油地质储量361万吨，动用含油面积2.6平方千米，动用石油地质储量222万吨，标定采收率12.86%，可采储量28.55万吨，属常温常压油藏。1993年1月，三春集油田正式投入开发。截至2009年底，三春集油田动用含油面积4平方千米，动用石油地质储量248.93万吨。有油井15口，年生产原油1.09万吨，累计生产原油22.96万吨；注水井7口，年注水6.40万立方米，累计注水45.99万立方米，注采比0.48；工业采油速度5.78%，工业采出程度72.06%，综合递减率3.82%，自然递减率3.82%。 （李兵华）

【达尔其油田】 达尔其油田隶属内蒙采油事业部管辖。构造位于二连盆地白音查干凹陷翁特断裂带达尔其构造带，南北长6.7千米，东西宽15.3千米，大致呈NEE向分布，主要由达2断块、达14断块、达24断块、达33断块、达39断块组成，含油层位都红木（k1bd1）和腾格尔（k1bt），油藏埋藏深度400～1000米，属构造油藏，地层水为碳酸氢钙型。1995年9月，达2井腾格尔组获工业油流，发现达尔其油田，2004年4月正式投入开发。截至2009年底，达尔其油田有油井78口，年生产原油3.56万吨，综合含水率69.17%，累计生产原油19.27万吨；注水井32口，年注水11.04万立方米，累计注水32.98万立方米，注采比1.09；工业采油速度5.88%，工业采出程度31.85%，综合递减率20.53%，自然递减率21.08%。

【桑合油田】 桑合油田隶属内蒙采油事业部管辖。构造位于二连盆地白音查干凹陷翁特断裂带桑合构造带，南北长3.5千米，东西宽10千米，大致呈NEE向分布，主要由查9断块、查12断块和查27断块组成，含油层位都红木（k1bd），油藏埋藏深度750～1180米，属构造油藏，地层水为氯化钙型。1996年9月，查3井获工业油流，发现桑合油田，2004年4月正式投入开发。截至2009年底，桑合油田有油井38口，年生产原油1.74万吨，综合含水率82.66%，累计生产原油12.39万吨；注水井18口，年注水7.19万立方米，累计注水23.58万立方米，注采比0.79；工业采油速度2.28%，工业采出程度16.25%，综合递减率37.44%，自然递减率38.54%。

【锡林好来油田】 锡林好来油田隶属内蒙采油事业部管辖。构造位于二连盆地白音查干凹陷翁特断裂带锡林好来构造带，南北长5.6千米，东西宽8.6千米，大致呈NEE向分布，主要由锡3断块、锡6断块、锡12断块和锡13断块组成，含油层位腾格尔（k1bt），油藏埋藏深度1580～2040米，属岩性构造油藏，地层水为碳酸氢钙型。2006年10月，锡3井获工业油流，发现锡林好来油田，2007年9月正式投入开发。截至2009年底，锡林好来油田有油井36口，年生产原油2.93万吨，综合含水率59.45%，累计生产原油4.58万吨；注水井2口，年注水1.08万立方米，累计注水1.4万立方米，注采比0.2；综合递减率－25.02%，自然递减率－20.59%。

【白庙、桥口气田】 白庙、桥口气田隶属采油六厂管辖。白庙气田位于东濮凹陷兰聊大断层的下降盘，南北长10千米，东西宽5千米，呈北东—南西向分布，主要有白庙主体和白55块2个断块组成，含气层位沙二下—沙三下，属于复杂断块低渗特低渗凝析气藏。桥口气田位于东濮凹陷中央隆起带桥口构造东翼，南北长10千米，东西宽6千米，呈北东—南西向分布，主要有桥14断块、桥69断块、桥58断块组成，含气层位沙三中—沙三下，属深层凝析气田。1999 年，白庙气田正式投入开发；2002 年，桥口气田正式投入开发。截至 2009 年底，白庙、桥口气田共有气井 72 口，年产天然气 0.54 亿立方米，累计生产天然气 9.41 亿立方米；探明含气面积 55.24 平方千米，探明天然气地质储量 193.97 亿立方米，探明凝析油地质储量 534.14 万吨；动用地质储量 72.7 亿立方米，可采储量 30.89 亿立方米，开发储量采收率 42%。（李兵华）

【文 23 气田】 文 23 气田隶属天然气产销厂管辖。构造位于东濮凹陷中央隆起带北部文留构造的高部位，是受文西、文东 2 条大断层所夹持具有 2 个高点的背斜构造，主要由主块、西块、东块、南块等 4 个断块区组成，含气层位沙河街组沙四段，岩性为灰白色、浅灰色粉砂岩、细砂岩和砂质泥岩，埋藏深度 2743～3130 米，储层物性差，储层平均孔隙度 12.2%，是中国东部地区探明规模最大的整装砂岩干气田。1986 年上报探明含气面积 12.2 平方千米，天然气地质储量 149.4 亿立方米。气田地层水不活跃，为氯化钙型和硫酸钙型。1977 年 1 月，文 4 井在钻遇下第三系沙河街组沙四段地层时发生强烈井喷，发现文 23 气田，1990 年 1 月，气田正式投入开发。1991—2000 年为气田开发稳产阶段，生产井数 21 口，以年产天然气 4 亿立方米规模稳定生产；2001—2006 年为气田调整上产阶段，年产天然气升至 6 亿立方米。2005 年下半年以来，随着采气速度的提高，文 23 气田采出程度达到 60%，地层压力下降，气田全面结盐，自然递减率加大，2006—2009 年自然递减率分别达到 19.8%、30.2%、35.78%、40.6%。截至 2009 年底，文 23 气田有气井 64 口，年生产天然气 2.85 亿立方米，累计生产天然气 101.26 亿立方米；工业采气速度 2.65%，工业采出程度 94.07%。（杨富生）

【户部寨气田】 户部寨气田隶属天然气产销厂管辖。构造位于东濮凹陷中央隆起带北部文卫结合部，南部紧邻文 23 气田，北部过渡为卫城油气田，南北长 10 千米，东西宽 2～4 千米，呈北东向分布，平面上分为卫 79－9 块、卫 79－9 西块、文 198 块、卫 351 块、部 11 块、濮 88 块、部 1－8块、文 199 块 8 个断块，均获工业气流，其中卫 79－9 块为主力含气断块，含气层位沙四段，埋藏深度 3200～3500 米，物性差，发育有天然微裂缝，属断块层状低渗致密裂缝型砂岩湿气藏。该气田气水关系复杂，各断块具有不同的气水界面，地层水为氯化钙型。1992 年，卫 79－9 井首获工业气流，发现户部寨气田，1999 年正式投入开发。截至 2009 年底，户部寨气田有气井 28 口，年产天然气 0.43 亿立方米，累计生产天然气 12.21 亿立方米；工业采气速度 2.02%，工业采出程度 57%。（魏玉鑫）

2009 年 7 月 17 日，普光分公司技术人员在普 303 集气站联调现场指挥施工　（马洪山）

石油工程

综　合

【石油工程综述】　石油工程是中原油田三大板块之一，涉及的单位（部门）21个。2009年5月，中国石化集团公司在中原油田召开打造石油工程铁军现场会，总结推广中原石油工程的经验和做法。中原油田贯彻现场会精神，进一步整合资源，优化市场，稳步发展，区域一体化成效显著。发挥西北市场技术、装备、人才等资源优势，施工效率逐步提高，机械钻速提高9.4%；测井、录井同步跟进，地面建设市场份额扩大。东北市场由分散管理变为集中管理，与中国石化股份公司东北油气分公司形成了战略伙伴关系。海拉尔市场实行生产、经营、技术、管理“四统一”，工作量同比持平，机械钻速同比提高32.1%，钻井周期同比缩短35.6%。根据市场情况进行优化调整，将2台7000米钻机调整到西南分公司新区，扩大西南区域市场份额。江苏市场进一步扩大，钻井进尺同比增长122%。冀东市场以优质服务赢得信誉，巩固了钻井、测井市场，新开辟山西煤层气市场，进入延长油矿和长庆天然气探井市场。海外市场坚持“规范管理、互利双赢、扎根海外、长期发展”的理念，实现市场结构进一步向高端高效市场优化、队伍结构进一步向潜力市场优化、项目结构进一步向技术配套方向优化的“3个优化”。在沙特首次与哈里巴顿公司合作中标3台钻机、150口井大包项目；新开发科威特、伊朗、毛里塔尼亚3个国际市场，其中科威特市场有钻井队3支，中标5+1年钻井项目，合同额4亿美元；伊朗市场有钻井队1支，中标合同额960万美元；毛里塔尼亚市场有钻井队1支，中标合同额920万美元。截至年底，苏丹市场有钻机11台、物探队5支；印尼市场有钻井队3支；哈萨克斯坦市场有钻机12台。发挥油田综合实力，加快地面工程发展，中标苏丹6区EPCC总包项目，合同额6112万美元；连续中标沙特市场4个路桥项目，合同额1.58亿美元。全年新签合同53个、合同额6.28亿美元，同比增长22.4%，海外市场实现收入5.13亿美元。年内，中原油田国内外部市场钻井开钻856口，交井869口，钻井进尺230万米，钻井进尺增加22%，钻井周期同比下降12.82%，机械钻速同比提高14.32%，实现收入61.58亿元；创中国企业新纪录9项、中国石化集团公司钻井新指标6项，再次入选中国对外承包工程企业19强、国际承包商112强。　（汪中华）

物　探

【物探公司概况】　石油天然气地震勘探资料采集、现场处理及相关技术研究等服务工作由地球物理勘探公司（简称物探公司）承担，是服务工程专业化公司。截至2009年底，物探公司有员工1252人，其中正式员工1129人、劳务用工123人，具有高级职称82人、中级职称218人、初级职称167人；机构下设机关科室11个、基层单位12个。拥有主要设备588台套，设备综合新度系数0.46；固定资产原值4.03亿元、净值1.87亿元。2009年，物探公司完成二维地震勘探施工4895.96千米、三维地震采集施工1662平方千米，垂直地震测井（VSP）1口。其中，完成国内二维地震勘探施工2152.73千米、三维地震采集施工997.23平方千米，垂直地震测井1口。全年实现产值6.4亿元，其中国内地震勘探施工项目收入4.3亿元，占全年总收入的67.2%。2月，物探公司通过深圳鹏程国际认证有限公司GB/T19001－2008/ISO 9001:2008认证；4月，获中国质量协会石油分会“石油工业用户满意服务”称号。

2009年3月15日，物探公司在苏丹5区进行物探测量　（刘宗志）

【地震工作量及质量】 2009年，物探公司完成国内、国外二维工作量4895.96千米、三维工作量1662平方千米。其中，国外二维地震勘探施工2743.23千米、三维地震采集施工664.77平方千米，获二维地震勘探资料采集记录9.07万张、三维地震勘探资料采集记录15.99万张。国内二维、三维工作量分别为2152.73千米、997.23平方千米，采集资料优级品率分别达到93%、96%。

【地震生产时效】 2009年，物探公司有地震队12支，实施国内外地震勘探项目23个，野外队月数29.7个，平均动用地震队2.55个，物探队伍利用率达到92%，平均动用队年效率3.89万炮，平均动用队月效率3201炮。在国内投入地震队5个，野外施工17个队月，仪器出勤天数375天，全年生产17.19万炮，平均日生产458炮，二维队月效率6411炮、三维队月效率1.98万炮。

【物探施工创油田内部新纪录2项】 2009年，物探公司地震队在内蒙古白音查干三维地震勘探采集项目施工中，创油田内部新纪录2项：陆地最高日炮数1608炮；陆地最大单次三维施工面积389.9平方千米。其中，2143地震队最高月炮数2.5万炮、最高年炮数4.24万炮；2172地震队最高月工作量661.68千米；2313地震队最大施工接收道数4096道。

【油田内部三维地震勘探施工1006.53平方千米】 2009年，物探公司完成内蒙古查干凹陷三维地震采集野外施工工作。其中，完成内蒙古查干凹陷三维地震勘探采集项目389平方千米、4.24万炮，现场验收资料一级品率超过93%；完成内蒙古白音查干凹陷古尔东三维地震勘探采集项目169.65平方千米、1.81万炮。2313地震队、2143地震队、2155地震队在文北、文南—刘庄、唐庄—徐集完成三维地震勘探施工447.88平方千米、10.25万炮。

【中标国内民营物探项目3个】 2009年，物探公司承担陕西维光科技有限公司投资的内蒙古二连盆地赛罕乌力吉凹陷南部次洼采集项目，完成三维地震勘探60.2平方千米、2880炮；承担并完成内蒙古宏博公司二连盆地乌里亚斯太凹陷北洼槽212区块三维地震勘探项目98平方千米、9870炮。12月，物探公司中标民和盆地青海国融红杉能源投资有限公司探区地震勘探试验项目，依据试验结果情况确定最终勘探方法及工作量。

【中标国内外市场物探项目11个】 2009年，物探公司完成国内外市场物探项目16个，包括新中标的国内外市场项目11个。其中，完成苏丹3/7区、5区、厄瓜多尔CUYABENO工区、挪威DNO公司、也门47区块等跨年度项目5个，先后中标并完成东北十屋子、延安子长北、新疆塔里木盆地麦盖提第1标段、内蒙古二连盆地三维项目2个及塔里木盆地阿北—顺北区块3个标段等国内市场合同；中标国际市场也门71区块、苏丹9区、6区等二维施工项目。

【厄瓜多尔三维地震采集项目完工】 2008年5月28日，物探公司中标厄瓜多尔国家石油公司CUYABENO工区三维勘探野外采集项目，11月6日开始采集生产，项目实施有中方人员13人、当地高级雇员109人、普通雇员956人。2009年4月14日，厄瓜多尔国家石油公司CUYABENO工区三维勘探野外采集项目完工，完成三维地震采集658.43平方千米、2.2万炮。

【物探公司承办河南省职工技能竞赛项目】 2009年9月14—16日，物探公司受河南省劳动竞赛委员会及中原油田委托，承办河南省职工技能竞赛的石油地震勘探工比赛项目。物探公司参赛45人，3人分获前三名。

【物探公司实现科研项目收入570余万元】 2009年，物探公司承担的中国石化集团公司“三维观测系统设计分析评价技术”、“利用模型正演进行观测系统设计先导试验应用”科研项目通过中国石化集团公司专家组的验收；承担并完成三维地震资料处理项目150平方千米。实现科研项目收入570余万元。 （刘宗志）

2009年物探公司地震资料采集工作量

类别		实物工作量		
		单位	完成	省区
二维总计		千米	4895.96	
三维总计		平方千米	1662	
油田内部市场	二维	千米	98.02	
	2143队	千米	98.02	鲁西南地区成武干凹陷
	三维	平方千米	836.86	
	2313队	平方千米	6.61	东濮凹陷文留地区
	2143队	平方千米	389.90	内蒙古查干陷乌—润地区
	2155队	平方千米	169.65	内蒙古白音查干古尔东工区
	2313队	平方千米	70.51	东濮凹陷文留地区
	2143队	平方千米	130.16	东濮凹陷文南—刘庄地区

续表

类别			实物工作量		
			单位	完成	省区
油田内部市场	2155 队		平方千米	70.03	东濮凹陷唐庄—徐集地区
油田外部市场	国内	二维	千米	2054.71	
		2143 队	千米	184.95	新疆塔里木盆地麦盖提斜坡盖提1、2、3区块
		2155 队	千米	300.00	十屋断陷南部
		2169 队	千米	494.55	延长气田北部地区子长北（4标段）
		2143 队	千米	889.65	新疆塔里木盆地麦盖提斜坡盖提1、2、3区块
		2172 队	千米	185.56	新疆塔里木盆地阿北—顺北区块
		三维	平方千米	160.37	
		2169 队	平方千米	99.21	内蒙古二连盆地乌里雅斯太凹陷北洼槽212区块
		2313 队	平方千米	61.16	内蒙古二连盆地赛罕乌力吉凹陷南部次洼
	国外	二维	千米	2743.23	
		96168（1）队	千米	996.50	苏丹9区
		96168（2）队	千米	487.88	苏丹6区
		97169（2）队	千米	35.00	苏丹12A区
		21166（1）队	千米	819.00	苏丹3/7区、C区
		21166（2）队	千米	160.30	苏丹5A区
		21178（1）队	千米	56.55	也门47区
		21178（2）队	千米	188.00	也门71区
		三维	平方千米	664.77	
		21178 队	平方千米	146.09	也门47区
		21199 队	平方千米	518.68	厄瓜多尔

（刘宗志）

钻　井

【钻井工作概况】　中原油田钻井系统有钻井一公司、钻井二公司、钻井三公司、钻井四公司、西南钻井公司、塔里木钻井公司、钻井管具工程处、固井工程处、钻井工程技术研究院9个单位组成。油田机关设置钻井工程处，主要负责钻井系统的生产、安全、技术、市场、“三基”等工作的指导和管理。截至2009底，钻井系统有员工9478人，具有教授级高级工程师9人、高级工程师377人、工程师1520人、其他技术人员1360人；有钻井队210支、钻井液技术服务队7支、井控技术服务队1支、固井队8支、管具服务队13支、定向井技术服务队5支、钻井取芯技术服务队1支、下套管服务队2支、钻前服务队4支、环保队2支、钻井工程设计室1个。拥有电动钻机、机械钻机、车载轻便钻机等各类钻机210台，其中9000米电动钻机2台、7000米钻机56台（电动27台）、6000米钻机8台、5000米钻机47台（电动15台）、4500米钻机19台、4000米钻机60台（电动8台）、3200米以下钻机18台；有配套的MWD23套、LWD1套；有钻机顶部驱动装置32台，其中500吨22台、450吨6台、315吨1台、250吨3台；固井设备配有自动混浆水泥车32台、常规水泥车32台、灰罐车87台；有各类防喷装备571台套，欠平衡钻井设备13套，其中空气/氮气钻井设备9套，大型综合探伤仪4台，摩擦焊机2台。2009年，中原油田国内市场主要分布在东北、山西、陕北、冀东、江苏、青海、新疆、川东北、川西等地，先后实施了元坝6井、元坝103H井、元坝10井、兴隆1井、新黑池1井、达平1井、卫平1井、庆平1井、科索1井、盐探1井、普陆1井等重点工程。海外市场主要分布在苏丹、毛里塔尼亚、也门、沙特、厄瓜多尔、印尼、哈萨克斯坦、尼日利亚等国家。规范钻井工作规章制度13项，其中制定8项、完善3项、重新修订2项，同时编写了《钻井作业风险识别与防范》，细化钻井等14个专业的安全生产禁令。

【创中国石化集团公司钻井新纪录6项】 2009年，中原油田创中国石化集团公司纪录6项。（1）塔里木钻井公司60806ZY钻井队完成的LGA1井，完钻井深5110米，钻井周期36天，创中国石化集团公司完钻井深5001～5500米钻井周期45.32天最短钻井新纪录。（2）塔里木钻井公司60809ZY钻井队完成的TK262井，完钻井深5580米，钻井周期42.46天，创中国石化集团公司完钻井深5501～6000米钻井周期43.29天最短钻井新纪录。（3）塔里木钻井公司70621ZY钻井队完成的TH12417井，完钻井深6671米，钻井周期86.15天，创中国石化集团公司完钻井深6501～7000米钻井周期90.48天最短钻井新纪录。（4）塔里木钻井公司70136ZY钻井队完成的顺4井，完钻井深7100米，钻井周期178.33天，创中国石化集团公司完钻井深7001～7500米钻井周期279.17天最短钻井新纪录。（5）塔里木钻井公司70615ZY钻井队完成的侧钻水平井TH12302CH井，完钻井深7047米，水平井垂深6360.37米，创中国石化集团公司水平井最深垂深6348.62米的钻井新纪录。（6）塔里木钻井公司70615ZY钻井队完成的侧钻水平井TH12302CH井，完钻井深7047米，创中国石化集团公司水平井井深最深钻井新纪录。

【创油田内部钻井新纪录6项】 2009年，中原钻井创油田内部钻井新纪录6项。（1）钻井三公司50727ZY钻井队，完井3口，平均完钻井深4223米，年钻井进尺1.27万米，创完钻井深4001～4500米井段年钻井进尺最高钻井新纪录。（2）塔里木钻井公司70613ZY钻井队完成的GK6井，完钻井深4213米，钻井周期17.25天，创完钻井深4001～4500米井段钻井周期最短的钻井新纪录。（3）西南钻井公司70127ZY钻井队完成的元坝27井，完钻井深6565米，使用直径271.3毫米技术套管下井深4576米，创直径271.3毫米技术套管下人最深钻井新纪录。（4）钻井四公司32612ZY钻井队完成的胡136－9井等4口井，使用直径444.5毫米牙轮钻头，4次下井钻井进尺2212米，创直径444.5毫米牙轮钻头钻井进尺1903米最多钻井新纪录。（5）固井工程处在河坝101井用146.1毫米尾管固井，胶乳固井水泥浆密度2.35克/立方米，创固井水泥浆密度最高2.15克/立方米的钻井新纪录。（6）西南钻井公司70166ZY钻井队完成的元坝3井，完钻井深7450米，在7405.7～7414.2米井段取芯，取芯进尺8.5米，取芯收获率99.41%，创取芯井深最深钻井新纪录。

【完成钻井开钻856口】 2009年，中原油田完成国内外部市场钻井开钻856口，交井869口，钻井进尺230万米，开钻同比减少317口，交井同比减少311口，钻井进尺同比减少88万米。其中，油田内部（含侧钻井）开钻242口，交井227口，钻井进尺62万米，开钻同比增加23口，交井同比减少4口，钻井进尺同比增加3万米；国内市场开钻414口，交井428口，钻井进尺127万米，开钻同比减少218口，交井同比减少194口，钻井进尺同比减少63.9万米；国际市场开钻200口，交井214口，钻井进尺41万米（不含国外取套换套大修井开钻62口，交井59口），开钻同比减少122口，交井同比减少113口，钻井进尺同比减少27万米。全年实施空气钻井服务6口，欠平衡钻井服务12口井次，钻井进尺1.4万米。

【完成固井2309井次】 2009年，中原油田在固井质量管理上，实现了3个转变：一是从只抓固井质量结果到抓方案设计的全过程系统化管理的转变，实行重点井设计由钻井工程处、油气技术部共同把关；二是从传统固井工程向现代完井工程转变；三是从事后质量问题分析向以完井施工过程控制与质量问题分析并举的管理转变。从西南石油大学引进的“固井工程设计”软件，具有套管扶正器加量设计、套管居中度计算、套管强度校核、水泥浆流体流态、顶替效率等功能，提高设计、施工的科学性。全年完成固井2309井次，固井同比减少1317井次，其中油层固井716井次，油层固井同比减少341井次。

【提供钻具93.53万米】 2009年，中原油田修订《钻具管理规定》，建立钻具失效24小时上报制度，对油田内外部市场的钻具进行优化管理。全年提供钻具93.53万米、封井器247套，提供钻具同比增加61万米、封井器增加24套。并按照规定对送井钻具进行室内探伤检验，探伤检验钻具7.12万根，钻具失效同比减少6井次/17根。加强钻具分级管理，依据标准，降级使用6902根，优质钻具同比提高10%。同时，全年喷焊钻杆3.28万根，针对2⅞″钻具喷焊掉块问题进行调研和技术攻关，重新调配喷焊材料，保证喷焊耐磨质量，延长钻具的使用寿命。

【油田内部井身质量优良率95%】 2009年，中原油田在井身质量评定方面，完成油田内部评定井180口，其中钻井一公司50口、钻井二公司41口、钻井三公司48口、钻井四公司41口，井身质量合格率100%，合格率同比持平；优良率95%，同比提高4.34%。

【油田内部固井质量评定】 2009年，中原油田在固井质量评定方面，完成油田内部评定井170口，合格率98.24%，合格率同比下降1.21%；固井质量优良率77.06%，优良率同比上升0.45个百分点；不合格井3口，不合格率1.76%，不合格率同比上升了1.21个百分点。

2009 年中原油田内部评定井井身质量

单　位	评定井（口）	优秀（口）	优秀率（%）	良好（口）	良好率（%）	合格（口）	合格率（%）	不合格（口）	不合格率（%）
钻井一公司	50	47	94.00	2	4.00	1	2.00		
钻井二公司	41	35	85.40	2	4.88	4	9.76		
钻井三公司	48	43	89.58	4	8.33	1	2.08		
钻井四公司	41	36	87.80	2	4.88	3	7.32		
总　计	180	161	89.44	10	5.56	9	5.00	0	0.00

2009 年中原油田评定井固井质量

单　位	固井数（口）	优秀（口）	优秀率（%）	良好（口）	良好率（%）	合格（口）	合格率（%）	不合格（口）	不合格率（%）
钻井一公司	47	18	38.3	20	42.55	47	100.00		0
钻井二公司	38	19	50	10	26.32	36	94.74	2	5.26
钻井三公司	46	23	50	15	32.61	46	100.00		0
钻井四公司	39	15	38.46	11	28.21	38	97.44	1	2.56
总　计	170	75	44.12	56	32.94	167	98.24	3	1.76

【油田内部钻井技术指标】　2009 年，中原油田内部市场钻井速度：新钻井 172 口，平均井深 3072 米，钻井周期 28.24 天，建井周期 39.52 天，平均机械钻速 11.83 米/时。平均井深同比减少 31 米，平均钻井周期同比减少 3.35 天、缩短 10.6%；平均建井周期同比减少 2.41 天、缩短 6.09%，平均机械钻速同比增加 0.82 米/时、提高 7.7%。油田内部5½″套管开窗侧钻井完成 52 口，平均井深 2673 米，建井周期 30.63 天，平均机械钻速 3.01 米/时。平均建井周期同比减少 1.2 天，平均机械钻速同比增加 0.46 米/时。

2009 年中原油田内部钻井技术指标对比

单　位	年份	开钻（口）	完井（口）	进尺（米）	钻机月（台月）	钻机月速（米/台）	机械钻速（米/时）	平均井深（米）	建井周期（天）
钻井一公司	2009	77	71	174364	72.51	2404.69	14.47	2962	32.45
	2008	70	76	170450	81.56	2089.87	13.04	2999	35.90
	对比	7	-5	3914	-9.05	314.82	1.43	-37	-3.45
钻井二公司	2009	51	54	129561	59.26	2186.31	9.86	3212	37.61
	2008	50	48	121805	69.41	1754.86	7.72	3478	47.92
	对比	1	6	7756	-10.15	431.45	2.14	-266	-10.31
钻井三公司	2009	58	52	161027	69.02	2333.05	12.05	3035	43.22
	2008	54	61	166831	73.86	2258.75	12.03	3008	39.29
	对比	4	-9	-5804	-4.84	74.30	0.02	27	3.93
钻井四公司	2009	56	50	155496	61.25	2538.71	11.27	3124	37.14
	2008	45	46	130913	54.72	2392.42	11.56	3086	37.40
	对比	11	4	24583	6.53	146.29	-0.29	38	-0.26
总　计	2009	242	227	620448	262.04	2367.76	11.83	3072	37.18
	2008	219	231	589999	279.55	2110.53	11.01	3103	39.59
	对比	23	-4	30449	-17.51	257.23	0.82	-31	-2.41

2009 年中原油田内部侧钻井技术指标对比

单　位	年份	开钻（口）	交井（口）	进尺（米）	建井周期（天）	钻机台月（台月）	平均钻机月速（米/台）
钻井一公司	2009	22	22	12568	29.58	19.18	655.27
	2008	21	23	12974	34.63	23.18	559.71
	对比	1	-1	-406	-5.05	-4	95.56
钻井二公司	2009	17	19	11444	25.83	11.80	969.83
	2008	21	18	21083	26.75	18.17	1160.32
	对比	-4	1	-9639	-0.92	-6.37	-190.49
钻井三公司	2009	7	6	5690	40.46	9.48	600.21
	2008	8	8	4470	27.98	7.01	637.66
	对比	-1	-2	1220	12.48	2.47	-37.45
钻井四公司	2009	8	8	4707	32.17	8.2	574.02
	2008	5	4	4170	31.54	4.72	883.47
	对比	3	4	537	0.63	3.48	-309.45
总　计	2009	54	55	34409	29.85	48.66	707.13
	2008	55	53	42697	30.72	53.08	804.39
	对比	-1	2	-8288	-0.87	-4.42	-97.26

【达平 1 井首次成功使用欠平衡钻井技术】　达平 1 井位于内蒙古白音查干地区达二块构造高部位，是中原油田为开发达二块都一段油层而部署的一口水平井，设计井深 954 米。该井由钻井三公司 40603 钻井队承钻，2009 年 7 月 12 日开钻，8 月 3 日完钻，完钻井深 956 米，8 小时钻完水平段 170 米，平均机械钻速 20.86 米/时。在施工过程中，首次使用欠平衡钻井技术，欠平衡钻井进尺 175 米，首次使用水泥充填封隔器完井，投产初期日生产原油 160 吨。

【内蒙古白音查干地区平均机械钻速提高 0.48 米/时】　2009 年，中原油田对施工的毛 1 井、毛 11 井、力平 1 井、力 1-1 井进行调研，对影响钻井速度的原因进行分析，开展了空气/泡沫钻井技术的适用性研究，优选钻具组合、优选钻井参数、优选高效钻头、优选钻井液体系，确定了以空气钻井、雾化钻井和应用孕镶 PDC 钻头加涡轮钻具的提速方案。通过运用钻井提速方案，钻井进尺 4.23 万米，同比增加 3.29 万米；平均井深 2058 米，同比增加 282 米；完成井平均机械钻速 5.28 米/时，同比提高 0.48 米/时；平均钻井周期 40.67 天，同比增加 8.27 天；平均建井周期 54.04 天，同比增加 9.24 天。

【完成西北市场钻井 46 口】　2009 年，中原油田在中国石油化工股份有限公司西北分公司钻井市场（简称西北市场）完成钻井 46 口，平均井深 5497 米，钻井周期 83.7 天，建井周期 109.3 天，平均机械钻速 6.87 米/时。平均井深同比减少 76 米，钻井周期同比减少 6.7 天、缩短 7.4%，建井周期同比减少 12.93 天、缩短 10.58%，平均机械钻速同比提高 0.59 米/时、提高 9.4%。

【完成大庆海塔油田钻井 129 口】　2009 年，中原油田在中国石油天然气集团公司大庆海塔油田完成钻井 129 口，平均井深 2473 米，钻井周期 14.1 天，建井周期 21.6 天，平均机械钻速 13.2 米/时。平均井深同比减少 233 米，钻井周期同比减少 7.81 天、缩短 35.6%，建井周期同比减少 16.62 天、缩短 43.48%，平均机械钻速同比增加 3.21 米/时、提高 32.1%。

【完成江苏油田钻井 23 口】　2009 年，中原油田在中国石油天然气集团公司浙江油田分公司江苏油田完成钻井 23 口，平均井深 2534 米，建井周期 25.76 天，平均机械钻速 13.05 米/时，钻井周期 18.1 天。平均井深同比增加 39 米，钻井周期同比减少 5.5 天、缩短 23.3%，建井周期同比减少 6.84 天、缩短 20.98%，平均机械钻速同比增加 3.54 米/时、提高 37.2%。

【完成长庆油田钻井 8 口】　2009 年，中原油田在中国石油天然气集团公司长庆油田完成天然气井、探井 8 口，平均井深 3514 米，钻井周期 63.1 天，建井周期 76.9 天，平均机械钻速 6.05 米/时。平均井深同比减少 451 米，钻井周期同比减少 15.2 天、缩短 19.4%；建井周期同比减少 13.3 天、缩短 14.75%，平均机械钻速同比增加 2.13 米/时、提高 54.3%。

【元坝 27 井获日产天然气 120.2 万立方米】　元坝 27 井是中国石化南方勘探公司部署在川东北地区的一口探井，设计井深 6470 米。该井由西南钻井公司70127ZY钻井队承钻，2008年9月18日开钻，2009年10月13日完钻，完钻井深6565米，平均机械钻速1.66米/时。空气钻井进尺2823.3米，平均机械钻速9.54米/时，用271.3毫米技术套管下井深4576米，创271.3毫米技术套管下入最深钻井新纪录，发现油气显示98层、181.29米，在长兴组试气求产，获日产天然气120.2万立方米。

【托普23井酸压施工获工业油气流】 托普23井位于新疆塔河油田沙雅隆起阿克库勒凸起西南斜坡带，是中国石油化工股份有限公司西北分公司部署的一口探井，设计井深6645米。该井由西南钻井公司70621钻井队承钻，2009年1月4日开钻，6月20日完钻，完钻井深6705米。完成钻井后，井下特种作业处对奥陶系中统一间房组6619～6705米井段进行酸压施工，获工业油气流，日生产原油102立方米。

【水平井钻遇率提高6.54个百分点】 2009年，中原油田针对复杂断块、薄油层，开展水平井着陆控制技术和提高油层钻遇率技术研究，将MWD伽马随钻测量技术与气测录井技术相结合，提高着陆控制水平和油层钻遇率。平均油层钻遇率由前2年的74.5%提高到81.04%，提高6.54个百分点；水平井井段平均机械钻速10.14米/时，同比提高12.1%。

【超深井机械钻速同比提高20%以上】 2009年，中原油田针对西部超深井钻井难题，开展技术攻关，进行钻头优选技术研究、钻井参数及钻具组合优化技术研究、减速涡轮复合钻井提高机械钻速技术研究、中上部地层防阻卡技术研究、深部防斜打快技术研究、井壁稳定技术研究，解决中上部地层阻卡问题。超深井机械钻速达到了6.98米/时，机械钻速同比提高20%以上；平均钻井周期98天，同比降低18%。在深小井眼钻进中，使用涡轮钻具，钻井进尺301米，平均机械钻速3.59米/时，与转盘钻井相比，机械钻速提高80%以上，井斜由入井时的2.66度降至0.33度。

【塔木察格地区平均钻井周期减少8.64天】 2009年，中原油田针对塔里木油田塔木察格地区实际情况，开展钻头优选、钻井参数及钻具组合优化技术、减速涡轮复合钻井提高机械钻速技术、中上部地层防阻卡技术、深部防斜打快技术、井壁稳定技术等钻井提速技术研究。中原油田在该地区开钻32口井，交井28口井，平均机械钻速6.98米/时，平均钻井周期98天，平均建井周期106.4天。平均机械钻速同比提高2.07米/时、提幅26.74%；平均钻井周期同比减少8.64天、缩短28.54%；平均建井周期同比减少10.10天、缩短24.66%。

【确立元坝地区钻井提速方案4项】 2009年，中原油田成立川东北元坝地区钻井技术提速领导小组、现场实施组、技术攻关组，10月23日，专门召开元坝地区钻井技术交流会，确立钻井技术提速方案4项：（1）尽可能延长气体钻井井段，提高钻井速度；（2）在陆相地层常规钻进中，优选钻头，使用孕镶钻头配合高速涡轮钻具、水力加压器、旋转液动冲击器、水力脉冲接头提高钻井速度；（3）在海相地层应用PDC钻头配合螺杆复合钻井技术、小尺寸耐高温减速涡轮技术，使用扭力冲击发生器，提高钻井速度；（4）加强生产组织管理，减少等停时间，提高钻井速度。通过运用4项钻井提速方案，元坝6井空气钻井进尺2516.12米，机械钻速8.07米/时，并使用阿特拉公司生产的扭力冲击发生器，机械钻速提高80%；元坝103H井，空气钻井进尺2473.77米，机械钻速8.53米/时；元坝10井，在直径660.4毫米井眼29.2～702.63米处，使用泡沫钻井技术，平均机械钻速4.51米/时。

【水平井带扶正器套管窜下入率100%】 2009年，中原油田根据储层特性和地层流体性质优化完井方式，开展水平井固井技术应用研究，优选固井附件和封隔器，研制水平井刚性扶正器，并根据井眼轨迹计算出扶正器下人数量和位置，通过在卫84－平1井首次使用，带扶正器套管窜下入率100%，固井质量优。同时，对水平井水泥浆体系进行研究，优选油井水泥、降失水剂、缓凝剂、早强剂，调配出性能优良的水泥浆体系，应用水平井完井6口，除文51－平3井因固井施工过程中固井设备出现故障，灰量注入不够固井质量不合格外，另5口井固井质量合格率100%，固井质量优良率85.7%。

【运用2⅞″双密封台肩直连型特殊小接箍特殊钻杆】 2009年，中原油田根据老区深层挖潜的需要，开展了深层5½″套管开窗侧钻技术先导试验、深度侧钻井特殊钻具研究，完善施工装备、工具和钻具，进行降低施工泵压技术研究，研制2⅞″双密封台肩直连型特殊小接箍特殊钻杆，通过在胡5－侧118井、文72－422井等试验，降低循环压耗和施工泵压。

【控制钻井液固相含量】 2009年，中原油田审核钻井液处理剂标准，严把钻井液处理剂入厂质量检验关，对每批入库的钻井液处理剂进行抽样，掌握入井钻井液处理剂性能，保证施工安全。控制钻井液固相含量，保证四级固控设备正常使用，提高固控设备的使用效率，推广应用大排量振动筛及180目筛布，应用钻井液固相化学清洁剂，合理使用离心机，加大大分子聚合物絮凝剂和减少分散处理剂的使用，钻井液固相含量控制在6%。

【乌伦1井检测旋转防喷器安全运转863小时】 旋转防喷器是进行空气、雾化、泡沫、充气、液相、控压钻井等欠平衡钻井和不压井起下钻的重要装备之一。截至2009年底，中原油田有气体钻井技术服务队4支、欠平衡钻井技术服务队4支，有国内外旋转防喷器18套。中原油田在气相欠平衡钻井中，旋转防喷器使用2～3井次，需全面检修1次；在液相欠平衡钻井中，旋转防喷器使用1井次，需全面检修1次。但是，中原油田没有检测旋转防喷器的装备，检测时需送回厂家，周期长，费用高。2009年，中原油田开展“旋转防喷器检测装置”研究，制定了科学的设计方案，研制并优化旋转防喷器旋转驱动检测装置、过接头检测装置、压力试验装置以及检测装置的控制和数据显示、采集系统，该装置的研制每年可节约外出检测资金200余万元。检测的旋转防喷器在卫平1井、砂探1井、乌伦1井试压合格，其中应用乌伦1井安全可靠运转863小时，最大承受套压11兆帕。

【新型钻井参数仪成为境外钻井工程首选装备】 钻井参数仪在钻井过程中可实时检测钻井作业工程中的钻压、泵压，扭矩、排量、泥浆体积等多个钻井参数，为司钻及时掌握设备运行状况和井下钻具生产状况提供及时有效的参考依据。数字化钻井参数仪（VDX）是集现代计算机技术、信息技术、网络技术和数字电子技术于一体，对钻井井场各种数据进行采集、显示、分析和存储的新一代钻井参数仪。该参数仪可实时监测钻井过程中的井深、钻头位置、大钩高度、大钩提放速度、大钩负荷、钻压、转速、钻速、扭矩、吊钳扭矩、立管压力、套管压力、泵速、累计泵冲、总累计泵冲、泵入口排量、泥浆体积、泥浆增减量、出口排量等40多个参数，并具有高限、低限、超限报警功能，能够将实时数据保存在数据库中，并可通过井场局域网络传输给井队监督和工程师，还可以根据需要通过无线网络技术接入因特网，实现现场钻井数据的远程共享。2008年4月，钻井工程技术研究院承担数字化钻井参数仪研究并立项，2009年12月，研发的数字化钻井参数仪通过中原油田验收，成为中国石化集团公司海外钻井工程中的首选设备，并在沙特、科威特、厄瓜多尔、伊朗等国际钻井市场应用，解决了高温高密度钻井液流变性控制及井壁稳定问题。

【利用深层小井眼钻井配套技术完成深井及超深井74口】 2009年，中原油田开展“深层小井眼钻井配套技术研究”，其中开展了复合钻柱受力状态分析及钻具组合优选研究、深层小井眼水力学模型建立和水力参数优选研究、深层小井眼钻井液等技术研究。在新疆塔河油田和川东北元坝地区进行综合成果现场应用，减少了钻井复杂时效，节约钻井成本，提高深井、超深井施工水平。全年中原油田完成深井、超深井74口，钻井周期减少14.8天、缩短9.3%，建井周期减少14天、缩短7.1%，平均机械钻速提高0.39米/时、提高10.5%。

【完成哈萨克斯坦市场钻井8口】 2009年，中原油田针对哈萨克斯坦希望油田地层古老、目的层位于石炭系、可钻性差、含大段砾石层，1500米以下地层PDC钻头选型和使用受限，牙轮钻头因夹层多，蹩跳严重，断钻具及钻头事故时有发生，三开MKT地层易垮塌等实际情况，开展钻井提速技术研究。着重对钻头、钻具组合、钻井参数和泥浆参数等进行系列优选，达到提高机械钻速目的。中原油田在哈萨克斯坦希望油田完成钻井8口，平均机械钻速3.69米/时，与2008年的2.75米/时相比，提高34.18%；平均钻井周期72.82天，与2008年的106天相比，提高31.30%。并采用多元化防塌、优选钻井液体系，解决MKT地层的垮塌问题，平均井径扩大率11.72%；井身质量合格率100%。

【连续23年无井控失控事故发生】 2009年，中原油田严把井控装备采购关，根据技术标和商务标综合评定情况，择优录取中标厂家，购置各种型号防喷器15台、防喷器控制系统12套、小井眼侧钻专用18－35闸板防喷器6台、环形防喷器3台。更新改造35兆帕节流管汇10套、70兆帕节流管汇11套。升级改造防喷器试压监测装备，更新井控装备现场试压设备，内防喷工具须按时探伤和试压，确保使用安全。开展定期和不定期的拉网式井控安全检查，采取听、看、问、演习、座谈等方式，检查现场井控装备安装标准、现场井控管理、各次井控试压及验收情况和现场井控演习操作等，通过检查和抽查，未发现重大安全隐患，连续实现23年无井控失控事故发生。5月，在中国石化集团公司召开的打造石油工程铁军现场会上，中原油田就23年无井控失控事故发生作典型经验发言。

【井控、硫化氢防护证取证率100%】 2009年，中原油田采取走出去、请进来的培训方式，进行钻井技术培训、井控技术培训等，培训人员3.93万人次（包括外出培训人员853人次、油田内部培训人员6438人次、各二级单位培训人员3.2万人次）。其中，钻井井控培训班49期、培训人员1861人次，IADC国际井控培训班19期、培训人员358人次，硫化氢防护培训班103期、培训人员5389人次。井控取证率、硫化氢防护证取证率100%。

【实施项目长公开竞聘制】 2009年，中原油田为整合技术资源，实施项目长公开竞聘制。有129名技术骨干参加竞聘，17名技术骨干竞聘中国石化集团公司先导实验项目长，26名技术骨干竞聘中原油田重点科研项目长。

【提交石油工程技术交流论文8篇】 2009年，中原油田组织参加第一届国际物探技术交流会，提交《高精度三维地震勘探实践与认识》、《复杂地表区地震资料处理技术及应用》、《砂泥岩薄互储层地震识别与描述》、《沼泽过渡带地震采集技术》4篇学术报告进行交流；参加世界石油钻井工程专题研讨会，提交《中原油田深井超深井钻井技术》论文进行交流。参加中国石化集团公司水平井专题交流会2次，提交《中原油田水平井技术应用》学术论文进行交流；参加中国石化集团公司钻井工程领域中青年领军后备人才和青年拔尖人才现场教学交流会，提交《普光地区钻井技术及元坝地区钻井提速技术》、《元坝6井施工简介及钻井提速对策》2篇学术论文进行交流。 （田其中　张亚莎）

【钻井一公司概况】 钻井一公司主要从事钻井、修井等技术服务工作，具有高压油气井、煤层气井、盐井、碱井、芒硝井、地热井钻探及修井资质能力。截至2009年底，钻井一公司有员工2712人，具有高级职称37人、中级职称230人、初级职称178人；机构下设机关科室15个、基层单位48个、专业队伍43个。拥有各类设备390台套，其中2000米钻机1台、3000～4500米中深钻机34台、5000～6000米钻机8台、6000米以上深井钻机7台、其他设备345台套，能承钻7000米以内各种油井、气井、盐井、水井、地热井、煤层气井等的钻井施工；固定资产原值8.35亿元、净值4.63亿元。2009年，钻井一公司完成开钻305口，交井299口，钻井进尺70.09万米，创产值12.3亿元，超交利润126万元。年内，钻井一公司被河南省社会管理协会评为设备管理先进单位。 （郝增森）

【明 202 侧井平均机械钻速 5.9 米/时】 明 202 侧井位于东濮凹陷中央隆起带文明寨构造明 6 块，是中原油田部署的一口开窗侧钻定向井，设计井深 2123 米。该井由钻井一公司 30519 钻井队承钻，2009 年 10 月 20 日开钻，10 月 30 日完钻，完钻井深 2076 米，钻井周期 10 天，最大井斜 18.48 度，水平位移 247 米。使用 YC517 牙轮钻头 2 只，钻完钻井进尺 870 米，平均机械钻速 5.9 米/时。机械钻速创油田内部小井眼开窗侧钻井单井机械钻速钻井新指标。

【新 15－1 井完钻井深 4718 米】 新 15－1 井位于东濮凹陷黄河南新霍构造新 15 断块高部位，是中原油田部署的一口大斜度深井定向井，设计井深 4699 米。该井由钻井一公司 50623 钻井队承钻，2009 年 8 月 11 日开钻，10 月 6 日完钻，10 月 19 日交井，完钻井深 4718 米，钻井周期 74 天，最大井斜 52 度，水平位移 1249.18 米。井深创该公司历年来大斜度定向井井深最深新纪录。

【文 33－侧 419 井开窗位置 3360 米】 文 33－侧 419 井位于东濮凹陷中央隆起带文留构造南部文 33 断块，是中原油田部署的一口斜直井，设计井深 3454 米。该井由钻井一公司 30519 钻井队承钻，2009 年 3 月 25 日开钻，4 月 2 日完钻，完钻井深 3486 米，4 月 8 日交井。该井小井眼井径 114 毫米，开窗位置 3360 米，创油田内部5½″套管开窗位置最深新纪录。

【新 16－2 井最大井斜 56.23 度】 新 16－2 井位于东濮凹陷黄河南新霍构造新 16 断块区，是中原油田部署的一口油藏评价定向井，设计井深 3987 米。该井由钻井一公司 40596 钻井队承钻，2009 年 5 月 22 日开钻，6 月 21 日完钻，7 月 6 日交井，完钻井深 3960 米，最大井斜 56.23 度，最大位移 812.93 米，建井周期 47.17 天，钻井周期 29.75 天，平均机械钻速 11.72 米/时。钻井周期创该区块深层大斜度井最短新纪录。

【明 212 侧井单只钻头钻进 670 米】 明 212 侧井位于东濮凹陷中央隆起带文明寨构造明 6 块北，是中原油田部署的一口开窗侧钻定向井，设计井深 2320 米。该井由钻井一公司 30519 钻井队承钻，2009 年 9 月 10 日开钻，9 月 19 日完钻，完钻井深 2320 米，钻井周期 9 天，平均机械钻速 5.58 米/时。该井仅用 1 只钻头、1 只螺杆钻完钻井进尺 670 米，创油田内部小井眼开窗侧钻井单只钻头一次入井钻井新纪录。

2009 年 9 月 25 日，钻井一公司 50623 钻井队在新 15－1 井施工 （王智敏）

【希 11－61 井钻井周期 18.54 天】 希 11－61 井位于内蒙古自治区呼伦贝尔市新巴尔虎右旗希区，是中国石油天然气集团公司大庆油田部署的一口直井，设计井深 2973 米。该井由钻井一公司 40490 钻井队承钻，2009 年 9 月 7 日开钻，9 月 16 日完钻，完钻井深 3014 米，钻井周期 18.54 天，建井周期 24.44 天，平均机械钻速 11.26 米/时。钻井周期创该区块钻井周期最短新指标。

【乌 132－X88 井建井周期 16.21 天】 乌 132－X88 井位于内蒙古自治区呼伦贝尔市新巴尔虎右旗乌区，是中国石油天然气集团公司大庆油田部署的一口定向井，设计井深 2610 米。该井由钻井一公司 40587 钻井队承钻，2009 年 9 月 7 日开钻，9 月 16 日完钻，完钻井深 2642 米，平均机械钻速 21.31 米/时，钻井周期 9.21 天，建井周期 16.21 天。建井周期创乌区同类井建井周期最短新指标。

【贝 41－53 井平均机械钻速 44.17 米/时】 贝 41－53 井位于内蒙古自治区呼伦贝尔市新巴尔虎右旗贝 301 区块，是中国石油天然气集团公司大庆油田部署的一口直井，设计井深 1325 米。该井由钻井一公司 40583 钻井队承钻，2009 年 7 月 11 日开钻，7 月 14 日完钻，完钻井深 1325 米、钻井周期 2.92 天，建井周期 7.33 天，平均机械钻速 44.17 米/时。平均机械钻速创新巴尔虎右旗贝 301 区块平均机械钻速最快新指标。

【苏 301－4 井钻井周期 6.92 天】 苏 301－4 井位于内蒙古自治区呼伦贝尔市新巴尔虎右旗苏 301 区块，是中国石油天然气集团公司大庆油田部署的一口直井，设计井深 2066 米。该井由钻井一公司 40588 队承钻，设计井深 2066 米，2009 年 8 月 4 日开钻，8 月 11 日完钻，完钻井深 2066 米，钻井周期 6.92 天，建井周期 13.21 天，平均机械钻速 19.04 米/时。钻井周期创苏 301 区块钻井周期最短新指标。

【塔 19－120 井采用螺杆复合钻井技术】 塔 19－120 井位于蒙古国塔木察格区块，是中国石油天然气集团公司大庆油田部署的一口直井，设计井深3400米。该井由钻井一公司40591钻井队承钻，2009年7月8日开钻，7月31日完钻，完钻井深3400米。在施工过程中，采用螺杆复合钻井技术，平均机械钻速14.32米/时，仅用23.25天就钻完3400米钻井进尺。平均机械钻速、钻井周期创塔木察格区块钻井速度最快、钻井周期最短的钻井新指标。

【希42－58井二开2天21小时钻井进尺2000米】 希42－58井位于内蒙古海拉尔盆地贝尔湖坳陷贝尔凹陷贝中次凹构造，是中原油田部署的一口直井，设计井深2843米。该井由钻井一公司40490钻井队承钻，2009年8月1日开钻，8月13日完钻，完钻井深2860米。该井于8月2日二开，8月5日钻井进尺上2000米，二开2天21小时钻井进尺2000米，创塔海地区二开时间最短新纪录。

（张文斌）

【塔21－24－7井钻井周期7.67天】 塔21－24－7井位于蒙古国塔木察格区块，是中国石油天然气集团公司大庆油田部署的一口直井，设计井深2230米。该井是由钻井一公司40489钻井队承钻，2009年8月11日开钻，8月18日完钻，完钻井深2230米，钻井周期7.67天，建井周期13.67天，平均机械钻速25.06米/时。钻井周期创塔木察格区块探井钻井周期最短新指标。（蒋作焰）

【Nahal E－4井最大井斜53度】 Nahal E－4井位于苏丹3/7区Nahal区块，是苏丹国石油公司部署的一口大斜度定向井，设计井深1897米。该井由钻井一公司777钻井队承钻，2009年3月26日开钻，4月15日完钻，完钻井深1926米，建井周期47.17天，钻井周期28天，平均机械机械钻速6.87米/时，最大井斜53度。钻井周期创该区块大斜度井最短钻井新纪录。

【FD－31井发现油层200多米】 FD－31井位于苏丹3/7区法鲁甲附近，是苏丹国石油公司部署的一口生产直井，设计井深1420米。该井由钻井一公司777钻井队承钻，2009年11月25日开钻，12月6日完钻，完钻井深1420米，平均机械钻速7.69米/时。自1160米接连发现良好油气显示层，揭示目的层200多米油气显示，创该区块Yabus油气显示最多钻井新纪录。

（孙山峰）

2009年8月，钻井一公司40490钻井队在希42－58井施工 （王智敏）

【Rawat W－1井平均机械钻速9.48米/时】 Rawat W－1井位于苏丹3/7区，是苏丹国家石油公司部署在7区的一口探井，设计井深1310米。该井由钻井一公司828钻井队承钻，2009年5月7日开钻，5月23日完钻，完钻井深1240米，钻井周期16天，平均机械钻速9.48米/时。平均机械钻速创该区块平均机械钻速最高钻井新纪录。

【828钻井队15天13小时实现二搬二开】 钻井一公司828钻井队组建于2006年3月，4月进入苏丹市场。2009年5月1日，828钻井队从苏丹7区KaKa－1井搬迁至Rawat W－1井，Rawat W－1井于5月7日开钻，仅用6天5小时完成距离220千米的搬迁任务。5月23日，从Rawat W－1井搬迁至RumanNE－1井，5月31日RumanNE－1井开钻，仅用8天8小时30分完成距离520千米的搬迁任务，创苏丹钻井市场搬迁最快的钻井新纪录，该队月收入达到121万美元。

（苏前荣）

【828钻井队获苏丹政府“钻井杯”】 2006年，钻井一公司828钻井队进入苏丹市场，并严格按照国际标准进行操作，注重井场合理布局和现场标准化管理，编制经营管理、安全环保和设备管理等主要内容的制度汇编。2009年，828钻井队先后完成5口探井的施工任务，井身质量、固井质量全优，并成功发现油气层，成为苏丹钻井市场施工队伍中唯一百万工时无事故井队。在苏丹政府举行的“钻井杯”评选中，828钻井队取得时效、事故、设备、环保等18项经济技术指标评比第1名。12月15日，苏丹政府为中原油田钻井一公司828钻井队颁发“钻井杯”，这是中国石化集团公司钻井队伍进入苏丹市场12年来首次获得此项荣誉。 （汪中华）

2009 年钻井一公司国内外市场分布情况

市场类别	项目部名称	钻井队名称	施工企业名称	施工地点
国内市场	西南项目部（6 支钻井队）	70161 队	中国石油化工股份有限公司中原油田普光分公司	四川达州
		70165 队		
		70801 队		
		50518 队	中国石油化工股份有限公司勘探南方分公司	四川宣汉县
		60802 队	中国石油化工股份有限公司西南油气分公司	四川成都
		40667 队	四川石油管理局能源勘探开发公司	四川泸州
	东北项目部（2 支钻井队）	50437 队	中国石油化工股份有限公司华东分公司	吉林长岭、乾安
		45711 队		
	塔海项目部（13 支钻井队）	20518 队	大庆油田有限责任公司呼伦贝尔分公司	内蒙古呼伦贝尔
		32588 队		
		40490 队		
		40583 队		
		40586 队		
		40587 队		
		45709 队		
		40451 队	中国石油大庆油田塔木察格有限责任公司	蒙古国塔木察格
		40489 队		
		40491 队		
		40581 队		
		40582 队		
		40591 队		
	新疆项目部（3 支钻井队）	70708 队	中国石油化工股份有限公司西北油田分公司	新疆塔河
		70621 队		
		70623 队		
	陕北项目部（4 支钻井队）	50517 队	宁夏凯恩欧赛三星兰天石油开发有限公司	宁夏盐池
		40915 队	陕西延长石油（集团）有限责任公司	陕北延长
		45712 队		
		45710 队		
	煤层气项目（2 支钻井队）	32599 队	中澳煤层气能源有限公司	山西吕梁
		20493 队	北京奥瑞安能源技术开发有限公司	
国外市场	苏丹分公司（10 支钻井队）	4521 队	4521 队 PDOC	苏丹 3/7 区块
		717 队	717 队 P&E	
		737 队	737 队 PDOC	
		747 队	747 队 WNPOC	
		757 队	757 队 GNPOC	
		767 队	767 队 WNPOC	
		777 队	777 队 PDOC	
		787 队	787 队 PDOC	
		797 队	797 队 GNPOC	
		828 队	828 队 PDOC	
	毛塔项目部（1 支钻井队）	858 队	法国道达尔公司	毛里塔尼亚

（高初碧）

【钻井二公司概况】 钻井二公司主要从事钻井、修井等技术服务工作，具有高压油气井、煤层气井、盐井、碱井、芒硝井、地热井钻探及修井资质能力。截至 2009 年底，钻井二公司有员工 2525 人，具有高级职称 50 人、中级职称 238 人、初级职称 272 人；机构下设机关科室 14 个、后勤单位 8 个、项目部 5 个，有钻井队 40 支。拥有主要生产设备374台套，其中多种型号钻机40台（7000米钻机9台、6000米钻机1台、5000米钻机10台、4500米钻机6台、4000米钻机8台、3000米钻机3台、钻修两用钻机3台），其他设备334台套，具备承担陆上7000米以内各种油气井、盐井、水井、地热井和煤层气井的施工能力，设备综合完好率98.85%，设备新度系数0.59；固定资产原值6.98亿元、净值4.04亿元。2009年，钻井二公司完成开钻177口，交井192口，钻井进尺37.69万米，井身质量和固井质量合格率连续5年保持100%，环保交井一次合格率100%。实现产值13.74亿元，其中国内市场产值5.92万元、国际市场产值5.15万元，上缴勘探局利费2.32亿元。完成科技攻关项目40项，其中区域性重点技术攻关5项、落实井壁稳定和轨迹控制等一般性技术攻关26项、中国石化集团公司科研攻关项目4项、局级科技攻关项目5项。年内，钻井二公司被河南省工会授予首批“工人先锋号”称号；被中共河南省委、省政府命名为省级文明单位；连续10年被河南省工商行政管理局评为守合同重信用企业；45722ZY钻井队被中国石化集团公司授予“先进基层单位”称号。

【钻井二公司70171ZY钻井队创中国企业新纪录】 2008年9月，中原油田钻井二公司70171ZY钻井队施工的冀东油田重点预探井南堡5-98井，在356.5~1952米井段使用直径444.5毫米BESTPDC钻头钻进，完成钻井进尺1595.5米，创国内同行业直径444.5毫米单只BESPDC钻头一次下井钻井进尺最多新纪录。2009年11月7日，由中国企业联合会、中国企业家协会联合发布的第14批中国企业新纪录，中原油田钻井二公司70171ZY钻井队榜上有名。

【钻井二公司深井平均机械钻速同比提高31.5%】 2009年，钻井二公司在油田重点勘探区块，发挥深井、水平井和欠平衡钻井等技术优势，完成3600米以上深井9口、4000米以上深井4口、水平井4口。钻机月速2489米/台，同比提高26.6%；平均机械钻速9.86米/时，同比提高31.5%，井身质量和固井质量合格率100%。

【马26-平1井顺利完钻】 马26-平1井位于东濮凹陷黄河南马厂构造马26断块，是中原油田部署的一口重点水平井，钻探目的是钻探马26块沙三上^{3}顶部油层，提高储量动用程度，设计井深3951.9米。该井由钻井二公司50718钻井队承钻，2009年8月17日开钻，10月1日完钻，完钻井深3920米，10月17日交井。钻井周期45天7小时，建井周期61天21小时，水平位移620米，最大井斜92度，平均机械钻速8.62米/时，创同区块同类井钻井新指标。（高英强）

【盐探1井取芯收获率100%】 盐探1井位于山东省垦利县，是山东海化丰源矿盐有限公司部署的第一口探井，设计井深3999米，钻探目的是进一步了解东营构造丰深2井区块地下岩盐资源分布情况。2009年2月1日，中原油田获盐探1井钻探施工权。该井由钻井二公司50717钻井队承钻，3月4开钻，6月4日完钻，完钻井深3994米，取芯钻进219米，取芯收获率100%，工程质量全优。

（汪中华）

【腰平3井创腰英台气田水平井施工钻井新纪录】 腰平3井位于吉林腰英台气田，是中国石化集团公司部署在松辽盆地长岭断陷腰英台构造上的一口重点探井，也是腰英台气田勘探开发以来施工难度最大的一口水平井，设计井深3999米。该井由钻井二公司70718钻井队承钻，2008年9月9日开钻，2009年5月19日完钻，完钻井深5068米，7月31日交井。钻井周期177天，建井周期242天（除冬休75天），水平位移1623米，水平段长1234米，最大井斜91度，平均机械钻速2.68米/时，创腰英台气田水平井施工多项钻井新纪录。

【城1井顺利交井】 城1井位于松辽盆地东南隆起区十屋断陷东南斜坡带中央堡构造上，是中国石化集团公司东北油气分公司部署的一口重点预探井，设计井深3350米。该井由钻井二公司50639钻井队承钻，2009年8月8日开钻，10月18日完钻，完钻井深3326米，10月24日交井。钻井周期71天9小时，建井周期77天7小时，平均机械钻速3.94米/时，地层压力系数0.98。在施工中，50639钻井队首次使用聚磺非渗透防塌充氮气钻井液进行充气欠平衡钻井，井身质量优良，固井质量合格，创同区块钻井新纪录。

【钻井二公司也门项目交井24口】 2009年，钻井二公司在也门钻井市场有钻井队7支，开钻24口（含修井16

2009年2月25日，钻井二公司70718钻井队在东北市场冒雪施工

（王洪伟）

口），交井24口（含修井15口），24口井是大斜度定向井，钻井进尺3.67万米，井身质量、固井质量全优，钻井液合格率100%，电测一次成功率100%。24口井平均井深3562米，平均钻井周期61天，平均建井周期65天，平均机械钻速4.6米/时，平均钻机月速1203米/台，全年安全生产无事故，日费率100%。

2009年2月17日，钻井二公司技术人员在施工现场研究钻头问题

（王洪伟）

【RABAA－1井取芯收获率99.4%】 RABAA－1井位于也门Block71区块，是中国石化集团公司国际石油勘探开发有限责任公司部署的一口重点探井，设计井深3690米。该井由钻井二公司RIG909钻井队承钻，2009年6月29日开钻，11月20日完钻，完钻井深3689米。钻井周期143天17.5小时，建井周期170天，最大井斜52.75度，取芯收获率99.4%。10月13日，通过试油获有价值的商业油流。

【钻井二公司钻井污水同比减少300立方米】 2009年，钻井二公司在油田内部市场严格执行完井后实施无害化处理工程规定和环保交井制度，并配合采油厂抓好土地复耕工作，油田内部环保交井42口，交井及时率、合格率100%，杜绝了环境污染事故的发生。该公司投入资金进行环保设备的更新改造，为钻井队配齐节能发电机、泥浆离心机、电动泥浆回收泵等环保设施，各钻井队建立完善环保设备、设施运行使用台账，环保设施满足了钻井生产的需要。在日常管理中，严格执行《水、电节能管理办法》，污水再用循环率达到80%以上。油田内部钻井队生产用水同比减少1000立方米，钻井污水同比减少300立方米，回收率100%。

【钻井二公司更新改造钻井设备36台】 2009年，钻井二公司更新改造ZJ50LDB钻机2台、ZJ50J钻机2台、2112柴油机耦合器机组3台、2112柴油机4台、1300泥浆泵4台、发电机机组2台；更换新柴油机6台、发电机3台、绞车2台、泥浆泵4台，提升了设备性能。同时，对油田内部钻井队、国内陕北钻井队的防爆电路、电器进行标准化整改和维修改造；调整更换井场工业用房18栋、修理和制作营房60栋。

【钻井二公司通过HSE体系监督审核】 2009年，钻井二公司结合工作实际，根据阶段性特点，组织“六·五”世界环境日宣传、安全生产月、百日安全无事故竞赛，先后开展“我要安全”、“转观念 正作风 强责任 抓基础 上水平”、“查隐患 抓治理 反三违 达三标 保安全”等主题活动，进一步提高员工安全意识。加强安全隐患治理，先后更新改造ZJ45钻机的井架、底座、井场电路2台；更新油田内外部市场10个钻井队的二层台逃生器、6个钻井队的数码智能防碰天车；为含硫地区施工的外部项目钻井队分别配备便携式硫化氢气体检测仪12套、4探头固定式硫化氢检测仪4套、正压空气呼吸器20套等安全防护设施；并整改内外部市场钻井队电路。8月21日，钻井二公司通过青岛中化阳光管理体系认证中心的HSE体系监督审核。

【钻井二公司获钻井工技能比赛团体第一名】 2009年，钻井二公司坚持理论教育与现场培训相结合、外出培训与内部培训相结合、业务培训与思想教育相结合、培训成绩与绩效工资相结合的培训方式，对员工进行培训，购置和编印下发《安全责任无小事》、《钻井HSE培训教材》等书籍1200余册，编印现场培训试卷72套。内部举办入厂教育、涉外安全管理、涉外英语等脱产培训班57期、培训人员1943人次；与油田培训中心、石油院校以及设备厂家结合，组织盘刹操作、卡特机组维护等外出培训2987人次。通过培训，员工取得井控、电工、焊工等各种上岗资格证6263个，该公司在油田举办的钻井工技能比赛中，获团体第一名、单项冠军和亚军。　（高英强）

2009 年钻井二公司国内外市场分布情况

市场类别	名　称	钻井队名　称	施工企业名　　称	施工地点
油田内部市场	7 支钻井队	40440 队	中原油田	河南濮阳
		40597 队		
		50713 队		
		50717 队		
		50719 队		
		50722 队		
		60448 队		
	1 支修井队	20911 队		
国内市场	吉林项目部（10 支钻井队）	70718 队	中国石化集团公司东北油气分公司	吉林长岭
		70171 队		
		50639 队		
		40601 队		
		40607 队		
		30872 队		
		30871 队		
		30476 队		
		30905 队		
		40205 队		
	冀东项目部（3 支钻井队）	40608 队	中国石油天然气集团公司冀东油田勘探开发公司	河北唐海
		50716 队		
		50865 队		
	陕北项目部（4 支钻井队）	45721 队	陕西延长石油（集团）有限责任公司	陕北延长
		40593 队		
		50113 队		
		45713 队		
		Rig900	Dove	
		Rig905	DNO	
		Rig906	Total	
		Rig908	Safer	
		Rig909	SIPC 国勘	
		Rig916	Gallo oil	
		Rig919	Dove	
	沙特项目部（5 支钻井队）	Sino－2	沙特阿美石油公司	沙特阿拉伯
		Sino－3		
		Sino－15		
		Sino－16		
		Sino－192		

（高英强）

【**钻井三公司概况**】　钻井三公司主要从事钻井、修井等技术服务工作，具有高压油气井、煤层气井、盐井、碱井、芒硝井、地热井钻探及修井资质能力。截至 2009 年底，钻井三公司有员工 3392 人，其中正式员工 1574 人、劳务用工 1818 人，具有高级职称 58 人、中级职称 238 人、初级职称 257 人；机构下设机关科室 17 个、三级单位 5 个、科级单位 7 个、临时机构 7 个。拥有 ZJ70D、ZJ70LDB、ZJ50D、ZJ50LDB、ZJ50J、ZJ45J、ZJ40J、ZJ40D、ZJ40LDB、ZJ30J、ZJ30CZD 等规格的钻机 37 台，能承担 7000 米以内的各种油井、气井、盐井、水井、地热井和煤层气井的钻井施工，以及钻前工程、机械制造和钻井工程技术服务；固定资产原值 12.69 亿元、净值 7.88 亿元。2009 年，钻井三公司开钻 163 口，交井 153 口，钻井进尺 42.08 万米。完成产值 14.5 亿元，上缴费用 1.26 亿元，实现油田资金零占用。4 月，钻井三公司获中华全国总工会“五一劳动”奖状；连续7年被河南省工商

2009 年 10 月 25 日，濮深 18 井完钻，钻井三公司技术人员分析岩芯（周生荣）

行政管理局评为重合同、守信用企业。

【钻井三公司获中国石化集团公司“石油工程金牌钻井队”3 个】 钻井三公司 70118ZY 钻井队组建于 2000 年 6 月，2008—2009 年，先后完成中国石油天然气集团公司冀东油田重点开发井高 17－26 井、重点探井南堡 2－82 井，累计开钻 5 口，交井 5 口，钻井进尺 1.59 万米。70867ZY 钻井队组建于 2007 年 4 月，2008 年，该队施工的南堡 2－29 井，设计周期 96 天，实际完井周期 74.77 天，创同区块同井深钻井周期最短纪录。70739ZY 钻井队组建于 2008 年 5 月，2008—2009 年，累计开钻 5 口，交井 5 口，完成钻井进尺 2 万余米；该队施工的濮深 18 井取芯进尺 20.22 米，芯长 19.73 米，取芯收获率 98%，在濮深 18 井勘探上获重大突破。2009 年，在中国石化集团集团公司第四届“石油工程金牌钻井队”评比中，钻井三公司 70118ZY 钻井队、70867ZY 钻井队、70739ZY 钻井队被评为石油工程金牌钻井队。

【钻井三公司创油田内部钻井新指标 5 项】 2009 年，钻井三公司在中原油田内部市场创钻井新指标 5 项：(1) 40481 钻井队施工的春 9－50 井，完钻井深 2936 米，钻井周期 9 天 19 小时，平均机械钻速 24.47 米/时，创该区块钻井周期最短、平均机械钻速最快钻井新指标。(2) 50733 钻井队施工的马 19－43 井，完钻井深 3850 米，钻井周期 22 天 4 小时，平均机械钻速 16.59 米/时，创该区块钻井周期最短、平均机械钻速最快钻井新指标；(3) 50727 钻井队施工的胡 63－21 井，完钻井深 3260 米，平均机械钻速 28.60 米/时，创该区块完钻井深超过 3000 米、平均机械钻速最快钻井新指标；(4) 40481 钻井队施工的文 95－110 井，完钻井深 2814 米，平均机械钻速 28.42 米/时，创该区块同井平均机械钻速最快钻井新指标；(5) 40482 钻井队施工的明 498 井，完钻井深 2230 米，机械钻速 47.45 米/时，创该区块平均机械钻速最快钻井新指标。

【濮深 18 井完钻】 濮深 18 井位于东濮凹陷柳屯洼陷东翼断鼻构造，设计垂直井深 4800 米，井斜深 4821 米，是中原油田一口重点预探定向井。钻探目的是进一步了解柳屯洼陷东翼文 9 盐下沙三中和沙三下储层发育情况、含油气情况及油气藏类型，为探明柳屯洼陷带提供依据。该井由钻井三公司 70739 钻井队承钻，2009 年 6 月 30 日开钻，10 月 28 日完钻，完钻井深 4470 米。在沙三中目的层段取芯 4 次，取芯进尺 20.22 米，芯长 19.73 米，深层平均取芯收获率 97.66%。发现油浸 1 层 4.59 米、油斑 3 层 2.1 米、油迹 5 层 5.71 米、荧光 32 层 58.48 米。12 月 10 日，濮深 18 井试油，用 5 毫米油嘴自喷求产，日生产原油 22 吨，日生产天然气 5000 立方米。

【新 16 井获工业油气流】 新 16 井位于东濮凹陷黄河南新霍构造新 18 井西断块，是中原油田部署的一口重点评价井，设计井深 4039 米，水平位移 778 米，最大井斜 51.38 度。钻探目的是探明新 18 井西断块高部位沙三中含油气情况，了解储量规模，为黄河南新霍构造勘探开发提供依据。该井由钻井三公司 50727 钻井队承钻，2008 年 11 月 28 日开钻，2009 年 1 月 13 日完钻，完钻井斜深 4039 米，在沙三上气测异常 5 层 10 米，沙三中荧光 11 层 29 米，油迹 3 层 7 米，气测异常 11 层 29 米。2 月 13 日射孔求产，日生产原油 22.8 立方米，日生产天然气 2300 立方米。

【棋探 1 井创多项钻井新纪录】 棋探 1 井位于鄂尔斯盆地天环凹陷北段，是中国石油天然气集团公司长庆油田部署的一口重点区域风险预探井，设计井深 4980 米。钻探目的是了解古界祁连海域与华北海域过渡带沉积特征及地层特征，落实奥陶系台地边缘相带礁滩相异常反射体的含气性，寻找礁滩相岩性气藏。该井由钻井三公司 50592 钻井队承钻，2009 年 8 月 13 日开钻，12 月 19 日完钻，完钻井深 5233 米。在钻井施工中，50592 钻井队针对地层结构复杂、可钻性差以及易漏、易塌、易卡、易斜、三开小井眼间隙小等施工难题和潜在的施工风险，落实各项技术措施，优化钻具组合，优选钻井参数，根据地层合理选用钻头，推广钻井新工艺、新技术，加快钻井速度，以 120 天钻完井深 5233 米，比设计周期提前 40 天完钻，建井周期 135 天，平均机械钻速 4.48 米/时，钻机月速 1225.49 米/台，取芯 12 次，取芯进尺 133.42 米，岩芯长 131.94 米，平均取芯收获率 98.89%，创鄂尔多斯盆地天地凹陷区块深探井钻井周期最短、钻达地层最古老、长庆油田预探井小井眼井深最深、尾管悬挂下深最深等多项钻井新纪录。

【钻井三公司优选钻头提高钻速】 2009年，钻井三公司根据各个区块地层特点，优选适应地质特性钻头进行钻井。在春9－50井施工中，上部井段优选使用1只GA114钻头钻至1901米，下部井段优选使用1只P4373MC钻头钻至2936米，钻井周期9天19小时。在东北长深D1－1井，针对青山口地层可钻性差，优选使用1只进口PDC钻头，从井深2250米2次入井，钻至井深3364米泉头组底部，纯钻进时间443.92小时，总钻井进尺1068米。在冀东南堡2－82井，三开优选使用1只311.1毫米GP526D钻头2次入井，钻井进尺1777米，纯钻进时间231.17小时。

【新17井完钻井深4262米】 新17井位于东濮凹陷黄河南新霍构造东翼新18断块区，是中原油田部署的一口滚动评价井，设计井深4260米。钻探目的是探明新18井西断块高部位沙三中含油气情况，了解储量规模，为黄河南新霍构造勘探开发提供依据。该井由钻井三公司50727钻井队承钻，2009年2月9日开钻，3月26日完钻，完钻井深4262米，钻井周期44天，平均机械钻速11.19米/时，全井安全无事故。

【应用无线随钻MWD技术钻井速度同比提高6.76%】 无线随钻MWD技术可以及时监测井眼轨迹，保证井眼圆滑，减少井下摩阻和扭矩，定向段钻进可以多复合少滑动，以提高机械钻速。2009年，钻井三公司发挥无线随钻的技术优势，控制好井眼轨迹，在新17井、濮深18井、春9－50井、刘25－8井、文269－34井、新17－1井等12口定向井的施工中，应用无线随钻MWD技术，平均机械钻速10.27米/时，与2008年施工的同类井相比钻井速度提高0.65米/时。

2009年2月28日，钻井三公司50727钻井队在新17井施工 （周生荣）

【钻井三公司首次进入伊朗钻机市场】 2009年5月13日，钻井三公司与伊朗国家石油公司签订2台70D钻机配套合同，合同额8774万元，这是该公司首次进入伊朗钻机市场。钻井三公司钻采设备厂制定科学的生产计划，加快材料的组织供应，合理调配人员做好生产前的准备工作，经过2个月的努力，完成井架、底座、前台等机械的制作，及时进入总装配套阶段，8月20日，第1部钻机一次起升成功，并通过伊朗国家石油公司验收；9月12日，完成第2套钻机的配套和起升，2部钻机均按合同要求按期发往伊朗。

（周生荣）

2009年钻井三公司国内外市场分布情况

市场类别	名　称	钻井队名　称	施工企业名　称	施工地点
油田内部市场	12支钻井队	大修一队	中原油田	河南濮阳
		40480队		
		40481队		
		40482队		
		40599队		
		45732队		
		50446队		
		45728队		
		50605队		
		50727队		
		50733队		
		70739队		

续表

市场类别	名　称	钻井队名　称	施工企业名　称	施工地点
国内市场	青海项目部（2 支钻井队）	30602 队	中国石油天然气集团公司青海油田	青海南八仙
		40598 队		
	鄂尔多斯项目部（9 支钻井队）	40603 队	中原油田	内蒙古白音查干
		40668 队		
		45731 队		
		45736 队		
		50603 队		
		45723 队		
		50750 队	中国石油天然气集团公司渤海钻探长庆油田	陕西定边
		50592 队	中国石油天然气有限股份公司长庆油田分公司	宁夏吴忠
		70867 队		
	冀东项目部（2 支钻井队）	50865 队	中国石油天然气集团公司冀东油田	河北唐海
		70118 队		
	东北项目部（5 支钻井队）	40601 队	中国石油化工股份有限公司东北分公司	吉林长岭
		45726 队		
		40445 队	中国石油化工股份有限公司东北分公司	内蒙古苏尼特右旗
		45725 队	中国石化集团公司东北石油局	内蒙古苏尼特右旗
		50737 队	中国石油化工股份有限公司东北分公司	吉林长岭
	江苏项目部（1 支钻井队）	40441 队	中国石油化工股份有限公司华东石油分公司	江苏泰州
国外市场	印尼项目部（4 支钻井队）	RIG3001 队	中国石油	印度尼西亚
		RIG4001 队		
		修井 8003 队		
		修井 8004 队		
	沙特项目部（5 支钻井队）	sinopec190 队	SSG 项目	沙特阿拉伯
		sinopec189 队		
		sinopec10 队	沙特阿美石油公司	沙特阿拉伯
		sinopec19 队		
		sinopec11 队		
	厄瓜多尔项目部（2 支钻井队）	rig191 队	厄瓜多尔国家石油公司	厄瓜多尔
		rig188 队		

（周生荣）

【钻井四公司概况】　钻井四公司主要从事钻井、修井等技术服务工作，具有高压油气井、煤层气井、盐井、碱井、芒硝井、地热井钻探及修井资质能力，1997 年 2 月获B/T19001：2000（idt ISO 9001:2000）标准体系认证，是国内陆上钻井专业公司首家取得认证单位。截至 2009 年底，钻井四公司有员工 2287 人，具有高级职称 31 人、中级职称 164 人、初级职称 235 人；机构设机关科室 12 个、直属单位 10 个、外部项目部 5 个，有钻井队 40 支，其中油田内部和国内钻井市场 20 支、国际钻井市场 20 支。拥有各种型号的钻机 40 台；固定资产原值 8.98 亿元、净值 5.82 亿元。2009 年，钻井四公司开钻 211 口，交井 215 口，钻井进尺 45.5 万米，实现产值 12.8 亿元，同比增加 4.25%。1 月，钻井四公司被中华全国总工会、国家安全生产监督管理总局联合授予“全国安康杯优秀组织单位”称号；被中华全国总工会授予“全国职工书屋”称号，是中原油田唯一获此项荣誉的单位；12 月 5 日，钻井四公司被中国石化集团公司授予“‘深入群众促和谐，凝心聚力促发展’主题活动先进集体”称号。

【云 9－7 井平均机械钻速 7.28 米/时】　云 9－7 井位于山东省莘县古云集镇，是中原油田部署的一口定向井，设计井深 3852 米。该井由钻井四公司 45753 钻井队承钻，2008 年 11 月 20 日开钻，12 月 27 日完钻，2009 年 1 月 4 日完井，完钻井深 3827 米，钻井周期 37 天 19 小时，平均机械钻速 7.28 米/时。机械钻速创同区块、同类型井钻井速度新指标。

【卫 388 井井底位移 570 米】　卫 388 井位于东濮凹陷卫城构造北部云 6 断块高部位，是中原油田部署的一口定向井，设计井深 3428 米。该井由钻井四公司 40487 钻井队承钻，2009 年 3 月 16 日开钻，4 月 2 日完钻，完钻井深 3418 米，钻井周期 16 天 21 小时，建井周期25天12小时，平均机械钻速19.87米/时，井底位移570米。各项指标创同区块、同类型井钻井新指标。

【文220-8井4天钻进2000米】 文220-8井位于东濮凹陷中央隆起带文留构造文220断块，是中原油田部署的一口定向井，设计井深3578米。该井由钻井四公司40449钻井队承钻，2009年5月9日开钻，6月14日完钻，完钻井深3606米，钻井周期35天6小时，平均机械钻速11.78米/时，4天17小时钻进2000米。各项指标创同区块钻井新指标。

【桥81-3井完井电测一次成功】 桥81-3井位于东濮凹陷黄河南桥口构造南翼桥4-12断块，是中原油田部署的一口定向井，设计井深3760米。该井由钻井四公司40487钻井队承钻，2009年10月17日开钻，11月11日完钻，完钻井深3766米，平均机械钻速22.55米/时，最大井斜55.52度，井底水平位移1040米，完井电测一次成功。

【DB33-10-10井钻井周期13.63天】 DB33-10-10井位于东北腰英台油田大情字井—老英台区域性隆起带上，是中国石化集团公司华东分公司部署的一口定向井，设计井深2439.79米。该井由钻井四公司45751钻井队承钻，2009年6月2日开钻，6月15日完钻，完钻井深2425米，钻井周期13.63天，建井周期16.92天，平均机械钻速12.56米/时。各项指标创东北钻井市场查干花区块钻井周期新指标。

【袁1-6井完钻井深2816米】 袁1-6井位于苏北盆地海安凹陷曲塘次凹东部斜坡带袁家断块构造高部位，是中国石油浙江油田公司部署的一口定向井，设计井深2819.92米。该井由钻井四公司40486钻井队承钻，2009年9月23日开钻，10月7日完钻，完钻井深2816米，钻井周期13天8小时，建井周期22天2小时，平均机械钻速19.76米/时，钻井月速3825.57米/台。

【40485钻井队平均机械钻速创江苏油田钻井新指标】 边13井位于苏北盆地溱潼凹陷内斜坡带西段的边城—叶甸构造带，是中国石化集团公司华东分公司部署的一口定向井，设计井深2770.23米。该井由钻井四公司40485钻井队承钻，2009年6月28日开钻，7月13日完钻，完钻井深2795米，钻井周期15天5小时，建井周期21天4小时，平均机械钻速13.44米/时。平均机械钻速创同区块钻井新指标。

【2口井密闭取芯31.93米】 钻井四公司40486钻井队施工的丰1-17井位于苏北盆地白驹凹陷洋芯次凹北西斜坡带开阳断块构造，是中国石油浙江油田公司部署的一口定向井，2008年12月29日开钻，2009年1月11日完钻，密闭取芯25.13米，取芯收获率98.97%。40488钻井队施工的袁1-12井位于苏北盆地海安凹陷曲塘次凹东部斜坡带袁家断块构造较低部位，是中国石油浙江油田分公司部署的一口定向井，2009年10月10日开钻，11月3日完钻，密闭取芯6.8米，取芯收获率95%。

【科索1井固井质量和井身质量合格率100%】 科索1井位于河北省三河市燕郊经济开发区内，是中国海洋石油总公司部署的一口重点科学实验井，甲方是中国海洋石油服务股份有限公司，设计井深3200米。该井由钻井四公司70173钻井队承钻，2009年4月18日开钻，8月24日完钻，完钻井深3200米。在施工过程中，70173钻井队针对该井多次出现地层出水及严重井漏的井下情况，先后实施堵漏作业12次，分别采用常规堵漏钻井液堵漏、挤水泥堵漏、平衡法堵漏、堵漏凝胶聚合物堵漏、由下而上打堵漏浆堵漏、空井投入固体充填方式堵漏及充气泥浆钻井工艺技术，并以漏失强钻、泡沫泥浆钻井等工艺技术相辅助，堵住了漏层，固井质量、井身质量合格率100%。

【汪深1-平1井平均机械钻速提高0.2米/时】 汪深1-平1井位于松辽盆地东南断陷区徐家围子断陷与安达断陷过渡带，是中国石油集团公司大庆油田分公司部署的高难度水平开发井，设计井深4204.85米。该井由钻井四公司70617钻井队承钻，2008年11月20日开钻，2009年11月17日完钻，完钻井深4205米，完钻层位营城组三段火山岩，水平段长1009.51米，水平位移1309.15米，固井质量、井身质量合格。由于气测显示不理想，先后2次按甲方要求地质填井侧钻，完成钻井进尺5301米，钻井周期279.23天，平均机械钻速2.12米/时。平均机械钻速与该区块施工的徐深1-平2井相比提高0.2米/时，增幅10.42%。

【钻井四公司中标前参1井施工项目】 前参1井位于黑龙江省宝清县八五三农场四分场七队东南方向约2千米处，是中国石化集团公司东北油气分公司部署的一口参数井，设计井深3750米。钻探目的是建立地层层序、查明上白垩统及新生界烃源岩发育情况及其生烃潜力、验证地震波组属性，为下步勘探部署提供依据。2009年5月25日，钻井四公司中标该井施工项目，由50455钻井队承钻，6月25日开钻，10月11日完钻，10月31日完井，完钻井深3202米，完钻层位前白垩系，钻井周期108.63天，建井周期128.38天，平均钻机月速748.13米/台，平均机械钻速4.19米/时，固井质量、井身质量合格率100%。

【5545井钻井周期65天20小时】 5545井位于哈萨克斯坦希望油田，是中国石油阿克纠宾油气股份公司部署的一口探井，设计井深3330米。该井由钻井四公司SINO-176钻井队承钻，2009年4月4日开钻，6月10日完钻，完钻井深3330米，钻井周期67天20小时，平均机械钻速3.77米/时。钻井周期创同区块钻井周期最短新指标。

【SINO-7修井队进入沙特阿美石油公司优秀井队排行榜】 2002年6月25日，钻井四公司SINO-7修井队进入沙特市场，始终执行修井作业合同，2009年3月4日，修井合同到期。3月14日，SINO-7修井队开始执行钻修井合同，10月，SINO-7修井队以90.68分的成绩进入沙特阿美石油公司石油工程综合业绩优秀排行榜，也是中原油田第2支进入沙特阿美石油公司石油工程综合业绩优秀排行榜的修井队。

2009 年 3 月 3 日，钻井四公司 SINO－18 钻井队在沙特市场安装设备

（李学朋）

【钻井四公司首次进入沙特探井市场】 2009 年 3 月 25 日，钻井四公司 Sino－18钻井队中标沙特阿美石油公司探井施工合同，合同期限 3＋1 年，合同金额 4126.7 万美元。截至年底，Sino－18钻井队完成开钻 6 口，完井 6 口，钻井进尺 1.99 万米。

【钻井四公司哈萨克斯坦市场连续 4 年安全生产】 2004 年，钻井四公司 Sinopec132钻井队、Sinopec133 钻井队进入中国石油阿克纠宾油气股份公司哈萨克斯坦钻井市场。2009 年，2 支钻井队始终把安全工作作为各项工作的重中之重，坚持以安全为前提、以质量为基础工作原则，建立完善覆盖全员和施工全过程的安全管理网络，制定了切实可行的安全管理和考核细则，把每一个管理点落实到人员和岗位，连续 4 年实现安全生产无事故，被中国石油阿克纠宾油气股份公司称为“值得信赖的队伍”。

【Sinopec147 钻井队受奖 6 万美元】 CT－35 井位于哈萨克斯坦希望油田，是中国石油阿克纠宾股份公司部署的一口探井，设计井深 3652 米。该井由钻井四公司 Sinopec147 钻井队承钻，2008 年 11 月 24 日开钻，2009 年 1 月 28 日完钻，完钻井深 3415 米，2 月 4 日完井，钻井周期 66 天 8 小时，比计划提前 13 天，钻开油气层到交井时间提前 7 天，井身质量及固井质量优秀。7 月，中国石油阿克纠宾股份公司奖励 Sinopec147 钻井队 6 万美元。

【钻井四公司中标科威特国家石油公司施工合同】 2009 年 4 月 1 日，钻井四公司中标科威特国家石油公司钻井项目，合同期限 5＋1 年，成为中原油田第 1 个进入科威特钻井市场的专业化公司。中标钻机 3 台，其中 ZJ70 型钻机 2 台、ZJ50 钻机 1 台。11 月 24 日，钻井四公司再次中标科威特国家石油公司 4 台 750 修井机的施工合同，合同期限 5＋1 年。中标钻机 ino－919、ino－920、ino－923、ino－924。

【应用矿渣固井技术节资 100 多万元】 矿渣（MTC）固井技术，也称钻井液（泥浆）转化为水泥浆固井技术，它不同于传统石油钻井固井工艺技术，传统固井工艺技术是通过水泥浆驱替套管环空间隙中的钻井液后固化实现的，而矿渣技术是向钻井液中加入矿渣、激活剂、早强剂、分散剂等物质，使钻井液本身转化为固井液（水泥浆），避免了传统固井技术的弊端，在提高固井质量、防气窜、防漏失、保护油气层等方面有着显著优势。2009 年，钻井四公司应用矿渣固井技术固井作业 11 口、裸眼井封固井作业 2 口，与水泥固井相比节约费用 100 多万元。

【钻井四公司率先使用净化水装置】 2009 年，钻井四公司为每支钻井队配齐净化水装置、全自动洗衣机、微波炉、电磁炉、电饭煲等生活设施。特别是应用净化水装置后，钻井队饮用水质量得到提高，净化水经检测浑浊度、色度、嗅和味、细菌总数、总大肠菌群、耐热大肠菌群、COD、氨氮 7 项指标完全达到国家标准，确保钻井队职工喝放心水。

2009 年钻井四公司国内外市场分布情况

市场类别	名　称	钻井队名　称	施工企业名　称	施工地点
油田内部市场	8 支钻井队	40607 队	中原油田	河南省濮阳
		32612 队		
		40487 队		
		40613 队		
		40449 队		
		45751 队		

续表

市场类别	名　称	钻井队名　称	施工企业名　　称	施工地点
油田内部市场	8 支钻井队	45753 队	中原油田	河南省濮阳
		50487 队		
国内市场	冀东项目部（2 支钻井队）	40608 队	40608 队全年停工	
		70173 队	中国海洋石油服务股份有限公司	河北省三河
	江苏项目部（8 支钻井队）	40441 队	中国石油化工股份公司华东分公司	江苏江都、姜堰、海安和东台
		40447 队		
		40610 队		
		40483 队		
		40488 队		
		40486 队		
		40611 队		
		40485 队		
	东北项目部（2 支钻井队）	50455 队	中国石油化工东北油气分公司 中国石油天然气集团公司大庆油田分公司	黑龙江省佳木斯、大庆
		70617 队		
国外市场	沙特项目部（8 支钻井队）	Sino－1 队	沙特阿美石油公司	沙特 HWYH、SDGM、KHRS、ABJF、UTMN 和 HADR 地区
		Sino－5 队		
		Sino－6 队		
		Sino－7 队		
		Sino－8 队		
		Sino－9 队		
		Sino－12 队		
		Sino－18 队		
	哈萨克斯坦项目部（12 支钻井队）	Sinpec132 队	中国石化集团公司国勘 FIOC 公司 中石油阿克纠宾油气股份有限公司	哈萨克斯坦阿克纠宾和阿特劳两州
		Sinpec133 队		
		Sinpec141 队		
		Sinpec142 队		
		Sinpec143 队		
		Sinpec145 队		
		Sinpec146 队		
		Sinpec147 队		
		Sinpec148 队		
		Sinpec176 队		
		Sinpec177 队		
		Sinpec178 队		

（李学朋）

【西部工作委员会概况】 西部工作委员会（以下简称西部工委）主要负责油田国内外部市场（不包括西南钻井公司）施工队伍的监督、管理、协调、服务；负责施工队伍“三基”建设、市场开发与攻关工作；负责施工队伍 HSE 监督与管理；负责重大生产技术问题的调研、分析和管理等工作。截至 2009 年底，西部工委有员工 41 人，其中高级职称 11 人、中级职称 15 人、初级职称 15 人；机构下设综合办公室、市场工作部、HSE 监督管理站、工程项目管理部等单位 7 个。2009 年，西部工委分区域召开市场工作会议，分析研究市场形势，合理调整队伍结构，4 月，油田将陕北、内蒙古（鄂尔多斯）、江苏市场划归西部工委管理。11 月 14 日，油田召开区域一体化管理动员大会，按照“突出特色、合理布局、优化结构、做强做大”的原则，对国内外部石油工程市场实施了区域一体化管理，先后撤并钻井项目部 5 个，划转钻井队 12 个。截至年底，西部工委管理员工 8522 人；管理油田二级单位 23 个、二级单位项目部 62 个、基层队伍 163 个（其中钻井队 103 支），主要市场分布在西北、陕北、内蒙古、海拉尔、东北、华北、江苏等地。年内，西部工委完成产值 41.97 亿元，在中国石油化工股份有限公司西北分公司“三创一建”竞赛活动总结表彰大会上，西部工委被评为参战突出贡献先进单位。

三创一建：创施工高指标、创优秀业绩、创名优工程，建设一流施工队伍。

【西部工委创优活动】 2009年，西部工委组织国内外部市场施工单位持续推进“创名优工程，树中原品牌”活动，按照“机构人员到位、组织保障有力、基层组织健全、工作机制完善、工作成效明显”的总体要求，先后召开各类动员会230多次，悬挂横幅480多条，出黑板报760期、专栏140块。5月25日，西部工委召开国内外部市场“创名优工程，树中原品牌”活动推进会，8月26日，西部工委在西北、东北、冀东、陕北区域召开创优活动经验交流会，评选24个先进单位和4名先进个人，交流好经验、好做法，西部工委还创办了《工作信息》，及时交流活动开展情况，全年编发信息14期，刊发稿件280余篇。西部工委组织国内外部施工队伍开展各类劳动竞赛，细化“优质高效杯”、“五项劳动竞赛”、“创建金银牌基层队”竞赛考核标准，对国内外部市场基层队伍的“三基”建设工作进行季度、半年和年度检查考核，创施工高指标226项、新纪录137项。塔里木钻井公司有6支钻井队进入中国石油化工股份有限公司西北油田分公司综合业绩前10名。

【70136钻井队综合业绩名列西北油田分公司第一名】 70136钻井队组建于1989年11月，2008年11月进入中国石油化工股份有限公司西北油田分公司钻井市场，累计完成钻井3口。2009年12月26日，70136钻井队以98.5分的成绩进入中国石油化工股份有限公司西北油田分公司综合业绩排行榜，名列第一名，是中原油田第7支进入中国石油化工股份有限公司西北油田分公司综合业绩优秀排行榜的钻井队伍。（尹民生）

【中原油田施工的2口井被西北油田分公司评为优质工程井】 顺4井位于新疆塔河油田塔中Ⅰ号构造带，是中国石油化工股份有限公司西北油田分公司部署的一口重点探井，设计井深7000米。该井由塔里木钻井公司70136钻井队承钻，2008年12月24日开钻，2009年6月21日完钻，完钻井深7100米，建井周期184天12小时，平均机械钻速2.98米/时。创塔中区块探井最深、钻井速度最快新纪录，被中国石油化工股份有限公司西北油田分公司评为优质工程井。TK858X井位于新疆塔河油田塔中区块，是中国石油化工股份有限公司西北油田分公司部署的一口斜直井，设计井深5746.74米。该井由塔里木钻井公司70132钻井队承钻，2009年6月16日开钻，9月2日完钻，完钻井深5774米，建井周期98天21小时，平均机械钻速6.75米/时，创该区块同类井平均机械钻速最高新纪录，被中国石油化工股份有限公司西北油田分公司评为优质工程奖。

（尹民生　何伯阳）

2009年，中原油田2口井被西北油田分公司评为优质工程奖　（何伯阳）

【西部工委健全国内外部市场HSE管理体系】 2009年，西部工委健全国内外部市场HSE管理、安全环保责任、监督管理、风险防范体系，落实安全环保责任制，层层签订安全管理目标责任书和员工安全承诺书；组织国内外部市场施工队伍开展“我要安全”、和“转观念、正作风、强‘三基’、上水平”活动，抓安全教育培训，落实安全生产禁令执行措施，组织各类安全培训班280期、培训人员6400多人次，员工持证上岗率达到了98%以上；组织国内外部市场施工单位进行HSE工作检查4次，检查项目部、基层队258队次，查问题398个，问题汇总整理后，责令相关单位限期整改，整改率99.2%。同时，还开展“今天我当安全员”、征集安全“亲情寄语”、“安全经验分享”、“安全演讲赛”、“青年安全监督岗”等活动，提高全员安全意识。年内，西部工委国内外部市场各施工队伍未发生任何人身、设备、井控等事故。（尹民生）

【塔里木钻井公司概况】 塔里木钻井公司主要承揽新疆范围内的塔里木油田、西北油田、新疆油田、吐哈油田的石油钻井及泥浆技术服务工作。截至2009年底，塔里木钻井公司有员工1833人，其中正式员工859人、劳务用工680人、社会派遣工294人，具有高级职称34人、中级职称118人；机构下设机关科室10个、直属单位13个；有钻井队32支，其中中国石化集团公司甲级队13个、乙级队15个。拥有钻机32台，资产原值7.37亿元、净值4.05亿元。2009年，塔里木钻井公司完成开钻71口，交井71口，钻井进尺31万米，创产值12.84亿元。钻机月速1443.88米/台，平均机械钻速5.88米/时，生产时效94.36%，纯钻时效34.11%。井身质量合格率100%，固井质量合格率100%，取芯收获率94.07%。年内，塔里木钻井公司获油田“文明单位”、“平安建设先进单位”、“信访稳定工作先进单位”等称号11个。

（何伯阳）

【塔里木钻井公司创中国石化集团公司钻井新纪录6项】 2009年，塔里木钻井公司创中国石化集团公司钻井新纪录6项：（1）LGA1井钻井周期36天，创完钻井深5001～5500米，钻井周期最短（45.32天）钻井新纪录；（2）TK262井钻井周期42.46天，创完钻井深5501～6000米，钻井周期最短（43.29天）钻井新纪录；（3）TH12417井钻井周期86.15天，创完钻井深6501～7000米，钻井周期最短（90.48天）钻井新纪录；（4）顺4井钻井周期178.33天，创完钻井深7001～7500米，钻井周期最短（279.17天）钻井新纪录；（5）TH12302CH井完钻井深7047米，水平井垂深6360.37米，创水平井垂深最深（6348.62米）钻井新纪录；（6）侧钻水平井TH12302CH井钻井井深7047米，创水平井井深最深钻井新纪录。

【塔里木钻井公司完成西北油田开钻62口】 2009年，塔里木钻井公司在西北油田有钻机25台，完成开钻62口，交井57口，钻井进尺28.34万米。完成井优良率81%、优质率33%。在西北油田分公司“三创一建”活动中，被评为优胜钻井队5支、优质工程井2口，4支钻井队进入中国石油化工股份有限公司西北油田分公司综合业绩排名前10名，其中70136钻井队名列第一。

【塔里木钻井公司在新疆地区完成钻井13口】 2009年，塔里木钻井公司在新疆地区完成钻井13口。其中，塔里木油田有钻机8台，完成开钻7口，交井10口，钻井进尺3.82万米；新疆油田有钻机2台，完成开钻1口，交井2口，钻井进尺4836.2米；吐哈油田有钻机2台，完成开钻5口，交井5口，钻井进尺1.11万米。

【塔里木钻井公司平均搬安时间同比缩短1～2天】 2009年，塔里木钻井公司制定生产计划，及时下达并严格考核；主管生产、技术、安全、装备的领导及生产、后勤保障等职能科室近70%的人员坚持在一线办公，2个项目组人员坚守生产一线，及时协调解决生产中的实际问题，参与各个钻井队搬迁工作，压缩了搬迁时间。全年组织钻井队搬安71井次，塔河工区钻井队平均搬安时间4～5天，外围钻井队平均搬安时间5～6天，同比缩短1～2天，其中70708钻井队施工的TK7218H井，从设备起吊到一开仅用2.04天，创中国石油化工股份有限公司西北油田分公司塔河工区70LD钻机搬安最快新纪录。

【塔里木钻井公司生产时效同比提高3.17个百分点】 2009年，塔里木钻井公司坚持在上部地层推广应用“高效钻头+动力钻具”复合钻井工艺，优化钻井液配方，减少上部阻卡；下部针对不同地层采用适用性强的PDC钻头，提高使用效率，减少起下钻时间，生产时效同比提高3.17个百分点，事故复杂时效降低3.49个百分点，平均机械钻速提高0.25个百分点，钻井周期缩短。

【塔里木钻井公司单井考核兑现率100%】 2009年，塔里木钻井公司首次系统汇编钻井工程定额，对经营管理制度进行修订完善，细化经营承包总体方案，加大单井考核兑现力度。机关后勤单位奖金系数与单井效益挂钩，提高技术骨干、专业人员的奖金系数，坚持严考核、硬兑现的原则，每月及时进行考核兑现。考核兑现单井71口，兑现率100%。

【塔里木钻井公司降低生产成本28.89%】 2009年，塔里木钻井公司从规范合同标准文本入手，编制物资采购框架协议，对合同条款逐一进行规范；对材料及设备采购、设备维修、车辆运输、定向井服务等进行统一招议标，降低生产成本28.89%。其中，泥浆材料采购价格同比降低11.56%，常用材料采购价格同比降低5.33%，钻头采购价格同比降低5%，维修项目成本同比降低7%。

2009年1月15日，塔里木钻井公司70708钻井队进行搬迁施工 （张 凯）

【塔里木钻井公司安全检查实现硬兑现】 2009年，塔里木钻井公司加强安全监督检查，实行月检查、季考核，严格奖罚兑现。年内，追究安全责任人64人，其中奖励1155.55万元、罚款167.1万元。

【塔里木钻井公司装备新度系数升至0.46】 2009年，塔里木钻井公司针对设备老化的实际情况，更新钻机4套，其中F400钻机2套改造为70LDB钻机、E2100钻机2套改造为70D钻机；更新柴油机12套、VOLVO柴油发电机组6台、泥浆泵6台、电磁刹车5台、变频电机4台、SL450H高压水龙头1台；购置振动筛24台、离心机4台、气动下灰罐7套、高压泥浆管汇4套、高压放喷管线12套。钻井装备新度系数由2008年的0.29升至0.46。

【塔里木钻井公司万元产值综合耗能0.33吨标准煤】 2009年，塔里木钻井公司落实“定人、定机、定岗”管理制度，杜绝设备带病运转及“跑冒滴漏”现象，延长了设备修理周期和使用寿命；制定了设备用油、用水规定，建立了油水化验室，坚持对油品进行检测化验，保证油品质量；提高设备设施修造能力，修保站维修营房5栋、补充营房24栋，加工柴油计量罐18个、灌浆计量罐6套、60立方米泥浆罐7个、大型防沙棚3套。加强节能知识宣传，应用节能新技术合理匹配柴油机动力。年内，塔里木钻井公司万元产值综合耗能0.33吨标准煤，低于油田下达的0.49吨标准煤的指标。每米钻井进尺油耗0.09吨，同比降低11%；钻机台月油耗120.5吨，同比降低5%。 （何伯阳）

【官深1井开钻】 官深1井位于贵州省赤水市长期镇华阳村，是中国石化集团公司西南油气分公司部署在四川盆地川南低褶带官渡构造官中高点西翼的重点预探井，设计井深4110米，主要目的层为下二叠统茅口组，兼顾探索下三叠统嘉陵江组、飞仙关组及上二叠统长兴组。官深1井由西南钻井公司70738ZY钻井队承钻，2009年11月25日开钻，年底钻至井深493米。

【元坝6井创中国石化集团公司2项新纪录】 元坝6井位于四川省苍溪县五龙镇五里村三队，是中国石化集团公司勘探南方分公司部署在川东北元

2009 年 5 月 13 日，塔里木钻井公司 70811 钻井队进行应急演练

（白国强）

坝地区的一口探井，设计井深 7310 米，主要目的层为下二叠统栖霞组和茅口组，是元坝区块钻探层位最深的井，同时也是开展元坝钻井提速活动的第 1 口井。该井由西南钻井公司 70166ZY 钻井队承钻。8 月 21 日开钻，10 月 17 日，采用空气钻井技术，创中国石化集团公司空气钻井 444.5 毫米井眼钻进井段最长（2516 米）和井眼最深（3013 米）2 项纪录。

（董温杰）

【应急演练模式被塔里木油田作为样板推广】 2009 年，塔里木钻井公司加强井控安全管理，加强井控过程控制，坚持开好每月的井控例会，严格落实坐岗制度，定期开展井控知识培训 35 期、井控应急演练 1280 次。其中，70811 钻井队、60810 钻井队在防喷防硫应急演练中，分获一等奖、三等奖，应急演练模式被塔里木油田作为样板推广。

（何伯阳）

钻井管具

【钻井管具工程处概况】 中原油田的钻井管具工作由钻井管具工程处承担，主要为井队提供钻具、工具、井控装置的租赁和检修，并从事钻杆、钻头、钻井工具制造，打捞、试压、下套管施工、欠平衡钻井、空气钻井等技术服务工作。截至 2009 年底，钻井管具工程处有员工 983 人，其中高级职称 32 人、中级职称 67 人、初级职称 81 人；机构下设科室 9 个、直属单位 12 个、国内项目组 9 个、国外项目组 6 个。拥有各类设备 566 台套，其中专用设备 185 台套，设备新度系数 0.68；资产 10.8 亿元，固定资产原值 1.6 亿元、净值 1.3 亿元。2009 年，钻井管具工程处实现产值 5.77 亿元，上缴内部利润 1608 万元，超缴 148 万元。2 月 5 日，钻井管具工程处管修车间钻杆摩擦焊班被全国总工会授予“女职工建功立业标兵岗”称号；12 月 30 日，钻井管具工程处工会被河南省总工会授予“六好基层工会”称号。

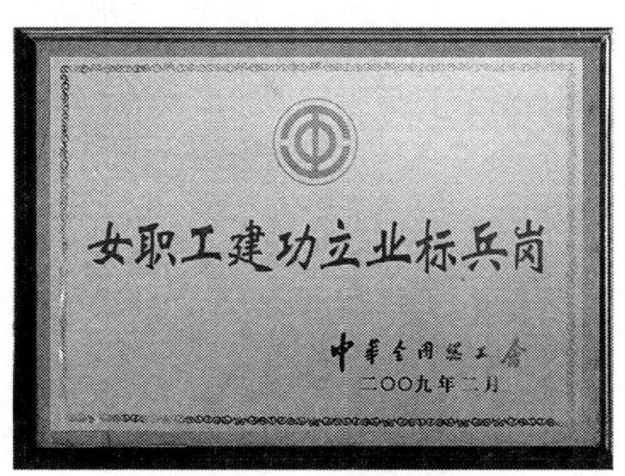

2009 年 2 月 5 日，钻井管具工程处管修车间摩擦焊班获全国总工会“女职工建功立业标兵岗”奖牌

（宋立新）

【钻井管具工程处完成白音查干下套管技术服务 36 口井】 2009 年 6 月 18 日，钻井管具工程处下套管技术服务队首次进入内蒙古自治区白音查干市场，截至年底，完成下套管技术服务 36 口井，创产值 110 万元。

【钻井管具工程处调剂元坝地区优质钻具 3 万米】 2009 年，钻井管具工程处在元坝地区实施服务关口前移，设立元坝地区前线服务点。该服务点有高技能操作人员 15 人、技术骨干 5 人，配齐配全反扣钻杆 100 根，以及特殊工具和打捞工具，为事故井和小井眼等特殊井的处理做好储备。组成专家技术团对管具现场技术工作进行专题研究，做好空气锤选用和泡沫雾化钻井等工作，对气体钻井设备进行全面保养维护，确保 4 支气体钻井技术服务队同时开工。坚持定期巡井检查 21 井次，发现问题 6 个，及时处理率 100%。分期分批补充和调剂各类优质钻具 3 万米，对移动式气压试压台进行技术改进，使其出具试压报告完整准确。

【$2\frac{7}{8}''$直连型钻杆试用成功】 近几年来，中原油田修井工作量逐年增加，由于井内的$5\frac{1}{2}''$套管的内径 121.36 毫米，而现用于修井侧钻的接头直径 104.8 毫米。在侧钻施工过程中，环空面积小，经常造成泵压升高，产生憋泵现象。针对这一难题，钻井管具工程处研制了$5\frac{1}{2}''$套管的$2\frac{7}{8}''$的直连型钻杆。该钻杆的接头是直接通过管端的镦粗加厚形成的，不需要摩擦焊接；在保持管体强度的条件下，将接头直径降到 89 毫米，将接头的连接螺纹设计为小锥度、大螺距、双台肩的，从而保证接头螺纹的连接强度和密封性能，减小施工过程中的环空面积，使憋泵现象得到了缓解。2009 年 8 月 19 日，研制的$2\frac{7}{8}''$直连型钻杆在胡 5－侧 118 井试用成功。

【钻井管具工程处首次中标西北油田分公司采油系统服务项目】 2009 年 8 月 24 日，钻井管具工程处中标中国石油化工股份有限公司西北油田分公司采油树安装试压工程，预计全年可完成采油树试压工作量 100 井次；9 月 7 日，又一次中标该公司井控试压工程，预计全年可完成井控试压工作量 200

井次。这是新疆钻井市场负责管具服务10家单位唯一一家提供全套管具技术服务的专业化单位。

2009年4月20日，钻井管具工程处在科索1井进行防喷器安装 （李 飞）

【钻井管具工程处完成科索1井气体钻井】 2009年4月17日，钻井管具工程处中标中国海洋石油集团公司部署的科索1井科学试验井气体钻井项目，设计井深3200米。钻井管具工程处成立了项目领导小组，组织了空压机6台，总供气排量每分钟220立方米，增压机2台，雾化泵1台，旋转防喷器2套，4月17日，装备抵达科索1井。4月24日开钻，因地层大量出水，无法钻进，8月4日完钻，完成气体钻进63米。在施工过程中，运用空气钻井、漏失强钻工艺、充气泥浆钻井等工艺，实现安全、优质、高效钻井，并在气体钻井、充气泥浆钻井技术运用等方面进行了探索。

【钻井管具工程处首次中标也门钻具服务项目】 2009年6月2日，钻井管具工程处与也门国家钻井公司签订为6支钻井队提供钻具耐磨带喷焊以及钻具校直服务协议。截至年底，实现产值106万元。

【钻井管具工程处进入科威特市场】 2009年6月4日，钻井管具工程处进入科威特市场，为中原油田、胜利油田、南阳油田7支钻井队提供管具技术服务，主要开展钻具检测修理、探伤、井控技术服务、下套管技术服务，并取得上海神开集团在科威特的防喷器检测、维修认证授权，成为中国石化集团公司科威特项目管具后勤服务基地。所需装备以及首批7名技术服务人员于12月15日到位，做前期准备工作。

【钻井管具工程处管材探伤服务项目进入国际市场】 2009年9月15日，钻井管具工程处与也门国家钻井公司、江苏油田也门公司、奥地利公司、挪威道福等公司签订管材探伤服务合同。截至年底，实现产值60万元。

【钻井管具工程处成功处置井涌事故3起】 2009年，钻井管具工程处投资100多万元，对24套节流压井管汇进行技术改造，满足井控安全要求；进一步完善井控检测手段，完成濮深18井等重点井的井控服务工作，定期巡回检查106井次，先后成功处置井涌事故3起，保证了井控安全。

【应用仿生石油钻头节约钻井费用105万元】 仿生石油钻头是将仿生非光滑理论和自再生理念应用于石油钻头设计中，蜣螂呈非光滑体表形态，具有破土、耐磨和防黏性能；达乌尔鼠的前爪具有高速破土和耐磨的性能，爪趾和皮肤在磨损或蜕皮后仍能继续生长。该项目由钻井管具工程处博士后科研工作分站根据川东北地区须家河组岩石特性，对241.3毫米仿生钻头结构、材料和非光滑布置进行反复设计计算、讨论和修改。2006年立项，2009年6月16日，241.3毫米仿生钻头研制成功，8月6日，在元坝103井试验成功，平均机械钻速0.77米/时，钻井进尺16.1米，与同井、同地层相邻牙轮钻头相比，钻速提升19.7%，寿命提高3.88倍。1口井使用1只仿生石油钻头，可节约钻井费用105万元。

【钻井管具工程处研制生产首只偏心PDC钻头】 偏心PDC钻头具有钻出超尺寸井眼的功能，可有效避免卡钻头和下部钻具组合的事故发生，提高钻井速度，降低钻井成本。2009年，钻井管具工程处针对油田内部修井工作量增加、修井PDC钻头需求量也不断增加的情况下，结合中原油田地层特点，根据钻头水利学知识、切削原理等有关知识，与钻井一公司专业技术人员合作，通过在冠部采用偏心设计，9月22日，研制生产出首只直径116毫米修井偏心PDC钻头，9月27日，投入使用于胡7－侧211井。该井是开窗侧钻井，设计井深2840米，应用偏心PDC钻头，钻井进尺476米，平均机械钻速6.03米/时，与牙轮钻头相比平均机械钻速3.55米/时，提高69.9%。在2308～2526米井段使用偏心PDC钻头，钻井进尺217米，平均机械钻速8米/时，缩短钻井周期。复合段150米，井斜仅下降2度，起到稳斜作用，减小了定向工作量，起出钻头新度达到95%以上，钻头使用安全无事故。

【钻井管具工程处启动惯性钻杆摩擦对焊生产线建设】 中原油田每年因损耗及生产配套，需补充钻杆近3万根，其中国际市场1万根，年需采购资金近4亿元。中国石化集团公司决定投资3700万元，在中原油田建设惯性钻杆摩擦对焊生产线，以满足钻杆市场需求。惯性钻杆摩擦对焊生产线是采用进口惯性钻杆摩擦焊机，由摩擦焊机、热处理系统、自动线、试验室及检测设备、内外圆修磨设备、车床等组成。产品一次合格率可达到99%以上，年生产钻杆能力5000吨。建设生产线工房长174米、宽30米。2009年3月3日，钻井管具工程处与美国惯性摩擦焊机制造有限公司进行技术谈判，完成主体设备选型。截至年底，完成合同洽谈、合同签订、工房规划设计、选址等工作，计划2010年6月开工，年底建成投产。

【钻井管具工程处南充石油工程基地投产】 2008年11月18日，中原油田决定在四川省南充高坪工业集中区建立西南石油工程服务基地，是集钻具工具检测服务、井控检测服务、气体钻井服务、管具人才培训等综合性技术服务基地。该项目于2009年5月8日开工，12月14日完工，12月28日具备简易的投产条件。建成长72米、宽36米、2900平方米井控检测试压工房1座，变配电室1座，厕所1座，铺设厂区道路812米、配套管线1500米，平整场地1.5万平方米，砌围墙750米。

【钻井管具工程处获华北荣盛石油机械有限公司防喷器授权认证】 2009年7月28日，钻井管具工程处与华北荣盛石油机械有限公司签订防喷器授权认证协议，在苏丹市场开展防喷器检修认证工作，成为苏丹钻井市场唯一一家获该公司认证授权的石油工程专业化服务公司。获授权认证后，钻井管具工程处每年可为中原油田节约防喷器检修资金100多万元，修理周期缩短70%。

【钻井管具工程处完成超高压140兆帕高抗硫防喷器制造】 2008年，钻井管具工程处承担国家科技重大专项课题的子课题——超高压140兆帕高抗硫防喷器研究，2009年7月12日，与江苏信德石油机械制造有限公司签订技术协议，12月31日，完成全套装备的加工制造，进入后期现场试用阶段，预计2010年10月交付使用。

【钻井管具工程处提高19名专业技术人员行政待遇】 2009年，钻井管具工程处制定下发《管理人员、专业技术人员、高技能人员岗位设置、培养、考核、选拔管理办法和考核细则》，建立了技术岗位管理体系，在油田技术序列设置的基础上，结合实际，设置一级、二级、三级主管工程师岗位，薪酬待遇一级主管工程师与正科级相对应，二级、三级主管工程师与副科级相对应。并在钻井工具装修工、摩擦焊工等8个工种，设置首席技师岗位，薪酬待遇与副科级相对应。6月12日，钻井管具工程处晋升专业技术人员16人，其中二级主管工程师3人、三级主管工程师5人、首席技师11人，享受副科级薪酬待遇。

（钱爱军）

固　井

【固井工程处概况】 中原油田的固井工作由固井工程处承担，是集油气井、煤层气井、地热井、盐碱井、芒硝井等各类井的固井设计、现场施工、固井技术工艺研发、水泥添加剂研发、水泥浆化验、固井工具附件研制应用、散灰储运混拌于一体的专业化公司。截至2009年底，固井工程处有员工726人，具有教授级职称1人、高级职称22人、中级职称104人、初级职称76人；机构下设机关部室8个、科研机构1所，有施工队8支。拥有主要施工设备260台套，其中三机双泵水泥车2台、双机双泵水泥车9台、单机单泵水泥车21台、灰罐车87台，其他生产辅助设备59台、API标准水泥化验设备36台、水泥浆化验仪器42台套、重晶石粉加工设备4台，大型散灰储存及自动混拌装置3座，设备新度系数0.65，年施工能力达3000井次以上；固定资产原值2.29亿元、净值1.49亿元。2009年，固井工程处完成油田内外部市场固井2309井次，实现产值3.91亿元，考核利润1520万元，超额完成勘探局下达的经营承包指标。

【完成油田内部固井618井次】 2009年，固井工程处完成油田内部固井618井次，固井质量合格率99.15%，同比增长1.24%；优良率77.64%，同比增长6.74%。

【固井工程处完成国内市场固井1490井次】 2009年，固井工程处设国内市场项目部5个，完成固井1490井次。（1）新疆项目部在新疆市场拓展准葛尔、巴楚、阿北及玉北等新区块的固井项目，承揽4个区块固井工作量的80%以上；先后中标中国石化集团公司江汉油田、河南油田、巴州石油钻井技术服务有限公司的固井项目，截至年底，新疆项目部完成固井268井次。（2）西南项目部承揽普光气田固井工作量的51.28%，完成固井67井次，固井质量合格率94.29%、固井质量优良率89.1%。（3）东北项目部完成固井59井次。（4）陕北项目部退出低效、信誉差、账款回收难的个体

2009年5月20日，固井工程处在新疆胡杨深处进行固井前的准备工作

（王胜忠）

市场，固井队伍全部进入中国石油天然气集团公司长庆油田、延长油矿等市场，完成固井938井次。(5)山西项目部开辟蓝焰煤层气公司阳泉区块固井项目、安徽淮南煤层气固井项目、中联煤层气公司固井项目，完成固井158井次。

【**固井工程处完成国际市场固井201井次**】 2009年，固井工程处完成国际市场固井201井次。其中，在苏丹市场形成5区、6区、8区3个区块，完成固井159井次，同比增长105.4%；哈萨克斯坦市场完成固井42井次，同比减少35%。

【**达平1井固井质量优良**】 达平1井位于内蒙古白音查干地区达两块构造高部位，是为了开发达两块都一段油层而部署的一口水平井，设计井深954米，盲板位置756米，筛管段756～954米，悬挂器位置430米，封隔器分别位于435米、730米、740米。2009年8月8日，固井工程处首次采用三点封固胀封完井的固井方式进行固井施工，首次在筛管以上、悬挂器以下使用水泥封隔器3只，实现了产层段无水泥浆，避免产层污染。候凝48小时经电测显示，固井质量优良。

(王瑞刚　李卫国　鞠　玲)

【**国内首口大口径瓦斯排放井固井成功**】 沙曲3号井位于山西省柳林市华晋焦煤有限责任公司沙曲煤矿，是一口大口径瓦斯排放井，直径1.1米，井深408米，套管直径832毫米×16毫米。沙曲3号井所在煤矿地层易垮塌，曾造成沙曲1号井、2号井固井作业失败，导致矿井报废，使该矿大口径固井作业成为禁区。2009年8月20日，中原油田固井工程处中标沙曲3井固井项目，中标金额22万元，9月15日，该井固井作业一次成功，固井质量优质，成为国内煤炭系统第1口固井成功的大口径瓦斯排放井。

(汪中华)

【**固井工程处首次中标中海油固井项目**】 2009年4月，固井工程处中标中国海洋石油总公司科索1井固井项目，设计井深3200米，设计套管3层。7月11日，固井工程处完成最后1层套管成功封固，封固段长2120米，注入水泥浆57.8+2.2立方米，候凝48小时，经电测显示，固井质量合格率100%。

【**河坝101井应用新工艺固井成功**】
河坝101井是中国石化集团公司部署在四川盆地川东北通南巴构造带上的一口重点探井，钻探目的是探明海相地层气层分布情况，设计井深5705米。四开钻进钻井液密度达到2.3克/立方厘米，曾发生漏失10次。2009年，固井工程处针对固井施工中漏失风险大、防漏与防气窜需同时兼顾、安全施工窗口小(单边环空间隙仅有5.15毫米)、流动阻力大、施工泵压高等难点，四开入井146.1毫米尾管固井中，采用防气窜水泥浆体系、近平衡压力固井技术，现场施工水泥浆密度最高达到2.35克/立方厘米，经3小时连续作业，固井质量合格。创川东北地区水泥浆密度现场应用最高纪录。

【**元坝6井应用13⅜″套管双级固井**】
元坝6井是中国石化集团公司勘探南方分公司部署在四川盆地川东北元坝区块西北部栖霞组、飞二段构造—岩性复合圈闭高部位一口区域探井，设计井深7310米。2008年8月，固井工程处中标元坝6井固井项目，此次固井应用13⅜″套管下深3047.08米，是元坝区块13⅜″套管下深最深的一口井。针对固井难题，固井工程处一是选用国内质量最好的分级箍，从固井附件方面确保施工安全；二是利用软件科学编写固井设计，使各项固井参数达到最佳，从固井工艺方面确保施工安全；三是严把水泥浆实验关，精选一级和二级固井的最佳水泥浆配方，从水泥浆体系方面确保施工安全和固井质量。2009年11月18日，开始一级固井施工，注入嘉华G级水泥160吨，分级箍打开正常；19日，进行二级固井，注入嘉华G级水泥2050吨，分级箍正常关闭，电测显示固井质量良好。创川东北元坝区块13⅜″套管下深最深、首次实施13⅜″套管分级固井新纪录。

【**川东北深井固井技术现场应用42口井**】 2008年，固井工程处针对川东北地区井深、裸眼段长、环空间隙小、气层压力高、气侵严重、压力窗口窄、富含硫化氢和二氧化碳等特点，开展川东北深井固井技术研究，研制了适合川东北区块的高强度低密度水泥浆体系、胶乳水泥浆体系、非渗透水泥浆体系、超高温高密度水泥浆体系等，在普光气田及周边区块、元坝区块成功应用，2年现场应用88口井。2009年，现场应用42口，其中表层固井5口、技术套管固井5口、尾管固井32口，固井质量合格率100%、优良率89.1%。该技术获2009年度局级优秀科技成果一等奖。

【**固井工程处应用低温油气井固井技术固井6口**】 近年来，东北市场和哈萨克斯坦国际市场浅油气田被相继发现，油气埋藏于1500米深度左右，有的仅有700米，油气层分散，压力差异较大，有的区块还有高压层存在。2009年，固井工程处针对上述情况，开展科技攻关，先后研究了快凝早强水泥Ⅱ以及与低温相配伍的促凝早强剂、降失水剂和防窜剂，并先后在东北市场现场应用4口、哈萨克斯坦应用2口，固井质量全优。该技术获2009年度局级优秀科技成果三等奖。

【**固井工程处应用水平井固井技术固井合格率100%**】 1991年，中原油田完成第1口水平井，截至2009年底，完成水平井41口。2008年以来，固井工程处针对水平井固井现状，主要从井眼准备、水泥浆体系、施工工艺、提高顶替效率、提高固井工具及附件可靠性等方面进行研究，下半年开始，测水平井固井质量8口，其中优良井3口、合格井4口、不合格井1口，固井质量优良率37.5%，合格率87.5%。2009年，固井工程处先后在文51-平2井、卫84-平1井等5口井现场应用水平固井技术，优良井3口，合格井2口，固井合格率100%，固井一次成功率100%。该技术获局级优秀科技成果三等奖。

【**固井工程处应用抗盐降失水剂(M-89L)固井优良率100%**】 抗盐降失水剂(M-89L)具有耐高温、抗盐、稳定性及分散等性能，适用温度在26℃～232℃，与M-61L型固井剂配合能使水泥浆体系抗温能力达到150℃，且稠化时间易调，几近直角稠化，失水易控制，顶部及底部强度正常发展，浆体稳定，流变性能良好。2007年8月，固井工程处在文13-侧

300 井应用抗盐降失水剂（M－89L）获成功，解决了深层侧钻井及小间隙井固井难题，成为中原油田深井、超深井首选的水泥浆体系。截至 2009 年底，应用 5 口井，其中 2009 年应用 3 口井，固井一次成功率 100%，固井优良率 100%。

2004—2009 年中原油田内部固井工作量及固井质量

序号	年份	固井工作量（井次）	固井质量合格率（%）
1	2004	162	98.74
2	2005	221	98.64
3	2006	213	99.06
4	2007	3027	98.94
5	2008	3626	97.84
6	2009	2309	99.15

说明：2004—2006 年固井工作量的单位是“口”。

（王瑞刚　李卫国　鞠　玲）

录　井

【地质录井处概况】　中原油田的地质录井工作由地质录井处承担，主要从事油气勘探开发过程中的地质、气测、地化、定量荧光、工程参数等录井，以及地质设计、工程测量、地质综合研究、录井数据处理、录井新技术开发应用和设备研制与维修等工作。截至 2009 年底，地质录井处有员工 1048 人，其中具有高级职称 47 人、中级职称 241 人、初级职称 142 人；机构下设机关部室 8 个、基层单位 15 个、有各种专业录井队 98 个。拥有各类录井设备 176 台套，其中综合录井仪 79 台、地化录井仪 16 台、定量荧光录井仪 10 台、P－K 分析仪 2 台、核磁共振仪 1 台、棒色谱仪 1 台、轻烃分析仪 1 台、岩屑图像分析仪 7 台、红外全烃仪 23 台、钻时录井仪 28 台、GPS 卫星定位仪 4 套、全站测量仪 4 套；固定资产原值 8162 万元、净值 4488 万元。2009 年，地质录井处完成录井 520 口，其中油田内部录井 228 口、国内市场录井 203 口、国际市场录井 89 口，完成录井进尺 160.79 万米，实现产值 1.63 亿元。12 月，地质录井处获中国石油化工集团公司“重大油气发现奖”奖牌。

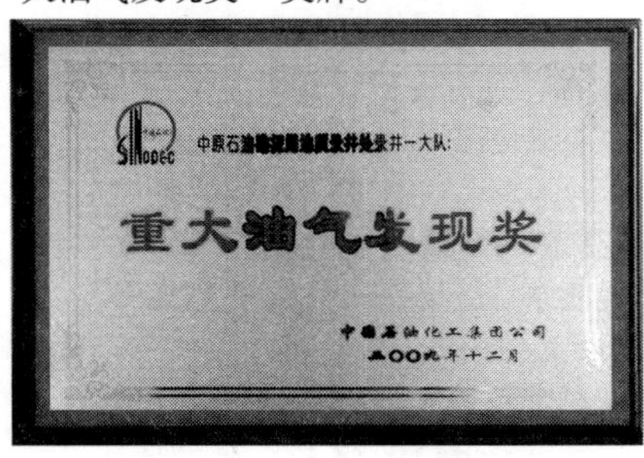

2009 年 12 月，地质录井处获中国石油化工集团公司“重大油气发现奖”　（赵仁燕）

【外部市场录井收入同比增长 9.2%】　2009 年，地质录井处外部市场有录井队 61 支，实现外部收入 1.05 亿元，同比增长 9.2%。其中，在普光气田有录井队 8 支，录井 9 口，实现收入 1690 万元；在南方勘探分公司有录井队 6 支，录井 6 口，实现收入 910 万元；在内蒙古有录井队 8 支，录井 41 口，实现收入 1051 万元；在新疆市场有录井队 14 支，录井 25 口，实现收入 1527.85 万元；在海拉尔市场有录井队 8 支，录井 76 口，实现收入 1200.35 万元；在长庆市场有录井队 7 支，录井 41 口，实现收入 608.25 万元；在冀东市场有录井队 1 支，录井 2 口，实现收入 60 万元；其他市场录井 7 口，收入 430 万元。在也门市场有录井队 1 支，录井 1 口，实现收入 329.1 万元；在哈萨克斯坦市场有录井队 4 支，录井 33 口，实现收入 1082.6 万元；在苏丹市场有录井队 4 支，录井 55 口，实现收入 1587.5 万元。

【濮深 18 井获油气岩芯 6.41 米】　2009 年 9 月 21—23 日，地质录井处在濮深 18 井进行录井施工，自井深 4074.89 米开始取芯，层位沙三中亚段，取芯进尺 8.84 米，岩芯长 8.84 米，收获率 100.0%。收获含油气岩芯 6.41 米，其中油浸 1 层 4.59 米、油斑 2 层 0.89 米、油迹 1 层 0.58 米、荧光 1 层 0.35 米。

【签订元坝 2 口井录井施工合同】　元坝 123 井、元坝 16 井位于四川盆地川中低缓构造带北斜坡元坝区块，是中国石化集团公司勘探南方分公司部署在川东北元坝区块的重点探井，元坝 123 井设计井深 7090 米，元坝 16 井设计井深 7150 米。2009 年 8 月 16 日，地质录井处与中国石化集团公司勘探南方分公司签订元坝 123 井、元坝 16 井录井施工合同。12 月 3 日，元坝 123 井开钻，12 月 8 日，元坝 16 井开钻。

【中标丰卤 1 井录井项目】　丰卤 1 井位于四川省邛崃市道佐乡平乐坝构造带上，是四川省鸿丰甲矿肥有限责任公司部署在邛崃市道佐乡的第一口卤水开发井，设计井深 5300 米，钻探目的是开发卤水化工。2009 年 2 月 28 日，地质录井处中标丰卤 1 井录井项目。在录井过程中，录井技术人员克服钻时高变化小、裸眼段长岩性混杂、新区块邻井资料少等困难，执行地质设计规范、加强实钻地层对比、准确落实岩性，于井深 4402 米处确定中完井深，比设计提前 198 米，进入中间完井。截至年底，录井钻至井深 4548.32 米，层位雷口坡组。

【井位测量首次进入国际市场】　2009 年 4 月 21 日，地质录井处中标哈萨克斯坦井位测量项目，5 月 1 日，哈萨克斯坦井位测量项目正式启动。截至年底，地质录井处使用徕卡 GPS 测量设备完成井位测量 60 口；完成中国石化集团国际石油勘探开发有限公司（SPC）区域内阿斯库里南部（Ashikol South）、塔斯库吐科西部（Taskuduk West）等 7 个区块的井位复测 125 口井，项目采取先施工后结算的方式。

【续签苏丹 6 区 2＋1 年录井合同】　1997 年 11 月，地质录井处进入苏丹录井市场，截至 2008 年底，完成录井 180 余口。2009 年 3 月 8 日，地质录井处与石油能源有限责任公司（Petro－Energy E&P CO., Ltd.）续签苏丹 6 区 2＋1 年录井合同，合同金额 525 万元美元，4 月 1 日生效。截至年底，地质录井处在苏丹 6 区完成录井 55 口，油气层显示发现率 100%，平均剖面符合率 95% 以上。

【水平井录井技术现场应用 7 口井】　2009 年，地质录井处首次将水平井录井技术进行现场实验应用，现场跟踪评价卫84－平1井、文51－平2井、马26－平1井等7口井，层位卡准率100%，剖面符合率、油层解释符合率85%以上，比原来水平井剖面符合率、油层解释符合率提高10%～20%。

【应用岩屑图像录井技术新增产值39万元】 2009年7月15日，岩屑图像录井技术通过海拉尔石油勘探开发指挥部验收，标志该项技术正式应用于海拉尔钻井市场。年内，地质录井处在海拉尔钻井市场推广应用岩屑图像录井技术，试验录井5口，正式录井4口，新增产值39万元。

【非结构化录井数据远程传输系统成功试用】 非结构化录井数据远程传输系统是改变原录井生产信息必须用数据库来管理录井队的word文档、excel文档、各种图形文件以及录井队为满足甲方的临时需求而生成的各种随机文件等，而应用非结构化录井数据远程传输系统代替数据库传送管理信息，方便快捷。2009年，地质录井处应用非结构化录井数据远程传输系统完成哈萨克斯坦CT－1井和CT－2井、中国海洋石油总公司科索1井等单井数据传输与信息发布工作，为生产管理人员及时掌握现场情况提供了技术支撑，同时也得到甲方的肯定。

2009年地质录井处录井工作量

序号	项目	单位	工作量
1	录井进尺	万米	160.79
2	节约进尺	米	2764.32
3	井位测量	口	239
4	地质设计	口	307
5	完井资料	口	255
6	完井口数	口	524
7	资料合格率	%	100
8	剖面合格率	%	86
9	油层符合率	%	100
10	取芯层位符合率	%	100
11	数据差错率	‰	1.08

（高瑞香）

【7支录井队资质获中石油审批】 2009年8月26日，地质录井处综合录井队ZY616队、ZY627队和5支常规录井队D17队、D18队、D19队、D20队、D21队资质获中国石油天然气股份有限公司资质管理委员会批复，资质有效期截至2010年8月31日。

【更新录井装备47台套】 2009年，地质录井处更新录井装备47台套。其中，购置进口综合录井仪2台、GPS卫星定位测量仪1台、油岩评价仪2台、红外全烃仪12台；自行研发制造NLS综合录井仪2台、ZY－KQII型快速色谱仪5台；升级改造综合录井仪10台；维修SLZ－2A色谱仪10台、组分仪3台。 （赵仁燕）

测　井

【地球物理测井公司概况】 中原油田的测井工作由地球物理测井公司（以下简称测井公司）承担，主要提供测井工程技术服务，包括裸眼井测井、套管井测井、生产井动态监测、射孔、井壁取芯、资料处理评价，同时担负测井技术研究与测井仪器制造工作。截至2009年底，测井公司有员工1405人，其中正式员工1261人、劳务用工144人，具有教授级高工3人、高级职称113人、中级职称315人、初级职称183人；机构下设8部1室、外闯市场项目部18个；有测井专业队伍77个（包括裸眼井测井队44个、生产测井队12个、射孔队21个），其中甲级队20个、乙级队52个、达标队5个。拥有测井工程车240台、地面系统78套，井下仪器1606支套；固定资产原值2.91亿元、净值1.73亿元，其中设备原值2.42亿元、净值1.53亿元，2009年，测井公司完成各类测井射孔8860口/1.03万次，实现产值5.72亿元，同比增加28.58%，其中中原油田内部测井及射孔完成工作量4761口/5883次、外部市场测井及射孔完成工作量4099口/4405次。

（郑逢仁　李春凤　罗建英）

【锡23井发现工业油层】 锡23井位于内蒙古白音查干凹陷锡林好来构造锡18南块，是中原油田部署的一口评价定向井，设计井深1680米，钻探目的是探锡18南顺向断鼻构造的含油情况以及解剖锡林好来构造—岩性圈闭油气成藏特征。该井由钻井二公司30447钻井队承钻，2009年4月27日开钻，5月11日完钻，完钻井深1786米，最大井斜31.24度。6月17日，测井公司对锡23井20～22、24～26号层（低产油层、油层和干层）射孔，日产原油1.09吨，日产水0.35立方米。截至年底，该井生产原油16.6吨，生产水11.84立方米。试油结果：油水同层；试油结论：工业油层。

【锡27井发现油水同层】 锡27井位于内蒙古白音查干凹陷锡林好来构造锡12断块，是中原油田部署的1口评价井、定向井，设计井深2160米，钻探目的是探索锡12块阿尔善组含油气情况、扩大锡12块含油范围、解剖油气成藏特征，揭示锡林好来地区有效勘探目的层厚度。该井由内蒙古自治区3021钻井队承钻，2009年5月15日开钻，6月10日完钻，完钻井深2567米，最大井斜52.1度。9月15日，测井公司对72～76号层（低产油层和干层）进行射孔，日产原油11吨，日产水7.44立方米。截至年底，该井生产原油60.6吨，生产水69.31立方米。试油结果：油水同层；试油结论：工业油层。 （王勤华）

【卫84－平1井射孔三率100%】 卫84－平1井是中原油田部署在马寨油田卫84块的第一口水平油藏评价井，设计井深2500米，钻探目的是为了高效开发卫84块沙三下8层系底部油藏，提高储量动用程度。该井由钻井一公司40585钻井队承钻，2009年6月6日开钻，7月14日完钻，完钻井深2520米，最大井斜92.6度。8月11日，测井公司在卫84－平1井利用变相位、变孔密定向射孔技术，使用射孔枪38支，射孔弹990发，完成射孔施工，射孔层跨度124.5米，射孔发射率、准确率、成功率100%，创油田水平井射孔施工新纪录。

（汪中华）

【毛1井获工业油流】 毛1井位于内蒙古自治区乌拉特后旗乌力吉苏木北东方向6千米处，是原中国石油天然气集团公司部署的一口预探井，钻探目的是全面了解凹陷地层剖面和生储盖特征，落实各套油气层的岩性、物性、含油气情况，取全取准地质、地球物理、测试和分析化验等各项资料，为开展圈闭综合评价和储量计算提供依据，发现油气藏、力争获工业油流。1997年5月3日开钻，6月30日完钻，完钻井深2600米。1997年7月10日，测井公司对毛1井位进行综合解释，在1372～2228.5米解释差油层2层3.6米，裂缝3层66.6米，由于地质条件复杂，经多次解释和测试，一直未获工业油流。2009年2月14日，测井公司又对该井进行了精细解释，在1145～1185米解释了7层20米油层，3月25日，该井段射孔后日生产原油一直稳定在2吨以上。

【文79－302井日产液26.8吨】 文79－302井位于文留构造带上，是中原油田部署的一口开发定向井，设计井深3530米（垂深），钻探目的是落实文79－301块沙三上油层分布、评价沙三中2砂组含油气情况。该井由钻井四公司40613钻井队承钻，2009年7月5日开钻，8月21日完钻，完钻井深3623米。8月24日，测井公司对文79－302井进行综合解释，解释油层61号层、63号层、64号层、65号层，9月8日投产，日生产液26.8吨、日生产原油24.7吨，含水7.9%。

【文269－33井日产原油36吨】 文269－33井位于东濮凹陷文南地堑带文269块南部，是中原油田部署的一口滚动评价井（定向井），设计井深3820米（垂深），钻探目的是钻探文269块南部沙三中5～8号储层发育和产能情况，落实文269块南部构造。该井由钻井四公司45753钻井队承钻，2009年1月21日开钻，3月12日完钻，完钻井深3890米。3月13日，测井公司对文269－33井进行测井综合分析，解释油层10层17.8米，射孔投产后日生产油36吨，日生产天然气3万立方米。

【春33井试油日产原油15吨】 春33井位于三春集油区，是中原油田部署的一口滚动评价井。该井由钻井一公司40589钻井队承钻，2009年6月24日开钻，7月7日完钻，完钻井深2900米。7月8日，测井公司对春33井进行电测解释，发现油层3层，干层2层，7月和8月通过试油，日生产原油15吨、日生产水0.5吨。

【新16井试油日产原油19吨、天然气2300立方米】 新16井位于东濮凹陷黄河南新霍构造断块，是中原油田部署的一口评价井。该井由钻井三公司50727钻井队承钻，2008年11月28日开钻，2009年1月13日完钻，完钻井深4039.00米，最大井斜54.28度。1月16日，测井公司对新16井进行电测解释，发现油层2层5.6米，经射孔后，试油获日生产原油19吨、天然气2300立方米。

（王勤华）

【文10－71井实施射孔55次】 2009年5月3日，测井公司ZYCJ408射孔队在文10－71井实施射孔55次，采用89型射孔枪/102型射孔弹，电缆输送方式进行射孔，射孔井段1992.5～1530米，创油田单井电缆输送射孔次数最多新纪录。

【普101－2H井射孔总跨度838.8米】 2009年5月31日，测井公司ZYCJ413射孔队采用PS110－102射孔枪、DP43HMX45－2型射孔弹、油管输送的方式对普101－2H井进行射孔施工，使用射孔器119支、夹层管319.45米，装配射孔弹4994发，传爆管238发。整个射孔层段分起爆单元4个，采用4级双向延时起爆装置和4级减震装置，使4级射孔器按设计要求依次完成射孔施工。射孔总跨度838.8米，射孔段厚度52层402.7米，一次成功率100%、发射率100%、盲孔正对率100%。创普光气田单井射孔井段最长、弹发数最多、井况最复杂、硫化氢气体含量最高射孔新纪录。

（陈建华）

【应用模块化射孔技术完成射孔施工5口井】 模块化射孔技术是将入井的射孔枪分解成一段一段独立的模块化单元，以便射孔后能在防喷管高度范围内进行带压、分段捞枪，从而实现整个射孔过程的不压井作业。该技术适用于巨厚储层气田，射孔井段特长；对油管强度要求较高的超深井射孔；间喷且产量低的油气井补孔。2009年，测井公司应用该技术完成了胡7－279井等射孔施工任务5口井，支撑器锚定和解锁成功率、射孔弹发射率、模块枪打捞成功率100%。

（赵　莉）

【测井公司QC成果获全国一等奖】 2009年5月31日，测井公司QC成果“降低数控小队测井返工率”被中国质量协会石油分会评为石油工业QC成果一等奖，该公司数控中心QC小组被中国质量协会石油分会评为石油工业优秀QC小组，ZYXJ20测井队被中国质量协会石油分会评为石油工业用户满意服务班组。

（郑志雄）

【测井公司外部市场收入增幅84.8%】 2009年，测井公司在巩固原有市场的基础上，开辟了国内外市场3个。1月1日，中标中国石油化工股份有限公司西北油田分公司测井项目，实现收入108万元；4月1日，中标哈萨克斯坦测井项目，合同期1年，截至年底，完成测井施工18井次，实现收入100万美元。11月11日，中标中国石化集团公司南方勘探分公司元坝29井测井项目，实现收入329万元。年内，测井公司实现国内外部市场收入3.3亿元，同比增幅84.8%。

（璩晓东）

2009 年测井公司测井工作量

序号	项目/单位	完成工作量		内部		外部		与 2008 年同期对比（%）	
		工作量（口/井次）	产值（万元）	工作量（口/井次）	产值（万元）	工作量（口/井次）	产值（万元）	产值（万元）	升+降-
1	引进测井中心	825/989	8198.43	341/449	3371.47	484/540	4826.96	11784.32	-30.43
2	数控测井中心	2780/3102	12734.94	601/825	8170.70	2179/2277	4564.24	14332.82	-11.15
3	生产测井中心	1821/2193	5651.38	1437/1731	4497.62	384/462	1153.76	5967.95	-5.30
4	射孔压裂中心	3434/4004	29082.03	2382/2878	7807.43	1052/1126	21274.60	11330.34	156.67
5	西部解释费		90.00				90.00	113.58	-20.76
6	青海解释费							45.88	
7	其　他		1404.18		684.14		720.04	881.49	59.30
	合　计	8860/10288	57160.96	4761/5883	24531.36	4099/4405	32629.60	44456.38	28.58

（罗建英）

井下作业

【井下特种作业处概况】 中原油田的井下特种作业施工由井下特种作业处承担，主要从事油、气、水井大修、钻井、侧钻、压裂、酸化、测试、试油、试气、完井作业；高含硫化氢气层的大修、压裂、酸化、测试、试油、试气、完井作业；二氧化碳施工、氮气施工、连续油管施工、油层整体改造、油田维护作业及煤层气钻采等油气（煤）田工程技术服务。截至 2009 年底，井下特种作业处有员工 2853 人，其中正式员工 1844 人、劳务用工 987 人、集体工 22 人；具有高级职称 41 人、中级职称 313 人、初级职称 269 人；机构下设机关科室 15 个、生产经营单位 9 个、辅助生产单位 8 个、后勤服务单位 2 个、事业单位 1 个、科研单位 1 个；有施工队 46 个。拥有各类设备 1083 台套；固定资产原值 8.65 亿元、净值 4.5 亿元。2009 年，井下特种作业处完成压裂 603 井次，酸化 34 井次，大修 169 井次，试油 89 层，作业 369 井次，测试 1 井次，作业施工一次合格率 100%。实现收入 9.58 亿元，同比减少 9264.22 万元，降幅 0.1%；上缴勘探局各项费用 1.33 亿元，实现利润 1893.38 万元。

2009 年 2 月 1 日，井下特种作业处在文 23-18 井应用清洁压裂液施工　（马　军）

【井下特种作业处完成油田内部压裂 292 井次】 2009 年，井下特种作业处针对东濮凹陷开发进入中后期、微裂缝发育区块和差薄层压裂增产难题，重点加强清洁压裂液技术、重复压裂裂缝转向技术、支撑剂段塞技术、控制缝高技术、分层压裂技术推广应用，开展了薄差层压裂、无聚合物氮气泡沫压裂、水平井压裂、水力喷射压裂技术攻关。完成油田内部压裂施工 292 井次，施工成功率 96.6%，平均单井加砂量 19.8 立方米，平均施工砂比 23.7%。压裂前，292 口油井日生产原油 251.2 吨，日生产水 809 立方米；压裂后，292 口油井日生产原油 1342.8 吨，日生产水 2447.7 立方米，日增产原油 1091.6 吨，平均单井日增产原油 4.8 万吨，增产量同比下降 0.8 吨/日，有效率 75.3%。

【井下特种作业处完成试油作业 63 口井】 2009 年，井下特种作业处完成油田内部试油 1 层、作业 63 口井。工序一次合格率 99.03%，同比增加 0.33%；资料全准率 99.84%，同比上升 0.18%；单井平均周期由 2008 年 11.6 天降至 10.3 天；队月速度 3 口/

月，增加0.4口/月；生产时效92.03%，同比增加5.47%。

【井下特种作业处修井成功率73.8%】 2009年，井下特种作业处结合油田内部套损井增多、4″套管完井工艺应用多等问题，开展套管加固技术、聚能切割技术及小井眼复合钻井技术、YDY－Ⅳ型快速分叉导向器开窗技术应用研究，以及套损井修复、水平井修井、4″套管井内落物打捞工具的研制。全年完成油田内部大修井150口，生产实效87.7%，修井成功率73.8%，打捞有效率83.2%。

【文23－18井压裂增气300万立方米】 2009年9月4日，井下特种作业处对文23－18井进行压裂，压裂井段2823.3～2852.8米，采用清洁压裂液与氮气泡沫相结合工艺施工，加0.21～0.43毫米陶粒段塞2.2立方米、中陶35立方米，平均砂比31.8%。压裂后日生产天然气2.8万立方米。截至年底，文23－18井增产天然气300万立方米。

【文92－平2井压裂增产原油1283吨】 文92－平2井是一口水平井，日生产液1.5吨，日生产原油1吨。2009年8月5日，井下特种作业处对该井采用水力喷射压裂，加石英陶粒20.2立方米，平均砂比23.9%，破裂压力75.2兆帕，排量3.5立方米/分钟，停泵38.2兆帕。压裂后下泵生产，日生产液22.7立方米，日生产原油16.1吨。截至年底，文92－平2井增产原油1283吨。

【P105－1H井日产天然气35.89万立方米】 P105－1H井位于四川盆地川东断褶带黄金口构造带普光构造，是普光气田第一口超深水平井，压裂目的为试气求产。2009年8月20日，井下特种作业处对该井实施酸化压裂，压裂后用8毫米油嘴试气求产，日生产天然气35.89万立方米，无阻流量475万立方米/日。

【P105－2井试气投产27天】 P105－2井位于四川盆地川东断褶带黄金口构造带普光构造，是普光气田一口大斜度井。2009年8月24日—9月19日，井下特种作业处对该井试气投产施工，投产层段6013.9～6230.9米，井段跨度217米，射孔段厚度173.2米/42层，采用油管输送射孔，环空加压，三级压力延时起爆，一次性射开所有气层。酸化压裂施工注入液体673.5万立方米，破裂压力67.8兆帕，平均排量8.3立方米/分钟，停泵压力2.3兆帕。酸化压裂放喷排液后用8毫米气嘴求产，日生产天然气3.41万立方米，油压36兆帕，无阻流量32.6万立方米/日。

2009年7月7日，井下特种作业处在文23－侧33井运用无聚合物氮气泡沫压裂新技术进行压裂试验（谷幽兰）

【井下特种作业处完成国内市场压裂165层】 2009年，井下特种作业处先后中标中国石油化工股份有限公司煤层气有限公司韩城煤层气项目、中国石油化工股份有限公司华北分公司山西晋城煤层气项目、中国石油化工股份有限公司华东分公司和顺煤层气项目、河南中裕煤层气有限责任公司焦作压裂项目、中联煤层气有限责任公司晋城和柳林压裂项目等。完成压裂165层，作业101层。

【应用新技术压裂自喷11口井】 2007年6月，井下特种作业处中标沁水盆地煤层气勘探开发亚洲银行项目100口井的压裂项目。2008年6月开始实施压裂，完成98口。2009年完成2口。在压裂施工井中，井下特种作业处应用TD－1清洁压裂液、树脂包衣砂压裂技术，压裂后自喷井11口，平均施工砂比提高10个百分点。

【井下特种作业处应用水力喷射压裂技术施工有效率80%】 2009年，井下特种作业处应用水力喷射分段压裂技术，进行15井次的试验，施工成功率100%，有效率80%。其中应用于马11－平1井，平均单井加砂量23.9立方米，最大加砂量29.8立方米，施工平均砂比24.4%，平均排量2.9立方米/分钟。

【井下特种作业处实施无聚合物氮气泡沫压裂技术3井次】 无聚合物氮气泡沫压裂技术是将清洁压裂液与氮气压裂相结合的一种新工艺技术。2009年，井下特种作业处在文23气田试验应用3口井，施工成功率100%。其中，文23－侧33井注入氮气40.45立方米，清洁泡沫压裂液230立方米，中砂28.1立方米，粉砂2立方米，平均砂比22.7%。施工排量4立方米/分钟，压裂后初期日生产天然气1.1万立方米，最后稳定在8000立方米。

【井下特种作业处完成科研项目7项】 2009年，井下特种作业处开展技术攻关，完成科研项目7项。其中，承担中国石化集团公司“南方碳酸盐岩储层酸压改造技术先导试验”、“中原油区水平井分段压裂先导试验”科研项目；承担中原油田“哈里巴顿1400型压裂车大泵动力端的研制”、“普光高含硫气田测试技术研究应用”、“水平井修井工艺技术研究”、“断错套管扶正加固修复工艺技术”、“薄差层压裂工艺技术研究”科研项目。同时，在省部级刊物上发表科技论文14篇，科研项目获局级科技进步二等奖4项、三等奖3项。 （屈万成）

建设施工

【基本建设工作概况】 中原油田基本建设管理职能部门是基建处，主要负责油田建设市场管理、资质管理、专业化队伍的行业管理、基本建设技术管理等工作；负责油田地面产能建设工程和矿区建设工程的管理协调、招投标、合同审查、竣工验收等管理工作。截至2009年底，基建处有员工12人，其中教授级高级职称1人、高级职称6人、中级职称5人；机构下设科室4个。2009年，中原油田基建系统完成建设项目投资额10.12亿元，完成建设项目2040余项，工程质量合格率100%，重点工程监督和监理面100%，未发生重大质量和安全事故。全年实现产值24.51亿元，同比增加1.43亿元，增长6%，营业收入21亿元。其中，油田内部市场实现产值3.24亿元，同比减少0.75亿元；国内市场实现产值15.99亿元，同比减少2.52亿元；国际市场实现产值5.28亿元，同比增加4.7亿元。

（何跃武 蒋小燕）

【油田地面工程建设】 2009年，中原油田内部（含内蒙采油事业部）实施油气田系统配套地面工程及油气加工装置工程1400余项、3.92亿元。完成文一联污水站、明一污水站水质治理改造工程，文卫马集输系统优化改造工程，文明寨注水系统优化改造工程，胡庆集输系统优化改造工程，达尔其油田地面配套工程，锡林好来采油区前线值班点及地面配套一期工程，文二联—文一联净化油外输管线更换工程，濮阳市市区—井下（柳屯）工业园区“快速通道”占压管道和电力线路保护改造工程，石油化工总厂深度检修工程以及50座高架计量站安全隐患治理项目等重点工程。正在建设的濮一污水质治理改造工程、马寨注水系统改造工程、文南油气集输改造工程、文南注水系统改造工程、胡二污水站改造工程、胡状北区注水改造工程完成工作量的80%。

（黄全荣）

【民用工程建设】 2009年，中原油田继续做好民心工程建设，完成投资工程项目640项、金额6.2亿元。其中，经济适用房完工并交付使用10栋、开工建设82栋，计划2011年6月交付使用；第一社区管理中心黄河水管线建设工程、盟城小区供水管线维修工程、第二社区管理中心供水管线改造工程、物资供应处水厂—盟城小区供水主管线改造工程完工，并投入使用；黄河水源蓄水池扩容工程、黄河水源供水系统节能改造工程，完成计划的90%；建设路东延工程及其配套工程、文化路（中原路—任丘路段）建设工程完工，并交付使用；基地高温热网节能系统改造工程（测井公司—油田艺术中学）、勘察设计研究院住宅小区供热管线改造、盟城小区供热管线改造、井下锅炉房节能改造工程、马庄桥锅炉节能改造等供热工程完工，并投入使用；基地液化气充装站安全隐患治理工程、第四社区管理中心高低压配电系统隐患治理工程完工；同时完成第二社区管理中心基础设施、第五社区管理中心基础设施改造工作。 （姚永生 何跃武）

【中标国内市场建设工程29项】 2009年，中原油田先后中标榆济输气管道工程第6标段工程、塔河油田工程，合同额8600万元；中标中国石油化工股份有限公司东北油气分公司八屋—长春输气管道工程，合同额3310万元；承揽湖南省张花高速、山西晋城环城高速等社会市场项目20个、合同额4亿元；中标江苏油田成品油管道（江南线）线路工程，中标金额2955.72万元；中标陕西省韩城市煤层气集输工程，中标金额1479万元；中标山西三交煤层气CNG实验工程，中标金额669.40万元；中标江西省天然气管网（九江—南昌段）第1标段工程，中标金额763.65万元；中标江西省天然气管网（瑞昌—九江—景德镇段）线路及站场施工第10标段工程，中标金额2034万元；中标江西省天然气管网(昌丰段—高新段)线路及场站施工第15标段工程,中标金额1636.44万元。

（王 顺）

【中标国际市场建设工程12项】 2009年，中原油田先后在沙特、苏丹、伊朗、阿尔及利亚、阿联酋、阿曼、利比亚等国家开拓市场，中标建设工程12项、中标金额4.08亿美元。其中，与苏丹石油公司下属阿萨瓦公司（ASAWER）组成联合体，中标苏丹6区KEYI FPF项目，中标金额5680万美元；中标苏丹6区管道EPCC项目，中标金额6112万美元；中标苏丹港海上终端除蜡装置及计量撬座安装工程项目，中标金额570万美元；中标阿尔及利亚扎尔则油田改造工程，中标金额4495万美元；与中国石化集团公司炼化工程公司合作，中标沙特国家石化公司高密度聚乙烯工程，中标金额2477万美元；承担沙特卡扬公共工程项目，合同金额625万美元；承担沙特RIYADH 10号发电厂原油管线和计量站项目（PP10项目），合同金额800万美元；承担沙特吉达立交桥、达曼通道维修项目4个，工程金额1.88亿美元；与中国石油集团川庆钻探工程有限公司国际工程公司签订《伊朗MIS油田地面设施EPCC项目施工分包谈判会议纪要》，协议暂定金额1280万美元。 （何跃武）

【建设集团公司概况】 建设集团公司主要从事公路、桥梁、市政工程、化工石油安装等工程施工，具有国家建设部认定的公路工程施工总承包、市政工程施工总承包一级，公路路面工程专业承包、公路路基工程专业承包、管道工程专业承包、化工石油设备管道安装工程专业承包和防腐保温工程专业承包一级，房建工程施工总承包二级和桥梁工程专业承包二级，送变电工程专业承包三级等施工资质。同时，取得GA1级、GB1级、GB2级、GC1级压力管道安装资格证，3级额定出口压力小于1.6兆帕的整（组）装锅炉安装、改造资格证以及省公路工程乙级检测机构资格证。该公司通过了ISO 9001、2000质量体系认证、ISO 14001环境管理体系认证和OHSAS 18001职业安全健康管理体系认证及ISO/CD 14690安全、环境与健康（HSE）管理体系认证，是中国建筑施工企业500强之一、河南省建筑施工企业50强之一。截至2009年底，建设集团公司有员工1704人，其中正式员工987人、劳务用工716人、返聘工1人，具有高级职称59人、中级职称279人、初级职称202人，持有建造师资格证78人；机构下设机关职能部门12个、生产经营单位25个，另设物资供应站1个、市场开发部1个、外联企业事业部1个。拥有各类设备1065台套；注册资本1.01亿元，资产6.46亿元，固定资产原值1.84亿元、净值9646.6万元。2009年，建设集团公司严格审核分包工程，加强现场施工管理，完成年初制定的各项生产经营指标。完成工作量19.13亿元，是年度计划的159.4%，同比增长72.3%；实现总产值11.73亿元，是年度计划的117.3%，同比增长19.62%，年产值首次超过10亿元；职工收入同比增长8%。年内，建设集团公司被河南省信用建设促进会、河南省企业信用评审委员会评为河南信用建设示范单位；被河南省资信评估有限公司评为信誉AAA级单位；连续16年被河南省工商行政管理局评为重合同、守信用企业。

【建设集团公司中标濮阳市公路建设项目】　2009年7月9日，建设集团公司中标濮阳市城区—柳屯镇工业园区公路建设工程，中标金额3095.39万元，主要工作量：路基、路面和桥梁工程。工程于7月30日开工，截至年底完成计划工作量的9.5%。

【建设集团公司中标山西晋城高速公路工程】　山西晋城高速公路建设是山西省高速公路网规划的重点工程项目。2009年4月15日，建设集团公司中标山西晋城高速公路环城第1标段工程，全长5.95千米，中标金额5998.43万元。工程于4月25日开工，截至年底，完成计划工作量的65.56%。

【建设集团公司中标浙江嘉兴市天然气输气管道工程】　浙江嘉兴市天然气输气管道工程是嘉兴市天然气管网建设管理有限公司建设项目。2009年10月11日，建设集团公司中标此项工程的第1标段工程，中标金额2108.45万元。截至年底，该公司安装直径508管线26.1千米，完成计划工作量的70%。

【建设集团公司承建新疆公路建设项目4项】　2009年，建设集团公司承建新疆公路建设项目4项。（1）叶城—墨玉公路第3合同段建设工程，中标金额1730万元，建设工作量：中小桥12座、涵洞48道，建设单位是新疆公路局西域公路有限公司。工程于3月15日开工，11月30日竣工。（2）吐鲁番地区农村公路第2合同段建设工程，中标金额1100万元，建设工作量：中桥1座、涵洞24道、过水路面3.08千米、渡槽1座，建设单位是新疆吐鲁番市交通局。工程于3月1日开工，7月31日竣工。（3）G217国道巴音布鲁克—库如力公路沥青路面工程，中标金额1764.6万元，建设工作量：沥青路面、路肩46.5千米，建设单位是新疆交通建设管理局。工程于2008年5月24日开工，截至年底，完成计划工作量的75%。（4）S317线托里—裕民公路改建工程第1合同段工程长24.5千米，中标金额3966万元，建设单位是新疆交通建设管理局。工程于6月1日开工，截至年底，完成计划工作量的95%。

【建设集团公司首次进入湖南省高速公路建设市场】　张家界—花垣高速公路建设是湖南省高速建设之一。2009年2月18日，建设集团公司中标张家界—花垣高速公路第31合同段5千米土建工程，中标金额1.65亿元。工程于4月开工，截至年底，完成计划工作量的25.27%。

【承建的镇海炼化污水处理厂工程完工】　浙江镇海炼化100万吨/年乙烯工程污水处理厂工程位于宁波市镇海。2008年12月20日，建设集团公司中标此项工程，中标金额2600万元，中标主要工作量是污水处理场的全部土建工程。该工程于12月29日开工，2009年6月30日完工。

【建设集团公司中标东北油气分公司输气管道工程】　2009年9月30日，建设集团公司中标中国石油化工股份有限公司东北油气分公司八屋—长春输气管道工程，中标金额2000万元。主要工作量：铺设管线直径406毫米×7.1毫米、长55.6千米的管道；建设阀室2座、站场2座。工程于10月15日开工，截至年底，完成计划工作量的70%。

【建设集团公司中标天然气管道工程5项】　2009年，建设集团公司先后中标天然气管道工程5项，中标金额8848.77万元。（1）江西省天然气管

2009年10月19日，建设集团公司中标的浙江嘉兴市天然气输气管道工程开工建设　（许海军）

网一期工程的九江—南昌段线路及场站施工项目第2标段工程，全长25.6千米。工程于2月10日开工，9月2日完工。（2）莱州—莱西二期工程的海阳—乳山管线、蓬莱站改造工程，工程于3月6日开工，6月6日完工。（3）榆济输气管道工程陕西—山西段线路工程第8标段工程，全长5901千米。工程于4月1日开工，截至年底，完成工作量的50%。（4）榆济输气管道工程陕西—山西段线路定向钻工程第7标段（濮清南干渠），全长468米。工程于4月30日开工，6月6日完工；第13标段（京杭大运河），全长128.5米。工程于4月30日开工，5月31日完工。（5）江西省天然气管网一期工程的九江—景德镇第8标段工程，安装管线直径508毫米、长31.26千米天然气管道。工程于8月1日开工，截至年底，完成工作量的95%。

【建设集团公司中标牛抱泉隧道工程】 牛抱泉隧道工程是中国石油化工股份有限公司天然气分公司榆济输气管道工程项目之一。2009年2月18日，建设集团公司中标此项工程，中标金额1187.81万元，隧道全长1287.5米。主要工程量：隧道掘进1287.48米，挡墙2000立方米，施工便道4.6千米。截至年底，完成工作量的60.4%。

【建设集团公司2项工程获“全国优秀焊接工程”奖】 2009年8月26日，在中国工程建设焊接协会组织的全国优秀焊接工程评比中，建设集团公司施工的“陕西天然气管网（一期）金沙滩—大同管道工程”、“大牛地气田甲醇污水处理站工程”被评为“全国优秀焊接工程”奖，这是国内焊接技术的最高奖项，也是该公司第8次获工程质量焊接奖，2项工程焊接一次合格率均达98.5%以上。

【建设集团公司2项成果获省级QC成果奖】 2009年，建设集团公司申报QC成果2项。其中，“减小2万立方米储罐焊接变形量”QC成果，通过制作专用防变形工具，解决了2万立方米储罐焊接过程中因为钢板焊接前组对缝隙大或焊接操作不规范导致的焊接变形问题，提高焊接质量，减少了焊接变形量。“提高遮峪隧道锚杆施工一次合格率”QC成果解决了隧道施工过程中因为岩层破碎，内力结构差，受到震动时容易产生塌落，凿岩机摆放困难，锚固剂质量不高，锚固剂入孔不到底导致锚杆施工一次合格率低、造成二次施工和施工成本上升的问题，通过QC活动的开展，隧道锚杆施工一次合格率由活动前75%升至94%。8月31日，在河南省质量管理协会评审会上，分别被评为二等奖和三等奖。 （陈恢祥）

【建设集团公司中标沙特达曼市立交桥工程】 2009年3月3日，建设集团公司中标沙特达曼市立交桥工程2座，中标金额4253万美元。其中，达曼市1号交叉口桥梁工程1座，主要工作量：相互交错布置的跨线桥2座，长1000米、1200米，净宽7.5米。哈利德路桥梁工程1座，主要工作量：路线桥1座，长370米、宽16.85米。工程于4月开工，截至年底，完成工作量的18%。4月12日，建设集团公司再次中标沙特达曼市奥马尔立交桥、5号通道桥、6号交叉跨线桥工程3座，中标金额8.52亿元。其中，奥马尔立交桥为3层立交，由全长880米的下穿通道、全长383米的跨线桥和中层交通环岛组成，5号通道长1090米、宽32米，6号交叉跨线桥长755米、宽18.26米，是最大跨径45米的箱型梁高架跨线桥。该工程于8月下旬开工，截至年底，完成工作量的6%。

【工程建设总公司概况】 工程建设总公司主要从事油田地面建设、长输管道、天然气深加工、炼油化工装置、电气自动化工程、储罐安装、压力容器制造、防腐保温、市政、消防、公路等工程施工。具有国家建设部认定的化工石油工程施工总承包、市政工程施工总承包一级；公路工程施工总承包二级；管道工程专业承包、防腐保温工程专业承包一级；消防工程专业承包、钢结构专业承包、送变电工程专业承包二级；通信工程施工总承包三级；A1级、A2、A3级、D1、D2级、AMSE压力容器设计制造与安装等资质，年施工能力20亿元。截至2009年底，工程建设总公司有员工3023人，具有教授级高工3人、高级职称75人、中级职称380人、初级职称314人，持有一级建造师证40人、二级建造师证16人；机构下设机关科室14个、经营单位37个。拥有各类机械设备1710台套；注册资金1.14亿元，资产6.99亿元，固定资产原值2.04亿元、净值1.31亿元。2009年，工程建设总公司承揽工程20.3亿元，其中油田内部工程2.64亿元、国内工程6.07亿元、国际工程11.59亿元，国际工程同比增长126%；实现产值

2009年12月29日，建设集团公司在沙特达曼市1号交叉口桥梁工程施工 （许海军）

15.52 亿元，同比增长 5.23%；实现总收入 20.62 亿元，同比增加 4.63 亿元，上缴社区综合服务费 7660 万元，在完成勘探局 1500 万元限亏指标后，超额上缴利润 1194 万元。

【工程建设总公司完成优良工程 7423 项】 2009 年，工程建设总公司完成分项工程 7842 项，其中优良工程 7423 项，优良率 94.66%，合格率 100%；完成分部工程 1096 个，其中优良工程 1060 个，优良率 96.72%，合格率 100%。年内，工程建设总公司施工的“塔河油田 1 号联合站轻烃回收装置扩建工程”、“石家庄—太原成品油管道工程”被中国石化集团公司评为优质工程奖；施工的“青岛大炼油配套成品油管道工程青岛首站油库及站场工程”被中国质量协会石油分会评为石油工业用户满意工程。

（乔建朋）

【完成普光气田天然气净化厂公用工程第 2 标段建设项目】 2007 年 6 月，工程建设总公司中标普光气田天然气净化厂公用工程第 2 标段建设项目。工程于 2007 年 11 月开工，2009 年 4 月 25 日完工，主要完成净化水场及消防泵站、空分空压站、35/6 千伏变电所 2 座、循环水场、火炬设施、污水处理场、污水提升泵站、雨水监控池兼事故排放池、全厂供电系统等项目。

（张雪莲　郝敏芳）

【完成川气东送管道一期工程 2 个标段施工任务】 川气东送工程是国家“十一五”规划重大项目，其输气管道起于四川省达州市宣汉县普光镇，止于上海，途经重庆、湖北、安徽、江苏、浙江等省市。川气东送管道一期工程于 2007 年 3 月 15 日开工建设，2009 年 3 月 22 日完工。工程建设总公司负责管道一期工程第 1 标段和第 2 标段施工任务，铺设主管线、分支管线 86 千米，建设线路阀室 2 座。

【工程建设总公司承建的西北油田建设项目完工】 2009 年 5 月 11 日，工程建设总公司中标中国石化集团公司西北石油局建设项目，中标金额 907.6 万元，中标工程量：站内工艺、站外集输、电气、自控、土建、消防给排水及暖通等项目。工程于 5 月 20 日开工，8 月 30 日完工。

【工程建设总公司中标塔中 1 号气田一体化工程】 塔中 1 号气田一体化工程位于塔里木盆地中部，为塔中 1 号气田 10 亿立方米试采地面工程油气处理厂项目。2008 年 8 月 12 日，工程建设总公司中标此项工程，中标金额 2 亿元。主要工程量：增压站和集气、脱硫、脱水脱烃、凝析油处理、硫黄回收等装置的施工建设。工程于 2009 年 4 月 21 日开工，截至年底，完成工程量的 35%。

2009 年 4 月 25 日，工程建设总公司承建的普光气田天然气净化厂完工

（郝敏芳）

【工程建设总公司中标榆林—济南输气管道 3 个标段工程】 榆林—济南输气管道工程是国家“十一五”和中国石化集团公司重点工程，是继西气东输、川气东送后又一重大干线工程，承担着山东省、河南省、山西省等部分地区的供气任务。2009 年 3 月 10 日，工程建设总公司中标第 6 标段、第 7 标段、第 13 标段线路安装及配套工程，中标金额 9462.24 万元。第 6 标段线路工程从山西省方山县大武镇进入吕梁市离石区，至薛公岭隧道入口，全长 54.74 千米，工程于 4 月 9 日开工。第 7 标段线路工程东起山西省汾阳市磁窑河，西至薛公岭隧道，沿线经演武镇、三泉、阳城乡等乡镇 4 个，全长 47.48 千米；建分输站 1 座，截断阀室 2 座，工程于 3 月 26 日开工。第 13 标段线路工程西起河南省林县骡断岭隧道出口，东至安阳市分输清管站，全长 56.22 千米，工程于 1 月 6 日开工。截至年底，完成 3 项工程工作量的 80%。

（张雪莲）

【工程建设总公司中标韩城煤层气集输二期工程】 韩城煤层气集输工程位于陕西省韩城市板桥乡柏林村，是中国石油天然气集团公司煤层气有限责任公司的重点工程。2009 年 9 月 15 日，工程建设总公司中标此项工程，中标金额 1479 万元。主要工作量：阀组进增压站的集气管线，安装压缩机 4 台、旋流分离器 2 台、热水锅炉 1 台，建压缩机棚 1 座以及站内配套工艺管网、给排水系统、热工部分、电气仪表部分等工程项目；土建工作量：设备基础、场地道路、围墙等。工程于 9 月 20 日开工，截至年底，完成工程量的 80%。（乔建朋）

【承建的松南气田集气处理站投产一次成功】 松南气田集气处理站工程位于吉林省长春市前郭县境内的腰英台气田区，是中国石化集团公司重点工程，也是吉林省重点工程。2008 年 5 月，工程建设总公司中标此项工程，6 月开工建设。2009 年，工程建设总公司先后完成脱碳、脱水、空压机房、综合楼、锅炉房、消防泵房、配电室、球罐等单元工程15个，安装设备189台、大型阀门2900个、电器仪表896台套，铺设管线6万米、线缆11万米，桥架4吨，修场站道路1.8千米。11月1日，松南气田集气处理站投产一次成功，工程焊接一次合格率98%。年内，工程建设总公司被中国石油化工股份有限公司东北油气分公司授予“10亿立方米天然气产能建设地面工程突出贡献奖”。

（多培轩　李俊国）

【工程建设总公司中标5000立方米液氨球罐工程】 2009年8月11日，工程建设总公司中标青海省西宁市成达青海云天化项目5000立方米液氨球罐3个现场组对及安装工程，中标金额363万元。工程于9月30日开工，截至年底完工，完成工程量的40%。

（乔建朋　程　琼）

【工程建设总公司中标北京康庄油库改造工程】 北京康庄油库位于北京市延庆区康庄镇，是北京市重点工程。2009年8月4日，工程建设总公司中标油库改造工程，中标金额1200多万元，中标工程量：建1000立方米内浮顶汽油储油罐2座、2000立方米内浮顶柴油储油罐4座以及发油亭、消防系统、污雨水系统、电气系统等。工程于10月8日开工，截至年底，完成计划工作量的20%。

（张雪莲）

【工程建设总公司中标江西省天然气管网3个标段工程】 2009年10月19日，工程建设总公司中标江西省天然气管网一期工程第1标段、第10标段、第15标段工程项目，中标金额3954.01万元。工程设计管道压力6.3兆帕，规格直径508毫米×7.1毫米，钢管是L415管材，采用埋地敷设。第1标段工程量：高压输气管道22千米，天然气门站1座、高中压调压计量站3座，中压输配管网及庭院户内管网、计算机集成管理系统、转换改造工程、应急气源、后方设施等。工程于10月21日开工，12月17日完工。第10标段工程量：敷设管道177千米，工程于7月1日开工，10月20日完工。第15标段工程量：敷设管线146千米、场站配套工程等。工程于10月27日开工，截至年底，完成工作量的25%。

（张雪莲　高　丽）

【工程建设总公司签订伊朗MIS油田地面工程施工合同】 伊朗MIS油田位于伊朗南部，离德黑兰约600千米，工程项目有采油井15口、水井2口，采油和脱盐装置（PU&DP）、油田处理设施（FPF）各1套和站外系统等，由中国石油天然气集团公司川庆钻探工程有限公司总承包。2009年9月29日，工程建设总公司中标部分工程项目，中标金额1280万美元，中标工程量：安装设备82台套、各类阀门1150个、站内钢结构约204吨、储罐8座、电气仪表等；铺设站外管线58.8千米、玻璃钢注水管线约500米、站外管架约5000个；架站外高压线路11.71千米等。工程于12月16日开工，截至年底，完成工作量的5%。

2009年12月16日，工程建设总公司中标的伊朗MIS油田地面工程开发建设

（贺　敬）

【沙特延布高密度聚乙烯工程实现施工产值2500万美元】 沙特延布高密度聚乙烯工程位于沙特西部红海畔的延布市东20千米处，工程由中国石化集团公司炼化工程公司第五建设公司总承包。2008年8月13日，工程建设总公司分包了此项工程，工程于2008年9月15日开工，2009年，工程建设总公司完成安装工艺设备22台套、工艺管道77.28千米，铺设地下管道3260米、电气电缆268千米；完成土方1.96万立方米、钢结构225吨、建筑物装修2座。工程于11月15日完工，完成施工产值2500万余美元。

【工程建设总公司完成扎尔则油田地面工程量20%】 扎尔则油田地面工程位于阿尔及利亚撒哈拉沙漠东部与利比亚边境毗邻的伊利兹盆地In Amenas地区，距阿尔及利亚首都1500千米。2008年5月5日，工程建设总公司中标扎尔则油田地面工程，承担业主营地建设和服务、部分材料采办和完工投产后的技术服务等工作。工程于2009年4月25日开工，主要完成营房安装56栋，集装箱营房改装11栋、办公室2栋、餐厅1栋、预制车间和机修车间各1栋；完成土方外运5.6万立方米，场地平整8.9万立方米等。截至年底，完成工程量的20%。

（张雪莲）

【工程建设总公司2项工程获“全国优秀焊接工程”奖】 2009年8月26日，在中国工程建设焊接协会组织的全国优秀焊接工程评比中，工程建设总公司施工的“曹妃甸原油码头及配套设施工程第3标段线路管道敷设工程”、“青岛大炼油配套成品油管道工程及青岛首站油库及站场工程”被评为“全国优秀焊接工程”奖，该奖是国内焊接技术的最高奖项。

【工程建设总公司1项成果获河南省科技进步二等奖】 “复杂地质结构下超长距离定向钻穿越关键技术研究”主要应用于天然气长输管道定向钻复杂地质层作业，解决了复杂地质环境给长距离定向钻穿越带来的不利影响。此技术先后在湖南成品油管道汨罗江穿越工程、川气东送管道工程等长距离定向钻施工中成功运用。2009年8月6日，该技术研究项目获河南省科技进步二等奖。

【工程建设总公司获省部级优秀QC成果7项】 2009年，工程建设总公司获省部级优秀QC成果7项。其中，“可拆集装箱式野营房的研制”、“提高重型火炬塔架预制的一次合格率”、“提高四带式球罐组对质量”、“提高双面衬塑钢管304不锈钢接头焊接一次合格率”分获中国建筑业协会优秀QC成果奖；“提高安全文明施工现场达标率”、“提高竣工资料编写质量”分获石油工程建设协会QC成果二等奖和三等奖，“节能插座的研制”获河南省优秀QC成果三等奖。

（张雪莲　周秋萍）

【工程建设总公司金属结构厂搬迁新址】 工程建设总公司金属结构厂组建于1982年，是压力容器制造的专业制造厂，是中国化工装备协会会员和中国石化集团公司物资装备入网单位，具有A1、A2、D1、D2、ASME压力容器制造、设计资质，通过ISO 9001质量管理体系认证、ISO 14000环境管理体系认证、ISO 18000职业健康安全管理体系认证。2007年，按照濮阳市城市建设发展规划要求，中原油田将金属结构厂迁至濮阳市黄河路西段高新技术开发区。经勘探局批准，新厂于2007年4月16日开工建设，2009年6月20日竣工，6月21日搬迁，8月1日开始生产。新厂占地约6.67万平方米，建筑面积约1.2万平方米，建造压力容器制造车间2个、机加工车间1个、无损检测车间1个、喷砂车间1个、焊接试验室1个、大型热处理炉1台以及办公楼和食堂等，拥有焊接、切割、滚板机等设备30多台套。年钢材加工能力600吨。10月，金属结构厂通过国家质量监督检验检疫总局对厂址变更现场鉴定评审。

（乔建朋　杨春勤）

【工程建设总公司获国际市场文体活动奖杯】 2009年4月1日，沙特阿拉伯王国延布市伊斯兰传播中心组织在延布施工的中国、加拿大、印度、菲律宾、马来西亚等16个国家的企业举办足球友好赛。工程建设总公司代表中国石化集团公司参赛获第三名，并获比赛奖杯。这是中原油田在外闯市场过程中获得的第一个文体活动奖杯。

（汪中华）

【矿区建设工程概况】 中原油田矿区建设、道路桥梁、市政公用工程建设的管理和监理工作由矿区建设工程部承担，主要负责油田工程建设的标底编制、招投标管理、工程预算的初审等工作，具有建设部房屋建筑、石油化工、道路桥梁、市政公用工程甲级监理资质等级，具备跨地区、跨部门、跨行业承揽工程建设监理业务和招投标代理、施工咨询、造价咨询服务的能力，该工程部通过ISO 9001—2000质量体系认证以及QHSE体系认证。截至2009年底，矿区建设工程部有员工90人，具有高级职称5人、中级职称38人、初级职称15人，持有国家监理工程师证书29人、中国石化集团公司监理工程师证书27人、国家注册造价师7人、国家注册一级建造师3人、国家注册工程造价员9人；机构下设1室2部4科。拥有工程检测仪器等各种设备66台套；固定资产原值274.55万元、净值141.78万元。2009年，矿区建设工程部完成计划投资2.47亿元，建筑面积30万平方米；编制招投标的115项，完成招投标工程115项，招投标标的3.15亿元，节约投资2492万元。年内，矿区建设工程部被河南省城乡住房建设厅评为河南省先进监理企业。

【矿区建设工程合格率100%】 2009年，中原油田完成矿区建设面积30万平方米。其中，濮水花园小区住宅楼4栋工程、盟东小区住宅楼3栋工程交付使用；经济适用房滨河小区住宅楼25栋工程主体施工完工；建设新区住宅楼36栋工程、添运小区小高层住宅楼11栋工程、盟城新区住宅楼23栋工程以及商品房盟东新区住宅楼11栋工程相继开工。第一社区黄河水源管线工程交付使用；供热小区4座锅炉房、热网改造工程投入使用；第三社区聊南分局办公室楼主体工程、3个住宅小区电网改造工程完工；完成6条道路的维修改造工程；完成第一社区至第十社区基础设施维修改造工程等23项，工程合格率100%。创河南省优质工程4项、局级优质样板工程5项。

2009年7月25日，工程建设总公司金属结构厂搬迁验收现场会　（张雪莲）

【完成工程结算审核4.36亿元】 2009年，矿区建设工程部完成第五社区管理中心北区、世纪景苑、添运小区、濮水花园、盟东小区68栋住宅楼工程的结算审核以及建设路中心库道路工程结算审核等25项，审核金额4.36亿元，节约投资9600万元。

【工程质量控制】 2009年，矿区建设工程部成立项目监理部，实行总监负责制，负责编制监理规划和实施细则；规范监理程序，简化控制流程，方便现场施工；建立质量保证体系，执行ISO 9001—2000质量管理标准；优化工程质量控制，落实质量控制计划；加大施工现场的安全监督力度，检查、监督到位；建立工程质量责任制，实行层层承包，建立工程质量档案，向社会公开；对重点、难点工程增加检查次数，对隐蔽工程和关键工序实行24小时旁站监理，并做好旁站记录；对建筑材料严格实行准用证制度和进场报验制度；做好施工准备阶段的"五审两会一复核"制度，即五审：施工企业资质审查，施工企业安全资质及安全保证体系审查,项目经理、五大员及特殊工种资格审查，施工组织设计审查，图纸会审；二会：设计技术交底会、第一次工地例会；一复合：复合施工现场控制桩，前移控制关口；建立工程建设安全监理停检点制度，严格审查施工组织设计和专项安全施工方案，加强直接作业环节的安全监理；健全质量回访制，把工程保修制度落到实处。

【监理普光气田工程建设项目3项】 2009年，矿区建设工程部监理普光气田工程建设项目3项，总投资额1.67亿元。其中，监理普光分公司大湾矿区道路一期工程20千米，投资额7600万元，工程于2008年10月开工，2009年6月竣工，工程合格率100%；监理普光分公司大湾矿区道路二期工程1.8千米，投资额7300万元，工程于2009年5月开工，12月竣工，工程合格率100%；监理普光分公司钻采工程普路1井、M503井、3011抗滑桩、钻采工程M402和M403泥浆池改造，投资额1800万元，工程于2009年4月开工，8月竣工，工程合格率100%。

【监理榆济天然气输气管线3个标段工程】 2009年，矿区建设工程部中标榆济天然气输气管线第18标段、第19标段、第20标段工程监理任务，全长141.3千米。工程由中国石化股份有限公司天然气分公司承建，监理中标金额8亿元，监理中标工程内容：输气管线1条141.3千米、分输站2个。工程于2008年11月7日开工，截至年底，完成输气管线141.3千米施工监理任务，工程合格率100%，2个分输站正在施工中。

【监理西南钻井公司基地建设工程】 2009年5月，矿区建设工程部中标监理西南钻井公司基地建设一期工程和二期工程，监理中标金额1163万元，监理工程内容：井控检修试压工房、场地平整及配套、道路场地及基础。工程由西南钻井公司承建，于5月8日开工，12月20日，井控检修试压工房工程竣工验收，工程合格率100%。场地平整及配套、道路场地及基础工程12月底进入收尾阶段。

（苏新生）

2009年矿区建设工程监理项目

序号	项目名称	建设单位	工程造价（元）
1	污水处理厂部分基础设施整改工程	公共事业管理处	930000
2	2008年盟城新区、添运新区、建设新村住宅楼工程多层1标段	房产管理处	1875821
3	2008年盟城新区、添运新区、建设新村住宅楼工程多层2标段	房产管理处	1875821
4	2008年盟城新区、添运新区、建设新村住宅楼工程多层3标段	房产管理处	4003800
5	2008年盟城新区、添运新区、建设新村住宅楼工程多层4标段	房产管理处	2692300
6	2008年盟城新区、添运新区、建设新村住宅楼工程多层5标段	房产管理处	3998800
7	2008年盟城新区、添运新区、建设新村住宅楼工程多层6标段	房产管理处	2660224
8	2008年盟城新区、添运新区、建设新村住宅楼工程多层7标段	房产管理处	1870657
9	2008年盟城新区、添运新区、建设新村住宅楼工程多层8标段	房产管理处	1870657
10	2008年盟城新区、添运新区、建设新村住宅楼工程多层9标段	房产管理处	2763527
11	2008年盟城新区、添运新区、建设新村住宅楼工程多层10标段	房产管理处	1870657
12	2008年盟城新区、添运新区、建设新村住宅楼工程多层11标段	房产管理处	1870657
13	2008年盟城新区、添运新区、建设新村住宅楼工程多层12标段	房产管理处	2763527
14	2008年盟城新区、添运新区、建设新村住宅楼工程多层13标段	房产管理处	4106234
15	2008年盟城新区、添运新区、建设新村住宅楼工程多层14标段	房产管理处	2676000
16	2008年盟城新区、添运新区、建设新村住宅楼工程多层15标段	房产管理处	4008500

续表

序号	项目名称	建设单位	工程造价（元）
17	2008 年盟城新区、添运新区、建设新村住宅楼工程多层 16 标段	房产管理处	2621271
18	2008 年盟城新区、添运新区、建设新村住宅楼工程多层 17 标段	房产管理处	2705272
19	2008 年盟城新区、添运新区、建设新村住宅楼工程多层 18 标段	房产管理处	2622761
20	2008 年盟城新区、添运新区、建设新村住宅楼工程多层 19 标段	房产管理处	2705272
21	2008 年盟城新区、添运新区、建设新村住宅楼工程多层 20 标段	房产管理处	2622761
22	2008 年盟城新区、添运新区、建设新村住宅楼工程多层 21 标段	房产管理处	2622761
23	2008 年盟城新区、添运新区、建设新村住宅楼工程多层 22 标段	房产管理处	1817429
24	2008 年盟城新区、添运新区、建设新村住宅楼工程多层 23 标段	房产管理处	2705272
25	2008 年盟城新区、添运新区、建设新村住宅楼工程多层 24 标段	房产管理处	2979000
26	2008 年盟城新区、添运新区、建设新村住宅楼工程多层 25 标段	房产管理处	2992715
27	2008 年盟城新区、添运新区、建设新村住宅楼工程多层 26 标段	房产管理处	2606580
28	2008 年盟城新区、添运新区、建设新村住宅楼工程多层 27 标段	房产管理处	1817429
29	2008 年盟城新区、添运新区、建设新村住宅楼工程多层 28 标段	房产管理处	2057812
30	2008 年盟城新区、添运新区、建设新村住宅楼工程多层 29 标段	房产管理处	2057812
31	2008 年盟城新区、添运新区、建设新村住宅楼工程多层 30 标段	房产管理处	1817429
32	2008 年盟城新区、添运新区、建设新村住宅楼工程多层 31 标段	房产管理处	2620900
33	2008 年盟城新区、添运新区、建设新村住宅楼工程多层 32 标段	房产管理处	2616000
34	2008 年盟城新区、添运新区、建设新村住宅楼工程多层 33 标段	房产管理处	2642480
35	2008 年盟城新区、添运新区、建设新村住宅楼工程多层 34 标段	房产管理处	3479925
36	2008 年盟城新区、添运新区、建设新村住宅楼工程多层 35 标段	房产管理处	2705272
37	2008 年盟城新区、添运新区、建设新村住宅楼工程多层 36 标段	房产管理处	2700272
38	2008 年盟城新区、添运新区、建设新村住宅楼工程多层 37 标段	房产管理处	1817429
39	2008 年盟城新区、添运新区、建设新村住宅楼工程多层 38 标段	房产管理处	1817429
40	2008 年盟城新区、添运新区、建设新村住宅楼工程多层 39 标段	房产管理处	3582581
41	2008 年盟城新区、添运新区、建设新村住宅楼工程多层 40 标段	房产管理处	1817429
42	2008 年盟城新区、添运新区、建设新村住宅楼工程多层 41 标段	房产管理处	1817429
43	2008 年盟城新区、添运新区、建设新村住宅楼工程多层 42 标段	房产管理处	1817429
44	2008 年盟城新区、添运新区、建设新村住宅楼工程多层 43 标段	房产管理处	3582581
45	2008 年盟城新区、添运新区、建设新村住宅楼工程多层 44 标段	房产管理处	2642000
46	2008 年盟城新区、添运新区、建设新村住宅楼工程多层 45 标段	房产管理处	2641618
47	2008 年盟城新区、添运新区、建设新村住宅楼工程多层 46 标段	房产管理处	3449000
48	2008 年盟城新区、添运新区、建设新村住宅楼工程多层 47 标段	房产管理处	3453000
49	2008 年盟城新区、添运新区、建设新村住宅楼工程多层 48 标段	房产管理处	3582581
50	2008 年盟城新区、添运新区、建设新村住宅楼工程多层 49 标段	房产管理处	2705272
51	2008 年盟城新区、添运新区、建设新村住宅楼工程多层 50 标段	房产管理处	2626000

续表

序号	项目名称	建设单位	工程造价（元）
52	2008年盟城新区、添运新区、建设新村住宅楼工程多层51标段	房产管理处	3582581
53	2008年盟城新区、添运新区、建设新村住宅楼工程高层1标段	房产管理处	11516057
54	2008年盟城新区、添运新区、建设新村住宅楼工程高层2标段	房产管理处	5850273
55	2008年盟城新区、添运新区、建设新村住宅楼工程高层3标段	房产管理处	8508149
56	2008年盟城新区、添运新区、建设新村住宅楼工程高层4标段	房产管理处	8450900
57	2008年盟城新区、添运新区、建设新村住宅楼工程高层5标段	房产管理处	8411000
58	2008年盟城新区、添运新区、建设新村住宅楼工程高层6标段	房产管理处	8478800
59	2008年盟城新区、添运新区、建设新村住宅楼工程高层7标段	房产管理处	8485900
60	2008年盟城新区、添运新区、建设新村住宅楼工程高层8标段	房产管理处	8451808
61	2008年盟城新区、添运新区、建设新村住宅楼工程高层9标段	房产管理处	8748438
62	2008年盟城新区、添运新区、建设新村住宅楼工程高层10标段	房产管理处	8557868
63	2008年盟城新区、添运新区、建设新村住宅楼工程高层11标段	房产管理处	8452596
64	2008年盟城新区、添运新区、建设新村住宅楼工程高层12标段	房产管理处	8552200
65	2008年盟城新区、添运新区、建设新村住宅楼工程高层13标段	房产管理处	5824878
66	2008年盟城新区、添运新区、建设新村住宅楼工程高层14标段	房产管理处	5824878
67	2008年盟城新区、添运新区、建设新村住宅楼工程高层15标段	房产管理处	8478000
68	2008年盟城新区、添运新区、建设新村住宅楼工程高层16标段	房产管理处	5824878
69	2008年盟城新区、添运新区、建设新村住宅楼工程高层17标段	房产管理处	5709996
70	2008年盟城新区、添运新区、建设新村住宅楼工程高层18标段	房产管理处	8468600
71	钻井二公司机修大队场地、工房改造工程	钻井二公司	911001
72	固井工程处灰库、暖车库更新改造工程	固井工程处	1762000
73	西南钻井公司基地井控检修施压工房工程	钻井管具工程处	5399580
74	文化路（中原路—任丘路段）维修改造工程（维修部分）	公共事业管理处	3234124
75	文化路（中原路—任丘路段）维修改造工程（投资部分）	公共事业管理处	875405
76	中原油田机关篮球（网球）场工程	局机关党委	830000
77	固井工程处灰库除尘系统改造工程	固井工程处	1161000
78	卫生防疫站用房改造工程	公共事业管理处	2341321
79	高低压配电系统隐患治理工程	第四社区管理中心	1638706
80	压裂砂厂维修工程	井下特种作业处	2146000
81	聊南分局宿舍及值班室、围墙大门维修工程	第三社区管理中心	1476284
82	聊南分局办公楼、道路及配套系统维修工程	第三社区管理中心	2601612
83	西南钻井公司基地建设工程道路场地及基础工程	钻井管具工程处	2949187
84	西南钻井公司基地建设工程场地平整及配套工程	钻井管具工程处	3169996
85	采油院大学毕业生公寓改造工程	第九社区管理中心	1110678
86	固井工程处固井一分处库房维修工程	固井工程处	630845

续表

序号	项目名称	建设单位	工程造价（元）
87	单身职工公寓工程	工程建设总公司	2489543
88	测井公司生产作业部、引进中心、解释计算中心等地面硬化、铺设地砖、绿化改造维修工程	测井公司	1334363
89	固井工程处固井一分处场地维修罩面	固井工程处	553808
90	俱乐部隐患治理工程	第二社区管理中心	1225828
91	社区医院隐患治理工程	第二社区管理中心	990033
92	供水管理处黄河水源虹吸滤站维修改造工程	供水管理处	440513
93	供水管理处员工活动室维修	供水管理处	229643
94	西部工委办公楼维修工程	西部工作委员会	257199
95	向阳小区污水管线改造工程	第七社区管理中心	520000
96	金桥 KTV 改造工程	郑州金桥宾馆	1148834
97	勘察设计研究院勘察楼维修改造	勘察设计研究院	1178738
98	钻井第四幼儿园改造工程	培训中心	1460900
99	采油第四幼儿园改造工程	培训中心	1506000
100	污水外排系统工程	第二社区管理中心	698285
总　计			32515461

（苏新生）

【石油化工工程质量监督总站中原石油分站概况】　中原油田的石油化工工程质量监督工作由石油化工工程质量监督总站中原石油分站（简称中原石油分站）承担，主要负责中原油田建设工程质量监督工作和石油化工工程质量监督总站安排的其他工作；中原石油分站受石油化工工程质量监督总站的委托，负责为石化工程提供质量监督保障、石油化工工程质量监督、油气压力管道检测检验、受委托检测检验、相关专业培训；受地方建设行政主管部门的委托，负责对中原油田房屋建筑、市政公用建设工程等实施全过程、全方位的监督等工作。截至2009年底，中原石油分站有员工14人，具有高级工程师3人、工程师7人、经济师3人；机构下设职能科室1个、业务科室3个。拥有检测检验仪器设备及办公机具设备52台套；固定资产原值77.72万元、净值60.97万元。2009年，中原石油分站监督建设工程1948项，其中油田产能建设工程332项、油田矿区建设工程1579项、普光气田开发建设工程31项、油田外部工程6项。停监点检查865次，工程巡检1569次，对工程进行抽查与复测2206点，停监点监督到位率100%；下达各类监督通知单43份，发现质量问题660个，其中行为质量问题229个、工程实体质量问题321个、资料问题110项，质量问题涵盖建设、施工、监理和检测等单位，被监督工程质量竣工验收合格率100%，全年安全生产无事故。全年中原石油分站接受质量监督各类培训6次，其中质量监督程序培训3期、培训人员50人；建设工程法规与新技术、新工艺培训班3期、培训专业技术人员78人。年内，完成石油化工工程质量监督总站安排的工作任务14项，被石油化工工程质量监督总站评为中国石化工程质量监督先进单位；被濮阳市住房和城乡建设局评为建设工程质量管理先进单位。

【产能建设工程巡检20次】　2009年，中原石油分站严格执行《石油化工工程质量监督工作程序》，把好监督过程“四道防线”，以优质的质量行为促进工程实体质量的提高。在油田产能建设工程质量监督中，对建设单位、监理单位的质量行为进行监管；对工程实体质量进行监督检查；对材料、设备质量进行监督，阻止不合格材料、设备进入施工现场。年内，停监点检查104次，工程巡检20次。

四道防线：一是对所有参建的质量责任主体起步行为的监督；二是对工程实体质量的监督检查；三是中间交接前的质量监督检查；四是项目投产使用前的条件确认检查。

【经济适用房建设工程分户验收监测2206点】　2009年，中原石油分站在油田矿建工程质量监督中，注重做好经济适用房建设工程质量监管工作，采取停监和巡检相结合的监管方式，重点加大影响结构安全和重要使用功能关键工序与重要部位的监督力度，推广房屋建筑分户验收管理办法，保证油田职工住上放心房。年内，监督经济适用房建设，停监点检查52次，工程巡检163次，分户验收监测2206点。

【普光气田开发建设工程巡监检查1386次】　2007年5月，石油化工工程质量监督总站成立石油化工工程质量监督总站普光项目监督组，成员由中原石油分站、巴陵石化分站、安庆石化分站、齐鲁石化分站、长岭石化分站组成，主要以中原石油分站为主。2009年，普光项目监督组监督重点工程：普光天然气集输管道、场站工程，普光天然气净化厂工程等。为指导施工、监理单位对酸气管道工程实施质量预控和监控，分别编制了《天然气管道工程质量监督计划》、《天然气站场工程质量监督计划》、《酸气管道质量监控要点》和《站场工程质量监控要点》，根据净化厂设备大型机组多、进口设备多、复合管和夹套管焊接工艺复杂的特点，分别编制了《普光天然气净化厂土建专业监督计划》、《普光天然气净化厂静设备专业质量监督计划》、《普光天然气净化厂动设备专业质量监督计划》、《普光天然气净化厂工艺管道专业质量监督计划》、《普光天然气净化厂电气专业质量监督计划》、《普光天然气净化厂仪表专业质量监督计划》和《普光天然气净化厂工程监督大纲》，并对各有关单位进行质量监督交底。组织开展工程质量大检查和专项检查，对普光项目地面集输、普光天然气净化厂工程进行停监点检查709次，巡监检查1386次，组织质量大检查1次、专项检查40次，发现各类质量问题4748项。

【开展油田建设工程质量检查10次】 2009年，中原石油分站针对工程项目重点、难点及质量通病，组织开展了油田建设工程质量大检查2次、专项质量检查8次。重点检查责任主体质量监管行为、结构、地基基础、材料设备质量、无损检测行为、管道防腐等问题，查问题103个。针对查出的问题，及时召开专题质量分析会，提出整改措施，监督各责任主体对质量问题及时进行整改，整改率100%。

（童吕成）

工程设计

【勘察设计研究院概况】 中原油田的勘察设计工作由勘察设计研究院（以下简称设计院）承担，主要负责中原油田地面建设工程的规划、勘察、设计、科研等工作，拥有工程勘察、工程设计、工程咨询、工程总承包、工程监理等甲级资质。截至2009年底，设计院有员工441人，具有教授级高工、高级工程师110人，工程师186人，局级优秀人才14人，注册咨询工程师18人，一级注册建筑师3人，一级注册结构师7人，注册监理工程师30人，注册造价工程师13人，注册岩土工程师3人，一级注册建造师5人。机构下设机关职能科室8个、基层单位14个，在新疆设西北分院，在北京设北京分院，在普光设西南项目部（分院）。拥有各种设备850台套；固定资产原值2849.74万元、净值1569.86万元。2009年，设计院承揽勘察、测量、咨询、设计、监理、总承包项目496项，完成项目449项，其中完成图纸自然张5.02万张、文字资料4.63万页，完成勘察设计施工图投资额56.6亿元，测绘各种线路1300千米，测绘和整理地形图54平方千米，勘察进尺近万米，新增工程监理合同额1000多万元。全年实现经营总收入1.53亿元，实现国内外市场收入1.01亿元，上缴油田各项费用2425万元，超额完成勘探局下达的生产经营指标。12月30日，在河南省建设厅组织的“全省工程设计行业诚信”评估工作中，设计院被授予“AAA”诚信企业称号，这是该评估工作的最高级别。河南省建设厅决定：2013年11月之前，设计院将一直保持“AAA”诚信称号，并在资质保持、资质升级、市场开拓等方面享有部分优先权。年内，青岛LNG工程预可行性研究报告通过国家发展改革委员会组织的专家核准。

【完成油田内部设计项目423项】 2009年，设计院以油田勘探开发、生产建设、地面工程技术服务为中心，完善工作机构、调整工作思路、理顺工作机制，构建服务油田的技术保障体系，完成油田内部设计项目423项。其中，完成老油田维修改造施工图127项，完成新老区产能、重点维修改造、安全隐患治理等产能建设前期项目设计170项，完成经济适用房及配套、第一社区黄河水管线建设、第二社区基础设施改造等矿区建设项目设计126项。同时，对普光气田集输、净化流程进行调研，总结编写调研报告，提出科研课题20项；完成普光气田天然气净化厂外围应急疏散通道工程、阀门试压站方案；完成普光气田井口集输、净化及外输应急连锁设计项目。

【完成援藏工程设计】 2009年，中国石化集团公司援藏工程是在西藏班戈县建设小学1座，小学的名称是中国石化集团公司小学。该工程继续由中原油田设计院负责工程设

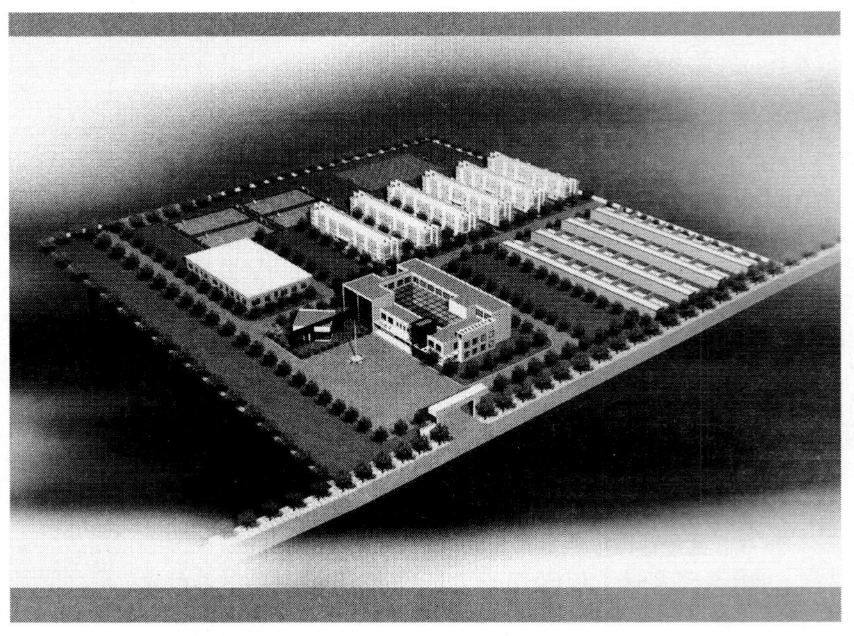

2009年，中原油田援藏工程西藏班戈县中国石化集团公司小学鸟瞰图

（李巧鸽）

计、施工监理和项目管理。小学占地面积4.3万平方米，工程有综合楼1座、食堂1个、教职工宿舍楼4栋、学生宿舍楼6栋等，综合楼可容纳班级18个、学生780人，分2年实施完成。3月13日，由设计院完成的工程基础设计通过中国石化集团公司审查，4月10日，设计院完成工程施工图设计，4月20日，工程开工建设。由于当地自然条件所限9月以后无法施工，截至9月底，完成全部工程量的40%。

【承揽西藏拉萨成品油库设计工程】　西藏拉萨成品油库位于西藏拉萨堆龙德庆县，是西藏拉萨藏中电网应急电厂供油的成品油库，兼顾拉萨市成品油零售市场。2009年9月30日，中国石化集团公司销售公司把"西藏拉萨成品油库设计工程"交于中原油田设计院进行EPC总承包，工程总投资1.3亿元，油库库容量分一期、二期工程规划，其中一期工程油库库容量2万立方米、二期工程油库库容量1.2万立方米。设计储存油品5个（汽油90号、93号、97号，柴油0号、-20号），进库油品采用方式是铁路运输，铁路罐车设计液下泵卸油；设计综合楼1座1600平方米。12月10日，工程可行性研究报告获中国石油化工股份公司批复，截至年底，基础设计完成50%。

【中标苏丹6区输油管线EPCC总承包工程设计项目】　2009年9月18日，中原油田中标苏丹6区输油管道EPCC总承包工程，工程由中原油田对外经济贸易总公司负责管理、协调，设计院和工程建设总公司负责工程的设计、采办、施工、试运行等工作，工程总投资6112万美元，业主为苏丹石油能源有限责任公司。主要工作量：铺设输油管道97.8千米，建设首站1座、末站1座，合同工期14个月。截至年底，设计院完成工程设计工作量的35%。

【完成孟加拉凝析油炼厂设计项目】　2006年9月，设计院中标孟加拉凝析油炼厂设计项目，该工程设计常压蒸馏装置1套、原料和产品储存罐区储罐9座、成品油调和、装车及配套公用工程，设计规模12万吨/年。2008年11月，设计院完成最终版施工图设计，5名工程技术人员驻现场进行设计服务、施工配合工作。2009年7月27日，孟加拉凝析油炼厂投料开车一次成功，并生产出合格产品。

【设计工程获省部级以上奖12项】　2009年，设计院获省部级以上优秀咨询、优秀设计等各类奖12项，其中"江西省天然气管网一期工程"、"供热系统节能改造工程可行性研究报告"获中国工程咨询协会优秀工程咨询三等奖；"苏丹港供水工程水锤防护及消防"获河南省勘察设计协会创新特等奖；"中国石化横琴输气管道项目"获河南省勘察设计行业协会创新一等奖；"工程建设总公司金属结构厂搬迁工程"、"中济线、济青线通信系统和SCADA系统改造与恢复工程"、"普光220千伏变电所—天然气净化厂35千伏高压电缆线路"获河南省勘察设计协会创新三等奖；"榆林—濮阳—济南输气管道工程可行性研究"获河南省优秀工程咨询一等奖；"普光净化厂开车燃料气工程"、"钻杆摩擦焊生产线改造工程可行性研究报告"获河南省优秀工程咨询二等奖；"中原油田实施网电钻机改造工程可行性研究报告"、"油田分公司电力系统规划改造方案"获河南省优秀工程咨询三等奖。

【设计院获局级以上科技进步奖7项】　2009年，设计院承担局级以上科研项目10项，其中，完成国家科技重大专项"高含硫气藏安全高效开发技术"和"四川盆地普光大型高含硫气田开发示范工程"相关课题的中期进展报告和任务合同书编制工作，完成"普光气田产能建设关键技术研究"相关课题研究，研究成果通过中国石化集团公司验收。11月，设计院成立博士后工作站设计院分站，引进博士后4名，4名博士后科研课题通过油田立项论证。年内，设计院获局级以上科技进步奖4项，其中"模块化同层排水节水系统"获全国"精瑞科学技术奖"；"川气东送管道不良地质山体及长江穿越设计技术研究"、"川气东送鄂西侵蚀岩溶山地管道设计技术研究"获局级科技进步一等奖。

（申祥波）

国际市场

【对外经济贸易总公司概况】　中原油田的外经外贸工作由对外经济贸易总公司承担，代表中原油田对国际项目和进出口贸易进行统一管理，具体负责国际项目市场开拓、财务管理、经营考核、生产支持、人员调配、装备管理等工作。截至2009年底，对外经济贸易总公司有员工255人，其中正式员工235人、劳务用工20人，具有高级职称65人、中级职称104人、初级职称47人；机构下设部室9个、境外设分公司和办事处12个。境外分公司负责所在区域的生产生活后勤支持、经营管理、与甲方和政府关系协调等工作；各专业化公司为项目具体执行层，负责现场施工和生产管理，并承担项目收益。中原油田有境外专业化施工队伍116支，占中国石化集团公司的36%，其中钻井队60支、作业队15支、固井队6支、录井队8支、地震队9支、运输队3支、管具队4支，地面工程施工队5支、下套管队2支、测井、地震资料处理、计算站和宾馆各1个。国际市场分布在沙特、苏丹、也门、哈萨克斯坦、厄瓜多尔、尼日利亚、印度尼西亚等12个国家，是也门第一大工程承包商、沙特第三大工程承包商、苏丹综合石油工程服务承包商。拥有各类设备116台套；资产20.31亿元，固定资产原值20.32亿元、净值11.9亿元。2009年，中原油田国际项目开钻312口，完井323口，作业304口，钻井进尺56.8万米；二维地震采集2725千米，三维地震采集598平方千米；新签合同53个、合同额6.28亿美元，同比增长22.4%；出口成交总额1.43亿美元；完成进口成交总额0.057亿美元；完成采购总额3.94亿元人民币；实现收入5.52亿美元，占中国石化集团公司完成合同额的22.73%，实现利润3736万美元，占中国石化集团公司赢利总额的25%，回流资金1.95亿美元，同比增长500万美元，完成计划的105.3%。年内，中原油田入选ENR 2008年度国际工程承包商225强，排名第112位；第9次获"河南省对外承包工程状元企业”称号。
（刘 海）

【中原油田成为驻苏丹中国企业商会会员】 驻苏丹中国企业商会是经国家商务部批准的非赢利性民间机构，成立宗旨是增进中国企业间交流，扩大中国企业在当地的影响。中原油田于1996年进入苏丹石油工程服务市场，经过10多年的努力，成为苏丹市场石油工程综合承包商。截至2009年底，中原油田在苏丹钻井市场有中外员工1500多人，有钻井、物探、井下作业、固井等专业10个、队伍35支，累计签订合同额7亿美元，实现收入6.87亿美元。2009年2月18日，中原油田成为驻苏丹中国企业商会会员，并担任副会长职务。
（胡胜春）

【新增国际市场3个】 2009年，中原油田开发科威特、伊朗、毛里塔尼亚3个国际新市场，退出埃塞俄比亚、尼日利亚2个市场。其中，科威特市场中标钻机7台，获5+1年合同，合同金额近4亿美元；伊朗市场中标钻机1台，合同额960万美元；毛里塔尼亚市场中标钻机1台，合同额920万美元。

【调整国际市场施工队伍】 2009年，中原油田跨区域、跨国家调整施工队伍14支，分别将埃塞俄比亚市场钻机1台和物探队1支调整到苏丹市场，截至年底，苏丹市场有钻机11台、物探队5支；印尼市场有钻井队3支；科威科市场有钻井队3支；伊朗市场钻机未到位。同时，从国内市场调整钻机6台到哈萨克斯坦、毛里塔尼亚和科威特市场，哈萨克斯坦市场有钻机12台、毛里塔尼亚市场有钻机1台。
（刁仁宇）

【中标哈萨克斯坦市场测井项目】 2000年，中原油田首次进入哈萨克斯坦市场，中标厄瓜多尔滨海地区二维地震资料处理、解释及综合地质研究项目。2009年4月1日，中原油田再次中标哈萨克斯坦萨基斯区块测井服务项目，中标金额178.17万美元。工程于11月15日开工，截至年底完成测井18口。
（蒲 军）

【首次中标科威特钻井项目】 2009年4月3日，中原油田首次与科威特国家石油公司（KOC）签订3台钻机5+1年钻井项目，合同金额2.34亿美元，由钻井四公司185钻井队、186钻井队、187钻井队承钻。6月2日，中原油田钻井管具工程处取得上海神开集团防喷器在科威特钻井市场的检测和维修授权，为中原油田在科威特钻井市场施工的钻井队提供管具技术服务。11月24日，中原油田第2次中标科威特国家石油公司（KOC）4台750型修井机5+1年合同，合同金额1.6亿美元，由钻井四公司919钻井队、920钻井队、923钻井队、924钻井队承钻。截至年底，完成Sinopec－186钻机、Sinopec－187钻机清关、搬迁任务，设备进入安装调试阶段；Sinopec－185钻机在沙特—科威特的海运途中。
（林卫卫）

2009年7月23日，钻井四公司SINO－10钻井队在沙特SNMN区块进行起钻作业
（李学朋）

【承钻毛里塔尼亚首口油井】 毛里塔尼亚伊斯兰共和国（简称毛里塔尼亚）位于非洲西北部，于2005年底开始油田的商业开采。2009年，为加快石油勘探步伐，总承包商法国道达尔公司向世界多家石油钻井公司发出招标函。3月10日，中原油田中标法国道达尔公司部署在毛里塔尼亚的1+3口钻井项目，由钻井一公司858钻井队承钻；5月19—25日，法国道达尔公司代表和第三方验收公司一行4人，对858钻井队的主体设备及管理软件进行验收。6月3日，中原油田对外经济贸易总公司与法国道达尔公司签订钻井合同，合同金额917万美元，单井平均设计井深3970米。8月31日，钻井设备运抵毛里塔尼亚；10月5日，毛里塔尼亚第一口油井开钻。
（王世英）

【沙特市场第一口探井完钻】 SNMN－1井是沙特阿美石油公司在SNMN区块部署的第一口重点探井，设计井深2956米。该井由钻井三公司SINO－10钻井队承钻，2009年7月6日开钻，9月22日完钻，完钻井深2927米。在施工过程中，SINO－10钻井队采用定向井工艺，钻井周期78.12天，全井安全无事故。
（刘 海）

【首次中标沙特钻井大包项目】 2009年12月15日，中原油田中标美国哈里伯顿公司钻井大包项目。中标工作量：50型钻机3台、合同5年，钻井145口井分布在沙特阿美石油公司（GHAWAR）油田4个区块。12月16日，参与施工的8名人员到达沙特阿美石油公司接受培训、面试。
（林卫卫）

【苏丹6区管道EPCC工程总承包项目启动】 苏丹6区管道项目是中原油田与苏丹ASAWER油气公司公司的合

作项目，甲方是苏丹6区石油能源有限责任公司（Petro – Energy）。2009年11月14日，中原油田首次在苏丹首都喀土穆举行苏丹6区管道项目EPCC（设计、采办、施工、试运行）总承包项目开工会，项目合同总额6000多万美元，工期14个月，计划2010年年底完工，主要工作量：建首站和末站以及铺设管道3个部分。其中，首站为扩建站，包括发球筒、原油外输泵；末站为新建站，包括原油加热系统、计量系统、换热系统、排水系统等以及原油2万立方米储罐1座，出站后的原油接入1区、2区、4区GNPOC管道，管道全长97.8千米、管径323.9毫米，中间设截断阀室1座。截至年底，组成由对外经济贸易总公司、勘察设计研究院、工程建设总公司参加的管道项目部，做开工前期的准备工作。

【完成苏丹6区二维物探项目309.12千米】 2009年1月18日，对外经济贸易总公司苏丹境外分公司中标苏丹6区二维物探施工项目，中标金额126.55万美元。项目于4月13日开工，5月6日完工，仅用24天就完成二维物探施工项目309.12千米。

（胡胜春）

【2支钻机队获延期1年合同】 2009年，对外经济贸易总公司沙特境外分公司开展节约挖潜、技术攻关、劳动竞赛、员工培训、安全主题活动，各项生产指标实现新的突破。钻井三公司SINO – 11钻井队在KHRS – 52井施工中，建井周期16.5天，创沙特国家ADC – 28钻井队保持的16.8天、钻井进尺772.06米纪录。SINO – 16钻井队平均日费率由2008年的98.87%提升到99.44%。5月14日，沙特境外分公司接到沙特阿美石油公司“关于SINO – 11钻井队、SINO – 16钻井队分别延期1年合同的授标函。

【完成6支钻井队长途搬迁任务】 2009年，对外经济贸易总公司沙特境外分公司结合搬迁作业实际，制定详细的人员配置、车辆安排、路线选择、设备捆绑、安全防范等具体措施，分公司机关领导和工作人员到井队协调组织搬迁工作，3月24日完成6支钻井队长途搬迁任务。其中，SINO – 16钻井队搬迁距离长520千米，搬迁过程中，多次遭遇沙暴、大风扬尘等恶劣天气，全体干部职工抢搬抢安，最终仅用104小时就搬迁完毕并达到开钻水平。

（林卫卫）

【ZJ45j钻机通过苏丹Petrodar石油作业公司验收】 2009年，中原油田中标苏丹Petrodar石油作业公司钻井项目，由钻井一公司新4521钻井队承钻Jummeza – 7井，使用的钻机型号是ZJ45j。该钻机是在埃塞俄比亚市场封存近2年的设备，此次搬迁跨越国界，长途搬迁3000多千米，为了达到苏丹Petrodar石油作业公司要求，实现早日开钻，新4521钻井队利用1个月时间完成整套设备的防腐除锈、维修整改工作，并通过苏丹Petrodar石油作业公司的验收，同意Jummeza – 7井开钻施工。7月31日，Jummeza – 7井开钻，8月27日完井，完钻井深1480米。

（胡胜春）

【完成2个境外办事处注册前期工作】 2009年，对外经济贸易总公司研究境外项目所在国家的法律环境，重点对科威特、毛里塔尼亚、伊朗、乌兹别克斯坦等新市场的财税、贸易、海关、投资等法律进行详细了解，聘请当地律师顾问，完成毛里塔尼亚办事处的注册和乌兹别克斯坦办事处注册的前期工作。

（詹建峰）

【实行国际市场地面项目统一管理】 2009年，对外经济贸易总公司在市场开发部设立地面工程科，统一组织地面项目市场开发工作，实行地面项目统一管理，及时出台地面项目考核办法，纳入境外分公司统一管理，对安全、工期进度、施工质量、基础资料、精神文明建设5项指标进行考核，实现过程控制。年内，地面项目新签合同4个、合同金额1.61亿美元。

（王文胜）

【完善境外项目应急处置预案】 2009年，对外经济贸易总公司落实中国石化集团公司和油田有关规定，重点加强苏丹、也门、毛里塔尼亚等高风险地区公共安全管理工作，对7个项目进行安全评估，增添监视、检测、报警等技术装备，落实毛里塔尼亚项目SOS医护和安全求援措施。针对境外公共安全事件和新疆“7·5”事件带来的影响，进一步完善境外项目应急处置预案，完成埃塞俄比亚市场2个物探队设备的现场撤离工作。

【境外项目安全隐患治理整改2560处】 2009年，对外经济贸易总公司完善HSE管理体系，编写发放中英文对照《HSE管理手册》500余册、现场《安全手册》4000余册，《钻井HSE管理程序文件》编写工作完成90%。严格落实井控分级管理等各项井控管理制度，明确岗位职责，加强井控培训，定期组织井控及硫化氢防护演习，7月，开展井控专项检查活动，杜绝了井控事故的发生。按照谁主管、谁负责的原则，与各境外分公司签订了安全环保目标责任书，与员工签订《安全生产承诺书》；落实《事故管理与责任追究规定》、《HSE监督管理考核办法》，提高干部职工对事故影响及危害的认识；按照“四不放过”的原则，对发生的3起一般事故进行了责任追究，处理责任人13人，处理“三违”人员33人。同时，投入安全技术措施费用4594.92万元，进行安全隐患治理整改2560处。

四不放过：事故原因未查清不放过；事故责任人未受到处理不放过；事故责任人和周围群众没有受到教育不放过；事故没有制定切实可行的整改措施不放过。

三违：违章指挥、违章操作、违反劳动纪律。

【境外项目获保险理赔200万元】 2008年4月，对外经济贸易总公司启动境外项目人身意外保险业务。2009年，对外经济贸易总公司按照保险到人头、到设备的原则，办理人身意外保险投保和退保7000多人次，保费648万元；设备保险和第三方责任险128份、保费427万元，同比下降30%。沙特项目停工重启前暂停投保，节约保费支出40万元。全年办理保险索赔13起，获保险理赔款200万元。同时，还承办了中国石化集团公司外派人员人身意外保险研讨会，中原油田在研讨上作经验介绍。

（詹建峰）

【境外项目实现降本减费1697万元】 2009年，对外经济贸易总公司出台国际物探项目、地面建设项目以及钻井项目等经营考核办法，实现了过程控制，增加了设备利用率和空运费指标，并与境外分公司机关以及油田总部人员绩效工资挂钩。年内，中原油田缩短搬迁周期9%，日费率达到了99.8%；百万产值成本92.4万元，同比下降0.32万元。年内，实现降本减费1697万元，超额完成计划的4个百分点。

【严格境外项目资金集中化管理】 2009年，对外经济贸易总公司运用资金集中管理信息系统，加强应收账款预警，每月下达资金回收指标，余额指标控制在5.87亿元，低于勘探局下达的1300万元指标，账龄全部控制在1年以内。年内，回流资金总额1.7亿美元，超额完成勘探局下达的1000万美元指标。其中沙特境外分公司回流资金6922万美元、苏丹境外分公司回流资金6380万美元、哈萨克斯坦境外分公司回流资金3703万美元。

【合理筹划境外分公司会计账簿和税务工作】 2009年，对外经济贸易总公司通过河南省国税局2006—2008年度税务稽查，及时完成各境外公司2008年境外审计和企业所得纳税申报工作。其中哈萨克斯坦境外分公司获2005—2009年增值税销项抵扣3914万元；印尼境外分公司进入清理外账核算、纳税申报和审计程序，摆脱代理公司的税务控制，维护自身合法利益。

【提升27台套境外项目装备性能】 2009年，对外经济贸易总公司根据中国石化集团公司设备细则和勘探局设备管理要求，重新修订《境外项目设备管理制度》，编制《设备配套及开工验收标准》、《钻机配套标准》，明确检查验收关键节点，提高联合验收管理水平。按期完成钻机配套7套；停工设备及时保养维修，封存钻机设备15台套；升级改造沙特市场探井钻机2台；为科威特市场3台钻机增加整体平移装置；升级顶驱装置2套，进一步提升装备性能。

【境外项目节约物资采购资金2600万元】 2009年，对外经济贸易总公司加强关键物资集中采购和运输招标工作，定期对物资供应商进行考评，按照优胜劣汰的原则，完善供应商网络。规范采办、储运业务操作程序，提高采办效能，降低储运费用，签订物资采购合同519份、合同金额4.48亿元，采购价格全面下降，节约资金2600万元。年内，中原油田发运物资451批次，货物价值1.36亿美元，海运费降低35%。

【境外项目外派劳务实现零纠纷】 2009年，对外经济贸易总公司开展清理整顿境外项目外派劳务市场秩序专项活动，对工程建设总公司分包商资质和外派劳务人员管理情况进行了检查，完善管理制度，落实管理措施，在分包合同中严格明确分包商责任，杜绝发生人员分包现象，外派劳务实现零纠纷。 （王文胜）

【境外项目外籍雇员持证上岗率92%】 截至2009年底，中原油田有涉外员工5380人，其中中方员工（油田员工）3178人、外籍雇员2202人，外籍雇员占员工总数的40.9%。2009年，对外经济贸易总公司为加强雇员管理，实施了新的雇员管理办法，组织外籍雇员集中脱产培训班70多期，培训人员1886人次，培训率100%，外籍雇员持证上岗率92%，外籍雇员单独顶岗率61%。外籍雇员晋升到高一级井架工等岗位173人，外籍雇员岗位不达标，终止劳动合同65人。苏丹、也门、哈萨克斯坦等公司甲方选派外籍雇员到中原油田培训（考察）5批、21人。

【考评境外项目员工2248人】 2009年，对外经济贸易总公司完善培训机制、考评机制、人才成长机制，推出总公司和境外公司两级考评制度和考评指标体系，初步建立能力和业绩量化评价体系。考评境外项目员工2248人、平均得分78.53分，其中5岗序及以上关键岗位人员1218人、平均得分达到了81.29分。通过此次考评，也进一步完善境外员工信息库，为员工培训和人才选拔提供了可靠依据，同时也激发员工学语言、学技能的主动性和积极性。

【培训境外项目员工2065人次】 2009年，对外经济贸易总公司开展多层次、多形式的培训工作。参加中国石化集团公司国际石油工程项目综合管理、公共安全等高级培训班15期、培训人员429人，油田内部举办语言、技能培训班45期，培训人员1973人次，完成年计划的132%。其中，首次举办俄语、西班牙语培训班2期，培训人员46人，举办电动钻机操作，电气工程理论，职业司钻等储备性培训班5期、培训人员115人；举办整建制（同1支队伍）技能、安全及岗位取证培训班21期、培训人员712人次；其他培训1100人。同时，根据岗位能力模型，与钻井等12个单位共同开发了岗位技能培训课件，编写外雇员工入厂教育手册、部分关键岗位中文、阿拉伯文对照日常操作指令，初步建立具有中原油田特色的培训教材体系。

【选拔引进境外项目人才176人】 2009年，对外经济贸易总公司为做好人才队伍建设，为新增的伊朗、科威特、毛里塔尼亚等境外项目选拔优秀人才156人，引进顶驱工程师、阿拉伯语等急需人才20人。同时，晋升职务47人，被评为局级优秀人才19人。 （严春明）

【中原油田在也门举办雇员集中脱产培训】 2009年3月1—6日，对外经济贸易总公司也门境外分公司在也门首都萨那举办第1期雇员培训班，900钻井队、905钻井队的38名雇员参加了集中脱产培训。培训内容：钻井设备安全操作与保养、岗位操作规程、钻井现场消防、急救和防硫化氢等课程。公司投资4000美元，从美国IADC培训中心购买各类适用教材、光盘20套，参考现有英文材料自编教材，并制作成幻灯片。采取理论讲解、光盘演示、模拟示范等方式进行授课，组织以钻井经理和安全经理为主、有丰富现场经验的人员担任培训教师。 （陈保轩）

2009 年中原油田承揽国际石油工程项目

序号	合同签订时间	施工业主	项目名称	合同额（万美元）
1	2008. 10. 25	SAFER 石油公司	908 钻井队区块转移项目	272. 86
2	2008. 11. 22	PETROSELAT 石油公司	印尼 750HP 钻井队钻修井项目	375. 00
3	2008. 11. 23	Epsilon 石油公司	900 钻井队 41 区块钻修井	199. 12
4	2009. 01. 17	沙特达曼市政府	达曼通道维修地面工程项目	1283. 04
5	2009. 01. 18	苏丹石油能源公司（Petro – Energy）	苏丹 6 区 2D&3D 地震资料采集合同延期	126. 55
6	2009. 01. 29	苏丹 Petrodar 石油作业公司（PDOC）	2063 钻井队修井项目合同延期	277. 29
7	2009. 01. 29	苏丹 Petrodar 石油作业公司（PDOC）	2064 钻井队修井项目	267. 70
8	2009. 01. 29	苏丹 Petrodar 石油作业公司（PDOC）	2065 修井队修井项目延期	275. 50
9	2009. 01. 29	白尼罗河石油公司（WNPOC）	747 钻井队钻井项目	639. 45
10	2009. 02. 03	沙特阿美石油公司	SINO – 18 钻机延期 1 年合同	943. 70
11	2009. 02. 18	中沙天然气有限公司	SINOPEC – 190 钻机探井延期合同	853. 04
12	2009. 02. 26	哈萨克斯坦萨基斯石油有限责任公司	ZJ – 20 钻机大包井合同	386. 06
13	2009. 02. 26	哈萨克斯坦萨基斯石油有限责任公司	录井服务合同	33. 66
14	2009. 02. 26	哈萨克斯坦萨基斯石油有限责任公司	ZJ – 30 钻机大包井合同	777. 94
15	2009. 03. 08	苏丹 PISP 公司	苏丹 37 区苏丹港除蜡装置项目	570. 00
16	2009. 03. 12	苏丹石油能源公司（Petro – Energy）	苏丹 6 区录井项目	525. 60
17	2009. 03. 15	苏丹石油能源公司（Petro – Energy）	苏丹 6 区通井机项目	405. 16
18	2009. 03. 19	苏丹 Petrodar 石油作业公司（PDOC）	苏丹 3/7 区 RIG777 钻井队钻井项目延期	616. 11
19	2009. 03. 19	苏丹 Petrodar 石油作业公司（PDOC）	苏丹 3/7 区 RIG828 钻井队钻井项目延期	465. 12
20	2009. 03. 19	苏丹 Petrodar 石油作业公司（PDOC）	苏丹 3/7 区 RIG4521 钻井队钻井项目延期	533. 16
21	2009. 03. 22	中国石化集团公司国勘也门公司	也门 69/71 区块录井合同项目延期	23. 40
22	2009. 03. 22	苏丹 Petrodar 石油作业公司	苏丹 37 区 RIG737 钻井队钻井项目合同延期	388. 90
23	2009. 03. 24	苏丹 Sudapak 石油作业公司	苏丹 9 区 2D 物探项目	562. 90
24	2009. 03. 30	沙特达曼市政府	拉斯立交桥、奈伊夫立交桥项目	4210. 80
25	2009. 03. 31	沙特阿美石油公司	SINO – 10 钻机延期 1 年合同	803. 73
26	2009. 04	科威特石油公司	科威特钻井项目	23425. 00
27	2009. 04. 01	哈萨克斯坦萨基斯石油有限责任公司	萨基斯区块测井服务合同	178. 17
28	2009. 04. 05	道达尔也门公司	也门 906 钻机延期 1 年合同	974. 34
29	2009. 04. 15	苏丹先进石油公司（APCO）	苏丹 C 区 RIG757 钻井队钻井项目	260. 87
30	2009. 04. 16	哈萨克斯坦萨基斯石油有限责任公司	地形和大地测量合同	9. 35
31	2009. 04. 18	中国石化集团公司国勘也门公司	也门 71 区块二维地震资料采集项目延期	265. 80
32	2009. 04. 19	苏丹红海石油公司（RSPOC）	苏丹 15 区陆上 2D 地震资料处理项目	14. 89
33	2009. 05. 17	苏丹大尼罗河石油公司（GNPOC）	苏丹 124 区 RIG797 钻井队延期 170 天	319. 10
34	2009. 05. 22	中石油阿克纠宾油气股份公司	固井合同	147. 73
35	2009. 05. 22	中石油阿克纠宾油气股份公司	录井合同	25. 65

续表

序号	合同签订时间	施工业主	项目名称	合同额（万美元）
36	2009.05.24	沙特阿美石油公司	SINO－11 钻机合同延期 1 年	880.98
37	2009.05.24	沙特阿美石油公司	SINO－16 钻机合同延期 1 年	889.80
38	2009.05.26	中国石化集团公司国勘也门公司	也门 69/71 区块钻井合同项目延期	293.74
39	2009.06.03	苏丹星油作业公司（STAROIL）	苏丹 17 区 RIG787 钻井队钻井项目合同	195.50
40	2009.06.03	法国道达尔毛里塔尼亚公司	TOTAL 毛里塔尼亚钻井项目	917.40
41	2009.06.30	苏丹石油能源公司（Petro－Energy）	苏丹 6 区 717 钻机钻井项目延期 1 年	691.60
42	2009.07.01	沙特阿美石油公司	SINO－8 钻机延期合同	851.00
43	2009.07.01	哈萨克斯坦萨基斯石油有限责任公司	萨基斯区块录井服务合同补充协议	46.75
44	2009.07.06	沙特阿美石油公司	SINO－15 钻机延期合同	881.40
45	2009.07.20	哈萨克斯坦萨基斯石油有限责任公司（SAGIZ）	ZJ－30 钻机大包井合同补充协议 4	1482.83
46	2009.07.20	哈萨克斯坦萨基斯石油有限责任公司（SAGIZ）	ZJ－20 钻机大包井合同补充协议 5	708.74
47	2009.08.26	中石油阿克纠宾油气股份公司	钻井合同	1341.73
48	2009.08.28	厄瓜多尔安第斯公司	191 钻井队钻井项目	380.00
49	2009.09.23	中国石化集团公司国勘伊朗雅达项目部	伊朗雅达早期钻井项目	960.00
50	2009.10.21	沙特达曼市政府	沙特达曼市立交桥项目 3 座	10031.67
51	2009.11.02	中石油阿克纠宾油气股份公司	希望油田无坑钻井合同	288.09
52	2009.11.16	中石油阿克纠宾油气股份公司	希望油田新上 3 台钻机动迁费合同	464.96
53	沿用 2008 年签订的合同	哈萨克斯坦萨基斯石油有限责任公司	下套管服务合同	50.49
合　计				62793.38

（刁仁宇）

【**外事工作概况**】　中原油田外事管理工作由外事办公室负责，主要负责制定有关外事工作管理规定；负责外宾接待、办理对外邀请函；负责外事费用预算、申请和监督使用等；负责制定出国管理办法并组织实施；负责办理出国手续、组织出国人员参加体检、注射疫苗、进行出国教育；负责护照管理和出国人员境外工作人员的统计工作；负责组织参加国际性会议、展览会等。截至 2009 年底，外事办公室有员工 11 人；机构下设科室 2 个。2009 年，外事办公室贯彻落实中国石化集团公司在新形势下对外事工作的要求，坚持外事工作为油田服务、为油田国际化经营服务的思想，办理赴苏丹、沙特、也门等 30 多个国家和地区 781 个出国团组 3796 人次的出国手续；办理中国石化集团公司安排的 20 多个临时因公出国团组 30 多人的出国手续；协助外闯市场单位办理护照 162 本；办理个人护照 605 本、港澳通行证 4 本；办理出国人员路途补助 3120 人次。接待来自苏丹、厄瓜多尔、也门等 13 个国家和地区 95 批 215 人次到中原油田进行设备安装验收、合作洽谈、监督检查、培训及考察等公务活动。实施境外项目公共安全全员培训工作，举办公共安全培训班 8 期、培训人员 584 人次，规范外事专门办理管理工作，截至年底，中原油田有专门办理外事人员 50 人。　（游志明）

【**中国石化集团公司外事局到中原油田调研**】　2009 年 7 月 27—29 日，中国石化集团公司外事局局长唐苏欣一行 10 人到中原油田进行调研。中原石油勘探局局长、中原油田分公司经理孔凡群主持会议，中原石油勘探局副局长孙清德作专题汇报；中国石化集团公司外事局就新修订的《中国石化集团公司外事管理规定》、《关于简化因公临时出国（境）团组费用报销程序的通知》进行现场征求意见，并与中原油田研讨“如何加强和改进外事工作的思路和方法”。　（毛芙蓉）

【**也门油矿部代表团到中原油田参观考察**】　2009 年 5 月 24 日—6 月 3 日，也门油矿部代表团一行 3 人应邀到中原油田参观考察，中原石油勘探局副局长孙清德接待访问团并与其进行洽谈，双方互通境外工作信息，并就也门雇员培训工作进行探讨。5 月 28 日，也门油矿部代表团到对外经济贸易总公司参观考察，对外经济贸易总公司总经理史学东、外事办主任游志明以及也门项目有关人员同来宾交流座谈。

史学东介绍了中原油田的发展历程和实施“走出去”战略所取得的成果以及中原油田在也门国家的施工情况，并感谢也门油矿部长期以来对中原油田的支持和帮助；也门油矿部 Mohamed Yahya 先生对中原油田在也门优质高效的石油工程技术服务给予高度评价。座谈结束后，也门油矿部代表团到培训中心参观了井控、焊接、汽驾等培训基地，并就技能培训、资质取证等情况双方进行交流。

（吴现华　毛芙蓉）

【阿尔及利亚国家石油公司专家考察物探研究院】 2009 年 11 月 1 日，阿尔及利亚国家石油公司和中国石化集团公司国际工程公司专家代表一行到物探研究院参观考察。专家代表听取了物探研究院就基本情况、技术优势、自主研发的软件、海外项目工作业绩等情况汇报，考察了计算机主机房和终端房，观看处理、解释技术展示，并与科技人员进行技术交流。

（陈　杰）

【孙清德赴苏丹、也门、沙特指导检查工作】 2009 年 8 月 24 日—9 月 9 日，中原石油勘探局副局长孙清德率组赴苏丹、也门、沙特指导检查工作。重点了解市场开发、项目管理、公共安全管理、安全生产管理、装备升级改造、涉外人才培养、后勤支持等方面工作，指导检查境外公共安全管理工作，对存在的问题，凡能够当场解决的都当场给予答复。并慰问境外项目施工队伍，转达局党委和油田职工家属的问候。其间，检查组专程拜访了所在国家能矿部门、各项目业主和甲方代表，介绍中原油田工程技术服务实力，进一步加强与外方的交流与沟通。

【油田派员赴阿尔及利亚、也门指导检查工作】 2009 年 12 月 10— 21 日，中原石油勘探局副总工程师史学东、外事办主任游志明随中国石化集团公司境外公共安全检查团赴阿尔及利亚、也门指导检查工作。检查团通过听汇报、查看资料、随机提问、现场检查等方式，对阿尔及利亚项目和也门项目的机关、前线基地、部分井队、作业队等办公场所和作业现场的公共安全管理情况进行重点检查和调研，了解掌握境外公共安全所面临的新问题，现场解决公共安全管理工作中遇到的实际困难；慰问中国石化集团公司在海外施工的队伍，转达中国石化集团公司党组的关怀。检查团要求各单位要进一步加强公共安全防范工作，细化应急预案，做好公共安全培训和应急演练，加强与当地政府、社区、甲方、大使馆和有关中国机构的信息沟通，加强保卫力量，避免遭受不测公共安全事件侵害，确保中国石化集团公司海外队伍的人身和财产安全。

（杨　东）

2009 年 5 月 28 日，也门能矿部代表团参观培训中心井控培训基地　（吴现华）

企业管理

综　　合

【企业管理工作概况】　中原油田企业管理工作部门是企业管理处，主要负责油田战略研究、制度建设、“三基”工作、经营承包、绩效考核、市场管理、招标管理、项目管理、企业协会管理、管理体制调整、经营机制转换等工作。截至2009年底，企业管理处有员工29人，其中高级职称22人、中级职称7人；机构下设科室10个，兼管油田工作机构6个、专项工作办公室3个。2009年，企业管理工作按照“改革、调整、管理、创新、发展”的工作方针，立足油田实际，推进精细管理，完善运行机制，加强“三基”管理，调整考核办法，抓好制度落实，为油田持续有效和谐发展提供管理保障。年内，中原油田获中国企业新纪录9项；获“第二次全国经济普查先进集体”称号，并作为濮阳市唯一的国家级先进集体代表出席河南省总结表彰会；勘探局被授予“河南省信用建设示范单位”称号。

（東绍俊　李燕敏）

【勘探局主要经济指标完成情况】
2009年，勘探局开井856口，交井869口，完井进尺230.9万米；完成二维地震资料采集4896千米，三维地震资料采集1662平方千米；测井8860井次，其中射孔4058井次；录井进尺160.8万米；作业井1663口，作业1733井次，试油井72口，试油115层；建筑设计施工产值28.41亿元；供水2678.4万吨；供电2360.38万千瓦·时、自发电120.99万千瓦·时。实现收入147.61亿元，支出149.66亿元，实现利润总额-2.05亿元。中国石化集团公司下达投资计划6.13亿元，勘探局实际完成投资6.06亿元。

【分公司主要经济指标完成情况】
2009年，分公司实施并完成探井开钻42口，试油获工业油气流27口，新建原油产能27万吨/年，天然气综合配套能力0.64亿立方米/年。生产原油289.19万吨、天然气9.26亿立方米，完成原油商品量283.12万吨、天然气商品量6.91亿立方米。实现收入130.15亿元，支出158.59亿元，实现利润总额-28.44亿元。其中，油气单位完全成本3040.37元/吨，炼油单位加工费用304.38元/吨。中国石化股份公司下达投资计划36.38亿元，实际完成投资36.34亿元。

【勘探局实现工业产值95.11亿元】
2009年，勘探局实现工业产值95.11亿元，同比下降11.01%；实现工业增加值34.67亿元，同比下降0.5%。工业总产值减少的主要原因：钻井工作量不足。年内，开井856口，同比减少317口；完井869口，同比减少311口；钻井进尺323.32万米，同比减少71万米；动用钻机1238.22个台月，同比减少168.76个台月。

【分公司实现工业产值123.83亿元】
2009年，分公司实现工业产值123.83亿元，同比下降38.66%；实现工业增加值55.73亿元，同比下降38.66%。工业总产值减少的主要原因：一是原油平均销售价格2823.76元/吨，同比价格下降43.15%，导致利润减少；二是分公司原油产量同比减少11.11万吨，下降3.7%。（黎仕强）

【勘探局制定绩效考核办法】　2009年，勘探局制定绩效考核办法。（1）考核指标分主要指标、辅助指标和其他指标。石油工程单位主要指标考核上缴内部利润、安全环保和节能降耗指标；辅助指标考核应收账款回收和净现金流指标。社会化服务单位主要指标考核内部利润、安全环保、节能降耗指标，辅助指标考核社会化服务质量和净现金流指标。其他指标考核是精细管理、科技管理、投资管理、工程施工管理、质量管理、设备管理、物资管理、“三基”管理、招标管理、工程质量监督、信访稳定、法律、综合治理、精神文明建设等指标。（2）增加安全环保、内控制度执行指标和其他考核指标。（3）明确科研单位在油田勘探开发、地面工程建设的工作量占60%，为油田发展提供技术支持；在服务油田外闯市场单位的工作量占30%；在对外提供技术服务的工作量占10%。科研单位可按营业收入的一定比例提成，增加单位绩效工资，用于奖励科研人员。（4）根据中国石化集团公司对责任部门考核结果的反馈及考核指标的加减分情况，按一定比例奖扣责任部门领导班子和职工绩效工资。

【勘探局兑现绩效工资2.51亿元】
2009年，勘探局对54个单位下达承包指标，其中石油工程单位17个、社会化服务单位37个。经年终考核，54个单位全部完成承包指标，其中石油工程单位综合考核超缴利润1180万元，社会化服务单位综合考核费用节余2492万元。年内，勘探局兑现绩效工资2.51亿元，其中石油工程单位兑现绩效工资1.82亿元，社会化服务单位兑现绩效工资6907.64万元。

【分公司制定绩效考核办法】　2009年，分公司建立全员、全方位的绩效考核管理体系，油气单位的统销量指标实行月度预考核、预兑现，操作成本指标实行季度预考核、预兑现；各种指标均实行年终总考核、总兑现。与财务、计划、审计、人事等部门结合，采取实地调研的方式，掌握并跟踪分析各单位承包指标的完成情况，编制出经营考核公报，并在油气生产会上通报考核兑现结果。分公司修改完善绩效考核管理办法:(1) 增加考核指标。对被考核单位增加安全环保和节能降耗考核指标；对油气生产单位增加钻井工程每米造价考核指标；对科研单位增加科研项目合同的完成率、新区产能建设达标率、地震处理成果资料符合率等考核指标；对油气加工管输单位加强成本利润考核，并适度调整考核政策；对其他单位增加相应的辅助考核指标。(2) 加强过程管理，季度重点抽查，半年综合分析，年度自检自评。(3) 明确经营者考核政策，根据经营者的责任大小和单位责任指标完成情况，确定经营者的工资兑现，实现月度预支生活费、年终考核总兑现。

【分公司发放绩效工资 3.03 亿元】 2009 年，分公司对 24 个单位下达承包指标，其中，油气开采单位 8 个、油气加工及管输单位 3 个、科研单位 3 个、辅助生产单位 4 个、机关直属单位 6 个。分公司发放绩效工资 3.03 亿元（不含油田机关及普光分公司），其中油气开采单位发放绩效工资 2.17 亿元，科研单位发放绩效工资 2246.72 万元，油气加工及管输单位发放绩效工资 2909.56 万元，辅助生产单位发放绩效工资 3080.6 万元，机关直属单位发放绩效工资 430.63 万元。

（吴作工　朱于清）

【考核 792 名处级干部业绩并兑现】 2009 年，中原油田对 792 名单位经营者和享受处级干部待遇的人员进行业绩考核和兑现。企业管理处与组织部门结合，核对每位处级干部的任职变动情况，提出具体的考核标准和兑现原则。根据人力资源部门提供的各单位经营者的基础工资及业绩奖金基数，依据各单位生产经营指标的完成情况，考核各单位经营者及其班子成员、机关部室班子成员的年收入。经油田党政联席会审定，由人力资源处分别兑现到各单位，并由各单位发放到每位经营者手中，发放准确率 100%。

（李燕敏　朱于清）

【内部市场管理】 2009 年，中原油田加强队伍资质和市场准入管理，落实资质审查责任制。定期召开市场管理例会，组织机关职能部门，研究分析市场运行过程存在的问题，制定措施，保证油田市场规范有序运行。按照《中国石化股份公司油田勘探开发工程技术服务市场管理办法》有关要求，综合审查专业化施工队伍的资质 187 个，上报中国石化股份公司综合评审，取得中国石化股份公司市场准入证的队伍 168 支。为改制企业和行业服务中心协调服务企业办理中原油田市场准入证 183 个，安置人员 6590 人，准入项目 2358 个；办理外部企业进入油田市场准入证 722 个；办理设备修理、科研产品加工等外委项目审查手续 767 份、金额 8206.95 万元。同时，将普光分公司的市场管理纳入油田统一管理，做到在执行中国石化集团公司和中原油田有关政策时程序规范、标准统一，定期派人指导、监督施工队伍资质管理工作，确保进入普光地区施工建设队伍的质量。年内，普光分公司审查推荐办理油田市场准入证企业 88 个，经油田资质管理部门综合复审，办理市场准入企业 78 个。

【规范支持改制企业工作】 2009 年，中原油田完善《规范支持改制企业工作考核办法》，严格考核规范支持改制企业各成员单位，使规范支持改制企业各成员单位严格按照中国石化集团公司规范支持改制企业的政策，以及油田制定的《规范支持改制企业的意见》的要求执行。督促规范支持改制企业各成员单位的工作，按照程序规范运行，严格把关，在允许范围内提供便利，提高办事效率。年内，改制分流单位和行业服务中心协调的企业承揽工作量 26 亿元。

（吴心东　杨爱军）

【完成招标金额 58.05 亿元】 2009 年，中原油田招标管理工作按照“两级市场、两级管理、三级运作、归口负责”的招投标管理体制和运行机制，细化和完善配套的措施和业务流程，下发《关于进一步优化油田谈判项目业务审批的通知》，重点推行招标公开工作。年内，中原油田项目招标 2.09 万项、招标金额 58.05 亿元，中标金额 53.38 亿元，节约金额 4.67 亿元，节约率 8%。（朱　琳　刘世恩）

【“三基”工作】 2009 年，中原油田增设“三基”工作办公室（简称“三基”办）。主要负责油田“三基”工作统一部署，油田直属机关及事业单位“三基”工作的组织、规划、实施、检查等工作。“三基”办先后出台《中原油田“三基”工作管理办法》、《油田“三基”工作要点》等文件，规划“三基”工作的“五个主题”、“六项活动”、“九个重点工作”，增强“三基”工作的实效性。修订“五项劳动竞赛”、“创名优工程、树中原品牌”、“创优夺牌”竞赛考核标准，将石油化工总厂、科研院所等纳入竞赛范围，新增轻烃站、社区医院等专业评比标准 17 个，采取“月度打分、季度讲评、半年考核、年度验收”的方式考核。修订三大板块基层主要岗位的工作责任、工作标准、工作检查制度，完成 54 个专业队种，230 多个岗位的工作责任制标准，其中，石油工程板块修订完善《钻井作业危害识别与防范》、《钻井技术操作手册》等管理制度 80 余类 400 多项。建立完善采油采气、石油钻井、井下作业、电工、焊工、集输、天然气加工、国际化人才、安全教育及企业信息化“十大培训基地”，实施“基层人才培训”计划。基层“四好班子”达标率 95% 以上，“两堂一舍一室”综合达标率 97.36%，组织基层人才培训 3.3 万人次，晋升高一等级职业技术资格 7000 多人。年内，在中国石化集团公司“三基”工作评比中，钻井三公司 50727ZY 钻井队等 5 个基层单位获“先进基层单位”称号；勘探局被评为“三基”工作优秀组织单位。

（王峭松）

五个主题：抓三基、精管理、强能力、保安全、创效益

六项活动：在油气主业单位间开展争创“红旗（优胜）厂”竞赛活动，在石油工程单位开展争创“优质高效杯”竞赛活动，在社会化服务单位开展争创“优质服务杯”竞赛活动；在各基层队（站）开展争创“金银牌队”、“星级站库”竞赛活动，开展“三基工作优秀组织单位”评比活动，开展“三基”工作巡视活动。

九个重点工作：抓组织、抓思想，加

强基层建设;抓责任心、抓执行力,加强基础工作;抓练兵、抓培训,加强基本功训练;抓安全、抓落实,夯实安全管理基础;抓板块、抓重点,强化组织运行管理;抓考核、抓兑现,构建工作长效机制;抓典型、抓后进,推进基层标准化建设;抓机关、抓覆盖,深化"三基"工作;抓能力、抓素质,提高自身管理水平。

【"三分开"工作】 2009年,中原油田"三分开"工作主要调整了社会化服务板块体制,专门成立社会化服务办公室,社会化服务工作重点向规范基层管理、加强公共服务、完善基础建设、提升服务质量等方面转变,社会化服务办公室建立"服务标准、费用价格、财务核算、服务考核"4个体系,按照服务项目制定服务标准,以服务标准制定定员标准,根据定员标准和管理现状,进行服务定价,依据服务定价和工作量,编制年度经营预算,按预算执行情况进行核算,根据核算成果和服务质量进行考核兑现。通过"三分开"工作的实施,解决了玉兰花园电费收取、"三灯"和监控系统电费、马颊河清水置换、空置房屋采暖费、公厕用水计量等问题。

(孙顺敏)

三分开:分开运行、分开核算、分开考核。

三灯:霓虹灯、射灯、轮廓灯。

【获中国石化集团公司"金银牌基层队"称号84个】 2009年,勘探局在中国石化集团公司"创建金银牌基层队"活动中,塔里木钻井公司90151ZY钻井队等37支基层队获"金牌基层队"称号,西南钻井公司70165ZY钻井队等47支基层队获"银牌基层队"称号。

【"争旗、创优、夺牌"竞赛获奖单位53个】 2009年,中原油田开展"争旗、创优、夺牌"竞赛活动,获奖单位53个。其中,采油一厂、采油三厂、采油五厂、天然气产销厂、天然气处理厂、油气储运管理处获"红旗厂"称号;采油二厂、采油六厂、石油化工总厂获"优胜厂"称号;钻井二公司、钻井三公司、钻井四公司、地球物理测井公司、井下特种作业处、工程建设总公司获优质高效杯;公共事业管理处、燃气管理处、第四社区管理中心、第八社区管理中心、第九社区管理中心、第十社区管理中心获优质服务杯;采油一厂等15个单位获"优秀组织单位"称号;采油二厂等7个单位获"优胜组织单位"称号。同时,获"金牌基层队"、"五星级站(库、所)"称号基层队277支,获"银牌基层队"、"四星级站(库、所)"称号基层队247支,获进步奖基层队伍3支。

(王峭松)

【获管理现代化创新成果奖19项】 2009年3月6日,中原油田企业管理协会下发《关于转发中国石化中国石油企业管理协会组织开展管理现代化创新成果评审工作的通知》,在油田开展管理现代化创新成果的征集、评审及上报工作。截至5月底,收到上报成果34项。8月18日,中原油田参加中国石化集团公司企协管理协会现代化创新成果评审,有13项成果获奖,其中一等奖2项、二等奖4项、三等奖7项;参加中国石油企业管理协会管理现代化创新成果评审,有6项获奖,其中一等奖1项、二等奖2项、三等奖3项。

【47篇优秀论文获奖】 2009年,油田企业管理协会推荐上报省部级优秀论文51篇,获奖47篇。经中国石油企业协会评审,中原油田有17篇论文获中国石油石化企业管理优秀论文奖,其中一等奖1篇、二等奖3篇、三等奖13篇;经河南省石油学会评审,中原油田有30篇论文获驻豫石油石化企业经济优秀论文,其中一等奖5篇、二等奖9篇、三等奖16篇。

【中原石油经济研讨会】 2009年12月28日,中原油田企业管理协会举办年度石油经济研讨会。会议征集论文359篇,经评选,获优秀论文奖165篇,其中一等奖26篇、二等奖50篇、三等奖89篇;优秀组织奖27个。

【编发《中原石油经济》6期】 《中原石油经济》杂志是企业管理协会主办的河南省连续性内部资料,在油田内部发行,并与省内及相关石油石化企业进行交流。2009年,企业管理协会以"研究经济理论、交流管理经验、传播企业信息、促进企业发展"为宗旨,开设栏目7个。年内,编辑发行《中原石油经济》杂志6期、约72万字。

(刘宗儒)

【行政事务管理】 中原油田行政事务管理主要由局长(总经理)办公室负责。局长(总经理)办公室主要负责油田领导日常办公和公务活动的安排;负责组织油田党政领导联席会议及油田领导其他有关会议;负责重要综合信息的收集编发、政策研究和专题调研;负责对重大决策、重要工作部署和重要会议决定事项贯彻执行情况的催办、督察;负责起草综合性文件、材料和综合性会议报告、领导讲话以及油田大事记;负责行政文件、电报、信函的处理及油田公文核稿、文件制发、印信管理;负责油田档案管理、机关车辆管理、文件印刷、油田宾馆和驻外宾馆业务指导与管理。截至2009年底,局长(总经理)办公室有员工31人,下设科室8个。2009年,局长(总经理)办公室起草油田领导讲话、调查报告等材料160余篇89万字,起草经验交流材料60余篇72万字,起草省部级工作汇报材料40余篇54万字,督察督办中国石化集团公司、中国石化股份公司及油田重大决策部署的工作落实情况745项;编发《中原信息》48期、《中原信息》(专报)7期,向中国石化集团公司上报政务信息442条,被《石化信息特刊》、《每日要情》采用信息144条、专报12篇,被国有资产监督管理委员会采用6期。在中国石化集团公司政务信息年度考核中,综合得分首次突破2000分,同比提高21%。组织各类会议450余次;推广使用办公自动化系统(OA)平台,收办外部来文4360份,传阅办理8.76万件次;收缴印章430余枚,刻制更新印章63枚;制发文件960件,印制分发8.23份。值班工作实行主班负责制,编写《值班动态》249期,上报《车辆动态表》365期,调派公务接待车辆905台次。

(崔 波)

【召开重大决策会议11次】 2009年,中原油田组织召开重大决策会议11次。(1)1月4日,在局办公楼8楼会议室召开党政领导干部联席会,审议油田领导班子述职报告和民主评议方案,讨论职代会党委工作报告和油田工作报告。(2)1月22日,在局办公楼8楼会议室召开党政领导干部联席会，听取油气成本预算分解情况汇报，研究讨论相关问题，安排部署下步工作。(3) 2月26日，在局办公楼8楼会议室召开党政领导干部联席会，制定部分机构调整方案、西南石油工程服务基地建设方案、新疆塔河前线建设方案，研究讨论住房管理工作情况、玉兰花园项目进展情况、工程建设总公司金属结构厂搬迁工程情况、勘探局2008年度财务决算和2009年度财务预算及指标分解等情况；学习落实中国石化集团公司《加强和规范企业领导人员和机关公务用车管理规定》、中国石化集团公司业务公开工作座谈会、效能监察培训和统一立项项目启动会议精神。(4) 4月1日，在局办公楼8楼会议室召开党政领导干部联席会，研究讨论基础设施建设与改造框架计划、非安装设备更新改造计划、生产指挥车辆更新意见，及焊工培训学校、交通总站、中原市场与濮阳市置换土地等事宜。(5) 5月5日，在局办公楼8楼会议室召开党政领导干部联席会，研究讨论规范支持改制企业工作量落实情况、改制企业稳定工作情况、关于油田内部退养政策的问题。(6) 5月16日，在局办公楼8楼会议室召开党政领导干部联席会，制定并研究中原油田宾馆改造方案、濮阳市城区至柳屯工业园区快速通道配合建设工作，落实中国石化集团公司打造石油工程铁军现场会精神，安排部署下步工作。(7) 8月28日，在局办公楼8楼会议室召开党政领导干部联席会，制定机关公务接待费用管理暂行办法、中油物流有限公司股权优化实施方案、部分改制企业搬迁及幼儿园规划改造方案、基地部分土地规划方案、上报中国石化集团公司投资计划执行和2010年投资建议。(8) 9月19日，在局办公楼8楼会议室召开党政领导干部联席会，制定油田技能大师和首席技师管理暂行办法，安排部署节日期间的安全生产及稳定工作。(9) 11月5日，在局办公楼9楼会议室召开党政领导干部联席会，研究讨论财务结算中心机构调整、第一社区花园小区平房住户搬迁、2008年度职工住房出售等问题，并安排部署下步工作。(10) 11月12日，在局办公楼8楼会议室召开党政领导干部联席会，制定引进高技能人才试行办法、油田国内外部石油工程市场实施区域一体化管理方案，研究讨论塔里木钻井公司2008年以来5起生产安全事故、2010年油气产量安排、中原油田科学发展纲要、分公司不良债权等问题。(11) 12月18日，在局办公楼8楼会议室召开党政领导干部联席会，研究讨论社会化服务系统“4个体系”建设、二连盆地等区块管理机构设置、成立局党委巡视工作办公室、分公司资产处置和减值测试等问题。

（吴　峰）

【政研工作】　2009年，中原油田政策研究室起草领导工作报告、调研报告、会议讲话、工作汇报及经验材料等260多篇、215万字。坚持“以文辅政”的指导思想，转变工作作风，深入基层、一线，采写工作信息，撰写调研报告，为领导决策提供依据。起草年度工作报告1.7万余字；分板块、分专业起草油气主业、石油工程、社会化服务系统的工作部署和推进会、技术座谈会等领导讲话；撰写题为《逐鹿中原创伟业、科学发展铸辉煌》的论文2.3万字，并在《中国石化改革发展之路》刊物上发表。同时，完成中国石化集团公司在中原油田召开打造石油工程铁军现场会经验交流材料5套。

（许永胜）

【政务督察工作】　2009年，中原油田落实《中原油田政务督察工作运行规定》，重点督察落实重大决策和部署、领导批示和要求、重点工作和项目3项工作，督察督办重点工作落实情况320余项，下发督察通知1420份，现场督察30余次，其他形式督察120余次；编发《工作督察》48期，督察事项745个、具体工作1600余项。专项督察集体企业股份制改造历史遗留问题、净莲寺信众稳定工作、春季传染病防治情况、高架计量站隐患治理项目等重大事项（事件）、工程等，报送《督察专报》63期。跟踪检查第一社区黄河水管线建设工程、高架计量站隐患治理工程、经济适用房建设等事项30余项；定期督察ERP上线运行、文88块注气项目运行等阶段性事项；跟踪督察添运小区新建住宅楼供热等急难事项。

（李建中）

【接待工作】　2009年，中原油田承办中国石化集团公司会议200余次，接待参加会议代表1.47万人；接待来油田指导、调查研究、洽谈业务、考察参观、技术交流等团组490批9875人，其中省部级领导10人、厅（局）级领导500余人、处级干部1800余人、行政技术人员3900余人。组织协调普光气田单位承办会议101次，接待参加会议代表6560人次，其中接待省部级领导82人、局级领导324人。

（郭素芬）

HSE 管理

【HSE管理工作概况】　中原油田HSE工作管理部门是安全环保处，主要负责油田HSE监督管理工作，制定完善HSE管理体系及规章制度，开展HSE检查、考核及培训；组织重大隐患治理项目的评估、立项、申报及项目实施的检查监督工作；负责特种设备和安全附件的安全监督工作；组织人身伤亡、放射等事故调查处理，建立油田应急救援体系，清理石油天然气管道违章建筑物；负责环境保护、职业卫生、交通安全管理及油田HSE委员会办公室等工作。截至2009年底，安全环保处有员工37人，其中高级职称22人、中级职称13人、初级职称2人；机构下设科室10个。2009年，安全环保处健全HSE管理体系、责任体系、监管体系和考核体系，修订HSE管理体系文件，制定隐患治理、油气设施拆除等管理规定19项，完成《危害识别与防范》系列丛书6个主导专业的编写，收集整理近30年的地面工程建设事故案例110个，识别出27类地面工程建设项目危险点，并提出措施。实施“211”安全工作法，选树“四无”队站104个，安全工作逐步向基层、向现场延伸，实现“五个避免、六项达标”的安全环保工作目标。

（黄　刚　王俊安　李小蓉）

五个避免：避免重大井喷失控事故、重大死亡事故、重大火灾爆炸事故、重大责任事故、重大环境污染事故。

六项达标：采油污水处理回注率达到100%，钻井污水回收处理率达到100%，炼油化工污水外排达标率达到98%，井下作业施工无污染率达到

98.5%，废弃泥浆固化处理率达到99%，烟尘排放达标率达到98%。

"211"安全工作法：2个活动，周一HSE活动，班组HSE活动；一书一卡，《作业计划书》、《岗位危害识别卡》。

四无：个人无违章、岗位无隐患、班组无违纪、队（站）无事故。

【隐患治理投资4625万元】 2009年，中国石化集团公司下达安全隐患治理项目14项、投资4625万元，其中勘探局5项、投资额855万元，分公司9项、投资额3770万元，项目治理实现当年完工。同时，完成2004—2008年中国石化集团公司下达的安全隐患治理项目的后评估工作，开展自评67项，其中委托专业评估7项，编制完成《中原油田安全隐患治理项目后评估报告》，并通过中国石化集团公司组织的专业评估审查。 （李文进）

【整改安全问题及隐患2821个】 2009年，中原油田实行"1+3"安全环保监督管理新模式，加强内外部市场区域一体化监督管理；在要害单位开展安全技术检查和风险评估工作，制定隐患削减计划，落实安全防范措施；对外来施工队伍进行安全教育和监督管理；对工业动火、高处作业等直接作业环节进行"三标"管理，严格审批手续，加强现场监督；落实领导干部定点承包制度，安全生产委员会成员对30个一级关键装置、要害部位每季度检查1次，对所属单位每月检查1次，副总师以上领导对安全生产实行"三不"督察。年内，油田迎接上级部门安全环保检查6次，开展HSE考核及专项安全检查42次，发现并整改各类安全问题及隐患2821个。 （赵玉强 李小蓉）

【特种设备检测2.04万台只】 2009年，安全环保处对油田各单位特种设备施工作业进行开工备案，检测特种设备2.04万台只，经检测，强制报废压力容器、安全阀和气瓶427台只，强制停运压力容器51台、安全阀1189只、起重机14台。 （魏向军）

【交通安全管理】 2009年，中原油田开展"预防道路交通事故暨油区交通秩序专项整治"及"规范秩序保畅通、遵章守法促安全"主题活动。对2360名驾驶员、44名交通安全管理人员进行交通安全知识培训。印发《中原油田技能安全准驾证管理办法》及实施方案，考取油田内部准驾证8214人，建立各类机动车技术档案7003份，达到"一人一档，一车一档"。开展路检路查活动，抽查车辆152次，查出各类问题281个，并及时整改。年度检验油田机动车辆6890台，对8460名专职驾驶员的驾驶证进行审验和换证。 （刘再庄）

2009年3月25日，技术监测人员在中原油田基地污水处理厂采水样 （石东升）

【职业卫生管理】 2009年，中原油田制定下发《职业健康监护管理办法》、《职业病危害因素检测管理办法》，职业健康检查1.02万人次，检查职业禁忌症12例、疑似职业病2例。对82个二级单位进行作业场所职业病危害因素监测，其中监测车间627个、岗位795个、岗位覆盖率100%；设置检测点1818个，实测样品7539个，检测点覆盖率100%，检测点样品合格1537个，合格率95%。对供热管理处、石油化工总厂、第七社区管理中心污水处理厂、第三社区管理中心污水处理厂新建项目进行职业卫生评审与评价工作。开展职业卫生示范单位创建活动，对34个二级单位及所属的170个基层队（站、科）进行检查验收，现场提问260余人次，检查各种问题和隐患135个，当场组织整改115个、限期整改20个，26个单位获油田"职业卫生示范单位"称号。同时，在职业病防治法宣传周期间，举办职业卫生咨询活动，悬挂横幅128条、出宣传板报459块、发放宣传材料5690份；举办知识竞赛2场次；举办健康咨询义诊12场次；组织80人参加职业卫生管理人员培训班。 （张联合）

【HSE培训5.33万人次】 2009年，中原油田举办各类安全培训班185期、培训人员1.33万人次，其中安全管理人员培训班48期、培训人员4035人；特种作业培训班137期、培训人员9224人。钻井井控、作业井控、IADC国际井控以及硫化氢防护等取证培训班288期、培训人员1.28万人次。43个二级单位组织HSE取换证培训、培训人员2.72万人。 （徐建良）

【2个单位获全国"安康杯"竞赛奖】 "安康杯"竞赛是中华全国总工会和国家安全生产监督管理总局在全国企事业单位中组织开展的一项安全生产竞赛活动，从1999年开始，每年举行一次评比表彰，以促进企业安全生产管理和职工安全素质的提高。2009年1月，中原油田采油二厂油藏经营管理五区88号计量站获"'安康杯'竞赛优胜班组"称号，成为中原油田

唯一获此称号的班组；钻井四公司继2007年获"'安康杯'竞赛优胜企业"称号之后，再获"'安康杯'竞赛优秀组织单位"称号。　（黄　琥）

【HSE考核评选先进单位286个】 2009年，中原油田将安全生产、环境保护、职业卫生、交通安全、消防安全统一纳入HSE考核范围，建立月汇总、季公示、半年考核机制。经考核，评选出HSE示范单位15个，安全生产先进单位32个，安全主题活动优胜单位34个，"四无"队（站）104个，安全先进车队27个；环境保护先进单位29个，清洁生产基层单位19个；职业卫生示范单位26个。　（李小蓉）

【环境保护工作】　2009年，中原油田环境保护工作坚持生产与环境和谐发展的战略方针，推行清洁生产，加强污染治理，研制推广环保实用技术，妥善处理环境污染纠纷，避免重大以上环境污染事故，实现采油污水回注处理率100%、钻井污水回收处理率100%、炼油化工污水外排达标率98%、井下作业无污染施工率98.5%、废弃泥浆固化处理率99%、烟尘排放达标率98%，二氧化硫和化学需氧量（COD）排放量控制在濮阳市政府下达的总量控制指标以内。

（杜拥军）

【环境监测3399点次】　2009年，中原油田环保监测总站完成监测3399点次（含普光气田监测710点次），其中水质监测1324点次、固体废物监测408点次、噪声监测465点次、气和废气监测796点次、辐射监测406点次。完成监测数据1.7万个（含普光气田监测数据6324个）。6月9—11日，环保监测总站通过国家监督实验室认可/计量认证监督评审组评审。（魏冬钢）

【清洁生产验收34个单位】　2009年，中原油田修订《清洁生产审核培训教材》，明确工作方案、工作重点与保障措施。44人参加国家清洁生产审核师培训，并取得国家清洁生产审核师资质；600名技术骨干参加油田清洁生产管理知识培训，并取得油田清洁生产审核员证书。4月，中原油田抽调专业人员组成技术指导小组，负责对油田各二级单位的清洁生产工作进行技术指导及督察，协调和统一实施清洁生产技术标准。2个二级单位、32个基层单位通过油田组织的清洁生产审核验收，105个基层单位通过各二级单位组织的审核验收。（杨淑芹）

【污染源普查32个】　2009年，中原油田按照国家污染源普查工作的统一要求，完成入户清查、数据录入、数据汇总审核及上报工作，到生产施工现场进行废水、废气、废渣等各个污染源实地考察、监测、GPS定位与拍照，GPS卫星定位154处，拍摄生产施工现场照片223张。通过污染源清查、界定和筛选，油田确定纳入普查范围单位32个，其中工业重点源18个、工业一般源1个、生活源12个、集中处理设施1个，填报审核各类数据4.3万余个，编写完成污染源普查技术报告和总结报告。6月17日，中原油田污染源普查工作通过濮阳市环保局审核验收。　（杜拥军　乔　齐）

【"六·五"世界环境日活动】　2009年，中原油田在"六·五"世界环境日宣传活动期间，悬挂横幅580多条，制作板报、展板500余块，张贴环境保护宣传标语700多条，各类橱窗宣传600多块，发放宣传单3000余份，并通过报纸、电视、网络等多种媒体宣传环保知识。　（杨淑芹）

节能降耗

【节能工作概况】　2009年，中原油田完善节能管理机制，做好管理节能、技术节能和工艺节能工作，制定《节能树标对标实施方案》、《节能目标责任评价考核细则》等规章制度。中原油田完成综合能耗114.25万吨标准煤，其中勘探局完成综合能耗48.38万吨标准煤，分公司完成综合能耗65.87万吨标准煤。工业万元产值综合能耗0.61吨标准煤，同比下降5.3%。实施节能技术措施项目129项，技术措施节能量6.78万吨标准煤。年内，中原油田有12个二级单位被中国石化集团公司评为节能达标单位，27个基层单位被评为节能达标优胜队伍。勘探局、分公司分别被中国石化集团公司和中国石化股份公司评为节能先进单位、节能达标企业。

（张继伟　马　珺）

【分公司获全国节能考核99分】 2009年，中原油田分公司法人代表孔凡群与河南省政府签订节能目标责任书，按单位产品能耗计算，年度节能量1.2万吨标准煤。分公司按单位产品能耗计算实际完成节能量5.72万吨标准煤，超额实现年度目标。5月12日，经国家发展改革委员会考核，得分99分，位居河南省第2小组第1名，评价为优秀等次。

【实现节能量6万吨标准煤】　2009年，中原油田实现节能量6万吨标准煤。其中，中国石化集团公司对勘探局下达节能考核指标万元产值综合能耗0.65吨标准煤，按万元产值能耗计算节能量1826吨标准煤，实际完成工业万元产值综合能耗0.65吨标准煤，实现节能量1953吨标准煤。中国石化股份公司对分公司下达节能考核指标万元产值综合能耗0.62吨标准煤，按万元产值能耗计算节能量3.02万吨标准煤，实际完成万元产值综合能耗0.59吨标准煤，实现节能量5.80万吨标准煤。

（马　珺）

【节电降耗管理】　2009年，中原油田推行项目管理模式进行节电降耗管理，将降电任务量化到每项节电措施和降电方案。将电力指标按生产过程分解到各单位，每月严格按照预算控制电量增长。分公司项目组每季度针对指标完成情况对各子项目进行预考核，半年进行兑现；各子项目组每月对其节电降耗情况进行内部考核，奖罚分明。同时，制定并试行统一的电力报表统计模板，按照电力精细化管理要求，进行电量分析，完善单井计量，有47%的单台设备实现远程抄表。

【年用电量15.53亿千瓦·时】　2009年，中原油田用电量15.53亿千瓦·时，同比减少8102万千瓦·时。其中，勘探局用电量1.05亿千瓦·时，同比增加431万千瓦·时。分公司油气生产用电量12.24亿千瓦·时，同比减少3477万千瓦·时；分公司后勤单位用电量1516万千瓦·时，同比增加133万千瓦·时。转供、居民、商业、改制单位用电量2.09亿千瓦·时，同比减少5188万千瓦·时。综合单耗353.34（千瓦·时）/吨，与2007年相比上升3.99%；机采单油单耗204.03（千瓦·时）/吨，同比上升3.2%；机采单液单耗21.5（千瓦·时）/吨，同比上升1.6%；注水单耗13.1（千瓦·时）/立方米，同比上升1.14%。年内，电力系统综合网损由2008年的9.5%降至9%，发生电力事故66条次，同比下降61.1%。避峰用电减少电费支出176万元。主变报停节约基本电费支出820万元，力率冲减电费538.09万元。　（王振军）

【节能达标兑现绩效工资1534.79万元】　2009年，中原油田实行节能绩效考核，考核结果分超额完成、完成、基本完成、未完成4个档次，分别与领导班子和员工绩效工资挂钩。经考核，超额完成节能指标单位49个、完成节能指标单位5个。兑现绩效工资1534.79万元，其中勘探局兑现绩效工资731.72万元、分公司兑现绩效工资803.07万元。

【基层站队节能达标率93%】　2009年，中原油田开展节能树标对标活动，分别对单位、基层站队、主要耗能设备进行节能考核，对10个生产系统、28个主要耗能单位进行节能达标评比。通过评比，实现节能达标单位28个，评选节能标杆基层站队70个，480个基层站队节能达标率93%，同比上升0.9个百分点。

【机采、注采和集输3大系统节能监测】　2009年，中原油田制定《节能监测计划》，对主要耗能单位能源利用状况进行监督测试，将系统效率等技术指标纳入节能目标责任考核，发布机采系统、注水系统、集输系统监督测试公报。机采系统监测设备1878台次，效率27.8%，同比提高1.99个百分点；注水系统抽测离心泵站、金（银）牌注水队以及注水（增注）站，效率48%，同比增加1个百分点；集输系统监测联合站和中转站，联合站平均站效56.2%，同比提高0.6个百分点。

【节能投资后评估测试项目2个】　2009年，中原油田对2008—2009年改造的文留油田集输系统、文25东注水系统进行节能投资后评估测试，文留油田集输系统优化改造项目吨油综合能耗由改造前的12.49千克标准煤降至11.89千克标准煤，文25东注水系统优化改造项目系统效率由改造前的16.9%升至52.9%。

【完成能源审计8个单位】　2009年，中原油田下发《关于开展能源审计工作的通知》，对能耗指标高或生产工艺特殊的8个单位进行能源审计。通过现场调查、资料核查、技术测试，摸清了能源流向、能耗结构、能耗现状、能源利用水平，分析和评价能源利用状况，有节能潜力项目41项、节能降耗措施项目60项。　（马　珺）

【淘汰高耗能设备145台】　2009年，中原油田下发《关于开展高耗能设备调查的通知》，节能主管部门收集、整理“国家已公布的20批次淘汰落后机电产品、生产能力及工艺目录”，并在油田技术监督处网站公布。要求各单位进行在用电动机、变压器、锅炉、风机、泵、柴油机等设备自检，查出按国家规定应淘汰高耗能设备1638台、需要更新改造1579台。截至年底，油田淘汰高耗能设备145台。　（孟祥涛）

【能源消耗计量器具调查1332套】　2009年，中原油田进行能源消耗计量器具调查。检查购电结算电表41个，装表率100%；油田内部结算电表1069个，装表率100%；燃气锅炉房8座，配备天然气流量计21个，装表率100%；联合站锅炉、加热炉配备天然气流量计52个，配备率80%；钻井队配备流量计139个，流量计配备率100%；配备原煤消耗计量设备10套，配备率100%。通过调查，存在的主要问题：120个计量站注水、采油用电未分开计量，计量器具配备率71.3%；395台计量站水套、集气站水套炉、井口的加热炉未安装天然气消耗计量表，计量器具配备率20.2%。

【推广节能灯具6.8万只】　2009年，中原油田开展国家财政补贴高效照明产品推广工作，推广使用节能灯具6.8万只，年节约用电357万千瓦·时。

【投资3499万元进行系统优化改造】　2009年，中原油田按照工艺简化、系统优化的原则，投资3499万元，完成对文南集输系统和胡状北区注水系统的优化改造，年节约用电354万千瓦·时，节约用气179.66万立方米，回收天然气660万立方米，减少轻烃损耗0.03吨，减少原油损失62吨。

【应用网电钻机18台】　2009年，中原油田应用网电钻机18台，施工24口

2009年6月15日，中原油田组织宣传小分队开展节能宣传活动
（马洪芳）

井，其中完井9口，替代柴油6494吨。（马　珺）

【“节能宣传周”活动】　2009年6月14—20日，中原油田在全国“节能宣传周”期间，开展“能源紧缺体验日”和“推广使用节能产品，促进扩大消费需求”为主题的节能宣传活动，悬挂横幅标语155条、办节能展板230块，开展节能技术交流、节能理论研讨会、节能知识竞赛、节能树标对标启动会等活动。6月10日，中原油田采取停用电梯、中央空调、观景用灯以及部分生产指挥用车1天等措施，实行节能降耗。（孟祥涛）

人力资源管理

【人力资源工作概况】　中原油田人力资源工作管理部门是人力资源处，主要负责研究制定人力资源管理政策、规定和制度，编制人力资源规划，并组织实施；负责油田管理体制和组织机构编制管理及队伍结构调整；负责油田用工总量控制，油田退伍军人接收安置和职工调动；负责劳动合同管理，参与劳动争议处理；负责工资总额控制、员工绩效考核和高级管理人员年薪制工作，人工成本的预算编制与控制；负责劳务用工和劳务费用管理；负责培训工作和培训经费管理；负责技术能手和技师评聘及管理；负责劳动工资统计及职工信息数据库的建设与维护；负责定员定额管理工作，指导单位“三定”管理，指导油田培训、社会统筹保险、职业技能鉴定、职业指导和人事档案业务。截至2009年底，人力资源处有员工32人，机构下设科室6个。2009年，人力资源处办理员工内部退养173人，退出劳动岗位1200人，为普光分公司选拔300人，补充一线生产队伍1350人，引进高技能人才265人；组织培训人员3.3万人次，晋升高一等级职业技术资格7000多人；完成职工劳动合同续订和新分配大学生劳动合同签订2183份，劳动合同签订率100%；组织职业技能鉴定1.56万人次，高级工及以上人员比例达到40%；协调处理劳动争议案件11起，处理信访案件、领导批示案件54个，劳动争议发案率下降50%。年内，人力资源处获集体荣誉10项，个人荣誉42项，18篇论文获得油田以上奖励。11月24日，人力资源处被中国职工教育和职业培训协会授予“培训科研工作先进单位”称号。（杨汝艳）

【“三定”工作】　2009年，中原油田印发《关于开展“三定”工作的通知》、《关于开展用工总量调控指标的通知》，修订“三定”工作方案，层层分解落实用工总量调控指标，优化队伍结构，核定单位用工总量调控指标77个，批复单位（部门）“三定”方案27个，对75个单位2008年“三定”方案与2007年底实际设置提高幅度、“三定”方案落实情况以及单位日常管理情况进行考核，“三定”方案实际设置同比提高0.5%，方案到位率99.8%，同时对考核单位进行兑现。（张建华　昝昭名）

【中原油田劳动用工基本情况】　截至2009年底，中原油田用工总量87024人。其中，正式员工62948人，包括勘探局32893人，分公司30055人；劳务用工23941人，包括勘探局劳务用工16390人，分公司劳务用工7551人；其他从业人员135人。

【勘探局从业人员3.3万人】　2009年末，中原石油勘探局从业人员为33016人，其中职工总量（正式职工）32893人，其他从业人员123人，从业人员同比增加2241人，职工总量减少397人。劳务用工16390人，劳务工同比增加717人。至年底，勘探局新增和调入员工1401人，其中从分公司调入员工234人；减少和调出员工1798人，自然减员1066人，其中死亡48人、终止和解除劳动合同98人、离退休852人、调入中国石化系统内部单位54人、调入中国石化系统外单位14人。

【分公司从业人员3.01万人】　2009年末，中原油田分公司从业人员为30067人，其中职工总量（正式职工）为30055人，其他从业人员12人，同比从业人员减少15人，职工总量减少31人。劳务用工7551人，劳务工同比增加392人。至年底，分公司新增和调入员工1393人，其中从勘探局调入员工222人；减少和调出员工1424人，自然减员614人，其中死亡36人、终止和解除劳动合同78人、离退休453人、调入中国石化系统内部单位37人、调入中国石化系统外部单位10人。

【中原油田从业人员工资情况】　2009年，中原油田深化分配制度改革，增强工资分配的激励作用，使薪酬分配与绩效考核相结合，累计发放员工工资25.75亿元。

【勘探局发放员工工资12.36亿元】　2009年，勘探局发放从业人员工资12.36亿元。其中发放在岗员工工资12.13亿元，发放保留劳动关系人员工资2129万元，其他从业人员劳动报酬192万元。同时，为享受特薪或特贴的1558人发放特薪（特贴）514万元。

【分公司发放员工工资13.39亿元】　2009年，分公司将薪酬分配与绩效考核结合起来，发放从业人员工资13.39亿元。其中发放在岗员工工资13.34亿元、发放保留劳动关系人员工资487万元、其他从业人员劳动报酬23.4万元。同时，为享受特薪或特贴的567人发放特薪（特贴）275.9万元。（吴　凯）

2009年中原油田正式员工年龄分布情况　　单位：人

单位	正式员工总数	女	25岁及以下	26～30岁	31～35岁	36～40岁	41～45岁	46～50岁	51～55岁	55～59岁	60岁及以上
勘探局	32893	9696	984	1933	4240	7861	8075	4271	2506	2854	169
分公司	30055	8147	1248	1609	5089	9265	7130	2981	1323	1386	24
合计	62948	17843	2232	3542	9329	17126	15205	7252	3829	4240	193

2009年中原油田正式员工学历分布情况 单位：人

单位	正式员工总数	博士研究生	硕士研究生	大学本科	大学专科	中专	技校	高中	初中及以下
勘探局	32893	20	206	6335	6125	2621	4468	8244	4874
分公司	30055	38	227	5416	5448	2548	7093	6597	2688
合计	62948	58	433	11751	11573	5169	11561	14841	7562

（吴　凯）

【薪酬管理】 2009年，中原油田加强内部分配制度改革，完善薪酬分配管理体系，形成并上报油田基本薪酬制度改革模拟方案及配套办法，制定下发《关于进一步加强工资分配管理工作的指导意见》和《油田内部标杆岗位人员收入指导价位》文件，引入劳动力市场价位调节机制，指导单位合理确定各类人员的薪酬水平。印发《关于进一步清理规范工资外收入的通知》，由人力资源、审计、纪委、财务等部门联合组织开展工资支付专项检查，查阅基础台账136本，发现并整改问题16个。（田宗锋）

【办理员工内部退养手续173人】 2009年，中原油田根据中国石化集团公司文件要求，制定《职工内部退养实施办法》规定，并提交油田七届职代会第四次联席会议审议通过，按照个人自愿申请、单位审核、油田审批的程序，办理员工内部退养手续173人。（王好文）

【引进高技能人才265人】 2009年11月，人力资源处根据中国石化集团公司用工总量管理有关规定，制定《引进高技能人才试行办法》，引进人才通过个人申报、单位审核、油田范围内公示等民主选拔和监督程序，会同局纪委监察处、局党委办公室等单位及时启动稳定工作预案，建立引进工作日报制度。截至年底，油田经过审核把关和综合考核评价，首次从劳务派遣用工中引进高技能人才265人，并分别与油田签订劳动合同。（段连民）

【员工绩效考核覆盖面100%】 2009年，中原油田开展年度员工绩效考核工作，对单位2008年、2009年员工绩效考核进行评价，查阅基础资料516份，发放调查问卷2104份，组织座谈624人次。规范绩效考核基础资料，指导单位建立完善员工绩效管理系统和绩效考评数据库，员工绩效考核覆盖率100%。分系统编印《员工绩效考核经验材料汇编》，推广部分单位的典型经验和做法，并依据考核结果，对部分单位进行奖励。（田宗锋）

【劳动法律法规培训93人】 2009年4月，人力资源处在油田党校开办劳动合同管理员培训班，专项业务培训劳动合同暨员工管理人员93人，培训班对劳动合同履行过程监督、对长期不在岗人员的清理处理方式、劳动合同终止（解除）程序等问题进行讲解与研讨。成立《劳动合同法》宣讲小组，对各级领导和系统工作人员4000余名讲解“劳动法律法规规范”、“劳动合同与员工关系管理”等内容，指导基层管理人员正确理解和掌握《劳动合同法》。

【劳动保障监督检查】 2009年，人力资源处根据油田《劳动保障监督检查办法》，制定劳动保障监督检查工作计划，先后对职工考勤、请销假制度、工资分配、员工持证上岗、带薪休假执行和员工岗位持证情况，以及社会劳务派遣和人工劳务项目用工进行专项检查，检查单位（项目）80个，督促整改问题6个，帮助基层单位制定依法规范整改措施4个。（段连民）

【就业服务中心概况】 中原油田就业再就业服务工作主要由就业服务中心负责，并加挂人才交流中心和职业介绍服务中心牌子，主要负责落实国家、地方政府、中国石化集团公司就业再就业政策，制定油田就业再就业方案并组织实施，负责油田失待业人员、再就业人员和劳动家属管理，为油田失待业人员提供职业介绍、职业指导、劳务输出、就业和创业培训、小额贷款推荐、“4050”人员社保补贴发放、《再就业优惠证》和《劳动手册》办理等服务，对油田各社区劳动就业站进行业务指导。截至2009年

2009年10月17日，油田秋季大型人才劳动力供需交流会在中原文化宫广场举行（仝　江）

底，就业服务中心有员工20人，其中高级职称8人、中级职称9人、初级职称1人；机构下设机关科室6个。2009年，就业服务中心安排困难家庭失业人员1160人，在岗就业6465人；组织油田子女劳务合同工招聘和后备技术工人选拔工作，招收1298人；通过举办人才劳动力供需洽谈会、招聘会等方式，提供就业岗位5498个，在濮阳市企业就业的失待业人员1578人；开展就业服务活动，走访社会企业、油田改制企业577家，获就业岗位1778个，走访困难家庭1983个，求职登记人员3575人，通过"送政策、送信息、送岗位"、"一对一帮扶"等措施，帮助失待业人员就业519人次。搜集国内外企业就业信息56期，岗位种类52个、用工岗位1820余个，油田待业子女实现社会就业342名；根据市场需求，开办采油采气、烹饪、保健按摩、家政服务等培训班14期，培训失待业人员809人。争取地方政府提供的再就业资金1000万元，其中拨付到账900万元，用于小额贷款担保基金100万元。为3063名"4050"就业人员发放社保补贴834万元；与濮阳市劳动局和小额担保贷款中心沟通协调，为符合条件的67名油田失业人员推荐发放小额无息担保贷款332万元。（张　新）

【成立劳动定员定额管理站9个】 2009年，人力资源处加强劳动定员定额基础工作，成立采（输）油（气）、炼油化工、钻井勘探、油田建设施工、科研、公用工程、社会服务、事业单位、普光分公司劳动定员定额管理站9个，任命站长、副站长15名，成员58人，由各单位业务人员兼任。负责油田劳动定额专业标准化委员会安排的劳动定员定额标准制（修）订任务；负责劳动定员定额标准执行制（修）订信息管理、资料收集和统计分析；负责制定劳动定员定额理论、方法、手段的研究；负责指导单位贯彻执行劳动定员定额标准，制定临时劳动定额；负责指导单位建立资料台账。（张建华）

【中友劳务公司概况】 濮阳市中友劳务技术服务有限公司（简称中友劳务公司）主要负责勘探局劳务合同工、集体工管理及再就业人员的劳动报酬发放工作。截至2009年底，中友劳务公司有管理人员31人，具有高级职称2人、中级职称4人；管理员工1.23万人，其中劳务合同工1.13万人、集体工1044人；机构下设科室4个。2009年，中友劳务公司发放员工工资2.72亿元，为再就业人员发放劳动报酬4316.1万元，为员工缴保险1.16亿元。新增劳务用工1246人，减少412人。新申请统筹保险账户1194个，恢复统筹保险账户256个，终止统筹保险账户360个。办理员工死亡退保8份、休产假106人、工伤待遇5人。保管在职人员档案1.23万份，其中劳务合同工档案1.13万份，集体工档案1033份。新建档案1185份，转出档案68份，补充档案材料4748份。办理员工工伤事故认定8起，处理员工亲属死亡丧葬12起，发放丧葬费1.13万元、员工一次性抚恤金15万元，亲属死亡丧葬费补助金3.77万元。（耿海兵）

【中原劳务公司概况】 濮阳市中原劳务技术服务有限公司（简称中原劳务公司）主要负责中原油田分公司劳务合同工、集体工的管理工作。截至2009年底，中原劳务公司有管理人员35人，具有高级职称1人、中级职称7人；管理员工9018人，其中劳务合同工8780人、集体工238人，主要从事采油采气、井下作业、输油输气、汽车驾驶、后勤服务等工作；机构下设科室5个。2009年，中原劳务公司办理解除劳动合同人员85人次，推荐引进高技能人才150人，其中基层管理人员55人、专业技术人员53人、技师与高级技师31人、劳动模范与立功受奖者11人。选拔400名大学生后备劳动力外委培训；招收待业子女及高职高专人员617名到采油采气等岗位工作。为员工发放工资2.7亿元，代扣代缴社会保险金9489万元，办理公积金支取736人次、1185万元。处理因工、非因工伤（亡）事件14起。（李克山）

【员工培训工作概况】 2009年，中原油田培训工作以提高员工队伍素质为目标，抓好普光气田开发建设、国际项目和安全教育等重点培训项目，完善分工负责、分层组织的工作体系，推进全员培训。修订《员工培训管理规定》，培训油田主体专业项目40个，首次启动培训项目招投标工作。年内，举办各类培训项目291个、培训人员3.42万人次。其中管理人员培训4300人次，专业技术人员培训5420人次，技能操作人员技能培训8500人次，国际项目人员培训1890人次；举办各类安全知识普及培训、取证培训1.4万人次。592人晋升为高级技师、技师职业资格，其中高级技师152人、技师440人。20项先进操作方法获油田创新成果奖励，3项创新成果获中国石化集团公司奖励，7人获省部级"技术能手"称号。11月，中原油田被中国职工教育和职业培训协会分别授予"中国职协2007—2008年度优秀科研单位"、"中国职协优秀企业会员"称号。

【普光气田人员培训7055人次】 2009年，人力资源处分专业、分岗位对普光项目人员进行培训，采取到设备生产厂家实习、高等院校培训、开工前专家现场培训等方式，培训人员1420人。同时，进行防硫化氢、井控、HSE、特种作业等安全取证培训，培训人员5040人，其中特种作业安全取证培训878人，安全取（换）证率100%；新入厂人员培训595人次，入厂教育培训率100%。对800多名采气厂、天然气净化厂操作技能人员进行开工前现场考核。

【培训国际项目人才2479人】 2009年，人力资源处以国际项目业务技能、境外安全和外籍雇员培训为重点，开展国际项目人才培训工作。中国石化集团公司培训高层次人才168人，关键岗位人员培训820人，新上项目人员培训148人。对拔尖人才及后备人才进行外语培训，其中油田内部培训974人、外部委托培训199人。同时，举办境外关键岗位安全管理培训班4期，培训人员155人；与国外培训机构合作举办安全官取证培训班，国际项目有15人获国际通用资质证书。

【安全教育培训7837人】 2009年，人力资源处制定下发《关于进一步细化和明确安全教育培训职责分工的意见》和《关于进一步加强全员教育培训的实施意见》，分层次培训安全管理、危化品等安全技术人员1300人，举办井控、硫化氢防护、HSE等各类安全及特种作业取证（复审）培训项目31个、培训人员6537人。

（程玉坤）

【中原油田班组长接受清华大学远程培训】 2009年12月16日，由国有资产监督管理委员会、中国石化集团公司、清华大学联合举办的中央企业班组长岗位管理能力资格认证远程培训班在中原油田举行开学典礼，中原油田首批中层管理人员及班组长37人参加为期1年的培训。培训班实行学员自我约束、单位督促、教师跟踪的“三位一体”学员管理模式，分模块、分阶段对企业战略认知、现场管理及职业道德塑造等内容进行学习。培训结束后，由清华大学组织学员进行全国统一结业考试，合格者获得国有资产监督管理委员会和清华大学联合颁发的合格证书。　（汪中华）

【获全国职工职业技能焊工大赛第11名】 2009年9月12日，在大庆油田举办全国第三届职工职业技能焊工大赛，培训中心负责赛前强化培训工作，工程建设总公司选手李超获技能大赛第11名，位列河南省代表队首位，这也是河南省自2003年参加全国职业技能大赛以来取得的最好成绩。

（高　辉　陈雪丽）

【中原油田参加省部级职业技能竞赛】 2009年2月5—8日、10月25—27日，中国石化集团公司职业技能竞赛分别在第四建设公司和江汉油田赛区举行，中原油田选手个人项目获焊工金奖2名、测井工银奖1名，团体项目获焊工团体第2名。11月5日，工程建设总公司李超、采油六厂李英杰被中国石化集团公司授予“技术能手”称号，中原油田被中国石化集团公司授予“优秀组织单位”称号。9月15日，根据河南省总工会统一安排，中原油田组织完成催化裂化装置操作工、轻烃装置操作工、石油地震勘探工、测井工、电焊工等5个工种技能竞赛。11月9日，中原油田组织石油钻井工、井下作业工青工职业技能竞赛，有78名35岁以下青工参赛，10名选手获奖，6个单位被中原油田授予“优胜单位”称号。

【职业技能鉴定1.56万人】 2009年，中原油田组织57个单位、171个工种、1.56万人参加职业技能鉴定，其中外部市场14个单位、54个工种、1363人。经报名资格审查、鉴定前培训、理论考试和实际操作考核，有8459人取得相应等级职业资格。修订压裂操作工等8个工种理论和技能操作试题，举办职业技能鉴定考评员培训班2期，培训考评员166名。召开职业技能鉴定质量监督座谈会2次，制定质量督导重点环节6个和关键控制点17个，组成督导组，巡视督导理论考试考场304个和实际操作鉴定点27个，查处违纪人员17人。

【培训资源开发建设】 2009年，中原油田新增国际化人才、采油工、井下作业工高级技师3个培训基地。截至年底，中原油田拥有中国石化集团公司培训基地10个，初步形成以专业培训基地为主体、以单位技能训练点为基础的培训网络。组织2690人建立兼职教师队伍；组织编写《中原油田国际项目岗位能力模型汇编》18万字，涉及国际项目主体专业8个、岗位101个；组织开发培训课件180万字，涉及专题30个、项目219个；员工培训网采集上网课件4275套，配发HSE手册4400本、青工理论知识培训教材3600本。

【发表培训工作论文15篇】 2009年，人力资源处组织撰写的《中原油田技能人才队伍建设课题研究》、《中原油田员工培训网的开发与应用》等26篇论文分获中国职工教育和职业培训协会、中国石油化工劳动学会等表彰奖励，《油田培训基地建设探析》、《实行合同化管理，提升企业培训效益》等15篇培训论文在《中国培训》、《现代企业教育》、《经济师》等期刊发表。

【培训工作会暨现场经验交流会】 2009年4月28日，中原油田培训工作会暨现场经验交流会在钻井四公司召开，会议总结回顾2004年以来的培训工作，分析培训工作面临的新形势和任务，明确2009—2011年的培训工作目标，安排部署下步工作任务。会议表彰2008年度培训工作先进单位39个、先进个人597个，钻井四公司、采油四厂等4家单位分别在会上介绍培训工作经验。油田领导沙启军、孙清德、黄艾华出席会议。　（张居震）

【培训中心概况】 培训中心主要负责中原油田职工培训、成人继续教育、职业技能鉴定、幼儿教育工作。截至2009年底，培训中心有员工1583人，具有高级职称92人、中级职称563人、初级职称118人；机构下设机关科室11个、科级单位38个、直属四级单位16个。资产7222.5万元，固定资产原值8239.02万元、净值4119.56万元，拥有各类设备1524

2009年9月15日，河南省焊工职业技能大赛在培训中心高技能人才培训部举行　（郝振华）

台套。2009年，培训中心举办各类培训班769期、培训人员4.74万人次，同比分别增长20.72%和8.23%。其中管理人员占培训总额的20.73%；专业技术人员占培训总额的9.30%；技能操作人员占培训总额的69.97%。开展安全取证培训495期2.77万人次。组织职业技能鉴定试卷1499套，完成职业技能鉴定工种171个、1.15万人。171名考评员经过培训取得国家考评员资格证。实现经营收入6766.53万元。12月，培训中心被全国教育学会、中华爱国工程联合会、全国关工委授予“道德教育全国先进单位”称号。

【培训设施设备改造投入570万元】 2009年，勘探局投资120万元、培训中心自筹资金260万元，对钻井第四幼儿园等3所幼儿园进行房屋维修改造；对总部基地第二幼儿园等4所幼儿园房屋和环境进行改造；对采油第五幼儿园等10所幼儿园进行建筑防水、食堂改造以及电气维修；对油田党校食堂、培训中心学员公寓、井控教室、公共事业培训部学员餐厅和汽校训练场地进行改造维修；对电大教学楼和油田党校南公寓楼进行改造。同时，勘探局投资190万元，购置教练用车27台。

【职业技能鉴定综合及格率51.2%】 2009年，培训中心完成职业技能鉴定理论考试1.27万人、实际操作考核1.38万人，综合及格率51.2%。其中初级工理论考试4862人，中级工理论考试3719人，高级工理论考试4090人。进行大规模理论和部分单位工种考试39次、375场，及格率74.9%。实际操作工种169个，其中初级工5153人、中级工4144人、高级工4464人，及格率57.9%。完成钻井工、采油工等油田技师、高级技师鉴定考核81个工种908人；同时，完成中国石化集团公司技师、高级技师培训鉴定考核12个工种、301人；办理国家职业资格证书8655本（不含技师）。

综合及格率：理论考试和实际操作考核双及格。

【高技能人才培训1622人次】 2009年，培训中心组织参加中国石化集团公司高技能人才培训64期、培训1622人。其中，参加采油、井下作业、电工、焊工、集输、输油、输气、综合计量、固井、潜油电泵工等高级技师培训班10期、培训312人；参加高级技师评聘前培训班39期、培训744人；参加测井工、焊工技术比武赛前培训班2期、培训52人；其他高技能培训13期514人。

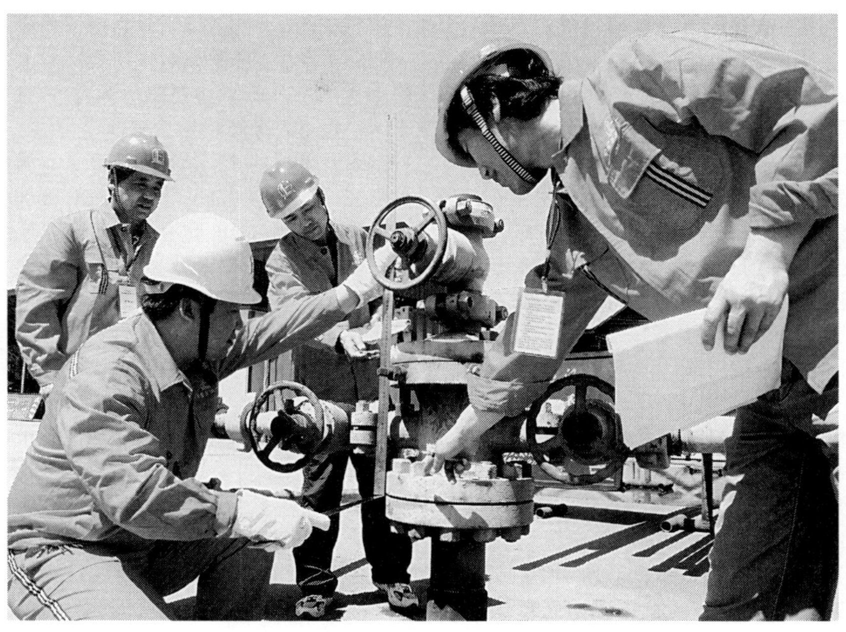

2009年6月10日，考生正在进行技能鉴定实际操作考核　　（仝　江）

【成人继续教育工作】 2009年，中原油田成人教育在读生2666人，新招收学员898人，向油田和地方输送毕业生1004人，安排石油工程专业大专班学员117名到油田生产一线实习。同时，根据海外工程项目需要，开展副司钻以上岗位人员国际司钻培训教育51人。9月，在河南省远程开放教育研究会年会暨理论研讨会论文征集工作中，参评论文获三等奖1篇，优秀奖4篇，中原油田广播电视大学获优秀组织奖。

【培训中心教科研工作】 2009年，培训中心修订和完善《培训管理三大体系》，形成由《总论》、《总图》和三大主体部分及其附录等5个模块组成的完备质量体系，成为集技术、理论、程序、方法、标准、案例、模型等为一体的培训业务技术手册。按照《培训管理三大体系》对培训质量进行监督与考核，综合考核平均得分95.42分，学员出勤率95.75%，教师授课满意率96.06%，项目经理满意率95.05%。升级一级精品项目10个和二级精品项目18个，“国际化人才英语培训”等10个培训项目被认定为“一级精品培训项目”。在油田举办的优秀安全培训教材资料评选中，《境外公共安全培训教材》、《石油作业硫化氢防护》等7种培训教材获一等奖，《井控作业》获二等奖，《井下作业系统基层干部培训教材》获三等奖；《钻井井控》、《潜油电泵工高级技师培训教材》等教材经过升级换代及修订完善，被运用于培训教学中。

（高　辉　陈雪丽）

生产管理

【生产管理工作概况】 中原油田生产管理部门是生产管理处，主要负责油田日常生产管理、钻井运行协调、产能建设组织、作业行业管理、运输管理、公路、桥梁维修管理、水、电、暖、信、防汛、防震、冬防保温等管理工作。截至2009年底，生产管理处有员工33人，具有高级职称17人、中级职称14人；机构下设科室8个。2009年，生产管理处健全管理机构、规范规章制度、完善运行机制，通过升级生产运行管理信息系统，实现油气生产的全方位管理。年内，协调处理基层反映问题2436件，到现场处理问题346件，确保油田各项生产活动正常进行。

【电网事故率同比下降61.1%】 2009年，生产管理处下发《电力事故管理办法》，对电网管理及事故处罚形成制度，召开加强电网安全运行专题会议4次，进行雨季电网安全运行全面检查1次，整改重大隐患26处，清理高压线路通道下树木7万棵；检修变电站（开闭所）14座，输配电线路118条，落实“一次检修到位，保证零返修”的工作目标，消除设备缺陷500余处，电网事故率同比下降61.1%。

【供电设备改造投资6541万元】 2009年，中原油田落实资金6541万元，用于供配电设备更新改造。对采油三厂集中供电系统、采油五厂杨村变电站、供电管理处调度模拟屏和第四社区管理中心高低压配电系统隐患治理进行改造。6个采油厂安装和修复电容器9000千乏，减少损耗119万千瓦·时，完成高耗能配电变压器以旧换新工作。油气生产单位网损同比减少电量820万千瓦·时，下降到5.14%，油气生产单位的功率因数升至0.85以上。

【减少电量流失712万千瓦·时】 2009年，中原油田加快油农电网分离收尾工作，采油六厂转供电负荷全部转入农网，黄河北剩余9个乡镇政府同意转入农网。组织开展大型电力专项油区综合治理活动，打击油区窃电行为，减少油气生产过程中流失电量712万千瓦·时。

【获关停小火电补偿资金6863万元】 2007—2009年，中原油田按照国家对2006年底以后关停的地方小火电进行资金补偿的文件精神，与省市两级发展和改革委员会、电力公司等部门进行谈判协商，争取油田自备电厂关停的补偿资金。截至2009年底，油田争取到补偿资金6863万元；对于2008年确认的部分关停机组，争取到连续两年2.75亿千瓦·时用电量执行优惠电价的政策。

【养护公路311.84千米】 2009年，中原油田养护公路303.7千米，其中建设集团公司养护148.6千米，濮阳县油区公路段养护134.6千米，山东省东明县公路局养护20.5千米。完成公路大修8.14千米，其中采油三厂油区道路扩建2.6千米、1号路清河头段大修1千米、1号路天然气产销厂段大修1.3千米、马厂路刘庄段大修0.31千米、1号路特修厂段大修1.7千米、3号路小濮洲段大修0.52千米、2号路王庄桥段大修0.55千米、输油管理处油库段大修0.16千米。同时，完成桥梁维修改建7座及水毁、临时路面挖补等零星工程5项。

【冬防保温工作】 中原油田冬防保温工作分为工业生产保温和居民生活采暖供热工作。居民采暖供热分黄河南和黄河北两部分。其中，黄河南第四社区管理中心居民生活区供热面积18万平方米和第六社区管理中心居民生活区供热面积33万平方米，分别由第四社区管理中心和第六社区管理中心负责管理；黄河北总部基地及外围居民生活区供热面积约699万平方米，供热用户8万余户，由供热管理处负责管理。2009年，中原油田完成单井高架罐保温24台，多功能罐保温135台，油井管线及干线保温、覆土584条，长1.65万米，抽油机井口保温2511口，电泵井井口保温150口，气举井井口保温76口，单拉井保温274口，上掺水流程23口，活动设备保温557台。

【居民区供热设施维修改造】 2009年，勘探局投资2969万元，供热管理处成本支出1220万元，用于居民区供热设备设施的改造和维修。完成供热设施维修改造251项，锅炉维修16台、锅炉清洗19台，锅炉辅机维修改造78台套，更换总部基地高温管网补偿器34只、修补分支8处，改造各种管径管道1万米，更换85栋楼房地沟管线，完成低温用户专项治理126项，调整和平衡治理管网36处，更换用户卫生间立管和散热片76栋。成立供热应急巡查组100个，负责用户暖气排气、检修等工作；成立供热设施抢修组50个，处理各种供热故障；成立供热效能督察组5个解决处理各类供热问题3600多个，回访用户3万余户。

【采购原煤10.23万吨】 2009年，中原油田严格执行《煤炭采购供应业务监督办法》，组织物资供应处、供热管理处等部门现场考察国内主要产煤地的资源、价格，10月提前完成冬季用煤的采购、储备工作，组织供热管理处购买原煤10.23万吨。

【完成取水量3748万立方米】 2009年，中原油田完成取水量约为3748万立方米，完成中国石化集团公司下达的节水考核指标。工业取水量（含中原炼油厂取水量）2450万立方米，采出吨原油取水量5.9吨水。

【防汛工作】 2009年，中原油田参加了各级政府召开的防汛工作会议，并同濮阳市政府签订防汛目标责任书。调整完成油田防汛领导机构，下发防汛排涝抗灾工作通知，修订防汛排涝抗灾、地方政府划分责任段等预案，并制定防汛责任制和社区防汛责任书。7月3日，油田召开防汛工作会议，传达贯彻国家、河南省、中国石化集团公司关于企业做好防汛工作的要求，安排部署油田防汛抗灾工作。油田成立以孔凡群为总指挥、沙启军为政委，王亚钧为副政委，孙清德、杜广义、王寿平、黄艾华、焦大庆、吕新华、王红晨等为副总指挥，机关处室领导和有关单位领导30人为成员的防汛排涝总指挥部。调整总指挥部办公室成员，办公室下设综合、生产协调、车辆调配、抢险救护、器材调拨、工程建设、通信指挥、供用电保障、安全保卫、卫生防疫、城市防洪、资金保障、生活供应等13个小组。以社区为单位组建防汛排涝组织机构，各采油厂、钻井、作业、机修、运输、生活服务等单位也建立防汛排涝组织机构。油田防汛办公室提供黄河90天水情，数据2107个。分公司落实防洪工程项目投资496万元，用于主要油区排涝沟护坡工程、防洪闸维修工程、联合站、集输站防洪排涝工程维护改造、跨河阻水油气干线改造工程、黄河滩油区道路及桥梁维修工程、输电线路杆塔改造工程。

【防震抗灾工作】 2009年，中原油区发生地震28次，其中有感地震6次，M3级以上地震2次，最大震级M3.7级。中原油田成立防震抗灾总指挥部，调整总指挥办公室成员，办公室下设防震抗灾小组14个，制定油田、地方政府短临期地震预报发布后的应急预案。完成油田新蕾公园及未名园应急避难场所的建设工作，10月，通过河南省地震局验收。

【危险品运输车辆管理】 2009年，中原油田制定《危险物品运输安全管理规定》，规范油田危险品运输车辆管理。2月，摸底调查分公司各单位从事危险货物运输车辆，其中单井拉运原油罐车109台，没有危险货物运输许可证罐车90台，占原油罐车总数的83%。根据调查结果，制定相应措施：(1) 停止没有危险品运输许可证的车辆从事原油等危险品运输工作；(2) 新购买罐车首先用于拉运危险品，替换不合规罐车，统一车辆落户，办理危险品许可证后车辆才能使用；(3) 集中对危险品运输从业人员进行培训、办证；(4) 分公司和勘探局分别在石油化工总厂、燃气管理处建设危险品运输所需GPS系统平台，并将危险品车辆分别更名到石油化工总厂、燃气管理处。年内，油田为73台危险品运输的车辆安装、更换GPS系统；停用石油化工总厂二氧化碳罐车2台；将井下特种作业处8台二氧化碳罐车调拨到具有危险品运输资质的石油化工总厂，由石油化工总厂办理车辆危险品运输证后使用。

【车辆租赁与运费管理监督检查】 2009年11—12月，由生产管理处、财务处（部）、局纪委、企业管理处和法律事务处等部门组成的车辆租赁和运费管理业务监督小组，监督检查油田11个单位的运输车辆和外委运费管理情况，发现问题并提出整改意见。(1) 油田内部少数外租生产辅助车辆行车证所属单位与车辆出租方不一致，建议承租单位核实车辆归属，及时督促出租单位过户，杜绝车辆挂靠；(2) 分公司车辆租赁单位要严格执行《中原油田招标投标管理办法》规定，提高车辆租赁招标覆盖率；(3) 生产管理处对油田12个单位外部项目车辆租赁情况进行调研，加强油田外部市场车辆租赁的监督管理，为制定规范统一的油田外部车辆租赁管理办法作准备；(4) 对运输监督过程中好的管理做法进行推广宣传。

【规范支持改制企业运输工作】 2009年9—10月，生产管理处针对钻井一公司、钻井二公司、钻井三公司、钻井四公司、井下特种作业处未与中油物流公司（改制企业）签订运输合同，造成费用无法结算的问题，及时组织相关单位进行商讨协调，要求各钻井公司、井下特种作业处严格执行油田《关于调整部分车辆和施工机具劳务价格的通知》及《油田内部运输市场管理暂行规定》，在限定期限内完成运输合同的签订及运费结算。年底，钻井一公司、钻井二公司、钻井三公司、钻井四公司及井下特种作业分别与中油物流公司签订运输合同。

【运输市场管理】 2009年，中原油田针对油气生产单位运费计划减少，内部车辆老化严重，报废车辆逐年增加的现状，制定以下措施：(1) 加强外委运费计划管理，分公司所属单位实行外委运费切块使用，按照分月运行计划安排月度运输工作量，运费外委计划经生产管理处审核后方可执行；(2) 加强运输管理部门协调和调派职能，合理优化车辆资源，减少车辆误工，各基层单位每天下午向生产管理处调度室汇报第2天的用车计划，用车计划要求细化工作量和用车时间，调度室根据各单位生产情况综合平衡车辆，制定车辆管理奖惩办法，对没有按照计划用车的单位月底进行考核；(3) 集中管理外租车辆，统一调派，优先安排自有车辆，在自有车辆不能满足生产需要的情况下，再安排租赁车辆出勤；(4) 监督租赁车辆和运费管理，严格执行路单管理制度，每月下旬各单位召开运输费用结算会，核实每一张路单，避免弄虚作假现象。

（王振军）

规划计划管理

【勘探局规划计划工作概况】 勘探局规划计划工作管理部门是规划计划处，主要负责组织勘探局中长期发展计划的编制，参与勘探局中长期发展战略研究；负责编制、审查、下达局属单位固定资产投资计划、维修改造项目计划、安全生产费用计划和生产经营年度计划；编制上报勘探局年度生产建设计划；负责对外经营合同商务审查管理；负责控制投资规模和投资方向，根据资金筹措情况进行综合平衡；负责勘探局管理项目的立项、论证、审批和中国石化集团公司所管项目的上报；负责对局属单位上报的技术设备购置及引进计划进行汇总、平衡，编制勘探局技术设备购置及引进计划；负责勘探局综合统计信息工作，实施统计监督，归口披露统计信息。截至2009年底，规划计划处有员工16人，其中高级职称13人、中级职称3人，机构下设科室5个。2009年，规划计划处组织编制了中原油田供水5年规划、皇甫区域详细规划、“十二五”基地总体规划及各系统专业发展规划等。

【中国石化集团公司批复改造项目14项】 2009年，规划计划处上报中国石化集团公司可行性研究报告17份，获批复14项，批复投资6.05亿元。获批复项目：逾龄老化钻机改造项目、钻井系统老旧及高耗能设备更新项目、CAT3512B柴油机更新项目、钻机网电设备购置项目、固井装备更新项目、测井仪器更新项目、录井仪器购置项目、2500HP压裂车组购置项目、XJ650修井机购置项目、XJ750修井机购置项目、总部基地排水管网和泵站改造项目、第一社区供水系统改造项目、第二社区基础设施改造项目和第三社区基础设施改造项目。同时，完成编制上报新疆塔河前线建设项目和西南石油工程服务基地建设项目可行性研究报告，其中新疆塔河项目通过中国石化集团公司评审。

【中国石化集团公司下达投资计划6.13亿元】 2009年，中国石化集团公司下达投资计划6.13亿元，其中非安装设备项目4.62亿元、社区配套设施改造项目0.68亿元、安全隐患治理项目0.08亿元、公用工程项目0.09亿元、一般技术措施项目0.66亿元。同时，争取中国石化集团公司拨款2.9亿元，解决了资金紧张局面。

【投资1.6亿元改善职工生活环境】 2009年，根据油田工作会议部署，勘探局投资1.6亿元，用于供水、供热、排水、道路、社区基础设施改造、经济适用房建设等项目。实施了第一社区黄河水管线改造工程；井下和马庄桥锅炉房改造工程，建设新村及采油五厂锅炉房联供改造工程；文化路（中原路—任丘路段）改造工程；大庆路污水管线改造工程；总部基地污水处理厂设施改造工程；第二社区、第五社区等基础设施整体改造工程；钻井三公司、钻井四公司、采油四厂等幼儿园改造工程。同时，安排滨河小区二期工程、盟城新区工程、添运新区工程、建设新村二期工程4206套经济适用房建设。

【投资4.9亿元完成装备配置】 2009年，勘探局在配置装备项目安排上，以项目投资回报和效益作为项目选择的首要标准，降低投资成本，优化装备结构，提升技术水平，促进主业有效发展。投资4.9亿元用于优化装备配置，改造逾龄老化钻机，购置井下压裂、修井设备、固井车辆、测井录井仪器等重大设备40余台套，其他钻井、物探、测井、录井、井下、油建施工等专用设备200多台套。

【节能降耗投资0.89亿元】 2009年，勘探局在投资安排上体现节能降耗原则，构建节约型企业，安排投资0.89亿元，用于设备节能降耗更新改造。更新钻井高耗能柴油机、发电机等设备150台套；改造供热锅炉房锅炉、风机、循环泵、变频器、变压器等设备50台套；改造供水离心泵、低压配电柜、节能控制柜、变频调速器等设备47台套。

【安全隐患治理项目投资1.8亿元】 2009年，勘探局下达安全隐患治理项目投资1.8亿元，安排38个二级单位223个安全隐患治理项目。重点对钻井系统、物探、测井录井、井下作业、油建施工等专业化公司存在安全隐患的设备进行治理，以及对供水、供热、供气、通信、社区等单位的消防设施、安全防护设施、电路等安全隐患进行治理。

【勘探局统计信息管理工作】 2009年，勘探局按照内控管理要求，推进投资精细管理，依据下达的投资和维修计划，按月度跟踪工程项目进度和投资结算情况，加强投资动态分析，做到“事前指导、事中控制、事后把关”。完成地方政府各项调查任务及报表编报工作，加强资本支出业务监督及固定资产投资内控管理工作。年内，收到统计分析论文51篇，在中国石化集团公司年度统计分析论文评比中，4篇论文获奖，其中一等奖1篇、二等奖1篇、优秀奖2篇。11月，规划计划处被中国石化集团公司评为生产统计报表先进单位和对外直接投资统计报表优胜单位。

（李　健）

【分公司规划计划工作概况】 分公司规划计划工作管理部门是规划计划部，主要负责组织分公司中长期发展战略的研究，组织编制中长期发展规划和专项规划，组织分公司建设项目的前期工作及建设项目可行性研究报告的预审、上报、批复；组织对建设单位上报项目的初步设计、概预算的审查和审批，负责分公司投资计划管理并对执行情况进行全过程的监控；组织开展勘探、开发等重大建设项目的后评价工作；负责油气烃生产及原油加工计划管理，对油气烃及石油产品的产运销进行综合协调；负责分公司统计信息工作的组织、协调和管理；负责分公司经济活动分析的组织、协调工作；负责ERP/IMPS（投资管理）模块的运行维护管理工作；负责ERP/SDMM模块中原油田销售、原油（轻烃）转储业务的运行维护管理工作，监督、检查ERP/SDMM模块中生产单位油、气、烃、炼油、深加工产品生产收货及移库工作；负责分公司内控制度资本支出业务流程、勘探开发投资业务流程、生产经营统计业务流程的日常及专项监督、检查工作。截至2009年底，规划计划部有员工22人，其中教授级高工1人、高级职称17人、中级职称4人；机构下设职能科室6个。分公司下属油气生产主业单位设有计划科和经营科；科研及辅助生产单位设有计划经营科或计划财务科。

（黄秋强）

【分公司获批17个规划项目立项】 2009年，中原油田分公司上报中国石化股份公司油气重点项目20个，上报项目投资2.69亿元，经中国石化股份公司专家评审论证，立项批复17个，项目立项批复率85%；批复投资2.31亿元，项目投资批复率85.87%。获批项目有：（1）文南油田油气集输系统优化改造工程；（2）文南油田注水系统技术改造工程；（3）胡二污水站水质治理整体改造工程；（4）胡状油田北区注水系统优化改造工程；（5）桥口污水站水质专项治理改造工程；（6）马寨油田注水系统优化改造；（7）文二联2RDS-1/G399增压机组更新改造工程；（8）不压井作业装置购置；（9）油田2009年电力系统优化运行及节能改造工程；（10）油田二号公路改造工程；（11）内蒙采油事业部前线生活服务区工程；（12）中心库区更新改造；（13）信息工程基础设施配套；（14）信息工程油田综合业务信息系统；（15）信息工程勘探开发计算机软硬件购置；（16）采油四厂油管（杆）修复线更新改造工程；（17）采油一厂油管（杆）修复线更新改造工程。分公司对已批复的文南油田油气集输系统优化改造工程等7个项目的初步设计进行审查，概算核减到1.10亿元，比可行性研究报告投资估算核减投资1642万元。

【分公司投资计划完成率100%】 2009年，中国石化股份公司下达分公司投资计划35.67亿元（含开发工程提前实施计划1.56亿元），其中勘探工程7.48亿元、开发工程25.23亿元（含提前批计划）、系统配套工程2.96亿元。分公司实际完成投资36.04亿元，完成率100%，其中勘探工程完成投资7.48亿元，开发工程完成投资25.62亿元，系统配套工程完成投资2.94亿元，完成投资额控制在投资计划之内。

【分公司投资计划管理】 2009年，分公司制定完善《老油气田地面技术改造项目管理办法》、《开发工程投资管理办法》及《油气建设项目前期研究取费及管理规定》等投资管理办法。按照“三个优先”、总量控制、切块分解和分级管理的基本原则，编制下达油气田开发工程年度控制计划，油气生产单位根据分公司年度投资控制计划，再编制分批次投资建议计划，从而实现投资规模有效控制。同时，加强投资控制效果考核，并与油气生产单位经营绩效挂钩，建立投资回报考核机制，把投资和成本放在同等位置，一并纳入经营管理考核体系中。按照《内部控制手册》和《中国石化集团公司资本支出业务监督办法》规定，严格执行内控制度和资本业务支出监督。按照ERP-PS（项目管理模块）管理规定的运行程序，在ERP线上进行投资建设项目的创建及WBS（工作分解结构）等相关元素的维护，组织各单位推广应用中国石化集团公司发展计划部实行的投资计划管理信息系统及ERP系统的IMPS模块。

【论证落实“三类”工程项目 62 个】 2009 年，分公司组织相关管理部门对油气生产单位上报的油区变配电系统集中供电改造等 50 万元以上的 62 个“三类”工程项目进行现场落实、论证，其中，申报项目 59 个、投资 5572 万元，经现场落实、方案优化，审减项目建设投资规模 1102 万元，审减率 19.78%；申报投资 120 万元项目 2 个，根据申报单位生产实际情况，建议暂缓实施；申报投资 82 万元项目 1 个，根据现场落实情况，建议采取其他措施消除安全隐患，不需投资进行改建。

“三类”工程：一是老区石油天然气滚动勘探开发项目。二是油气田产能建设项目，分公司原油产能建设 3 万吨/年以下的项目；天然气产能建设 5000 万立方米/年以下的项目。三是投资在 1000 万元以下的新区、老区地面工程和油气田系统工程、安全技术措施及环保工程；油田投资在 200 万元以下的后勤辅助工程、信息网络建设、科研开发试验基地建设、非安装设备购置和科研仪器购置。

【分公司炼化生产计划完成情况】 2009 年，分公司完成生产炼化计划。(1) 原油产量年计划 288 万吨，实际完成 289.19 万吨，其中分公司 286.5 万吨、勘探局（钻采处陕北下寺湾）2.68 万吨，完成年计划的 100.41%；原油商品量年计划为 294.18 万吨，实际完成 283.12 万吨，其中分公司 280.44 万吨、勘探局 2.68 万吨，完成年计划的 100.42%，原油商品率 97.9%；原油配置量年计划 281.74 万吨，实际完成 280.45 万吨，完成年计划的 99.54%，原油配置率 96.98%。销售情况：交徐州管道储运分公司转供洛阳炼化厂 161 万吨，供油田石油化工总厂 77.52 万吨，供西安石化分公司 0.3 万吨，供呼和浩特炼油厂 7.85 万吨，供山东东明石化集团有限公司 17.88 万吨，供濮阳市澶盟炼化有限公司 2.5 万吨，供延安炼油厂 2.62 万吨。(2) 天然气产量年计划 8 亿立方米，实际完成 9.26 亿立方米，完成年计划的 115.71%；天然气商品量年计划 6 亿立方米，实际完成 6.91 亿立方米，完成年计划的 115.13%，天然气商品率 74.62%。销售情况：河南省 3.92 亿立方米，山东省 0.55 亿立方米，四川普光分公司 1.2 亿立方米。(3) 轻烃年生产计划 12.63 万吨，实际完成 14.3 万吨，其中轻油 10.79 万吨、液化气 1.43 万吨、乙烷 2.07 万吨，完成年计划的 113.21%；轻烃销售量完成 14.31 万吨，其中轻油 10.79 万吨、液化气 1.45 万吨、乙烷 2.07 万吨。(4) 原油加工量年计划 75 万吨，实际完成 77.55 万吨，完成年计划的 103.35%。(5) 处理油田轻烃 5.18 万吨，完成年计划的 115.1%。

【分公司项目后评价工作】 2009 年，分公司开展油田勘探、开发及地面工程项目后评价工作。其中分公司安排自评开发产能建设项目后评价 20 个、地面建设项目 2 个；中国石化股份公司委托股份公司勘探开发研究院后评价中原油田地面建设项目 1 个，委托胜利咨询公司对中原油田胡状集 2006—2007 年老区开发项目整体评价；中国石化股份公司安排 2006—2009 年中原油田改造投产的污水改造项目 8 个，油田勘探开发科学研究院委托胜利咨询公司分别做出后评价单项报告。

【分公司统计信息管理工作】 2009 年，分公司通过整合统计信息资源，加强统计信息工作，发挥统计信息的服务、咨询与监督职能。在理顺统计工作流程的基础上，按要求完成投资、生产、能源、综合等各种定期统计报表和简报的编、报工作。开展统计分析活动，完成统计分析论文 49 篇，内容涉及投资、油藏和生产经营、成本分析、内控、节能等方面。按计划每年组织一次统计人员业务培训，提高统计人员业务水平。同时，组织统计人员参加职业资格全国统考，考取统计人员职业资格证 33 人。严格遵守内控制度，开展内控检查活动 4 次。开展资本支出业务流程、勘探开发投资业务流程、生产经营统计业务流程的日常及专项监督、检查工作，及时纠正存在问题。 （黄秋强）

财务资产管理

【勘探局财务资产管理工作概况】 勘探局财务资产工作管理部门是财务资产处，主要负责勘探局会计核算、财务预算、资金运营、资产管理、税务管理、内控制度执行及改革、改制工作中的财务配合等工作。截至 2009 年底，财务资产处有员工 33 人，具有教授级高级会计师职称 1 人、高级会计师职称 18 人、中级职称 11 人；机构下设科室 11 个。2009 年，财务资产处注重经营质量分析，加强全面预算管理，做好降本减费工作，完成中国石化集团公司下达的经营效益目标和各项财务工作任务。年内，勘探局获中国石化集团公司“财务管理先进单位”称号。 （秦留华）

【勘探局实现总收入 147.46 亿元】 2009 年，勘探局实现总收入 147.46 亿元，包括主营业务收入 146.58 亿元；发生总支出 148.87 亿元，其中主营业务成本 135.63 亿元、管理费用 9.76 亿元、财务费用 1.37 亿元；利润总额 -2.05亿元，净利润 -2.87 亿元。至年底，勘探局负债总额 78.47 亿元，包括流动负债 70.83 亿元，占负债总额的 90.27%；非流动负债 7.63 亿元，占负债总额的 9.73%。勘探局所有者权益总额 40.25 亿元，其中实收资本 42.06 亿元，资本公积 26.21 亿元，未分配利润 -28.03 亿元。

资本公积：是指投资者或者他人投入到企业、所有权归属于投资者、并且投入金额上超过法定资本部分的资金本。资本公积包括：资本（或股本）溢价、接受捐赠非现金资产准备、股权投资准备、拨款转入、外币资本折算差额、关联交易差价以及其他资本公积。

【勘探局资产总额 118.71 亿元】 2009 年，勘探局资产总额 118.71 亿元，其中流动资产 44.64 亿元，占总资产的 37.6%；非流动资产 74.07 亿元，占总资产的 62.40%。

【勘探局预算管理】 2009 年，勘探局坚持预算管理与生产经营过程相结合，提高预算的准确性和指导性。强化预算刚性控制，挖掘市场潜力，增收节支，消化各类成本上升因素，确保预算不超。对需要重点控制的支出项目，设置专门的项目审定小组，负责预算编制、分解、方案实施和过程控制，确保效益指标完成与提高经营运作质量并重，探索预算管理新思路，强化预算分析的针对性。建立完善月度经营分析制度，一月一个主题，分析经营形势，根据月度财务报表和审计情况，把经营分析的过程变为分析经营动态、掌握运行规律、促进规范管理的过程，落实成本跟踪分析制度，加大降本减费力度，严格控制管理费、营业费、财务费、修理费、人工成本，形成全员、全方位、全过程降本减费机制。（张喜海）

【勘探局会计核算及成本管理】 2009年，勘探局规范会计核算及成本管理，加强财务管理基础工作。成立会计集中核算领导小组，制定工作运行计划，从会计、成本、税务等方面调查核算现状，梳理业务类型。完善钻井、测井、录井、管具、地面建设等石油工程服务的会计核算体系与经营核算体系，规范会计报表制度，试行“三分开”财务核算，完善财务信息管理系统，制定《钻井成本核算及科目设置体系》。制定社会化服务成本核算办法和结算管理办法，对社会化服务单位实行“专业化管理、企业化经营、市场化运作、社会化服务”。加大对应收账款的跟踪、监控和考核力度，压缩应收款项规模，严格预付账款审批程序。启动中原油田关联交易结算项目，制定关联交易结算管理暂行规定，开发建设结算信息平台，严肃结算纪律，严格考核制度。建立完善多层次成本控制体系，加强对管理费用、修理费用等可控费用的指标控制与管理，按月倒排、下达成本费用和工作量指标，对每个生产环节提出控制成本的对策与措施，把压力传递到岗位、个人，形成全员、全过程、全方位成本管理格局。（佗劲涛）

【勘探局资金集中管理试点工作】 2009年，勘探局作为中国石化集团公司资金集中管理首家试点企业，成立以勘探局局长孔凡群为组长，油田总会计师王红晨为副组长的试点工作领导小组，下设工作小组，组织完成资金集中管理信息系统上线试点工作。试点期间，工作小组收集各类建议323条，向中国石化集团公司资金运行小组及软件开发人员反馈，并得到解决；以试行方案为基础，完成10个功能模块的详细测试方案。2月1日，勘探局资金管理正式上线运行，构建了勘探局资金管理账户体系，开设银行分账户67个，结算账户2个，内部核算账户98个。6月11日，完成中国石化集团公司资金管理信息系统企业试点评估。年内，经中国石化集团公司财务公司账户线上结算资金1.26万笔，其中利用财务公司账户收款84.05亿元，支出83.87亿元。

【勘探局完成拨付注册资本金15亿元】 2009年，勘探局完成中国石化集团公司拨付注册资本金15亿元。9月22日，中国石化集团公司拨付现金5亿元，同时置换完成进出口银行转贷款10亿元，中国石化集团公司投入勘探局注册资本金15亿元，资产负债率同比下降14.5个百分点。

【勘探局资本运营工作】 2009年，勘探局办理银行承兑汇票支付6.99亿元，同比增加银行贷款、节约财务费用3058万元；通过办理流动资金循环贷款，减少借款资金占用时间，降低财务费用，可节约财务费用110万元；争取中国石化集团公司增加对勘探局在财务公司循环贷款担保额度，同比增加2亿元。年内，勘探局为局属单位办理银行信用证明72笔、金额1.34亿元。（李明和）

【勘探局缴纳税费10.91亿元】 2009年，勘探局税务工作围绕财务工作要点，完善税务管理规定，加强税务管理。年内，勘探局缴纳税费10.91亿元，其中增值税6.17亿元、营业税8948.99万元、城建税及教育费附加6574.52万元、土地使用税1.02亿元。在河南省税务系统年度纳税贡献大户表彰中，勘探局分别列河南省国税纳税第七名、地税纳税第六名。（李占杰）

【勘探局内控管理工作】 2009年，勘探局内控管理工作以规范业务流程执行为重点，结合生产经营实际，编制下发《内控手册》；加强内控管理工作督导作用，外部项目内控管理工作稳步推进；规范控制要件，推进内控执行的标准化；开展检查评价，科学分工，提高检查质量，量化评价平均得分94.63分。内控管理工作在控制环境建设、权责指引执行、控制要件填写等方面，均取得新进展。（赵玉新）

【分公司财务资产管理工作概况】 分公司财务资产工作管理部门是财务资产部，主要负责分公司财务预算、成本管理、会计核算、资产管理、内部控制和财会人员管理等工作。截至2009年底，财务资产部有员工26人，具有高级职称14人、中级职称10人；机构下设科室7个。2009年，财务资产部实现各项财务工作目标，实现销售收入130.15亿元；发生油气完全成本总额107.06亿元，单位成本比预算增加618.37元/吨，成本控制在预算范围内，亏损30.67亿元，扣除增支因素，实际亏损6亿元，比预算减亏2.3亿元，完成全年利润指标。年内，分公司资产总额475.44亿元，较年初增加56.48亿元；负债总额337.92亿元，较年初增加89.64亿元；股东权益137.52亿元，较年初减少33.16亿元。分公司被中国石化股份公司评为财务决算报告先进单位和财务管理先进单位。（王长枫）

【分公司财务预算管理】 2009年，分公司细化分解年度预算指标，落实管理责任，加强分析与考核，发挥财务预算管理与控制作用。（1）采用正算和倒算相结合、工作量法和重点项目法相结合、零基预算和历史成本相结合的方法，将预算指标层层分解落实到班（站）、单井，将成本压力层层传递到班、站、单井，责任落实到每个人；（2）组织业务部门、项目组加强对预算的审批，利用ERR系统预算（FM）的在线控制平台，对成本支出进行实时监控，严格按照FM追加相关规定，按程序做好预算外支出的调整和追加，加强预算的执行力和控制力，井下作业、节电降耗、青苗赔偿等项目组管理取得较好成效；（3）每季度组织开展经济活动分析会，有针对性地选取项目组和采油厂进行分析，查找影响成本变化的原因，提出增产、优化、降本、减费的具体措施，明确油气生产单位的挖潜方向。同时选择主要经济指标进行对比通报，为油气生产单位找差距、抓管理、挖潜力提供平台，通报抽油机、电泵单井耗电主要经济技术指标，各采油厂加强抽油机的日常管理和电泵井的优化，全年耗电同比减少500万千瓦·时；（4）根据油气生产、加工、科研等单位的不同性质，完善绩效考核办法；以各单位生产经营完成情况为基础，分析成本费用节超的真实原因和具体情况，对各种考核因素进行核实，促进各单位增加收入、控制成本、提高效益。

（刘宗炜　王长枫）

【分公司会计核算工作】　2009 年，分公司以中国石化集团公司会计集中核算和中国石化股份公司推进数据仓库和财务报表合并（BW&BCS）项目实施为契机，规范会计业务流程和核算，提高会计核算质量。分公司被纳入中国石化股份公司首批 BW&BCS 项目扩大试点企业范围，编制问题解决方案 17 册，编制提升方案 8 册。结合分公司业务核算情况，梳理 7 类主要业务会计核算流程。首次承担国家重大科研项目 2 个，在中国石化股份公司未出台统一核算规定情况下，制定《中原油田国家科技重大专项管理办法》，建立专项核算，定期召开协调会，协调解决运行中发现的有关问题。制定出台《中原油田关联交易结算管理办法》，规范油田关联交易结算。同时，指导普光分公司制定出台《普光分公司成本核算办法》，提出普光天然气净化厂的固定资产分类和代码的编制方案；协调解决普光分公司 ERP 系统上线过程中遇到的问题，确保普光分公司 ERP 系统按时成功上线。

（郑　涛　王长枫）

【分公司完成资金集中管理项目试运行】　2009 年，分公司被确定为中国石化股份公司资金集中管理项目首批 4 家试点单位之一，通过上线试运行，资金集中管理系统整体运行良好，资金运作效率得到提高。成立由分公司总经理任组长、总会计师任副组长的资金集中项目领导小组，成立由技术、业务骨干组成的资金集中项目运行组和系统支持组。中国石化股份公司财务部分别下达分公司 30 个试点单位银行分账户的开通启用通知单，完成资金集中管理项目上线试运行，完成收付款业务测试 416 笔，其中收付款成功 398 笔、失败 18 笔。10 月 31 日，分公司全面启用资金集中管理系统。截至年底，分公司通过银行分账户收款 1284 笔、金额 7.48 亿元，付款 2529 笔、金额 11.23 亿元。

【分公司办理承兑汇票 20.35 亿元】　2009 年，分公司使用中国石化股份公司财务部授权额度开展票据付款等业务，办理银行承兑汇票 20.35 亿元，节约财务费用 6000 多万元。

【分公司清收疑难债权 2800 万元】　2009 年，分公司加大债权清理工作力度，清收疑难债权 2800 万元，完成中国石化股份公司下达的综合清欠指标任务。　（李　彬　王长枫）

【分公司内控管理】　2009 年，分公司修订下发《内控手册》，把需要各责任部门组织、实施、监督、审核的关键业务环节编写到内控实施细则中；开展内控流程点标准文本资料制定工作；组织穿行测试自查 2 次及年度综合检查，重点检查青苗费、投资管理、合同管理、物资采购管理、应收款项管理等流程。同时，加强外部项目内控管理工作，指导普光分公司完善内控制度。

（张　勇　王长枫）

【分公司油气资产产量法折耗项目上线】　2009 年，分公司实施油气资产产量法折耗项目上线，成立由总会计师任组长的领导小组，由相关部门人员组成项目实施运行组和系统运行支持组，采用集中办公的形式进行资本化日期确认、折耗和减值差异确认等工作，开办关键用户培训班 2 期、培训人员 187 人次，资产信息收集 3.63 万条。11 月，完成 2008 年及以前年度差异的追溯调整；12 月 1 日，以产量法运行油气资产折耗，并对折耗差异进行调整，项目正式上线运行。

【分公司资产管理工作】　2009 年，分公司下发《规范资产处置若干程序的补充规定》，明确联合站、污水站、计量站、集气站等单位的设备、设施的处置权限，加快报废资产的变现速度。健全定价管理制度，明确由物资调剂中心统一履行报废资产的定价组织权，并将定价组织权写入内控流程的相关控制点，增加报废资产的处置收益。成立资产清查领导小组，严格界定资产清查范围，利用中国石化股份公司开发使用的清查软件，直接从 ERP 系统抽取资产主数据，进行现场实物的逐一核对，杜绝国有资产的流失。

【分公司核销坏账 1848 万元】　2009 年，分公司对需核销的坏账进行甄别，根据实际情况收集相应的法律依据，包括司法机关的判决或者裁定、工商管理部门出具的注销吊销及停业证明等，报中国石化股份公司相关部门审批，核销坏账 18 笔、金额 1848 万元，确保分公司应收账款指标控制在中国石化股份公司下达指标内。

（孙福莉　王长枫）

【分公司税价管理】　2009 年，分公司制定《耕地占用税土地使用税管理办法》，对油田征地过程中相关涉税环节进行规范，制定《环保、节能、安全税收优惠政策暂行管理办法》，为相关优惠政策落实到位提供制度保障。针对内蒙古探区地税关系紧张的局面，与当地管理部门和税务机关进行沟通，确保生产经营的正常进行。根据新的《企业所得税法》和《企业所得税实施条例》，重点抓好所得税汇算清缴工作，确保企业所得税优惠政策落实到位。

（邢星发　王长枫）

【财务结算中心概况】　财务结算中心主要负责油田财务结算管理、油田机关会计核算、油田财产保险资金管理、油气销售资金和税务管理、会计电算化等工作，业务归口勘探局财务资产处、分公司财务资产部指导。2009 年 11 月 6 日，财务结算中心加挂中原油田财务稽核办公室牌子。截至 2009 年底，财务结算中心有员工 160 人，具有高级职称 32 人、中级职称 111 人、初级职称 14 人；机构下设科室 30 个。固定资产原值 392.03 万元、净值 55.88 万元，拥有各类设备 91 台。管理油田 85 个单位的 126 个内部结算账户，16 个银行账户，为 31 个油田外部市场队伍开设外部银行账户 5 个。2009 年，财务结算中心严把资金支付安全关，纠正和制止报销手续不全 121 笔，金额 60 多万元。完成结算业务 7 万多笔，结算安全率 100%，结算准确率 100%。

【完成勘探局资金集中管理信息系统上线】　2008 年 10 月，勘探局资金集中管理试点工作正式开始。运行初期，财务结算中心制定实施新老系统同步、新系统适度先行、保证新系统测试比对的科学工作方针。完成每天新老系统日清日结，逐个核对上万条记录等任务。反复研究试验软件功能，上报完善软件开发合理化建议42条，推动试运行工作的进程。2009年1月，结算老系统正式停用，勘探局资金集中管理信息系统正式上线。配合财务资产处制定《资金集中管理系统操作用户管理办法等10项资金管理规章制度》，配合财务资产处进行外部结算处信息系统上线，将外部市场收付款业务调整到本埠办理。同时，财务结算中心还承担着资金集中系统、财务公司账务系统、各单位内部结算账户、分公司关联交易4类账的对账，配合财务资产处完成67个银行分账户的开户和测试工作，以及勘探局资金集中管理信息系统试点工作。6月，通过中国石化集团公司资金集中管理信息系统的检查验收。

【完成分公司资金集中管理项目试点工作】 2009年，财务结算中心配合分公司资金集中管理项目试点工作，做好组织协调，严格按照工作整体部署，编写《资金集中管理业务操作规范》，每日统计上报《系统正式启用情况统计表》、《系统正式启用情况问题解决清单》，及时反映解决系统中出现的问题，严格预算执行，坚持新旧系统同时运行。10月31日，分公司集中管理信息系统正式上线。

【财产保险资金管理】 2009年，财务结算中心完善《油田财产保险管理办法》、《油田财产保险评价与考核办法》、《内部风险准备金管理办法》等规章制度，规范油田财产保险业务行为。修订油田财产保险服务合同条款，重新签订保险服务合同，车辆保险各种费率降至国家允许最低限，企业财产综合险费率由0.14%降至0.12%，减少保费支出1364万元。针对油田事故赔案中工农关系复杂，事故发生率较高，赔付手续繁琐等问题，与保险公司签订《赔案核赔标准补充协议》。优化油田内部风险准备金制度，初步实现内保财产低风险、低赔付、高效益的目标，纳入内部风险管理设备499台，创效200多万元。同时，开办油田财产保险业务培训班2期、培训100人。

【油气销售资金回收率100%】 2009年，财务结算中心发挥油气销售资金税务管理监督优势，监督销售货款的资金动态和结存余额，确保账款相符。年内，回收货款44.18亿元，资金回收率100%；清欠历史欠款1600多万元，完成年度清欠任务。

【关联交易结算督察工作】 2009年10月，财务结算中心负责中原油田关联交易结算监控、协调及考核工作。起草《关联交易结算管理考核办法（暂行）》，组建完成关联交易结算督察管理科，并开展工作，调查油田关联交易结算现状，全程参与关联交易软件开发测试，整理上报合理化建议，完善软件功能，关联交易结算督察工作正式线上运行。

【财务稽核工作】 2009年10月，财务结算中心负责中原油田财务稽核工作。完成机构组建，起草制定《中原油田财务稽核管理办法》，组织勘探局7家单位的会计基础工作与财产保险赔付资金使用情况、分公司8家单位的青苗赔偿费使用情况的专项稽核，第一阶段现场部分工作结束后，撰写稽核报告，督促单位整改。

（施志华）

【债权债务清理处概况】 中原油田的债权债务清理工作主要由债权债务清理处负责，其主要职责是清理和追讨油田的疑难债权、呆死坏账，协助财务资产部门管理油田应收账款。截至2009年底，债权债务清理处有员工13人，具有中级以上职称11人；机构下设科室3个。资产总计47.86万元，固定资产原值69.94万元、净值34.87万元。年内，债权债务清理处清理疑难债权收回现金156.3万元，清理结束建议作账务处理112笔、金额2138.69万元。

【收回西安大胜公司债权】 2006年，井下特种作业处为西安大胜公司施工形成79.7万元应收账款。2008年12月前，收回债权59万元，余款一直拖欠不付，债权债务清理处起诉至法院，2009年8月胜诉，执行收回债权12万元。

【收回菏泽南华公司债权】 1998年，钻井二公司为菏泽市南华公司施工地热井形成3.7万元应收账款，账款拖欠11年。债权债务清理处受钻井二公司委托进行清理，债务人仅支付5000元，余款清理难度很大。2008年6月，债权债务清理处起诉至法院，2009年3月胜诉，收回债权3.2万元。

【收回河南21世纪住宅建设有限公司债权】 2001年7月，原濮阳市台原化工有限公司为河南21世纪住宅建设有限公司施工塑胶地面形成9.09万元应收账款。2006年11月，濮阳市台原化工有限公司在油田清理整顿中解体，该应收款由债权债务清理处进行清理。由于受委托时诉讼时效已过，清理人员通过弥补相关证据挽回诉讼时效。2009年1月，勘探局组织财务、纪检、法律、审计、债权债务清理及专职律师等人员，对合同约定义务所需承担费用进行分析评估，确定适当的债权请求金额，2月，债权债务清理处通过法院调解收回债权5万元。

（游海滨）

【概预算中心概况】 中原油田石油工程造价管理部门是概预算中心，主要负责石油专业工程造价管理、石油地面建设工程造价管理、采油工程定额管理、价格管理、普光气田工程造价管理、石油工程造价分析、造价信息统计、造价系统管理、概预算人员资质和业务培训管理等工作。截至2009年底，概预算中心有员工30人，其中高级职称11人、中级职称15人、初级职称4人；机构下设科室（站）7个。2009年，概预算中心完成审核工作量66.08亿元，其中结算审减额2640万元。

【石油工程定额管理】 2009年，概预算中心完善定额体系，规范关联交易活动，参与完成《石油建设安装工程消耗量定额》第一册8章、38节、238个定额项目的编制任务，抽调22名专业人员参加中国石化股份公司石油工程造价管理中心组织的“工艺及集输管道安装工程、长距离输送管道工程、电气仪表及自动化控制”编制组。同时，加强定额体系建设，开展定额的调整、补充与完善工作。根据钻井监督工作需要，调整钻井监督费劳务价格。按照中国石化股份公司石油工程造价管理中心工作安排，开展侧钻井等定额的编制工作。随着侧钻井施工逐渐增多，组织侧钻井定额编制。通过现场调研、厂家咨询、专家评议等方式，完成裸眼快速平台测井、钻输快速平台测井、红外全烃录井工程定额。按照申报内部定额要求，整理上报钻井工程监督费、泥浆监测费定额相关资料。

【价格管理】 2009年，概预算中心参与中原油田物资器材采购招标、价格谈判和询价、比价工作，对ERP系统标准价格进行动态管理。完成对工程建设总公司施工机械劳务价格的测算和核定工作，出台《关于对油田生产辅助车辆租赁遗留问题的处理意见》，核定部分石油建设安装工程和矿区建设工程中特殊设备、材料预算价格。参与“4个体系”建设工作，承担建立费用价格体系任务，核实工作量，调整和新增物业价格9项，新增5类市政服务预算定额，归集6类小型收费许可项目，完成社会化服务价格及服务费用定额文件，并形成社区预算管理办法。经过综合分析与测算，完成中原油田宾馆、驻京办事处及郑州金桥宾馆内部价格体系和预算定额草案。参与油田与濮阳市信原实业有限公司签订《物业服务承揽合同》相关问题的谈判。按照物业价格的编制方法，测算第2年物业服务费用及安置人员费用，保证238名安置人员队伍的稳定以及行业服务中心的管理协调工作。

【石油专业工程概预算审核】 2009年，概预算中心参与完成钻井工程投资预算。为文96地下储气库可行性方案，提供钻井工程概算1.87亿元；为文88块先导性实验项目提供工程费用测算2.44亿元；参与濮深18井风险投资预算审查，井下作业外协队伍效能监察审核，濮范高速公路占用油田设施赔偿预算的编制；参加油气勘探、水平井应用和井下作业的项目管理。年内，审查钻井招议标标底238口井，审定费用9.54亿元；审核钻井预算240口，审定费用10.85亿元，核减561.18万元；审核钻井、测井、录井、试油、射孔、压裂、新井投产等劳务结算839井次，审定费用7.72亿元。

【地面建设工程概预算审核】 2009年，概预算中心完成设计概算审查28项，编制设计概算造价4287.68万元，审核概算造价4001.43万元，核减286.25万元；完成预算审查160项，编制预算造价1.46亿元，报审预算造价1.28亿元，审定预算造价1.23亿元，核减487.89万元；完成标底审批716项，编制标底造价1.80亿元，审定标底造价1.76亿元，核减470.96万元。其中核增17项、77.06万元；核减399项、548.02万元；完成结算审查1589项，报审结算造价4.62亿元，审定结算造价4.51万元，核减1100万元。

【普光气田工程造价核减3.17亿元】 2009年，概预算中心普光造价管理站严格程序，把造价管理的关口前移，帮助甲方单位完善施工方案，到施工现场实测实量。完成工程预、结算及标底审查584项，审查金额29.65亿元，核减3.17亿元，综合核减率10.69%，其中，石油专业工程预结算审查148项，审查金额18.79亿元，核减1.96亿元，核减率10.41%；地面工程预算审查257项，审查金额4.62亿元，核减1.06亿元，核减率22.93%；地面工程结算审查150项，审查金额4.46亿元，核减1540万元，核减率3.46%；地面工程招标清单及标底审查29项，审查金额1.78亿元。同时，依据中国石化石油工程造价管理中心《川东北地区超深含硫井试气、投产定额初步补充意见》，收集普光气田试气、投产施工过程资料信息，配合中国石化股份公司石油工程造价管理中心完成普光气田试油（气）、投产、射孔基础定额编制工作，并组织普光气田管道安装补充定额编制现场写实工作。

（张丙华）

【投资管理中心概况】 投资管理中心主要负责油田授权的对外投资项目、融资项目的管理和效益回收；负责油田授权管理的控股、参股企业股权的管理，行使国有产权代表人职能；负责原多种经营企业的宏观指导与协调管理，审查发放多种经营产品生产资格证，参与油田内部市场多种经营产品采购招标工作；负责商业保险代理等业务。截至2009年底，投资管理中心有员工58人，具有高级职称18人，中级职称30人；机构下设科室10个。投资管理中心直接参与管理的投融资项目6家，其中外部投资项目2个（鹤壁万和发电有限责任公司、鹤壁同力发电有限责任公司），投资额2.58亿元；融资项目1个（深圳美视电厂），投资额1.12亿元；整体改制分流企业3家（中油物流有限公司、河南中原总机厂石油设备有限公司、濮阳市油田总医院），投资额4130.21万元。中心代管的投资项目1家（汤台铁路有限公司），投资额4528万元。2009年，投资管理中心收回投融资款及收益665万元，完成年度计划的102%；收回商业保险代理手续费529.6万元。

（路春霞）

【鹤壁万和发电有限责任公司完成发电量9.33亿千瓦·时】 1992年，鹤壁万和发电有限责任公司投产运营，1997年，改建为有限责任公司，由河南投资集团有限公司、中原石油勘探局2家股东组成，投资比例6:4。建设规模为2台22万千瓦国产发电机组。2009年，鹤壁万和发电有限责任公司完成发电量9.33亿千瓦·时，厂用电率11.22%，供电标准煤耗389克/（千瓦·时），标煤单价630元/吨，完成利润总额－3968万元，亏损主要原因：煤价上涨，电力价格不到位。中原石油勘探局全年收回投资收益650万元，历年累计收回投资收益6.09亿元。

【鹤壁同力发电有限责任公司完成发电量24.96亿千瓦·时】 2005年8月，鹤壁同力发电有限责任公司成立，由河南投资集团有限公司、中原石油勘探局、鹤壁市经济建设投资总公司3家股东组成，投资比例55:40:5，建设规模为2台30万千瓦燃煤发电机组。2009年，鹤壁同力发电有限责任公司完成发电量24.96亿千瓦·时，厂用电率7.15%，供电标准煤耗351克/（千瓦·时），标煤单价648元/吨，实现利润总额负1.31亿元。主要亏损原因：煤价上涨，计划外电量比例过大。

【河南汤台铁路有限公司完成货运量549万吨】 2001年11月，河南汤台铁路有限公司成立，注册资本2.77亿元，中原油田以债转股形式出资，由河南铁路集团有限责任公司、中国铁路建设投资公司、中原石油勘探局3家股东组成，股份占有份额分别为

54.28%、29.39%、16.33%。2009年，河南汤台铁路有限公司完成货运量549万吨、货物周转量5.88亿吨/千米，实现运输收入7930万元，利润总额-358万元。主要亏损原因：燃油及使用国铁车辆等成本费用增加。

（田江勇　刘　静）

【中原总机厂石油设备有限公司利润-3523.51万元】　2004年8月，中原总机厂石油设备有限公司在原中原石油勘探局机械制造总厂的基础上改制成立，注册资金8476.49万元。其中，1088名自然人股东出资6865.99万元，股份占有比例81%；中原石油勘探局出资1610.5万元，股份占有比例19%。截至2009年底，中原总机厂石油设备有限公司有员工991人；公司下设石化机械车间、钻井设备车间、工程机械车间、抽油机车间、油管抽油杆车间、数控加工车间及4个辅助生产车间。主要生产各种型号的抽油机、抽油泵、井下工具、钻井固控系统设备、背架轮式通井机、钻井管具、各类容器及铆焊制品、油管、抽油杆等产品。同时，该公司投资控（参）股4家子公司，分别是成都中原总机石油机械有限公司，注册资本1000万元，母公司持股比例75%；河南中原总机泵业有限公司，注册资本200万元，母公司持股比例55%；濮阳市中油总机华鑫机械有限公司，注册资本100万元，母公司持股比例51%；洛阳森权石油机械有限公司，注册资本100万美元，母公司持股比例19%。2009年，中原总机厂石油设备有限公司资产总额3.02亿元，负债总额2.30亿元，所有者权益7157.27万元，利润-3523.51万元。

【中油物流有限公司实现净利润724.88万元】　2005年12月，中油物流有限公司在原中原石油勘探局运输处的基础上改制成立，注册资金5160万元。其中，499名自然人股东出资4148.64万元，占股份80.4%；中原石油勘探局出资1011.36万元，占股份19.6%。参加改制职工总数510人，截至2009年底，中油物流有限公司有员工722人。主要经营道路货物运输及代理；吊装、装卸搬运；自营和代理进出口业务；境外投资；货物仓储、拆解、分拣与配送等物流服务；国际货物运输及代理。同时，该公司投资控股1家子公司——上海快可物流有限公司，公司注册资金1000万元，中油物流有限公司投资850万元，占股份85%，子公司主要在上海从事物流运输业务。2009年，该公司资产总额1.96亿元，负债总额1.12亿元，所有者权益8404.47万元，实现净利润724.88万元。

【濮阳市油田总医院利润-114.78万元】　2006年11月，濮阳市油田总医院在原中原石油勘探局职工总医院的基础上改制成立，注册资本金8127.59万元。其中，1020名自然人股东出资6619.24万元，占股份81.44%；中原石油勘探局出资1508.35万元，占股份18.56%。参加改制员工总数1017人。截至2009年底，濮阳市油田总医院有员工1425人。该医院主要从事医疗、预防、保健、急救、康复、医学教学、医学科研、社区卫生服务及其他相关服务项目等。2009年，濮阳市油田总医院资产总额2.20亿元，负债总额1.40亿元，所有者权益7956.5万元，利润-114.78万元。

（白宝孺　张晓玲）

【清理整顿工作】　2006年3月，中国石化集团公司在石化系统范围内开展对外投资和多种经营项目清理整顿工作。在3年的清理整顿工作中，中原油田清理整顿办公室按照中国石化集团公司清理整顿工作的整体部署，完成油田对外长期投资和多种经营项目清理整顿任务。中原油田被纳入中国石化集团公司清理整顿范围的清理项目118个，其中勘探局109个、分公司9个。2009年1月5日，油田召开清理整顿工作总结会，勘探局局长、分公司总经理孔凡群主持，油田领导沙启军、王亚钧、杜广义、黄艾华、王红晨参加会议。会议听取了关于对外投资和多种经营项目清理整顿工作的汇报，油田领导对清理整顿工作给予高度评价。4月，油田召开财务工作会议，总结表彰清理整顿工作先进个人和优秀项目，中油特种车辆有限公司等24个项目被评为清理整顿优秀项目；35人被评为对外投资和多种经营项目清理整顿工作先进个人。6月15日，中国石化集团公司召开改制分流和清理整顿工作总结表彰视频会议，中原石油勘探局被中国石化集团公司授予“清理整顿工作先进单位”称号，6人获“清理整顿先进个人”称号。

【清理整顿工作通过上级检查验收】　2009年2月16日，中国石化集团公司清理整顿验收组来中原油田检查验收清理整顿工作。验收组成员到清理整顿办公室对完成的110个清理整顿项目进行检查验收，并对中原油田清理整顿工作给予肯定，认为中原油田清理整顿工作程序规范合法，资料归档完整，完全符合中国石化集团公司“人、财、法”终结标准。同日下午，中国石化集团公司领导李春光、张家仁以及王新华、刘福顺在油田领导沙启军、孔凡群的陪同下，到油田清理整顿办公室检查指导清理整顿工作。李春光代表中国石化集团公司对工作人员表示慰问，对中原油田在清理整顿方面取得的成绩和做法给予肯定。

（张　娜）

【行业服务中心概况】　行业服务中心主要负责1997—2001年中原油田改制分流企业及相关企业的服务与协调，实施油田“市场换安置”政策，进行内部市场份额与人员安置的监督管理；负责为成员企业办理油田内行结算等工作。截至2009年底，行业服务中心所服务企业179家，员工4693人，其中机关人员20人、整体分流人员416人、集体工937人、劳务用工3320人；机构下设科室5个。2009年，行业服务中心妥善处理327名原中友劳务公司待岗集体工的安置后续工作；为2632名油田子女劳务合同工续签劳动合同；开展“企业达标”活动，为企业组织业务培训460人次；组织参与油田内部产品订货会、业务洽谈会及招投标会12次。

（周　利）

物资管理

【物资供应工作概况】　中原油田物资管理及采购供应工作主要由物资供应处负责。截至2009年底，物资供应处有员工962人，具有教授级

2009 年 10 月，物资供应处参加中国石化炼化三剂和油田化学剂采购及使用管理专题会议（杨华泉）

职称 1 人、副高级职称 47 人；机构下设职能科室 9 个、物资管理科室 6 个、业务科室 9 个、基层单位 8 个。拥有库房 46 幢、料棚 16 栋、料台 14 个，仓储面积 49.66 万平方米，铁路专用线 4 条，套管静水试压装置 1 套，抓管机、履带吊、龙门吊等各类机械设备 122 台套。2009 年，物资供应处采购各类物资 63.43 亿元，供应各类物资 64.52 亿元，其中普光气田和东北、西北市场供应物资 25.53 亿元。完成中国石化集团公司下达的物资供应管理绩效考核指标，物资计划合格率 97%，供应商结构合理率 95%，框架协议采购率 53%，采购资金节约率 5.69%，网上采购达标率 100%，厂家直购率 95.4%，物资周转 11 次，物资配送及时率 98%，物资供应保障率 100%。压缩油田非生产性材料消耗 5035 万元；油田期末库存 4.05 亿元，同比下降 2.09 亿元；主要生产物资采购价格比中国石化集团公司其他油田企业平均价格低 5.43%。开展企业间物资余缺调剂和油田内部物资供应“六平一代”，3 年以上无动态存货同比下降 3456 万元。11 月，物资供应处被中国石化集团公司评为年度物资供应库存管理和调度调剂工作特等奖。

六平一代：指平库存、平期货、平自制、平闲置、平修旧、平积压，改制代用。

【规范物资管理】 2009 年，物资供应处严格执行《物资采购供应管理规定》，推行《物资基础工作目录》，规范物资计划、采购、消耗等主要业务基础工作和程序文件，物资管理实现制度统一、文本规范、流程标准的运作机制。开展油田物资管理专项检查，规范物资采购供应行为。建立物资管理通报制度，推行跨部门协同管理和业务会商，组织生产、技术、装备、科研等部门召开物资管理协调会 15 次，到油田内部和外部市场各单位现场办公、工作回访 87 次。

【物资供应 12.18 亿元】 2009 年，物资供应处发挥总库物资储备保障和调度调剂功能，收发物资 105 亿元，组织配送 54 亿元。加大常耗、专用物资前移储备力度，16 个物理分库委托代管物资平均储备 5137 万元，同比增加 3502 万元，供应物资 12.18 亿元。推进西北、东北外部物资市场一体化管理，实施新疆塔里木和内蒙古苏里格区域集中招标采购，物资供应总量同比增长 52.8%。

【物资监督制约机制】 2009 年，物资供应处健全物资监督制约机制。落实一般物资采购、化工产品、煤炭采购供应业务监督管理办法，开发 ERP 系统合同履约、质量跟踪、工作时效等管理程序，实现网上实时监控。开展化工产品、物资配送、工作时效、效能监察和运费专项审计，追究责任部门和责任人的责任。针对“重采购、轻管理，重程序、轻责任，重保供、轻检查，重价格、轻质量，重配合、轻监督”的现象，开展以增强“管理、质量、法规、责任”4 种意识大讨论，完善物资采购供应业务公开办法，对采购计划、物资招标信息及结果、货款承付全部进行公示，物资业务过程做到公开、透明、规范。

【物资采购运行机制】 2009 年，物资供应处组建物资采购供应管理、物资价格管理、供应商管理、物资质量管理、采购资金管理、物资采购供应监督 6 个管理专业组，按照专业化分工、精细化管理的原则，实施物资采购供应业务过程管理和监督评价；同时组建 1 个技术专业组，发挥油田生产、技术、设计、科研等职能部门在物资采购供应的专业技术职能作用，提升物资采购专业技术水平，为物资采购供应管理提供技术支持。完善需求预测、市场研究、成本分析、质量控制等专业管理职能体系。建立物资采购后评价制度，细化计划编制、物资招标、网上采购、质量检验、材料核算等关键业务环节评价标准，提高业务运行效率。年内，组织物资采购技术交流 164 次，专家谈判 235 次。

【物资采购内控检查控制点 385 个】 2009 年，物资供应处修订完善勘探局、分公司一般物资采购、存货管理业务流程实施细则，统一和规范流程控制点的管理标准、操作标准和业务审批权限。内控执行日常检查督导和评价考核，对 138 份物资采购合同、1908 项基础程序文件的符合性、合规性进行穿行测试和验证检查，涉及物资采购供应、内部经营管理等方面的业务流程 22 个、控制点 385 个。

【实施框架协议采购 21.76 亿元】 2009 年，物资供应处制定框架协议采购品种目录，明确 134 种油田生产建设主要物资框架协议定价公式或定价原则，建立采购计划集中会审、采购策略风险评估、采购过程联合谈判、供应商选择现场考察、采购方式公开竞争的框架协议及采购操作程序。年初，对 14.92 亿元采购计划实施框架协议采购，提前锁定主要生产物资资源。6月，举办油田内部产品集中订货会，通过框架协议采购油田内部产品4.1亿元，扶持规范改制企业发展。年内，实施框架协议采购21.76亿元，节约采购资金1.51亿元。

【物资采购计划执行率99.76%】 2009年，物资供应处落实采购计划集中会审制度，检查考核计划执行情况，计划执行率99.76%。进行合同执行控制，实时掌握产品的交货进度，保证普光气田开发、黄河水管线建设、安居工程等20个油田重点项目的物资需求。

【物资供应商管理】 2009年，物资供应处建立供应商准入现场考察、签约风险评估、合同执行控制、动态量化考核的管理机制。组建材料、化工、设备等5个专业评审组，进行供应商准入、考核、评审管理。细化供应商现场考察评价标准，对400余家主要物资供应商进行现场考察，淘汰不合格供应商25家。完善动态量化考核实施细则，落实业绩引导订货机制，主要供应商供应平均份额达到500万元以上，同比提高6个百分点。优化供应商结构，清理1445家供应商，解除服务关系供应商432家。

【经济适用房建筑钢材采购2655吨】 2009年，物资供应处按照“适时适量、分批采购”的原则，完成2655吨建筑钢材的采购工作，用于油田经济适用房建设。其中，采购上海宝钢建筑钢材2215吨，签约价比市场价低644.67元/吨，节约采购资金142.79万元。

【完成新旧物料编码转换6万余条】 2009年，物资供应处开展ERP系统物码转换和优化提升工作，完成ERP系统新旧物料编码转换6万余条，实现与中国石化集团公司电子商务和物资管理信息系统数据的直接交换；增加ERP系统库存批次、合同有效期、分库发料库存地点等8项控制功能；普光分公司ERP物装模块成功上线，实现与油田本埠物资业务操作一体运行。

【入库物资检验4832批】 2009年，物资供应处加强高压管汇、阀门、化工产品等重要物资质量检验和使用过程监管，规范油田化学剂产品规格和技术标准，将202种采油助剂归类为74种。年内，检验入库物资4832批，查出不合格物品39批，全部作退货处理。

【物资系统降本增效工作】 2009年，中原油田首次将物资系统降本增效工作纳入油藏经营管理项目，分为采购价格控制、非生产物资消耗控制、物资储备降库、3年以上无动态物资降库、物资质量控制5个子项目，实行项目组长负责制。各项目组建立目标激励机制，定期召开项目运行分析会，实时监控指标完成情况，通过月度检查、季度预考核、年终总兑现，保证项目稳健运行。经油田油藏经营办公室项目考核，物资系统降本增效项目全部完成。其中，107个种类的主要生产物资采购价格与中国石化集团公司其他油田企业相比略低；非生产性材料消耗同比下降21.7%；对库存物资实行储备定额控制，与上海宝钢开展石油地质专用管材联合管理库存，减少资金占用1.2亿元；向胜利油田、河南油田调出套管1091吨，油田改代利用套管2769吨，修复利用套管1672吨，盘活存货资金3384万元。

【积压物资拍卖会成交360万元】 2009年11月，中原油田举办积压物资拍卖会，对34个大类、1587项积压报废物资进行集中拍卖，有21家单位参与竞标，积压物资以360万元价格成交，比鉴定价高出140万元。

【联合储备到货2.31万吨】 2009年，中原油田作为中国石化集团公司联合管理库存试点单位，组织开展各项业务。截至年底，油套管正规库存1.56亿元，平均正规库同比降库1.34亿元，减少资金占用2.5亿元。联合储备到货2.31万吨，占计划交货量的65%。

【完善物资供应绩效考核体系】 2009年，物资供应处完善绩效考核体系，将整体工作细分为物资管理、经营管理和财务管理3类、254项目标，分解落实到各部门和单位，严考核、硬兑现。开展“查管理缺陷、树严细作风、促质量提升、保安全供应”活动，完善财务、核算管理体系；强化预算管理，严格成本费用控制，预算符合率100%。

【物资安全管理】 2009年，物资供应处修订《HSE管理体系实施方案》等规章制度38项，完善以安全责任、监督考核为主要内容的HSE管理体系。开展安全生产日常督导、驻外单位安全巡检，组织安全检查138次，安全督导35次。更新非安装设备18台套，

2009年7月，保管工作人员对在库物资进行维护保养 （冯庆丽）

2009 年 12 月，物资管理人员检查在库物资质量　（冯庆丽）

完成库区消防管线、监控设施、基础设施改造等项目 16 个，设备新度系数同比增加 2 个百分点。举办安全生产知识、操作技能等安全教育培训班 25 期，员工轮流培训 2200 人次；开展消防演练、安全技能比武等 12 场次，外派 63 名机械操作手参加物资作业岗位取证培训。12 月，物资供应处排演的安全小品《登记》代表中原油田参加河南省“能源杯”比赛并获银奖。

（周　辉）

【生产物资调剂工作概况】　中原油田生产物资调剂工作主要由生产调剂中心负责，其职责是负责油田闲置、报废资产的调剂处理，废旧生产物资和报废地下管线的销售处理；负责闲置设备、新购设备、闲置工业厂房的租赁经营等工作。截至 2009 年底，生产物资调剂中心有员工 43 人，具有高级职称 4 人、中级职称 24 人、初级职称 3 人；机构下设科室 6 个、物资库 1 个。拥有自用设备 39 台，自用资产原值 325.23 万元，净值 77.41 万元，固定资产原值 1753.04 万元，净值 994.11 万元。2009 年，入库闲置报废设备 340 台件，废钢铁 50 余吨，出库 1006 台件。销售处理废旧物资 1.13 万吨，闲置报废设备 5773 台件，出租设备 16 台套，工业厂房 3960 平方米。完成营业额 3037.23 万元，实现收入 844.89 万元，上缴矿区维护费 115 万元，实现考核利润 66.69 万元。

【销毁淘汰钻机 13 台】　2009 年，根据中国石化集团公司《关于落实对淘汰钻机销毁工作的通知》和勘探局《关于落实淘汰钻机销毁工作的通知》，由钻井工程处组织协调，装备处、财务资产处、安全环保处、局纪委、生产物资调剂中心等单位参加，组成勘探局淘汰钻机销毁工作执行小组。生产物资调剂中心负责淘汰钻机的现场切割监督、拉运、现场监磅和销售处理等工作，淘汰钻机 13 台。其中钻井一公司 3 台，分别封存于吉林松源、银川古窑子镇、兰州红古区；钻井二公司 2 台，分别封存于冀东油田柳赞、老爷庙；钻井三公司 6 台，分别封存于内蒙古鄂托克前昂素镇、冀东油田、甘肃敦煌南八仙、河南兰考；中原塔里木钻井公司 2 台，封存于新疆轮台县轮南镇。销毁钻机的主要部件为泥浆泵、游动系统，柴油发电机组、绞车、井架底座、固控系统等。生产物资调剂中心代表中原石油勘探局签订销售运输合同 8 份，拉运 145 车次，销毁设备 1343.54 吨。

【招标交易物资 1443.84 万元】　2009 年，物资调剂中心组织废旧物资招标交易会 2 次。5 月，受钻井一公司委托，对 78 栋报废铁皮房进行招标交易，分 3 个标段进行投标，标的金额 9.50 万元，中标金额 9.75 万元，增值 0.25 万元，涨幅 2.63%。9 月，组织 5731 吨报废抽油杆的招标交易会，报废抽油杆分 3 种规格，按存货地点分 5 个标段。9 月 26 日，招标会在郑州金桥宾馆二楼会议厅召开，收到 22 家单位的投标书，评标按标段价格最高中标，5731 吨报废抽油杆分别有 5 家中标，总标的金额 1352.52 万元，中标金额 1434.09 万元，增值 81.58 万元，涨幅 6.03%。

【生产物资调剂中心安全管理】　2009 年，生产物资调剂中心印发《“我要安全”主题活动实施方案》和《关于开展查隐患、抓治理、反三违、达三标、保安全活动的通知》，成立活动领导小组。制定安全紧急预案 3 项、HSE 管理制度 20 项，初步建立 HSE 管理框架体系，对各部门、各岗位安全职责进行修订、落实和考核。组织员工安全知识培训 19 场次，安全知识理论考试 2 场次。发放安全事故隐患申报卡及安全建议征询卡，征集安全隐患及建议 22 条，组织安全演讲比赛 1 场。参加安全展览宣传活动 2 次，制作宣传展板 5 块，自办安全宣传栏 3 期。更换办公区内的多用插座 61 个，按时校验、更换灭火器材，并对暴露在室外的灭火器增设遮挡棚，绘制单位辖区灭火器分布和责任人图表。

（曹遵海　毛　钰）

装备管理

【装备工作概况】　中原油田装备管理部门是装备处，主要负责油田日常的装备管理工作；装备管理委员会负责油田装备管理的重大决策。截至 2009 年底，装备处有员工 15 人，其中高级职称 12 人、中级职称 3 人；机构下设科室 3 个。2009 年，中原油田拥有各类生产装备 2.71 万台套，设备原值 101.98 亿元、净值 52.49 亿元，新度系数 0.51。其中，勘探局拥有设备 1.28 万台套，设备原值 69.60 亿元、净值 40.47 亿元，新度系数 0.58；分公司拥有设备 1.43 万台套，设备原值 32.38 亿元、净值 12.02 亿元，新度系数 0.37。设备综合完好率 96.17%、利用率 74.43%、主要生产设备故障率 0.07%，特大及重大设备事故发生率为零，特种设备到期未检台数为零。

（尹绍顺）

【装备管理基础工作】 2009年，中原油田修订下发《中原油田装备管理量化评审考核办法》、《中原油田装备更新改造管理办法》等管理制度。做好各项机电信标准制定及修订工作，审核修订机电信标准198项，制定机电信标准42项，其中《网电钻机安装操作维护保养规程》被列入中国石化集团公司标准。加强设备现场监督管理，重点对24家有提升设备单位进行安全隐患排查。规范基础资料管理，制定并颁布油田石油工程、油气生产、社会化服务3大系统《设备基础资料管理规范》。 （朱文琪）

【投资6.15亿元更新改造装备】 2009年，中原油田完成非安装设备更新改造投资6.15亿元、1046台套。其中，勘探局完成非安装设备投资5.39亿元，更新改造设备839台套；分公司完成非安装设备投资0.76亿元，更新设备207台套。油田新购置2500压裂机组1套、X650修井机1台、不压井作业装置2套、自动混浆水泥车4台、八扇区声波测井仪2套；改造ZJ70D钻机2台、ZJ70LDB钻机1台、ZJ50LDB钻机4台、ZJ40J钻机2台。 （习伟东）

【装备新技术应用】 2009年,中原油田开展双燃料柴油机技术应用先导试验,经现场试验5口井,柴油替代率70%,能耗成本节约率16%以上,通过中国石化集团公司专家验收。实施设备节能改造,更新高耗能泥浆泵20台、发电机组34台、柴油机97台,单机能耗指标平均下降10%以上,单机修理费用平均下降50%以上。加快研发节能新技术、新产品,与有关厂家联合开发柔性电能质量优化装置,电动钻机发电机功率因数从0.5左右提升到0.88~0.98之间,平均节油率10%左右;与中油特种车辆有限公司联合开展洗井清蜡车CNG改造技术攻关,经现场测试,节约燃料成本35%。 （朱文琪）

【设备维修管理】 2009年，中原油田审核换发到期《车辆修理资质证》76个，办理到期《市场准入证》审核手续84个。年内，发生设备修理费用2.52亿元，其中行业服务中心所服务企业（含规范改制单位）承揽设备修理9762万元。加强设备修理质量监督，发布《设备修理质量监督周报》51期，实施设备修理过程监督1215台次，实施设备修理质量监督1217台次。进行设备日常维护保养，设备一保、二保对号率98%以上。 （孙树军）

设备三级保养：指日常维护保养（通称例保），一级保养（简称一保）和二级保养（简称二保）。

【调剂设备64台套】 2009年，中原油田内部调剂设备64台套，调剂设备原值6049.79万元、净值4904.45万元。其中，勘探局调剂设备48台套，设备原值5766.51万元、净值4762.69万元；分公司调剂设备16台套，设备原值283.28万元，净值141.76万元。

【报废设备2154台套】 2009年，中原油田报废各类设备2154台套。勘探局鉴定报废各类设备1310台套，设备原值1.56亿元、净值3511.54万元，减值准备1.88亿元，净额1630.14万元。其中，报废各类车辆160台，车辆原值3921.28万元、净值406.92万元，减值准备210.27万元，净额196.64万元。分公司报废设备844台套，设备原值1.37亿元、净值1133.4万元；其中报废各类车辆248台套，车辆原值6104万元、净值346.4万元。 （赵 军）

【装备人员培训】 2009年，中原油田采取“请进来”和“送出去”的培训方式，先后组织举办装备再制造和维修、石油装备新技术、钻机电控系统和顶驱装置操作与维护等培训班8期、培训各级管理和技术人员560余人；油田主要生产单位分别开展了钻井工、采油工、柴油机工操作及维修系列培训。 （习伟东）

【机关车辆管理中心概况】 中原油田领导、机关处室公务和接待以及部分企事业单位的小汽车服务工作主要由机关车辆管理中心负责。截至2009年底，机关车辆管理中心有员工315人，其中全民工293人、劳务合同工22人，具有高级职称2人、中级职称16人、初级职称8人；机构下设基层单位6个、机关科室6个。固定资产原值8370.04万元，其中勘探局5997.99万元、分公司2372.05万元；净值2679.65万元，其中勘探局2439.96万元、分公司239.69万元；拥有各类设备285台套，其中小汽车224台、其他设备61台套。2009年，机关车辆管理中心车辆安全行驶1402.97万千米，完成产值4672.99万元，实现利润104.19万元，设备完好率98%。在全油田社会化服务考核中满意率98%，被油田评为HSE管理先进单位。 （荣新福）

技术监督

【技术监督工作概况】 中原油田节能、计量、质量、标准化等工作的管理部门是技术监督处，同时协调油田节约能源委员会、标准化委员会和质量管理委员会日常管理工作。截至2009年底，技术监督处有员工13人，其中高级职称12人、中级职称1人；机构下设综合科、质量科、计量科、标准化科及节能科。2009年，技术监督处开展ISO 9000族质量体系认证，推行全面质量管理，组织全面质量管理知识普及教育培训2792人，参加全国统考及格率97.92%。进行高压管汇及配件、油田化学剂产品、金属管、井口装置等物资产品质量监管，完善油田计量检测体系，推进企业标准更新升级，开展质量技术监督工作绩效考核。年内，23个单位通过ISO 9001质量管理体系审核，物资产品抽样综合合格率98.1%，完成计量器具监督抽查4140台件，修订油田企业标准93项，标准化宣贯培训339人，计量培训151人，获全国优秀质量管理QC小组2个，获石油工业优秀QC成果13项。 （尚春芳）

【企业标准修订及复审】 2009年，中原油田修订企业标准93项。其中，采油采气标准26项，钻井专业14项，设计施工专业3项，石油化工油田化学专业标准3项，机、电、信专业标准42项，测井专业标准5项。组织分公司有关单位技术人员，统一制定采油用化学剂技术条件标准15项，将采油用化学剂由380多种归列为73种。组织油田各专业标准化委员会修订《注水井洗井操作规程》等油田企业

2009 年 3 月 17 日，技术监测人员在卫三支线进行非开挖 TEM 测试
（石东升）

标准 57 项。同时，重点复审 2006 年制定的油田企业标准 127 项，其中确认有效 74 项、废止 19 项、待修订 34 项，并列入 2010 年度计划。

【参与编制《化学剂采购技术手册》】 2009 年，中原油田承担中国石化系统《化学剂采购技术手册》中“钻井液化学剂”的编制工作。技术监督处组织 4 个钻井公司和钻井院等 5 个技术部门及 12 名技术人员参加编制，将《化学剂采购技术手册》中各油田申报应用的 307 种产品，归类统一为 140 种。11 月，“钻井液化学剂”编制工作完成，并通过中国石化集团公司科技开发部组织的验收评审。
（曲书堂）

【标准化建设及服务】 2009 年，技术监督处重点调整油田标准化网络系统，新增油田企业标准制、修订版块，油田的标准制、修订工作实现计算机联网办公。通过标准化网络，为各生产单位提供标准查询 3200 余次，提供有效标准文本 600 多项。技术监测中心制定完成《钻井液用聚合物降黏剂》等中国石化集团公司一级企业标准 7 个，对油田采油、采气、油气田开发、钻井、地质勘探开发、信息与计算机、测井、地面工程设计与施工 8 个专业标准体系进行标准有效性查证，查新标准 2670 个、提供标准查询服务 2080 次。
（曲书堂　乔　齐）

【实施计量器具质量认可准入制度】 中原油田勘探开发中的主要数据信息来自于计量器具，油田在用计量器具有长度、热学、力学、石油专用等 12 大类 400 余个品种 28 万余台件。2009 年，油田实施计量器具质量认可准入制度，组织计量专业技术人员对计量器具生产企业的生产能力和检测能力进行评价，对符合条件的计量器具生产厂家颁发质量认可证书 43 个，对生产规模小、检测能力低、资质证件不全或抽检不合格的 6 个生产厂家取消供货资格。

【计量器具抽样合格率 98.53%】 2009 年，中原油田开展计量器具监督抽查工作。组织对 484 批次、4.31 万台件新购入库计量器具进行抽查，抽检样品 4140 台件，经鉴定合格 4079 台件，综合抽样合格率 98.53%，同比提高 7.38 个百分点。通过入库抽检，将 24 批次 4293 台件不合格压力表、电能表退回生产厂家。

【抽查基层站点计量器具 4238 台件】 2009 年，中原油田组织对采油一厂、采油二厂、采油三厂、采油四厂、采油五厂、采油六厂及天然气产销厂等 7 个油气生产单位的部分在用计量器具开展 2 次监督抽查，抽查计量站 713 个、联合站 18 个、注水站 6 个、脱水站 1 个、集气站 22 个、配气站 69 个基层站点的在用压力表、电能表及流量计 4238 台件，合格 3390 台件，综合合格率 79.99%，环比上升 22.47%。经调修合格 3961 台件，调修后综合合格率升为 93.46%。各单位针对不合格计量器具产生的原因进行分析，并制定整改措施。经过对整改过的电能表进行检查测试，各单位合格率均有提高，其中采油四厂综合排名第 1 名，合格率 91.40%；采油一厂排第 4 名，合格率 80.91%；采油二厂综合合格率由上半年的 69.50% 提高到 87.79%，环比上升 18.29%。

【计量标准管理】 2009 年，中原油田依据《计量标准考核规范》（JJF1033－2008）要求，对计量检定机构开展监督检查。通过检查，采油一厂、采油二厂、钻井三公司、钻井四公司等单位实验室环境条件得到改善，计量标准得到更新。截至年底，中原油田有计量标准 89 项，其中最高计量标准 32 项、次级计量标准 57 项，主要对压力表、流量计、电能表、水表、气表及石油专用计量器具开展检定及校准工作。

【规范油气交接计量行为】 2009 年，技术监督处组织 11 个油气生产单位按照《油气交接计量监督管理规定》和油气交接计量标准，规范油田内部油气交接计量行为。研究油气计量新技术 3 项，指导基层单位进行油气计量技术改造 2 项，提高油气计量自动化水平。同时，各油气生产单位开展输差目标管理，搞好油气流量平衡分析和输差分析，原油、天然气贸易交接计量误差分别控制在正负 0.35% 和正负 3% 以内。

【通过省级以上计量认证监督评审机构 5 个】 2009 年 1 月 8 日，技术监测中心节能监测站通过国家计量认证（认可）监督评审；2 月 3 日，勘探开发科学研究院石油地质实验中心通过国家计量认证（认可）监督评审；6 月 9 日，技术监测中心环境检测总站通过国家计量认证（认可）监督评审；8 月 24 日，河南省质量技术监督局对工程建设总公司濮阳市龙祥技术检测有限公司实验室进行增项计量评审工作；10月15日，技术监测中心产品质量检验总站通过中原油田实验室计量认可。

（孙秋献）

【制定质量管理制度5项】 2009年，中原油田质量管理部门制定《关于进一步加强高压管汇及配件质量管理的通知》、《关于质量管理绩效考核实施细则的通知》、《关于加强油田化学剂质量验收的通知》、《关于进一步加强油田用金属管质量把关的通知》、《关于进一步加强井口装置质量把关的通知》5项质量管理制度。

【产品质量抽样合格率98.1%】 2009年，中原油田质量管理部门对进入油田内部市场的化学剂、电线电缆等18个大类物资产品实施产品质量准入制度，对176个供货厂商及其提供的213种、1346个型号的产品进行质量审查，抽样5542个，综合抽样合格率98.1%，发布监督抽查通报6期。发现不合格产品239批次，通过采取退货、换货、降价、索赔等方式进行处理，为油田挽回直接经济损失1268.3万元。

【产品质量专项整治】 2009年，中原油田质量管理部门对高压管汇及配件产品质量监督管理开展专项质量检查。对各采油厂、钻井公司、井下特种作业处、固井工程处、物资供应处等单位高压管汇及配件的采购、标识、检验、使用等环节的质量把关情况进行检查，检查局属单位13个、基层单位28个，生产施工现场18个，高压装置58个，发现质量问题51个，清退不合格产品3273件，并制定整改措施。同时，还专项治理油田化学剂产品质量，进行财务结算与检验结果捆绑，对6批次化学剂产品因质量不合格而未结算，为油田挽回直接经济损失237万元。

【全面质量管理创效5361万元】 2009年，中原油田围绕安全生产、节能降耗，提高效率和质量水平，推行全面质量管理，开展群众性质量管理小组活动，注册QC小组695个，解决现场管理和技术难题，创经济效益5361万元。7月，采油四厂设备管理QC小组、油藏经营管理四区QC小组获“全国优秀质量管理小组”称号，采油三厂电工队电网维护班、采油四厂油藏经营管理四区技术组获“石油工业质量信得过班组”称号；采油四厂、地质录井处被评为石油工业QC小组活动优秀企业。年内，有13项获石油工业优秀QC成果，其中一等奖5项、二等奖4项、三等奖4项；176项获油田优秀QC成果。

【用户“七满意”活动获奖情况】 2009年，中原油田开展创建用户“七满意”活动，11个单位受表彰。钻井三公司、采油三厂获“石油工业用户满意企业”称号；12月，工程建设总公司承建的青岛大炼油配套成品油管道工程青岛首站油库及站场工程，获“石油工业用户满意工程”称号；地球物理勘探公司的地震勘探工程技术服务、地质录井处的地质录井工程技术服务、钻井管具工程处钻井井控服务，获“石油工业用户满意服务”称号；钻井二公司50639ZY队、钻井三公司70867ZY钻井队、地球物理勘探公司2143地震队、地球物理物理测井公司ZYCJ208队获“石油工业用户满意服务班组”称号；天然气处理厂华大利牌戊烷发泡剂产品获“全国用户满意产品”称号及“石油工业用户满意产品”称号。

（尚春芳）

“七满意”活动：指以争创用户满意企业、用户满意产品、用户满意建筑工程、用户满意服务和用户满意服务明星、用户满意服务明星班组、用户满意服务杰出管理者为主要内容的争创活动。

【技术监测中心概况】 技术监测中心主要负责中原油田的装备监测、节能监测、产品质量监测、安全监测、环保监测、计量检定、标准化研究等工作及中国石化集团公司钻井液化学剂监督检验任务；同时挂中国石化集团公司钻井液化学剂检验中心、油田装备监测总站、油田节能研究所、油田环保研究所、油田标准化研究所牌子。技术监测中心所属装备监测总站、节能监测站、化工产品监测总站、环保监测总站和安全监测站通过国家实验室认可/计量认证、资质认可，开展的6大类检验工作476个检验项目和33项油田最高计量标准均具备法律效力。截至2009年底，技术监测中心有员工306人，具有高级职称38人、中级职称115人，检测人员持有各类专业资格证书311个。拥有监测设备520台套，固定资产原值2870.8万元、净值1057.62万元。2009年，技术监测中心完成监测工作量6.22万台件，其中计量器具检定3.99万台件、压力容器检验1051台、安全阀检验5345只、气瓶和CNG钢

2009年2月26日，技术监测中心安全监测人员在采油二厂濮三联合站对4台立式分离器进行全面检验工作 （石东升）

瓶检验1171只、压力管道检验253千米、井架检测120台、节能监测4433台、产品质量监测样品1829个、设备润滑监测730批次、环保监测3399点次。

【检验管道腐蚀163.8千米】 2007年，技术监测中心取得国家质量监督检验检疫总局核准的压力管道检验资质。2009年，技术监测中心对油田埋地油气集输、注水、输气管道开展检测评价工作，完成管道腐蚀检验评价163.8千米，全面检验89.3千米。通过检验和综合评价，给每条被检测管线提出符合实际的检测结论和综合评价意见，对发生腐蚀的埋地油气集输、注水管道是否需要更换提供技术支持。

2009年10月14日，采油一厂测试队职工自主研发装置解决作业安全隐患（白国强）

2009年技术监测中心计量器具检测工作量

项　目	实际完成数量	计划完成数量	完成率（%）
检测工作量（台件）	39941	22865	175
热工类	34427	18230	188.8
长度类	2146	1285	167
电量类	2318	1080	214.6
流量类	1050	705	148.9
总收入（万元）	881.8	416.7	211.6

【普光气田监测】 2009年，技术监测中心拓展对普光气田的监测范围，内容包括环保监测、安全监测、计量监测、质量监测、装备监测和标准化工作，配备检验仪器设施，改善实验室环境，开展钻井废水处理、河流水、废气、固体废物、土壤、噪声等环保监测工作，监测1020点次。同时，完成29口井试气环境监测工作，并编制试气环境监测报告；承担普光气田产品质量监督抽查工作，完成钻井液化学剂抽样监测346批次；劳保护具监督抽查45批次；检定螺纹量规等各类计量器具5316台件；完成安全阀校验582台、空气储罐检验63台；检测钻井井架5部。

【化工产品质量检测】 2009年，技术监测中心对油田移库、直接入分库、直达现场料以及零星采购的化工产品进行质量验收，并对检验的油田用化工产品进行质量验收检验标记。油田用化工产品监督抽查314批次，合格率94.4%；油田用化学剂质量验收493批次，合格率95.7%。开展酸化复配液监测297口井，综合合格率从2007年6月第一次监测的14.3%上升到89.5%；完成固井现场水泥混拌料监测209口井，水泥塞现场配方实验71口井。同时，按照中国石化集团公司《关于油田化学剂和炼化三剂准入检验的通知》及《关于印发质量监督抽查计划的通知》要求，完成油田化学剂和炼化三剂入网筛选检验85批次；完成油田企业钻井液化学剂监督抽查62批次。

【节能监测工作】 2009年，技术监测中心开展节能系统效率测试，完成油田机采系统效率测试、采油五厂注水系统改造前测试、采油三厂卫城南部注水系统改造前效率测试、采油三厂文明寨注水系统改造后测试、文25东注水系统改造后测试、采油四厂注水系统效率测试、采油六厂桥口注水系统效率测试。完成采油一厂、采油二厂、石油化工总厂等集输系统效率测试等工作。完成测试数据和测试分析、评价，为设计部门提供设计依据，为生产部门提供系统效率改进措施依据。

【电网网损率测试】 2009年，技术监测中心电力系统效能测试组对分公司电力电网网损率进行测试，测试完成各采油厂变压器115台、户外控制柜86座和35千伏供配电线路7条、6千伏供配电线路3条，7条35千伏配电线路的平均线损率4.26%，3条6千伏配电线路的平均线损率5.35%。了解油田35千伏以下电力电网供配电系统的能耗状况，并提出影响供配电系统能耗的主要因素。

【能源审计】 2006年，技术监测中心取得能源审计与节能规划资质。2009年，技术监测中心按照中国石化集团公司的部署和油田《关于开展能源审计工作的通知》要求，制定《油田企业能源审计方法》等4项能源审计方法与规范，抽调相关专业技术骨干15人组成能源审计队伍，并进行专业知识培训。对采油一厂、采油六厂、天然气处理厂、石油化工总厂、供水管理处、钻井二公司、西南钻井公司、供热管理处8个单位进行能源审计。

【作业用具安全检测】 2009年，技术监测中心对采油厂9类、441件在用作业用具进行安全检测，检验缺陷率由23.9%降至9.1%，出具作业用具检测报告441份、综合检测报告2份，对于缺陷超标或无法消除的作业用具，建议使用单位更换或停止使用。同时，

2009年4月15日，审计中心四分处工作人员正在讨论审计工作方案

（彭建军）

根据油田《关于油管和抽油杆吊卡检验协调意见》要求，开展新购作业用具入库全面报检工作，检验作业用具623台件，合格率91.3%。

（乔　齐）

审计监督

【审计工作概况】　中原油田的审计工作由审计处和审计中心负责，其主要职责是负责油田审计工作的规划、计划、立项、管理制度的制定和修订，进行审计工作指导、协调检查与考核等工作。截至2009年底，中原油田有审计人员113人，其中审计处11人，审计中心102人。审计处行使审计管理职能，下设科室3个；审计中心行使审计业务职能，下设5个审计分处和综合办公室，综合办公室与审计处综合科合署办公。2009年，中原油田完成油田所属单位财务决算审计和经营承包审计，完成领导干部经济责任审计11项，开展国际项目审计、油气生产单位修理费审计等专项审计9项。通过审计查出违反财经纪律问题金额4.63亿元，被审计单位整改金额4.2亿元，增收节支2847.45万元。对4188个基建维修项目、8.78亿元的投资结算资料进行审计，审减金额691.67万元。年内，中原油田被中国石化集团公司审计局授予“2007—2009年度审计工作先进单位”称号，11人被评为中国石化集团公司审计工作先进个人。获部级论文奖11篇、省级论文奖5篇。

【经营承包审计11项】　2009年，中原油田开展经营承包审计，根据实际需要调整工作重点，丰富经营承包审计内容，提高准确性。所编制的审计分析报告真实反映各单位的经营情况，为油田的决策与考核提供准确依据。开展经济责任审计11项，经营结果与日常经营承包审计结论一致，非安装设备的审计与上级审计部门的检查结果相对照无漏审现象发生。

【专项审计9项】　2009年，审计中心围绕油田生产经营管理过程中容易引发资产和效益流失的关键环节组织立项，开展专项审计9项：（1）专项审计基建工程项目管理程序执行情况；（2）专项审计2008年非安装设备采购及管理情况、油田农网改造分离工程竣工决算、住宅小区供水管网改造工程竣工决算、文东油田气举增压站改造工程项目竣工决算4个；（3）跟踪审计普光气田建设、普光天然气净化厂建设、地面集输工程、公用工程及其他投资项目等在建项目；（4）专项审计油田各专业化公司在国内、国外施工项目经营情况，对钻井一公司等11个单位的23个外部项目部实施现场审计；（5）专项审计油田所属各单位食堂管理情况；（6）管理效益专项审计。对部分采油厂化工产品采购及使用管理情况、采油厂设备修理费、采油厂作业措施效果、钻井单井效益、社区系统承揽主业工程情况等进行审计。

【领导干部任期经济责任审计11项】

2009年，中原油田按照中国石化集团公司《企业领导人员任期经济责任审计暂行规定》的要求，对6个单位的行政主要领导进行了离任经济责任审计，对第四社区、第十社区等单位任职时间较长的5个行政正职领导进行任职期间的经济责任审计。在审计中，逐级审核审计方案，从严把关，统一研究审计决定和意见书，为油田客观公正考核和评价经营者提供依据。

【基建维修工程项目审计4188项】

2009年，中原油田在基建维修工程项目审计中，单项工程金额超过5万元的项目到现场核实工作量，以保证结算工程的真实性，重大项目写出审计报告；对投资规模较大的项目，参与招标，在施工建设阶段，到现场检查，在竣工决算阶段，结合项目招投标文件、合同、签证等对项目决算进行严格审核。针对年终基建项目结算工作量比较集中的情况，采取先对结算资料进行审查，允许甲方单位先行挂账，待审计人员进行现场核实后再付款的审计方式。对审计过程中存在的问题，提出可行、可操作的审计意见和建议，并对处理意见加强跟踪督察，限期整改。审计处参与油田组织的各种建设项目招标、工程验收65次；对37个单位的538项基建工程项目开展后续审计，检查51个工程项目存在6个方面问题，涉及工程结算金额102.13万元。年内，审计完成基建维修项目4188个、投资结算8.78亿元，审减691.67万元，其中外包工程审减396.87万元。

【普光气田建设项目审计监督553项】

2009年，中原油田对普光气田建设项目进行监督审计，做到6个同步，即：审计监督与工程项目招投标（议标）同步，在招投标（议标）过程中对相关控制点即时审计；审计监督与物资采购实施过程同步，掌控物资采购相关控制点；跟踪审计与工程项目实施过程同步，杜绝工程隐患；审计监督与工程项目竣工验收同步，严把工程结算关；审计监督与生产准备同步，为生产中的重点、热点、难点项目服务；日常审计工作与完善制度同步，为提高管理水平奠定基础。年内，完成现场审计工程项目招投标（议标）73 项、物资采购招投标和商务谈判 157 项、抽查现场施工工程 15 项、验收工程竣工 53 项、审计工程项目结算 162 项、审计生产准备项目 93 项。制止工程建设中不规范行为为 117 项次，提出合理化建议 11 条，被采纳 9 条，督促整改工程项目 2202.09 万元，核减基建工程项目 3213.73 万元。

【下达审计意见书 85 份】 2009 年，审计处针对审计项目存在的问题，提出审计建议，下达整改通知书并监督整改，重大问题或共性问题向油田作专题汇报。年内，审计处下达审计意见书 85 份，审计处理决定 20 个、审计通报 4 份。

【中国石化集团公司检查中原油田审计工作】 2009 年 7 月 8 日，中国石化集团公司审计组对中原油田审计信息系统（AIS）达标情况进行考核验收，油田 AIS 通过达标考核；9 月 10—26 日，中国石化集团公司审计局对中原油田非安装设备开展专项检查，审计处协助油田有关部门做好各种问题的解释、整改和处理工作。11 月 23—27 日，中国石化集团公司审计局对中原油田进行审计工作督导，通过检查各项资料，对中原油田审计工作给予肯定。

（冉红霞）

法律事务

【法律事务工作概况】 中原油田法律事务管理部门是法律事务处，主要负责油田重大决策、改革方案等事项的法律论证；规章制度审查；内外部法律环境研究与分析；重大项目合同谈判与合同起草、合同审查、合同管理；对外、对内合资合作担保与企业合并、分立、资产租赁、转让、清算破产等法律事务的处理；公司事务、知识产权（包括企业名称、商标等）的管理；纠纷诉讼管理；法制宣传教育等。截至 2009 年底，法律事务处有员工 21 人，其中高级职称 6 人、中级职称 12 人、初级职称 3 人；机构下设科室 6 个。2009 年，法律事务处审查合同 1233 份，合同标的额 21.39 亿元，参加 106 个项目的招标、议标活动，计划金额 8.60 亿元，通过招标节约资金 4105.1 万元。办理企业开业登记手续 2 家，变更营业执照登记 14 家，年检营业执照 78 个；组织申报省、市级“守合同重信用”企业 32 家；办理经济往来资格证 1930 件，法人授权委托 52 项。同时，开展法制宣传教育专题活动 4 次，下发《边学边练》安全生产普法教材 1.5 万本；举行科级以上干部法律知识考试 53 场，5637 人次参考；组织参加濮阳市“中原油田杯”法律知识电视大奖赛，中原油田代表队获第一名。年内，中原油田被中央宣传部、司法部、全国普法办公室联合授予“全国‘五五’普法中期先进集体”称号，成为中国石化集团公司唯一获誉单位；法律事务处被河南省评为“五五”普法依法治理中期先进集体。

“五五”普法：指国家 2006—2010 年第五个 5 年法制宣传教育活动。

【总法律顾问制度】 2009 年，中原油田在所属各单位落实企业总法律顾问制度，有 17 个单位设立专职总法律顾问，45 个单位建立法律事务机构，油田法律事务系统有工作人员 210 人，初步建立起油田法律顾问制度组织框架体系。

【合同管理】 2009 年，法律事务处结合各单位的管理水平、人员力量等因素调整合同法律审查权限，将收入类合同、外部市场合同全部纳入合同管理范畴，在《财务结算管理办法》中将合同、合同履行反馈表作为合同项对外付款的必备要件。推行合同后评价工作，把工程建设总公司、物资供应处作为试点单位，对合同标的额大、法律风险高的工程建设合同、物资采购合同开展合同后评价工作。组织人员结合油田业务实际，开发中原油田标准合同文本库，涉及 17 大类、247 个合同文本。开展外部单位合同管理信息系统开发情况进行调研，完成油田合同管理信息系统的内部需求分析、系统设计、系统编码等开发工作和系统上线调试、试运行、人员培训等准备工作。同时，组织开展合同管理主题论文征集和评选活动，征集论文 161 篇，推荐 15 篇优秀论文参加中国石化集团公司论文征集及评选，其中获优秀论文一等奖 2 名、二等奖 1

2009 年 9 月 26 日，中原油田在油田电视台举办“学法守法用法、建设美好祖国濮阳市‘中原油田杯’法律知识”电视大奖赛　（周海军）

名、三等奖3名。

【诉讼管理】 2009年，法律事务处实施经济往来资格证制度，严格资格准入，提升内部法律事务人员办案能力，建立与地方法院联席机制，依法维护油田合法权益，妥善处理历史遗留重大法律纠纷。重点参与油田移交濮阳市中小学离退休教职工群访群诉工作及中原总机厂石油设备有限公司信访工作，组织处理涉法的信访项目2个，参与处理其他信访项目16个。年内，中原油田发生民事经济诉讼案件15起，总标的222万元，同比下降50%，结案41起，总标的48.1万元，挽回经济损失20多万元。

【法律咨询论证事项34个】 2009年，法律事务处通过参与油田重大决策、提供法律意见、审查规章制度、研究法律风险防控、推进新法分析研究等工作，为油田生产经营奠定良好基础。起草下发《关于开展规章制度合法性审查工作的通知》，开发规章制度合法性审查标准化模板，审查油田层面规章制度72项，并出具书面意见。制定《关于贯彻实施《〈企业国有资产法〉工作安排意见》和《关于贯彻实施〈循环经济促进法〉工作安排意见》，安排部署两法的贯彻实施工作和各部门的职责分工。起草《中原油田法律风险防控体系建设工作规划》，以物资采购、地面工程建设为试点，以工程建设总公司、建设集团公司、物资供应处和勘察设计研究院作为法律风险防控体系建设试点单位，安排专人落实法律风险防范研究工作，开发法律风险防范手册模板，并定期召开法律风险防范研究工作例会，出具专题会议纪要，就研究成果提出整改意见。参加各类决策会议190余次，组织法律咨询论证事项34个，出具书面法律意见书45份。

【公司事务管理】 2009年，法律事务处按照中国石化集团公司《关于建立行政许可事项目录有关工作的通知》要求，对油田51个下属单位进行行政许可事项调查，对有疑问的事项逐一落实，按时完成首批行政许可事项摸底工作。通过协调处理行政争议，为油田挽回或避免经济损失440万元。办理企业开业登记手续2家，变更营业执照登记14家，年检营业执照78个，有32家企业获得省、市级“守合同重信用企业”称号。

（王文英　曹　辉）

2009年法律事务处工作量

事　项	件数（件）
合同审查	1233
办理经济往来资格证	1930
办理法人授权委托	52
规章制度审查	72
法律咨询论证	34
诉讼案件结案	41
营业执照年检	78
合　计	3440

（曹　辉）

信息与档案管理

【信息工作概况】 中原油田信息化工作管理部门是信息中心，主要负责油田信息技术项目的规划与计划、方案评审、立项、建设、标准化、软硬件选配、技术交流与培训以及信息安全、信息整合、网站（门户）及其信息发布的统一组织和归口管理，承担信息建设项目的实施和日常运行维护的技术支持及信息技术产品的销售和售后服务，隶属分公司。截至2009年底，信息中心有员工107人，具有高级职称24人、中级职称56人；机构下设机关职能科室2个、业务科室8个及普光信息化项目部。信息中心拥有固定资产3611.07万元、净值2054.95万元。2009年，中原油田成立以信息中心为日常办公机构的信息化建设工作领导小组，组织编制、评估和审核2010年信息项目建议计划，统一组织信息项目的招投标工作，组织实施中国石化集团公司及油田信息化项目18个。

【信息化管理体系建设】 2009年，中原油田加强信息化管理体制建设，成立以油田党政主要领导为组长、其他领导为副组长、油田副总师及相关部门负责人为成员的信息化建设工作领导小组。领导小组下设办公室，信息中心为领导小组的日常办事机构，组织开展信息化的技术支持工作，承担相应技术开发工作。按照“一个整体，两个层次，归口管理，分级负责”的管理模式，明确在主要生产单位和科研单位设立信息化管理机构，其他单位信息化职能并入相关部门，机关处室设置信息化管理岗，确定职能和定员，初步形成油田和所属二级单位的信息化管理体系。

2009年11月，信息中心普光网络技术人员正在维护设备　（马洪山）

【实施信息化项目18个】　2009年，信息中心组织参与实施信息化项目18个，分别是：（1）中原油田地质研究协同工作环境，由中国石化集团公司投资；（2）源头数据库及跨区域多应用中心的数据容灾备份系统，由中国石化集团公司投资；（3）油田集输和注水项目，由中国石化集团公司信息部推广；（4）油田生产数据互连互通工程；（5）油气勘探三维GIS信息系统集成；（6）油田网络安全管理系统完善，包括上网行为审计、网络舆情监测系统、内网安全管理系统、流量控制等4个项目；（7）油田高清视频会议系统；（8）油田网络设施到采油区的延伸；（9）油田公共服务器升级更新；（10）中原油田通讯、计算机、数字电视骨干网络基础升级建设；（11）中原油田ERP物料编码转换项目；（12）中原油田关联交易网上结算系统；（13）采油工程综合指标分析系统；（14）油藏产能评价与预测软件；（15）计算机配套项目。

数据容灾备份系统：是一套集数据库备份、文件备份、操作系统备份于一体的综合实时备份系统。

【建设开发油田企业级信息化应用系统】　2009年，信息中心开展油田企业级应用系统的建设和开发工作，与有关部门配合，实施中国石化集团公司人力资源管理系统（SAP－HR）、实验室信息管理系统（LIMS）和油田集输与注水系统生产优化方案、源头数据采集项目的调研工作，以及视频会议系统方案的制定、生产管理系统的升级改造、办公自动化系统（OA）建设；组织干部管理系统的方案论证工作。同时，与有关部门配合完成局办公综合业务系统服务器的升级和系统完善和人力资源系统（EHR）的数据服务器升级改造，对开发管理部、油气技术部、规划计划部等部门的应用系统和15台服务器进行日常维护。

【普光分公司ERP系统4个模块上线】　2009年，信息中心承担了普光分公司整个网络和系统运行维护的技术支持工作，对普光分公司应用ERP系统进行调研，并完成普光分公司ERP系统4个模块的上线运行。

【ERP系统深化应用项目7个】　2009年，信息中心组织物料编码转换、权限整改、投资管理、BW/BCS、资金集中管理、油气资产产量法折耗调整、销售价格领导在线审批和物资管理系统（MRO）合同审批权限上延7个深化应用项目的建设工作。制定《中原油田ERP系统运行和应用规范》，修订《中原油田ERP绩效考核办法》，建立完善ERP月度报告和月度通报的分层上报制度，确定财务和计划模块为典型培养模块，油田所有ERP用户持证上岗。根据《油田企业ERP应用达标考核细则》、《油田企业ERP应用达标评分表》完成修订意见26条，其中财务模块8条、计划模块4条、销售模块4条、物装模块10条，并上报中国石化集团公司。

BW/BCS：指中国石化集团公司总部财务计算机报表应用项目，是中国石化集团公司ERP系统进一步深化应用的重要项目。项目完成上线后，可满足中国石化集团公司总部对所属企业财务管理信息的需求，不仅可直接用ERP系统出具财务报表，还可通过终端报表方便快捷地查询所属各公司有关资产负债、利润、现金流量等相关信息。

2009年12月4日，信息中心工作人员在采油三厂明一联合站进行室外光缆施工　（何成彦）

【网络一体化管理】　2009年，中原油田推进“东濮老区、普光新区、内蒙古探区”三大基地建设，加强信息化与勘探开发、经营管理、精神文明建设的融合，开展信息系统的集中、集成和推广应用，规划普光气田和内蒙古探区的IP地址，加强对网络设备和互联网出口设备的监控及网络数据的分析，完成网络优化及扩建、ERP网络接入方案、互联网出口防火墙升级、ERP防火墙配置及筹建单点登录系统雏形，实现中原老区、普光气田和内蒙古探区网络一体化管理。

【网络信息安全建设】　2009年，信息中心加强网络及网络信息安全建设，完成对油田采油区的网络覆盖，进行核心节点链路优化及线缆整理；完成审计楼及档案楼的网络提速，上网速度从100兆升至1000兆；完善基层单位网络35个，新建3个。在内部网络安全系统管理上主要建设完善用户IP和网卡的物理地址（MAC）地址绑定、补丁自动分发、防病毒软件管理、违规联网管理、软件分发、硬件资源管理、软件资源管理、终端流量管理、终端安全管理等功能。通过部署内网安全管理、上网行为审计、流量控制、SSL VPN网关系统、信息基础设施综合网络管理平台，实现终端用户行为策略和应用管理。至年底，信息中心管理油田应用数据中心机房及核心节点4个、汇聚节点11个、骨干网络交换机50余台、网络访问设备12台、油田基础信息系统服务器或托管服务器50余台，油田网络用户1.6万。

SSL VPN：一种解决远程用户访问最简单最安全的技术，提供安全、可代理连接，只有经过认证的用户才能对资源进行访问。

【网站管理】 2009年，信息中心开展油田网络宣传工作，对专题栏目及时更新，开发普光分公司先进评比、油田科学发展观、“千人评机关”等专题栏目和ERP、信息化建设专题等网站。建设并运行油田网络舆情监控系统，为做好网络舆情宣传提供技术支持。信息中心与有关部门合并进行网络视频直播尝试。组织人员对油田机关的桌面系统和设备进行全方位维护，桌面系统维护1500余人次，设备维修500余台次。

【信息化培训】 2009年，信息中心举办37类培训班63期、培训4000人，其中ERP系统培训935人；建立员工远程培训教育网，举办网络培训班3期、培训630人，其中质量检验员在线培训387人；承办“国资委中央企业班组长岗位管理资格能力”远程培训班，培训班组长37人。

（余惠军）

【档案管理工作概况】 中原油田的档案管理工作由档案管理处（馆）承担，主要负责油田档案资料的收集、整理、编目、保管、鉴定、统计、编研和提供利用等工作，业务归口局长（总经理）办公室。截至2009年底，档案管理处（馆）有员工197人，具有高级职称25人、中级职称105人、初级职称48人；机构下设机关科室3个、业务科室4个、基层档案室28个，有兼职档案员1305人。2009年，档案管理处加强档案业务管理，指导25个二级单位重新修订《文件材料归档制度》，15个二级单位成立档案管理领导小组，75个二级单位重新明确档案工作主管领导。截至年底，油田收集整理纸质档案6.23万卷、7.14万件，录音、录像、电子档案3279盘，照片档案3906张，底图6.63万张，实物1292件，资料4.34万册，新建员工档案1216卷，整理入库员工档案材料8万余份，案卷质量达标率100%；接待档案利用者1.52万人次，提供档案资料服务22.74万卷次、复制档案资料12.05万页；收发地质资料24.4万份，为油气生产和科研工作提供资料保证；完成向中国石化集团公司地质资料中心上交地质资料1245件的地质资料上交、补交任务；完成向中国石化集团公司报送声像档案48件的任务。3月26日，油田首次对50名兼职档案员进行表彰。年内，档案管理处有7个单位、23人次受到上级部门的表彰，获河南省档案局档案优秀科技成果奖6项、油田优秀质量成果奖6项。

（邵志山　孙丽萍）

2009年6月，档案工作人员正在进行图纸扫描　（张晓敏）

【档案工作首次纳入行政办公室系统考核】 2009年3月25日，中原油田下发《行政办公室系统目标管理考核办法》，档案工作首次被纳入油田行政办公室系统目标管理考核。《行政办公室系统目标管理考核办法》分4章15条，考核内容包括综合协调、政务接待、督察督办、政研调研、文书处理、档案管理、基础工作8部分。对档案管理的考核实行百分基数制，考核内容涵盖文件材料归档制度建设、档案管理网络建设、档案材料的归档、借阅、安全保管、档案资源开发等各个方面。

【规范驻外机构档案管理工作】 2009年，档案管理处先后派出4个检查组，分别检查指导西南钻井公司、北京办事处、金桥宾馆、威海职工培训中心的档案工作，督促完善档案管理制度，健全管理网络，配备档案装具，完成档案资料的集中清查和系统整理。对外经济贸易总公司落实中国石化集团公司《驻外机构档案管理规定》，召开境外机构档案工作座谈会，下发《加强境外公司档案管理工作的通知》。各境外公司重新落实主管领导和兼职档案员，完善境外档案定期报送制度，苏丹、尼日利亚、沙特、埃塞俄比亚等境外分公司移交会计档案1325卷。

【数字档案馆建设】 2008年6月25日，中原油田数字档案馆建设正式启动。2009年，档案管理处进行数字档案馆系统软件的开发，加强数字档案资源建设，更新硬件设备，整合油田档案工作业务流程，细化功能模块设计，优化设计方案，完善技术标准，做好软件功能测试，完成中原油田数字档案馆系统软件的开发，建立了管理功能齐全、标准统一、服务利用高效的数字档案管理平台。完成行政办公室系统（OA）归档接口软件的开发，实现OA系统电子文件向数字档案馆系统的自动归档。新建目录数据库11.4万条，加贴条形码6.2万件，扫描纸质档案1.2万件、23万余页、底图1.2万张，实物900余件。

【地质资料管理信息系统项目通过上级验收】　2008年8月，档案管理处启动中国石化集团公司地质资料管理信息系统推广项目，至2009年6月，完成系统的安装、调试，并按照系统规定的数据库格式，对库藏地质资料目录数据库进行规范化整理，完成历史数据的全部入库和新形成地质档案资料的编目、数据著录工作，建立规范、统一的地质资料管理信息平台和地质资料全文、目录数据库，实现地质档案资料接收、分发、著录、统计、借阅、上交、汇交等各环节的网络化办公。年内，地质资料管理信息系统推广项目通过中国石化股份公司的验收。

（邵志山）

【档案安全管理】　2009年，档案管理处完善档案安全管理体系，成立安全生产委员会，修订安全管理制度，规范基础资料台账，加强涉密电子文件安全管理，成立安全生产领导小组30个、义务消防队30个，设立兼职安全员30人。举行“我要安全”签名仪式，签订科室安全目标责任书、全员安全承诺书；开展“我要安全”论文征集活动，征集论文30篇；举办HSE培训班3期、消防法知识竞赛、安全生产“十大禁令”考试、“安全伴我行”知识竞赛；开展周一安全活动，执行安全巡检和安全值班制度，开展“四无”队站创建活动。

【人事档案管理】　2009年，档案管理处做好人事档案资料收集工作，规范人事档案管理，协助组织人事部门做好疑议职工档案的审查鉴别、缺失档案材料清理查补，完成油田“三类”人员档案的复查整改任务；配合组织人事部门完成拟退休人员档案预审、职工子女办理劳动手册信息核对、科级干部档案数据库审核、外调职工档案转出等各项工作；加强与托管企业的业务沟通，严格按协议管理托管档案。年内，新建职工档案1216卷，审核整理干部档案1021卷，整理、入库档案资料8万余份，提供档案服务1107人次、9266卷次，移交、转出职工档案2306卷，开具档案证明496份。

“三类”人员：指中原油田的处级干部、各类专家及高级技师。

【普光气田档案管理】　2009年，普光档案室修订完善竣工文件编制整理规则，参加工程竣工验收、设备开箱验收和建设工程基础资料大检查，严把工程结算审批关，对工程归档实施全程控制，完成156项工程的档案材料审查和115个单项工程的档案专业验收，收集档案材料1.6万件；完成交工技术文件、监理文件、工程电子文件、工程照片等4个专题内容；对建设、施工单位工程技术人员进行档案业务培训324人。在进行照片档案日常收集工作的同时，定期到施工现场收集和拍摄工程建设情况照片。年内，普光档案室收集、整理纸质归档文件入库1.02万件，整改基建档案1867件，修整工程图纸721张，清理核对建设项目前期归档资料2536件，收集、整理电子文件779件；收集纸质和数码电子照片1794张，验收地质实物资料529箱，接收南方勘探公司气井地质资料1200件。同时，完成岩芯库搬迁工作，运送岩芯53车，搬迁86口井3214盒（件）资料。提供档案利用2321件次。

（孙丽萍）

2009年10月10日，档案管理处安全生产监督组在档案库房内检查消防安全设备

（冯文孝）

【档案管理处被评为河南省档案学会先进单位】　2009年，档案管理处结合油田档案工作实际，组织档案工作者开展学术研讨活动，获河南省档案学会优秀论文奖论文9篇，参加中国石化集团公司油气田档案协作组论文交流并获奖26篇，在专业杂志上公开发表论文12篇。同时，承办河南省档案学会第六次会员代表大会，档案管理处处长张明功当选河南省档案学会第六届理事会副理事长。12月11日，档案管理处被河南省档案学会评为先进单位。

（邵志山）

【6项成果获河南省档案优秀科技成果奖】　2009年10月11日，档案管理处在河南省档案局档案优秀科技成果评选中，有6项成果获奖，其中“中国石化地质资料管理信息系统推广与应用”获一等奖；“地震勘测原始档案数字化建设研究”、“中原油田境外企业（项目）档案控制与管理”获二等奖；“电子档案与纸质档案管理问题的研究”、“企业档案数字化范围界定研究”和“企业档案编研成果的制作与应用研究”获三等奖。

【《普光九章》获“中华铁人文学奖”】　2009年6月26日，张明功撰写的长篇报告文学《普光九章》获第三届“中华铁人文学奖”，受到中国海洋石油总公司、中国石油天然气集团、中国石化集团公司、中华文学基金会及中华铁人文学奖评委会的表彰，这是张明功继长篇报告文学《异域争雄》

后第二次获得该奖项。《普光九章》通过“大突破的序幕”、“大手笔的勾画”、“大开发的尖兵”、“大攻关的利器”、“大巴山的丰碑”、“大动脉的律动”、“大合唱的强音”、“大熔炉的冶炼”和“大爱者的奉献”九章内容，首次全景式展示中国石化集团公司职工挺进川东北、建设大气田的壮阔场面。（孙丽萍）

【编发《中原兰台》19期】 《中原兰台》是由档案管理处出版发行的内部资料性报纸。2008年6月30日，由河南省新闻出版局批准出版，发送范围限定在档案系统、档案行业及中原油田内部单位。《中原兰台》以传播档案管理信息，促进档案业务交流，宣传本行业先进典型，激发员工工作热情，营造富有档案行业特色的文化氛围为出版宗旨。刊发内容：一是国家、河南省、中原油田、档案管理处有关领导的讲话精神，石油石化档案系统及档案管理处内部主要工作信息和重要活动图片；二是档案管理处资料收集、整理、借阅服务、史志编纂、业务培训、党建工作、工团活动等方面动态信息；三是档案管理处先进集体、先进个人事迹；四是档案管理处员工在档案管理、史志编纂等方面的论文、工作心得、经验介绍等文章；五是中原油田大事记；六是档案管理处收藏的油田员工创作的书法、绘画、摄影等作品；七是档案管理处员工原创的文学艺术作品。截至2009年底，《中原兰台》出版19期，刊发信息433条，专题文章、资料性稿件188篇，照片429张。（李 丽）

2009年中原油田档案资料库藏量

项目		单位	数量
全宗		个	236
案卷		卷	1539580
案卷排架长度		米	45689.58
以件为保管单位档案		件	439494
以件为保管单位档案排架长度		米	1462.89
录音磁带、录像磁带、影片档案		盘	13586
照片档案		张	67482
底图		张	841071
电子档案	磁带	盘	77374
	磁盘	张	5789
	光盘	张	5603
资料		册	427962
实物		件	28542

（邵志山）

油地工作

【油地工作概况】 中原油田公共关系管理和土地管理工作主要由对外关系处负责，对外关系处又称土地管理办公室，主要负责油田与各级政府部门工作的协调、生产施工过程中重大公共关系的处理和建设用地“征、管、占、用”等工作。截至2009年底，对外关系处（土地管理办公室）有员工27人，包括普光分公司对外关系部员工5人，具有高级职称4人、中级职称17人、初级职称6人；机构下设科室7个。2009年，对外关系处秉持“服务、协调、管理、共赢”理念，推行属地管理，疏通油地关系，保障钻井搬迁，妥善处理重要工农关系问题343个，协调钻井施工搬迁316井次，协调避免税款及处罚4155万元。推行“赔付到户”和“属地管理”办法，制定《工农系统量化考核办法》、《青苗费项目管理实施方案》等制度性文件7个，编订《土地及青苗费用管理文件汇编》。年内，发生青苗赔偿费1.41亿元，同比减少440万元。征用建设用地73.4万平方米，报批省级单位土地面积116.18万平方米，提起建设用地预审218万平方米；办理国有土地使用证99本、土地使用面积258.1万平方米；完成普光气田永久性征地333.34万平方米，临时用地400万平方米；城镇土地使用税清查核减免税面积759.6万平方米；分割住宅小区用地572.2万平方米。2009年，对外关系处被中国石化集团公司评为土地管理先进单位。

（鲁利民）

“属地管理”办法：指凡是在油气生产单位（简称甲方）辖区内施工时所涉及的工农关系，一律由甲方负责处理，青苗赔偿等费用由甲方负责与地方谈判，施工单位（简称乙方）只负责施工项目，不与地方发生业务赔偿关系。由于乙方自身原因造成的赔偿费用，经甲、乙双方进行确认后，从乙方工程款项中予以扣除，由甲方代为支付。

【帮扶地方】 2009年，中原油田开展春季抗旱、“三夏”支农、“六一”

2009年2月10日，中原油田领导将筹措的抗旱浇麦资金捐赠濮阳市受灾县区（仝 江）

支教等活动。春季，濮阳地区遭受大旱，对外关系处牵头成立支援抗旱浇麦夺丰收工作领导小组，为旱区支援抗旱浇麦资金300万元；组织油气生产单位为油区乡镇接水泵3379台，灌溉麦田3415.08万平方米，调派挖掘机8台，疏通河道4000多米；麦收期间，组织“支农下乡”小分队17支、205人次，为油区32个自然村维修农机具1980余台件、赠送面粉、食用油40余袋桶。“六一”儿童节期间，为濮阳县徐镇中心小学赠送电脑10台；组织油气生产单位向油区内49所中小学捐赠学习、文体用品2.06万件套；开展法制教育主题活动3次，制作宣传展板、赠送法制安全图书600余册。组织油气生产单位利用文化、物资优势助农和支农，其中采油一厂为西张庄村建设800立方米沼气站1座；采油二厂分别为北关村、北街村、阎庄村铺修农业路，修生活水源机井1口；采油三厂为霍子寨村完善规模养殖点36个；采油四厂为后夹岗村修路67米，为后朱寨村推路基150米；采油五厂为庆南村平整道路1600米，帮助东辛庄村整修、扩展街面道路300余米；天然气产销厂为后草场村植树3000余棵，种植草坪400余平方米。

（宋国强）

三夏：指夏种、夏收、夏管。

2009年6月1日，对外关系处赠送濮阳县徐镇中心小学电脑10台（鲁利民）

【征用土地管理】 2009年，中原油田取得国土资源部批复土地67.39万平方米，上报国土资源部待审批土地116.18万平方米，在协调报批之中的土地82.63万平方米。完成油田职工住宅小区土地产权变更登记工作，涉及小区87个、土地757.89万平方米，年节约土地税费4643万元。逐一核对油田土地总量、土地应税面积、土地等级，提供免税用地证明材料。完成皇甫片区林地与建设用地的确认、勘测定界、控制性详细规划编制和政府城乡规划评审会议通过等工作，建设用地规划许可证进入办理阶段。针对内蒙古乌拉特中旗税务部门的巨额罚款，收集证据，争取听证，避免罚税款4100余万元。核对职工住房个人土地证书1.44万本，办理国有土地使用证750本；完成原销售公司40宗土地的权属情况、用地情况调查；完成移交濮阳市油田教育中心的48宗土地的分割工作。查处可疑用地66处，违规用地5起，起诉3起，清理被侵占土地2.24万平方米。

（晁建磊）

【青苗赔偿费用管理】 2009年，中原油田针对青苗赔偿费用管理工作的实际情况分解成本指标，层层传递资金压力，推行油藏经营和项目管理，将1.2亿元青苗费用分解到各油气生产单位，各单位依生产情况再分解到区、站、单井，赔偿业务由基层区队相关负责人现场签认，将青苗费管理压力进行传递。推行直赔到户、规范赔付模式，合理规范的赔付模式在油区逐步建立推广，青苗费直接兑付到户1.73万户，涉及乡镇19个，自然村175个，兑付金额1619万余元。严审日报单据，规范资金运作，起草《青苗赔偿费用项目管理实施细则》，加大结算单据审核力度，审核单据9.8万份，金额1.97亿元，查处不符合要求单据320份，金额341万元。树立“没有责任追究的监督是管理不到位”的思想，从3个重点监督环节和7个监控点进行监控，组织“三不”检查34次，抽查赔偿现场136个，现场提出整改意见68条。坚持每月召开资金月度分析会，对采油系统青苗费用发生情况分类进行统计分析。编订青苗费考核公报12期，编报青苗费项目分析材料12份，开具各类付款单据560余份，申报、落实青苗费对外付款计划3.0亿元，审核装订凭证48本、1840份；账本报表12本1200多页；编制上报各项会计报表及明细表104套。

（杨佩花）

2004—2009年中原油田土地征用情况

年份	项目	征地面积（万平方米）	征地投资（万元）	备　注
2009	油气田工程	55.6	5420.61	
2008	油气田工程	—	—	完善征地手续
2007	油气田工程	18.67	2100.16	
2006	油气田工程	42.42	4135.65	
2005	油气田工程	48.29	2684	不含普光气田50万平方米
2004	油气田工程	125.83	10383.36	

（晁建磊）

科技进步

综　　合

【科技工作概况】 中原油田科技工作管理部门是科技部，主要负责国家、中国石化集团公司和油田科研攻关、新技术推广项目的立项论证和全过程管理；组织油田科技进步规划和年度计划的编制及实施；负责油田科研、新技术推广项目的验收、评审及科技进步奖的申报和奖励；负责油田高新技术产业的立项论证和全过程管理；负责知识产权和专利工作的管理；负责科技外协项目的计划编制及合同的审查；负责科学技术协会及油田科普日常工作；负责油田科技经费管理；协同有关部门组织全油田技术方面合理化建议和“五小”成果的评审；负责油田科技成果归档及保密工作等。截至2009年底，科技部有员工15人，其中教授级高工职称2人、高级职称13人；机构下设科室5个。2009年，科技工作围绕油田油气勘探开发生产和石油工程技术发展的需要，以加快形成具有中原特色的技术系列为目标，加强项目运行管理，加大自主创新和集成创新力度。中原油田承担国家级科研项目5项，中国石化集团公司科研项目26项，中国石化集团公司石油工程先导试验项目16项，组织开展油田重点科研项目109项，新技术推广项目10项，投入科技经费1.46亿元。中原油田获国家专利18项；获中国石化集团公司科技进步成果4项；获油田科技成果143项，其中一等奖25项、二等奖53项、三等奖65项。

【科技管理】 2009年，中原油田加强科技体制建设，重新调整科学技术委员会成员，并成立国家科技重大专项项目领导小组、国家科技重大专项办公室、5个课题管理办公室及9个实施工作组；成立空气—泡沫驱提高采收率技术项目领导小组和油藏工程研究、工艺技术研究、矿场试验实施及4个项目协调工作组；成立油（气）田开发关键配套技术项目领导小组和集成配套项目组；成立石油工程技术集成配套项目组5个及现场实施工作组。制定油田科技先导试验项目等重大科技项目管理办法。同时，完善科技项目立项、运行、验收等科技管理关键环节的管理程序，调整完善科技经费使用论证、审批程序。组织国家和中国石化集团公司项目的立项工作，承担国家级项目5项、中国石化集团公司项目26项、石油工程先导试验项目16项。在科研项目的运行管理上，进行重大项目跟踪管理和油田重点项目季度考核。6月，在中国石化集团公司开展的项目中期检查中，中原油田参检的6个项目全部通过检查。通过中国石化集团公司科技项目合同验收和科技成果鉴定11项，获与会专家认定科技项目7项。申请中国石化集团公司科技进步奖成果12项，其中“查干凹陷储层评价与油气的关系”、“东濮凹陷浅层油气成藏条件及分布规律”等成果获中国石化集团公司科技进步三等奖。

【重大科技项目立项】 2009年，中原油田组织国家重大科技立项2项，向中国石化集团公司申报论证项目9项、技术先导试验论证项目17项。(1)组织召开国家重大科技专项实施推进会，审查专题任务书，确定课题组组长12个、专题组组长47个，完成国家重大科技项目“高含硫气藏安全高效开发技术”、“四川盆地普光大型高含硫气田开发示范工程”的立项运行工作，讨论确定示范工程课题、专题设置、主要研究内容、研究目标、技术路线以及外协单位的优选；组织编制项目经费预算书、项目课题及示范工程的任务合同书。3月，2项重大科技项目通过国家发展与改革委员会组织的专家审查。(2)完成中国石化集团公司“白音查干凹陷油气成藏主控因素与有利区带预测”、“高温抗盐表面活性剂研究”、“空气锤及配套钻头研制”等9个科研攻关项目的立项申报工作；完成中国石化集团公司“中原探区表层结构精细建模技术先导试验”、“中原油区低阻油气层测井识别评价技术先导试验”、“中原油区超短半径径向水平井钻井技术先导试验”、“川东北复杂地层防漏堵漏技术先导试验”等17项石油工程技术先导试验项目的立项论证工作。(3)在全油田范围内公开选聘项目长和项目成员，选聘先导试验项目长17个，重点科研项目长26个；完成2010年科研项目计划的申报工作，通过信息系统申报立项建议25项。

（汪　平）

【“模块化同层排水节水系统”获全国“精瑞科学技术奖”】 “模块化同层排水节水系统”是将卫生洁具的排水横支管集成模块化，集同层排水与废水收集、储存、过滤、回用冲厕为一体的节水装置系统。此项目由设计院于2003年6月5日—2004年10月31日完成。“模块化同层排水节水系统”是对室内排水系统的重大结构改变和创新，解决了卫生间排水系统存在的“漏、臭、堵、噪音、污染和浪费”问题，在国内10多个省市推广应用，节约用水30%以上。2002年申请国家专利，2005年9月14日获批，专利号为ZL021229929。2005年被河南省科技厅列为高新技术成果转化项目，2006年被建设部列为全国科技推广项目，2008年入编由海南、广东、广西、湖南、湖北、河南6个省联合编制的《建筑设备同层安装》标准设计图集和新疆自治区编制的《卫生间模块化同层排水节水系统》标准设计图集，2009年被列为中国工程建设标准编制计划。10月29日，“模块化同层排水节水系统”获科学技术部“精瑞科学技术奖”，这是国家建筑领域科学技术的最高奖项。　（申祥波）

科学研究

【油气勘探研究】　2009年，中原油田在东濮凹陷开展高精度三维地震采集技术、处理技术、复杂断块解释技术，陆相含盐盆地薄互储层预测技术，复杂碎屑岩测井解释技术等研究，部署的濮深18井、文203－59井见到良好效果；系统研究复杂断块群主要增储领域，进行有限空间模拟实验，研究成果及时应用于勘探实际工作，对优质储量投入开发。在勘探新区开展“白音查干凹陷成藏主控因素与有利区带预测”研究，岩性油藏勘探取得重要进展，部署锡23井、锡27井、锡29井，探明石油地质储量127万吨；查干凹陷在重新研究凹陷构造特征，评价基本石油地质特征基础上，优选老井毛1井、力1井进行试油，毛1井区上报控制含油面积10.32平方千米，控制石油地质储量1468万吨，力1井区在深层巴一段预测储量近千万吨。年内，中原油田探明石油地质储量836万吨、天然气地质储量11亿立方米。

【油气田开发研究】　2009年，中原油田针对东濮老区开发特点，创新科技攻关模式，开展油气田开发研究。成立油气藏精细描述等集成配套项目组14个，围绕14项配套技术的集成完善展开科研和新技术推广。在深层高压低渗复杂断块油藏、深层高压低渗薄油层油藏、多油层非均质油藏开展精细描述，进一步认识油藏构造；高精度三维地震通过开展10米以下断层解释及5米以下砂体描述技术研究，提高地震资料识别精度；水平井压裂技术取得突破，文92－平2井压裂后日产原油14.2吨；开展氮气气举油井动态找水技术、4″套管井卡堵水管柱、高压机械卡堵水管柱、安全挤堵管柱、长井段分层挤堵技术、不留塞封堵技术攻关；复杂井况修复146口，修井工艺成功率高于90%；推广应用分层压裂工艺技术井84口，工艺成功率92%；水平井钻井技术取得进步，固井质量得到提高。空气泡沫驱先导试验在完成胡12－152井、卫317－10井等现场注入的基础上，开展明15块空气泡沫驱3个井组的先导试验，累计注入空气360万立方米，泡沫液1.86万立方米，增产原油1340吨；文88块天然气驱先导试验，注入天然气1929万立方米，并进行沙三中[9]上返的技术准备。二氧化碳驱先导试验开展试验区濮1－1井第2个段塞的注入和新濮6－17井组的现场试验，累计注入液态二氧化碳9762吨；对应油井濮1－67井含水率由99.8%下降到90.7%，日增产原油12.5吨。截至年底，濮1－67井增产原油2900吨，为注水废弃油田的二次开发提供依据。

2009年7月12日，普光天然气净化车间技术人员在第一联合装置凝结水泵处开展流程导通　（马洪山）

【石油工程技术研究】　2009年，中原油田研究形成适用于东濮老油区复杂地表的观测设计及现场快捷变观系统，高精度三维地震采集资料的信噪比、分辨率、成像精度都达到较高水平；提高超深井钻井速度与安全钻井技术研究，新研制的TDR1－127型耐高温127减速涡轮钻具经现场试验取得成功，比转盘钻井机械钻速提高80%以上。在川东北地区逐步形成并推广水平井钻井调整设计技术、水平井钻井液技术、超深水平井安全钻井现场施工技术和水平井完井技术等；研制空气锤及配套钻头项目，完成气体钻井用5个型号长寿命空气锤、6种规格空气锤钻头的研制和试验；开展低孔低渗砂层储层测井、老油区低阻油层测井评价、射孔工艺、开发测井技术及固井质量评价、油气层图形化解释、水平井地质录井等技术研究。同时，结合老油田地面工程改造和产能建设，对油气处理系统运行效率、集输系统运行参数和系统运能总体实施方案进行调整研究，油田地面节能降耗水平得到提高。

【普光气田关键技术研究】　2009年，中原油田在普光气田重点开展礁滩相碳酸盐岩储层展布、高含硫气藏相态特征、厚气层与长井段投产气井产能预测等研究，初步形成普光气田超深层礁滩相碳酸盐岩储层预测技术，预测气层符合率83.9%；开展高含硫高产气井井身结构设计及安全评价方法研究，设计制造高温高压地层堵漏实验装置，优选防腐蚀水泥浆添加剂；应用双向双效多级分段延时射孔技术和暂堵分流多级注入酸压工艺，实现一次性长井段射孔和有效动用二、三类储层；对油管管材、井下工具、井口的腐蚀性能、机械性能进行评价，开发出溶硫剂、缓蚀剂；开展复杂地表条件下湿气集输工艺模拟调整、高含硫气田集输系统积液监测技术、安全控制技术研究，初步形成复杂地表条件下高含硫天然气湿气集输工艺技术，并在普光高含硫气田地面集输工程建设中应用；首次开发出性能指标达到国际同类产品水平的高镍基合金油管、直径219毫米集输线用X60/825双金属复合管，为普光气田安全高效开发提供国产高抗硫管材。

（汪 平）

2009年度科技成果选介

【查干凹陷储层评价与油气的关系】
“查干凹陷储层评价与油气的关系”项目由勘探开发科学研究院完成，研究时间为2005年6月—2008年12月。项目从制约本区油气勘探的主要因素储层入手，运用层序地层学、岩石学、地球化学等方法，建立查干凹陷层序地层格架，研究火山岩形成的大地构造背景，分析碎屑岩和火山岩2类储层的特征和分布规律；结合与邻区盆地的类比，分析查干凹陷的勘探潜力、油气藏类型，明确勘探目标。主要研究工作：野外地质踏勘1次，观察描述野外地质剖面6条；完成二维地震资料重新处理56条、2021.1千米；精细解释二维地震62条、2172.55千米；编制有关构造图件18张；观察描述7口井的岩芯239.65米；拍照1500余张，取样260块，分析样品759块次；开展岩石地层、古生物地层研究，完成图件10张；开展层序地层研究、沉积学研究，完成图件64张；开展碎屑岩储层综合评价研究，完成图件56张、微观拍照1000余张；完成火山岩的岩石学特征、地球化学特征、岩电关系以及储层特征研究；编制相关图件50余张；综合利用火成岩地震响应、波阻抗反演、伽马反演等方法完成火成岩储层预测，编制相关图件20余张；优选评价有利勘探目标3个。提出查干凹陷的火山岩形成于被动大陆裂谷环境；建立火山岩的喷发模式；系统研究下白垩统各层序不同体系域的沉积相及其展布规律。该技术在力1井实施，完井电解油层4层、5.6米，差油层1层、1.4米，气层3层、10.5米，发现新类型碳酸盐岩储层和新含油气层系。在毛1井1145.9～1185.4米井段进行试油，获工业油流，控制含油面积23.1平方千米，新增一类控制地质储量3300万吨。

【东濮凹陷浅层油气成藏条件及分布规律】
“东濮凹陷浅层油气成藏条件及分布规律”项目由勘探开发科学研究院完成，研究时间为2006年1月—2008年12月。项目主要研究新构造运动对浅层油气成藏的控制作用；砂体、断裂、不整合输导性能及对油气控制作用；剩余压力研究，将有效输导体与流体动力分布相结合，形成流体动力和有效输导体二元控藏的新认识；明确古近系沙一段为浅层的重要勘探层系；运用物探新技术精细评价新近系明化镇组、馆陶组的勘探目标。成果应用于东濮凹陷“十一五”油气勘探计划，实施钻探井位8口，探明石油地质储量202.7万吨，提出加强浅层油气勘探的新思路，在沙一段濮城、庆祖、刘庄和桥口地区有新发现，形成适合东濮凹陷浅层地质特点的勘探技术和研究方法。

【文23气田结盐机理及防治技术】
“文23气田结盐机理及防治技术”项目由天然气产销厂完成，研究时间为2006年1月—2008年12月。项目针对文23气田结盐速度快、盐垢成分复杂等难题，研究地层和井筒结盐机理，以及氯化钠、碳酸钙和硫酸钙形成过程及影响因素。研究表明，压力降低是气井结盐的主导因素。气层结盐存在阶段性，渗透率越高，结盐上限压力越高。结盐对岩芯的伤害程度达到90%以上。文23气井结盐以钠盐为主，多以复合盐垢、包裹体形式存在。采油一厂通过正交试验研发清防盐化学处理剂，不仅具有抑制钠盐的性能，还具备防垢能力。同时开发泡沫酸，对不同气井的盐垢溶蚀率达到80.5%。开发和完善结盐监测技术，掌握结盐气井的动态变化，提高措施针对性。针对不同盐垢类型和结盐部位，自主研发井筒和地层清防盐工艺技术。开发加药、补水、气举一体化工艺流程，解决加药和气举的难题。调整气井生产管柱，提高清防盐效果。采用泡沫酸与撬装气举结合的方式，增加返排速率。采用地层挤注抑盐剂工艺，延长结盐周期。在研究期间，利用一体化工艺流程对46口气井加注清水和化学处理剂，对23口气井开展调整管柱、酸化除垢、压裂加注抑盐剂联作等清防盐工作。结盐周期平均延长28.5天，措施成功率大于90%，有效率大于95%，年增产天然气3000万立方米以上，确保文23气田稳产。

【高含硫化氢气井试气投产技术】
“高含硫化氢气井试气投产技术”项目由采油工程技术研究院完成，研究时间为2006年1月—2008年12月。项目主要开展了油套管耐腐蚀性能评价、管柱在酸压和生产条件下的受力研究，形成酸压生产一体化完井生产管柱；开展延时起爆、多级传爆射孔和多级注入暂堵酸压工艺研究，形成高含硫长井段射孔和酸压技术；分析碳酸盐岩储层伤害机理，进行除硫剂、密度调节剂等添加剂的优选，形成适合普光气田特点的入井液体系；设计耐硫化氢腐蚀和高产气井试气流程，并与6台焚烧炉并联，形成适合酸性气田的长时间试气工艺；针对高含硫特点，进行井下作业配套技术和射孔后暂堵技术研究，形成作业录井、屏蔽暂堵和投产工艺。研究成果最终形成高产量、耐高硫化氢腐蚀、酸压生产一体化管柱，双向起爆、多级延时减震射孔技术，低腐蚀、高密度碱性压井液体系，长井段分级注入大规模酸压工艺，长时间双流程焚烧炉试气工艺。高含硫化氢气井试气投产技术在普光气田气井试气投产应用，射孔一次成功率、射孔弹发射率及酸压施工成功率均为100%，无井喷、井漏、环境污染现象发生，投产的9口井平均无阻流量588.23万立方米/日，合计配产天然气830万立方米/日，气井投产后，年累计生产天然气30.3亿立方米，新增产值24.37亿元，新增利润6.58亿元。

（汪 平）

【基于叠前成像的地震观测系统调整设计与软件开发】 “基于叠前成像的地震观测系统调整设计与软件开发”项目由物探研究院完成，研究时间为2008年1月—2009年12月。项目依据叠前偏移反假频和叠前偏移分辨率函数设计观测系统的基本采样，根据采样均匀和面元属性一致性原则设计观测系统基本布局，设计适合叠前偏移的地震观测系统；研究开发偏移距均匀性分析、聚焦束分析、叠前偏移响应、正演模型分析等观测系统评价技术，用以对观测系统进行多层次分析，获得符合叠前偏移要求并能满足地质目标成像需要的观测系统；开发基于叠前偏移成像的三维地震观测系统设计软件（GDS），具有观测系统参数论证、自动寻优三维观测系统设计、偏移距均匀性分析、三维模型设计、叠前偏移分辨率函数分析、采集足迹分析、地质目标照明分析和采集成本测算等功能，利用该软件实现观测系统调整设计和经济评价。项目成功应用于东濮凹陷和查干凹陷的地震采集设计研究中，为地震勘探提供技术支持。该项目入选中国石化集团公司油田企业自主知识产权软件产品目录，有良好的推广应用前景。

（汪　平　李胜利）

【桥口—新霍地区油气聚集规律与勘探目标评价】 “桥口—新霍地区油气聚集规律与勘探目标评价”项目由勘探开发科学研究院完成，研究时间为2008年1月—2009年12月。项目利用地震、测井、取芯和分析化验等资料，研究火成岩岩性、电性、平面分布和期次，分析表明火成岩存在窜层现象，地层沉积上对应于沙二末期。明确桥口—新霍地区沙三段主要标志层之间的对应关系，保证构造解释和综合评价的一致性。整体解剖黄河断裂系、桥东—新东断裂、玉皇庙等断层的走向、展布、期次，理顺各主要断裂的相互关系，将桥口—新霍地区构造分为黄河断缝带、断阶带、地堑带、屋脊带及地垒带等5大区带；重点分析新霍构造样式，主要为顶部东倾断阶和翼部反向断块。利用取芯、测井和分析化验等资料，明确沙三段发育曲流河三角洲—滑塌、近岸水下扇—深湖、扇三角洲—近岸水下扇3大沉积体系。建立三角洲前缘水下分流河道、河口坝、近岸水下扇水道和远岸浊积砂体类型4种，并重点研究新霍地区沙三中储层发育情况。研究不同区带的油气分布特点，建立纵向上上油下气的油气藏模式，平面上圈闭受断层控制，油气充注程度低。取得的技术创新点：（1）以精细断层刻画、钻井轨迹沿屋脊高点的勘探思路，为低幅构造勘探开辟了新空间；（2）高精度三维二次采集、处理、解释一体化是实现老区成功勘探挖潜的有效途径；（3）低丰度探区极复杂断块油田整体解剖、分层系精细评价是分析老区滚动勘探潜力的有效方法。该项目应用井位12口，均见油气显示，试获工业油气流井7口，其中高产工业油气流井6口，探明油气当量383.78万吨。

【查干凹陷石油地质特征及勘探目标优选】 “查干凹陷石油地质特征及勘探目标优选”项目由勘探开发科学研究院完成，研究时间为2009年。主要研究内容：（1）地层划分与对比研究，建立完善的生物地层序列，建立应用性较强的不同级别的岩、电性标志层，明确标定有关地层的地震反射特征。通过地层对比，确定地层时代，在此基础上，建立井间地层对比关系。拉通凹陷与邻区地层对比关系，探讨它们之间在沉积演化上的差异，寻求油气勘探线索。（2）构造特征研究，通过对二维地震资料的系统解释，完成凹陷基本构造格架、断裂体系、圈闭发育与分布、构造样式、结合层序的格架研究、地层展布特征开展构造演化研究。（3）沉积与储层研究，凹陷内发育碎屑岩、火山岩两种储层类型。储层是制约凹陷油气成藏的重要因素之一，两种储层的研究有较大区别，研究中应分别考虑。（4）查干凹陷油藏特征及成藏分析，通过对已发现油藏进行解剖研究，初步建立油层的识别标准，进行油源分析，研究油藏类型。项目应用情况：通过老目标的优选，提出老井试油方案，毛1井苏二段上部碎屑岩段、力1井巴一段灰质砾岩段试油获工业油流；通过对新落实目标的优选评价，部署钻井7口，均钻遇良好油气显示，其中毛1井、力1井、毛8井试获工业油流，毛1井区上报控制石油地质储量1468万吨，力1井区储量背景近1000万吨。

【水平井地质设计规范及井身结构调整研究】 “水平井地质设计规范及井身结构调整研究”由勘探开发科学研究院完成，研究时间为2008年4月—2009年12月。项目主要分析中原油田水平井的应用状况，分4种油藏制定水平井的筛选标准，提出区块水平井地质设计描述重点内容及水平井单井设计注意事项，规范封面及附图、附表的格式，分5个部分形成地质设计规范。对比分析胜利、辽河、大庆、江苏等油田的地质条件及水平井井身结构类型差异，分析中原油田水平井的井身结构类型存在的问题，结合油田实际情况，确定水平井井身结构调整设计的原则、原理和方法，以地层孔隙压力和破裂压力剖面为依据，考虑水平井井眼轨迹控制的特殊要求，分3种情况规范完井方式，为中原油田水平井井身结构设计提供科学依据。项目研究首次制定中原油田水平井的设计规范，使水平井的设计程序化、标准化，对水平井技术在中原油田的应用起到推动作用。统一规范水平井的井身结构，便于水平井后期作业，并结合水平井测井、修井、完井及改造等技术，形成中原油田特色的水平井配套研究技术系列。在项目研究期间，完钻投产水平井15口，其中属断块油藏高部位井9口、边水油藏井5口、老区二类层井1口，平均油层钻遇率达到80%。投产后，9口井初期产油量在10吨以上，6口井在15吨以上，15口井平均初期产油量12.7吨/日，含水率45.8%；年累计开采原油1.5万吨，建成产能3.2万吨。

【濮城沙一下油藏二氧化碳驱先导试验方案】 “濮城沙一下油藏二氧化碳驱先导试验方案”项目由勘探开发科学研究院、采油二厂和采油工程技术研究院联合完成，研究时间为2007年1月—2009年12月。项目针对濮城油田沙一下注水开发废弃阶段剩余油高度分散、油藏高温、高矿化度、高钙、镁离子的特点，探索特高含水水驱废弃开发油田提高采收率的途径，在濮城油田沙一下油藏开展二氧化碳气/水交替驱提高石油采收率技术研究。项目综合应用密闭取芯、动态监测等多种资料，在室内实验、油藏精细描述、混相驱数值模拟、二氧化碳/水交替驱参数优选论证及配套工艺设计的基础上，编制二氧化碳水气交替驱先导试验方案，优选濮1-1井组进行现场实施，设计二氧化碳注入、产出流程，完成二氧化碳注入站建设。综合分析油藏的有关静态、动态以及监测信息，及时对项目的开发效果进行评价。取得技术创新点：（1）在中原油田首次实现二氧化碳气水交替驱注入，在水驱废弃油藏开展二氧化碳驱提高采收率先导试验；（2）利用国际先进的Petrel与Eclipse软件进行三维地质建模和油藏数值模拟，实现无缝连接，达到建模数模一体化目的；（3）建立特高含水油藏以2米原状长岩芯不同段塞驱替室内试验和油藏数值模拟技术为核心的二氧化碳/水交替驱油机理；（4）建立8种影响因素下二氧化碳/水交替驱油注入参数优选方法；（5）初步形成二氧化碳/水交替驱注入工艺及防腐技术。项目现场实施后，二氧化碳/水注入成功，累计增产原油2931.4吨，井组采收率增加8.3个百分点，利用回收处理炼厂工业排放的二氧化碳驱油提高采收率，达到节能减排和增产原油的目的。

【深层高压低渗薄储层油藏开发技术研究】 “深层高压低渗薄储层油藏开发技术研究”项目由勘探开发科学研究院、采油四厂联合完成，研究时间为2009年。项目针对文88块在徐楼断层局部区域研究精度低、低部位储层发育规律性不清、油藏储量控制程度低、采出程度低、采收率低的特点，综合应用地质、地震、测井、分析化验、生产监测等资料对该块进行整体评价研究，通过小层沉积微相研究，刻画砂体变化形态，进行相控地质建模研究和剩余油分布规律研究，在精细刻画油藏的基础上，根据平面上小层沉积微相变化、空间上不同相带的组合关系，进行空间相控布井，并根据各种井型的有效配置和注采井网调整实现缩小井距、细分开发，最大程度控制储量，根据层系、相带的合理组合有效减缓层间级差，应用工艺技术集成配套，实现最大程度有效动用储量。项目实施后，增加水驱动用储量11.8万吨，采油速度由1.5%提高到1.7%。

【分类油藏井组层间精细调整方案研究及应用】 “分类油藏井组层间精细调整方案研究及应用”项目由采油三厂完成，研究时间为2009年。项目主要研究开展极复杂断块油藏精细构造、沉积微相、剩余油分布规律、不同类型油藏剩余油组合监测技术、不同类型油藏精细挖潜模式、不同类型油藏综合配套工艺技术等研究，深化油藏和剩余油认识，纵向上“减小级差、压缩层段”，平面上“点弱面强、差异挖潜”，工艺上选择和调整配套不同类型油藏综合配套工艺技术，实现单井、井组立体挖潜。主要创新点：（1）应用高精度三维地震资料，对断层的识别精度达到5~10米，尤其是井间断层及微幅度构造研究：重新落实明1块断裂结构，低级序断层得到落实。（2）应用各种剩余油监测解释技术，通过对测试原理、解释方法及油田地质特征分析，找到适合不同类型油藏剩余油监测组合技术。（3）不同类型油藏特高含水后期井组精细挖潜组合技术，主力油层通过深挖微构造高点、断层边角的潜力、提高构造复杂带、事故井区剩余油动用程度；通过缩小注采井距，提高水驱动用程度；利用集成配套技术提高二、三类层动用。项目实施后，2007—2009年调整井组176个，封堵低无效注水层820层、1805.5米，注水压力上升2.1兆帕，注水强度控制在2.7，增加水驱控制储量202.3万吨、动用储量146.4万吨。精细调整井组对应97口油井措施增产原油明显，增加可采储量60.69万吨，封堵高含水层136层、373米，综合含水率下降18.1个百分点，日增产原油421吨，是常规措施的2倍。该项目研究成果推广应用于生产实践，措施投入0.78亿元，油井产出9.89万吨，实现利润2.97亿元。

2009年7月1日，中原油田在濮新6-17井组开展二氧化碳驱先导试验

（仝　江）

【明1西立体开发研究与实践】 “明1西立体开发研究与实践”项目由采油三厂完成，研究时间为2009年。项目研究通过高精度三维地震精细处理，掌握区块总体构造格局，通过各种测井资料的精细校正以及层位的精细标定，借助以电缆式重复地层测试器（RFT）、高分辨率地层倾角测井仪（HDT）为主的监测资料，精细刻画小于10米的低序级断层；摸清了区块20个砂组60个小层的储层评价、水驱动用状况及潜力分布，进行小层、单砂体沉积微相研究，搞清储层空间展布规律，研究分析各井点、各小层测井相展布情况，结合单砂体、小层砂体发育变化规律等资料，绘制出沉积微相图，通过多种方法研究剩余油分布特征，根据油藏构造特点、开发特点和剩余油分布特征，选择并应用提高平面、层间、层内剩余油动用程度的集成配套工艺技术，以达到提高采收率的目的。以油藏精细描述为基础，

以沉积微相为指导，以注采井组精细调整为重点，应用高精度碳氧比资料，加强剩余油分布的精细刻画，恢复、完善、调整复杂带、事故井区注采系统；一类层通过拉大注采井距，提高波及体积，差层通过缩小注采层段、注采井距建立薄差层井网；实施韵律层精细挖潜，全面提高一、二、三类层水驱动用储量，改善水驱效果。该成果应用后，增加、恢复水驱动用储量27.2万吨，采油速度在0.8%以上；增加可采储量12.6万吨，水驱采收率提高2.02个百分点，综合含水率由91.4降至87.1%，井组稳定率达到86%，老井自然递减率由24.17%下降至－4.53%，减缓28.7个百分点。油井累计增产原油3.46万吨，新增产值1.04亿元，投入成本2483万元，新增利润7897万元，投入产出比1∶3.18。

【文23气藏精细描述及剩余气挖潜】　“文23气藏精细描述及剩余气挖潜”项目由天然气产销厂完成，研究时间为2009年。项目运用开发后期的综合构造解释技术，落实气田局部微构造，加强小断层组合，识别小断块，加强断层封闭性研究，明确气田平面上的差异；运用沉积微相技术对气田储层进行综合评价，对砂体及泥岩隔层展布规律的进行研究，明确气田纵向上的差异。运用动态压降储量、小层的采出程度、历年新钻井RFT资料全方位多角度评价各开发单元的储量动用状况，明确可挖潜的剩余气类型，提出挖潜对策。技术创新性点：(1)构造精细研究，在加强小断层识别和组合的基础上，评价断层的封闭性，落实平面上的挖潜方向。(2)沉积微相研究，掌握气田砂体及泥岩隔层的展布规律，明确气田纵向上的层间差异。(3)运用RFT、采出程度等多种方法评价气田剩余气，评价结果更准确，针对不同类型的剩余气，采用不同的挖潜对策，既达到增储增产效果，又能节约成本投资，实现挖潜效益最大化。项目实施后，部署实施新井15口，投产14口，增加（恢复）动用储量3.64亿立方米，累计生产天然气9537.2万立方米，平均单井初期日增产能2.94万立方米。实施措施25井次，有效21井次，有效率84.0%，平均单井日增产天然气0.6万立方米，累计增产天然气1534.66万立方米。

【东濮凹陷复杂断块区断鼻油藏油气富集规律及开发技术研究】　“东濮凹陷复杂断块区断鼻油藏油气富集规律及开发技术研究”由勘探开发科学研究院完成，研究时间为2006年1月—2009年12月。项目以复杂断块油藏滚动勘探开发理论为指导，以高密度三维地震采集及目标特殊处理技术、低序级断层多属性体识别与组合技术、多靶定向井钻探技术等为支撑，以构造精细解释及油气分布规律的研究为主线，坚持滚动勘探开发一体化、评建一体的运行方式和区域控制、局部精细解剖的原则，从分析断裂带特征、成藏机制和低序级断层识别及对油气成藏的控制作用入手，针对复杂断鼻构造油藏开展油藏精细评价及开发研究，采取整体解剖、“拾零为整”的工作思路和方法，做到油藏边发现、边评价、边落实、边开发，加快新发现储量向产能、产量的转化速度，实现“储量、产量、效益”的统一。取得技术创新点：（1）加强地震相干体分析、三维可视化及地震多属性解释技术在低序级断层识别与组合中综合应用；（2）总结出低幅度断鼻构造油藏具有断鼻圈闭控制油藏面积，圈闭幅度控制油藏高度，构造高点控制油气富集的特点；（3）探索出低幅度断鼻构造油藏地层能量储蓄及保持开发模式。项目实施后，东濮凹陷落实可动用石油地质储量4193.34万吨，新建产能56.49万吨。　（汪　平）

【水平井完井投产配套技术研究】“水平井完井投产配套技术研究”由采油工程技术研究院完成，研究时间为2008年8月—2009年12月。项目引进水平井完井调整设计软件，该软件可进行水平井完井产能预测、动态分析、完井方法优选及完井参数调整设计；形成水平井防落物工具的系列化，防落物管柱主要由丢手、封隔器和球座等组成，通过液压或旋转丢手实现封隔器坐封来承接落物，以保护下部的水平段；研制出9⅝″转换5½″套管井口验封装置，主要由变扣接箍、传压孔、皮碗封隔器、打捞杆、试压堵塞器等组成，可实现对9⅝″转换5½″套管井口和9⅝″最后一根套管接箍密封性的整体验封；设计水平井专用抽油泵固定凡尔（Valve，阀、阀门），抽油泵主要由阀罩、弹簧、挡环、阀球、阀座和下接头组成，避免因普通抽油泵凡尔关闭不及时导致泵漏的现象，可有效提高水平井的泵效和产量；编制水平井射孔调整设计软件，可进行各参数敏感性分析、预测射孔产能比，并针对油藏特点、实钻情况和地质预测进行分段射孔参数、相位等的参数调整；编制水平井机采设计软件，可进行水平井生产参数和生产管柱的调整设计。主要性能指标：工艺成功率95%以上；生产参数调整设计符合率82%以上；研制的投产配套工具耐压35兆帕以上、耐温130℃以上，确保2008年以来投产水平井的高效投产。该项目实施后，现场应用井19口，与2007年投产的10口水平井对比，平均单井日产原油增加2.2吨，超出直井日产原油3.4吨，基本达到国内其他油田水平井日产油为直井日产油2～5倍的开发水平，形成一套适合中原油田水平井完井投产的配套技术。

【注水井分层启动压力测试新方法研究】　“注水井分层启动压力测试新方法研究”项目主要由采油工程技术研究院完成，研究时间为2008年5月—2009年12月。项目研究大通径启动压力测试管柱，满足氧活化测试仪器通过的要求，提高氧活化测试、解释技术，将管柱与氧活化测试工艺充分结合，形成管柱——氧活化综合测试新方法，既对全井进行分段提压，又能利用氧活化测试出各段内的小层启动压力，最终达到快速、全面、准确测试小层启动压力的目的，并依据分层启动压力资料，重组层系及细化注水方案，调整分注工艺措施，提高油藏的注水开发效果。主要技术指标：工艺成功率100%；测试资料合格率100%；管柱耐温130℃、耐压40兆帕；测试周期均4～7天。研究项目在采油一厂、采油二厂、采油三厂的7口井进行试验，在文51－204井、文51－94井四级五段，明172井三级四段，文209－13井、卫95－55井、卫95－186井、卫95－187井两级三段，分别进行分段提压，又能利用氧活化测试出各段内的小层启动压力，做到全面、准确、快速测出各小层的启动压力，量化层间压差，直观判断层间非均质性和小层动用状况，深化对油藏的认识，确认潜力层，指导井网重组细分，为调整分层治理措施提供依据。　（汪　平　王伯洪）

【套管修复配套技术推广应用】

“套管修复配套技术推广应用”由采油三厂、采油二厂、采油四厂、采油五厂、采油一厂、采油六厂联合完成，研究时间为2009年。项目针对濮城油田井况恶化，制约油田精细注采挖潜工作的问题。提出套管修复配套技术，推广套管整形打通道加固技术、大修换井底工艺技术、取换套工艺技术、膨胀管补贴技术、浅层低温堵漏技术、电磁探伤组合测井技术等6项大修工艺技术，该配套技术针对性强，工艺成功率高，适用于老井侧钻、套管的修补，延长油水井使用寿命，为套损井治理提供新思路。有效治理濮城油田的套损井，有利于完善注采井网，恢复老区块的产能。取得技术创新点：该项目实施过程中，推广应用电磁探伤工艺技术，完善提高套损井打通道加固技术，主要从“打通道”、“4″套管加固”两方面在工艺技术上完善和提高，研制“4″套管衬贴加固技术”、“锥状水泥楔子”等整形打通道工具，解决套管变形严重时“打通道”的难题，利用正反双球座挤堵法加固4″套管技术，解决溢流大、压力高的固井质量差的等问题，提出工具内打通道工艺技术的思维方式，利用漏失严重井固井工艺提高大修换井底井漏严重时的固井质量，与采油工程技术研究院合作完成中原油田第一口膨胀管完井工艺技术，通过多项工艺技术的应用与完善，提高大修成功率。该项目实施油水井措施工作量191井次，套管修复成功率93.1%，同比提高6%。

【细分层系开发配套技术应用】

“细分层系开发配套技术应用”项目由采油一厂、采油二厂、采油三厂、采油四厂、采油五厂、采油六厂联合完成，研究时间为2009年。项目依据工艺技术现状及不同区块特征，坚持技术配套和成熟高效技术优先的原则，开展薄差层压裂引效、差异相带压裂引效、封填结合小井段压裂改造等系列压裂技术研究应用，同时推广应用分注、分层增注、堵水、打塞等技术，通过改进完善和现场实施，工艺技术水平得到提高，区块开发指标得到改善，配套技术应用取得效果。取得技术创新点：(1) 加强分注工具研究，提高工具性能；(2) 综合分析判断污染类型，采用相适宜的增注工艺技术；(3) 试验应用卡双封丢手管柱，解决连体管柱偏磨问题；(4) 超高温层段挤堵工艺试验取得成功，有效解决文南油田高温高压挤堵难问题；(5) 完善薄差层压裂工艺技术。项目研究实施后，应用油水井措施371井次，有效率82.46%，在分酸、分注工艺上，改进封隔器结构和完善配套工具，增加管柱抗蠕动性。配套单封双压、双封双压细分层压裂工具，提高油层改造程度；特殊井层采用水力喷射压裂新工艺，拓宽选井、选层范围。在卡堵水方面由单一管柱形成系列丢手管柱体系，减少采油管理难度。采用橡胶颗粒、无机凝胶等新型调剖剂，提高常规调剖效果，递减得到有效控制，开发状况好转，进一步提高二、三类层的动用程度，从而提高油藏细分开发效果，为二、三类层的开发提供有益的技术途径。

2009年10月12日，采油一厂职工在文13－167井进行4″套管分注井分层流量计测试　（白国强）

【新疆塔河油田超深井提速钻井技术应用研究】　“新疆塔河油田超深井提速钻井技术应用研究”项目主要由塔里木钻井公司、钻井工程技术研究院联合完成，研究时间为2009年。项目结合钻头类型、岩石物理特性参数和现场应用情况，利用灰色关联技术优选适合不同地层、不同井眼的钻头类型，调整钻井参数和钻具组合；针对中上部地层，开展螺杆复合钻井技术的研究与现场应用；针对深部地层，开展小尺寸减速涡轮复合钻井技术研究与现场试验；开展机械式无线测斜仪随钻防斜和减速涡轮复合钻井防斜技术研究，防斜打直效果明显；集成应用“调整钻井液性能加防阻卡工具”技术，有效解决短起下钻及电测过程中的严重阻卡问题；分析井壁失稳的机理，优选适合不同井段的钻井液体系及性能参数，调整井壁稳定工艺技术措施，有效减少井壁失稳造成井下事故的发生率。项目研究实施后，在现场应用10余口超深井，机械钻速和进尺钻进较高，其中DS751AB钻头和FS2563BG钻头创高指标；螺杆复合钻井技术在244.5毫米井眼中进尺46.25千米，机械钻速达到14.89米/时，同比提高38%；小尺寸减速涡轮复合钻井技术防斜打快效果明显，与上下邻井段相比提高90%以上，与邻井同地层相比提高1倍以上，井斜角从5980米时的2.66度降到6225米时的0.33度。防阻卡技术集成应用使得试验井单井短起下钻缩短2～3天，测井成功率100%。在平均井深增加35.7米的条件下，机械钻速同比提高1.33米/时，提高22.7%，钻井周期缩短17.8天，缩短15.5%。TK12128井钻井周期比设计缩短23天，创塔河油田12区施工周期最短纪录；KZ7井日进尺1112.26米，创塔河工区日进尺最高纪录；TK260 井在 5000 米以上井段创该工区施工最短纪录；TH12117 井创塔河油田月进尺 5719 米的最高纪录。（汪　平）

【川东北防漏堵漏技术研究】　“川东北防漏堵漏技术研究”项目由钻井工程技术研究院完成，研究时间为 2008 年 1 月—2009 年 12 月。项目针对川东北地区防漏堵漏技术现场应用过程中，低压破碎带地层的承压强度低、裸眼井段长且高低压并存、海相地层抗温、承压要求高等技术难题。从堵漏技术方面，合成具有良好弹性变形材料抗高温凝胶聚合物（NFJ－Ⅱ），优选出抗高温骨架材料（GW－1），该材料抗温达 150℃、密度在 2.0～2.4 克/立方厘米范围内可调整，可满足不同密度堵漏浆的悬浮携带要求，研制及优选材料的合理粒径级配，达到良好的架桥、填充效果，并提高堵漏材料对漏失地层的匹配及适应能力，形成密实的封堵层，提高堵漏一次成功率；防漏技术方面，以含有多糖和多糖醛酸的植物胶为原料，引入丙烯酸/丙烯酰胺（AA/AM）单体，并通过聚合反应形成具有互穿网络结构的改性植物胶，并通过多糖链段间分子内盐桥的缔合作用或分子内的双螺旋结构，形成三维空间网状结构，有较好的吸附—架桥防漏效果。主要技术指标：一次堵漏成功率 40% 以上；找漏准确率 70% 以上；提高漏失地层承压能力 0.3～0.4（当量密度）。项目研究实施后，针对川东北不同地层温度及漏失速度等地层特征，形成的系列防漏堵漏技术在川东北地区的分 2 井、元坝 204 井、大湾 405 井、元坝 6 井、元坝 27 井，东濮老区的文 23 侧 33 井及新疆地区的 AK1－1 井、TK1297 井等现场应用 13 井次，其中川东北地区应用 7 井次。应用结果表明，该堵漏技术对不同大小的漏失通道的适应性强，并且通过堵漏材料与地层的良好胶结，在漏层近井带形成高强度的封堵层，能够满足川东北等地区抗温 150℃、抗压强度 20 兆帕的不同漏失地层堵漏技术需求，提高堵漏一次成功率，特别是在高温、高强度及破碎带地层的一次堵漏成功率达到 70%，与常规桥塞堵漏技术相比，缩短堵漏施工时间，减少泥浆漏失及堵漏浆的消耗量，且形成的吸附型 FG－3 随钻防漏剂与钻井液配伍性良好、抗温能力强、封堵强度高，有效防止钻井过程中渗透性漏失地层的井壁坍塌。

【川东北气体钻井雾化技术研究与应用】　“川东北气体钻井雾化技术研究与应用”由钻井工程技术研究院完成，研究时间为 2007 年 1 月—2009 年 12 月。项目通过具有强包被、吸附作用的高分子量具阳离子疏水聚合物和具有强化学抑制作用的小阳离子化合物的协同作用，形成强抑制、强吸附、强包被成膜防塌技术，达到延长雾化钻井安全作业时间的目的。利用表面活性剂降低界面张力分散液相作用，提高高压气体的携水效率。并通过其与防塌剂的协同作用，保证雾化钻井在出水量大于 5 立方米/时的安全施工。利用表面活性剂渗透、吸附、分散作用和小阳离子化合物抑制泥质钻屑水化膨胀作用达到防泥包、清除泥包的目的，提高雾化流体的洗井效率。通过具有强絮凝作用的高分子量具阳离子疏水聚合物在排砂过程中对废液进行絮凝处理，使废液中悬浮泥沙快速沉降，在不增加污水处理设备的情况下达到雾化液高效循环使用目的。取得技术创新点：研制高分子量具阳离子疏水聚合物和小阳离子化合物，通过具有不同防塌机理防塌处理剂的协同作用，形成强抑制、强吸附、强包被成膜防塌技术。优选出雾化性能良好的表面活性剂，提高气体的携水效率，并通过其与防塌剂的协同作用，突破雾化钻井在出水量小于 5 立方米/时使用的限制。主要技术指标：雾化钻井安全作业时间达到 8～10 天；适用最大出水量达 30 立方米/时；平均机械钻速 7.14 米/时；雾化液循环利用率达 92%。项目研究实施后，在普光、大湾、双庙、元坝、分水岭区块的探井和开发井中应用 16 井次，其中探井 3 井次、开发井 13 井次。应用井雾化钻井进尺 9615.39 米，平均机械钻速 7.14 米/时，444.5 毫米井眼雾化/空气锤钻井最高机械钻速达到 17.6 米/时，314 毫米井眼雾化/空气锤钻井最高机械钻速达到 21 米/时，雾化钻井比常规钻井液钻井平均机械钻速提高4～6 倍，最高达 8 倍以上。实现雾化液循环使用，雾化废水循环利用率达到 92%，减少钻后废水量 3709 立方米。该技术的研究与应用不仅保障普光气田的开发步伐，提高资金利用效率，更重要的是区域钻井技术的提高，为普光的后续开发和周边区块的勘探开发提供指导性技术经验。（汪　平　侯婷婷）

【川东北深井固井技术研究】　“川东北深井固井技术研究”由固井工程

2009 年 10 月 28 日，石油化工总厂技术人员正在进行常压装置改造后运行情况检查（仝　江）

处完成，研究时间为 2008 年 1 月—2009 年 12 月。项目通过开展川东北深井固井技术研究，研制出适合川东北区块的高强度低密度水泥浆体系、胶乳水泥浆、非渗透水泥浆体系、超高温高密度水泥浆体系（外协）等，水泥浆防气窜技术进一步提高，在固井安全施工及提高质量工艺研究方面取得突破，在普光气田及周边区块、元坝区块成功应用。取得技术创新点：（1）采用新型分段压稳设计模型，对水泥浆稠化过程和硬化以后进行分段分析，防窜效果达到预定技术指标；（2）应用高强度低密度水泥浆体系，有效防止固井过程中发生井漏现象，确保固井质量；（3）采用先导浆、冲洗液、隔离液的前置液体系提高顶替效率；（4）采用正注反挤工艺技术解决漏失井低返的固井质量。项目研究实施后，在普光及周边地区和元坝区块的 42 口井应用，固井一次成功率 100%，固井合格率 100%，优良率 89.1%。

【炼油加热设备节能减排配套技术应用研究】 “炼油加热设备节能减排配套技术应用研究”由石油化工总厂完成，研究时间为 2008 年 1 月—2009 年 12 月。项目依据锅炉运行的再生烟气、汽水参数和锅炉原运行参数数据，在热力计算前提下，对催化余热锅炉的结构布置、排烟温度和省煤器酸露点腐蚀等进行研究，解决余热锅炉压降大的问题。选用立式结构催化装置余热锅炉，过热器、蒸发段、省煤器均采用翅片管积木式模块化箱体结构，增加受热面积，提高传热效果；给水系统采用水热媒技术，有效防止省煤器低温腐蚀。常压装置加热炉采用 1 套落地布置的余热回收系统，2 台加热共用 1 台，降低投资；预热器选用新型长效钢—水热管及有机热管（高温段）作传热元件，增强传热效果；采用翅片式管，增大受热面积；采用新型绝热材料和技术，减少热损失。动力锅炉采用新型中心进气旋流式燃气混燃器，解决燃油改燃气锅炉的燃烧强度问题，提高燃烧效率，降低全厂综合能耗。项目研究实施后，催化装置的再生烟气全部进入余热锅炉进行能量回收，排烟气温度降至 180℃，增加回收烟气热量 1848 千瓦，实际运行阻力小于 1.5 千帕，低于原余热锅炉的烟气侧阻力，同时使烟机背压下降，有效提高烟机做功能力。常压装置加热炉实际应用后，加热炉排烟温度降到 140℃以下，烟气氧含量降低至 3%以下，炉体外壁散热损失降低至 2%以下，加热炉综合热效率提高到 92%以上，达到中国石化集团公司样板炉标准。锅炉由原来燃油改为全烧催化的瓦斯和天然气，实现自动化控制，锅炉运行的安全性得到提高，节省渣油 9400 吨/年，综合商品率提高 1.2 个百分点。

【普光气田礁滩相储层展布及含气性预测研究】 “普光气田礁滩相储层展布及含气性预测研究”主要由勘探开发科学研究院完成，研究时间为 2006 年 1 月—2009 年 12 月。项目针对普光气田飞仙关组鲕滩储层具有埋藏深、厚度大、非均质性强、三类储层与围岩物性差别小的特点，通过调研国内外相似气田储层预测方法，开展多种预测方法的分析评价，研究不同技术方法在普光气田礁滩相储层的适用性，优选出岩石物理建模与波阻抗反演相结合的储层预测方法。同时，为实现“少井、高产、高效”的开发思想，重点加强子波的提取、逆断层的建模、井间低频模型建立、预测参数优选等提高预测精度关键技术研究，使设计开发井尽可能钻遇较厚优质储层。取得技术创新点：采用多属性分析技术，消除单属性分析带来的多解性问题，使预测孔隙度与地震属性的相关系数由 0.25 提高到 0.79；采用井控制下基于模型的子波相位—幅度谱估算方法，解决大斜度井标定精度低的难题，使标定精度由 0.6 提高到 0.8 以上；在无井条件下利用地震体建立低频模型，消除储层非均质性影响，提高横向预测精度。主要技术指标：针对普光气田飞仙关组—长兴组礁滩储层的特点，优选出适合该储层预测的技术方法和流程；通过优质储层的定量预测，落实高孔渗储层发育带在纵、横向上的分布，指导井位设计，使储层预测符合率达到 83.9%。项目研究实施后，设计开发井 38 口，截至 2009 年 5 月底全部完钻。对 32 口直井和大斜度井预测与实钻结果进行对比分析；6 口水平井全部达到设计指标，钻遇气层厚度在 410～620 米之间，钻遇气层符合率 83.9%。

【普光地区储层精细研究及储层建模】 “普光地区储层精细研究及储层建模”由勘探开发科学研究院、普光分公司联合完成，研究时间为 2007 年 2 月—2009 年 12 月。项目研究以层序地层学、沉积学等理论为指导，以储集空间类型研究为主线，以四级层序地层为单元，应用高精度层序划分、Jason 储层预测技术、petrel 地质随建模等多种先进技术相结合，对沉积相、储集层特征等进行深入研究，建立不同类型储层空间属性模型，进而综合评价储层。取得技术创新点：（1）在层序界面的识别基础上，将普光地区礁滩相地层层序划分到 4～5 级，建立普光地区长兴—飞仙关组层序地层格架；（2）研究测井岩相识别方法，结合白云岩厚度、地震属性等，明确四级层序下沉积微相展布；（3）采用声波与密度相对幅度差识别储层储集空间类型，建立各种图版，精细研究储层物性、孔隙结构、敏感性等特征；（4）采用滤波差值、交会图版等测井裂缝识别方法半定量识别裂缝，进一步开展地震裂缝预测，研究裂缝分布特征，明确裂缝发育带；（5）优选稀疏脉冲波阻抗反演方法，同时加强提高储层预测精度关键技术研究，跟踪预测储层展布，提高气井钻与储层符合率；（6）以四级层序为单元，采用波阻抗反演数据体约束孔隙性储层展布，采用裂缝分布趋势约束渗透率变化，建立储层精细地质模型。项目研究实施后，指导了普光气田主体和大湾区块开发方案调整。调整后，普光主体开发井减少 12 口，大湾区块开发井减少 10 口，气田开发效益提高。依据研究成果分 9 批设计普光主体和大湾区块开发井 48 口，完钻井 41 口，均达到方案设计指标。其中，普光主体完成一期 20 亿立方米/年产能建设，实现探明储量有效动用。项目研究形成一套礁滩相碳酸盐岩储层精细描述方法，不仅为普光气田的开发提供科学依据和技术支撑，同时也为国内其他类似气藏的研究提供可借鉴经验。

【普光气田主体套管变形井投产技术研究与应用】 “普光气田主体套管变形井投产技术研究与应用”主要由采

油工程技术研究院、普光分公司联合完成，研究时间为2009年。项目对套管变形井进行统计分析和研究，对国内外套管整形技术进行调研，结合普光气田的开发实际选择出滚压整形修井技术和机械冲胀式整形方式进行套管整形技术研究。根据套管变形情况直接或间接采用永久封隔器+遇油膨胀封隔器的组合封隔器完井技术，利用模拟封隔器作为通井工具进行试入井，了解井筒情况，再确定封隔器的下入。取得技术创新点：（1）采用采气液压变径滚珠整形工艺和机械冲胀整形工艺，对套管损伤小，并可根据不同的套管变形情况制定不同的整形方案，能最大限度地保护套管的完整性；（2）采用永久式封隔器+遇油膨胀封隔器组合完井技术和模拟封隔器技术，满足对普光气田套管变形井的治理要求；（3）套管整形修复后套管变形段井筒通径达到132毫米以上并完井投产，成功率75%以上。项目在普光气田应用后，解决部分严重套变井无法安装、原设计方案无法完井投产等技术难题，直接减少前期钻井费用的投入。应用该项技术成功完井4口，普光气田主体单井前期钻井费用按8000万元/井计算，挽回直接经济损失3.2亿元。

【普光气田高含硫净化装置投产技术研究与应用】　“普光气田高含硫净化装置投产技术研究与应用”主要由普光分公司完成，研究时间为2008年8月—2009年12月。项目针对普光天然气净化厂首次投料试车的内外部条件，结合净化厂工艺技术复杂、自动化要求高、联锁控制复杂的特点，研究并制定大型净化装置清洗、吹扫、试压、单机试运、催化剂装填、气密、烘炉烘器以及首次投料试车具体实施方案，根据试车过程中出现的技术难点，研究解决问题的最佳途径，并根据首次开车需要进行必要的工艺流程调整，确定净化厂最佳运行参数。项目实施后，开车运行期间事故率为零，开车一次成功，按时产出合格产品；通过调整试车方案和工艺运行参数，节约了试车成本；前3套联合装置成功投料试车，实现日生产商品天然气600万立方米、硫黄1700吨。

（汪　平）

学术交流

【学术交流活动概况】　2009年，科技部发挥石油学会的桥梁和纽带作用，联合国内相关领域具有较强研发能力的院校、科研院所和国内大型企业，进行关键技术攻关，形成多学科、多领域的研发队伍。中原油田分公司作为项目的实施主体，全面负责项目的攻关研究、组织运行、现场试验、推广应用。以国家重大专项科研项目的开展为契机，相关院校、科研院所作为技术支持，负责项目研究中重点、难点的突破，委托相关的国有大型企业负责新产品、新材料的研发。各专业分会按照年初计划组织开展学术交流活动、专项内容技术研讨及参加其他专业技术交流。组织开展水平井完井技术座谈会，水平井固井技术交流会和深层5½″套管开窗侧钻技术研讨会，组织召开中国石化集团公司打造石油工程铁军现场交流会等，组织2次全国性的专场技术研讨会，参加中国石油学会有关专业委员会、国际学术研讨会、SPE学会中国石化南方分部的国际学术交流10余项，申报学术论文，发表各种学术报告30余篇，论文交流15篇，参加学会交流人员近80余人。

（汪　平）

【勘探开发专业培训与交流】　2009年，勘探开发科学研究院与有关高校合作，在办好博士班的同时，新开办石油地质工程硕士班，选派30名年轻技术骨干参加学习。针对科研生产热点难点问题，邀请知名专家来院进行学术讲座，培训人员210人次。选派科研骨干120余人参加外部培训班40期。举办高含硫气田开发技术、油藏数值模拟、计算机新软件培训、计算机网络安全技术等内部培训班10期、培训人员500人次。

（向日忠）

【中国石油大学到采油院考察】　2009年4月3日，石油大学（北京）党委副书记吴小林、副校长张士诚在油田领导王亚钧等人陪同下到采油院参观了压裂、酸化等实验室，随后进行座谈交流。双方就合作研究的项目进行交流，校方还就与中原油田现场需要联系紧密的领域和项目进行详细说明，表示双方合作的领域很广泛。最后，局党委副书记王亚钧强调油田对科研和人才的要求越来越高，希望采油院进一步与石油大学（北京）加强合作，在油藏经营管理中更好地发挥采油工程的作用。

【采油院参加油田开发技术座谈会】　2009年2月23—25日，中原油田开发技术座谈会在河南省郑州市召开，采油工程技术研究院5名科研人员参加会议，提交论文5篇。其中《空气泡沫调驱提高采收率技术先导试验》获一等奖；《复杂事故井大修技术》、《中原油田低渗油藏薄差层压裂技术》、《中原油田堵水技术》和《中原油田不同类型油藏剩余油监测技术及应用》获二等奖。

【采油院参加中国石化集团公司油气开采技术论坛】　2009年4月16—19日，由河南油田承办的中国石化集团公司油气开采技术论坛第5次会议在河南省郑州市召开。会上，采油工程技术研究院作题为“中原油田难动用储量开发现状及技术攻关方向”的发言，提交的论文《分层启动压力测试在中原油田开发中的应用》进行交流。

【采油院参加渤海湾油气田勘探开发技术座谈会】　2009年11月6—8日，由冀东油田承办的第三届渤海湾油气田勘探开发技术座谈会在河北省唐山市召开，采油工程技术研究院提交的论文《中原油田低渗油藏薄差层压裂技术》及《脉冲中子氧活化漏串识别技术在中原油田的应用》进行交流。

（王伯洪）

【钻井院获中国石油学会优秀论文2篇】　2009年9月17日，由中国石油学会石油工程专业委员会钻井工作部主办的钻井技术研讨会暨第九届石油钻井工程技术研究院所长会议在四川省成都市召开。钻井工程技术研究院提交的学术论文《耐温135℃凝胶堵漏技术研究及在普光气田的应用》和《川东北地区空气钻井雾化技术研究及应用》获优秀论文二等奖。

【钻井院参加国家科技重大专项专题汇报会】 2009年10月20—22日，由国家科技重大专项管理办公室组织的国家科技重大专项专题中期检查汇报会在四川省达州市召开。中原油田钻井工程技术研究院承担的国家科技重大专项研究项目“高含硫气藏安全钻井与完井技术”和“普光气田安全优快钻井集成配套技术”等8个课题在会上进行汇报。（侯婷婷）

【物探研究院参加中国石化集团公司软件成果交流展览会】 2009年11月7—8日，物探研究院代表中原油田参加中国石化集团公司组织的自主知识产权软件成果交流与展览会。会议从上游企业参选的150个软件中选择35个进行交流展览，其中物探研究院自主研发的3个软件参展。在勘探专业组的12个交流软件中，物探研究院研发的“基于叠前成像的观测系统设计”软件获第三名，“地震资料处理系统集成(PSI)”软件获三名，同时被中国石化集团公司确定为2010年推广项目。

【论文《高精度三维地震勘探实践与展望》获奖】 2009年10月12—16日，中国石化集团公司在浙江省宁波市召开高精度三维地震技术研讨会。会议收到来自中国石化集团公司物探研究院、胜利油田、中原油田、江汉油田等单位提交的研究论文18篇。会上，根据论文的技术含量及论文水平，评选一等奖3个、二等奖6个。其中物探研究院提交的论文《高精度三维地震勘探实践与展望》获一等奖。（陈　杰）

专利工作

【专利与知识产权保护工作概况】 2009年，中原油田加强专利知识产权管理，完善专利申请工作制度，加强科技创新活动中知识产权政策导向作用，做好创新成果和相关工艺方法、产品和装置等方面发明创造的专利申请，成熟一件办理一件，办理专利申请60件。对正在运行和已经结题的科研项目成果进行梳理，从中筛选拟申请国家专利的项目35项，并下达各单位专利申请计划。通过“中国石化集团公司管理系统”提交专利申请31项，超额完成中国石化集团公司下达的任务指标。规范专利管理，申请审批35份。开展知识产权培训班2期，制作多媒体宣传课件，到科研生产单位宣讲3次。（汪　平）

2009年授权专利项目简介

【一种自动控制套压液体药剂连续滴注装置】 一种自动控制套压液体药剂连续滴注装置由钻采处完成，专利号2008200700992，属油井化学防腐、防垢、防蜡、降黏等措施的专用加药装置技术领域。装置由药剂容器、药液出液管线、容器压力平衡管线、井口伴生气管线、井口干线及阀门组成，药剂容器的四周罩有保温层，在药剂容器的上端面上通过保温层安装有加药漏斗、加药阀和放空阀，下端面上通过保温层焊接有出液管线和压力平衡管线，二者分别通过药剂出口阀门和压力平衡管线阀门与井口干线连接，在药剂容器的外管壁上设有井口伴生气盘管，盘管的上端安装有排气定压阀，下端通过阀门与井口干线连接，通过控制药剂出口阀门的开启度，可达到在各种套压和温度情况下自动连续地向油套环空加药的目的。

【一种钻井取芯活塞】 一种钻井取芯活塞由钻井工程技术研究院完成，专利号2008200701016，属石油地质钻探取芯工具技术领域。活塞本体为阶梯状，下部通过螺纹与加压杆连接，管壁上设有钻井液流道，在活塞本体的下端面上安装有限位销钉，它可增加钻井液流道面积，解决割心时泵压过高、泵压下降缓慢的问题，割心时可增加排量，增大剪切力和内筒下行的冲击力，使岩芯爪收拢得更好，提高取芯收获率。

【一种套铣捞取式小直径桥塞】 一种套铣捞取式小直径桥塞由采油工程技术研究院完成，专利号2007201877463，属采油工程技术领域。装置由丢手杆、中心管、锁定装置、胶筒组、上楔形体帽、上楔形体、心轴、卡瓦托、上卡瓦组、下卡瓦组、下楔形体组成。上楔形体帽内部为变径结构，内配合面上大下小，上配合面与中心管外管壁配合，下配合面与心轴外管壁配合，下端通过螺纹与上楔形体连接；上楔形体的内径大于心轴的外径，在上楔形体帽的下配合面与心轴中部台肩的上楔形体和心轴的环空内安装有弹簧，该结构使桥塞的中心管强度能够成倍提高，保证了桥塞坐封丢手安全可靠、耐高压差不会自动解封，通过套铣打捞工具套铣掉桥塞的锁定装置，利用弹簧的弹性势能强制桥塞解封。

【刮扫扶正式沉淀杯】 刮扫扶正式沉淀杯由采油一厂完成，专利号2008201478858，属油田修井钻塞作业时打捞收集井下钻屑及稳定扶正钻头的钻塞辅助工具技术领域。装置由中心管、螺旋刮刀片、螺旋集屑杯组成，螺旋刮刀片成螺旋形镶焊在中心管上，螺旋集屑杯成螺旋形镶焊在中心管上，螺旋刮刀片的顶端位于螺旋集屑杯的上端面上，螺旋刮刀片与螺旋集屑杯之间形成螺旋过流通道，在螺旋集屑杯的外杯壁上开有连通孔眼，利用本实用新型可避免卡钻及重复磨铣，并起着稳定器的作用，从而提高钻屑收集效率，缩短工期，降低作业成本。

【声波注气单流阀总成】 声波注气单流阀总成由采油工程技术研究院完成，专利号2008200701001，属油气井注氮气举排液技术装置技术领域。装置由注气接头、等径三通、单流阀、放空阀、联接短节组成，在注气接头两端分别设有连接螺纹，一端与井口联结，另一端与等径三通联结，注气接头内部为阶梯状依次排列的圆柱形空腔，分别为喷射腔、振荡腔和放大腔，在喷射腔的进气端加工有1个喇叭口，在注氮气举施工过程中，注气接头能产生声波，声波作用于施工井内井液产生空化和机械振动作用，使井液产生气泡，降低井液黏度，改善流动状态，缩短施工时间，提高气举施工效率。

【井口座封式内管法注水泥装置】 井口座封式内管法注水泥装置由固井工程处完成，专利号2008200710142，属石油钻探固井注水泥工具技术领域。装置由座封插座、插座密封垫、座封插头和插头锁紧压帽组成，座封插座为盘状结构，其外圆壁加工有套管外螺纹，其中空孔内部加工有梯形内螺纹，内螺纹根部加工有矩形槽，该槽内镶装插头密封垫；座封插头为管状结构，其上部加工有内螺纹，下部加工有外螺纹，其中间部位为外部的突缘；插头锁紧压帽也是盘状结构，其外圆部位加工有外螺纹，该螺纹可与座封插座内部螺纹配合并连接，其下端平面可在其旋紧时紧紧压在座封插头外部突缘的上端，使座封插头中部突缘下端与插头密封垫紧密接触，确保内管柱与套管之间的密封效果，保障井口内管法注水泥施工工艺的顺利实施。

【一种井下坐挂球座】　一种井下坐挂球座由采油工程技术研究院完成，专利号2008201489960，属采油工程中使用的井下工具技术领域。装置由球座上体、坐挂活塞、关闭活塞、锁环、坐封活塞、球座下体组成，球座上体与球座下体螺纹连接，锁环装配于关闭活塞上，坐挂活塞、关闭活塞、坐封活塞依次通过关闭剪钉与坐封剪钉连接后装配于球座本体内，坐封活塞上的连通孔与关闭活塞上的连通孔、球座下体上的连通孔相互连通，在管柱下井过程中，原套管内的油水介质可从坐挂球座处的连通孔进入新下入的套管、油管内，从而平衡新下入管柱的内外压力，保证管柱的顺利下入；当管柱到达设计位置时，在坐封悬挂器之前，关闭坐挂球座处的连通孔，可满足悬挂固井工艺需要，保证施工进行。

【一种联组式泵头】　一种联组式泵头由采油一厂完成，专利号2008201499233，属于油田往复式高压柱塞泵泵头技术领域。装置由泵头体、联组板、吸液汇管总成、吸液弯头总成、吸液阀总成、排液弯头总成、排液阀总成、排液汇管总成组成，泵头体由固定螺栓连接在联组板上，在泵头体进口端和出口端，分别安装有吸液阀总成和排液阀总成，泵头体进口端与出口端分别由法兰（Flange）与吸液弯头总成和排液弯头总成螺栓联结，吸液弯头总成的另一端由法兰连接到吸液汇管总成上，排液弯头总成的另一端由法兰连接到排液汇管总成上，本实用新型由1个缸、1个泵头单缸安装，解决损坏1个缸，整体泵头报废的问题，降低维护成本，提高经济效益。

法兰：Flange，又叫法兰盘或突缘，指结构或机械零件上垂直于零件轴线突出的边缘。

【离心机转鼓间隙调节机构】　离心机转鼓间隙调节机构由钻井工程技术研究院完成，专利号2008201489937，属于离心分离技术与设备技术领域技术，特别是涉及一种圆锥转鼓离心机上使用的转鼓间隙调节机构。装置由转鼓、螺旋推进器、盖板、盖板螺栓、调节螺栓、固定螺栓、调节轴、连接套筒和连接法兰组成，盖板通过盖板螺栓固定在螺旋推进器的端盖上，连接套筒焊接在螺旋推进器的支撑板上，连接法兰与位置固定的轴相连接，连接套筒和连接法兰由固定螺栓联接，调节螺栓通过螺纹安装在支撑板上，将调节螺栓的旋转运动变为螺旋推进器的轴向移动，使转鼓和螺旋推进器之间的间隙得到调整，间隙数值合乎使用要求，可使面临报废的离心机重新投入使用，延长离心机使用寿命。

【离心机进液加速机构】　离心机进液加速机构由钻井工程技术研究院完成，专利号2008201489941，属离心分离技术与设备技术领域，特别是涉及一种卧式螺旋卸料沉降离心机上使用的进液加速装置技术领域。装置由转鼓及螺旋推进器叶片组成，在基板的中心部位焊接有圆锥形分流块，在分流块外围的基板上焊接有1组叶片，可提高离心机进液液体的旋转速度，使液体在离心机的处理过程中能够得到充分的固液分离，处理效果明显，处理量增大。

【高压柱塞泵十字头】　高压柱塞泵十字头由采油一厂完成，专利号200820221333.7，属往复式高压柱塞泵动力端装置技术领域。装置由十字头体和箱体组成，十字头体为扁圆形结构，其上、下两端开有限位槽，在限位槽内通过固定螺栓安装有滑瓦，滑瓦外壁上开有油槽和滑瓦卸油孔，滑瓦与箱体的滑道之间为间隙配合，有效避免十字头体与箱体滑道直接接触，改善其润滑条件，防止十字头体与箱体因互相摩擦导致其整体报废的重大机械事故，延长其使用寿命，且互换性强，拆装容易，降低生产成本，提高经济效益。

【一种高压测试防喷盒】　一种高压测试防喷盒由采油一厂完成，专利号2008201494780，属高压油水井测试防喷装置技术领域。装置由盘根盒主体、盘根、压帽组成，压帽两端分别设有螺纹，一端与盘根盒主体联结并压紧盘根，另一端与缓冲体对接后与压盖螺纹联结，缓冲体的侧管壁上焊接有导流管，导流管上安装有引流管，在缓冲体的出口端安装有环形阻流帽，它可能有效避免刺出的高压流体伤害井口操作人员和环境污染，保证安全生产，降低劳动强度。

【一种异径气嘴】　一种异径气嘴由采油工程技术研究院完成，专利号2008201494812，属天然气井生产井口装置技术领域。装置由钢质圆柱体短节加工而成，其外部一端加工有联接螺纹，另一端加工有紧固用台阶，中间加工有凸起的密封挡圈，气嘴内部通孔为阶梯状依次排列的圆柱形不同径空腔，分别为放大腔、振荡腔、喷射腔，在喷射腔的出口端加工有一个喷射角，当天然气井中高压天然气流在通过异径气嘴时能产生压力波动，压力波动作用于天然气气流，使稳定流体产生振动，利用井内天然气自身能量，改变流体的流动状态，使井液中蜡质和水合物晶体无法在气嘴处聚集，防止气嘴在生产过程中出现蜡堵或水合物堵塞。

【一种测试防喷管平台座】　一种测试防喷管平台座由采油一厂完成，专利号2008201494776，属油田高压油水井测试防喷装置技术领域。装置由平台座、平台组成，平台座由销子联结的两瓣半圆形合页组成，合页上端开有卡槽，下端为环形卡箍，通过紧固螺栓将合页卡接在防喷管上，并与防喷管之间形成环形插槽，平台上焊接有弧形插瓦和卡块，将插瓦插入合页与防喷管之间形成环形插槽内，同时卡块也插入合页上端的卡槽内，它可以自由调整高度和角度，保证井口操作人员安全施工，降低劳动强度，提高工作效率。

【抽油杆防喷器】 抽油杆防喷器由采油一厂完成，专利号2008201494761，属油田井下修井作业辅助工具技术领域。装置由密封防护帽、密封胶皮、密封胶皮外罩、刮蜡器组成，密封胶皮为圆环形，安装在密封胶皮外罩内，密封胶皮外罩的上端螺纹联结有密封防护帽，下端通过螺纹与刮蜡器的壳体联结；刮蜡器壳体为一四通体，下端通过卡箍与井口联结，下部的管壁上安装有导流管，左、右两侧的通孔内安装有刮蜡器刀片和套有弹簧的调节螺杆，调节杆密封压帽由螺栓固定在左、右两侧通孔的出口端，调节螺杆的外端部设有限位螺母，它能对抽油杆进行刮蜡，又能防止井口溢流喷出，保证安全生产，减少环境污染。

【单头月牙可换式抽油杆吊卡】 单头月牙可换式抽油杆吊卡由采油一厂完成，专利号2008201494795，属油田机械采油井修井作业起下抽油杆管柱的专用工具技术领域。装置由壳体、插闩、手柄、螺纹杆、大月牙、小月牙、闭销孔、安全销子组成，小月牙通过螺钉安装在壳体上端的环形凹槽内，大月牙安装在本体与小月牙形成的凹槽内，将小月牙与吊卡主体分离，当小月牙受抽油杆重量的冲击和磨损严重时可随时更换1个新的小月牙，延长吊卡的使用寿命。

【一种通井套铣组合工具】 一种通井套铣组合工具由采油一厂完成，专利号2008201494808，属于油田修井作业通井、套铣的组合工具技术领域。装置由本体、套铣鞋组成，本体的上接头与下井管柱联结，下端面上焊接有套铣鞋，在本体外管壁上开有防卡洗井水槽，在进行修井作业时，能一次完成通井、套铣两道工序，缩短施工周期，减轻工人的劳动强度，节约作业成本。

【一种井下开关滑套】 一种井下开关滑套由采油工程技术研究院完成，专利号200920088637.5，属油田增产、增注等措施施工中的井下工具技术领域。装置由上接头、中心管、密封活塞、压差活塞、弹簧、调压帽组成，中心管中部的内管壁上为一台阶，该台阶的内径小于中心管上端部的内径，压差活塞外部为变径结构，通过剪钉安装在中心管上部的内壁上，压差活塞的下部与中心管中部台阶形成间隙配合，在压差活塞上、下两端分别安装有密封圈和密封圈；中心管的下部通过螺纹安装有调压帽，并由稳钉固定，在调压帽与上接头之间的中心管外壁上套有密封活塞和弹簧；在中心管与密封活塞对应的位置上开有与中心管和压差活塞形成的环空相连通的出液孔，在油田措施井施工中，管柱到位后，通过管柱打压，即可使油套连通，措施完成后，停止打压，即可隔断油套环空，阻止地层液体进入管柱内，实现地层保压。

2009年中原油田授权专利项目

序号	项目名称	专利号	申请单位	发明人	授权日
1	自动控制套压液体药剂连续滴注装置	2008200700992	钻采处	程先智 乔 莉 刘向阳 张国杰 刘强鸿	1月14日
2	一种钻井取芯活塞	2008200701016	钻井工程技术研究院	李 让 夏 彬 王麦前 张金成 彭 彬	2月25日
3	一种套铣捞取式小直径桥塞	2007201877463	采油工程技术研究院	冯 波 王隆慧 李洪春 韩 进 刘汝福 边 江 刘生福 马玉生 金 平 董联合 董鹏昌	4月15日
4	刮扫扶正式沉淀杯	2008201478858	采油一厂	耿雪峰 严利平 王三陶	4月15日
5	声波注气单流阀总成	2008200701001	采油工程技术研究院	申 健 赵宇新 郭宝玉 史亚红 申 晓 赵广福 邹 霞 马淑玲 尹朝伟	4月22日
6	井口座封式内管法注水泥装置	2008200710142	固井工程处	周战云 朱正国 张启运 常 伟 孙 杰 陈永军	4月22日
7	一种井下坐挂球座	2008201489960	采油工程技术研究院	边 江 韩 进 邹 霞 庞 松 孟令祥 杨玉芳 刘爱文 赵玉汶 王玉红	6月3日
8	联组式泵头	2008201499233	采油一厂	姚 博 陈宗林 杨进京 熊国良 赵荣喜 弓福增 丁建立 鲁胜伟	7月8日
9	离心机转鼓间隙调节机构	2008201489937	钻井工程技术研究院	董合建 聂 军 马翠林 张铜鋆 吕合军 王维刚	7月29日
10	离心机进液加速机构	2008201489941	钻井工程技术研究院	聂 军 马翠林 黄进云 张恒山 宰艳玲	7月29日

续表

序号	项目名称	专利号	申请单位	发明人	授权日
11	高压柱塞泵十字头	200820221333.7	采油一厂	姚　博　熊国良　鲁胜伟 陈宗林　丁继东　张　宏 张　国　何　荣	9月2日
12	一种高压测试防喷盒	2008201494780	采油一厂	杨进京　张青峰　耿兆华 赵晓波　李　军　王明建	9月23日
13	一种测试防喷管专用平台座	2008201494776	采油一厂	陈宗林　王明建　张青峰 王朝可　赵晓波　李鸿新	9月30日
14	异径气嘴	2008201494812	采油工程技术研究院	申　健　赵宇新　李玉良 魏瑞玲　赵　莉　杜习广 孙庆梅　刘　芳　李翠萍 史亚红　陈献翠	10月7日
15	一种抽油杆防喷器	2008201494761	采油一厂	张伟斌	10月7日
16	单头月牙可换式抽油杆吊卡	2008201494795	采油一厂	陈宗林　石明杰　王排营 李小奇　李在训　王维星 张林栓	10月14日
17	一种通井套铣组合工具	2008201494808	采油一厂	王排营　陈宗林　李小奇 石明杰　李在训　王维星	10月14日
18	井下开关滑套	200920088637.5	采油工程技术研究院	王隆慧　刘汝福　李洪春 冯　波　李　英　杨立昌 马祥凤　杨有林	12月9日

（万　龙）

勘探开发科学研究院概览

【概况】　勘探开发科学研究院（简称地质院）是中原油田勘探开发决策的参谋机构，具备国家甲级工程咨询资格。主要负责东濮凹陷、外围新区、普光、内蒙古探区的油气勘探开发及资源评价、中长期规划、年度部署、方案编制、储量计算和评价、物探技术应用研究、可采储量标定、钻井工程设计、地质化验、开发试验、三次采油技术研究、测井技术研究、油气田开发先导试验和现场实验等任务。截至2009年底，地质院有员工698人，其中博士14人、硕士60人、大学本科生344人，教授级高级工程师10人、高级工程师254人、工程师224人；机构下设机关科室8个及3个研究系统、3个技术服务中心。拥有应用软件5大类26套，石油地质分析测试和以工作站为主的计算机网络体系等各类仪器设备1340台套。2009年，地质院完成的各项工作任务：中原油田新增探明油气地质储量1048.65万吨，完成年计划的104.8%；控制石油地质储量1468万吨，完成年计划的293.6%；储量动用率78%，储量品质、序列得到有效改善。实施油藏评价井、新区开发井122口，新区动用储量1308万吨，新建产能连续4年保持20万吨规模，为油田开发提供有力技术支撑。推进天然气研究工作，在东濮老区编制户部寨、白庙、桥口等气藏调整挖潜方案，实施挖潜措施21井次，东濮老气藏新增动用储量2.2亿立方米，主力气藏递减明显减缓，深层凝析气藏实现产量基本稳定。调整普光气田方案，编制投产试气方案井39口，普光主体一期20亿立方米产能建成。一期投产9口井，单井日产气73万～100万立方米，气井井口压力和产量保持稳定，达到方案配产要求，同时为第二期85亿立方米产能扩建提供方案保障。大湾区块调整设计水平井9口，钻遇良好气层，产能建设工作进展顺利。完钻开发井3口，单井钻遇气层厚度506.9～1012.7米，实现“钻优质储层、培育高产气井”的目标。年内，承担科研项目40项，其中国家级项目3项、中国石化集团公司项目9项、分公司项目28项。获中国石化集团公司科技进步奖1项、通过中国石化集团公司项目验收6项，申报油田科技进步奖33项、获油田创新创效成果奖4项。

（向曰忠　高秀田）

【查干凹陷勘探取得突破】　查干凹陷是一个单断箕状凹陷，地质条件复杂，勘探研究一直没有大发现。2009年，地质院通过重新认识查干凹陷结构，系统分析评价乌力吉构造，3口井获工业油流，勘探工作取得突破性进展，被列为中国石化集团公司2009年4个重要发现之一。毛1井区上报控制石油地质储量1468万吨，力1井区在深层巴一段预测储量近千万吨，成为推动内蒙古探区发展的动力。

（向曰忠）

【柳屯洼陷圈闭论证项目通过审定】　东濮凹陷西部柳屯洼陷带是一个多层系、多类型油气藏叠加的复合含油气区，根据第3次资源评估，该洼陷带石油资源量176.8万吨，而石油储量探明率仅为38.8%。同时，该洼陷带还有剩余圈闭石油资源量36.2万吨，是东濮凹陷下洼勘探的一个主要方向，为开展类似圈闭评价提供第一手资料。2009年3月，由地质院和物探研究院联合开展的“东濮凹陷西部柳屯洼陷风险目标圈闭”论证项目通过中国石化集团公司专家组审定。

【文203－58井钻遇优质油层73.2米】

2009年5月10日，地质院部署的重点滚动评价井——文203－58井开钻。该井位于东濮凹陷中央隆起带构造带文203断块区，钻探目的是评价文200－7块沙三中构造特征，并落实油藏规模及产能。7月28日，文203－58井完井，在目的层钻遇油层31层73.2米，打开中原油田在文东构造带滚动勘探的新局面，预计可新增石油地质储量60万吨。 （汪中华）

【东濮老区滚动增储1129万吨】

2009年，地质院利用高精度三维地震资料，对东濮老区复杂断块群精雕细刻，选择钻探井位，在濮卫油田、文留油田、三春集油田、马寨油田、庆祖集油田、赵庄油田周边挖潜勘探，取得良好成效，探明油气地质储量655万吨；文东斜坡带和卫城地区构造—岩性油气藏探明石油地质储量207万吨；新霍构造低幅度的小断块油藏勘探取得突破，新增探明油气地质储量267万吨。

【东濮老区调整治理】 2009年，地质院应用先进的地质建模软件，加强微构造分析和单砂体预测，采用相控建模的方法，在5类油藏13个区块开展油藏精细描述和剩余油分布研究，覆盖地质储量8230万吨。协助采油厂搞好老区调整治理，同时注重新工艺、新技术的应用和技术集成，水平井油层钻遇率81%，初期平均单井日产原油12.1吨。通过治理，老区开发状况得到明显改善，治理区块自然递减率降低9个百分点、综合递减率降低8个百分点。 （向曰忠）

【柳屯洼陷风险勘探前景良好】 2009年，地质院部署在柳屯洼陷的风险探井——濮深18井获日高产油流20吨，证实东濮深层仍有良好储层，同时在柳屯洼陷东翼发现2个较大规模的构造—岩性圈闭，预测储量背景600万～800万吨，展示了柳屯洼陷周边良好的勘探前景，对东濮凹陷下洼勘探具有带动作用。

【白音查干凹陷勘探成果扩大】 2009年，地质院在锡林好来地区锡23等井发现厚油层，新增探明石油地质储量127万吨，连片含油趋势逐步明显。白音查干凹陷北坡查37井钻遇良好油气显示，首次在腾格尔组下部、阿尔善组钻遇良好油气显示，为北部陡坡带下洼岩性油藏油气勘探指明方向。

【普光陆相天然气勘探取得进展】

2009年，地质院接手普光陆相滚动勘探后，加强科研力量，落实毛坝、双石庙2个有利构造带，提出须家河组等层段为有利的勘探层系，普101井老井试气突破工业气流关，新部署的预探井——普陆1井钻遇良好气显示，为普光陆相勘探展开奠定基础。

【新区勘探研究取得进展】 2009年，地质院在冀北区块加强基础地质研究，选择有利区带和钻探目标，针对中上元古界部署宽1井，标志着海相油气藏勘探进入到实质性钻探阶段。东濮外围古生界选择出鱼台周堂构造、成武大陈楼构造、莘县沙镇构造等3个重要风险勘探目标。重新评价济源凹陷，并提出中古生界是下步勘探的有利层系。

【立巴－1探井测试日产轻质原油600桶】 2009年，地质院对也门区块构造、地质特征进行精细评价，选择钻探目标，部署在也门71区块海宁构造北部高部位的第二口探井立巴－1井中途测试日产轻质原油600桶、天然气48万立方米。这是继2008年海宁－1井取得勘探突破后，在基底上部新层系获得的又一重大油气发现，预示该区有良好的勘探前景。

【地质院开展3项气驱先导试验】

2009年，地质院开展气驱先导试验3项，均被列为中国石化集团公司重大先导试验。（1）对水驱废弃油藏濮城沙一下开展二氧化碳/水交替驱，阶段增产原油2898吨，预测采收率提高7.9个百分点；（2）对非均质油藏胡12块、卫317块、胡19块、明15块开展空气泡沫驱先导试验，阶段增产原油5744吨，提高采收率3～5个百分点；（3）对注不进水的深层低渗油藏文88块沙三中^{10}开展天然气驱试验，预测提高采收率20个百分点。深层低渗油藏文88块沙三中$^{4-6}$立体开发试验进入实施阶段，取得初步效果；白庙气田利用水平井改善开发效果先导试验在实施中。

【开展勘探开发关键技术研究8项】

2009年，地质院开展高含硫气田开发技术研究，形成礁滩相储层评价与预测等关键技术8项，为调整普光方案部署和开发井位、投产方案设计提供重要技术支撑。东濮凹陷稳产资源基础研究不断深化，建立成藏模式8种，有效指导老油田精细勘探。在油田组织的14项开发关键技术攻关活动中，由地质院承担的油藏描述技术在微构造刻画、薄层识别、相控建模等方面取得进展，水平井技术进一步发展，现场应用见到明显效果。

【地质院提供技术服务】 2009年，地质院将实验室研究与勘探开发工作紧密结合，为多项重大科研专题研究和开发先导试验工作提供技术服务。测井研究根据勘探开发需要，开展“识别高碳酸盐含量砂岩储层、测井岩相识别模版及以可动水为主要参数的双饱和度油水层”定量解释研究。完善经济评价体系，自主研发老区新井（侧钻井）经济评价软件。扩大后评估工作覆盖面，在完成产能建设后评价的同时，完成水质改造工程6个项目和安全隐患7个项目的后评价工作。

【《断块油气田》成为中文核心期刊】

《断块油气田》是由中原石油勘探局主办、地质院承办的国内唯一一家专门研究断块油气田的综合性刊物，1994年创刊，国内外公开发行。2009年，地质院重点加强期刊自动化管理平台建设，建立《断块油气田》独立域名和网络，实现作者在线投稿、编辑在线采编、专家在线审稿，提高期刊的采编效率。出版发行《断块油气田》科技期刊6期，审阅处理来稿1200余篇，编辑加工后发表238篇、160万字，翻译英文摘要40万字，校对1600万字。2月，《断块油气田》入编《中文核心期刊要目总览》2008年版石油、天然气工业类核心期刊。这是继《断块油气田》被美国《化学文摘》、《乌利希期刊指南》和波兰的《哥白尼索引》3家国际知名数据库检索系统收录后，取得的又一重要成果。

【编发《领导决策信息》24期】

《领导决策信息》由地质院编发，跟踪分析全球石油经济、贸易、市场发展趋势及科研生产、经营管理等前缘技术，针对油田发展进程中亟需解决的热点、难点问题，重点突出实用性，抓好刊物的信息采集到编辑、发行的各个环节，刊物质量稳步提高，为领导及时高效地了解有关信息和决策部署提供参考资料。2009年，地质院编辑发行《领导决策信息》24期，搜选信息2万余条、近1600万字，刊用信息2200多条、约50万字。

（高秀田　向曰忠）

采油工程技术研究院概览

【概况】　采油工程技术研究院（简称采油院）主要负责中原油田采油工程中长期发展规划的编制，负责重大生产、管理技术问题调研分析；负责中国石化股份公司、油田分公司开发工程技术研究课题以及开发工程方面新技术推广和导向技术项目实施；负责开发工程新工艺、新技术的引进、试验、推广应用及改进提高；负责采油采气工程方案编制和大型工艺技术措施的工程设计，并实施监督；负责井下作业工具、入井液和专用化学剂的检测；负责专用测试仪器的标定、校验；负责分公司电潜泵的开发生产、修理、检测和租赁技术服务，是中原油田从事采油工程技术科研攻关、新技术推广服务及高科技产品开发的综合性研究单位。截至2009年底，采油院有员工832人，其中专业技术人员（含管理岗位）497人，教授级高工职称4人、高级职称139人、中级职称243人、初级职称82人；机构下设机关科室8个、基层单位16个。拥有博士后科研工作站点、西安交通大学和中国地质大学工程硕士教学培训站，有油层改造、提高采收率、井下作业工具、腐蚀防治等重点实验室，新筹建空气泡沫驱油实验室和微生物实验室，各类科研仪器设备568台套。资产总计3318万元，固定资产原值7245万元、净值3138万元。2009年，采油院围绕制约油田开发的技术难题，加强科技项目攻关研究，在空气泡沫驱腐蚀防治技术、水平井完井投产配套技术研究中取得突破。组织普光气田投产技术服务，在普光主体后85亿产能建设15个平台29口井投产过程中，做到人员、设计、现场、用料保障到位；开发配套关键技术14项运行得力，加强综合协调、运行管理和考核评价；大修井设计与监督工作有序运行，完井271口，修复成功率91.5%，投产有效井196口，增产原油4万吨，恢复可采储量58万吨。年内，完成油藏监测工作量1300余井次，完成年度计划的114.9%；162口电泵租赁井检泵作业同比减少45井次，电泵井免修期341.1天，同比延长21.5天；承揽外部市场合同工作量900万元，实际完成848万元；集成应用区块井组治理技术，实现年收入2.67亿元。完成分公司及以上科研项目、专题37项，其中国家重大科技项目2项、国家“863”项目2项，中国石化集团公司科研项目及专题15项。获中国石化集团公司2008年度科技进步三等奖2项；获油田分公司2008年度科技进步一等奖3项、二等奖6项；“十条龙”科技攻关项目“出龙”1项；申报国家专利12项，新授权6项。

“十条龙”项目：中国石化集团公司重点项目科技开发攻关的代名词。1991年，中国石化集团公司提出把科研、设计、生产、设备制造、施工联合组织起来进行科技创新，称“一条龙”联合攻关，因当年选择了10个联合攻关项目，因此被称为“十条龙”。项目通过立项论证称“入龙”，通过成果验收称“出龙”。虽然每年入“龙”的项目已经超过10个，但“十条龙”的叫法却一直延续。

【普光采气工程研究所成立】　2009年2月9日，采油院根据普光气田开发建设及投产工作需要，经油田人力资源处批准，成立普光气田采气工程研究所，为该院直属正科级单位，定员6人。主要职责：全面负责采油院对普光气田的业务协调工作；负责普光气田采气工程设计、工艺技术服务、生产技术跟踪研究等科研、生产及安全管理工作。定员在岗人员负责协调工作，具体技术服务等工作由该所根据工作需要向上级部门提出申请，由采油院协调组织院内其他基层单位人员完成。

【大型罐体内壁腐蚀在线监测仪研制成功】　油田生产集输系统存在沉降罐、储油罐等大型储液罐体下部积水腐蚀无法直接监测问题。2009年，采油院开展技术攻关，调整设计试片夹持器、配重和悬挂链条的结构与材料，研制出一种大型罐体内壁腐蚀在线监测仪。该仪器可监测沉降罐、储油罐等大型罐体内部各深度部位，不受现场条件制约，在不停产状态下进行取放试片，数据录取率100%，解决了大型罐体的挂片腐蚀监测难题。2月15日，在采油一厂文三污水处理站的清水储水罐中进行现场挂片实验，取得良好效果。截至年底，大型罐体内壁腐蚀在线监测仪在油田污水处理站、联合站应用32次，为油田了解罐体腐蚀状况提供资料依据。

【油田首口40兆帕高压注水井压降测试成功】　中原油田部分区块注水压力高，35兆帕以上高压注水井在测试过程中存在上顶力大、仪器下井困难、井口喷漏严重、不安全因素多、无法了解储层动态参数及目前地层压力等问题。2009年，采油院开展高压测试技术攻关，引进FP－Ⅱ型高压注水测试井口防喷装置，最高承载压力70兆帕。4月8日，在采油一厂文13－235井进行注水井压降测试，地面注水压力40兆帕，日注水量31立方米，测试成功，创中原油田高压注水井测试新纪录。

【油田首次气体示踪剂自行注入施工成功】　2009年，采油院针对现场空气泡沫试验对气体示踪剂注入的实际需求，在技术引进基础上，通过改进和创新，调整注入工艺，研制出适应油田自身特点的注入设备，注入压力由35兆帕提高到50兆帕，进样口单一手动进样改为手动自动一体化进样。同时改进化验分析监测设备，完善化验气相色谱仪，更新补充填充柱，使该系统使用灵活，应用方便，检测准确。5月13日，在胡12－152井应用该技术组织气体示踪剂自行注入施工，注入气体示踪剂0.2吨，注入压力25兆帕，取得成功。气体示踪剂自行注入技术打破了中原油田气体示踪剂施工长期依赖外部服务的局面，填补油田此项技术的空白。

【潜油电泵采油技术应用于大斜度井】　2009年6月8日，采油院通过技术攻关，首次在采油一厂大斜度井文38－46井应用潜油电泵采油技术，该井井筒斜度较大，最大达到45.03度，并取得成功。该井设计排量70立方米/日，下入深度2000米，射孔投产后生产正常，初期日产液量70.1立方米，日产原油35吨，并保持稳定。

【裸眼膨胀管完井技术应用于濮2－523井】　油田开发后期，开窗侧钻井、加深井是老油田稳产增产的主要技术措施，传统的完井方式是在5½″套管内悬挂4″套管，但存在井眼通径小、固井质量差等问题。2009年，采油院与天津冠力博石油科技有限公司合作研制具有自主知识产权的裸眼膨胀管技术。该项技术是利用钢质套管下到井下后，在井下通过冷挤扩张的方法使膨胀管达到要求的尺寸，从而进行固井、完井等作业的一种技术。相对于传统的完井方式，该项技术可以增大完井套管内径，为后期进行的射孔、压裂、冲沙等作业提供便利；同时，还可有效提高固井质量，补贴套管密封胶皮可以保证完井套管与原套管悬挂部位的密封，完善完井工艺。6月18日，该技术在采油二厂濮2－523井进行试验。对该井实施固井后，膨胀管在25兆帕压力下开始膨胀，历时30分钟膨胀完成总长度为34米的膨胀管施工。膨胀后套管最小内通径103毫米，膨胀管性能相当于N80套管性能。这是中原油田首次应用具有自主知识产权的加深井膨胀管完井技术并获成功，打破国外公司在裸眼膨胀管技术方面的垄断局面。

【油田首口水平井应用水力喷射压裂工艺取得成功】　水力喷射压裂技术是集射孔、压裂、隔离一体化的增产措施，专用喷射工具产生高速流体穿透套管、岩石，形成孔眼，孔眼底部流体压力增高，超破裂压力起裂，造出单一裂缝。该技术是近年石油工程领域的新技术，在国内现场试验尚属起步阶段，在深层筛管完井的水平井中尚未应用。2009年8月5日，采油院与采油一厂、井下特种作业处等单位合作，对文92－平2井现场实施水力喷射压裂工艺，加砂18.2立方米，平均砂比23.9%。该井位于文留地区沙三上^{8}砂组，油藏垂深3156.36米，地层温度115.5℃，完井方式为套管完井＋筛管完井，水平井趾端采用筛管完井，压裂目的层段深度3430.6～3582.8米。水平井应用水力喷射压裂工艺技术的成功实施，实现中国石化集团公司深层低渗油藏最深水平井压裂技术的突破，为该类油藏水平井开发提供技术支持。

【永置式监测系统成功录取井下压力温度数据】　2009年8月29日，采油院为调整普光气田酸压施工设计，准确评价开发井产能及储层动态分析提供准确基础数据，采用美国岩芯公司PROMORE分公司的永置式监测系统，在普104－1井安装永置式监测系统，这是国内首次在高含硫气井通过安装该系统监测井下压力温度数据。该井最大井斜19.1度，永置式监测系统下深5500.68米。现场安装后，成功实时监测完井、酸压、试气放喷过程的井下压力及温度数据，回放出完整的资料，监测坐封井下压力99.32兆帕，酸压施工过程中井下最高压力94.236兆帕，试气放喷过程中井下最高温度137.13℃。应用结果表明永置式监测系统在高压、高温、高硫化氢腐蚀及酸液腐蚀环境中，可长时间运行，达到工作要求。

【4″套管井应用水力喷射压裂工艺】　文13－侧356井位于东濮凹陷中央隆起带中部文留构造，目的层沙三上^{8}砂组，埋藏深度3300～3600米，属构造岩性油藏。2009年，针对深层低渗小套管井压裂困扰中原油田油气增产改造的技术难题，采油院与采油一厂、井下特种作业处等单位合作，对文13－侧356井实施水力喷射压裂工艺现场施工，加砂26立方米，平均砂比22.6%。该井完井方式为悬挂4″套管完井，深度为3110.81～3640.76米。应用水力喷射压裂工艺后，该井日产液9立方米，标志着该项工艺在中原油田首口小套管井压裂取得成功。

【力1井实施泥质灰岩地层加砂压裂】　2009年，采油院调整施工工艺，对力1井泥质灰岩地层进行加砂酸压施工。该井是银额盆地查干凹陷第一口泥质灰岩地层酸压及加砂压裂井，含油层段为巴二段，岩性为含泥灰岩，裂缝发育。施工选择3179.6～3339.9米井段11层19.8米进行试油。压裂前日产原油1.08吨，酸压后，平均日产液9.7吨，日产原油7.9吨，综合含水率18%。

【提高多轮次调剖效果工艺技术增产原油3861.85吨】　2007年3月，采油院对“提高多轮次调剖效果工艺技术研究”项目进行立项攻关，2009年11月完成。由于长期的注水开发并随着调剖轮次的增加，调剖效果变差，采油工程技术研究院通过对调剖体系性能研究分析，建立适合多轮次调剖的调剖体系，以满足多轮次调剖需要。通过室内物理模拟实验，对多轮次调剖调整设计技术，提高多轮次调剖工艺水平，得出多轮次调剖经济最佳半径；分析多轮次调剖效果递减原因，提出多轮次调剖效果递减规律，制定改善多轮次调剖效果递减的对策；开展现场实验，完善多轮次调剖配套技术。项目技术指标调剖工艺成功率100%；调剖措施有效率大于或等于91.7%；调剖有效期189天；单井组成本控制在平均水平以内；井组平均增产原油321.8吨。截至年底，采油院在卫城油田、文明寨油田实施多轮次调剖措施12井次，累计增产原油3861.85吨，降水1.08万立方米。

【空气泡沫驱油工艺注入系统腐蚀与防治研究】　2008年1月，采油院对“空气泡沫驱油工艺注入系统腐蚀与防治研究”项目立项研究，2009年6月完成。针对空气泡沫驱油工艺注入系统腐蚀严重的问题，采油院研究开发高温高含氧介质中缓蚀阻垢剂，进行加药工艺调整，该药剂常温下缓蚀率85%以上，现场注空气高温高压下缓蚀率68%，取得与泡沫配液体系驱油防腐防垢一体化效果；完成井下高温牺牲阳极保护装置及工艺配套完善，缓蚀阻垢剂与高温牺牲阳极联合保护，现场应用缓蚀率90%以上；从防腐蚀的角度进行空气注入方式的调整，为注空气工艺提供理论依据。空气泡沫驱油工艺注入系统腐蚀与防治技术实施后，系统腐蚀速率由措施前的0.60毫米/年降至0.08毫米/年以下。

【砂岩裂缝性储层压裂工艺技术成功率95.7%】　2008年4月，采油院进行“砂岩裂缝性储层压裂工艺技术研究”项目研究，2009年12月完成。针对砂岩裂缝性储层裂缝发育，井段长、隔层差，压裂时压裂液滤失严重，难以形成主裂缝，导致压裂成功率低，加砂符合率低，效果差的技术难题，进行储层保护剂选择，中温交联配方剂改进，调整形成砂岩裂缝性储层压裂液配方，压裂液残渣降低2%，黏度上升10%～25%，伤害率降低2%，成本降低8%～12%，破胶水化液黏度降低2毫帕·秒；开展压裂调整设计研究，应用综合降滤、分层压裂、快速破胶排液、调整射孔等配套技术，提高压裂成功率，降低地层伤害，形成砂岩裂缝性储层压裂工艺技术。现场试验23井次，成功率95.7%，前置液48.8%，加砂符合率99.8%，平均砂比27.5%；有效率91.3%，平均单井日增产原油6.1吨，增产原油771吨。与研究前比，成功率提高13.9%，加砂符合率提高13.6%，前置液下降4.2%，砂比提高1.3%，有效率提高16.3%。

【抽油机井管柱偏磨预测与预防技术】 2007年3月，采油院进行“抽油机井管柱偏磨预测与预防技术”研究，2009年9月完成。通过对油田各采油厂有杆抽油系统偏磨井进行分类统计，开展防偏磨工具性能评价分析，引进井下抽油杆力学检测装置，研发“抽油杆柱三维力学综合分析与偏磨点预测系统”软件，结合力学检测装置测试结果，进行偏磨位置的预测分析和防偏磨治理方案设计；进行耐磨材料摩擦系数测定，抽油杆接箍材料选择，减磨接箍结构调整等，研制具有低磨擦系数和无活塞效应的抽油杆弹性扶正抗磨副及具有自润滑功能，对油管伤害性小的减磨接箍；针对泵挂深度大、泵效偏低的井，研制减小油管伸缩的安全锚定器；根据不同区块、不同井况特点进行防偏磨技术的综合、调整配套。抽油机井管柱偏磨预测与预防技术实施63井次，抽油机井的生产状况得到改善，延长减泵周期80天以上，抽油机井的产量和效率得到提高。

【应用分层工艺技术提高采收率3.16%】 2007年5月，采油院进行“分层工艺技术研究”项目研究，2009年12月完成。通过对文东油田地应力场分布、纵向应力敏感性、缝高监测技术、整体调整技术研究，形成长井距压裂有效动用潜力层技术；设计机械定位器、组合配水管柱和长效水嘴，形成高温高压精细注水技术。配合Y341封隔器在现场应用机械定位技术10井次，平均误差0.4米，最小误差0.07米；组合式配水管柱在文东油田应用16井次，初始投捞成功，现场根据地质需要成功调配11次；氧化锆长效水嘴现场应用200多口井，调配后的复测井减少60%～70%，应用最长时间为500天。长井距压裂有效动用潜力层技术在文东油田二类油层现场实施19井次，施工成功率100%，平均单井加砂27.7立方米，最高加砂35.3立方米，平均砂比27.2%，最高砂比33.62%；压裂井有效率100%。压前平均单井日产液5.6吨、日产原油0.7吨，压后初期日产液21.6吨、日产原油7.6吨，平均单井日增液16吨、日增产原油6.9吨。以机械定位和长效水嘴及组合式配水等形成的精细注水技术缩短作业时间，延长有效期，节约作业费用，并对应油井的生产提供能量，为油田的稳产提供技术保障。与其他专题结合形成文东二类层开发技术，水驱控制程度由64.8%提高到79.7%，提高14.9个百分点，水驱动用程度由30.2%提高到41.6%，提高11.4个百分点，油藏年自然递减率由30%以上控制到23%以下，阶段含水上升率保持在0.5%以下，采油速度由0.70%提高到1.02%，预计采收率由24.2%提高至27.36%，增加可采储量30.53万吨，采收率提高3.16个百分点。

【应用稠油油藏提高采收率技术增产原油1650吨】 2007年4月，采油院与采油五厂联合进行“胡12块、胡19块稠油油藏提高采收率技术研究”项目，2008年11月完成。项目重点研究提高胡12块沙三上^{4}、沙三中^{1}和胡19块稠油油藏采收率的技术手段，并为类似油藏提供参考。对国内稠油开发技术进行调研；研究胡12块、胡19块稠油油藏水驱动用状况及剩余油分布；分析产出的黏度、密度、矿化度、氧化性等性质，并研究稠油黏度变化规律；通过活性剂选型、分子结构设计，开展泡沫/降黏复合调驱及单井降黏试验。成功研究出胡12块、胡19块不同类型稠油油藏的降黏剂配方，通过降黏技术、调堵技术等工艺研究来加强有效注水，解决举升、集输矛盾。项目应用后，试验井组提高水驱动用程度3%～5%，稠油降黏率85%以上。截至2009年底，胡12块、胡19块稠油井实施井筒降黏30余井次，泡沫降黏堵水2井次，凝胶颗粒+降黏调驱2井次，井区累计增产原油1650吨。

【开展油藏连通性和污染评定现场试验47井次】 2007年3月，采油院进行“油藏连通性、污染状况分析评价技术研究”项目，2009年12月完成。以卫城油田的卫360块为研究对象，以渗流力学和现代试井理论为基础，建立不考虑趋势压力和滞后时间的干扰试井图版解释的新方法，对井间的连通性做出准确判断分析；研究确定用表皮系数、流动效率、污染半径评价油藏污染状况和压力扩散半径评价方法分析近井地带是否存在污染。现场开展油藏连通性现场试验3井组11井次，油藏污染评定试验36井次。根据测试结论，深化注采连通关系认识，对近井地带的污染状况做出定量分析，为油田动态监测提供动态参数，为采油工程技术方案的编制提供科学依据。技术措施在卫360块实施后，调整注采结构，控制高渗透层的注水，启动二、三类层，增加可采储量，油井平均单井日增液12.5吨、增产原油0.2吨。

【应用砂岩裂缝油藏试井解释软件】 2008年5月，采油院进行“砂岩裂缝油藏试井解释”项目研究，2009年底完成。项目针对砂岩裂缝油藏国内外尚无合适的试井解释方法的问题，分析和研究三叠系砂岩裂缝油藏岩芯分析、成像测井、组合测井和生产动态等资料，从裂缝特征、物性特征、含油特征、产能特征等4个方面理清其储层基本特点；根据国内外砂岩裂缝油藏渗流规律研究成果的查新情况进行综合分析，该类储层在渗流过程中存在启动压力梯度和介质变形的客观现象。在储层渗流特征研究的基础上建立带启动压力梯度的变形介质影响的均质、双重介质、垂直裂缝和多区复合模型，研发相应的试井解释软件，填补中原油田砂岩裂缝油藏试井技术的空白。砂岩裂缝油藏试井解释软件现场应用6井次，取得4点认识：（1）该类储层渗流过程中存在启动压力梯度；（2）该类储层的主要储集空间为裂缝系统；（3）在完井作业过程中储层普遍存在不同程度的污染伤害；（4）该类油藏单井的泄油半径普遍较小，一般在180米左右。

【薄夹层挤堵封窜管柱研究试验成功率100%】 2007年3月，采油院进行“薄夹层挤堵封窜管柱”项目研究，2009年底完成。项目结合中原油田非均质地层及开发现状，调研国内外油田挤堵工艺管柱最新技术，研究设计用于挤堵封窜、报废井封井的薄夹层挤堵封窜工艺管柱。该管柱由可钻的井下机械开关、空心可钻封隔器以及机械投送挤注器组成。项目研制的管柱通过地面旋转上提油管使封隔管柱坐封密封环空、井口打压完成挤堵顶替、旋转上提管柱井下开关关闭工具丢手，实现带压起钻不返吐。截至年底，薄夹层挤堵封窜管柱研究现场试验10口井、12井次，施工成功率100%，水井减少无效和增加有效注水9.3万立方米；油井增产原油1181吨，并持续有效。实践证明，该管柱能够满足高压薄层挤堵封窜，带压起钻不反吐的施工要求，同时能够做到后期井筒完全处理不留塞。

【73口井应用文东油藏深层事故井修复技术】 2007年1月，采油院进行“文东油藏深层事故井修复技术”项目研究，2009年底完成。项目针对文东油田事故井复杂、修井难度大的问题，重点开展高效套磨铣工具研究应用，变径滚珠套管整形及深井直径118毫米膨胀管补贴加固技术研究试验，应用深井高温、长井段下4″套管补贴加固技术，基本形成适应文东油田的修井技术系列，在区块综合治理中为恢复注采井点，完善二、三类注采井网提供有效技术手段。文东油藏深层事故井修复技术实施后，累计修井83口，修复73口，修井成功率88%。油井日增产原油98.9吨，累计增产原油3.36万吨；水井日增注水量1031立方米，累计增加注水量41.4万立方米。

【应用暂堵酸化工艺技术现场试验井8口】 2007年3月，采油院进行“精细注水条件下暂堵酸化工艺技术”项目研究，2009年底完成。项目技术主要用于长井段多油层层间吸水严重不均的注水井酸化解堵，以提高差薄油层水驱动用程度。暂堵酸化技术是用携带液将暂堵剂带入井内封堵高渗层，在酸化中低渗透层或者将暂堵剂加入酸液中一起挤入地层，暂堵剂先进入高渗透层迫使后来酸进入中低渗透层，在返排和注水过程中暂堵剂被带出或逐渐被溶解，达到暂堵酸化目的。项目研究开发的新型悬浮型酸化暂堵剂，集多种微粒堵塞、胶体虑饼堵塞等优点于一体，能够有效地暂堵高吸水层使酸化液转向低渗层。2009年，暂堵酸化技术在采油三厂现场实验注水井8口，施工成功率100%，有效率100%，平均单井日增注水量23立方米，平均降压4.3兆帕，单井启动吸水新层2～6层。截至年底，累计增加注水量1.63万立方米。

（王伯洪）

钻井工程技术研究院概览

【概况】 钻井工程技术研究院（简称钻井院）地处河南省濮阳市中原路东段59号，为中国石化石油工程技术研究院中原分院，科技攻关实行中原油田、中国石化石油工程技术研究院双重管理，主要承担钻井工艺、钻井机械仪器仪表、油田化学、井下工具、环境保护、油气层保护、计算机应用等区域性的技术支持以及定向井、下套管、无损检测等现场技术服务工作。截至2009年底，钻井院有员工374人，具有高级职称45人、中级119人、初级58人；有博士9人、研究生21人、大学学历141人、大专学历71人；机构下设机关科室6个、研究所（技术服务中心）10个，建有博士后科研工作分站、中国石油大学（北京）研究生教学培训站及全尺寸模拟试验井、岩石力学实验室、油气层保护实验室、钻井液综合实验室、测斜仪无磁标定实验室。拥有各类设备295台套，包括用于钻井控制技术的随钻测量仪、随钻测斜仪、电子陀螺和高压密封套管检测等科研精密仪器设备及专用工程车辆，固定资产原值7039.31万元，净值4296.84万元。2009年，钻井院开展科研项目34项，其中国家重大项目和示范工程6项、国家“863”专题项目1项、部级项目2项、中国石化集团公司先导试验9项、油田重点攻关项目16项，均属局级以上重点研究课题，项目按期完成率90%以上，获局级科技进步奖8项。在各类学术会议上提交论文31篇、交流16篇，获论文奖4项，在期刊、杂志上发表论文36篇，其中核心期刊19篇、省部级刊物16篇、国外期刊1篇。获国家专利4项，创技术新指标7项。科技服务创产值1亿元，超额完成勘探局下达的经营承包任务。

【钻井院通过中国石化集团公司先导试验项目8个】 2009年3月，钻井院通过中国石化集团公司立项论证先导试验项目8个。其中，重点地区钻井提速综合配套技术领域3项，分别是川东北复杂地层防漏堵漏新技术先导试验、西南地区超高密度钻井液固井液技术先导试验和35兆帕地面高压喷射钻井技术；水平井、分支井钻完井配套技术领域4项，分别是超短半径水平井技术先导试验、分支井钻井技术先导试验、中原油田深层5½″套管开窗侧钻技术先导试验和断块油气田薄油层阶梯水平井钻井技术先导试验；嵌入式钻井参数仪表研制应用。

【创川东北雾化钻井进尺新指标】 2009年，钻井院在川东北地区推广应用气体钻井雾化技术，在普光、双庙、大湾、分水岭、元坝区块应用12口井、16井次，雾化钻井进尺9615.39米，平均机械钻速7.14米/时，雾化钻井周期达到9天，突破雾化技术在出水量为5立方米/时使用的限制。其中大湾404－2H井雾化钻井进尺1395米，创川东北雾化钻井进尺新指标。

（侯婷婷）

【钻井院开发空气锤及配套钻头】 2009年，中原油田空气锤及配套钻头实现系列化开发，并进入现场推广应用阶段，其主要技术性能指标国内领先。空气锤作为一种井下工具，配合使用配套钻头提速效果明显。科研人员已完成3种型号5种规格的空气锤设计研制，并配套形成适应井身结构的7种规格的空气锤钻头。由钻井院井下工具所自主研发的新型CND空气锤及配套钻头在普光、大湾区块推广应用10多井次，钻井进尺8291.39米，平均机械钻速8.53米/时，平均机械钻速是空气牙轮钻头的2倍以上。装置具有结构简单、故障率低、井下安全可靠等特点，同时配备先进的钻头断落随钻打捞防护工具，可有效防止钻头断裂后落井。该院设计的2种钻头保径齿结构形式，可有效降低钻头径向磨损，提高钻头寿命。此外，还自主设计高压定量注油机和液压链钳空气锤配套工具。（汪中华）

【水包油乳化钻井液技术获“国家企业新纪录”认证】 2009年，钻井院推广应用水包油乳化钻井液新技术，主要包括水包油乳化钻井等关键技术。在部1-23侧井应用水包油乳化钻井液最小密度0.85克/立方厘米，创国内新指标，并通过中国石化集团公司“国家企业新纪录”认证。（侯婷婷）

【完成开采工程废液残渣无害化处理技术研究】 2009年，钻井院承担了中国石化集团公司“十条龙”项目——开采工程废液残渣无害化处理技术研究。该项目成功应用于普光12井、普光304-1井、铁北1井和双庙101井的完井钻井废泥浆无害化处理、热解焚烧和填埋处置等工作，累计处理处置固体废物1.56万立方米，其中烧结5000立方米、填埋处置1.06万立方米，完成专题合同规定的研究内容，达到合同计划指标，形成钻井废水混凝/二次絮凝/吸附/氧化和酸压废液混凝/微电解/强氧化处理工艺；自行设计完成钻井废水处理装置现场应用效果良好，具有推广应用前景。

【应用空气泡沫循环钻井技术缩短钻井周期】 2009年，钻井院推广应用自主研发的空气泡沫循环钻井技术。该技术能有效控制钻井液循环漏失、提高机械钻速、延长钻头寿命，减轻储层伤害，保护低压油气藏，起到防塌、防火、防爆作用，确保钻井作业安全。在大湾405-2H井、普陆1井、元坝10井等多口井位应用，平均机械钻速4.88米/时，消泡率75%以上，与使用常规钻井液钻井相比，钻井周缩短期20多天，对元坝区块大尺寸导眼段钻井提速和泡沫循环钻井技术的推广应用有重要意义。

【新式钻具在塔河超深井试验成功】 2009年7月，钻井院承担的国家“863”项目——提高超深井钻井速度与安全钻井技术研究取得重大进展。该院设计研制的TDR1-127型耐高温减速涡轮钻具在西北油田分公司塔河油田TH12509井现场试验取得成功。该涡轮钻具具有耐高温200℃、操作简单、便于维修等特点，同时工具设计有减速器，输出扭矩大，适用于深井超深井下部地层，能有效地缩短深井超深井钻井周期。涡轮钻具应用于TH12509井试验井段5946~6247米，累计入井时间203小时，纯钻时间84小时，平均机械钻速为3.59米/时，与转盘钻井相比，机械钻速同比提高80%以上。同时，井斜由入井时的2.66度降至0.33度，取得良好的防斜打快效果。

【川东北地区深井水平井钻井技术应用研究】 2009年，钻井院对川东北地区深井水平井钻井技术应用进行研究。项目针对川东北地区硫化氢含量高、井深、井下复杂的特点，完善川东北地区超深水平井安全钻井技术措施，完成川东北地区水平井完井方式选择、工艺及工具选择配套技术研究。该技术分别在川东北地区6口超深水平井应用，钻井速度比初期完成的水平井提高20.4%，井身质量合格率100%。

【数字化钻井参数仪研究】 2009年，钻井院完成数字化钻井参数仪项目研究。该参数仪主要进行嵌入式触摸屏人机交互终端的结构设计、嵌入式操作系统的定制及多界面监测软件的开发、整机防爆、防腐、抗震、宽温、宽电压、抗干扰综合设计。该参数仪先后在沙特现场UTMN-1418等3口井应用，结果表明该参数仪设计合理，性能稳定，精度达到设计指标，能够满足现场工况使用要求。

【试气与酸化废液无害化处理技术研究】 2009年，钻井院完成试气与酸化废液无害化处理技术研究。项目主要对试气作业废水混凝—微电解处理工艺进行研究，研发酸化废液混凝—微电解—催化氧化无害化处理装置。该技术分别应用于普光气田及外围探井7口井的试气和酸化作业废液处理，累计处理试气废水8000余立方米，酸压废液2800余立方米。应用结果表明，处理后的固体废物和废液达到国家相关标准，环保收益系数即环保投入产出比大于1.52，实现废水达标排放和固体废物安全处置。

【空气钻井防燃爆安全钻进技术研究】 2009年，钻井院完成空气钻井防燃爆安全钻进技术项目研究。项目完成灭火阀和气体钻井燃爆监测系统的研制，能在发生燃爆时有效阻断气源；

2009年5月8日，钻井工程技术研究院在部1-23侧井应用水包油乳化钻井液新技术　（孙善刚）

2009年7月10日，钻井院技术人员对VDX数字参数仪进行调试 （白国强）

实时监测返出体成分及浓度变化，预报和预防井下燃爆的发生。现场应用结果表明，监测井下返出的气体成分及浓度变化准确及时，操作性强。

【深层小井眼钻井技术研究】 2009年，钻井院完成深层小井眼钻井技术研究。项目通过揭示小井眼水力压耗分布规律，确定降低深层小井眼循环压耗、钻柱交变应力的技术措施，完成钻具组合和钻井参数的调整。现场应用结果表明，能准确为深层小井眼安全钻进提供依据。

（侯婷婷）

物探研究院概览

【概况】 物探研究院主要负责中原油田及外部地震勘探采集方法研究与采集设计、地震资料处理、地震地质综合解释以及计算机应用软件开发等方面的理论研究和技术应用等工作。截至2009年底，物探研究院有员工211人，其中博士研究生3人、硕士研究生18人、大学本科生126人；教授级高工职称3人、高级职称72人、中级职称69人；学术带头人1人、在站博士后2人。机构下设机关科室4个、科研生产机构4个、项目研究室15个、后勤服务部门1个、计算机系统支持部门1个。拥有各类设备210台套，其中VERAR计算机集群1台、曙光刀片集群1台、SGI高性能工作站1台、40吨/PANASAS磁盘存储1套、磁带机18台、绘图仪8台、工作站18台；安装有6套处理软件、3套解释软件、2套采集设计软件。资产2589.17万元，固定资产原值4792.67万元、净值872.50万元。2009年，物探研究院完成文南、查干和也门等5个区块三维地震采集设计126.94万平方米；完成二维地震资料处理3.07万千米、三维地震资料处理185.3万平方米；完成二维地震资料解释2.19万千米，三维地震资料解释199.61万平方米。承担科研生产项目25项，其中中国石化集团公司新立项目2项、分公司科研项目10项，获中国石化集团公司科技进步奖一等奖1项，分公司科技进步奖3项。 （陈 杰 王亚琦）

【地震资料处理技术取得突破】 2009年，物探研究院进行科技攻关，开发应用提高复杂断块成像效果新技术，通过折射波静校正、CRP道集反褶积、各向异性叠前时间偏移等技术方法应用，地震资料分辨率得到提高，改善复杂断块成像精度；解决南方山地及黄土塬地区等起伏地表低信噪比二维地震资料处理难题，探索出较完整的、适合于低信噪比资料处理的方法和处理流程，解决静校正和低信噪比问题，提高高陡构造的成像精度；掌握海上地震资料处理技术流程，解决海底多次波和绕射多次波衰减、远场信号校正、水底库应用、数据规则化等技术难题，取得良好处理效果。

【开展高精度地震技术攻关】 2009年，物探研究院开展以“明1块沙二下油藏地震精细描述”为重点的研究攻关。通过技术攻关，探索和总结井间断层解释和单砂体描述方法，实现高成熟开发区利用三维地震资料精细解释井间断层的技术突破，实现储层地震描述由砂层组向单砂体的跨越。利用精细描述成果，部署调整井5口，平均单井日产原油8.1吨，单砂体预测符合率80%。同时，该院相继在户部寨气田挖潜、白庙水平井钻探、濮卫153块储层预测等区域开展技术研究，取得效果。

【16个区块完成储层地球物理技术应用研究】 2009年，物探研究院完成16个区块77个目标砂体的储层地球物理技术应用研究。深化基于层序地层格架的多信息相控储层预测技术体系：砂泥岩薄互储层地球物理预测与描述技术基本达到工业化应用水平，地震多属性分析与地震岩性参数反演技术在东濮构造岩性油气藏勘探中得到进一步验证，正反演模拟分析与地震反射特征研究等储层预测技术首次应用于水平井设计和气田开发，取得应用效果。

【完成高精度三维地震技术设计】 2009年，物探研究院应用高精度三维地震设计技术，实现利用网上全球卫星照片可生成世界上任何一个地区的地形平面图或立体图，足不出户便可了解工区的地形、地貌，三维地震设计的技术水平，工作效率得到提高。利用1米道距的高密度采样先导试验资料，深入研究高密度采样条件下的干扰波特征，为改进观测系统设计，提高压噪能力奠定理论基础。研究观测系统参数对成像效果的影响，提出高精度三维地震的设计原则和技术规范。在查干凹陷三维地震设计中，将以往采用可控震源激发改变为炸药震源激发，首次采用束间滚动一条线的小滚动距和多束并进的高效率施工组织方法，采集足迹明显减弱，采集质量和效率得到提高，为类似的小盆地、小凹陷的地震勘探提供经验。

【完成濮卫—文北高精度三维地震资料处理研究】 2009年7月24日，由物探研究院承担的“东濮凹陷濮卫—文北高精度三维地震资料处理”项目完成，历时9个月。项目完成满覆盖处理面积25.6万平方米。在资料处理过程中，针对濮卫—文北地区构造复杂、表层结构复杂的特点，通过采用地表一致性振幅补偿和小药量振幅补偿、叠前多域综合去噪技术和地表一致性反褶积等措施，提高成果资料中深层成像精度，为东濮凹陷老区勘探突破发挥重要作用。

【苏丹8区地震综合研究取得突破】 2009年3月27日，物探研究院承担苏丹WNPOC石油公司地震地质综合研究重点项目“苏丹8区地震综合研究”，通过地震解释、地质分析以及创造性的研究工作，应用的第一口探井Tawakul-1井试气获2万立方米/日，实现蓝尼罗河盆地勘探中的重大突破，中原油田和物探研究院在海外综合地质研究水平及信誉得到提升。

【物探研究院中标陕西延长二维地震资料处理项目】 2009年6月5日，物探研究院依靠先进的地震资料处理技术和良好的成果水平，中标陕西延长石油集团油气勘探公司二维地震资料处理项目，该项目部署满覆盖工作量1985.5千米。

【储层预测濮深18井获成功】 2009年6月30日，物探研究院依据储层预测成果设计的油田重点风险探井濮深18井开钻。10月28日完钻，实际钻井数据与预测结果吻合，储层预测研究工作获得成功。濮深18井的钻探成功实现东濮凹陷西部洼陷带深层构造—岩性油气藏的勘探突破，进一步明确岩性油气藏的勘探方向。

【“老油区精细地震勘探技术研究”项目通过验收】 2007年初，物探研究院进行重点科技攻关项目“老油区精细地震勘探技术研究”，主要针对老油区勘探开发中存在的难题，进一步研究和完善高精度地震采集、处理和解释技术。2009年2月26日，中国石化集团公司科技开发部组织鉴定委员会对该成果进行技术鉴定评审，并通过验收。鉴定委员会认为：“老油区精细地震勘探技术研究”项目内容丰富、成果显著、资料齐全，形成的老油区精细地震勘探的技术系列，对东部油田勘探开发具有借鉴意义，具有良好的推广应用前景。（陈 杰）

博士后工作

【博士后工作站概况】 2009年，中原油田博士后工作站按照“服务博士成长，推进油田发展”的总体要求，加大工作力度，各项工作取得新进展，引进博士13人，新设博士后分站2个，截至年底，设博士后分站7个，在站博士后30人，是河南省人数最多、规模最大的博士后科研工作站。2009年，中原油田为引进高素质博士人才，发挥网络优势，在全国和河南省博士后网站以及有关高校网站发布招聘公告；组织工作组到高校开展宣讲活动，严把报名初审、课题结合和入站考核关，确保引进博士人才的素质。加强博士后在站管理，完善工作站、分站、项目组“三级管理”模式，细化各级责任主体职责。建立博士后科研项目季度检查制度，规范博士后检查考核制度，分为日常、季度、中期和期满4种考核，考核结果与基薪和年薪挂钩。对13名博士后进行中期和出站考核，优良率100%。开展“评先树优”活动，10名博士后和17名助手分别被油田授予“优秀博士后研究人员”和“优秀博士后研究人员助手”称号。改善博士后工作生活环境，新建1栋36套博士后公寓，13名博士后入住。定期开展文体活动，组织健康检查，办理健身卡，组织体育比赛。组织博士后学术讲座、送知识到基层等活动，培训专业技术骨干2600多人次。在站博士后承担国家科技重大专项技术难点、中国博士后科学基金资助项目和省部级科技项目30余项。其中，曹品鲁博士完成的“空气泡沫循环钻井技术”、刘鹏程博士完成的“深层高压低渗透油藏渗流机理”等项目现场应用后，解决了一系列技术难题，见到明显经济效益。年内，中原油田博士后工作站被评为河南省优秀博士后工作站。

【油田增设博士后工作分站2个】 2009年4月20日，钻井管具工程处博士后工作分站成立，为中原油田第6个博士后工作站分站，有在站博士后2人。11月10日，设计院博士后工作分站成立，有在站博士后4人。截至年底，油田有博士后工作分站7个，招收博士后专业领域从石油地质、采油工程、钻井工程等向地面建设、油气储运等领域拓展，博士后工作服务油

2009年8月20日，中原油田在勘察设计研究院召开博士后开题论证会
（孟国兵）

田发展的科研领域扩大。

【首只仿生石油钻头研制成功】 2009年6月16日，中原油田在站博士后高科研制出拥有自主知识产权的首只241.3毫米仿生石油钻头，标志着中国仿生石油钻头研制工作取得突破。高科把仿生非光滑理论和自再生理念应用到破岩钻头中，先后完成仿生钻头高速破岩和耐磨机理研究，仿生钻头底唇面非光滑形态选择及孕镶金刚石配方调整设计，仿生钻头自再生非光滑表面加工工艺与加工方法研究，根据川东北地区须家河组岩石特性对直径241.3毫米仿生钻头结构、材料和非光滑布置反复设计计算、讨论和修改，进行大量仿生微钻头制备和室内试验，进一步证实仿生非光滑钻头具有的高效破岩和耐磨特性，高科和他所带领的科研团队完成仿生钻头研制工作。

【博士后科研项目获油田科技进步奖3项】 2009年，地质院博士后工作分站的3名博士后承担的科研项目获油田2008年度科技进步奖3项。其中，刘鹏程主持完成的“深层高压低渗油藏渗流机理研究”获一等奖，管涛参与完成的“查干凹陷储层评价及与油气的关系”获二等奖，付国民主持完成的“富县探区延长组长3储层精细评价”获三等奖。

【石油大学博士团到油田进行社会实践】 2009年7月13—18日，中国石油大学（华东）组织“赴中原油田科技服务”博士团在油田开展社会实践活动。其间，油田向博士团成员介绍企业概况、发展战略、人才引进政策和博士后工作开展情况，加深博士团成员对油田和博士后工作政策的了解。博士团成员到采油二厂、钻井管具工程处等单位了解生产流程、配套装备、企业文化建设等，增强对油田的感性认识；到地质院、采油院、钻井院等单位了解科研成果、特色技术、发展前景和人才需求等。在油田工作的中国石油大学（华东）优秀毕业生介绍了成长经历、切身感受，及油田良好的成长环境和广阔的发展空间。5名博士团成员介绍最新研究成果，拓宽油田专业技术人员的工作思路。

【制定博士后导师和助手配备管理办法】 2009年9月22日，中原油田制定《博士后导师和助手配备管理办法（暂行）》，主要包括博士后导师和助手配备管理原则，配备人数、条件、程序及职责，组织管理及考核等内容。《办法》的出台，有利于调动博士后导师和助手的积极性，打造创新型科研团队，加快科研工作进度，提升博士后科研项目管理水平。

【3名博士后获国家博士后科学基金资助】 2009年，中原油田有3名博士后获国家博士后科学基金会资助，总金额16万元。其中，地质院在站博士后刘鹏程获国家博士后科学基金会第2批特别资助10万元；钻井管具工程处在站博士后高科、地质院在站博士后王瑞飞分别获国家博士后科学基金会第45批、第46批二等资助3万元。至年底，中原油田先后有14名博士后获该基金资助，其中特别资助2人、一等资助2人、二等资助10人。

【2篇论文获中国石油学会青年学术年会奖】 2009年7月28日，中国石油学会第六届青年学术年会在黑龙江省大庆市举办。地质院在站博士后王瑞飞提交的论文《深层高压低渗油藏开发应力敏感性定量分析——以东濮凹陷文东沙三中油藏为例》获一等奖，钻井院在站博士后蒋金宝提交的论文《油气井井壁失稳预防与处理新技术》获二等奖。 （孟国兵）

2009年入站博士后简介

【徐田武】 男，1981年2月出生，汉族，中共党员。2004年6月，毕业于江汉石油学院矿产普查与勘探专业；2009年6月，毕业于中国石油大学（北京）地质资源与地质工程专业，获工学博士学位；同年7月，进入中原油田博士后科研工作站地质院分站。由中国石油大学（华东）博士后科研流动站与中原油田博士后科研工作站对其进行联合培养，流动站导师蒋有录，工作站导师谈玉明、张金报，承担的博士后科研课题是“马厂地区油气成藏机理与分布规律研究”。

【禚喜准】 男，1981年9月出生，汉族，中共党员。2004年6月，获得长江大学资源勘查工程专业学士学位；2009年6月，毕业于中国科学院兰州地质研究所地球化学专业，获理学博士学位；同年7月，进入中原油田博士后科研工作站地质院分站。由中国科学院地质与地球物理研究所博士后科研流动站与中原油田博士后科研工作站对其进行联合培养，流动站导师肖文交，工作站导师焦大庆、王德仁，承担的博士后科研课题是“东濮凹陷前梨园洼陷南部深层砂体展布与储层有效性评价”。

【王学军】 男，1977年4月出生，汉族，中共党员。2009年6月，毕业于中国石油大学（北京）地质资源与地质工程专业，获博士学位；同年7月，进入中原油田博士后科研工作站地质院分站。由中国石油大学（北京）博士后科研流动站与中原油田博士后科研工作站对其进行联合培养，流动站导师曾溅辉，工作站导师王生朗、苏惠，承担的博士后科研课题是“东濮凹陷西部胡庆地区成藏机理与分布规律研究”。

【鹿 坤】 男，1978年6月出生，汉族，中共党员。先后获得桂林工学院学士、硕士学位；2009年6月，毕业于中国地质大学（北京）矿产普查与勘探专业，获工学博士学位；同年7月，进入中原油田博士后科研工作站地质院分站。由中国石油大学（北京）博士后科研流动站与中原油田博士后科研工作站对其进行联合培养，流动站导师陈践发，工作站导师韩保清、慕小水，承担的博士后科研课题是“东濮凹陷北部沙三段不同类型烃源岩成烃机理研究”。

【王晓霖】 男，1977年7月出生，汉族，中共党员。2009年6月，获得中国石油大学（北京）油气工程力学专业博士学位；同年7月，进入中原油田博士后科研工作站设计院分站。由中国石油大学（北京）博士后科研流动站与中原油田博士后科研工作站对其进行联合培养，流动站导师帅健，工作站导师郭晓明、张建强，承担的博士后科研课题是“榆济管道山体隧道调整设计方法研究”。

【王建莉】　女，1979年5月出生，汉族，中共党员。2009年6月，获得北京化工大学材料科学专业博士学位；同年7月，进入中原油田博士后科研工作站钻井院分站。由北京化工大学博士后科研流动站与中原油田博士后科研工作站对其进行联合培养，流动站导师杨万泰，工作站导师王中华、郭建华，承担的博士后科研课题是“球型聚合物材料的研制”。

【梁正中】　男，1978年9月出生，汉族。2009年6月，获得中国科学院广州地球化学研究所构造地质专业博士学位；同年7月，进入中原油田博士后科研工作站地质院分站。由中国科学院地质与地球物理研究所博士后科研流动站与中原油田博士后科研工作站对其进行联合培养，流动站导师罗晓容，工作站导师马维民、常振恒，承担的博士后科研课题是“文东地区深层超压与油气成藏”。

【刘世峰】　男，1979年3月出生，汉族，中共党员。2002年2月，获中国地质大学学士学位；2009年6月，毕业于中国科学院广州地球化学研究所构造地质学专业，获理学博士学位；同年7月，进入中原油田博士后科研工作站地质院分站。由中国科学院地质与地球物理研究所博士后科研流动站与中原油田博士后科研工作站对其进行联合培养，流动站导师罗晓容，工作站导师吕新华、黄新文，承担的博士后科研课题是“东濮凹陷北部中生界砂岩油藏裂缝展布规律及其在开发中的应用”。

【余成林】　男，1979年1月出生，汉族，中共党员。2001年6月，毕业于江汉石油学院石油与天然气地质勘查专业；2006年6月，获长江大学矿物学、岩石学、矿床学专业硕士学位；2009年6月，获中国石油大学（华东）地质资源与地质工程专业博士学位；同年7月，进入中原油田博士后工作站地质院分站。由南京大学博士后科研流动站与中原油田博士后科研工作站对其进行联合培养，流动站导师林春明，工作站导师呼舜兴、熊运斌，承担的博士后科研课题是“胡状集油田胡12块严重非均质油藏四维地质模型研究”。

【蔺　刚】　男，1970年2月出生，汉族。2008年12月，获得吉林大学地质工程专业博士学位，现为吉林大学副教授；2009年8月，进入中原油田博士后科研工作站钻井管具工程处分站工作。由西南石油大学博士后科研流动站与中原油田博士后科研工作站对其进行联合培养，流动站导师练章华，工作站导师李飞、李玉民，承担的博士后科研课题是“钻柱使用可靠性研究”。

【王海琴】　女，1969年10月出生，汉族，中共党员，先后获得中国石油大学（华东）油气储运工程专业学士、硕士学位；2008年6月，获得博士学位；2009年，在中国石油大学（华东）任副教授；10月，进入中原油田博士后科研工作站设计院分站。由中国石油大学（华东）博士后科研流动站与中原油田博士后科研工作站对其进行联合培养，流动站导师李兆敏，工作站导师杜广义、张秀泉，承担的博士后科研课题是“中原油田高含水期油气处理系统节能降耗技术研究”。

【梁法春】　男，1977年7月出生，汉族，中共党员，先后获得中国石油大学（华东）油气储运工程专业学士、硕士学位；2006年6月，获西安交通大学动力工程及工程热物理博士学位；2009年，在中国石油大学（华东）任副教授；10月，进入中原油田博士后科研工作站设计院分站。由中国石油大学（华东）博士后科研流动站与中原油田博士后科研工作站对其进行联合培养，流动站导师王瑞和，工作站导师赵化廷、刘德绪，承担的博士后科研课题是“高含水期油气集输系统节能降耗技术研究”。

【陈　誉】　男，1978年2月出生，汉族，中共党员。1998年6月，获得长江大学城市建设学院土木工程专业学士学位；2001年6月，获得武汉理工大学土木工程与建筑学院结构工程专业硕士学位；2006年4月，获得同济大学土木工程学院结构工程专业博士学位，现为华侨大学副教授；2009年12月，进入中原油田博士后科研工作站设计院分站。由同济大学博士后科研流动站与中原油田博士后科研工作站对其进行联合培养，流动站导师陈艾荣，工作站导师王召民、银永明，承担的博士后科研课题是“油气管道跨越结构力学性能和设计方法研究”。

（孟国兵）

2009年出站博士后简介

【黄金营】　男，1972年2月出生，汉族，中共党员。2005年6月，获得华中科技大学材料科学与工程专业博士学位；2007年1月，进入中原油田博士后科研工作站采油院分站从事博士后研究工作，承担的科研课题是“高含硫气田腐蚀机理与腐蚀预测研究”，与中国科学院理化技术研究所博士后科研流动站对其进行联合培养，流动站导师只金芳。2009年1月8日，局党委组织部（油田博士后管理工作领导小组办公室）、科技部会同流动站，组织黄金营博士后出站考核答辩会，对其博士后科研项目和在站期间的表现进行考核，经与会专家考核评议，并无记名投票表决，考核结果为“良好”，同意出站。

【杨斌谊】　男，1974年6月出生，汉族，中共党员。2004年6月，获西北大学矿产普查与勘探专业博士学位；2006年3月，进入中原油田博士后科研工作站地质院从事博士后研究工作，承担的科研课题是“白音查干凹陷构造演化与油气关系研究”，与中国石油勘探开发研究院博士后科研流动站对其进行联合培养，流动站导师靳久强。2009年6月13日，局党委组织部（油田博士后管理工作领导小组办公室）、科技部会同流动站，组织杨斌谊博士后出站考核答辩会，对其博士后科研项目和在站期间的表现进行考核，经与会专家考核评议，并无记名投票表决，考核结果为“优秀”，同意出站。

【王文龙】　男，1978年10月出生，汉族，中共党员。2006年6月，获吉林大学地质工程专业博士学位；2007年3月，进入中原油田博士后科研工作站钻井院从事博士后研究工作，承担的科研课题是“普光气田气体钻井钻具失效机理及预防技术研究”，由燕山大学博士后科研流动站对其进行联合培养，流动站导师李子丰。2009年

7月25日，局党委组织部（油田博士后管理工作领导小组办公室）、科技部会同流动站，组织王文龙博士后出站考核答辩会，对其博士后科研项目和在站期间的表现进行考核，经与会专家考核评议，并无记名投票表决，考核结果为“优秀”，同意出站。

【李鹏春】 男，1978年11月出生，汉族。2006年6月，获中国科学院广州地球化学研究所构造地质学专业博士学位；2007年4月，进入中原油田博士后科研工作站物探研究院从事博士后研究工作，承担的科研课题是“卡塔克隆起奥陶系碳酸盐岩成岩演化及其油气成藏研究”，由中国科学院地质与地球物理研究所博士后科研流动站对其进行联合培养，流动站导师孟庆任。2009年8月27日，局党委组织部（油田博士后管理工作领导小组办公室）、科技部会同流动站，组织李鹏春博士后出站考核答辩会，对其博士后科研项目和在站期间的表现进行考核，经与会专家考核评议，并无记名投票表决，考核结果为“优秀”，同意出站。

【张振亮】 男，1974年12月出生，汉族，九三学社社员。2006年6月，获中国科学院贵阳地球化学研究所矿床地球化学专业博士学位；2007年6月，进入中原油田博士后科研工作站地质院从事博士后研究工作，承担的科研课题是“白音查干凹陷油气成藏机制研究”，由中国石油勘探开发研究院博士后科研流动站对其进行联合培养，流动站导师宋岩。2009年8月27日，局党委组织部（油田博士后管理工作领导小组办公室）、科技部会同流动站，组织张振亮博士后出站考核答辩会，对其博士后科研项目和在站期间的表现进行考核，经与会专家考核评议，并无记名投票表决，考核结果为“优秀”，同意出站。

（孟国兵）

2009年中原油田在站博士后承担科研课题

序号	姓　名	博士毕业时　间	毕业院校及专业	进站时间	博士后科研课题
1	刘鹏程	2004.06	中国地质大学（北京） 矿产普查与勘探	2006.10	深层高压低渗油藏渗流机理研究
2	高　科	2006.06	吉林大学 地质工程	2006.12	川东北地区高研磨性地层孕镶金刚石仿生钻头研制
3	沈建国	2006.06	中国科学院声学研究所 声波测井	2007.11	正交偶极子阵列声波测井仪器研制和资料处理方法研究
4	高红灿	2007.06	成都理工大学 储层沉积学	2007.11	东濮凹陷濮城—文明寨地区古近系沙河街组砂体成因机制及沉积演化研究
5	夏明军	2007.06	中国石油勘探开发研究院 矿产普查与勘探	2007.11	普光气田礁滩相储层成岩作用研究
6	李茂生	2007.06	中国石油大学（华东） 机械设计及理论	2007.12	深井小井眼水力学和钻柱动力学分析与应用研究
7	窦　斌	2003.12	中国地质大学（武汉） 地质工程	2007.12	川东北地区陆相地层堵漏技术研究
8	曹品鲁	2007.06	吉林大学 地质工程	2007.12	空气泡沫钻井技术研究
9	刘　苏	2007.06	中国石油大学（华东） 地质资源与地质工程	2007.12	东濮北部地区三叠系砂岩裂缝型储层成因机制与预测方法研究
10	谢建宇	2007.03	天津大学 应用化学	2007.12	超高温水基钻井液抑制降黏剂的研制
11	王瑞飞	2007.06	西北大学 地质学	2008.08	深层高压低渗油藏二、三类储层特征及裂缝对注水开发的影响
12	刘　勇	2008.06	西南石油大学 油气田开发工程	2008.12	中高渗油藏空气泡沫驱地层原油氧化反应机理研究
13	刘　峰	2005.12	西北工业大学 水声工程	2008.12	成像测井仪的数字通信系统研制
14	蒋金宝	2008.06	中国石油大学（华东） 油气井工程	2009.03	西部深层钻井提速关键技术研究
15	赖小林	2008.06	中国科学院新疆理化研究所 高分子化学	2009.04	新型抗高温延迟膨胀堵漏剂研究

续表

序号	姓　名	博士毕业时　间	毕业院校及专业	进站时间	博士后科研课题
16	兰　凯	2008.06	中国地质大学（武汉） 地质工程	2009.04	川东北深层水平井完井关键技术研究
17	王树涛	2008.06	北京科技大学 材料物理与化学	2009.06	P110SS套管钢在高含 H_2S/CO_2 条件下的腐蚀规律研究
18	徐田武	2009.06	中国石油大学（北京） 地质资源与地质工程	2009.07	马厂地区油气成藏机理与分布规律研究
19	祥喜准	2009.06	中国科学院兰州地化所 层序地层学与储层地球化学	2009.07	东濮凹陷前梨园洼陷南部深层砂体展布与储层有效性评价
20	王学军	2009.06	中国石油大学（北京） 地质资源与地质工程	2009.07	东濮凹陷西部胡庆地区成藏机理与分布规律研究
21	鹿　坤	2009.06	中国地质大学（北京） 矿产普查与勘探	2009.07	东濮凹陷北部沙三段不同类型烃源岩成烃机理研究
22	王晓霖	2009.06	中国石油大学（北京） 油气工程力学	2009.07	榆济管道山体隧道调整设计方法研究
23	王建莉	2009.06	北京化工大学 材料学	2009.07	球型聚合物材料的研制
24	梁正中	2009.06	中国科学院广州地化所 构造地质	2009.07	文东地区深层超压与油气成藏
25	刘世峰	2009.06	中国科学院广州地化所 构造地质学	2009.07	东濮凹陷北部中生界砂岩储层裂缝展布规律及其在开发中的应用
26	余成林	2009.06	中国石油大学（华东） 地质资源与地质工程	2009.07	胡状集油田胡12块严重非均质油藏四维地质模型研究
27	蔺　刚	2008.12	吉林大学 地质工程	2009.08	钻柱使用可靠性研究
28	王海琴	2008.06	中国石油大学（华东） 油气储运工程	2009.10	中原油田高含水期油气处理系统节能降耗技术研究
29	梁法春	2006.06	西安交通大学 动力工程及工程热物理	2009.10	高含水期油气集输系统节能降耗技术研究
30	陈　誉	2006.04	同济大学 结构工程	2009.12	油气管道跨越结构力学性能和设计方法研究

（孟国兵）

党群工作

综 合

【党群工作概况】 2009年，中原油田各级党组织坚持以党的十七大和十七届四中全会精神为指导，深入贯彻落实科学发展观，加强党建、思想政治工作、精神文明建设和维护稳定工作，为生产经营任务的全面完成提供政治保障，油田呈现出油气主业、石油工程、社会化服务三大板块协调发展，职工群众安居乐业的良好局面。中原油田继续保持“全国文明单位”称号。

深入学习实践科学发展观活动。以“推进科学发展、构建和谐油田”为主题，举办各类培训班37期，开展巡回宣讲和专题辅导40场次。组织党员干部围绕“解放思想、科学发展”进行讨论交流，树立内涵发展、统筹发展、持续发展、人文发展、安全清洁发展的理念。完善体制机制，梳理整合规章制度1141项，修改完善153项，形成适应科学发展要求的“八大机制”。明确“坚持一个指导、协调三大板块、实施五个战略、做到六个统筹、实现八个提高”的发展思路，针对油田发展中的问题，制定20个项目46条措施的整改落实方案，帮助基层和职工群众解决各类问题1900多个。油田深入学习实践科学发展观活动取得良好效果，职工群众总体满意率99.85%。中原油田的经验与做法，在中央学习实践活动网站、《中国石化集团公司活动简报》、《中国石化报》、《河南日报》等媒体刊发184次。

生产经营保障活动。根据油田不同阶段的工作重点和员工思想实际，编发形势任务教育材料6000余份，组织宣讲团到基层宣讲122场次。开展“建功在岗位、和谐促发展”劳动感言征集和向吴大观、代旭升学习活动，增强员工的岗位奉献意识。抓好中国石化集团公司打造石油工程铁军现场会精神的学习宣传，激发油田上下加快石油工程事业发展的内在动力。深化员工劳动竞赛、合理化建议、创新成果评选推介、争创青年文明号、巾帼建功示范岗等群众性创新创效活动，发动员工以新指标、新成果、新业绩向建国60周年献礼。年内，油田创中国企业新纪录9项，新增全国青年文明号1个、河南省工人先锋号2个、河南省青年文明号4个，3项成果被评为河南省百项职工优秀技术创新成果。推进石油工程文化、井站（班组）文化和安全文化建设，为生产经营注入文化动力。落实《关于抓基层党建、强“三基”工作的意见》，开展标准化基层单位、标准化班组、标准化岗位评选活动，促进企业精细化管理。开展“我要安全”和“查隐患、抓治理、反三违、达三标、保安全”主题活动，宣传贯彻油田《安全生产禁令》，健全群众安全生产监督体系；组织各级领导班子成员、机关部门开展安全生产和治安防范“三不”检查，提高基层安全管理水平。

党建工作。深化“四好”领导班子创建活动，提高各级领导班子整体功能和领导干部的素质。落实中心组理论学习制度，制定党委全委会工作规则，出台处级调研员和退出科级岗位人员管理办法，完善后备干部选拔、培养和动态管理机制，落实领导班子议事规则，促进干部管理的制度化、科学化和规范化。深化职工代表巡视工作，提高各级干部履职尽责的自觉

2009年3月27日，中原油田组织党员干部在“讲党性修养、树良好作风、促科学发展”签字板上签名 （刘 啸）

性。开展党建质量管理体系试点运行，探索建立“双建”工程管理体系，油田成为中国石化集团公司首批试点成功单位，《人民日报》、《党的生活》、《河南省基层党的建设工作情况通报》、中国石化思想政治工作信息平台均对中原油田的作法予以报道。实施“百千万示范行动”，推进党建示范点建设。加强党员分类管理，对在职党员实行责任目标管理，对非在职党员实行承诺制管理，对外闯市场党员实行“双重”管理。落实党代表任期制试行办法，推行党务公开，畅通党内情况反映渠道。实施人才集聚计划，评选优秀人才662人，拥有在站博士后31人，获省部级以上科技人才奖12人。

反腐倡廉建设。贯彻落实《〈惩防体系2008—2012年工作规划〉实施细则》，开展“讲党性修养、树良好作风、促科学发展”教育活动，引导党员干部自觉增强党性、不断改进工作作风。学习贯彻《国有企业领导人员廉洁从业若干规定》等4个反腐倡廉文件精神，增强党员干部的拒腐防变意识。推进廉洁文化建设，营造以廉为荣、以贪为耻的氛围，油田获中国石化集团公司廉洁文化“六进”工程先进单位。举办新任职处级干部及配偶廉政谈话会，安排夫妻同签承诺书、同拍承诺照、同看警示教育片，将廉政教育延伸到上岗之前和家庭之中。落实党风廉政建设责任制和述职述廉、个人重大事项报告、诫勉、函询等制度，规范各级干部的从业行为。加大对49项业务监督办法实施运行情况的巡视检查力度，促进各项业务监督制度的规范执行。全面启动业务公开工作，建立油田公开网，将招标议标、市场准入、质量监督等19项业务纳入公开范围。围绕生产经营管理的重要部位和关键环节开展效能监察127项，督促整改问题567个。坚持从严执纪，查办违反党纪政纪案件20起，处理违规违纪人员32人。在河南省反腐倡廉建设工作检查考核中，油田领导班子综合得分99.9分，班子成员平均得分99.85分。

精神文明建设。深入实施素质、环境、平安、繁荣、阳光、温暖“六大工程”，提高油田整体文明程度。围绕庆祝新中国成立60周年，组织“迎国庆、讲文明、树新风”主题教育、“为祖国放歌”歌咏比赛、国庆花展、书法美术摄影集邮艺术展、百部爱国主义优秀影片展映等活动，激发职工群众热爱祖国、奉献油田的热情。加强社会主义核心价值体系教育，开展感动油田年度人物、职业道德建设“双十佳”评选和“创建学习型班组、争做知识型员工”、青工技能振兴计划等活动。开展油区专项治理，涉油案件同比下降31.6%；完善社区治安防控体系，组织“迎国庆、保平安、促和谐”千人大巡防，36个生活小区实现零发案。成功承办全国产业（行业）系统职工歌咏比赛颁奖晚会、中国石化集团公司第二届职工文艺汇演，举办油田第十四届职工文艺汇演、油城广场文化、送文化下基层等活动，创办《中原石油报·服务周刊》，丰富职工群众精神文化生活。完善职代会制度，规范厂务公开工作，深化和谐劳动关系创建，严格落实带薪年休假制度，维护员工合法权益。推进道路维修、污水系统综合治理、经济适用住房建设、数字电视改造、促进就业等民生工程，为困难群体发放救助金、慰问金、助学金和粮油补贴1260万元，加大扶残助残力度，促进各个群体生活质量的共同提高。

维护稳定工作。把维护稳定作为硬任务和第一责任，深入宣传《信访条例》和《治安管理处罚法》，引导职工群众以理性合法的方式表达利益诉求，信访总量同比下降28.1%，未发生赴省进京集体上访和非正常上访。推进基层信访工作体系建设，排查化解不稳定因素，及时收集分析、研究解决可能造成越级上访和集体上访的苗头性、倾向性问题。加强网上舆情监控，及时封堵和查处各类有害信息，防止通过网络散布传播谣言和错误言论。搞好信访稳定评估，健全信访稳定工作联动机制，确保稳定的可控性。认真处理初信初访，推动领导干部下访和定期接访，以高度负责的态度解决职工群众的合理诉求。推行项目管理模式，明确承包领导、责任部门和解决时限，妥善处置疑难信访问题37个。开展无邪教创建活动，创新教育转化方式，加大打击力度，捣毁“法轮功”反动宣传品窝点6个。抓好敏感时期的预警防范，确保油田在全国“两会”、中国石化集团公司打造石油工程铁军现场会以及重大活动期间的稳定。加强保密教育，严格落实保密措施，确保国家秘密和油田商业秘密、工作秘密的安全。　（党　勇）

【党委重要会议】　2009年2月25日，局党委在油田办公楼9楼会议室召开常委扩大会。沙启军主持，孔凡群、王亚钧、孙清德、杜广义、王寿平、黄艾华、焦大庆、吕新华、王红晨参加会议，王东、冷潜、张瑞民、王来喜、魏永军列席。会议的主要议题是研究讨论《中原油田2009年党风廉政建设责任制工作安排意见》、《中原油田2009年党风廉政建设责任目标》和《关于表彰2008年度纪检监察工作先进单位和先进个人的决定》。会议明确了2009年党风廉政建设责任制的主要工作任务，细化了领导小组及成员的职责分工，对油田领导干部廉洁自律工作进行安排，确定了2008年度纪检监察工作先进单位和先进个人名单，提出要切实维护党的政治纪律，认真解决领导干部廉洁从业方面存在的突出问题，加大监督检查力度，严肃查处各类违规违纪问题。

2009年6月15日，局党委在油田宾馆二楼会议室召开常委扩大会。沙启军主持，中国石化集团公司学习实践科学发展观活动指导检查第二分组2名成员、部分局党委委员参加会议。会议审议并通过了油田领导班子学习实践科学发展观活动的整改落实方案。检查组成员指出，要认真总结回顾第二阶段工作，做好第三阶段各项工作，抓好活动的总结和群众满意度测评工作，按照中国石化集团公司要求的时间节点，扎实做好有关工作。沙启军强调，各部门要高度重视，切实担负起责任，主动做好工作；要落实责任，按照整改目标和时限要求，确保各项任务落到实处；要加强督导，对整改落实项目实行项目管理，搞好跟踪督察；要务求实效，以群众满不满意作为评价标准，及时解决突出问题，让员工感受到学习实践活动带来的新变化。

2009年11月5日，局党委在油田办公楼9楼会议室召开常委扩大会。沙启军主持，孔凡群、王亚钧、杜广义、黄艾华、吕新华参加会议，王东、冷潜、郝景喜列席。会议的主要议题是研究《中原油田处级调研员管理办法》、《退出科级岗位人员管理暂行办法》和《中共中原石油勘探局委员会工作规则（试行）》，审议局党委三届二次全委扩大会议暨学习党的十七届四中全会精神培训班有关事项。会议确定了处级调研员管理办法和退出科级岗位人员管理暂行办法的总则、改任条件与办理程序、职责与待遇、绩效考核、管理与监督等方面的内容，规范了全委会的主要职责和工作程序，初步确定了局党委三届二次全委扩大会议暨学习党的十七届四中全会精神培训班的召开时间。与会人员提出：增加“加强对借聘到油田以外单位调研员的管理”等内容，删除“调研员要接受职工代表大会民主评议”条款等意见和建议。

2009年11月13日，局党委在油田办公楼8楼会议室召开常委扩大会。沙启军主持，孔凡群、王亚钧、杜广义、黄艾华、焦大庆、吕新华、王红晨参加会议，谈玉明、张明功等18位油田副总师、总法律顾问、安全副总监列席会议。会议的主要内容是油田领导班子成员向局党委常委扩大会汇报2009年以来的工作及2010年打算。王红晨汇报财务和物资等工作，提出财务总体目标要实现分公司整体单位成本明显下降，普光气田在合理折旧的情况下，保持盈亏平衡。焦大庆汇报勘探等工作，提出要实现老区储量相对稳定、新区特别是二连盆地有新突破，信息化源头采集进一步增强等目标。吕新华汇报油气开发生产管理等工作，提出要坚持滚动勘探开发建设一体化，实现深化油藏评价、精细老油田治理等9项目标。杜广义汇报企业管理、安全、法律事务、对外投资、电信等方面的工作，提出工作计划和实施措施。黄艾华汇报社会化服务、人事、培训、房屋建设等工作，提出要建设社会化服务“四个体系”，加强人员结构调整、培训等工作。王亚钧汇报纪检监察、党群、离退休等工作，提出要在维护大局稳定、改进干部作风、深化反腐倡廉、关心群众生活、激发群众活力上下功夫。孔凡群汇报油田主要工作，提出要形成东濮凹陷、普光气田、内蒙古探区3个油气基地，打造石油工程铁军，建立和谐稳定社区，建立科学管理体系。沙启军汇报局党委主要工作，提出要围绕中心、服务大局，全力推进科学发展；以人为本，服务群众，不断深化和谐建设；求实创新，固本强基，增强党建工作活力。（邓胜民）

“四个体系”：服务标准体系、费用价格体系、成本核算体系、考核评价体系。

组织工作

【组织工作概况】 中原油田组织工作的管理部门是局党委组织部（简称组织部）。主要职责：负责中原油田所属单位领导班子思想政治建设、油田基层党组织建设和党员队伍建设、油田人才队伍建设，油田领导班子及领导干部的考察、任免、考核、培训和日常管理等工作。截至2009年底，组织部有员工30人，其中高级职称13人、中级职称15人、初级职称2人；机构下设科室6个。2009年，中原油田各级组织部门围绕生产经营中心工作，以深入学习实践科学发展观为主线，以改革创新精神和求真务实作风，全面加强领导班子和干部队伍建设、专业技术人才队伍建设、基层党组织和党员队伍建设，各项工作取得新成果。中原油田的组织工作受到河南省委组织部，中国石化集团公司人事部、思想政治工作部的肯定，其做法和经验先后在《人民日报》、《中国人事报》、《企业党建》等媒体刊发50余次。年内，组织部获中国石化集团公司“廉洁文化‘六进’先进集体”称号，1人获中国石化集团公司“改制分流先进个人”称号。（王安来）

【党组织和党员队伍基本状况】 截至2009年底，局党委有直属单位党委67个、基层单位党委77个、党总支187个、党支部2521个（包括离退休职工党支部537个）。全油田有党员47039人，其中在岗员工党员29739人，占党员总数的63.22%；离退休（养）员工党员14842人，占党员总数的31.55%；其他党员2458人，占党员总数的5.23%。女党员7310人，占党员总数的15.54%；少数民族党员350人，占党员总数的0.74%。在岗员工党员年龄构成：35岁及以下6904人，占23.22%；36～45岁14071人，占47.31%；46～54岁5917人，占19.90%；55岁及以上2847人，占9.57%。在岗员工党员学历构成：大学本科及以上学历7019人（其中研究生党员324人），占23.60%；大专学历7680人，占25.82%；中专、高中学历12891人，占43.35%；初中及以下学历2149人，占7.23%。油田在岗正式员工党员26231人。其中，科级及以上管理岗位党员6978人（包括局级10人、处级709人、科级6259人），占在岗员工党员总数的26.6%；专业技术岗位党员9074人，占34.59%；操作岗位党员10179人，占38.81%。

2004—2009年中原油田党员队伍情况

项目 年份	党员总数	在岗党员	离退休（养）党员	女党员	发展党员	其他党员
2009	47039	29739	14842	7310	1070	2458
2008	45736	28886	14005	6785	874	2845
2007	44806	28111	13935	6456	988	2760
2006	43995	27322	13979	6074	923	2694
2005	43310	26739	14028	5776	1017	2543
2004	42779	26062	14300	5576	1276	2417

【创新党建工作运行模式】　2009年，局党委组织部探索建立“双建”工程管理体系，不断创新党建工作运行模式。成立“双建”工程管理体系项目组，制定管理办法，明确职责分工，编写体系文件，并广泛征求油田内外部人员意见，反复修改完善体系文稿。在内容的创新上，将建设学习型党组织、建设“三高”型党员队伍拓展为建设“学习型、管理型、效益型、和谐型”的“四型”党组织，建设“政治觉悟高、经营业绩高、技术水平高、业务技能高、服务质量高”的“五高”党员队伍；在运行方式上，借鉴ISO 9000质量管理理念和方法，加强党建质量管理和过程控制，对党组织设置、民主集中制建设、党员教育管理、发展党员等15项基础工作，进行实体性和程序性制度设计，形成统一的制度文本，建立中原特色党建管理模式。　（朱　霞）

【深入学习实践科学发展观活动】　2009年，中原油田按照中国石化集团公司党组要求，开展深入学习实践科学发展观活动。一是加强组织领导与宣传动员。把深入学习实践科学发展观活动作为加强领导班子和领导干部队伍建设的重要载体，抓好学习调研、分析检查、整改落实3个阶段和学习培训、组织讨论、集中解决问题、健全完善机制等8个环节的工作，确保活动有序开展。成立活动领导小组，设立活动办公室、指导检查组和局党委巡视组，形成一级抓一级、层层抓落实的工作机制。发挥舆论宣传的导向作用，建立专题网站，及时编发简报反映活动情况，中原油田的做法先后被中央学习实践活动网站、《中国石化集团公司简报》、《中国石化报》、《河南日报》等媒体刊发184次。二是通过开展学习活动凝聚人心。油田领导班子成员先后组织中心组开展专题学习8次，并带头作专题报告；举办学习实践活动主题研讨班，300余名单位党政正职参加学习；组织宣讲团到直属单位开展专题辅导40场次。开展“讲党性修养、树良好作风、促科学发展”教育活动，组织处级以上党员干部到焦裕禄纪念馆缅怀学习，集中观看影片《焦裕禄》、《铁人》，增强党员干部的党性意识。层层召开“解放思想、科学发展”讨论成果交流会，在员工中树立内涵发展、统筹发展、持续发展、人文发展和安全清洁发展的新理念。选树93个集体典型和96名个人典型，引导干部职工学习先进典型，创造一流业绩。三是通过调研分析理清发展思路。开展党员干部大调研、机关干部下井站、“进千家、问万事”大走访活动，累计召开座谈会126场次，发放调查问卷1万余份，收集意见建议600条，形成有深度、有价值的调研报告。联系思想和工作实际召开民主生活会，撰写分析检查报告。组织召开油田领导班子分析检查报告群众评议会，职工群众总体认同率99.79%。四是明确责任督促整改。重点解决油气主业有效发展基础薄弱、石油工程持续发展压力大、安全环保形势不容乐观、关键瓶颈技术急需突破、精细管理工作有待深化、队伍整体素质有待提升、干部队伍作风有待改进、维护稳定工作任务繁重、反腐倡廉建设有待加强等9个问题，并细化为20个整改项目、46条具体措施。通过实行项目负责制，逐条明确责任主体、整改目标和时限要求，采取定期召开整改工作分析会、印发《督察通知单》和现场督导、网络督导等方式，对油田和直属单位的整改落实情况实行全程监控和跟踪落实效果，帮助基层和职工群众解决各类问题1900个。组织开展学习实践活动群众满意度测评，职工群众总体满意率99.85%。　（沈中锋）

【推进党内基层民主建设】　2009年，局党委组织部落实《中原油田党代会代表任期制试行办法》，制定《2009年油田党代会代表任期制工作计划》，发挥党代表联络办公室的组织协调作用，推进党内基层民主建设。完善代表信息库，加强代表动态管理，组织开展代表资格审查和补选，增强代表的履职意识和能力。印发《关于按期进行党组织换届选举的通知》，严格换届选举制度，加强届期意识，15个直属单位党委完成换届选举工作。创新选举方式，钻采处党委结合外部市场党员分散情况，采用视频会议方式，同步召开党员大会；第八社区管理中心党委探索开展基层党组织书记“公推直选”，激发党员群众参政议政的热情和正确履行民主权利的积极性。健全党内关爱帮扶机制，提出关于老党员生活补贴发放问题的建议，及时为老党员发放生活补贴9600元。“十一”国庆节前夕，对油田建国前入党的40名老党员进行走访慰问。

公推直选：党组织班子成员由基层党组织、党员、群众公开推荐，由党员（代表）大会直接选举产生。

【加强党员教育培训】　2009年，局党委组织部落实中共中央办公厅印发的全国党员教育培训工作规划，制定《中原油田2009—2013年党员教育培训实施意见》，明确加强党员教育培训的指导思想、目标任务和方法途径，并根据不同类型、不同层次、不同岗位党员的实际需求，提出重点实施基层党组织书记、党务干部、党员代表、基层一线党员、新党员5项培训计划，推行菜单式、电化式、网络式、示范式4种培训方式，全方位提高党员队伍素质。围绕增强党代表履职意识和能力，举办油田三次党代会代表培训班，确定课题12个，并开展理论研讨。围绕提高党建示范点创建水平，举办局级党建示范点党组织书记培训班。围绕增强党员主体意识，举办党员骨干培训班，开展灵活多样的社会实践活动，620名党员参加活动。

电化式：通过增设党员教育培训频道，开办党员电视课堂、制作电教片开展党员教育培训的方式。

【中原油田党建质量管理体系做法获省部级肯定】　中原油田的党建质量管理体系试点工作始于2008年，采油四厂、地球物理勘探公司是中国石化集团公司党建质量管理体系首批试点单位。2009年2月，这2个单位通过深圳鹏程国际认证公司审核，并取得认证证书。4月22日，中原油田在中原文化宫会议室召开试点单位党建质量管理体系颁证会，中国石化集团公司思想政治工作部副主任张琴、油田领导沙启军为2个试点单位颁发证书。会后，先后有中国石化系统的5个企业来油田考察观摩；《人民日报》、《企业党建》先后12次刊发油田建立党建质量管理体系的做法。中原油田的做法同时得到河南省委组织部和中国石化集团公司思想政治工作部的肯定。

【继续开展党建示范点创建活动】　2009年，局党委组织部把党建示范点创建活动重点放在巩固提升上。6月30日，新命名表彰局级党建示范点100个，适时推广介绍典型经验，并在《中原石油报》、广播电视中心开设“走近示范点”专题（栏），先后刊播40个局级党建示范点的经验与做法。印发《100个局级党建示范点致油田全体党员倡议书》，发动党员围绕学习实践科学发展观和“我要安全”主题活动，自觉当先锋、作表率。在“安全生产月”宣传咨询日，组织党员开展社会实践活动，发挥示范点党员的引领带动作用。 （朱 霞）

【处级干部基本状况】 截至2009年底，中原油田有处级干部729人，其中勘探局471人、分公司258人；在职处级干部597人、调研员109人，借聘到中国石化集团公司机关及其他所属单位和地方工作的处级管理人员23人，其中借聘15人、援疆2人、待安排6人。597名在职处级干部中，兼职总经理助理1人、副总师25人、兼职总法律顾问1人、兼职安全副总监1人、其他正处级干部178人、享受正处级待遇2人（一级涉外总监）、副处级干部389人。处级干部年龄构成：55岁及以上15人，占2.51%；51~54岁98人，占16.42%；46~50岁206人，占34.51%；41~45岁207人，占34.67%；36~40岁63人，占10.55%；35岁及以下8人，占1.34%；平均年龄45.81岁。处级干部学历构成：博士研究生学历26人，占4.36%；研究生学历72人，占12.06%；大学学历390人，占65.33%；大专学历79人，占13.23%，中专学历22人，占3.69%；高中及以下学历8人，占1.34%。大学及以上文化程度488人，占81.74%，其中1982年以后全日制大学本科及以上毕业的218人，占36.52%。处级干部职称构成：正高级职称80人，占13.4%；副高级职称420人，占70.35%；中级职称86人，占14.41%；初级及以下职称11人，占1.84%。

【领导班子队伍建设】 2009年，局党委组织部按照“德才兼备、以德为先，注重实绩、群众公认”的原则，有计划地选拔优秀中青年干部充实领导班子，先后8次对部分直属单位（部门）的后备干部进行考察，组织召开推荐会59场次，个别谈话830人，并根据考察情况，调整部分单位（部门）的领导班子和领导干部。根据中国石化集团公司干部工作会议精神，制定《中原油田处级调研员管理办法》和《中原油田退出科级岗位人员管理暂行办法》，并指导各单位做好相关人员的管理工作；印发《中共中原石油勘探局委员会工作规则（试行）》，明确中共中原石油勘探局委员会（简称全委会）领导工作遵循的基本原则、主要职责和纪律要求，规范了全委会的议事决策程序。

【领导干部培训】 2009年，局党委组织部按照分层次、分类别培训的方式，着重提高管理干部的领导科学发展能力。组织召开局党委三届二次全委（扩大）会议暨学习十七届四中全会精神培训班，油田处级干部和部分科级干部近1000人参加学习。举办领导干部学习实践科学发展观活动研讨班，油田机关及直属单位180名处级干部参加培训。举办财务管理、安全生产、纪检监察等业务培训班8期，培训处级干部324人次。组织《系统科学与战略思维》、《心理压力调试》专题报告会，93名处级干部收听报告。以培养和造就高素质、复合型、年轻化干部队伍为目标，组织举办中青年管理干部培训班，60名处科级干部参加培训。同时，采取“送出去”的培训方式，先后推荐局处级、处级后备人员参加中国石化集团公司直属企业党政正职、国际化经营后备人才等专题培训，13人参加学习。

【处级后备干部建设】 2009年，局党委组织部贯彻落实中国石化集团公司《中国石化领导班子后备干部工作规定》和《2010—2020年中国石化领导班子后备干部队伍建设规划》，组织开展处级后备管理人员调整，审查86个单位（部门）的处级后备干部资料，涉及后备干部637人，其中副高级以上职称占69.1%，同比提高0.8个百分点，大专以上学历占98%，同比提高2.6个百分点。在专业结构上，既注重油气工程、勘探开发、科研生产等主体专业，又兼顾后勤服务等非主体专业，初步建立了一支素质优良、结构合理、数量充足、门类齐全的处级后备干部队伍。

【民主评议】 2009年，中原油田按照职代会民主评议程序，对油田领导班子和领导干部以及油田所属单位开展民主评议。（1）油田领导班子和领导干部民主评议。1月7日，在油田第七届职工代表大会第一次会议上，职工代表对油田领导班子进行民主评议：对领导班子综合评价为“好+较好”的占98.61%，10名领导班子成员综合评价为“优秀+称职”的占99.5%。（2）油田所属单位民主评议。开展民主评议单位70个，因领导班子调整等原因未开展评议单位10个，对领导班子开展综合评价单位69个。对领导班子评价为“好+较好”的比例为100%的单位52个，比例在90%~99.99%之间的单位16个，比例在90%以下的单位1个。涉及领导班子成员391人，其中评议356人，因任职不满半年、借聘油田外单位工作及外出学习半年以上等原因未列入评议对象的35人。经统计，356名领导干部中，被评价为“优秀+称职”的比例为100%的281人，比例在90%~99.99%之间的74人，比例在90%以下的1人。 （沈中锋）

【专业技术干部基本状况】 截至2009年底，中原油田有专业技术干部25249人。按学历划分，博士研究生学历52人、硕士研究生学历328人、本科学历10047人、大专学历8010人、中专（技校）学历4034人、高中及以下学历2778人；按任职资格划分，教授级职称112人、高级职称3059人、中级职称11966人、初级职称10112人；按专业划分，油气勘探1010人、油气田开发4972人、石油工程5098人、石油炼制1896人、储运工程1260人、信息工程593人、安全环保工程1084人、经济统计会计审计2778人、法律250人、供应物流860人、组织人事876人、党群管理2418人、卫生技术779人、教育教学751人、其他624人。

【专家管理】 2009年，局党委组织部从3个方面抓好专家管理工作。（1）完善专家管理制度。制发《中原油田技术专家选拔管理暂行办法》、

《中原油田技术专家考核管理试行办法》，进一步规范专家选拔与管理工作。（2）选拔推荐专家人才。根据中国石化集团公司有关文件精神，经中原油田推荐、中国石化集团公司评选，赵化廷、舒尚文、陈惟国、周明非等4人获“中国石化突出贡献专家”称号，贾瑞忠、龙利平、魏瑞玲、宿亚仙、陈永浩、熊健聪、罗周亮等7人被授予“闵恩泽青年科技人才奖”。（3）考核调整优秀人才。组织开展2008年度优秀人才考核工作，取消优秀人才资格114人，补充选拔优秀人才112人。截至年底，中原油田有优秀人才672人，其中二档28人、三档56人、四档153人、五档435人。（华承金）

【毕业生引进管理】 2009年，局党委组织部制发《关于开展2009年毕业生分配工作的通知》，成立毕业生分配办公室，选派12个工作组分批赴有关高校引进大学毕业生，集中组织体检和入厂教育，科学编制分配方案，派遣486名毕业生到岗工作。按照《毕业生见习培养管理暂行办法》，开展优秀大学毕业生评选和表彰工作，评选优秀大学毕业生118人。组织协调47名大学毕业生到油气生产单位、专业化公司一线实习，为毕业生掌握实践经验创造条件。组织开展油田2010年毕业生需求调查，增强毕业生引进工作的针对性。与中国石油大学（北京）建立研究生联合培养实践基地，选拔192人进行石油主体专业培养。

（王海涛）

【职称评审】 2009年，局党委组织部从3个方面开展职称评审工作。一是组织开展高中级任职资格外语考试。参加考试1844人，其中教授级75人、高级743人、中级1026人；成绩合格928人，其中教授级40人、高级352人、中级536人。二是组织开展任职资格推荐、评审工作。经各级职称评审委员会评审，晋升任职资格2025人，其中教授级21人、高级315人、中级668人、初级1021人。三是组织参加全国专业技术资格考试。148人通过中初级专业技术资格考试，其中经济专业64人、卫生专业55人、会计专业27人、审计专业2人。

（代万波）

【提高专业技术干部素质】 2009年，局党委组织部从3个方面提高专业技术干部综合素质。（1）加大青年骨干人才培养力度。选拔60名专业技术人员参加石油工程、石油地质专业工程硕士研究生学习；选拔20名管理与专业技术干部参加工商管理硕士研究生学习。（2）提高国际化人才培养实效。选派213名国际化人才参加中国石化集团公司举办的国际市场项目管理、国际石油工程技术等培训班17期；举办国际项目回国人员培训班，培训回国人员30人；举办国际化后备人才英语培训班，培训后备人才35人。（3）创新工程技术人才培训模式。采取“短期培训+大型技术讲座”相结合、课堂讲授和研讨交流相结合的模式，利用各种培训资源，举办石油地质、勘探开发、石油工程等各类培训班67期，培训专业技术人员2145人。

（邓　勇）

【油田直属单位科级干部基本状况】

截至2009年底，中原油田直属单位有现职科级干部4714人，其中正科级干部2551人、副科级干部2163人，平均年龄42.95岁。按学历划分，本科及以上学历2244人、专科学历1346人、中专学历535人、高中及以下学历589人。按任职资格划分，教授级4人、高级1008人、中级2497人、初级713人、无职称492人。年内，油田退出科级岗位人员1133人。

（许　伟）

【油田机关干部基本状况】 截至2009年底，中原油田机关有干部2220人，其中机关处部室728人、机关直属单位1492人。按职务划分：处级干部229人（含调研员42人），正科级干部503人，副科级干部248人，一般干部1240人（因年龄限制退出科级岗位107人、享受待遇19人）。年龄构成：机关处部室和机关直属单位员工平均年龄均为42.6岁。按学历划分：机关处部室博士研究生学历9人、硕士研究生学历40人、本科学历509人、专科学历125人、中专38人、高中及以下7人，本科及以上学历占77%；机关直属单位硕士研究生学历22人、本科学历523人、大专学历549人、中专学历170人、高中及以下学历228人，本科及以上学历占37%。按职称划分：机关处部室正高级职称27人、副高级职称385人、中级职称264人、助理及以下职称52人，副高级以上职称占57%；直属单位正高级职称5人、副高级职称225人、中级职称771人、助理级职称266人、员级及以下职称225人，副高级以上职称占15%。

【机关与基层双向挂职锻炼】 2009年，中原油田机关开展机关与基层双向挂职锻炼工作。一是组织开展第三批挂职锻炼考核工作。对27名挂职锻炼干部进行考核，通过个人述职、民主投票和个别谈话方式，全面掌握挂职干部一年来的出勤情况、工作作风、工作方法、业务能力、工作业绩等。经综合评价，挂职干部满分16人，90分以上11人。二是选拔第四批挂职锻炼人员。推荐选拔21名干部参加挂职锻炼，其中油田机关到基层单位11人、基层单位到油田机关10人。为帮助挂职干部尽快进入角色，实行派出单位领导带领挂职干部到挂职单位报到，向挂职单位领导介绍干部情况、接收单位介绍挂职岗位工作要领等，缩短新单位员工了解干部的进程，加快挂职干部熟悉新岗位的进度。

【培训油田机关干部274人】 2009年8月10日—9月20日，中原油田机关干部管理知识培训班在培训中心（党校）举办，每期7天，共6期，培训干部274人。培训课程主要分为心智技能训练和理论知识讲授2部分。教师在运用课堂讲授、案例分析等培训方法的同时，采用“学员练、老师看”、“学员讲、老师评”的授课方式，激发学员的主观能动性，提高了干部的理论水平。

【油田机关科级及以下干部年度工作考核】 2009年，局党委组织部对油田机关科级及以下干部开展年度工作考核。各级干部总结全年工作，查找自身不足，并有针对性地制定整改措施。开展民主评价，客观反映干部的综合表现，避免定性考评的主观性和盲目性。开展逐级谈话，加强上下级之间的交流，营造和谐的机关氛围。考核按照个人述职、民主评价、逐级谈话的程序，采取定量与定性相结合的方法，对1827名干部进行量化打分，考核覆盖率96%，优秀率43%。

（杨海宁）

【科级干部管理】 2009年，局党委组织部加强对中原油田科级干部的监督管理。全年受理“12380”干部监督电话21个、电子信件14封，接待群众来访13次，收到油田领导和信访办公室转来的信件20封，对反映的问题及时进行调查，并根据问题核实情况，对5名科级干部进行谈话提醒和批评教育，同时责令1名科级干部主动辞职。对62名拟任职处级干部进行任前公示，公示期间对职工群众反映的问题，会同有关部门进行调查，并提出任用建议。审核采油二厂、天然气处理厂、西南工作委员会等49个单位报送的“三定”方案，并对39个单位的607名科级干部进行预审。

【科级干部培训】 2009年，局党委组织部进一步加强科级干部培训工作，提高科级干部的岗位履职能力。（1）重点岗位科级干部示范培训班。6月9—24日，在北京石油化工管理干部学院举办关键岗位科级干部示范培训班，培训各单位副总师、总法律顾问、组织人事科长、财务科长、物资部门负责人等科级干部63人。（2）科级干部专题报告会。4月13日，在培训中心（党校）举办油田科级干部学习实践科学发展观专题报告会，邀请北京大学教授陈兆杰作《赢在执行》专题报告，291名科级干部参加学习。（3）科级干部轮训班。8月22日—11月12日，在培训中心（党校）连续举办8期科级干部培训班，每期8天，举办专题报告会4场，培训科级干部853人。

【领导班子和领导干部巡视工作】 2009年4—12月，局党委组织部组织开展领导班子和领导干部巡视工作。围绕学习实践科学发展观、贯彻执行民主集中制和领导班子议事规则、落实党风廉政建设责任制和党建工作责任制、加强干部作风建设以及干部选拔任用等内容，抽调3个巡视组以了解情况、发现问题、督促指导为主要目标，采取“听、谈、访、查、看”方式，坚持常规巡视、重点巡视、回访巡视和专项巡视相结合，促进深入学习实践科学发展观活动的开展和职工队伍的稳定。对油田53个单位进行常规巡视，对15个单位进行重点巡视，巡视组参加座谈会、专题民主生活会、分析检查报告群众评议会等会议220场次，发放领导班子和领导干部测评意见表2786份，列席单位党委会、党政领导干部联席会136场次，查阅文件、会议记录、财务报表等资料6933份，与员工个别谈话1063人次，深入基层队站督促指导65人次，收集问题和基层建议642条，现场提出整改意见234条，督促解决具体问题185个。

（许 伟）

【组织部门自身建设】 2009年，局党委组织部围绕建设模范部门、打造过硬队伍，深化“讲党性、重品行、作表率”活动，加强各级组织部门的自身建设。举办组织人事干部培训班，培训86个单位的126名组织人事干部。围绕“五个深化拓展方向”，下发组织人事工作理论研讨课题35个，层层开展组织人事工作专题调研，撰写研讨文章93篇，并采取分组研讨、量化评分的方式，评选优秀理论研讨文章40篇，进一步提高组织人事干部的创新能力和解决实际问题的能力。开展“抓业务公开、堵管理漏洞、促清正廉洁”主题活动，组织人事干部带头学习讨论、调查研究、分析检查、破解难题，查找问题40余个，召开专题民主生活会2次，并撰写分析检查报告。培育和谐组织工作文化，总结提炼“严细准快”、“五个三”要求，提出尽心履职、细心做事、耐心待人、真心服务的“四心”目标和戒骄、戒空、戒软、戒拖、戒贪的“五戒”要求。组建组织人事系统写作、书画、摄影、乒乓球4个兴趣爱好协会，会员300多人；举办“庆七一、迎国庆”书画摄影展，在局党委组织部网站刊登作品139幅；组织开展建国60周年征文活动，收到征文32篇。开展组织人事工作满意度网络调查，106个单位（部门）的2523人参与投票，其中处级干部参与率达到任职处级干部总数的52.49%，组织人事工作总体满意度和组织人事干部形象认可度分别为95.11分和95.41分。

（王安来）

五个深化拓展方向：一是在围绕中心、服务大局上深化拓展；二是在带头加强党性修养、改进作风上深化拓展；三是在找准和解决组织人事部门自身建设突出问题上深化拓展；四是在打造眼界宽、思路宽、胸襟宽的高素质组织人事干部队伍上深化拓展；五是在提高组织人事工作满意度上深化拓展。

严细准快：严格管理，严守程序，严肃纪律，严于律己；把握政策细，考虑问题细，提出建议细，工作措施细；准确领会上级意图，准确实施工作部署，准确掌握基层情况，准确提供信息资料；反应快，谋划快，行动快，落实快。

五个三：三讲——讲团结，讲协作，讲奉献；三抓——抓重点，抓难点，抓亮点；三比——比学习，比工作，比业绩；三出——出思路，出智慧，出品牌；三落实——落实岗位，落实责任，落实任务。

【“塑造阳光心态”报告会】 2009年9月22日，局党委组织部为直属机关部分处级干部、重点岗位科级干部举行“塑造阳光心态”专题报告会，清华大学经济管理学院战略与政策系教授吴维库主讲。整场报告以心态的力量、健康的内容与标准、人的构成、心境的两极性为主要内容，集科学性、趣味性、实用性、指导性于一体，对油田领导干部树立正确的世界观、人生观和价值观具有启迪和指导意义。

（黄 琥）

精神文明创建活动

【精神文明创建活动概况】 2009年，中原油田进一步深化精神文明创建活动，油田整体文明程度明显提升，有3个单位成功创建省级文明单位，8个单位通过市级文明单位验收。截至年底，油田有13个单位获“省级文明单位”称号，23个单位获“市级文明单位”称号。（1）“六大工程”建设。认真贯彻落实《公民道德建设实施纲要》，进一步加大党的方针政策、国家法律法规、油田规章制度的宣传教育力度，职工群众的思想道德素质不断提升；加强环境治理工作，开展精细化管理，抓好一年一度的环境工程大检查，油田环境面貌得到进一步改观；以创建平安油田为目标，深化“平安之星”创建活动，油区综合治理和社区平安建设均取得明显成效；开展“为祖国放歌”等群众性歌咏活动，举办预决赛100余场，9.3万人次参与，营造出爱祖国、爱油田的氛围；开展党员领导干部与困难家庭“一对一”结对帮扶活动，完善帮扶制度，制定相关规定，实现了“三不”目标。（2）精神文明建设督察。召开督察工作协调会，安排部署全年督察工作，分解指标与任务，把督察工作列入党政领导重要议事日程。组织社区管理中心和新闻媒体先后5次到干城小区开展督察，解决商户占道经营、噪音扰民等6个群众意见较大的问题。年内，中原油田开展集中督察和重点督察活动15次，制止不文明现象500余次，解决职工群众关心的热点难点问题12个。（3）群众性精神文明建设活动。先后组织“我们的节日——中秋”、“我们的节日——清明”、“我们的节日——端午”系列活动，引导职工群众了解传统民俗，做健康生活的传播者。开展“祝福祖国”文明公益短信传递活动、“迎国庆讲文明树新风”公益广告宣传活动、“文明上网、上文明网”倡议活动、“向国旗敬礼、做一个有道德的人”网上签名寄语等活泼新颖的群众性精神文明创建活动，增进了职工群众爱党、爱国、爱社会主义的情感。

【20个单位被评为环境工程建设优胜单位】　2009年9月，由勘探局精神文明建设指导委员会办公室牵头，组织局长（总经理）办公室、社会化服务办公室、公共事业管理处、房产管理处、房产租赁中心有关人员和特约督察员，对各单位环境工程建设情况进行检查，对各社区管理中心的部分居民小区进行抽查。经现场查看、量化打分，勘探局精神文明建设指导委员会研究决定，腾飞小区等10个小区被命名为“环境工程建设优秀示范小区”，花园一区等10个小区被命名为“环境工程建设优胜小区”，天然气产销厂等20个单位获“环境工程建设优胜单位”称号。

【宣传思想工作概况】　局党委宣传部（简称宣传部）主要负责中原油田的宣传、统战、精神文明建设、企业文化建设和政研工作。截至2009年底，宣传部有员工12人，其中教授级高级职称1人、高级职称8人、中级职称2人、初级职称1人；机构下设科室5个。2009年，宣传部深入贯彻落实科学发展观，围绕油田中心工作，加强宣传思想工作，开展精神文明创建活动，积极推进企业文化建设，不断改进油田统战工作，为油田的改革发展稳定提供了舆论支持和思想保证。

【员工理论学习】　2009年，局党委宣传部认真抓好局处两级党委中心组学习和员工理论学习，制发党委中心组和员工理论学习的安排意见以及关于加强和改进员工思想教育工作的意见，对各层次员工的学习内容、制度、方式作出安排部署，并抓好落实，做到理论学习制度化、规范化，员工教育全员化、经常化。（1）科学发展观理论学习。为局处两级党委中心组配发《科学发展观学习读本》、《国有企业深入学习实践科学发展观》（光盘）等有关资料1000余套。抽调理论骨干组成宣讲团，到各单位进行专题辅导40场次。举办领导干部研讨班、“循环经济”专题讲座10余场，深化领导干部对科学发展观的理解和认识。各级党组织结合基层员工岗位实际，采取多种方式，确保学习教育取得实效，增强全员贯彻落实科学发展观的自觉性。（2）中国特色社会主义理论体系和社会主义核心价值体系的教育与普及。下发《关于认真组织学习〈六个“为什么”——对几个重大问题的回答〉的通知》，对组织学习六个“为什么”进行安排和部署，征订相关书籍3000多册，购买《社会主义核心价值体系学习读本》300套、光盘60套，下发到各单位组织学习。邀请河南省六个“为什么”宣讲团濮阳组组长、郑州轻工业学院赵国良教授作专题辅导报告，协调油田党校组成六个“为什么”宣讲团到部分基层单位宣讲，普及员工对中国特色社会主义理论体系和社会主义核心价值体系的认识。（3）党的十七届四中全会精神的学习与贯彻。局党委中心组带头学习党的十七届四中全会精神专题，先后学习了《胡锦涛同志在党的十七届四中全会上的讲话》、《中共中央关于加强和改进新形势下党的建设若干重大问题的决定》和中国石化集团公司党组、河南省委分别下发的《关于认真学习贯彻党的十七届四中全会精神的通知》。举办学习贯彻十七届四中全会精神理论学习培训班，来自各单位和部门的34名理论骨干参加学习。（4）形势任务教育。组织形势任务教育宣传团47个，到基层单位开展现场宣讲68场次，6000多名员工收听讲座。联合安全环保处、党校等相关人员组成安全生产宣讲团，在52个单位进行54

2009年7月31日，局党委宣传部在中原文化宫举办学习《六个“为什么”》专题报告会　（刘贤彬）

场《安全生产禁令》宣讲，听众7600多人次。编印宣传教育材料2期6000册，并发放到基层党支部，帮助员工更为全面和正确地认识油田形势。

【新闻宣传工作】 2009年，局党委宣传部精心策划，周密组织，重点围绕庆祝建国60周年和生产经营开展宣传工作。（1）重点工作宣传报道。协调中原石油报社、广播电视中心做好庆祝新中国成立60周年宣传报道活动，对油田开展的“为祖国放歌”征文、群众性歌咏比赛、集邮和书法作品展、第九届国庆花展等系列活动进行重点报道，在油田局域网开设专题网页，及时宣传报道各项庆祝活动，营造喜庆祥和、和谐发展的浓厚氛围。做好油气上产宣传报道，在《中原石油报》的显著位置和油田电视的重要时段对油藏经营管理、油气田勘探开发、油气生产单位增储上产的新做法、新思路、新成果进行重点报道，帮助员工了解油气生产最新动态，鼓舞员工上产士气。围绕“我要安全”和“查隐患、抓治理、反三违、达三标、保安全”安全主题活动，宣传各单位的安全生产管理经验，增强员工的安全意识。围绕油田重点活动搞好宣传报道，先后做好七届二次职代会暨2009年工作会议及贯彻情况的宣传报道、中国石化集团公司打造石油工程铁军现场会宣传报道工作。开展中原油田“外部市场万里行”图片展的策划工作，制作展板35块，收集图片700余幅，撰写文字3万字，宣传外闯市场单位取得的业绩与员工风采。配合全国产业（行业）系统职工歌咏比赛颁奖晚会、中国石化集团公司第二届职工文艺汇演等重大活动，制定宣传方案，搞好全方位宣传报道。配合学习实践科学发展观活动，开展分阶段、有重点、多形式的报道，登载稿件和图片240篇（幅），播出消息102条，制播社教类节目2部，其中有7条新闻在中国石化新闻联播播出。（2）宣传管理工作。加强制度管理，制发《关于加强海外宣传报道工作的通知》、《中原油田突发公共事件新闻报道应急办法》，修订《中原油田对外宣传报道考核与奖励办法》，并首次评选“十佳通讯员”。加强对新闻单位宣传报道工作的督促指导，经常与中原石油报社、广播电视中心进行业务沟通，对重要报道共同策划、共享资源，加大宣传的声势与力度。协助中原石油报社开办《服务周刊》，并针对报纸定位、读者需求等开展调研，为该刊的创办、编辑、发行提供指导性意见。做好外部媒体记者的来访接待工作，先后接待新华社河南分社、《大河报》、《科技日报》等媒体领导和记者，妥善处理了部分媒体对中原油田进行不实信息报道的新闻事件。

【员工思想政治工作动态调查与研究】 2009年，局党委宣传部进一步加强员工思想政治工作动态调查与研究，及时把握员工思想动态，为实现油田快速发展提供重要信息。印发《关于开展2008—2009年度思想政治工作优秀研究成果评选工作的通知》，对直属单位报送的214篇政研成果进行评审，评出一等奖20篇、二等奖40篇、三等奖60篇。评选先进政研会31个和先进政研工作者80人，通过推荐、评选、交流环节，对油田政研工作进行全面系统的总结。按照中国石化集团公司思想政治工作部要求，确立部级重点政研课题3个，其中“中原油田引入党建质量管理体系的探索与实践”、“以科学发展观为统领 切实抓好采油厂思想政治工作”课题分获中国石化集团公司政研会思想政治工作优秀研究成果一、二等奖。编印《政工研究》4期，刊登稿件120篇50万字。年内，中原油田政研会被评为河南省优秀政研会，调研报告《关于油田加强社会主义核心价值体系教育和实践的探讨》获河南省优秀政研成果一等奖，1人获“河南省优秀政研先进工作者”称号。

【举办党委中心组理论学习秘书培训班】 2009年10月15—22日，局党委宣传部在山西省太原市举办中原油田党委中心组理论学习秘书培训班，34名秘书参加学习。培训班以学习贯彻党的十七届四中全会精神，加强改进新形势下党的建设为主题，邀请中央党校马列主义教研室副主任、博士生导师韩庆祥等教授对十七届四中全会召开的背景和意义、十七届四中全会《关于加强和改进新形势下党的建设若干重大问题的决定》的主要内容进行讲解。

（密德英）

纪检·监察工作

【纪检监察工作概况】 中原油田的党风建设、反腐倡廉和纪检监察工作主要由局纪律检查委员会、监察处（简称局纪委、监察处）负责。截至2009年底，局纪委、监察处有员工36人，其中局级干部1人、处级干部12人、科级干部23人；教授级职称3人、高级职称21人、中级职称11人、初级职称1人。机构下设副处级室7个。在油田65个直属单位和5个改制单位中，设纪委的单位65个，配备纪委书记63人，其中党委书记兼纪委书记8人、党委副书记兼纪委书记8人、纪委书记兼工会主席47人；配备纪检监察干部187人，其中专职134人、兼职53人。按照油田所属单位所在区域，划分纪检监察工作协作区7个，每个区设立组长、副组长各1人。2009年，各级纪检监察部门坚持“标本兼治、综合治理、惩防并举、注重预防”的方针，按照“从正面抓、从上面抓、从源头抓”的要求，建设惩治和预防腐败体系，开展“讲党性修养、树良好作风、促科学发展”和“做党的忠诚卫士、当群众的贴心人”主题教育活动，全面推进教育、制度、监督、惩处等各项工作。年内，局纪委、监察处结案20起，其中大要案10起；在局处两级开展效能监察项目127个。

【纪检监察队伍建设】 2009年，中原油田各级党政组织加强纪检监察组织建设，将一批懂法律、管理的干部充实到纪检监察队伍，提高了纪检人员综合素质。加强纪检监察干部的思想政治建设，以“做党的忠诚卫士、当群众的贴心人”主题实践活动为载体，开展“谈心谈话、征求意见”、“六查六看”、“十佳忠诚卫士”评选，签订纪检监察干部保证书，举办“颂祖国、热爱党、倡廉洁”书法美术摄影展、“忠诚卫士杯”乒乓球比赛和征集纪检监察工作感言等活动，查找问题，陶冶情操，塑造了纪检监察干部的良好形象。组织66名基层单位纪检办公室主任参加河南省纪委纪检监察业务培训、40名二级单位纪委书记参加中央纪律检查委员会杭州培训中心业务培训。加强对外宣传，在《中国石化报》9次专题报道中原油田反腐倡廉建设和纪检监察工作的经验与做法。

六查六看：一查党性强不强，看是否坚持党的领导；二查学习紧不紧，看是否适应新形势的需要；三查协调好不好，看是否理顺与各部门关系；四查业务精不精，看是否有做成事的能力；五查创新力度大不大，看是否探索了解决问题的新途径；六查作风实不实，看是否有做表面文章走形式主义的现象。

【纪检监察工作会议】 2009年2月28日，中原油田纪检监察工作会议在中原文化宫召开。油田副总师以上领导、局纪委常委，机关处室长、事业单位主要负责人，油田所属各单位党委书记、厂长（经理）、纪委书记、纪检监察办公室主任，行业公司党委书记、纪委书记，局纪委、监察处工作人员260人参加会议。会议的主要议题：传达贯彻中央纪委十七届三次全会、河南省纪委八届四次全会和中国石化集团公司纪检监察工作电视电话会议精神，总结油田2008年党风建设和反腐倡廉工作，安排部署2009工作，签订党风廉政建设目标责任书，并对30个先进单位、100名先进个人和20个效能监察优秀项目进行表彰。会上，油田领导王亚钧作《坚持以科学发展观为统领　深入推进油田反腐倡廉建设》工作报告，沙启军就加强党性修养，改进工作作风，突出工作重点，严格落实党风廉政建设责任制，全面推进反腐倡廉建设提出重要意见。孔凡群主持会议并讲话。他要求各级党政组织和领导干部要以科学发展观为统领，把反腐倡廉建设放到油田改革发展的大局中去思考，融入三大板块协调发展的格局中去谋划，善于从战略和全局的高度分析判断反腐倡廉形势，准确把握影响油田科学发展的新情况、新问题、新矛盾，积极探索新形势下违纪违法问题的发生规律，动态把握容易产生腐败的领域、行业和岗位，为推进油田持续有效和谐发展提供坚强有力的纪律保障。

【反腐倡廉教育】 2009年，中原油田以党员干部为重点，深入开展反腐倡廉教育。按照河南省委统一部署，组织开展“讲党性修养、树良好作风、促科学发展”教育活动，制定整改落实措施162条；组织190名处级以上干部赴兰考学习焦裕禄精神，组织1.2万名党员干部观看《铁人》、《焦裕禄》和《任长霞》等影片。在《中原石油报》开辟《党性党风党纪知识之窗》、《来自大墙内忏悔》专栏，刊发党纪知识和服刑犯人忏悔录文章50余篇。组织1.6万名党员干部参加党风廉政建设知识测试；邀请中央党校教授解读《国有企业领导人员廉洁从业若干规定》；组织观看《石化反腐警示录》等警示教育片；组织油田机关处级干部到濮阳市法院旁听受贿案庭审；与新调整、新任职的55名处级干部及配偶进行廉政谈话，安排夫妻同签承诺书、同拍承诺照、同看警示片。在中秋、春节等重要节日，对科级以上干部和重要岗位人员进行廉洁自律教育，将反腐倡廉教育延伸到工作岗位和家庭之中。

【廉洁文化建设】 2009年，中原油田以推进廉洁文化“六进”工程为载体，营造廉洁从业浓厚氛围。围绕进班子，组织处级以上领导干部签订党风廉政建设目标责任书和廉洁从业承诺书；围绕进机关，组织开展“抓业务公开、堵管理漏洞、促清正廉洁”大讨论活动，改变机关人员工作作风，查找管理漏洞，制定整改措施，加强监督制约；围绕进项目（合同），对49项业务监督办法的贯彻落实情况进行监督检查，推进业务公开进程；围绕进基层，宣传贯彻《员工守则》、《安全生产禁令》，在班组开展爱岗敬业、遵纪守法教育活动；围绕进社区，定期在社区广场放映反腐倡廉电影，充实完善廉洁文化设施标志；围绕进家庭，举办“廉内助”先进事迹报告会和领导干部配偶学习班。年内，油田被中国石化集团公司授予“廉洁文化建设先进单位”称号，4个直属单位和6人被中国石化集团公司分别授予“先进集体”和“先进个人”称号。（刘　啸）

【纪检监察理论研究】 2009年，局纪委、监察处确定纪检监察工作调研和理论研究课题32个，其中中国石化集团公司重点课题15个、河南省监察学会2个。征集论文380篇，评出一等奖8篇、二等奖18篇、三等奖38篇。其中，《关于加强国有企业领导干部作风建设几个问题的思考》获河南省委“纪念新中国成立60周年”优秀论文奖，《浅谈国有企业如何发挥纪委在惩治和预防腐败体系建设中的组织协调作用》获河南省委“学习实践科学发展观　扎实推进惩治和预防腐败体系建

2009年9月25日，中原油田举办《国有企业领导人员廉洁从业若干规定》专题讲座暨党风廉政建设知识测试（刘　啸）

设”论文评比三等奖，《深入学习实践科学发展观，扎实推进国企惩防体系建设》和《坚持以〈实施办法〉为统领，构建行之有效的油田惩防体系》论文获中国石化集团公司监察学会理论研讨三等奖。局纪委、监察处组织撰写的《认真落实党风廉政建设责任制，大力推进和谐油田建设》、《深入开展效能监察，努力规范井下作业外协管理工作》和《统一技术标准，加强过程监控》等3篇经验材料，分别在中国石化集团公司纪检组、监察局组织的有关会议上进行交流。

【效能监察】 2009 年，中原油田各级纪检监察部门围绕生产经营管理的热点和难点问题，开展效能监察项目 127 个，下发效能监察建议书 135 份，建立规章制度 127 项。开展化学剂、炼化“三剂”采购及使用管理效能监察，其做法得到中国石化集团公司认可，并在中原油田召开效能监察现场会，推广其创新经验。开展井下作业施工及技术服务外协管理效能监察，加强和规范油田井下作业外协管理，中原油田在胜利油田效能监察现场会上作典型发言。开展“三重一大”集体决策制度执行情况效能监察，推进权力运行程序化、民主化和科学化。开展普光气田工程建设效能监察，盯住重点环节，采取有力措施，严把物资采购、工程质量、制度执行、廉洁教育、招投标和商务谈判 5 道关口，确保项目廉洁、工程优质。开展青苗赔偿费管理效能监察，整改“7 支笔签字”制度执行不到位等 17 个方面的问题。开展外部项目管理效能监察，针对 58 个外部项目中财务、安全、合同、设备、物资管理等方面存在的问题，完善《外部项目生产经营管理办法》、《外部项目考核办法》等管理制度 13 项。开展油气运销专项监察，深入油气生产单位 18 个，整改销售储运中存在的问题 25 个，连续 3 年保持油气运销零发案。

炼化“三剂”：炼油催化剂、炼油助剂、炼油添加剂。

7 支笔签字：现场处理工农关系人员、油田采油站（井队）负责人、村委会或占地户、油田安全环保部门、保卫部门、生产调度室和对外关系处理办公室负责人等 7 个方面的有关人员签字。

【专项巡视与监督】 2009 年，中原油田从纪检监察系统和所属单位选拔 18 名退二线的处级、科级干部，成立业务监督专项巡视组，制定巡视制度，对贯彻落实 49 项业务监督办法的执行情况进行专项巡视，发现并整改问题 187 个。选择物资采购、工程招标、职称外语考试及职称评审、招聘劳务工和社会化服务单位考核等重大事项和职工群众关注的热点问题，开展现场监督 339 场次，发现问题 100 余个，整改率 100%。

2009 年 12 月 11 日，中原油田举行党风廉政建设责任制考核会 （刘 啸）

【启动业务公开工作】 2009 年，中原油田全面启动业务公开工作，通过公开职工群众关注的热点问题，促进民主与清廉。建立“中原油田公开网”，在中国石化集团公司公开 14 项业务内容的基础上，结合油田实际，把职工群众关心的招投标、市场准入、经济住房分配、质量监督、安全环保、青苗赔偿、征兵工作、职称评定及毕业生分配等 19 个方面的业务纳入公开范围，并将每项业务设置独立页面，突出“留言板”和监督举报功能，保证问题建议和整改结果在网页上及时反馈。成立网上巡视组，建立网上巡视制度，重点检查应当公开的工作是否按要求公开，是否存在违规违纪问题，对暗箱操作、不公开或假公开现象，及时通报，严肃处理问题 11 个。制定业务公开保密办法，明确保密工作原则和纪律，规范了公开秩序。

【案件查处】 2009 年，中原油田各级纪检监察部门加大案件查办力度，先后查处利用职务之便收受贿赂、严重违反生产经营管理规定、利用工作之便盗窃油田物资等案件。年内，立结案 20 起，其中大要案 10 起；处理违规违纪人员 32 人。注重发挥查办案件的治本功能，坚持查办案件与警示教育相结合，建立“一案双报告”制度，向产生案件的所在单位领导和职工群众通报典型案件，加强警示作用。坚持查办案件与规范管理相结合，实行“一案双整改”制度，堵塞管理漏洞，督促整改问题。坚持查办案件与专项监察相结合，分析倾向性问题，有针对性地开展专项监察，前移预防关口。坚持查办案件与维护油田稳定相结合，对涉及职工群众利益的案件做到优先研究、及时核实、妥善处理。年内，受理纪检监察信访举报 108 件，同比下降 21.7%；油田职代会连续 4 年无党风廉政建设方面的提案。

（刘 啸）

一案双报告：一个案件要出具案件调查报告和发案原因剖析报告。

一案双整改：对案件当事人自身存在的问题进行教育整改，对当事人所在单位存在的管理上的问题提出整改建议。

信访·保密工作

【信访工作概况】 2009年，中原油田信访工作不断完善信访工作机制，拓宽信访渠道，排查化解矛盾，全力推进“事要解决”，维护了油田和谐稳定局面。年内，处理群众来信216件，接待来访338起、1506人次，信访总量同比下降28.1%，集体上访起数同比下降29.2%，初信初访处结率87%。（1）落实信访工作责任体系。油田信访稳定工作领导小组定期召开信访专题会议，及时研究、处理信访突出问题。油田领导主动处理分管业务范围内的重要信访事项，每2个星期接待职工群众来访1次，并坚持每信必阅。年内，油田领导接待职工群众来访47起、136人次，阅批群众来信176件，批示信访事项295件，召开专题协调会47次，协调处理问题92个。实行机关政工处室承包社区，社区（单位）领导承包居民小区（队站），社区（单位）机关、居委会承包楼栋和重点人员制度，形成一级抓一级、层层抓落实的责任体系。各级信访部门发挥综合协调职能，加强协调督导，组织相关职能部门联合接访，推动了各类信访问题解决，并加大信访责任追究力度，对17个单位进行通报批评或表扬。（2）加强源头预防。坚持每月、每季度和重大活动期间，全面摸排不稳定因素，化解协议解除劳动合同关系、劳务用工及部分改制企业员工等6起集体上访隐患。在职工住房普查统计、引进高技能人才、钻井系统实行区域一体化管理等9项关系职工群众切身利益的重大措施实施前，开展信访稳定评估，减少信访问题的产生。坚持每日报告、周五书面综合汇报、信访稳定工作月度例会和定期分析来访情况等制度，及时分析判定信访形势。协调13个单位做好网络舆情的收集、分析和报告，封堵删除不良信息47条。注重困难及弱势群体的帮扶，减少矛盾诱因的产生。（3）多措并举化解信访难题。推行领导干部带案下访、约访、上门回访等制度，主动为职工群众排忧解难。将13个信访突出问题纳入项目管理，妥善解决移交地方离退休教职工、河南中原总机厂石油设备有限公司员工上访等信访突出问题。与地方政府联合成立濮阳市石化系统协议解除劳动关系人员稳定工作协调小组、处理群体性事件领导小组，并共同召开解决部分移交离退休教职工集体上访问题的联席会议，促进了协议解除劳动合同关系人员、移交办社会、涉法涉诉等问题的解决。同时，与河南省中原油田公安局定期研究处理非正常上访问题，多方面化解矛盾。年内，企地联合解决信访问题31件，处置集体上访、非正常上访3起，训诫12人次，治安警告处罚3人。（4）加强信访基础工作。组织开展信访知识宣传月活动，引导职工群众依法自觉维护信访秩序。加强基层信访工作基础，在10个社区管理中心设立接待室，油田直属单位领导接访465起、576人次，处理问题372件。及时更新、完善各类群体数据库，做到人员底数清、个人情况明。举办信访干部培训班7期，180人参加培训，提高了信访干部的理论水平和实际工作能力。

【国庆60周年期间信访稳定工作】 2009年，中原油田制定严密的信访工作措施，严格落实稳定责任，确保国庆60周年期间信访工作稳定。（1）提前安排部署。8月21日，中原油田召开全局信访稳定工作会议，启动信访稳定工作预案，做到一级抓一级，层层抓落实。（2）抓好排查化解。组织社区保安和青年民兵预备役人员会同公安干警，启动千人巡防行动，在社区和基地主干道巡逻，并对排查出来的13个问题进行专题研究、专项落实，确保疑难信访问题得到化解和稳控。（3）加强督促检查。各政工处室每周安排专人在社区督导协助工作，协调解决有关问题，推动工作任务落实。9月8—13日，油田党委主要领导带领有关职能部门人员到信访问题突出的单位，现场处理问题42个。（4）加强值班巡逻。局处两级均制定主要领导干部值班表，加强对各类问题的协调处理。9月14日，油田派人赴北京开展稳定工作，妥善处理不稳定因素4起。（司开国）

【机要工作概况】 2009年，中原油田机要工作坚持精细化管理、规范化运行，确保了上级政令指示畅通无阻和机要密码通信的安全畅通。年内，收发办理上级文电2200份次1.7万页，传输办理油田内部文电2.7万份次6.9万页，未出现压误、错办、漏办和失泄密现象。油田获河南省“党政机要工作先进单位”称号。（1）加强组织领导。根据机构调整和领导变动情况，及时调整油田密码工作领导小组成员。密码工作领导小组定期召开会议，认真学习上级文件精神，集体观看警示教育片，研究解决工作中的实际问题，促进了机要密码工作的有序开展。（2）提高精细化、规范化管理水平。坚持昼夜值班值机制度，遵守保密纪律，履行岗位职责，组织签订机要人员安全保密责任书。完善机要文电传阅办理动态管理系统，改进创新机要文电传阅管理方式。坚持各类文电急事急办、特事特办，保证油田内部信息传递快速高效。坚持定期自查整改，及时消除隐患，堵塞漏洞，规范管理。（3）推进电子政务和信息化建设。抓好油田与所属单位商用密码通信网络的安全稳定运行，帮助基层解决技术故障50余次。升级油田党委文件收发网络平台和党政工作网站，增强系统的安全稳定性。年内，文件收发平台收发各类文电1.4万份次，党政网站发布各类文件资料和新闻图片1200余份，访问量29万人次。抓好中原油田与河南省党务内网的联网运行，方便日常工作交流和信息共享。开展油田内部机要传真通信网络技术改造，及时更新设备，加强安全防护措施和业务技术指导。（4）承担技术攻关任务。连续3次选派人员到中国石化集团公司等上级部门协助工作，并承担有关系统程序的研发任务，实现预期目标。（5）采取教育与管理并举方式，激励机要人员健康成长。深化思想政治教育，开展学习实践科学发展观主题教育活动和机要人员忠诚教育。坚持岗位练兵，定期组织开展“内部课堂”和业务技术培训，参与局党委办公室中心工作，提高机要队伍综合素质。

【保密工作概况】 2009年，中原油田保密工作坚持服务大局、突出重点、求实创新的原则，严格制度管理，规范操作程序，保护了国家秘密和企业商业秘密、工作秘密安全。年内，油田被评为河南省保密工作先进单位。

（1）落实保密责任。定期召开保密委员会会议，听取工作汇报，研究方法措施，解决实际问题，为保密工作的健康发展提供组织保证。把保密工作纳入重要议事日程，与业务工作同研究、同部署、同检查、同考核。与领导干部、保密工作人员、重点岗位涉密人员签订保密责任书，明确工作职责，形成一级对一级负责、层层抓落实的保密管理格局。（2）增强保密意识。把保密教育纳入两级党委中心组学习内容，组织学习保密法律法规，收看失泄密警示案例。通过以会代培的形式，组织油田保密委员会成员及各单位保密委员会主任、保密办主任200余人，开展形势任务教育活动。为各单位、部门统一订阅保密业务书籍3600本，深入基层单位讲授并交流保密业务知识，开展警示教育10场次。利用局党委网站保密工作专栏，刊载保密业务知识、失泄密案例和基层动态信息。各级保密组织通过宣传栏、网络媒体等开展多种形式的宣传教育活动，普及保密知识，扩大教育的覆盖面。（3）严格防范措施。根据形势任务发展的需要，及时修订印发《信息公开保密管理规定》、《涉密载体销毁保密管理规定》、《计算机信息系统和移动存储介质保密管理规定》、《涉外保密管理规定》、《科学技术保密管理规定》等规章制度，增强保密管理的针对性和可操作性。成立勘探开发、石油工程、普光建设、科学技术、经营管理、社会化服务、党务政务秘密事项专家审定小组7个，自上而下征求意见，全面启动油田秘密事项（范围）的修订工作。健全涉密岗位、涉密人员信息档案，加强保密重点部门（部位）安全防护措施。对油田计算机信息系统进行统计备案，根据不同的密级范围，明确相应的保密管理措施。对密级文件资料实行专人保管、专柜存放，做好收发、登记、传阅、归档、清退等各个环节的保密工作。定期回收废旧文件资料，到国家保密局指定造纸厂集中销毁，全年销毁文件10万余份。（4）提高管理水平。继续推进油田科研成果、计算机信息系统和涉外保密管理3个专项试点工作，在6个试点单位取得明显成效。在此基础上，油田召开保密工作会议，交流试点单位工作经验，进一步明确加强科研成果、计算机信息系统和涉外保密管理的具体措施。组织开展2007—2008年度保密工作评先活动，宣传推广典型经验，促进保密管理工作整体水平的提高。（5）确保工作落实。把保密工作纳入油田精神文明建设和党委办公室系统业务考核范围，完善考核评价机制，细化、量化考核标准。11月，油田保密委员会从局党委办公室、直属机关党委、信息中心、通信管理处、河南省中原油田公安局等部门抽调15人，成立3个检查组，采取现场查看、技术检测等方式，对32个油田所属单位、35个机关处（部）室和事业单位的保密工作开展情况进行检查，抽查计算机528台，查看基础台账资料1100份，促进了各项保密规定的落实。

（李向阳）

【机要文件管理与文书处理】 2009年，中原油田机要部门完成各类机要信函和上级机要文件刊物的核对、登记、分发、传阅、归档和销毁等工作，油田机关处室和所属单位有关请示报告的呈送办理工作，内部文件的收发、传阅和管理工作，领导批示文件的督办工作。年内，收发办理机要信函2万余件、上级文件（含密级刊物）800余份、油田内部文件资料3万余份，接转有关单位和机关处室送阅件4000份，办理领导督察件230件，组织征订机要刊物2000多期4万余份。

（王艳莅）

统战工作

【统战工作概况】 2009年，中原油田统战部以加强基础、突出服务为目标，切实做好统一战线工作。（1）发挥统战工作参政议政、民主监督的职能作用。做好濮阳市第六届政协委员油田委员的换届选举工作，推荐油田代表13人当选市政协委员，其中2人当选政协常委；组织油田政协委员参加濮阳市政协六届一次会议和华龙区政协六届三次会议。组织政协委员撰写提案21份，推荐20名油田各民主党派和无党派代表人士对学习实践科学发展观活动进行监督并帮助整改，组织召开统战工作座谈会，及时向与会人员通报油田生产经营情况，广泛征求意见，调动了各界人士的工作积极性和主动性。（2）积极服务油田统战对象。定期开展摸底调查工作，完善统战对象的基础资料，对油田民主党派人员和地市级以上政协委员进行统计上报。做好统战政策宣传工作，了解华侨在国外的工作和生活情况，加强沟通联络。为少数民族考生审核办理中高招加分手续，为3名侨眷审核办理侨眷证。协调有关部门和单位到宗教活动场所，掌握油田信教群众动向，确保油田信教群众思想稳定。协助各民主党派搞好自身建设，做好新成员的组织考察和后备人选推荐工作，推荐考察2名员工加入民主党派。（3）提高统战人员业务素质。首次对油田65名统战干部进行为期一周的培训，并根据政协委员、民主党派、无党派人士、党外知识分子和民族宗教界人士的不同特点，有针对性地邀请统战干部收听讲座，提高思想理论素质。组织开展统战知识竞赛，3500余人参赛。组织统战干部深入学习十七届四中全会精神，并对学习活动作出安排部署，把统战成员的思想统一到全会精神上来。

（密德英）

直属机关党务工作

【直属机关党务工作概况】 2009年，中原油田直属机关党委发挥协调、管理、参谋、服务作用，创新开展工作，严格落实考核，直属机关党的建设、精神文明建设和思想政治工作进一步加强。“七一”期间，直属机关党委表彰先进基层党组织37个、优秀共产党员153人。（1）组织开展学习实践科学发展观3项活动。一是结合机关实际情况，开展形势任务教育、责任意识教育、党风廉政教育。二是通过书面和网络形式，组织“千人评机关”活动，征求基层对机关作风建设的意见；组织机关干部到基层调研200人次，宣讲形势任务48场次，帮助基层协调解决生产、技术和管理等方面的问题近100个。三是组织机关干部对照科学发展观要求，围绕工作实际开展大讨论，找出自身差距，制定整改措施，为促进机关建设和油田科学发展奠定思想基础。（2）开展“抓业务公开、堵管理漏洞、促清正廉洁”活动。推行业务公开，指导机关各单位确定业务公开内容，明确公开范围和方式，制定业务公开实施办法。加强重点部门和人员的监督，根据油田47项业务监督办法，上下工作环节相互把关，相互监督；加强对领导的监督，定期与分管业务的工作人员进行廉政谈话，时刻提醒，常敲警钟；加强基层监督，采取设立意见箱、问卷调查等方式，加大基层对机关的监督力度。(3) 加强廉政教育。组织机关149名处级干部、597名科级干部、162名重点岗位人员签订廉洁从业承诺书，并结合近年来机关范围内发生的违规违纪违法案例，对相关人员进行警示教育。(4) 抓好机关作风建设。一是建立全局性会议审批制度。承办部门向局党委办公室或者局长办公室填报会议审批单，每季度统计1次，并将会议审批制度的落实情况纳入精神文明建设考核，年内全局性会议同比减少2.6个百分点。二是对基层请示建立2个层面的督办制度。第一个层面是由局党委办公室、局长办公室负责对涉及全局性的基层请示进行登记、督办，第二个层面是机关各部门负责对涉及本部门业务的基层请示进行督办，促进了机关效率的提高。三是完善基层联系点制度。针对联系点单位存在的薄弱环节或生产经营（工作）目标，明确联系点工作重点和年内实现的目标，将全年工作目标分解为每次去联系点的工作任务，确保每次突出一个主题。年内，机关各部门到基层调研300余次，宣讲形势任务60场次；协调解决生产和管理中的问题100多个。

【直属机关基层党组织和党员队伍状况】 2009年，中原油田直属机关党委管辖直属基层党委4个、党总支7个、基层党支部107个。其中，新成立党支部12个，党支部换届改选47个，充实党总支、党支部成员21人，机关党组织健全率达到97%以上。有党员1871人，其中发展新党员41人，预备党员转正46人。（高宗文）

【直属机关党委打造廉洁务实高效机关】 2009年，中原油田直属机关党委以打造“廉洁、务实、高效”机关为目标，规范管理制度，加强作风建设，确保机关各项职能得以充分发挥。

2009年10月24日，油田直属机关党委举办员工广播体操比赛　（吴宝英）

(1) 结合各处室实际情况，开展廉洁从业教育。在党务系统以“三会一课”、政治学习日、学习交流讨论等集中学习与个人自学相结合的方式，进一步增强员工的群众观念和廉洁意识。在财务系统组织员工学习《会计法》、《企业国有资产法》、《循环经济促进法》和49项监督办法等制度，确保员工更好地贯彻执行财务监督办法。在生产管理部位开展岗位自查活动，做到员工处理各项业务有章可循，并对重点岗位的工作程序进行公示，随时接受群众监督。在机关各处部室通过举办座谈会、发放调查问卷、网上调查等方式开展工作自查，全面征集基层对机关工作人员的意见与建议，有针对性地提高思想素质与业务能力(2) 开展业务公开工作，堵塞管理漏洞。从职工群众最关心的问题入手，制定《中原油田业务公开工作实施意见》，确定职称评定及毕业生分配情况、职工收入等19项公开内容，推进重点领域和关键环节的业务公开。针对直属机关和各二级单位管理制度中不规范的地方，修订完善管理制度70多项。(3) 把服务基层放在首位。针对基层提出的召开会议多、上报资料和报表多、对基层检查考核多等情况，与局党委办公室、局长（总经理）办公室反复研究与论证，建立全局会议审批制度和基层请示答复督办制度，最大限度地减轻基层压力。组织基层服务对象对部分处室员工的廉洁从业、服务态度、服务质量等进行量化打分，并通过不定期暗访和电话录音等，了解机关人员的工作服务情况，制定有针对性的整改措施。（黄　琥）

【直属机关举办员工广播体操比赛】 2009年10月24日，中原油田直属机关党委举办员工广播体操比赛，机关所属32个处室、19个直属单位的千余名员工组成17支方队参赛，油田领导沙启军、孔凡群、王亚钧、王红晨观看比赛。比赛以推广员工广播体操，展示员工蓬勃向上的精神面貌为主要内容，各参赛方队在入场方式、队列组合和动作编排上各显特色，同时在比赛中加入团体操表演和舞蹈等元素，为广播体操这项群众性体育活动增添了艺术性和观赏性。经现场评判打分，局党委组织部等6个方队获一等奖，局党委办公室等11个方队获二等奖，规划计划部、企业管理处等17个单位获三等奖。（高宗文）

工会工作

【工会工作概况】 中原油田的工会工作由局工会负责。局工会主要围绕服务职工群众、促进企业发展开展工作。截至2009年底，中原油田有党总支以上直属单位64个，均按照要求建立工会委员会、经费审查委员会和女职工委员会，建会率100%。有基层工会1128个，会员85614人，入会率99.2%。油田及所属单位有专兼职工会干部296人，占员工总数的0.34%。局工会机关有员工26人，其中高级职称19人、中级职称6人、初级职称1人；机构下设部室8个。2009年，中原油田各级工会组织以科学发展观为指导，围绕油田中心任务，服务生产经营大局，扎实开展工作，在油田持续有效和谐发展中发挥重要作用。年内，局工会获“全国创争活动优秀组织单位”称号，第6次获“全国地市级工会财务管理先进单位”和“河南省工会经审工作先进单位”称号。（吕学军）

2004—2009年中原油田工会组织情况

项目 / 年份	会员（人）			工会组织（个）			工会干部（人）			
	会员总数	劳务用工	发展会员数	三级工会	四级工会	工会小组	二级专职	二级兼职	三级兼职	四级兼职
2004	93205	19746	989	1037	1443	6663	87	171	1044	1954
2005	81147	21265	202	962	1352	6108	86	149	3208	
2006	81374	20385	243	966	1390	6196	87	147	3331	
2007	84428	22061	454	945	1321	6017	98	164	3341	
2008	83883	24735	511	977	1092	5574	89	170	3179	
2009	85614	27202	743	1128	1244	5836	98	172	3300	

【工会自身建设】 2009年，中原油田各级工会组织进一步抓好自身建设，切实加强思想、组织和作风建设。举办学习实践科学发展观培训班4期，培训工会干部1400人次，工会干部持证上岗率97%。11个单位顺利完成工会代表大会换届选举工作，工会组织健全率保持在100%。制定《油田工会会员会籍管理暂行规定》，工会会员发展、组织关系接转和会籍管理工作进一步规范，员工入会率98%。建立职工之家建设长效机制，在坚持动态考核和集中考核的基础上，突出会员评会，提升建家水平。以激发工会工作活力为目的，在工会系统开展“创亮点、树品牌”活动，促进工会重点工作的落实。加强工会财务和经费审查工作，对21个单位工会进行审计，严格执行预算管理，坚持在工会经费的使用上向一线倾斜。

【经济技术创新活动】 2009年，局工会广泛开展群众性经济技术创新活动。一是开展职工劳动竞赛。会同西南工作委员会开展普光气田105亿立方米/年产能投产立功竞赛，加快普光气田建设速度；指导油气生产、石油工程、社会化服务三大板块单位开展各类劳动竞赛316项，参与员工8.14万人次。二是推进“工人先锋号”创建活动。通过细化创建方案，完善考核激励机制，打造工会系统创先争优品牌。年内，有72个基层队达到油田“工人先锋号”标准，2个基层队被命名为河南省“工人先锋号”。三是组织员工立足岗位开展技术革新、提合理化建议等活动。年内，完成创新成果1299项，推广应用740项；会同有关部门开展优秀成果和先进操作法评审，评出获奖成果220项；征集员工合理化建议1.77万件，采纳实施7708件。组织开展向建国60周年献礼活动，各单位创出新业绩35项、新成果39项、新指标49项。

【群众安全监督员活动】 2009年，局工会围绕安全生产“五个一”活动，在基层班组开展设立群众安全监督员活动，调动职工群众参与安全监督管理的积极性，引导职工自觉投身安全主题活动。联合安全环保处下发《关于在基层班组设立群众安全监督员的通知》，明确群众安全监督员的聘任条件和程序，统一安全监督员的聘书和胸牌。经个人自荐或群众推荐，各单位工会和安全生产部门严格审查，4952名责任心强、技术熟练、经验丰富的一线职工被聘为群众安全监督员。各级工会组织采取集中培训、举办讲座等多种形式，组织群众安全监督员参加《安全生产禁令》、特种设备监督管理的培训学习，并进行了预防硫化氢中毒演练和消防灭火应急演练等10余项实践操作培训，提高安全监督员的理论水平和业务能力。为规范管理，各级工会组织均制定群众安全监督员管理考核办法，建立群众安全监督员检查、汇报、登记制度，增强了群众安全监督员开展监督工作的主动性。年内，群众安全监督员共纠正违章行为5842次，提出安全生产合理化建议4014条。

五个一：提炼一条安全文化感言，提出一条安全生产建议，查改一处“三违”现象或事故隐患，熟练掌握一项岗位操作规程，拿出一项安全革新成果。

【完善民主管理和监督体系】 2009年，中原油田进一步完善民主管理和监督体系。油田及各单位按规定召开职代会和职代会联席会195次，审议、通过或决定重大事项695件。严格按照程序做好职工代表提案处理工作，油田七届二次职代会立案154件，处理率100%，落实率96.8%。局处两级职工代表开展不同内容的巡视检查124次，并通过落实职工代表述职、职工代表听证、职工代表安全服务区等制度，发挥职工代表在油田生产经营管理中的作用。在各单位建立厂务公开民主管理质量体系，并启动业务公开网络，推动厂务公开民主管理工作的深入开展。

【维护职工合法权益】 2009年，中原油田认真贯彻落实《平等协商和集体合同制度实施办法》，油田及各单位集体合同签订率、续签率均达100%，履约率达到98%以上。局工会同有关部门开展劳动法律法规和集体合同履行情况检查，促进《劳动合同法》的落实。加强劳动争议调解工作，为基层劳动争议调解组织和职工群众提供法律咨询和帮助135人次，受理劳动争议103起，处理终结98起，处理率95.15%。组织职工代表开展带薪年休假制度实施情况专项巡视检查，并针对存在问题提出4条建议。

【服务职工群众】　2009年，局工会以为职工群众办实事、办好事为目标，逐步加大为民服务力度。（1）帮扶困难群体。印发《油田职工困难补助管理暂行办法》，修订《油田互助金管理办法》，提高对大病致贫职工的救助标准。开展低保救助、实物帮扶、“金秋助学”及特殊困难救助活动，为各类困难和特殊困难群体发放救助金1260万元，向一线员工、外闯市场员工家庭及劳模、技术专家、军烈属发放慰问金468万元。组织开展“扶危济困献爱心”捐款活动，收到员工捐款305.5万元，并对特殊困难家庭进行了应急救助。（2）开展“两堂一舍一室”管理达标竞赛。各单位投入资金4420万元，对食堂、澡堂、宿舍和文体设施进行改造，改善员工的生产、生活环境。（3）员工疗休养工作。年内，组织员工疗休养253批4534人次。（4）扶残助残工作。完成残疾人就业年审任务，协调开展第二代残疾证集中评定工作，为2465人进行伤残评定，确定符合残疾标准1558人。开展创建“白内障无障碍油田”活动，为49名具备条件的人员实施免费复明手术。

【基层工会主席暨民主管理工作骨干培训班】　2009年3月24—27日，局工会在油田党校举办基层工会主席暨民主管理工作骨干培训班，63个单位的146名基层工会干部和油田直属单位工会主席、副主席参加培训。培训班聘请中国劳动关系学院、河南省总工会干部学校和油田党校的教师，为学员们讲授世界金融危机与企业民主管理、中国工会十五大会议精神暨工会工作面临的形势与任务、工会干部应具备的素质、基层班组民主管理、如何抓好班组建设等理论知识，并由局工会机关部室员工讲解工会组织建设与民主管理、生产保障与劳动保护等具体业务。学习中，培训班开设学员论坛，组织部分学员就基层工会工作的突出做法和典型经验进行集中交流。

（吕学军）

【发挥工会“大学校”作用】　2009年，局工会发挥教育职能，利用工会“大学校”作用，提高职工队伍整体素质。一是组织开展“建功在岗位、和谐促发展”劳动感言征集活动。2万余名员工撰写劳动感言1.5万余条，并举办庆“五一”暨劳动感言颁奖晚会，倡树“劳动光荣，创造伟大”的社会风尚。开展第一届职业道德建设“双十佳”评选表彰活动，彰显油田职业道德建设成果。二是继续深化“创争”活动。分系统召开“创争”活动经验交流演示会，指导各单位通过技能培训、岗位练兵、读书自学、导师带徒等多种形式，推进“创争”活动深入开展。三是加强典型示范引导。评选表彰油田劳动模范和先进集体，并有9人分获中央企业和河南省劳动模范称号。在《中原石油报》、广播电视中心、局域网站开办专题栏目，宣传一线员工、劳动模范的先进事迹和工会工作。在各类报刊上登载反映油田“三工”的宣传稿件1026篇，其中省部级以上247篇。四是丰富职工群众文化生活。各单位新建职工书屋36个，新增藏书15万册，开展“送好书下基层”活动226次，建成社区晨晚练点109个。举办元旦长跑、社火表演、职工文艺汇演和庆祝建国60周年系列活动等各类文体活动720项，参与职工家属15万余人次。成功承办中国石化第二届职工文艺汇演和全国行业（产业）系统职工歌咏比赛颁奖晚会，扩大了中原油田的社会影响力。

【推广第九套广播操】　2009年4月13—23日，局工会在10个社区组织开展第九套广播操培训辅导活动。培训采取集中辅导、分别推广的方式进行，共培训合格60个单位的890名学员。培训中，特邀北京体育师范大学的老师授课讲解，同时，局工会为各单位配备相关音像资料，促进了第九套广播操的普及推广。

（卢秀丽　吕学军）

【“工人先锋号”创建活动】　2009年，局工会确立创建“工人先锋号”活动的总体思路：逐步建立“工会牵头、多方参与，定期考核、分级认定，同业对比、合力推进”的考核评价体系。通过考核评价，进一步营造氛围，完善机制，发现典型，推动创建活动深入持久、规范科学地开展。各级工会组织围绕“工人先锋号”创建主题，进一步细化创建方案，逐步完善考核和激励机制，激发了员工的劳动热情和创造活力。年内，经考评小组对各

2009年3月24日，基层工会主席暨民主管理工作骨干培训班开班（吕学军）

单位首次申报的“工人先锋号”进行考评，并对2008年度命名的40个“工人先锋号”进行复核，72个基层队站被局工会命名为2009年度“工人先锋号”。其中，钻井二公司45722钻井队和石油化工总厂催化车间获河南省“工人先锋号”称号。（孙 林）

【职代会审议通过《中原油田安全生产禁令》】 2009年，中原油田根据《中华人民共和国安全生产法》、《中华人民共和国劳动法》等法律法规和中国石化集团公司《安全生产禁令》及有关安全监督管理规定，制定包括采油、钻井、井下作业等14个系统的《中原油田安全生产禁令》（简称《禁令》），并开展讨论审议工作。4月24日，油田召开职代会各代表团联络员会议，对讨论《禁令》工作进行安排部署。25—26日，各代表团成员对《禁令》进行讨论，并以无记名投票方式进行预表决。29日，油田召开第七届职代会第三次联席会议，就代表团讨论审议中提出的问题作出解释说明，同时征求意见，并采取无记名投票形式进行表决。会议应到36人，实到35人，《禁令》获全票通过。此次制定的《禁令》，是中原油田自开发建设以来制定的最详细、最具针对性的安全生产禁令。（熊 伟 吕学军）

【劳动关系和谐单位创建活动】 2009年，局工会将创建劳动关系和谐单位纳入学习实践科学发展观活动之中。4月，制发《关于进一步深化创建劳动关系和谐单位活动的意见》，对深化创建活动进行安排部署。油田所属单位及时制定工作措施，以履行集体合同、劳动合同，落实职代会制度和重视安全生产为重点，全面推进创建活动。局工会会同有关部门不定期组织劳动法律法规执行情况检查，及时发现并整改存在的问题，维护劳动关系的和谐稳定。年内，采油三厂、钻井三公司、第九社区管理中心被评为河南省劳动关系和谐模范企业。

（杨海峰）

【劳动感言征集活动】 2009年，局工会开展“建功在岗位、和谐促发展”劳动感言征集活动。活动以基层工会为单位，组织员工根据自身工作岗位的性质与特点，撰写劳动感言、职业感想等。1—4月，各单位上报劳动感言1.5万条，经基层工会筛选推荐和活动组委会专家评审，评出优秀劳动感言60条，其中金奖10条、银奖20条、铜奖30条。同时，评出优秀组织单位34个。4月26日，局工会在广播电视中心演播大厅举办庆祝“五一”国际劳动节劳动感言颁奖晚会。晚会分为“颂扬劳动”、“尊重劳动”、“感恩劳动”3个篇章，通过讲述劳动者的故事，讨论劳动热门话题，展现油田劳动者尤其是各级劳动模范的高尚价值观。油田4名全国劳动模范余世顺、何强、田纪民、王中华及中央企业劳动模范邵均克为10名劳动感言金奖获得者颁奖。油田领导王亚钧、孙清德、杜广义、黄艾华、吕新华出席颁奖晚会。

（吕学军 赵则阳）

2009年4月26日，局工会在广播电视中心演播大厅举办庆祝“五一”国际劳动节劳动感言颁奖晚会（吕学军）

【职工趣味文体活动】 2009年4—5月，局工会、文化体育活动管理中心、油田体育协会及10个社区管理中心联合举办中原油田“和谐共进”趣味文体活动。此次活动在油田10个社区管理中心分别举办，分油田员工组和社区居民组，设有穿越障碍、瞎子敲锣、心心相印、时代列车、小马过河、袋鼠跳、1分钟踢毽、1分钟跳绳8个趣味项目。油田所属单位和居民管理站等65个单位，组建444支队伍参加比赛，3684名油田员工与社区居民组成的选手同台竞技，为营造和谐社区创造了条件。（杨 跃 卢秀丽）

【职工带薪年休假制度落实情况专项巡视检查】 2009年6月8—10日，局工会组织职工代表对14个单位的带薪年休假制度落实情况进行专项巡视检查。局工会从油田七届职代会职工代表中，分系统选派民主管理意识强和熟悉人力资源管理业务的10名职工代表，分成2个小组，从各单位编制带薪年休假计划、具体组织实施和休假期间的工资收入等6个方面，对采油一厂、钻井二公司、第八社区管理中心、公共事业管理处、培训中心、油田直属机关等14个有代表性的二级单位（部门）进行巡视检查。检查中，职工代表到32个机关部门和基层单位，采取听汇报、查资料、与职工代表座谈等方式，了解职工带薪年休假的具体落实情况，并对行业间休假情况不平衡、计划编制不科学等5个方面的问题及时进行分析、质询，提出4条工作建议，推动了带薪年休假制度的落实。（熊 伟 吕学军）

【员工优秀成果评审活动】 2009年，局工会会同科技部、局团委、人力资源处、安全环保处开展员工优秀创新成果、“五小”成果、安全科技小成果、先进操作法的征集评审活动，旨在调动员工自主创新的积极性，加快优秀成果的推广与应用。6月26日，针对全油田上报的522项成果，由局工会牵头组织相关业务部室人员成立勘探、开发、采油工程、钻井工程、地面工程、安全等6大类9个评审组，对每项申报成果的技术创新性、先进性、实用性和经济效益进行综合评价，评出员工优秀创新成果100项、“五小”成果50项、安全科技小成果50项、先进操作法20项。

（孙　林　吕学军）

【外闯市场爱心帮扶活动交流推进会】 2009年6月25日，局工会女工部在钻井二公司组织召开外闯市场爱心帮扶活动交流推进会，20个外闯市场单位的女工主任参加会议。会上，各单位女工主任就外闯市场职工家庭爱心帮扶工作进行座谈交流，女工部对进一步深化爱心帮扶活动作出具体安排部署。2009年，中原油田各级女工组织通过走访慰问、上门服务、爱心救助等形式，切实为外闯市场职工家庭办实事、做好事、解难事，实现了从单一的具体困难帮扶向思想精神深层次帮扶延伸，形成“大帮扶”的新局面。（程丽霞　吕学军）

【承办中国石化庆祝新中国成立60周年暨第二届职工文艺汇演】 2009年7月5—7日，中原油田承办中国石化庆祝新中国成立60周年暨第二届职工文艺汇演（中原油田赛区）比赛，中国石化系统18个单位的500余名演职人员参加汇演，40余个节目分别在中原文化宫的综合、舞蹈、音乐3个专场进行演出。经评审，《石油铁军》等5个节目获金奖，《大山的太阳》等9个节目获银奖，《共创和谐》等16个节目获铜奖。中原油田有5个节目获奖，其中金奖2个、银奖1个、铜奖2个。中国石化集团公司思想政治工作部副主任、中国石化文联副主席兼秘书长党力强，中原石油勘探局党委书记、中原油田分公司代表沙启军，中原石油勘探局党委副书记、纪委书记、工会主席王亚钧出席开幕式。

（卢秀丽　吕学军）

【承办河南省5个工种职业技能比赛】 2009年7—9月，中原油田相继承办河南省催化裂化装置操作工、轻烃装置操作工、地震勘探工、测井工、电焊工5个工种的职业技能比赛。油田对竞赛活动的组卷命题、裁判选聘、竞赛组织等各个环节坚持高标准、严要求，确保比赛严密有序进行。比赛期间，有229名选手参赛，其中中原油田石油化工总厂王志涛、天然气处理厂初丽莉、地球物理勘探公司王国栋、地球物理勘探公司霍卫国、工程建设总公司牛志刚分获5个工种的第一名。

（孙　林）

【组织参加《河南省职工安全生产》知识竞赛】 2009年7月7日，局工会和安全环保处联合印发《关于组织2009年河南省职工安全生产知识竞赛答题活动的通知》，要求各单位以知识竞赛答题活动作为有关法律法规集中宣传贯彻的契机，推动“我要安全”专题活动的深入开展。全油田26635名员工参赛，安全生产法律法规和安全生产知识得到有效普及。

（赵则阳）

【“金秋助学”活动助学金发放仪式】 2009年8月21日，中原油田“金秋助学”活动助学金发放仪式在中原油田文化宫会议室举行，油田机关党群处室负责人，各单位工会干部，以及部分困难家庭家长代表、学生代表150余人参加会议。会议通报了中原油田助学情况，并为部分困难家庭学生代表颁发了救助金。油田领导王亚钧主持会议，沙启军出席活动并讲话。沙启军要求，各级组织要站在以人为本、促进和谐油田建设的高度，坚持不懈地把扶贫助学工作抓紧抓好，切实让困难职工群众感受到油田大家庭的温暖；要紧密结合形势的发展变化，不断创新理念、丰富内容、优化方式，努力推动扶贫助学工作迈上新台阶、取得新成效；要加强组织领导，健全以工会救助为主导，党政团各方积极参与的助学工作网络，形成齐抓共管的强大合力。

（席　斌　吕学军）

【向国庆60周年献礼活动】 2009年3月，局工会组织开展以“创新指标、创新成果、创新业绩”为主要内容的向国庆60周年献礼活动，并通过编发信息、网上宣传等形式，营造良好的创新氛围。各级工会组织动员各个系统员工，结合油田及本单位生产、经营和科研实际，开展攻坚克难立新功活动，创新业绩35项、新成果39项、新指标49项。9月，局工会编印《献礼》画册，以图文并茂的形式展示这些献礼成果，并在油田网站主页开设专栏对活动进行宣传。

（孙　林）

2009年8月20日，中原油田举行“金秋助学”活动助学金发放仪式

（吕学军）

【全国产业（行业）职工歌咏比赛颁奖晚会在油田举行】 2009年10月10日晚，“向祖国汇报——庆祝新中国成立60周年全国产业（行业）职工歌咏比赛”颁奖晚会在中原文化宫举行，600余名演职人员用歌声向祖国献礼。中国文联党组副书记、副主席、书记处书记、活动组委会主席覃志刚，中国石化集团公司高级顾问、中国石化文联主席、活动组委会主席周原，中华全国总工会宣教部部长李守镇，河南省总工会副主席马露霞，濮阳市市长王艳玲，中原石油勘探局党委书记、中原油田分公司代表沙启军，中原石油勘探局党委副书记、纪委书记、工会主席、中国石化音乐家协会主席王亚钧等出席颁奖晚会。中原油田领导黄艾华、焦大庆、吕新华、王红晨观看演出。著名表演艺术家耿莲凤、程志、郑咏等应邀为观众演出。晚会评出金奖节目16个、银奖节目29个、铜奖节目38个、优秀创作奖节目40个、优秀组织奖单位15个，中原油田获特殊贡献奖。全国产业（行业）系统庆祝新中国成立60周年职工歌咏比赛由中国文联、中华全国总工会、中央电视台、中国音乐家协会主办，中国石化文联协办，中国石化中原油田、中国石化音乐家协会承办。活动旨在通过丰富多彩的歌咏形式，展现新中国成立60年来经济和社会发展取得的辉煌成就。

（卢秀丽　吕学军）

【庆祝新中国成立60周年暨第十四届职工文艺汇演】 2009年8月29日—9月3日，局工会协同局党委宣传部、局团委、文化体育活动管理中心、离退休职工管理中心、广播电视中心，组织开展中原油田庆祝新中国成立60周年暨第十四届职工文艺汇演，40个单位的920名演员参演，演出节目103个，7000余人观看演出。此次比赛分为音乐类、综合类、舞蹈类3个单项，采取分别汇演的方式进行，评出金奖27个、银奖40个、铜奖36个、优秀创作奖24个和优秀组织单位27个。9月28日晚，局工会在中原文化宫举办颁奖晚会，油田领导沙启军、王亚钧、黄艾华、焦大庆出席，并为获奖演员和获得特殊贡献奖的单位颁发荣誉证书。

（卢秀丽　赵则阳）

2009年11月28日，局工会举办油田厂务公开民主管理总结表彰暨公开网启动大会

（吕学军）

【厂务公开民主管理总结表彰暨公开网启动大会】 2009年11月28日，局工会在中原文化宫召开厂务公开民主管理总结表彰暨公开网启动大会，油田所属单位党政正职、工会主席、纪检与工会部门负责人近400人参加会议，油田领导沙启军、王亚钧、黄艾华、吕新华出席。会议总结了油田2006—2009年厂务公开民主管理工作，表彰了23个厂务公开民主管理工作先进单位和100名先进个人，采油五厂、天然气处理厂和地球物理勘探公司等3个单位作经验交流。会议还启动了油田公开网站，要求各单位以网站为平台，深入推进厂务公开民主管理工作，进一步扩大基层民主，加强群众监督。油田领导沙启军作总结讲话。他强调各级党政组织要提高思想认识，进一步增强做好厂务公开民主管理工作的责任感和自觉性；突出重点，在内容和形式上不断拓展创新，在公开范围上不断扩大覆盖面，在制度建设上不断加强，开创厂务公开民主管理工作新局面；加强组织领导，形成工作合力，加强理论研究，推动实践创新，营造职工群众理解、关心和支持的良好氛围，确保油田厂务公开民主管理工作取得实效。

（熊　伟　吕学军）

【职业道德建设“双十佳”评选活动】 2009年，局工会与局党委宣传部联合开展第一届职业道德建设“双十佳”评选活动，旨在深化社会主义荣辱观教育，落实《公民道德建设实施纲要》，引导油田员工养成高尚的道德情操和职业操守。经层层推荐和初评，评出20个候选集体、20名候选个人，并将其先进事迹在《中原石油报》和局域网进行公示，同时组织各单位投票选举。12月9日，第一届职业道德建设“双十佳”评选结果揭晓，采油三厂、钻井二公司、天然气产销厂、第三社区管理中心、采油二厂工艺研究所、采油五厂供电大队、钻井一公司苏丹分公司、勘探开发科学研究院普光勘探开发项目室、广播电视中心新闻部、燃气管理处供气九大队等10个单位获油田职业道德建设“十佳单位”称号，采油一厂丁文田、钻井四公司时晓、西南钻井公司刘化伟、石油化工总厂李广庆、普光分公司天然气净化厂曹英斌、钻井管具工程处杨文冉、建设集团公司刘宁、消防支队程自伟、中原石油报社岳彩凤、第一社区管理中心芦城等10人获油田职业道德建设“十佳员工”称号。

（赵则阳　吕学军）

【互助金管理】 2009年，中原油田进一步加强员工互助资金的管理，将“中原油田职工互助基金会”变更为“中原油田互助金”，重新制定《中原油田互助金管理暂行办法》（简称

《办法》)，规范操作程序，并将中原油田职工互助基金会会员卡统一更换为中原油田互助金爱心卡，同时健全相关数据库。《办法》在原互助基金会管理办法的基础上，进一步完善相关救助办法，特别对大病救助内容进行较大调整，将原基金会大病救助金额最高2000元，调整为按剩余比例部分的20%予以救助，且救助金额上不封顶，缓解了大病职工的经济困难。年内，油田先后办理大病救助1029人次，发放救助金156.34万元；办理死亡救助340人，发放救助金17.6万元；办理火灾救助5户，发放救助金0.8万元。（席 斌）

【女工工作概况】 截至2009年底，中原油田有女工2.55万人，占用工总量的30%。油田建立直属工会女职工委员会61个，所属基层女工组织514个，女工小组1855个，女工组织组建率100%，有专兼职女工干部67人。2009年，局工会女工部以争创“巾帼建功示范岗”、争做“巾帼建功标兵”竞赛活动为主线，组织女工开展增储上产劳动竞赛和岗位练兵活动，开展科研攻关137项，获局级以上优秀成果奖36项，提合理化建议1655条，采纳实施1329条，创经济效益2000余万元。健全女工岗位技能提升档案，帮助每名女工结合岗位实际、工作需要和发展需求，制定岗位技能提升计划，并结合读书学技活动，促进女工全面发展。发挥各级女工组织的源头参与作用，推广维权前站式服务，全面签订女工专项集体合同，落实女工的政治权益和特殊利益。加强姐妹爱心帮扶工作，制定《中原油田姐妹献爱心帮扶实施办法》，成立580支爱心帮扶小分队和2356个帮扶互助组，与外闯市场职工家庭结成帮扶对子。通过走访慰问和上门服务等方式，帮助外闯市场家庭解决买米买面、病人陪护、导医买药等具体困难；通过家庭辅导、专题讲座等形式，为外闯市场职工子女提供学习帮助。举办好媳妇故事会、油嫂读书会、典型事迹报告会以及开展文体活动等形式，鼓励职工家属争做“好主妇”，争当“廉内助”、“好油嫂”，争创“和谐家庭”，培养职工家属健康向上的道德情操和奉献家庭的良好品质。年内，45个基层班组获油田“巾帼建功示范岗”称号，1256名女工受到基层表彰；5个单位、5名个人分别被评为省部级及以上女职工工作先进集体与个人，1户家庭被评为河南省五好文明家庭。（程丽霞）

【女工法律法规学习宣传月活动】 2009年4月，局工会以学习宣传法律法规为目的，以组织女工答题竞赛为载体，在女工中开展法律法规学习宣传月活动。活动分为宣传动员、答题竞赛和女工专项集体合同自查整改3个阶段，主要以集中学习《妇女权益保障法》、《婚姻法》、《劳动合同法》、《女职工劳动保护规定》和油田《女职工权益保护专项集体合同》等为主要内容，帮助落实《女职工权益保护专项集体合同》中各项权益，促进女工维权工作规范化、制度化。全油田2万余名女工参加法律法规学习，并参加答题竞赛，取得良好学习效果。

（黄 琥）

【举办考前家长讲座】 2009年5月11—15日，局工会女工部选派3名富有经验的教师在10个社区为7000余名考生家长巡回讲课，帮助考生家长和孩子从容应对高招、中招考试。讲座主要讲解了4个方面的知识：家长从哪些方面做好考前准备工作、如何帮助孩子减轻心理压力、为孩子学习和健康应做好哪些后勤保障工作、家长如何帮助孩子择校。（程丽霞）

共青团工作

【共青团工作概况】 中原油田的共青团工作由局团委负责。局团委、局党委青年工作部合署办公，受局党委和共青团河南省委员会的领导。主要职责：通过多种形式，教育引导团员青年爱岗敬业；团结带领青年围绕油田中心大局，服务油田科学发展、和谐建设；发挥服务青年职能，满足青年成长成才的多元化需求。截至2009年底，局团委机关有员工5人，其中高级职称2人、中级职称1人、初级职称2人；机关下设3个部室。油田有二级团委52个、三级团总支52个、团支部627个，团员6253人，35岁以下青年31819人。2009年，局团委坚持用思想武装青年，用事业凝聚青年，用网络引领青年，用组织覆盖青年，带领青年主动融入油田发展大局，为促进油田持续有效和谐发展作出贡献。局团委获河南省“党建带团建先进单位”称号。截至年底，油田有全国青年文明号12个、省级青年文明号20个、局级青年文明号227个。

（王小刚）

2009年中原油田共青团组织情况

项目 / 单位	团组织（个）			团干部（人）		14~35周岁青年（人）		14~28周岁团员（人）		
	二级团委总支数	三级团总支数	团支部总数	专职	兼职	总数	女青年	总数	少数民族团员	保留团籍党员
分公司	14	23	214	46	245	11058	8328	2472	30	428
勘探局	38	49	413	27	488	20761	7135	3781	14	664
合 计	52	72	627	73	733	31819	15463	6253	44	1092

【团组织自身建设】 2009年，局团委创新团建工作方式，加强团的自身建设，扩大共青团工作的覆盖面。根据团员人数减少的情况，延伸工作手臂，在成立局党委青年工作部的基础上，在11个二级单位成立青年工作部，拓展共青团的发展空间。健全共青团工作目标管理考核体系，对直属单位团委工作实行月公示、季考核。开展“五四红旗团委”创建活动，促进基层团工作的全面活跃。举办团委书记培训班，通过团队拓展、名师讲座、年中述职等内容，提高基层团干部的素质和能力。开展“推优入党”工作，向党组织推荐优秀团员青年223人，充实了党的后备力量。

【用正确的思想武装青年】 2009年，局团委重点围绕青年思想教育“说什么、怎么说、谁来说”的问题，增强思想政治工作的针对性和实效性，确保用正确的思想武装青年。(1)“说什么”方面，以理想信念、形势任务、职业道德教育为主要内容，组织学习实践科学发展观活动，开展“建功立业在油田”主题教育，举办团委书记、基层团支部书记、青年兴趣小组负责人培训班，用鲜明的观点、透彻的说理、生动的事例，加强对青年的思想引领。(2)“怎么说”方面，举办“安全守护青春”、“五四”主题晚会，通过青年讲安全体会、谈安全认识，变道理为故事，折射道理的内涵。开展十大杰出青年、能工巧匠评选，制作《中原团讯》电子书、能工巧匠公示海报，发挥现代传媒、艺术在思想政治工作中的作用，增强对青年的吸引力。(3)“谁来说”方面，通过十大杰出青年、能工巧匠评选，让身边的榜样去说；通过开展“心海扬帆”青年博客大赛，让青年自己去说。团组织运用情感、信任与友谊的力量，变工作对象为朋友，引导青年以健康的心态投入工作和生活中。

【创新“青”字号品牌活动】 2009年，局团委创新“青”字号品牌活动，用事业凝聚青年，引领青年在油田建设发展中贡献青春、智慧与力量。(1)青工技能振兴计划。组织开展第二届青工技能月活动，先后举办青工英语风采大赛、青工网上技能拉力赛、油水井分析大赛，激发青年求知学技的热情。完善青年岗位能手的选拔、推荐机制，对在青工技能月中获得名次的选手，授予“青年岗位能手”称号，调动青年岗位成才的积极性。从2005年后毕业的大学生中优选出28个单位的79名团员青年，建立优秀团员青年人才库，为青年人才的成长进步提供必要的条件。(2)青年创新创效活动。组织开展青年创新创效成果评审推介活动，评选获奖成果50项，创效300余万元。并将青工“五小”成果评比纳入油田劳动竞赛委员会成果评比范围，扩大青工创新创效活动影响力。组织青年突击队围绕急难险重任务，抓好工程进度、质量和技术创新，确保各项生产经营目标任务的完成。(3)青年安全生产示范岗活动。组织开展“向不安全行为告别”、安全承诺宣誓、安全动漫大赛、“安全伴我行”演讲赛等活动，营造“安全生产、青年当先”的氛围。(4)青年文明号创建活动。推行使用《中原油田青年文明号活动管理手册》，实现青年文明号的创建、负责人培训、动态考核、挂牌认定、表彰奖励的规范化实施。(5)青年志愿者活动。以老石油、外闯市场员工家庭、社区居民为主要服务对象，组织开展“一助一”服务、便民服务“大集”、消防安全宣传等志愿服务活动。年内，先后有3500余名青年参与各类志愿服务8200次。(6)青年文化活动。先后组织开展歌曲舞蹈大赛、青年文化专场晚会，吸引3000余名观众观看。围绕青年交友，举办单身青年联谊会3期，400余名青年参加，满足了适龄青年的婚恋需求。

（王小刚）

【利用网络创新共青团工作】 2009年，局团委针对外部市场青工持续增多，青年群体更加趋于网络化的特点，利用网络引领共青团工作，发挥网络联系青年、凝聚青年的作用。围绕实施青工技能振兴计划，制作并开通中原油田青工网上拉力赛平台，平台集网上答题、征题等功能于一体，岗位练兵与技能比赛均在互联网进行。年内，7000余名青工参与网上安全知识和岗位技能拉力赛，网站点击率超过35万次。经网络评分，110名选手被局团委授予“青年岗位能手”称号。首次将青工油水井分析大赛在局域网直播，采取选手现场发布、网站实时直播、网上网下互动的方式，扩大活动的影响力。通过网络及时发布通知，使“战雪天、保安全、促生产、送温暖”和“青年联谊会”等活动的组织动员更加高效快捷。截至年底，中原油田各级团组织建立网站41个，QQ、飞信、飞秋群362个，初步形成一个

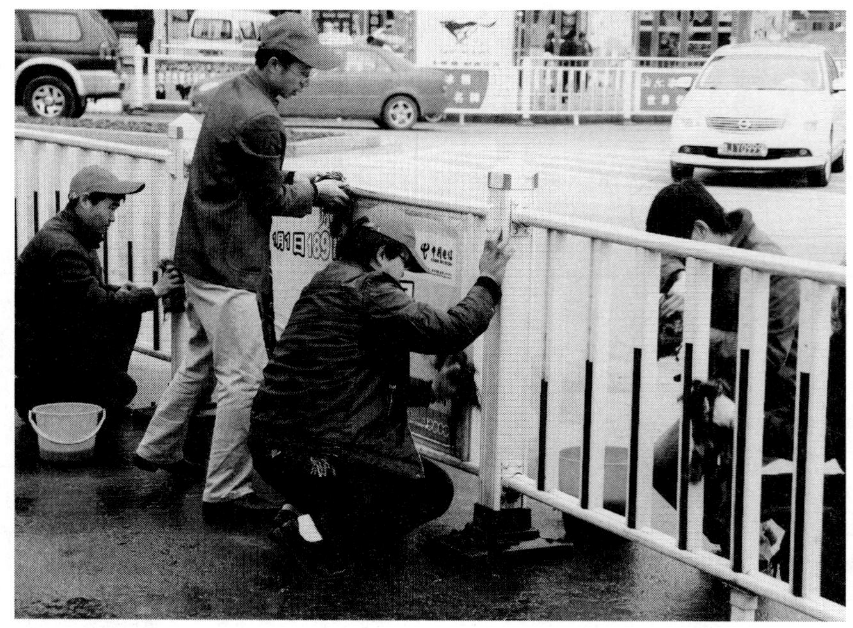

2009年2月25日，局团委组织青年志愿者清洗油田大庆路两侧护栏

（王小刚）

点面结合的共青团信息网络体系。

【制作《中原团讯》电子杂志4期】 2009年，局团委编辑制作电子杂志《中原团讯》4期。杂志设《共青空间》、《精彩点击》、《书山有路》、《舶来品》、《面对面》等栏目。团员青年投稿3万字，选用图片17幅，3000余人点击观看，展示了中原油田共青团组织的魅力与团员青年的风采。

【“奉献爱心，共创和谐”志愿服务活动】 2009年，局团委开展“奉献爱心，共创和谐”志愿服务活动。元旦和春节期间，团员青年为300余户特殊家庭送米面粮油等生活日用品，为外闯市场员工家庭送贺卡、对联，体现了团组织对职工家属节日的关怀。2月，以“志愿2小时，奉献保畅通”为目标，组织2000余名团员青年清扫积雪、抢送物资，保障油田正常的生产生活秩序。8月，组织电力、消防等专业志愿者10名，到油田敬老院、离退休职工管理中心等单位，集中开展安全志愿服务，排查并清理安全隐患4处，更换灯具4盏。

【共青团年度工作会议】 2009年3月2日，局团委在中原油田宾馆会议室召开共青团年度工作会议，油田直属单位团委书记、部分优秀青年代表60余人参加会议。会议总结2008年共青团工作，安排部署2009年工作，3个直属单位团委书记就青工创新创效、青年安全生产示范岗和志愿者服务活动进行现场经验交流。油田领导王亚钧出席会议并讲话。他要求各级团组织把握方向，着力提升对青年思想的引领力；服务大局，着力提升对油田发展的推动力；勇于创新，着力提升共青团工作的影响力；打牢基础，着力提升各级团组织的战斗力。

【“青春同行，共建和谐”青年志愿服务活动】 2009年3—4月，局团委以弘扬雷锋精神，深化志愿者行动为目标，开展“青春同行，共建和谐”青年志愿服务活动。活动期间，各直属单位团委累计发放宣传材料5000多份，焊接锅盆1970件，修理自行车138辆，维修电脑82台、小电器273台，义诊2000多人次，植树600株，并组织多支服务队到中原油田敬老院开展爱老、敬老活动。

【“生产第一课——让安全守护青春”主题晚会】 2009年4月29日晚，局团委在广播电视中心演播大厅举办“生产第一课——让安全守护青春”主题晚会，油田所属单位党委书记、团委书记及青年代表330人参加晚会，油田领导王亚钧、孙清德、黄艾华、焦大庆出席。晚会通过分析油田安全现状，梳理影响油田青年不安全的因素，教育引导广大青年“我要安全”；通过安全成果展示、安全文化推广、讲述青年安全生产示范岗的创建历程，激发青年“我会安全”和“我能保证安全”的使命、责任与信心。晚会同时表彰了中原油田第十六届十大杰出青年和2008年度油田青年先进集体与个人。

【青工“五小”成果评审活动】 2009年6月，局团委与局工会、科技部等部门联合开展青工“五小”成果评审活动。经成果研制人现场讲解、专家评委提问打分等步骤，50项成果分获一、二、三等奖。这是青工“五小”成果首次被纳入中原油田劳动竞赛委员会评审，扩大了活动的影响力和覆盖面。

【共青团工作基层调研暨考评活动】

2009年4月，局团委对48个单位的共青团工作进行基层调研和考评。通过查资料、实地察看、与青年进行座谈等方式，了解基层共青团工作开展情况。通过考核，授予采油四厂、采油五厂、天然气产销厂、天然气处理厂、钻井二公司、钻井三公司、地球物理勘探公司、工程建设总公司、勘探开发科学研究院、物资供应处、供电管理处、第三社区管理中心等12个单位团委为中原油田“五四红旗团委标兵”称号。

【“向不安全行为告别”主题活动启动仪式】 2009年8月21日，局团委联合安全环保处在钻井二公司举行“向不安全行为告别”活动启动仪式，油田直属单位团委书记、安全科长和青年代表200余人参加仪式。会上，局团委向油田团员青年发出倡议，号召青年“安全生产、青年当先，同担安全责任，共保安全发展，为油田创造美好未来”，并选派经验丰富、品德高尚的老师傅同新入厂青工举行“一助一”安全结对签字仪式。油田领导王亚钧出席活动并讲话。他指出，青工是油田操作岗位的主力军，青工的安全意识和防护能力直接关系着油田安全生产的大局。各级团组织和广大青工要以“向不安全行为告别”活动为契机，用重安全、讲安全、保安全的

2009年8月21日，局团委在钻井二公司举行“向不安全行为告别”主题活动启动仪式　（王小刚）

实际行动，在推动中原油田安全发展中展示青春风采、创造青春业绩。

（王小刚）

【15名青工油田英语风采大赛获奖】 2009年5月9—10日，局团委在培训中心会议室举办油田第三届青工英语风采大赛，29个单位的50余名选手参赛。通过预赛和决赛，15名选手分获一、二、三等奖和优秀奖。同时，培训中心薄敏、地质录井处郭勇、天然气处理厂李鑫3名选手被择优推荐参加中国石化集团公司第四届青工英语风采大赛。

【薄敏获中国石化集团公司青工英语风采大赛二等奖】 2009年7月1—5日，中国石化集团公司第四届青工英语风采大赛华南分区赛在广州分公司举行，石化系统18个单位的48名选手参赛。比赛以“我与祖国共奋进，我与石化同发展”为主题，分为笔试和演讲2个阶段的比赛，中原油田选派3名选手参加，其中培训中心薄敏以分区赛笔试和演讲双第一的成绩进入总决赛。8月25—29日，中国石化集团公司第四届青工英语风采大赛总决赛在长岭分公司举行，薄敏获二等奖。

【油田获河南省“党建带团建先进单位”称号】 2009年9月24日，河南省国有企业共青团和青年工作会议在郑州举行，全省中央驻豫企业、省管国有企业、部分市管国有企业的党委领导、团委书记和各省辖市分管团委的书记、城市青年工作部部长共160人参加会议，河南省副省长史济春，河南省政府国资委党委书记、省委组织部副部长申振君等出席会议。中原石油勘探局党委副书记、纪委书记、工会主席王亚钧，局团委书记、局党委青年工作部部长魏永军参加会议。会上，中原油田被授予河南省“党建带团建先进单位”称号。

【第三届青年文化节】 2009年7—9月，局团委举办第三届青年文化节，主要包括青年歌手大赛、青年舞蹈大赛和社区青年文化欢乐行3项内容。通过初赛与复赛的评选，15首歌曲、9个舞蹈分获一、二、三等奖；由各社区团组织举办青年文化欢乐行演出。9月12日，局团委在油田文化宫广场举行庆祝建国60周年暨油田第三届青年文化节优秀节目会演，13个节目参加展演，3000余名观众观看演出。

【举办青年文明号负责人培训班】 2009年10月19—22日，局团委在河南省林州市举办青年文明号负责人培训班，油田全国青年文明号负责人、油田直属单位团委书记40人参加学习。通过参观红旗渠教育基地、邀请基层青年文明号管理人员授课、集中座谈等形式，提高学员对青年文明号的认识，并在目标管理、过程监督、示范带动等方面有了新思路。

【举办直属单位团委书记培训班】 2009年8月10—14日，局团委在油田党校举办直属单位团委书记培训班，46人参加学习。培训采取团委书记工作述职汇报、团队拓展训练、外聘专家授课和团务知识交流等环节，为直属单位交流共青团工作经验提供平台。

【第二届青工油水井分析大赛】 2009年11月20日，局团委联合开发管理部、油藏经营管理办公室在中原油田宾馆会议室举办第二届青工油水井分析大赛，7个油气生产单位的28名选手参赛，油田领导王亚钧出席活动。比赛中，选手们以开发效果较差的油气藏及井组作为对象，通过动态分析、现场回答评委提问等环节，提出增产方案与建议。同时，局团委通过油田局域网对比赛进行现场直播，吸引359名青工参与网上互动，营造出浓厚的学习氛围。经评审，20人分获青工油水井分析大赛一、二、三等奖。

【“与安全有关的日子”多媒体幻灯片制作大赛】 2009年，局团委结合中原油田开展的“我要安全”主题活动，开展“与安全有关的日子”多媒体幻灯片制作大赛。12月，局团委从28个单位申报的81件多媒体幻灯片作品中，从立意、选材、画面等方面进行评选，采油二厂李慧《我的故事》等18幅作品分获一、二、三等奖，展示了青年“我要安全、我会安全、我能保证安全”的良好形象。

【团省委工作组到油田调研】 2009年11月7日，团省委城市青年工作部部长丁向东、副部长韩冰等一行4人到中原油田调研青年工作。局团委利用多媒体汇报油田共青团利用网络开展工作的具体做法，并邀请基层团委书记、青年代表进行座谈，还实地考察了全国青年文明号——采油三厂马11号计量站。通过调研，油田共青团工作得到团省委领导的一致肯定。

2009年11月20日，局团委举行第二届青工油水井分析大赛，活动同时在油田局域网进行现场直播

（王小刚）

【**师红玉在第五届“振兴杯”全国青工技能大赛获奖**】 2009 年 12 月 26—30 日，由团中央、人力资源和社会保障部联合举办的第五届“振兴杯”全国青年职工技能大赛在沈阳举行，中原油田第九社区管理中心青工师红玉获多媒体制作员第十名，是河南省唯一一名获奖选手。

【**第三届青年能工巧匠评选**】 2009 年 11 月，局团委开展中原油田第三届青年能工巧匠评选活动。各单位推荐上报候选人 44 名，初选候选人 20 名。局团委在《中原石油报》集中公示候选人的先进事迹，同时组织直属单位投票。经层层评选，工程建设总公司李超、石油化工总厂王志涛、采油四厂卢建强、地球物理勘探公司白克宇、钻井三公司杨长江、培训中心薄敏、采油三厂朱华慧、西南钻井公司杨小平、钻井二公司羽小林、天然气产销厂郭志杰当选油田第三届青年能工巧匠。

【**“十佳青年安全生产示范岗”评选**】 2009 年，局团委以加强青工安全思想教育、提高安全技能为目标，举办中原油田十佳青年安全生产示范岗评选活动。12 月 7—9 日，局团委通过实地调查、查看创建活动资料、询问青工安全规章制度等方式，对各单位申报的 31 个集体进行集中考核。经考核评比，采油二厂油藏经营管理二区 125 号计量站、采油三厂井下作业大队作业八队、采油四厂油藏经营管理三区 48 号计量站、采油五厂油藏经营管理二区 46 号计量站、天然气处理厂丁烷厂轻烃装置操作岗、石油化工总厂气聚车间主操作室、采油工程技术研究院电潜泵技术研究所电泵车间拆检岗、物资供应处配送部配送队二班、钻井三公司 40445ZY 钻井队、塔里木钻井公司 70136 钻井队获“十佳青年安全生产示范岗”称号。

【**青年集体和个人获省部级及以上称号 11 项**】 2009 年，中原油田青年集体和个人获省部级及以上荣誉称号 11 项。其中，普光分公司应急救援中心（消防支队驻普光应急救援中心执勤队）获“全国青年文明号”称号；采油三厂团委被评为河南省五四红旗团委；采油二厂作业大队团总支、钻井三公司 70867ZY 钻井队团支部获“河南省五好团支部”称号；钻井工程技术研究院首席技术专家侯树刚被评为全国青年岗位能手；通信管理处刘红红、普光分公司于国斌、钻井一公司尹庆军被评为河南省新长征突击手；勘探开发科学研究院罗周亮被授予“河南省五四青年奖章”；勘探开发科学研究院贾瑞忠被授予第八届“河南省优秀青年”；局团委陶红被评为河南省模范团干部；石油化工总厂郑玉霞、工程建设总公司付建萍、采油一厂周伟、钻井二公司张胜利、物资供应处刘莲芝等 5 名团员被评为河南省优秀共青团员；采油工程技术研究院李凤霞被授予中国石化集团公司“十大杰出青年创新创效奖”；采油二厂张忠乾、采油四厂程凤莲、普光分公司曹英斌、钻井四公司秦景峰、勘察设计研究院易遵丽被评为中国石化集团公司青年岗位能手。　（王小刚）

残疾人工作

【**残疾人工作概况**】 1997 年 9 月 23 日，经河南省残疾人联合会批准，中原油田残疾人联合会（简称油田残联）正式成立，行使“代表、服务、管理”3 项职能。油田残联的常设机构为残疾人联合会办公室，定员 2 人，为局工会职能部室。截至 2009 年底，中原油田持有《中华人民共和国残疾人证》和《革命伤残军人证》的残疾人 2802 人。按残疾类别划分，肢体残疾 1725 人、听力残疾 218 人、言语残疾 33 人、视力残疾 183 人、智力残疾 466 人、精神残疾 144 人、革命伤残军人 33 人；按性别划分，男性 1960 人、女性 842 人；按年龄段划分，16 岁以下 65 人、16～45 岁 1476 人、46 岁以上 1261 人；按文化程度划分，小学以下文化 795 人、初中文化 987 人、高中文化 825 人、大专以上文化 195 人；按就业状况划分，已就业 1426 人、待业 76 人、无劳动能力 205 人、学生 90 人、儿童（18 周岁前未入学及学龄前人员）75 人、退休 834 人、协议解除劳动合同 96 人。2009 年，油田残联协调开展第二代《中华人民共和国残疾人证》集中评定工作，为 2765 人进行伤残评定，确定符合残疾标准 1973 人；开展创建“白内障无障碍油田”活动，为 49 人实施免费复明手术；对困难残疾家庭和残疾学生进行帮扶救助。

【**第 19 个“全国助残日”活动**】 2009 年 5 月 17 日，是第 19 个法定“全国助残日”。中原油田围绕“关爱残疾孩子，发展特殊教育”主题，开

2009 年 10 月 13 日，华苑公司员工齐明明参加河南省第五届残运会乒乓球比赛　（岳建华）

展一系列爱残、助残活动。表彰残疾人工作先进集体32个、优秀残疾人工作者45人、先进残疾员工59人；为78户特困残疾人家庭发放助残救助金3.9万元，为52户残疾儿童家庭发放助残救助金2.6万元；油田领导走访、慰问部分困难残疾人、残疾儿童家庭及福利企业，送去价值3.54万元的慰问品和慰问金；为10个社区补贴助残活动经费13万元，同时在《中原石油报》、广播电视中心刊登油田致残疾人的慰问信，播放扶残助残公益广告、专题片，扩大助残日活动的影响力；悬挂助残类标语与横幅120条、展板80余块，出黑板报30余期，发放各类宣传资料2万份；各社区管理中心慰问残疾人困难家庭、残疾学生儿童242户次，发放价值5.57万元的慰问金、慰问品；为残疾人和职工群众义诊查体500人次，志愿者为残疾人家庭做好事56户次。

2009年10月20日，华苑公司第三届董事会和监事会第一次会议现场
（岳建华）

【核发第二代《中华人民共和国残疾人证》】 2009年8—9月，根据河南省残联《关于统一核发第二代〈中华人民共和国残疾人证〉的通知》要求，中原油田残联本着集中评定和日常评定相结合的原则，邀请濮阳市残联伤残鉴定小组到8个社区，开展为期30天的第二代残疾人证现场集中评定工作。截至年底，共为2765人进行伤残评定，其中1973人通过第二代《中华人民共和国残疾人证》等级评定。按照河南省残联配发的残疾人证管理系统软件要求，油田残联办公室完成残疾人伤残等级信息数据的录入、上传，并报送濮阳市残联完成复审、批准、备案工作。（郭　彬）

【残疾人体育运动】 2009年10月11—15日，河南省第五届残疾人运动会在焦作市举办，全省22个代表团参赛。中原油田代表团由10名残疾人运动员组成，分别参加田径、游泳、羽毛球、乒乓球、举重、自行车等6个项目的比赛，获金牌3块、银牌7块、铜牌5块，团体总分名列第14名。同时，中原油田代表团被河南省体育局、省残联授予“体育道德风尚奖”。
（郭　彬　徐振良）

【白内障手术康复率100%】 2009年，油田残联继续开展“白内障无障碍油田”活动，深入开展防盲宣传，确定手术定点医院，建立白内障人员数据库，并落实创建活动的配套经费。9月，油田残联分2批组织各单位284名白内障患者到濮阳市人民医院作术前眼科检查，并为符合手术条件的49名患者实施复明手术，康复率100%。
（郭　彬）

【华苑公司概况】 濮阳市中原石油华苑实业有限公司（简称华苑公司）位于河南省濮阳市任丘路190号，于2001年9月26日注册成立。华苑公司占地面积3.47万平方米，建筑面积1.45万平方米，是中原油田投资200万元创办的残疾人企业，同时也是河南省、中国石化集团公司集中安置残疾人规模最大的社会福利企业，主要负责集中安置油田待业残疾人就业。2002年6月，华苑公司被河南省经贸委批准为河南省劳动防护用品定点生产、经营单位；8月，被河南省民政厅批准为社会福利企业。2005年3月，取得河南省安全生产监督局劳保产品安全标示准用证，5月，通过ISO 9001质量管理体系认证，6月，取得河南省纤维制品加工制作资格证书。2006年1月，被中国社会工作协会福利企业协会吸收为会员单位。2008年1月，取得河南省建筑装饰装修质量监督检验站电子节能灯产品质量合格证，11月，被中国社会工作协会福利企业工作委员会评为全国优秀福利企业。截至2009年底，华苑公司有员工623人，其中残疾员工550人、健全劳务用工61人、油田委派正式员工12人；公司下设福利针织一厂、二厂、三厂，福利标牌厂、电子电器厂和保温材料厂等6个工厂；资产总值874.86万元，其中固定资产原值238.96万元、净值122.92万元，流动资产751.94万元。公司生产各种大小劳保用品、标牌产品、针织品、床上用品、保温材料、电子产品、卫生清洁用品等七大系列产品。2009年，华苑公司坚持残疾人企业决不出残疾产品的质量理念，严格落实ISO 9001质量管理体系，产品合格率达到99.5%以上；完成销售收入1556万元，完成年计划的129.7%；员工工资收入和生活福利明显提高，工作条件有所改善，职工队伍团结稳定，全年安全生产无事故。截至年底，公司生产手套144.87万双，完成年计划的108%；生产毛巾44.32万条，完成年计划的101%；生产标牌产品22万件，完成年计划的257%；生产拖把2.71万把，完成年计划的110%；生产节能灯3.78万只，完成电气施工工程8批次，完成年计划的222%。

【华苑公司第三届董事会、监事会成员】 2009年10月20日，根据华苑公司股东单位中原石油勘探局和中原

油田分公司的委派建议，华苑公司召开第三届董事会和监事会第一次会议，19人参加会议。会议通过公司董事会由吕杰、解玉林、李洪珍、苌新宇、刘作庆、王家印、曹天升、栾灿根、李英庆、李树全、岳建华11人组成，选举吕杰为董事长，解玉林为副董事长；确定公司监事会由邵均克、时云峰、杜芳兵、柏海芳、张群岭5人组成，选举邵均克为监事会主席。

（徐振良）

企业文化建设

【企业文化建设工作概况】 中原油田的企业文化工作由企业文化处负责，主要承担企业文化建设的整体管理、规划与宣传工作，并指导基层各单位做好企业文化建设的相关工作。企业文化处与局党委宣传部合署办公，下设企业文化科具体负责相关工作。2009年，中原油田把推进系统文化建设作为重点，提炼系统文化理念，持续进行宣传贯彻，细化责任目标，不断加强督导，深化理论研讨，促进了企业文化建设活动的深入开展。（1）石油工程文化建设。总结和提炼中原油田石油工程队伍多年来形成的文化、理念、精神、意识及优良传统，对石油工程文化理念的形成过程和现实意义进行分析和阐释，形成石油工程文化“创业创新创效”的核心价值观。起草《培育文化，塑造品牌，为打造石油工程铁军提供精神支撑》经验材料，在中国石化集团公司打造石油工程铁军现场会上进行交流。编印《中原油田石油工程文化故事》，从多个角度展现中原油田石油工程队伍的精神风貌。（2）安全文化建设。以培育和创建安全文化示范单位为重点，以提升执行力为目标，结合“我要安全”主题活动和“转观念、正作风、强责任、抓基础、上水平”活动要求，开展创建安全文化示范单位活动。对11个基层单位的创建情况进行调研，并将其先进经验通过广播电视中心、《中原石油报》和局域网进行广泛宣传。同时，配合“我要安全”主题活动，开展“我要安全”DV作品征集和小故事征集活动，征集DV作品29部，5部作品分获中国石化集团公司一等奖、三等奖，中原油田获优秀组织奖。组织广播电视中心对优秀作品进行展播，刻录并下发到基层单位光盘300余套，为油田安全文化创建提供群众基础。向中国石化集团公司推荐上报“我要安全”小故事70余篇，3篇作品分获一、二、三等奖，油田获优秀组织奖。对安全文化示范单位进行考核验收，评选命名10个安全文化示范单位。（3）井站文化建设。围绕推行油藏经营管理模式，提高井站管理水平，在油气生产系统开展井站文化建设，涌现出以采油二厂“3+1”文化为代表的井站文化建设典型。即：形成以“付出一万的努力、防止万一的发生”为价值追求的安全文化、以“追求过程完美、打造质量精品”为价值追求的质量文化、以“常思采油增业绩、莫想揩油乱法纪”为价值追求的廉洁文化和以“像对待孩子一样管好油水井、像对待工艺品一样管好设备、像对待家庭一样管好计量站”为价值追求的井站（班组）文化。

（密德英　张向东）

【编制《中原油田石油工程文化故事》】 经过20多年的发展，中原油田以钻井为龙头的石油工程队伍从艰难起步到快速成长，逐步实现持续稳定发展，成为国际石油工程技术服务行业的一支过硬队伍，被中国石化集团公司领导誉为外闯市场的“旗帜”和“标杆”。中原石油工程队伍在取得丰硕物质成果的同时，也创造了宝贵的精神财富。2009年，企业文化处选取18个外闯市场单位的先进事迹52则，配发图片45张，编制完成《中原油田石油工程文化故事》，再现了中原石油人勇创市场的精神风貌。该书印制1500本发至基层单位，丰富了油田石油工程文化的建设载体，推进了井站文化建设。

【石油工程文化理论研讨活动】 2009年，企业文化处以外闯市场单位为主体，开展石油工程文化理论研讨活动。研讨本着体现时代精神，反映中原油田石油工程队伍特色的原则，围绕形成中原石油工程文化、理念、精神及优良传统的过程和现实意义进行深入剖析。共收到18个单位上报的研讨论文68篇，并利用《政工研究》对优秀文章进行刊发，同时参加中国石化集团公司优秀政研论文评选。

（张向东）

报　纸

【中原石油报社概况】 中原石油报社主要负责《中原石油报》的采编、印刷和发行工作。截至2009年底，中原石油报社有员工190人，其中正式员工174人、劳务用工16人；高级职称1人、副高级职称23人、中级职称38人、初级职称25人。机构下设机关科室3个、业务部室10个、生产经营部门4个和后勤辅助部门1个。拥有固定资产原值2590.4万元、净值1294.76万元。《中原石油报》是由局党委、勘探局主办，面向全国发行的企业报，国内统一刊号CN41—0054，彩印对开大报，每周5刊，其中正刊3期、《中原石油报·普光专刊》（简称《普光专刊》）1期、《中原石油报·服务周刊》（简称《服务周刊》）1期，全年出版249期。2009年，中原石油报社围绕油田“科学发展、构建和谐”的主题，以“培训提高年”、“制度执行年”为重点，加强管理，完善制度，发挥了舆论的主渠道作用。创办《服务周刊》，持续办好《普光专刊》，形成“一报两刊”的格局。按照油田全年工作部署和阶段性重点工作，有策划、有侧重地统筹勘探开发、石油工程、社会化服务等工作报道，先后完成“我要安全”主题活动、深入学习实践科学发展观主题、“双50”典型报道、中国石化集团公司打造石油工程铁军现场会等重大报道活动。报纸连续获得“全国二十佳企业报”、“河南省十佳企业报”、中国石化系统“十佳报纸”等称号，社长李忠良获中国石化报刊协会“十佳社长、总编辑”称号；105件次作品获省部级以上新闻奖，1095篇（幅）作品在省部级以上主要媒体刊发。《中国石化报》中原油田记者站连续12年获“中国石化报优秀记者站”称号。

双50：油田外闯市场50支基层队伍典型和50个各行业人物典型。

【油田记者站对外报道超千篇】 2009年，《中国石化报》中原油田记者站对外报道发稿量超过千篇。其中，在

《中国石化报》、《中国石化》杂志发稿1030篇；在中国石化新闻网发稿（图片）1600多篇（幅）。刊发的稿件中，重点稿件近600篇，占发稿总数的50%以上。其中，在《中国石化报》一版发表头条稿件7篇，其他各版头条稿件82篇；图片报道发稿量继续在中国石化报社记者站中居首位，特别是展现中原油田"铁军"风采的《看潮起中原》、《造大船出海》、《与巨人携手》、《铸品牌优势》等4篇专题报道，连续在《中国石化报》一版头条刊发，引发广泛好评。同时，《中国石化报》中原油田记者站还为《中国石化》杂志策划组织10个篇章、3万多字的《铁军之路》专题报道，反映了中原油田石油工程队伍"走出去"的经验和成就。

【举办通讯员摄影培训班】 2009年8月12—18日，局党委宣传部、中原石油报社在威海职工教育培训中心联合举办中原油田骨干通讯员摄影培训班，油田主要生产经营单位和专业化公司的基层通讯员参加培训。授课老师有"中国十佳新闻工作者"、中国石油石化新闻界摄影专家、《中原石油报》负责新闻采访的专业人员和一线摄影记者等，30名学员接受了新闻的采写以及摄影画面的构图、主体、角度等方面的培训。

【河南省新闻出版局集中评审《中原石油报》质量】 2009年7月，河南省新闻出版局组织专家对《中原石油报》5月份发行的报纸质量进行集中评审，评审内容包括政治质量检验、版面综合质量、编校质量、依法出版等6个方面。评审组认为：《中原石油报》能够以中国特色社会主义理论体系为指导，把握正确的舆论导向和出版方向，积极服务于中原油田党委的中心工作，及时报道油田党委的决策、部署和基层单位的贯彻落实情况；报纸注重新闻的时效性，报纸言论有特色；创办的《服务周刊》实用性强，有许多亮点栏目，体现了报纸在坚持贴近实际、贴近群众、贴近生活方面的意识、探索和追求；《普光专刊》办刊宗旨明确，内容健康向上，版面清新大方。评审组特别对该报纪念汶川地震一周年的公益广告给予好评：大气磅礴、憾人心魄，在悲思中给人以信心、希望和力量，既体现了《中原石油报》的政治意识、责任意识、大局意识，又表露了中原石油报人浓厚、浓烈的人文情怀。同时，审读员还指出报纸质量存在舆论监督报道数量较少，正刊一版头条稿件会议多等不足之处，并提出3条改进建议：一是在正刊二、三版和《普光专刊》、《服务周刊》二版的醒目位置，开设舆论监督栏目；二是短评、言论要加题花；三是注意引题、主题、副题字体字号的搭配。

【创办《服务周刊》】 2009年，中原石油报社创办《服务周刊》。办刊宗旨是：面向职工家庭发行，坚持以政策服务、思想服务为重点，以生活服务为载体，关心受众的关心，关注受众的关注，对中原油田重大时政、相关文件、民生政策进行解读和阐释，发挥宣传政策、引导思想、服务生活、促进和谐的作用。5月8日，《服务周刊》正式发行，每周一期，对开四版式，全彩印刷，采取社区逐户投送的发行方式，每期发行8万余份。截至年底，《服务周刊》出版33期、76万字，发行264万份。《服务周刊》的创办，是中原油田历史上第一次将企业报走进职工家庭。

【《普光专刊》质量持续提高】 2009年，《普光专刊》以普光气田投产和产能建设为中心，以安全生产为报道重点，开展"专刊质量提升年"活动，做到报道重点进一步突出，报道方法进一步创新，报道领域进一步拓宽，版面特色进一步强化，报纸作用进一步发挥，影响力进一步扩大。年内，《普光专刊》编发50期，发行85万份，中原石油报社普光分社被局党委评为党建示范点，被西南工作委员会评为先进单位；1人获"川气东送建设功臣"称号，2人获"西南工委建设功臣"称号。

【报社组织重点宣传报道12项】 2009年，中原石油报社组织重点宣传报道12项。（1）与局安全环保处联合开办"我要安全"主题活动报道大型专栏，下设栏目10个，发稿700余篇（幅）。（2）启动学习实践科学发展观主题活动报道专栏，根据活动进展依次推进，刊发稿件500余篇（幅）。（3）开设典型集体报道栏目《市场弄潮》，报道50支外闯市场队伍的先进事迹。（4）开设典型个人报道栏目《油田脸谱》，报道各行业人物典型50名。（5）在油田七届二次职代会暨2009年工作会议报道中，推出回顾专号和会议专号。（6）在中国石化集团公司打造石油工程铁军现场会报道中，用2期6个版对现场会进行全程跟踪报道，并策划出版会议特刊76个版。同时，在《中国石化报》、《中国石化》杂志刊发专题报道4篇，配发图片20余幅，其中头条稿件3篇。（7）集中进行中国石化第二届职工文艺汇演（中原赛区）和全国产业（行业）职工歌咏比赛颁奖晚会的报道，出版专题画刊，全面展示比赛盛况以及油田文艺的发展和繁荣。（8）在庆祝新中国成立60周年的报道中，出版特刊12个版，营造浓厚的欢庆氛围。（9）组织应对国际金融危机的深度报道20余篇。（10）组织油气藏调整治理深度报道15篇。（11）组织党建示范点宣传报道200余篇。（12）组织报道油田领导送温暖、送清凉、"金秋助学"等慰问活动报道50余篇。（13）组织系列言论报道，先后组织贯彻落实油田七届二次职代会暨2009年工作会议精神系列评论、"我要安全"主题活动系列谈、开展深入学习实践科学发展观活动系列评论、贯彻落实中国石化集团公司打造石油工程铁军现场会精神系列评论、确保普光气田首期产能建设安全顺利投产系列谈、"查隐患、抓治理、反三违、达三标、保安全"等6个系列评论29篇言论报道。

【中原石油报社与新疆塔城日报社互派干部挂职交流】 2009年，中原石油报社与新疆塔城日报社互派干部进行挂职交流。7月9日，中原石油报社副社长、党委委员徐书林前往新疆塔城日报社任党组成员、副社长、副总编辑，挂职工作1年；11月5日，新疆塔城日报社党组成员、副总编辑康晋到中原石油报社任副社长、党委委员，挂职工作半年；新疆塔城日报社汉文编辑部主任张梅、记者部主任陈文先后到中原石油报社学习。11月17日，中原石油报社与塔城日报社互派干部任职宣布会在中原石油报社召开，中原石油勘探局党委副书记、纪委书记、工会主席王亚钧，新疆塔城地委委员、行署副专员张海云出席会议。

【中原石油报社助推油田中心工作】　2009 年 3—6 月，中原石油报社以“提升报纸质量、提高经济效益、构建和谐报社”为主题，扎实开展学习调研、分析检查、整改落实工作，提出推动报社科学发展的方向。发挥报纸助推油田中心工作的功能作用，在正刊一、三版分别开设《深入学习实践科学发展观》、《科学发展伴我行》、《科学发展在身边》、《学习实践在基层》、《学习实践大家谈》、《科学发展之星》等栏目，围绕“推动企业发展、服务职工群众”这个中心，分层次、递进式进行报道，刊发各种体裁的新闻稿件 100 多篇（幅）。6 月，中原石油报社被局党委评为油田党建示范点。

【报社人才推荐与评选工作】　2009 年，中原石油报社进一步创新人才激励机制，开展首席专家、技术专家的推荐工作和首席编辑与首席记者的评选工作。12 月 15 日，李忠宇被推荐为首席专家，郭富晓被推荐为技术专家。12 月 30 日，尹红玲、陈仲杰被评为首席编辑，张松才、仝江被评为首席记者。

【报社 105 件次作品获省部级以上新闻奖】　2009 年，中原石油报社新闻作品获省部级及以上奖项 105 件次。其中，全国企业报新闻奖 13 个，包括一等奖 4 个、二等奖 7 个、三等奖 2 个；河南省企业报新闻奖 27 个，包括一等奖 8 个、二等奖 14 个、三等奖 5 个；中国石化新闻奖 22 个，包括一等奖 4 个、二等奖 5 个、三等奖 13 个；石油系统新闻奖 21 个，包括一等奖 6 个、二等奖 6 个、三等奖 9 个；河南省新闻奖 16 个，包括一等奖 1 个、二等奖 2 个、三等奖 3 个、优秀奖 10 个；河南省副刊奖 3 个，包括二等奖 2 个、三等奖 1 个；全国专业、产业奖 3 个，包括二等奖 1 个、三等奖 2 个。

【报社彩色印刷厂改造完毕】　中原石油报社彩色印刷厂于 1991 年 2 月投入使用，多年来，因电路老化和水管线、采暖系统腐蚀，厂房钢窗出现严重锈蚀现象。2009 年，中原石油报社按照清洁化生产标准，对彩色印刷厂厂房进行维修改造，对消防设施和水、电、暖等管线进行重新布局改造，并更换了门窗。改造后，厂房符合安全清洁生产的要求，各车间安装烟感报警系统和闭路监控，并新开设逃生通道。年内，彩色印刷厂安全生产无事故。

【报社改造“两堂一舍”】　2009 年，中原石油报社开展“两堂一舍”达标活动，改建职工食堂、宿舍和洗浴室，为职工宿舍配备了空调、电视机、单人床、衣柜、书桌以及床上用品等生活用品，使单身职工感受到家的温暖。

（宋治波）

电　视

【广播电视中心概况】　中原油田广播电视中心（简称广播电视中心）主要负责濮阳电视台科教频道和中原石油有线频道节目的采制、播出和发射，承担着中原油田电视新闻的宣传报道、电视广告、企业形象宣传片制作和有线电视网络的安装、维护、服务等工作。截至 2009 年底，广播电视中心有员工 166 人，其中正式员工 151 人、劳务用工 15 人；高级职称 28 人、中级职称 60 人、初级职称 32 人。机构下设有线电视管理站 8 个、机关科室 3 个、新闻宣传技术业务部 10 个、综合部 1 个。拥有固定资产原值 5003.82 万元、净值 2488.41 万元。拥有各类设备 498 套，其中 5 千瓦固态电视发射机 1 套、摄像机 21 套、剪辑线 5 条、非线性编辑系统 15 套、硬盘播出系统 1 套、数字电视系统 1 套；拥有采访车辆 29 台，演播厅（室）3 个，其中综合演播室 2 个、800 平方米演播厅 1 个。无线发射半径 50 千米，发射信号覆盖黄河两岸河南、山东 2 个省 6 个地市 12 个县区。750 兆赫有线电视网络传送节目 40 套，数字电视系统传输数字电视节目 104 套。主要开办《每日新闻》、《今晚播报》、《社会观察》、《周末好时光》、《经典剧场》和《信息广场》等栏目 10 余个。自办节目 2 套，近 4 个小时，日播出节目 14 个小时。2009 年，广播电视中心共制播《每日新闻》366 期 2882 条，《今晚播报》254 期 3450 分钟，《社会观察》128 期 177 部专题，《综艺时光》52 期 2000 分钟，策划导演制播文艺晚会、智力竞赛 42 场次，录制讲话讲座 16 场次 60 余小时，摄制电视文学作品 6 部，审查播出电视剧 80 余部 2600 集、电影 100 余部、资料节目 1026 期。年内，广播电视中心在中央电视台播出新闻 5 条，在河南电视台播出新闻 25 条，在中国石化电视新闻播出新闻 146 条、播出专题片 12 部。获省部级以上好新闻奖作品 24 件次，其中电视文学作品《风雨巴山》和《红色印记》获国家级作品奖。

（李孝成）

【打造中原电视品牌】　2009 年，广播电视中心以打造中原电视品牌为目标，调整机构，完善制度，注重栏目创新，各项工作均取得新进展。调整成立采编中心，下设采访部、编辑部、制作部和播音部，对采编人员的工作部署、设备调剂、业务研讨和绩效考核进行统一管理，发挥集团作战的优势，提高了工作效率。制定《财务管理》、《设备维修》、《安全监督》等 15 项业务监督办法和实施方案，修订广告、水电信、油料和内控管理等 10 项制度，使各项管理走向程序化、科学化和标准化。对节目进行改版，创新栏目设置，先后推出安全生产报道、石油工程报道、国庆 60 周年报道等重点栏目，运用现代流行元素包装栏目，满足不同层次人群的欣赏需求。采取交流、讲座和研讨等形式，分专业、按系统组织培训，先后组织采编制作、播音主持、经营管理、数字电视和交通安全等培训班 43 期 850 人次，提高了员工的综合素质。重视人才的引进与培养，赴省内外 5 所高等院校组织招聘面试，按照前期准备、现场沟通、择优录用等环节，引进 9 名大学毕业生。同时，建立人才培养体系，签订导师带徒协议，激发技术骨干培养人才的热情和激情，营造共同成才的氛围。年内，广播电视中心先后被中国电视艺术家协会评为最佳企业电视台，被河南省精神文明建设指导委员会、河南省工商局等部门联合评为河南省公益广告先进单位，被中国石化报社评为电视新闻报道优秀单位。

【有线电视网络的安装与维护】　2009 年，广播电视中心本着“用户利益无小事”的原则，发挥有线电视管理站的作用，做好中原油田有线电视网络的安装、维护、服务等工作。维修油田用户1.36万户，使用线材2.5万米、器件2380个，调整维修光接收机、放大器7650次，更换放大器60台。组织玉兰花园二期、滨河新村等新建住房的有线电视安装施工，开通世纪景苑小区、添运小区新建住房的电视信号，新增有线电视用户2600户，确保新搬住户可正常收看电视节目。（刘玉民 李孝成）

【广播电视中心实现零插播目标】

2009年，广播电视中心把安全播出作为工作重点，落实承包责任制，在双节、两会和国庆60周年等特殊安全播出保障期间，启动应急预案，严格执行24小时值班制度，发现问题及时处理，防止了人为破坏和突发事件的发生。通过技术人员精心维护，确保了有线电视主干光网、普光新闻网、黄河南微波网、内部办公网和非线编辑网的畅通。年内，广播电视中心抢修光缆意外中断故障8次，维修光接收机25台，播出发射8395小时，实现零插播目标，被濮阳市广播电视局评为安全播出先进单位。（李孝成）

【6类家庭安装数字电视机顶盒】

2009年3—5月，广播电视中心完成油田离退休职工家庭、特困家庭、协议解除劳动关系家庭等6类特殊家庭数字电视机顶盒的配置安装任务。安装后，家庭可利用有线系统传输数字电视节目104套，内容丰富，画面清晰，丰富了油田居民文化生活。

（刘玉民 毛海燕）

2009年9月7日，广播电视中心记者在内蒙古探区采访外闯市场员工（张军伟）

【广播电视中心组织重点宣传报道9项】 2009年，中原石油报社组织重点宣传报道9项。（1）工作会议报道。开设《凝聚力量 共促发展》栏目，以讲话摘要、现场采访和互动话题等形式，推出会议专题《情满中原》和《春满油城》，帮助员工解读油田面临的形势与任务。（2）生产经营报道。开设《起好步 开好头》和《冲刺双过半》等栏目，先后播出《文中老油田发现新储量》、《气贯长虹铸辉煌》和《白音查干勘探取得突破》等新闻，持续报道油气生产和专业化公司的生产经营情况。（3）安全生产报道。开设《加强安全管理》和《岗位职工谈安全》栏目，制播专题新闻《油田领导检查安全生产》、《安全大于天 责任重于山》和安全公益广告，营造安全生产舆论氛围。（4）科学发展观报道。先后开设《科学发展观》、《榜样》和《走进示范点》栏目，播出《学习实践科学发展观专题辅导讲座》和《油田领导参观焦裕禄同志纪念馆》专题新闻，制播专题片《促进科学发展 创建和谐油田》，反映油田上下学习科学发展观的新进展、新经验和新成果。（5）外闯市场报道。选派记者赴冀东、陕北、内蒙古、新疆和海外市场等60多个外部市场单位进行深入采访，行程数万千米，制播系列报道《西部铁军续写辉煌》和《草原雄鹰》，反映油田海外事业发展的良好态势和外闯市场员工的精神风貌。配合中国石化集团公司打造石油工程铁军现场会，制作专题片《逐鹿中原砺兵马 扬帆四海创伟业》，展示中原石油工程队伍拓展海内外市场取得的业绩。（6）普光建设宣传报道。开设《普光在线》栏目，持续报道普光气田天然气净化厂一期20亿立方米产能投产试车和后85亿立方米产能建设集输工程主体基本建成等消息，增强油田员工发展普光的信心。（7）国庆60周年报道。推出系列报道《辉煌中原》、《祝福祖国》10集，专题节目《我和我的祖国》、《难忘的岁月》9期，推出专题新闻《盛世迎盛典》，展示新中国成立60年，特别是改革开放30年来石油石化行业的变化和中原油田勘探开发建设取得的成就。（8）精神文明建设报道。制作专题新闻《情深意暖岁寒时——油田领导看望慰问特困家庭、烈士、外闯市场员工和劳模家庭》，报道庆“五一”、“七一”和送温暖、广场文化等活动。播出反映“金秋助学”工作的专题片《爱心托起梦想》，反映帮扶待业子女走出去就业的《圆梦昆山》和特别报道《心声 心愿》。（9）社教文艺报道。先后制播《迎春送暖进万家》、《铁人精神永传承》和《投产之前大练兵》专题片，录制油田春节联欢晚会、职工戏曲舞蹈器乐大赛、护士节晚会、庆“五一”劳动感言颁奖晚会等。尤其是全国产业（行业）职工歌咏比赛颁奖晚会首次使用LED大屏幕，并制作长达90分钟的视频资料，保证了晚会的舞台效果和录播质量，受到观众好评，中国石化音乐家协会专门发来感谢信。

（李孝成）

【广播电视中心关爱员工】 2009年，广播电视中心组织开展“扶危济困献爱心”捐款活动，141名员工捐款1.56万元。对20户因病、“协解”等原因导致困难的家庭进行救助，发放慰问金2.35万元。及时看望慰问住院员工，先后为4名员工办理大病补助和丧葬补助。特别是针对赴新疆采访的3名记者在途中遭遇交通事故，广播电视中心多次派人前往医院和病人家中探望，安排专人具体负责工伤赔付、后期治疗等工作，并为受伤员工办理工伤手续，使员工感受到组织的关怀与温暖。

（刘玉民　毛海燕）

文艺体育

【文体中心概况】　文化体育活动管理中心（简称文体中心）主要负责中原油田职工家属日常文体活动的推广和普及、全局性大型文体活动的组织与举办，承办或协办省部级以上大型文体活动，参加河南省、中国石化以及全国性的文体交流与展示活动，创作优秀文艺作品，培育体育竞技项目，做好对各专业文艺协会、各单项体育协会以及所属会员的联络、协调、服务工作。挂靠在中原油田并与文体中心合署办公的中国石化音乐舞蹈家协会和中国石化乒乓球协会，对中国石化系统群众性文艺活动和乒乓球活动负有组织、联络、服务职责。其机构框架为文体中心、文联、体协、中国石化音乐家协会、中国石化舞蹈家协会、中国石化乒乓球协会6个单位和系统合署办公。截至2009年底，文体中心有员工266人，其中正式员工217人、劳务用工49人；正高级职称1人、副高级职称24人、中级职称85人、初级职称65人。机构下设机关科室2个、基层单位11个。固定资产原值1229.37万元、净值501.38万元。拥有俱乐部、图书馆、中原影都、体育训练房、游泳池、旱冰场等公共文体场所6个。

【文化艺术活动】　2009年，中原油田文化艺术工作围绕“繁荣发展实践年”主题，以庆祝新中国成立60周年系列活动为主线，科学策划、精心操作，丰富了油田文化生活。年内，油田获外部文化艺术活动6项国家级荣誉28项奖励，40项省部级荣誉142个奖项。（1）大型综合文艺活动。举办第十四届文艺汇演、向祖国汇报——庆祝新中国成立60周年全国产业（行业）系统职工歌咏比赛、中国石化集团公司《石油铁军之歌》专场文艺晚会等大型文艺活动10余次。（2）送文化下基层、进社区活动。举行文体活动坚持以业余为主、基层为主、小型多样为主，坚持工作重心下移、活动辅导下移原则，送文艺节目到基层、送电影到基层、送图书和艺术展览到基层。（3）广场文化活动。在油田基地和各社区管理中心以“因地制宜、灵活多样、自编自演、寓教于乐”为原则，组织文艺演出100余场、体育活动120场，放映电影220场，观众45万人次。（4）外部文化艺术交流活动。先后参加全国产业（行业）职工群众性歌咏比赛、全国第五届“小荷风采”少儿舞蹈展、第三届“中华铁人文学奖”、中国石化新春团拜会等交流活动。

2009年4月30日，文体中心在中原文化宫广场组织文艺演出　　（曹广平）

【体育活动】　2009年，中原油田体育工作以贯彻落实《全民健身条例》，广泛宣传“全民健身日”为契机，创新工作思路，改进活动方式，促进了群众性体育活动的开展。（1）油田内部综合体育比赛。先后组织举办“新春新跨越”元旦万人长跑、第八届员工健美操比赛、第十四届员工象棋比赛、第二十届员工篮球赛、第二十三届员工乒乓球赛和“和谐共进”趣味运动会等活动，员工参与率70%以上。（2）体育下基层活动。深入油田基层单位举办员工篮球、排球、乒乓球、羽毛球、门球、地掷球、广播操、拔河、大众创编、趣味运动会等群众喜闻乐见的体育活动500余场次，10万余人次参加活动。（3）参加油田外部体育比赛交流活动。参加全国地掷球锦标赛暨第四届全国体育大会资格赛、“圣奥产业杯”全国历史文化名城乒乓球赛、第四届“中国节能杯”中央企业乒乓球比赛、河南省第五届残疾人运动会、中国石化“齐鲁石化杯”第三届员工游泳比赛等。年内，油田体育活动获国家级荣誉28项，省部级荣誉53项。

【高娜参加第三届女子地掷球世界锦标赛】　2009年3月28日—4月4日，第三届世界女子地掷球（塑质球）锦标赛在意大利举行，27个国家代表队参赛，是该项赛事设立以来参赛国家最多的一次。中原油田文体中心的高娜作为女子地掷球国家队队员，参加本届比赛。经过8场24局的较量，中国队获团体亚军。

【2部作品获第三届“中华铁人文学奖”】　“中华铁人文学奖”是中国石油石化行业最高级别的文学大奖，由中华文学基金会和铁人文学基金管理委员会主办，每5年评选一次。2009年6月26日，由中国石油集团公司、中国石化集团公司协办，中国海

洋石油总公司承办的第三届“中华铁人文学奖”颁奖大会在北京人民大会堂举行，共评出50部获奖作品。中原油田两部作品获“中华铁人文学奖”，分别是张明功的长篇报告文学《普光九章》，林因、寒鸣、李晓合著的中篇报告文学《太阳灼伤的土地》。两部作品以饱满的激情、独特的视角、翔实的资料，全方位、多角度地反映了石油石化行业改革发展的新面貌，弘扬了铁人精神，具有“石油人写、写石油人”的鲜明特色。油田另有5部作品获“中华铁人文学奖”提名奖。中原油田的获奖作品数与人数在中国石化系统排名第一位，在三大集团公司中排名第二位。7月18日，中原油田文联、作家协会在中原文化宫会议室举行获奖作品座谈会，获奖作者发表了获奖感言和创作感想。

（牛宏涛）

【张建国被中国作家协会吸收为会员】 2009年6月29日，中原油田作家协会副主席张建国被中国作家协会吸收为会员，这是中原油田继韩明之后又一名国家级会员。张建国1969年出生于山东曹县，曾在《中国青年报》、《工人日报》、《中华散文》、《青年文学》、《中国诗人》、《青海湖》、《北大荒》、《地火》、《中国文艺》等国内外百余家报刊发表作品，出版有报告文学集《石油师人——在中原油田纪实》（合著）、散文诗集《相知世界》、《一个人在路上》，诗集《毅剑诗文》、《寻找一匹远去的马》、《漂泊的心情》、《渐远渐逝的跫音》等作品，其作品和本人先后获全球华语文学作品大赛银奖、中国石油电视作品一等奖、“中华铁人文学奖”、河南省“五四”文学金奖、中国“十佳散文诗人”等省内及全国性奖项数十项，并参与多部作品集、画册和书稿的编辑与撰写工作。

（张景智）

【“义写万幅春联送万家”活动】 2009年1月，局文联、书协、书画院联合组织“义写万幅春联送万家”活动，服务重点为总部基地员工、基层采油队员工、残疾员工和外闯市场员工。1月11日，60名书法家在文化宫广场义写春联5000幅，12—15日，书法家前往第一社区管理中心残疾人针织厂、采油四厂、井下特种作业处、采油五厂等单位义写春联近5000幅，同时为劳动模范、特困户义写春联近万幅。

【庆祝建国60周年文化体育系列活动】 2009年3—10月，局工会、文体中心、油田文联、油田体协围绕庆祝建国60周年主题，以“规模适度、安全节俭、隆重热烈、务实高效”为原则，制定5项主题性文体活动实施方案，即油城广场文化活动、第十四届职工文艺汇演、第九届书法美术摄影集邮艺术作品展、百部经典爱国主义教育优秀影片展映和第二十届职工篮球比赛。活动内容包括文学、音乐、舞蹈、美术、书法、摄影、集邮、戏曲、曲艺、电影、体育等各个门类。活动范围兼顾在职员工、离退休人员、社区居民，突出参与人群的广泛性。油田各社区精心组织、统筹规划，做到每周都有好“戏”看，月月都有大活动。同时，充分发挥报纸、电视等现代媒体的传播作用，采用现场直播、资料转载转播等方式，最大限度地扩大活动影响力。年内，油田展出书法美术摄影作品2000幅，集邮（集藏）艺术作品100框，举办各类文体活动500场次，演出的形式有歌舞、戏曲、杂技、武术、健美操等，其中文艺演出120场、体育活动140场，电影晚会200场，观众48万人次。

【职工戏曲、舞蹈、器乐大赛】 2009年4月15—17日，局党委宣传部、局工会、局团委、文体中心、广播电视中心、离退休职工管理处、油田文联、中国石化音乐家协会、中国石化舞蹈家协会联合在广播电视中心举办中原油田职工戏曲、舞蹈、器乐大赛，31个单位的650人参加，演出文艺节目120个。大赛以歌颂党、歌颂祖国、歌颂油田改革开放以来取得的成就，推进油田群众性精神文明创建活动为主题，展示了油田职工家属积极向上的精神风貌。经专业评委评审，29个节目被评为一等奖，30个节目被评为二等奖，29个节目被评为三等奖，19个节目被评为优秀奖，32个单位被评为优秀组织单位。

【第九届职工书法美术摄影集邮作品展览活动】 2009年9月30日—10月4日，局工会、局党委宣传部、油田文联、文体中心、公共事业管理处联合在新蕾公园和中原文化宫举办第九届职工书法美术摄影集邮作品展览活动。作品展览以描绘祖国壮丽画卷、赞美社会和谐之韵、记录油田发展历程、回放重大历史片段为主要内容，展出作品近万幅，近10万人参观展览。9月30日，油田领导沙启军、王亚钧、黄艾华到新蕾公园参观展览。

【送电影到基层活动】 2009年，中原油田电影公司围绕不同主题，在不同时期开展送电影到基层活动。（1）“新春电影周”放映活动。2月，在中原影都和各社区放映贺岁大片和优秀影片35部，放映120场次，观众5万多人次。（2）庆“三八”妇女节电影放映专场活动。3月，为局工会女工委员会、第九社区管理中心、公共事业管理处及艺术高中等单位的女工组织放映喜剧片《疯狂的赛车》、《高兴》，战争片《黑皮书》等6部不同题材的影片，放映电影50场，其中中原影都44场、下基层慰问6场。（3）主旋律影片放映活动。5月，在各社区放映《铁人》20场次，观众5000余人。同时，根据局党委的安排，在中原文化宫为油田副处级以上领导干部放映教育影片《焦裕禄》，900多名干部观看。（4）“光辉的历程”主题电影放映活动。6月，组织抗战片《夜袭》、《太行山上》，革命教育片《心动岁月》，反迷信反邪教片《巫师的骗术》、《宇宙与人》等10余部电影，在中原文化宫广场、各社区和中原影都巡回放映70场。（5）“向祖国汇报”电影展映活动。9月，组织《特种部队》、《铁血大动脉》等10余部国内外影片，在各社区及中原影都放映62场。

【赴普光气田开展电影放映慰问活动】 2009年1月10—22日，文体中心组建电影小分队赴普光气田开展迎新春电影专场慰问放映活动。电影小分队分别在普光分公司生产管理中心、双庙采气区、大湾采气区和西南钻井公司70618钻井队、50518钻井队放映贺岁片10场次，播放宣传油田新形势、新任务以及新年问候和祝福的幻灯片100余幅，近千名普光员工和当地群众观看影片。

【"为一线送文艺，与职工同欢乐"下基层演出活动】 2009年，中原歌舞团继续坚持"为前线服务，为油田服务，为员工服务"的宗旨，开展"为一线送文艺，与职工同欢乐"下基层演出活动。（1）发挥服务功能，配合钻井一公司举办"走向太阳"元宵节文艺晚会。从编制晚会方案、组织节目排练，以及晚会的撰稿，中原歌舞团均认真组织、积极配合，做到舞台布置与中原文化宫剧场一样、演出要求与油田春晚一样、人员配合与重要晚会一样。2月15日，晚会在第五社区文体活动中心举办，1200余人观看表演。（2）坚持服务基层演出与辅导并重的原则，深入第八社区添运小区，帮助其编排戏曲节目《婆媳情》；辅导采油四厂编排"我青春、我职业、我美丽"员工风采展示活动，并参与活动的评比。

【承办全国产业（行业）系统职工歌咏比赛】 2009年，由中国文联、中华全国总工会、中央电视台、中国音乐家协会联合主办，中国石化文联协办，中国石化中原油田、中国石化音乐家协会、中国石化舞蹈家协会承办的"向祖国汇报——庆祝新中国成立60周年全国产业（行业）系统职工歌咏比赛"开展优秀节目评选。活动组委会收到中国石油、中国石化、电力、水利、民航、金融等10个产业（行业）以及北京、上海、内蒙古、四川、广东、福建、云南、海南等26个省市自治区文联、工会系统报送的160件文艺作品。8月24日，对报送作品进行初评。25日，由中国音乐家协会分党组书记、副主席、作曲家徐沛东等6名专家学者对作品进行终评。经严格把关、认真评选，评出《上海，你永远在我心中歌唱》等金奖节目16个，《爱我中华》等银奖节目29个，《走进新时代》等铜奖节目38个，《美丽的草原我的家》等优秀节目40个，《最亲的人》等创作金奖节目8个，《放歌万吨》等创作银奖节目13个，《"三不让"的阳光》等创作铜奖节目19个。其中，中原油田获特殊贡献奖，油田公共事业管理处选送的节目《在灿烂阳光下》获金奖，中原歌舞团选送的节目《石油男子汉》获银奖。

【协办中国石化新春团拜会】 2009年，根据中国石化党组安排，中国石化新春团拜会由中国石化集团公司思想政治工作部主办，中国石化音乐与舞蹈家协会协办。中国石化音乐与舞蹈家协会、中原油田文体中心、中原油田广播电视中心负责演出的策划、导演、创作、撰稿、音响、字幕和组织排练等工作。1月16日，中国石化新春团拜会在北京解放军歌剧院举办，演出通过综合艺术手法和视频效果等新舞台元素，将活动的思想性、艺术性、娱乐性、观赏性融为一体，营造出喜庆、和谐的氛围。中国石化集团公司党组书记、总经理，股份公司董事长苏树林，中国石化集团公司党组成员，股份公司副董事长、总裁王天普等观看演出。

2009年10月10日，庆祝新中国成立60周年全国产业（行业）系统职工歌咏比赛颁奖晚会现场（曹广平）

【西北石油局考察中原油田文体工作】 2009年2月9日，西北石油局党委派遣2人到中原油田考察学习企业文化建设情况。考察人员听取了中原油田在文体活动方面形成的机构体制、工作机制，拥有的场所设施、队伍状况以及文体活动采取的方式等，观看了"和谐生活伴我行"新春社火表演，并实地考察了中原歌舞团、中原图书馆、中原影都等重点公共文化场所。考察人员说，中原油田作为国有特大型企业，具有浓厚的文化底蕴，文化的力量在油田发展和职工生活中起到巨大的推动作用。西北石油局要借鉴和吸收学习中原油田开展群众文化活动的经验，促进本单位职工文化体育事业的团结、发展与繁荣。

【4幅作品被中国石化集团公司收藏】 2008年，中国石化集团公司新办公大楼落成。按照中国石化集团公司党组要求，需收集一批从内容、形式等各方面符合中国石化国际国内地位、具有石化系统特色的美术作品，对新办公大楼进行装饰。7月14—16日，中原油田文联宿青松、王其中参加在北京举办的美术创作研讨会。之后，中原油田美协召开专题会议，下发创作通知，并根据《新办公楼书法绘画布置略表》要求组织作者进行创作。2009年1月，中原油田创作并报送中国石化集团公司作品6幅。经专家评选，宿青松的国画作品《暖情无限》，侯宝泉的国画作品《花鸟四条屏》、《清风雅韵》，王其中的油画作品《日丽风和》被中国石化集团公司收藏并颁发证书。

【邀请著名诗人到油田讲学】 2009年8月27日，油田作协邀请著名诗人"中华铁人文学奖"评委、《诗刊》常务副主编李小雨，著名诗人、评论家、《诗刊》高级编审周所同，著名诗人、中国石化作家协会副主席、原中国石化长城润滑油董事长兼总经理孙毓霜3人来中原油田讲学。开讲仪式在中原油田文化宫会议室举行，讲学以诗文具有的认识作用、教育作用、审美价值，及如何结合企业特点进行诗文的欣赏创作为主要内容，进行了互动式讲解与答疑，140余名文字工作者和爱好者参加学习。

【中原图书馆购书3961册】 2009年8月4日，中原图书馆派人到北京中华书局购置各类图书1334种3961册，购书费10.99万元，购书范围以社会大众热读类目、读者平时关心咨询及排行榜上著名图书为主，涉及文化、科学、教育、军事、历史、地理、自然科学等方面。

【中原油田与濮阳市举办中国象棋友谊赛】 2009年6月7日，中原油田象棋协会代表队与濮阳市象棋代表队在中原油田技术监测中心文体活动站举办中国象棋友谊赛。中原油田代表队由油田历届象棋比赛冠军获得者和成绩优异者组成，濮阳市代表队由象棋大师张中起带领的5位棋界高手组成。中原油田代表队以6.5分比3.5分的优势胜出。中原油田消防支队支队长、油田象棋协会副主席周振和河南省著名企业家、正大家俬集团的总经理于子川进行棋艺交流。此次比赛对共建油地和谐，加强油田与周边地市棋界的沟通交流起到推动作用。

【第十四届职工象棋比赛】 2009年1月10—12日，由局工会、油田体协、文体中心主办，油田象棋协会承办的第十四届职工象棋比赛在中原文化宫举办，70名选手参赛。经过9轮225局的比赛，采油三厂、采油一厂、采油四厂、采油工程技术研究院、采油六厂、特车修造总厂、钻井一公司、石油化工总厂获团体前八名，于亚鹏、赵文峰、郑国茹、李庆、马大秋、高峰、周志刚、刘洪升获个人前八名，油田直属机关、采油一厂、采油六厂、钻井一公司被授予“体育道德风尚奖”称号，采油三厂被授予“优秀组织奖”称号。

【第二十届职工篮球比赛】 2009年9月5—15日，由局工会、文体中心、油田体协联合主办的第二十届职工篮球比赛在第三社区管理中心举办，21个单位的287人参加，组建男队16支，女队9支。经过120场比赛，供电管理处、油气储运管理处、采油四厂、采油一厂、消防支队、采油三厂、油田直属机关、采油工程技术研究院代表队分获男子比赛前八名，供电管理处、供热管理处、第九社区管理中心、采油五厂、采油一厂、石油化工总厂、第八社区管理中心、采油四厂代表队分获女子比赛前八名，19个单位获“体育道德风尚奖”称号。

【第二十三届职工乒乓球比赛】 2009年3月28日—4月3日，由局工会、文体中心、油田体协主办，油田乒协承办的第二十三届职工乒乓球赛在文体中心体育站阳光健身房举办。比赛设男女团体比赛、男女单打比赛、管理干部男子单打比赛6个项目，40个单位的238名选手参赛。经过120场团体比赛、328场单打比赛，供水管理处、采油二厂、采油五厂、石油化工总厂、第四社区管理中心、采油三厂、采油四厂、地球物理勘探公司获男子团体前八名；物探研究院、采油三厂、第四社区管理中心、油田直属机关、地球物理勘探公司、采油四厂、勘探开发科学研究院、采油六厂获女子团体前八名；杜明、申志奇、吴晓强等获男子单打前八名；沙淑琴、张云仙、康玉珍等获女子单打前八名；耿卫华、崔新龙、陆林瑞获管理干部组男子单打前八名；12个单位获“体育道德风尚奖”称号。

【第八届职工健美操比赛】 2009年7月25日，由中原油田体协、局团委和文体中心联合举办的第八届健美操比赛在中原文化宫广场举行。比赛设3人赛、6人赛、团体赛3个项目，有11个单位的119名运动员参加。经评委打分，培训中心获3人赛一等奖，石油化工总厂、采油四厂获3人赛二等奖；采油四厂获6人赛一等奖，采油一厂、第八社区管理中心、油田直属机关获6人赛二等奖；培训中心、采油三厂获团体赛一等奖，采油二厂、第一社区管理中心、采油四厂获团体赛二等奖，采油一厂、供热管理处、供电管理处获团体赛三等奖。

【纪检监察系统“忠诚卫士杯”乒乓球比赛】 2009年10月23—25日，由局纪委、监察处主办，文体中心、油田体协共同承办的纪检监察系统“忠诚卫士杯”乒乓球赛在文体中心训练房举办，中原油田7个纪检监察协作区、油田直属机关、局纪委监察机关等9支代表队参赛。经过40场团体赛、203场单打比赛，第七协作区代表队，局纪委、监察处机关代表队，第二协作区代表队获男子团体赛前三名；油田直属机关代表队、第一协作区代表队、第四协作区代表队获女子团体赛前三名；耿卫华、崔新龙、张同冉等获管理干部组男子单打前八名；王满意、张新、年纪明等获纪检干部组男子单打前八名；吴桂英、王军华、李丽等获纪检干部组女子单打前八名；杜明、申志奇、吴晓强等获特邀员工组男子单打前四名；康玉珍、沙淑琴、张云仙等获特邀员工组女子单打前四名。

【举办全国象棋名手表演赛】 2009年12月20日，油田体协在中原文化宫会议室举办中原油田“全国象棋名手”表演赛，象棋国际大师、亚洲女子冠军刘欢，国家女子象棋大师玉向丽，全国少年女子冠军潘攀，全国农民运动会冠军、象棋大师颜成龙等13人应邀参加。经过20局比赛，中原油田选手取得2胜2和的成绩。活动结束后，油田领导王亚钧会见象棋大师和油田选手，并要求油田体协多组织交流活动，多邀请各地象棋大师到中原油田传授经验，促进油田象棋运动的普及。

【参加全国地掷球精英赛】 2009年10月27日—11月7日，全国地掷球精英赛在浙江省衢州市举办，全国各省市、企业的19支代表队的154名队员参加。中国石化地掷球代表队由中原油田、镇海炼化抽调的16人组成，参赛10个项目，获金牌4块、银牌3块、铜牌1块和2个第四名。

【参加第四届“中国节能杯”中央企业乒乓球比赛】 2009年10月12—16日，由国务院国有资产监督管理委员会主办的第四届“中国节能杯”中央企业乒乓球比赛在北京首钢篮球馆举行，全国50家中央企业代表队的

670 名选手参赛。中国石化体协、乒协分别从中原油田、胜利油田、江汉油田、齐鲁石化、天津石化、北京化工研究院、工程建设公司 7 个石化企事业单位抽调 10 人组成中国石化代表队，分获男子 B 组第三名、女子 A 组第五名。

【参加“圣奥产业杯”全国历史文化名城乒乓球赛】 2009 年 7 月 4—7 日，“圣奥产业杯”全国历史文化名城乒乓球赛在内蒙古呼和浩特市举办，22 个省市的 43 个代表队 252 名运动员参赛。中原油田组建 10 人代表队参赛，获中年丙组男子团体冠军，女子团体亚军，女子单打冠军，男子单打亚军、季军，中年乙组男子单打季军，获奖牌 6 枚，是参加全国性乒乓球比赛获奖最多的一次。

【参加“齐鲁石化杯”第三届职工游泳比赛】 2009 年 8 月 8—10 日，中国石化“齐鲁石化杯”第三届职工游泳比赛在齐鲁石化公司举行，36 个单位的 388 名运动员参赛，是中国石化集团公司历届游泳比赛参加人数最多的一次。比赛分男女青年组和男女成年组 2 个组别，设自由泳、蛙泳、蝶泳、仰泳、混合泳、接力等 6 种比赛形式。经过 89 场比赛，齐鲁石化代表队、茂名石化代表队、胜利油田代表队获前三名，中原油田代表队以 4 块金牌、6 块银牌、2 块铜牌获团体总分第八名。

【参加中国石化“天津石化杯”第三届职工门球赛】 2009 年 5 月 12—16 日，中国石化“天津石化杯”第三届职工门球赛在天津石化举行，石化系统 22 支队伍的 300 余名选手参赛，中原油田选派 7 名选手参加。经积分累计，中原油田获第七名，同时被大赛组委会授予“体育道德风尚奖”称号。

【参加中国石化员工“三人制”篮球邀请赛】 2009 年 7 月 9—13 日，由中国石化体育协会篮球协会主办，胜利石油管理局承办的中国石化员工“三人制”篮球邀请赛在胜利油田烟台疗养院举行，有 20 个单位的 176 名运动员参加。比赛设员工男子组、员工女子组 2 个项目，中原油田代表队获男子组第五名、女子组第三名。

【参加濮阳市“两节一会”开幕式】 2009 年 9 月 20 日，濮阳市中华龙文化节杂技艺术节暨第七届运动会（简称“两节一会”）开幕式在中原绿洲露天体育馆举行，油田领导沙启军应邀出席，中原油田组织 28 人的代表团参加开幕式。油田代表队以整齐的步伐和昂扬的精神风貌入场，展示了中原油田良好的企业形象。

【参加濮阳市首届“公仆杯”领导干部乒乓球比赛】 2009 年 7 月 20—23 日，濮阳市首届“公仆杯”领导干部乒乓球比赛在市体育场举行，中原油田选派 9 名干部参加。经过淘汰赛和循环赛，张同冉获市级领导干部组单打冠军，由耿卫华、崔新龙、陆林瑞、应斌 4 人组成的一队获县处级组团体冠军，由李强、肖永庆、霍其贞、王立新 4 人组成的二队获县处级组团体亚军，崔新龙获县处级组单打冠军，耿卫华获县处级组单打亚军，陆林瑞获县处级组单打第五名。

【中原歌舞团】 中原歌舞团是中原油田职业文艺团体，也是中国石化三大职工文艺团体之一。主要负责油田内部大型文艺演出、送文化下基层、组织油城广场文化活动和对外文化交流工作，隶属文体中心。截至 2009 年底，中原歌舞团有员工 62 人，其中正式员工 31 人、劳务用工 31 人；国家二级导演、演（奏）员 12 人，三级演（奏）员 15 人，四级演（奏）员 2 人。机构下设 7 个队室。2009 年，中原歌舞团明确了“新起点、新业绩、新形象”的工作思路，先后到一线慰问演出 62 场，其中大型演出 28 场、小型演出 27 场、广场文化 7 场，服务观众 10 万人次。围绕新中国成立 60 周年，先后创编《石油铁军》、《大山的太阳》、《原野的花》、《向着红旗放歌》、《为祖国高歌祝福》、《丰碑》等优秀作品，策划组织了中国石化团拜会文艺演出、中原油田春节文艺晚会、庆祝“五一”劳动节文艺晚会、中国石化石油工程经验交流会文艺晚会等大型文艺活动。 （牛宏涛）

【中原文化宫】 中原文化宫地处河南省濮阳市中原路 106 号，于 1987 年建成投用，建筑面积 2.09 万平方米，内设 1 个 1800 个座位的剧场和 2 个 300 个座位的报告厅及若干会议室、接待室、展览室、健身室、游艺室，是中原油田职工家属文化艺术活动的主要场所，也是油田基地和濮阳市标志性建筑，主要担负油田各类会议、大型活动的接待、电影放映、文艺演出及大型综合文体活动的配合服务工作，隶属文体中心。截至 2009 年底，中原文化宫有员工 50 人，其中中级职称 2 人、初级职称 8 人；机构下设 6 个部室。2009 年，中原文化宫坚持“服务、管理、安全、创收”四位一体的工作模式，以“服务油田、服务职工、服务社会”为己任，接待各类会议、演出 165 场次，配合开展各种活动 30 余场，服务对象 10 万人次。

（娄　强）

【中原油田电影公司】 中原油田电影公司（简称电影公司）成立于 1979 年 5 月，是经国家广电总局、河南省文化厅批准的主要从事电影发行、放映的电影艺术传播团体，主要担负着中原油田电影放映、内部各类会议活动的服务工作，其主要活动场所中原影都是油田基地重要的文化活动场所，隶属文体中心。截至 2009 年底，电影公司有员工 15 人，其中副高级职称 1 人、中级职称 3 人、助理职称 4 人；机构下设 5 个部室。2009 年，电影公司组织发行、放映各类影片 456 部 1350 场次，观众 16 万人次。其中电影小分队先后 30 次到各社区、厂矿、站点，放映影片 175 场，制作播放反映石油工人夺油奋战的幻灯片 200 多幅。组织各类优秀影片在新春、“五一”、“七一”、重阳节和“十一”期间开展系列电影展映等活动，放映电影 100 余场。

【中原图书馆】 中原图书馆地处河南省濮阳市中原路 100 号，于 1988 年建成投用，建筑面积 3275 平方米，是一个集图书、报纸、期刊等资源为一体的综合性图书馆，隶属文体中心。截至 2009 年底，中原图书馆有员工 36 人，其中高级职称 2 人、中级职称 18 人、助理及以下职称 15 人；机构下设部室 4 个；馆内有藏书 15 万册，过季期刊 5 万册（本）、报纸 300 种、期刊 600 种，拥有持证读者 1.2 万余人。2009 年，中原图书馆发挥专业优势，举办油田职工书屋管理人员培训班，制定油田职工书屋检查标准，为油田职工书屋示范点挂牌，并进行业务指导。创新服务模式，开展“文化共建在基层”系列读书活动，组织基层单位开展图书漂流、快乐阅读、知识竞赛、“读书论坛”和现场办证等系列活动。 (牛宏涛)

【中原油田文联】 中原油田文学艺术界联合会（简称油田文联）成立于1988年，是中国石化文联和河南省文联的团体会员，也是油田各文艺家协会、各直属单位文艺协会的联合组织，隶属文体中心。截至2009年底，文联机关有专职员工16人，其中高级职称4人、中级职称7人、初级职称4人；机构下设机关部室4个，下辖作家协会、书法家协会、美术家协会、摄影家协会、音乐家协会、舞蹈家协会、集邮（集藏）协会、电视与戏剧家协会等8个专业协会和57个团体会员单位；拥有会员3620人，其中国家级会员22人、省部级会员368人。2009年，油田文联围绕庆祝新中国成立60周年、职工创业创新创效实践为题材，贴近实际、贴近生活、贴近群众，深入油田第一线和油区最前沿，创作出大批优秀文艺作品。全年出版《中原》杂志4期，登载小说、诗歌、散文等各种体裁文章136篇80余万字，发行到中原油田二级单位，交流到石油、石化系统70余个单位，每期印量2000份，共计8000份。同时，积极参加上级组织的文化交流活动，用独有的中原文化扩大油田的社会影响力。年内，油田在文化方面获集体和个人荣誉称号170项，其中国家级28项、省部级142项。 (张景智)

【油田文联首次召开各专业协会主席、秘书长会议】 2009年3月12日，油田文联在文体中心会议室首次召开各专业协会主席、秘书长会议，油田文联顾问，驻会副主席、秘书长、文联机关工作人员及相关文化单位主要负责人40人参加会议。会上，专业协会负责人汇报了各协会2008年开展的工作和2009年工作要点，宣读了文联经费使用制度和文联的获奖、表彰情况，并就进一步加强文联工作提出建议。会上，油田文联为代表发放《中原油田文联第三次代表大会资料汇编》、《文联各专业协会主席秘书长会议资料汇编》和《中原艺苑》等信息资料。

【油田体协首次召开各单项协会主席、秘书长会议】 2009年3月22日，油田体协在文化体育活动管理中心会议室首次召开单项协会主席、秘书长会议，油田体协顾问，驻会副主席、秘书长和体协机关工作人员31人参加会议。会议重点明确了2009年中原油田体育工作要点：健全机构，建立体育工作的长效机制；加强队伍建设，为体育工作提供人才支持；完善基层体育设施，满足职工群众参加体育活动的需求；加强宣传引导，为体育工作营造舆论氛围；注重抓好日常性体育活动、集中性体育活动和对外参赛体育活动，树立中原油田积极健康的企业形象。

【成立中原油田美术家协会版画艺术委员会】 2009年4月16日，中原油田美术家协会（简称油田美协）版画艺术委员会成立大会在第八社区管理中心召开，油田美协常务理事及版画艺术委会成员近百人参加会议，河南省美协发来贺电贺信。会议审议并通过版画艺术委员会章程草案，选举版画艺术委员会主任、副主任和委员，聘任了秘书长、副秘书长及顾问。宿青松当选版画艺术委员会主任，并就版画的发展历史及今后的工作设想作发言。

【成立中原油田电视、戏剧（曲艺、戏曲）家协会】 2009年6月19日，中原油田电视、戏剧（曲艺、戏曲）家协会成立大会在广播电视中心演播厅召开，油田文联、局工会、文体中心、广播电视中心和油田作家协会、书法家协会、美术家协会、音乐舞蹈家协会、摄影家协会、集邮协会负责人，以及油田电视、戏剧家协会第一届代表大会代表共50余人参加会议。大会宣读油田文联《关于成立中原油田电视、戏剧（曲艺、戏曲）家协会》的批复，通过电视、戏剧（曲艺、戏曲）家协会成立大会的工作报告和协会章程，选举产生协会理事会理事45人、常务理事16人。其中，张路平当选为协会主席，杨跃等7人当选为协会副主席；聘任李培滋为协会秘书长，刘建林等7人为协会副秘书长；推举林滨为名誉主席，聘请韩明等4人为协会顾问。会议还对为中原油田电视、戏剧事业作出突出贡献的19名先进个人颁发荣誉证书。会议期间，中国电视艺术家协会行业电视委员会、中国广播电视协会电视文艺工作委员会、中国电视艺术家协会企业电视分会、中国电视艺术家协会行业电视委员会、河南省曲艺家协会、河南省电影电视家协会发来贺电贺信，中原油田领导王亚钧和油田7家协会先后发来贺信。

【中国石化乒乓球协会二届三次常务理事会议】 2009年6月3日，中国石化乒乓球协会（简称中国石化乒协）二届三次常务理事会在新疆乌鲁木齐西北石油局召开，中原石油勘探局党委副书记、纪委书记、工会主席，中国石化乒乓球协会主席王亚钧，西北石油局党委书记陈明政，中国石化乒协副主席、秘书长、副秘书长等9人参加会议。会议提出协会新的工作思路和目标，并对如何健全和完善中国石化系统乒协组织、加强协会横向与纵向交流等内容进行研讨。会议讨论通过中国石化乒协常务理事调整名单，其中中原油田杜继平当选为中国石化乒协副主席，朱虹当选为协会副秘书长。王亚钧作总结讲话。他说，乒乓球运动要坚持以人为本、以基层为主、以职工群众为主、以日常活动为主，中国石化乒协以及各理事单位要切实履行职责，把科学发展观贯穿于中国石化乒协工作的始终，为中国石化群众体育事业的发展作出贡献。

【举办摄影、集邮专业知识培训班】 2009年5月23日，由油田文联主办，油田摄影家协会和油田集邮协会联合举办的摄影、集邮专业知识培训班在中原文化宫会议室举行，52个油田直属单位的150余名爱好者参加培训，油田摄影、集邮界名家为学员授课。培训采用多媒体教学形式，增强了授课的生动性。

【2个节目获全国第五届“小荷风采”少儿舞蹈展演奖】 2009年7月25—30日、8月3—5日，全国第五届“小荷风采”少儿舞蹈展演分别在北京赛区、安徽赛区举行。由中原油田中国石化音乐家协会、中国石化舞蹈家协会联合选送的舞蹈《我们的生活》、

《哦，苏珊娜》2个节目代表中国石化参加展演，分获“小荷之星”、“小荷之秀”称号，中原油田中国石化音乐家协会、中国石化舞蹈家协会获“优秀组织奖”称号。（牛宏涛）

志鉴编纂

【史志编纂工作概况】 中原油田的史志编纂工作由中原油田史志编纂委员会办公室（简称史志办公室）承担，主要负责《中原油田年鉴》、《中原油田志》的编辑、出版、发行和各级各类年鉴、志书的外供稿任务，机构设在档案管理处。截至2009年底，史志办公室有专职编纂人员8人，其中教授级高级职称2人、高级职称4人、中级职称2人，油田各单位兼职年鉴撰稿人329人。2009年，史志办公室以“对历史负责、创一类志鉴”为目标，完成各项工作任务。完成《中原油田年鉴》2009卷13个篇目、98个分目、1860个条目，彩页照片74幅，随文插图139幅，表格99张，共76万字。完成向《中国石油化工集团公司年鉴》、《河南年鉴》、《濮阳年鉴》的组稿工作，累计223个条目、图片18幅、表格3张，共计6.16万字。完成《中原油田年鉴》、《中国石油化工集团公司年鉴》等2008卷年鉴的发行工作，共计1060册。完成向河南省方志馆志鉴资料汇交工作，上报历年《中原油田年鉴》和《中原油田大事记》等志鉴资料220册。年内，史志办公室6名编辑参加对外培训与交流，1篇论文在《年鉴信息与研究》杂志发表。史志办公室先后获“中国石化集团公司2008年版年鉴优秀组织单位”称号、“全省修志工作先进单位”称号；《中原油田年鉴》2008卷先后获第三届中国石化集团公司企业志鉴评比特等奖，第四届全国年鉴编纂出版综合质量二等奖，同时获框架设计、条目编写和装帧设计优秀奖。

【《中原油田年鉴》2008卷获企业志鉴评比特等奖】 《中原油田年鉴》2008卷以油气田勘探开发生产建设为主线，采用“板块式”结构，按篇目、分目、条目3个层次编纂，共编纂13个篇目67.7万字。2009年9月1日，《中原油田年鉴》2008卷获第三届中国石化集团公司企业志鉴评比特等奖。这是《中原油田年鉴》首次获该奖项特等奖，也是第9次获奖。此次评比由中国石化企业志鉴协作组组织，评审组主要从框架设计、篇章节条目编写、编校质量、设计和印刷、检索手段、出版周期与形式等6个方面对年鉴进行综合评审认定。《中原油田年鉴》2008卷以篇目设置科学合理，条目撰写规范简洁，内容全面真实获得评委一致肯定。（黄　琥）

2009年9月1日，《中原油田年鉴》2008卷获企业志鉴评比特等奖荣誉证书（冯文孝）

【中原油田获年鉴优秀组织单位二等奖】 2009年3月26—30日，2009版《中国石油化工集团公司年鉴》撰稿人工作会议在贵州省贵阳市召开。中国石化出版社社长王子康、石化年鉴编辑部主任蒋琦等领导，以及来自中国石化各企事业单位的100余名年鉴撰稿人参加会议，中原油田选派2人参加会议。会议总结了2008版石化年鉴编纂工作，部署2009版撰写任务，回顾了企业志鉴协作组成立6年来所做的主要工作与取得的成绩，并表彰了2008年版中国石化年鉴优秀组织单位和优秀作者。中原油田获石化年鉴优秀组织单位二等奖。2008年，中原油田继续加强石化年鉴的组稿与发行工作，史志办公室按照年鉴编纂体例与规范，撰写勘探开发、生产建设、科学研究、企业经营、社会化服务、思想政治工作等方面内容，反映了中原油田取得的新成果、新业绩和基本工作情况，对推动企业文化建设、传播企业精神作出贡献。

【《中原油田志》编纂工作】 《中原油田志》第一次编纂工作始于1983年。2005年10月，《中原油田志》第二次编修工作被正式批准。2006年5月，《中原油田志》编纂领导小组和《中原油田志》编辑部成立；6月编修工作正式启动。2009年初，《中原油田志》编辑部分油田主业、辅助生产、企业管理、党群工作及其他4个专业组，采取互相交叉的方式，对各篇初稿分别交叉阅看，逐一对接，提高初稿修改的针对性和有效性。2月6—12日，编辑部又组织有关人员对初稿互阅中发现的涉及篇下概述、章下序、内容之间重复交叉等方面的13个共性问题进行集中研究讨论，并制定出《处理办法》。同时，将编辑部形成的《凡例》、《技术规范》、《有关问题的规定》等汇集印发给每位编辑。3月4日，编辑部采取面对面的方式，与每位编辑一一对接，直接反馈初稿中存在的问题，提出修改的具体意见或建议。每位编辑根据编辑部提出的意见，按照志书的各种规范、标准和编辑部制定的有关技术要求修改初稿。5月，完成初稿的修改任务，征求意见稿基本成型。6月8日，按照成熟一批、送达一批的要求，编辑部严格程序，分批送达，广泛征求各方意见，分2批4个层面征求油田离退休局级领导，专家组成员，油田机关处室，二级单位、改制企业以及移交地方单位的评审意见419份，征求意见稿385万字。8月，编辑对陆续反馈的征求意见稿认真整理归纳汇总。按照先易后难、先简后繁的原则着手修改。对部分争议性强、牵涉面大的问题，提交编辑部或专家组商定。8月17日，局党委书记、分公司代表沙启军，勘探局局长、分公司总经理孔凡群及勘探局副局长黄艾华专门对《中原油田志》做出重要批示，批示中说：编纂《中原油田志》非常必要，这几年是中原油田大发展的时期，要更加全面地记录这段历史，同时也为建文化宫展厅提供资料，建议将志书下限延至2009年。9月25日，《中原油田志》编辑部召开会议，传达局领导关于《中原油田志》断限由1975—2005年调整为1975—2009年，内容扩展顺延4年的重要批示，拟发局党委办公室、局长（总经理）办公室《关于做好〈中原油田志〉补充资料工作的通知》，提出补充资料的具体内容和要求，并催办催要。截至2009年底，编辑部编纂完成30年《中原油田志》初稿385万字；收集2006—2009年补充资料64份80多万字，补充资料到位的单位或部门占70%。

【史志办获河南省修志工作先进单位】

《中原油田志》编纂工作由中原油田史志编纂委员会办公室组织协调，由《中原油田志》编辑部具体承担。自2006年《中原油田志》工作启动以来，中原油田史志办积极贯彻落实《地方志工作条例》及全省地方志工作会议精神，坚持“严细认真、存真求实、协作奉献、争创佳志”的指导思想，在工作进度上提出“时间服务质量”，在工作步骤上提出“快速出稿、反复修改、慎重出书”，在总体质量上提出“超越前人，无愧后世”的具体规划，并根据规划提早部署，突出重点，加强落实。一是加强领导，提供组织保障，切实做到“一纳入、五到位”，成立由油田党政主要领导任组长，副书记、副局长、总师任副组长，31名局机关处室长任成员的领导小组，同时设立《中原油田志》编辑部和专家评审组，并将各二级单位提供资料等修志工作纳入精神文明考核范围，真正做到“组织领导到位、工作人员到位、业务经费到位、办公设备到位、工作条件到位”，形成油田上下联动、各方密切协作的工作局面。二是建章立制，广泛发动。油田上下先后有125个单位2000人参与《中原油田志》的提供资料工作，提供3100万字4900张图表2300张照片，为油田志的编纂打下坚实的基础。三是建立内部质量责任体系及具体保障措施，使各项制度得到有效落实。编辑部结合实际制定《〈中原油田志〉初稿编写若干问题的规定》及《补充规定》、《〈中原油田志〉初稿机构名称使用问题的规定》、《〈中原油田志〉有关内容编纂原则》等7项规章制度，并做到措施明确，责任到人。四是加强信息化建设，搭建文化平台，促进史志工作和谐发展。不仅在档案管理处网站设立了包含“有关规定、油田文件、领导讲话、修志动态、工作交流、答疑解惑、修志知识”等内容的油田志专栏，还积极编写修志动态，通过内部期刊《中原兰台》总结经验得失，进行业务交流。发布网上信息74条，编写修志动态26期。五是突出企业特色，争创精品佳志。《中原油田志》断限自1975年至2009年，跨度达35年，油田志编辑部全体人员广征博采，巨细兼收，编纂工作取得2项重要成果和2项主要进展。2项重要成果：编纂完成385万字的30年《中原油田志》初稿，同时征求4个层面160多个单位和专家的评审意见419份；编纂完成25万字的《中原油田大事记》。2009年底，在河南省地方史志办公室组织的市县两级史志工作督察评比中，中原油田史志办获“2009年度全省修志工作先进单位”称号。中原油田史志办获此项殊荣尚属首次。

【《中原油田大事记》编纂完成25万字】 2009年6月，《中原油田志》编辑部对中原油田35年的大事进行搜集、汇总、筛选、加工、编辑、整理、核实，先后3次组织讨论，涉及录入内容、语言表述、技术性规范等54个方面的细节问题。经过较大范围的6次修改，形成统一意见后，于11月编纂完成25万字的《中原油田大事记》。

（吴宝英）

【首次向河南省方志馆报送志鉴资料】

2009年5月，根据河南省地方史志办公室《关于向省方志馆报送地方志成果的通知》要求，中原油田史志办公室安排专人负责史志资料进馆工作。中原油田于1986年出版第1本志书（内部资料），1994年出版第1本年鉴，20多年来，史志办公室先后编纂出版企业志书、年鉴等史志成果3种16册，这些志鉴资料均属报送范围。6月15日，史志办公室将《中原油田年鉴》1992—2008卷、《中原油田大事记（1975—1991）》220册及拷贝到优盘的电子文档，安全报送河南省方志馆，这也是中原油田首次向河南省方志馆报送史志成果。

【河南省地方史志办领导到油田检查指导志鉴工作】 2009年2月25日，河南省政协文史委员会副主任、省史志年鉴协会会长许还平、省地方史志办公室主任霍宪章、副主任王中华等到中原油田检查指导油田志鉴编纂工作，勘探局副局长黄艾华参加座谈会。省地方史志办领导听取了油田近年来的生产经营概况和油田开展的志鉴工作。油田志鉴编纂部门秉承“对历史负责、为现实服务、替未来着想”的原则，超前部署，科学运作，确保了史志和年鉴编纂质量。2008年，共收集《中原油田志》文字资料3000多万字，图表和图片7000多张，完成20篇、122章、684节、829张图表、400多万字的初稿编写任务，并建立了志书撰写的管理制度和运行机制，提高了修志撰写水平。《中原油田年鉴》2008卷优化篇目设置，增加油气主业、石油工程、市场开拓等篇目的份量，突出了中原油田特色。省地方史志办的领导认为，作为国有大型企业，中原油田的史志年鉴编纂工作不仅基础工作扎实，还加强了队伍管理，锻炼了队伍，必将编纂出全国一流的精品佳志。会后，省地方史志办的领导还参观了档案管理处馆藏及中原油田发现井。

（崔红伟）

2009年12月31日，《中原油田志》编辑部召开年终总结大会 （吴宝英）

【史志办移交档案资料578份】　2009年7月8日，史志办公室将578份年鉴资料移交至档案管理处，共打印移交目录36页2.5万字。此次年鉴资料包括史志办公室2005—2009年间形成的各种资料，主要有100余个机关处室和基层单位为《中原油田年鉴》提供的稿件，油田年鉴样书、定稿和局领导的审核意见，史志办为《中国石油化工集团公司年鉴》、《河南年鉴》、《濮阳年鉴》、《濮阳经济年鉴》提供的稿件，以及中原油田志鉴工作者参加外部培训与交流的会议材料。《中原油田年鉴》是以企业年度发展情况为主要记述内容的一种资料性工具书，油田机关处室和二级单位供稿是组成油田年鉴最基础的资料。年鉴资料的妥善保存，将对研究油田历史变迁、了解油田发展进程具有重要意义。　（黄　琥）

【《统计年鉴》2009卷发行】　《统计年鉴》是一部记录中原油田勘探开发、生产建设、物资供应等方面信息数据的综合性年鉴，1975年开始编制，截至2009年底，共编制35册。该年鉴由规划计划部牵头组织编制，在中原油田内部发行，主要用于向读者提供油田一年间全面、真实、系统的资料数据，了解和研究油田发展趋势，为领导机关科学决策提供依据。《统计年鉴》2009卷收录14大项44项内容，涉及企业基本情况、勘探开发建设主要经济效果、物探及钻井、工业生产、石油企业投资完成情况、企业设备、科技成果、劳动工资、油田环保情况、物资供应、财务情况、能耗指标、行业统计信息等内容，在油田机关处部室、油气生产和科研等单位发行200本。　（周继安）

2009年2月25日，河南省地方史志办领导参观中原油田发现井——濮参1井　（吴宝英）

社会化服务

综　　合

【社会化服务管理概况】 截至2009年底，中原油田有社会化服务单位17个，用工总量1.9万人，其中正式员工9996人、劳务用工3306人、安置协议解除劳动关系人员5970人、其他用工40人；有居民生活小区57个、住宅楼房屋3182栋、居民7.96万户。社区占地面积2957.16万平方米、社区公用占地面积582.19万平方米、生产办工区占地面积553.71万平方米；物业环卫面积1882.9万平方米、绿化面积968.87万平方米、公共绿地面积202.74万平方米、道路415.13千米。2009年，第一至第十社区管理中心、公共事业处为7.96万户居民、41个单位提供环卫绿化3510万平方米，以及治安防范、道路清扫和维修等服务工作；供水管理处为居民和各单位供水258.3万吨；供电管理处为居民供电251.13万千瓦·时；燃气管理处为居民供气238.79万立方米；供热管理处为居民和各单位供暖634万平方米；通信管理处为居民和各单位提供电话8.3万部和宽带网服务3.3万部。

【成立社会化服务管理办公室】 2009年5月，中原油田成立社会化服务管理办公室，履行对社会化服务系统（社区、公共事业、房产、公用工程）的规划、计划、管理、监督、服务和协调等职能。同时，加挂“卫生处”、“计划生育管理办公室”、“爱国卫生运动委员会办公室”、“绿化委员会办公室”牌子，为油田机关职能处室。社会化服务管理办公室主要负责社会化服务发展规划，新建项目、更新改造项目以及维修项目计划的编制工作；负责社会化服务系统管理、协调工作；负责社会化服务单位“440”服务监督、“三基”建设及劳动竞赛的组织实施和服务质量考核工作；负责油田计划生育、爱国卫生、医疗卫生等管理工作；负责牵头制定油田办公和生产用房管理办法，并组织实施；负责油田房产租赁经营业务的监督和管理工作；负责对供电管理处、供水管理处、燃气管理处、供热管理处、通信管理处、房产管理处、公共事业管理处、10个社区管理中心等17个社会化服务单位的服务质量考核工作。截至2009年底，社会化服务管理办公室有员工24人，其中高级职称9人、中级职称13人、初级职称2人；机构下设科室6个。2009年，社会化服务管理办公室先后制定《社会化服务质量考核办法》、《绿化管理办法》、《行政用房暂行管理办法》和《社会化服务系统项目计划编制管理暂行办法》，制定社会化服务系统191个工种、608个岗位责任制标准。对17个社会化服务单位进行社会化服务质量考核2次；普查油田所属78个单位和部门行政用房2476栋；做好手足口病、甲型H1N1流感防控工作，完成甲型H1N1流感疫苗接种2.4万人次；对油田辖区内近3.5万名儿童乙肝疫苗普种工作进行摸底调查；对4.31万名符合独生子女条件的父母基本情况，进行逐个登记；对符合条件的人员报批第二胎生育证38个。（唐于俊）

“440”服务：中原油田社会化服务单位设立的尾数为“440”的服务热线电话，随时受理员工群众投诉和求助，提供水、电、气、暖、信等内容的维修和维护服务。

【建立社会化服务体系4个】 2009年，中原油田根据中国石化集团公司“三分开”工作要求，按照“专业化管理、企业化经营、市场化运作、社会化服务”的总体思路，建立服务标准、费用价格、成本核算、服务考核为内容的体系4个。（1）服务标准体系。社会化服务管理办公室利用GPS定位地图，对油田57个生活小区、油田基地主次干道及公共场所的占地面积、环卫面积和绿化面积等工作量，进行重新核实；对公共区域面积进行重新测量，与10个社区管理中心、公共事业管理处进行交接确认，并由企业管理处制定服务标准9大类。（2）费用价格体系。社会化服务管理办公室联合概预算中心对社区服务项目进行调查分类，汇集、梳理、测算经营服务、公用服务、市政服务等11大类33项费用价格，并制定《社区预算管理办法》。（3）成本核算体系。社会化服务管理办公室联合财务资产处制定《社区会计核算办法》，在勘探局年终财务决算会议上，就社区费用价格问题进行讨论，安排10个社区管理中心按照新的费用价格，对2008年收入与支出进行套算；联合人力资源处根据业务工作量进行定员，并调查核实社区离退休职工、退养人员、协议解除劳动关系人员、退休集体人员、无业配偶等特殊人员情况。（4）服务考核体系。每年对17个社会化服务单位的服务质量进行2次考核。

【建立居民住宅建筑面积数据库】 2009年，社会化服务管理办公室对居民住宅建筑面积进行调查统计，建立数据库。数据库收集居民住宅位置、栋号、房型、建筑面积等7项内容。（田海霞）

【发放社会化服务质量考核评价票15.59万张】 2009年，社会化服务管理办公室于8月、12月，分别对17个社会化服务单位的服务质量进行考核。考核以居民满意度评价为主，结合“440”服务、居民投诉、媒体曝光等因素，让居民参与监督评价。居民评价票涉及物业、医疗、文体、供水、供电、供气、供热、通信、房产、市容市貌等服务项目29个，采取一户一票制，考核组入户抽查被考核单位是否有违反考核纪律情况，考核组在局纪委监督下，现场开箱用光电阅读机读居民评价票。8月，发放考核评价票7.66万张，回收6.45万张，居民对社会化服务质量平均满意率96.17%。12月，发放评价票7.93万张，回收6.97万张，居民对社会化服务质量考核平均满意率93.46%。经2次考核，有20个单位2次考核综合得分超过平均分，勘探局奖励在职员工每人300元，社会化服务考核组将考核结果在《中原石油报》和濮阳中原电视上予以公布。

（唐于俊）

【“440”服务】 2009年，社会化服务管理办公室发挥“440”热线服务平台作用，落实24小时值班制度，履行服务承诺，建立社区、供水、供电、供气、供暖、通信、广播电视等专业化单位服务联动机制，及时受理居民反映的热点、难点问题。全年受理居民投诉35个、信访案件1个、咨询电话1.37万个，经及时调查处理，结案率97%。（李奇彦）

【获市级“园林单位”称号10个】 2009年，社会化服务管理办公室制定下发《中原油田绿化管理办法》，组织开展多种形式的义务植树和绿化美化活动。春季对杨柳树采用树木打孔注药方式治理飞絮，解决杨柳树飞絮污染环境、影响居民健康问题；开展树木“美国白蛾”疫情监测，利用灯光引诱技术，提高监测预报的准确性和及时性；采用施肥、换土等形式，加强盐碱地土壤改良，提高绿化成活率和保存率。截至年底，油田新增绿地面积9.3万平方米，新植各类树木12.8万株、草坪8.4万平方米；培育各类苗木19.8万株、草本花116万盆，成活率96.5%。年内，世纪景苑小区获“河南省园林小区”称号；10个单位和11个住宅小区分别被濮阳市市政园林局评为市级园林单位和市级园林小区。（张正军）

【第九届国庆花展】 2009年9月28日，由社会化服务管理办公室主办、公共事业管理处协办的第九届国庆花展在中原文化宫广场展出。主办单位和协办单位先后召开多次国庆花展专题会议，对参展单位花展图案反复进行论证，形成高标准的花展方案。本届花展参展单位9个，展出花卉65个品种、50多万盆，参观人数达26万人次。（张正军　张连峰）

【获“三基”工作优胜单位90个】 2009年2月24日—3月5日，由中原油田“三基”工作办公室、社会化服务板块“三基”工作办公室、局党委组织部、人力资源处、局工会等部门联合组成的“三基”工作考核验收组，对公共事业管理处、10个社区管理中心、4个专业化单位和所属的91个基层单位的“三基”工作暨“创优夺牌”竞赛活动开展情况进行全面验收。考核验收组采取召开座谈会、查看资料、现场检查等形式开展检查，公共事业管理处、燃气管理处等6个单位获“优质服务杯”称号；花园绿化环卫大队等84个基层单位获“金银牌队”称号。（李奇彦）

综合治理

【社会治安综合治理工作概况】 中原油田社会治安综合治理办公室（简称综治办）是油田社会治安综合治理委员会的办事机构，与油田保卫处合署办公，为油田机关政工处室。主要负责研究社会治安综合治理的方针政策和需要采取的重大措施，并提出建议；负责掌握各单位社会治安综合治理工作进展情况，及时反馈于综合治理委员会；负责开展调查研究，监督各单位落实综合治理的各项措施；负责总结交流典型经验；负责办理油田社会治安综合治理委员会交办的其他事项。截至2009年底，综治办有员工11人，其中高级职称3人、中级职称6人、初级职称2人；机构下设科室3个。2009年，综治办以科学发展观为指导，围绕油田中心工作，发挥“协调、督察、指导、服务”职能，完善治安防控体系，开展平安创建和油区专项整治行动，加强和改进综治基层基础工作，及时排查化解社会矛盾，保证油田政治、治安稳定。刑事案件和治安案件同比分别下降17.28%和15.02%，职工家属满意率99.48%。

【发生各类涉油案件240起】 2009年，综治办以油区政法综治联席会为平台，以河南省公安厅组织开展的“飓风”专项行动为契机，坚持严打、严治、严防、严管相结合，油田治安保卫部门同油地公安机关配合，先后组织开展油区整治生产秩序、“战百日、迎国庆”油气田整治、“青纱帐时期”治安防范工作大检查等专项行动，加强油区外围非法“土炼油”和油区内废旧金属收购站（点）清理整顿以及油气管道占压清理工作。各油气生产单位与辖区派出所配合，采取常态与重点巡防相结合、便衣与着装巡防相结合、专业与群众义务巡防相结合的工作方法，加大对打孔盗油、开井放油等各类涉油违法犯罪的打击力度，对重点井站、偏远井、输油气管线高产井进行蹲坑守候、抓现行，在油区主要路段、村口设置卡点，盘查可疑人员和车辆，及时发现和打击涉油违法犯罪，保证油田生产建设的正常进行。全年发生各类涉油案件240起，与2008年发生各类涉油案件351起相比下降31.6%；开展清理整顿行动6次，取缔非法土炼油点42个，捣毁非法土炼油炉17座、土炼油锅22口，收缴土炼油3.1吨，检查废旧金属收购站（点）113家，治理违法收购油田物资的收购站（点）3家；清理各类违章占压点139处，制止新占压341处，实现新占压为零的工作目标。同时，完成全国油气田及输油气管道安全保护工作部际联席会议挂牌督办的范县王楼民房、柳屯里信村楼房2处清理占压任务。

（孙翼环　李钦威）

【清理制止油气管道占压建筑345处】 2009年，中原油田各油气管道单位清理各类管道违章占压建筑139处，

2009 年 11 月 12 日，中原油田开展取缔油区外围非法“土炼油”专项行动
（孙翼环）

其中支干线管道占压 30 处、单井管线占压 42 处、注水管线占压 67 处。清理完成部级联席会议督办的油气管道占压 2 处和省际联席会议督办的油气管道占压 1 处。制止油气管道新占压建筑 206 处，实现新占压为零的工作目标。（陈长增）

【36 个居民小区实现零发案】 2009 年，综治办加强治安防控体系建设，建立人防、物防、技防相结合的治安防控机制。一是成立由辖区公安民警、社区保安、消防干警、单位治保、青年民兵、离退休职工等 582 人组成的社会治安巡逻防控小组 18 个，按照区域划分，采取民警带队包片、徒步和警车巡逻相结合的方式，加强对居民小区、办公场所等易发案区域的治安巡逻防控。二是组织开展“我爱我家”、“零发案小区创建”等活动，促进社区治安防范工作。三是坚持实施“楼道亮灯工程”、“联防看护工程”，对办公楼、居民楼防盗门、防盗网、走廊灯具进行更新改造。四是加装监控照明设备，有计划地对电子监控系统进行维护检修，实现与油田公安局各派出所的统一联网。五是采取定期和不定期的检查方式，对油田所属 57 个居民小区的保安巡逻、门卫值班、领导带班等情况进行督察，发现问题及时整改。年内，中原油田 36 个居民小区实现零发案。

【“平安之星”创建达标率 25%】 2009 年 5 月 6 日，中原油田根据河南省、濮阳市有关文件精神，启动为期 3 年（2009—2011 年）的“平安之星”创建活动，成立组织机构，制定《中原油田“平安之星”创建活动实施意见》，明确 3 年创建工作目标及责任分工，建立创建情况通报排名、分包创建点等工作机制，在油气主业、石油工程、社会化服务三大板块，分别组织开展“平安之星”油藏经营管理区、“平安之星”居民小区、“平安之星”井队等活动，重点指导，选树典型。采取听汇报、查资料、看现场、问卷调查等形式，先后 2 次对基层“平安之星”创建情况进行督导检查，发现问题及时整改。第 1 年实现“平安之星”创建达标率 25% 的工作目标。

【油地和谐共建】 2009 年，中原油田以油区政法综治联席会议为平台，加强沟通联系，探索油地联动、相互支持、共创平安的新路子，实现油地和谐共建。参与地方政府开展社会主义新农村建设，组织结对帮扶、友好派出所、援农助学和送法律、送技术、送温暖、送项目等活动，增进油地友谊，赢得油区政府和当地群众的理解和支持。及时妥善解决供电管理处 110 千伏架空线路下违法植树和挖河堆土重大隐患、采油三厂马寨联合站大门被堵、文二联合站—文一联合站输油管线改造施工受阻、刘 17－平 6 井钻井施工受阻、东环小区锅炉房联网改造受阻等多起干扰油田正常生产的案（事）件的发生，处结率 100%。

【设专职治安保卫人员 3400 人】 2009 年，中原油田按照精干、高效和有利于开展工作的原则，在所属二级单位设立社会治安综合治理委员会和综治办，配备专（兼）职综治办主任，落实工作人员、办公地点、办公设施、办公经费。截至年底，中原油田有专职治安保卫人员 3400 人，义务巡逻队员 1200 余人。为提高综治保卫干部管理水平和处置复杂问题的能力，中原油田举办综治保卫干部培训学习班 2 期、培训人员 100 人。同时，完善《中原油田社会治安综合治理工作考核办法》、综治保卫工作标准、规章制度和岗位职责，编印《内部管理制度汇编》和《社会治安综合治理文件汇编》等，在全油田建立党政领导干部综治工作实绩档案，进一步落实综合治理领导责任制，管理工作实现科学化、制度化、规范化。

【平安建设工作会议】 2009 年 12 月 30 日，中原油田信访稳定暨平安建设工作会议在中原文化宫召开，油田副总师以上的有关领导、机关处部室主要负责人、油田所属各单位党委书记、分管领导、综治办主任、保卫科长以及油田公安局、聊南分局、黄南分局的主要领导 370 人参加会议。会议全面总结中原油田信访稳定暨平安建设工作取得的成绩，安排部署 2010 年信访稳定暨平安建设工作任务，表彰平安建设先进单位 19 个、“平安之星”达标单位 211 个、平安建设先进个人 218 名、见义勇为先进个人（群体）3 名，对因防范措施不力，发生重大案（事）件的钻井工程技术研究院等 3 个单位实施黄牌警告。会议由局党委副书记、纪委书记、工会主席王亚均主持，勘探局副局长黄艾华宣读表彰决定及实施黄牌警告的决定，分公司代表、局党委书记沙启军出席会议并讲话。（孙翼环　李钦威）

【采油四厂油区治安环境治理】 2009 年 4 月 24 日，采油四厂为治理油区治安环境，在河南省濮阳市公安局、河南省中原油田公安局、油田社会治安

综合治理办公室等单位和部门的配合下，组织200余人，动用大型吊车、卡车、挖掘机、消防车等机械设备，对河南省濮阳县徐镇镇高黄庄村、梨园乡西闫村、白罡乡辛庄村土炼油窝点进行取缔。行动中，共取缔土炼油窝点12处，收缴炼油炉（锅）10个、冷却管4根、油桶11个、土炼油0.6吨、原油1.5吨。

（刘明镜）

【国庆期间刑事案件发案率同比下降45%】 2009年，中原油田为做好国庆节期间的治安保卫工作，于9月7日—10月7日，开展为期1个月的"迎国庆、保平安、促和谐"千人大巡防行动，并在中原文化宫广场举行启动仪式。制定《关于印发〈中原油田"迎国庆、保平安、促和谐"千人大巡防行动实施方案〉的通知》，成立千人大巡防行动指挥部，下设社区治安防控、油区打击治理、社会面巡逻、设卡盘查、公共特殊场所、重点要害单（部）位等行动组8个，参加人员有公安民警220人、消防干警60人、青年民兵180人、社区保安260人、单位治保180人、离退休职工90人。采取警企联合、专群结合、义务巡防等措施，加大对居民小区、治安复杂地段、易发案地区、重点要害单（部）位和城乡结合部的治安巡逻力度，控制各类案件的发生。国庆期间，出动警力1.4万人次、群防群治人员1.6万人次、车辆2000多台次，做到组织、巡防、督导、宣传"4到位"，实现"7个没发生"。刑事案件发案率同比下降45%，治安案件发案率同比下降51%，保证中原油田在国庆期间政治稳定和治安稳定。（孙翼环　李钦威）

7个没发生：没发生重特大刑事案件；没发生影响稳定的重特大案事件；没发生重特大交通事故；没发生影响油区正常生产的重特大案事件；没发生涉爆、涉枪、涉危案事件；没发生群体性上访事件；重点要害单（部）位没发生治安灾害事故。

2009年9月7日，中原油田在文化宫广场举行"迎国庆、保平安、促和谐、千人大巡防"启动仪式

（孙翼环）

公安保卫

【安全保卫工作概况】 中原油田的安全保卫工作由河南省中原油田公安局承担。河南省中原油田公安局地处河南省濮阳市五一路175号，隶属河南省公安厅。截至2009年底，河南省中原油田公安局有民警453人，其中正式民警140人、协议民警131人、劳务合同民警182人；机构下设机关科室11个、行政拘留所1个、警察支队6个、派出所16个。2009年，河南省中原油田公安局认真践行河南公安精神，围绕中原油田中心工作，履行职责，保持中原油田社会治安局势持续和谐稳定。全年立刑事案件655起，同比下降17.5%，受理治安案件895起，同比下降11.7%，36个居民区实现可防性案件零发案。开展大走访、社区民警"三上门"及治安防范知识"三进"活动，排查化解社会矛盾，职工群众满意率98.4%，公安信访问题同比下降48.6%，行政诉讼复议同比下降30%，无一败诉和撤诉。破获社会影响大、职工群众关注的刑事案件3起，破获河南省公安厅督办涉油案件3起，破案率100%；刑事拘留256人，批准逮捕205人，移送起诉304人，行政拘留367人，劳教6人，刑事拘留转处率83.5%、同比提高1个百分点，提请逮捕率95.5%、同比提高0.5个百分点，移送起诉率100%，复议案件维持率100%。年内，河南省中原油田公安局新增一级派出所1个、二级派出所3个；被公安部命名为一级派出所3个；被河南省公安厅命名为二级派出所11个；河南省中原油田公安局连续5年被国务院12部委评为油气田整治专项行动先进单位；连续3年被河南省公安厅评为绩效考评先进单位。

三上门：上门开展入户调查、上门征求群众意见、上门宣传治安防范知识。

三进：进社区、进单位、进学校。

【国内安全保卫工作】 2009年，河南省中原油田公安局把建国60年国庆安保工作作为首要政治任务，关注油田协议解除劳动关系人员、劳务用工、退休教师、退伍军人等重点"维权"群体，落实排查稳控责任，搜集各类有价值情报156条，及时发现并化解各类闹事苗头8起，妥善处置群体性上访事件7起，对175名重点人员逐人落实管控和教育措施。对"法轮功"等重点邪教分子，落实打防措施，处置反动宣传品制作传播窝点3处和利用"明慧网"进行邪教犯罪团伙，破获"法轮功"涉网案件8起，其中河南省公安厅督办案件2起，打击处理"法轮功"组织骨干10人，收缴"法轮功"反动宣传品1.3万余份（册）及犯罪工具。国庆前夕，河南省中原油田公安局牵头组织公安民警、油田离退休职工、治保人员1000多人，成立治安巡防组16个，开展全天候的治安巡防行动，进一步完善重点有监控、处处有巡逻、路上有卡点、社区有联防、单位有技防的治安防控体系。国庆节期间，油区发案率同比下降60%以上。国庆节安全保卫阶段，组织开展维护稳定、破案追逃等5项活动，排查处理不稳定因素16个，搜集掌握各类情报信息35条，检查要害单位132点次，清查流动人口1.29万人次，督促整改治安隐患36处。《河南公安简报》第45期专门编发河南省中原油田公安局国庆节期间安全保卫工作做法与工作经验。

【开展刑侦DNA检验技术攻关】 2009年，河南省中原油田公安局为提升打防刑事犯罪的能力，在刑侦专业化队伍中开展岗位练兵和技术攻关，其中DNA检验技术研究应用成效突出。利用DNA常染色体、Y染色体和ABO基因型检测技术直接侦破案件11起，认定“1·12”抢劫案、“11·26”命案等重大案件14起，串并河南省濮阳市、江苏省等系列麻醉强奸案等案件20多起。DNA检验室成功研究DNA微量腐烂疑难检材检验技术，先后在牙刷、绳索、大便等特殊疑难检材上检验犯罪分子的基因分型，《无精子精斑的DNA检验》等论文先后在《中国法医学杂志》、《中国刑事警察》期刊发表，并在河南省DNA技术研讨会上作典型发言。同时，河南省中原油田公安局刑事技术部门勘查各类案（事）件现场170起，法医检验尸体32具，排除命案30起，及时以科学结论消除家属疑虑，未因法医检验失误引发当事人上访或矛盾激化。理化检验为涉油案件提供直接证据14份。法医、理化检验鉴定准确率均达到100%。

【抓获积案逃犯140人】 2009年，河南省中原油田公安局实施网上追逃促进侦破积案，以抓现行、追逃犯为切入点，将刘迷霞、刘明菊等4人盗窃原油系列案与“4·27”、“5·14”破坏易燃易爆设备案并案侦破，并通过研判逃犯李同印作案手段，侦破河南省公安厅督办的“4·28”打孔盗油积案。10月21日，油区支队民警抓获4名逃犯后，利用各个击破的办法，破获发生在采油四厂、濮阳县等地的系列盗窃案件。截至年底，通过综合实施网上追逃、异地协作和宣传敦促，抓获各类逃犯140人。其中，自行抓获或敦促投案105人；协同外省警方抓获本地逃犯、外省逃犯35人。

【侦破经济犯罪案件9起】 2009年，河南省中原油田公安局经侦部门不断完善警企联系机制建设，与派出所协作机制建设，与濮阳市国税局、地税局和通信管理等部门协作监控机制建设，开展阵地控制和经嫌调控，加强经侦情报搜集研判，进一步提升打击经济犯罪的综合能力，侦破经济犯罪案件9起，刑事拘留10人，逮捕7人，取保候审6人，移送起诉16人。抓获网上在逃经济犯罪人员6人，其中批捕在逃3人、河南省公安厅督捕在逃2人、负案在逃1人。

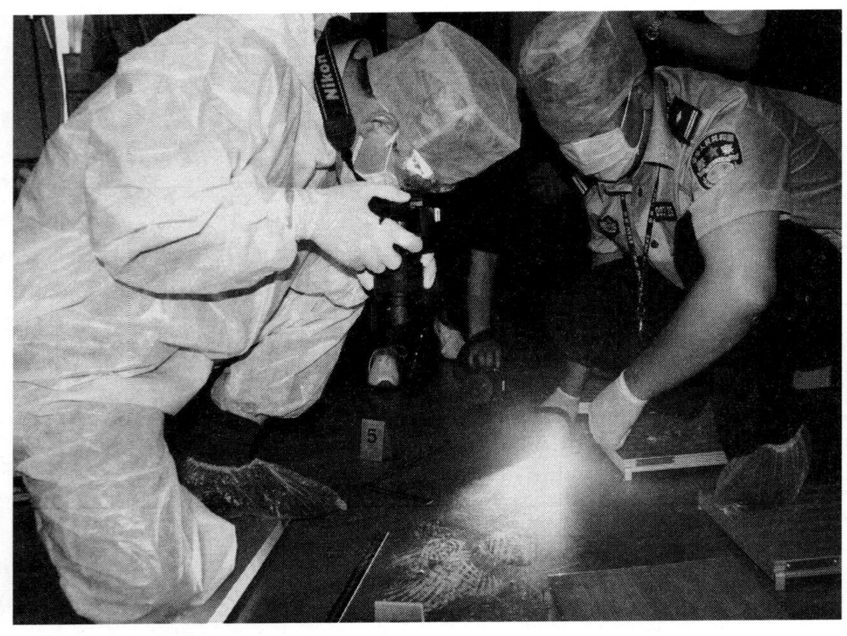

2009年6月12日，河南省中原油田公安局刑事技术人员现场提取痕迹物证（修立东）

【组织集中治理油区行动11次】 2009年，河南省中原油田公安局针对油区治安特点，组织集中治理行动11次，先后在濮阳县白罡乡油区及外围的河南省安阳市滑县等地依法捣毁土炼油炉46座、土炼油锅59口，取缔净化点53个，收缴原油和土炼油20余吨。

【边界油区涉油刑事案件同比下降60%】 2009年，河南省中原油田公安局开展边界油区治理会战，先后在豫鲁边界治理、取缔非法厂点22家，掐除盗电、盗气点200多处，收缴管线1.2万米。破获刘迷霞、刘明菊团伙破坏易燃易爆设备案、“4·28”打孔盗油案等3起河南省公安厅督办案件及涉油案件，边界油区涉油刑事案件发案率同比下降60%。同时，以“整治油气田及输油气管道生产治安秩序专项行动”为载体，查破各类涉油案件148起，打掉犯罪团伙35个，抓获各类违法犯罪嫌疑人287人。

【治安管理】 2009年，河南省中原油田公安局加强治安管理工作。（1）对实有人口采取分类管理与重点管控相结合方式进行管理，重点人口、高危人群熟悉率和管控率100%，出租房屋治安责任书签订率100%。（2）重视特种行业管理，为13家宾馆、旅社安装旅馆业信息系统，在指挥中心设置报警客户端，加大监管力度。开展“扫黄打非”与“禁赌”专项行动，取缔赌博窝点13处，查获非法盗版光盘1000余张、非法出版物1500册。（3）严格落实油田要害单位及放射性、爆炸、剧毒等危爆物品管控措施，对全油田105家甲乙级要害单位开展安全检查，发现并整改安全隐患215处。（4）统一向油田各中小学校派驻民警兼任法制辅导员，在校园内开展管制刀具收缴行动，杜绝校园恶性案件发生。（5）持续开展治爆缉枪行动，收缴枪支弹药和管制刀具，消除治安隐患。（6）开展消防安全检查，现场整改安全隐患48处，下达隐患整改通知书8份，受检单位、检查部位、责任落实率实现“3个百分之百”。

【捣毁中心油区土炼油窝点67处】 2009年，河南省中原油田公安局在生产一线组建流动警务室10座，形成以此为核心的区域联防网络，在中心油区捣毁土炼油窝点67处，取缔寄生性厂点12家，掐除盗电、盗气点1800余处。打孔盗油案件同比下降40.6%，开井放油案件同比下降41.5%。

【交通事故同比下降13%】 2009年，河南省中原油田公安局安装交通提示电子屏8处、设置遮阳篷11处，施划交通标线1500平方米，开展集中查禁酒后驾驶等活动，处罚机动车交通违法2万余起，依法行政拘留28人。在集中抽查、春运安检期间，对油田客运车辆进行安全检查，消除安全隐患65起。在濮阳中原电视及电台节目开辟《关爱生命，平安出行》、《交法在线》等专栏。进行“一法一条例”、“五进”宣传，举办交通安全知识宣传11场次、讲座35场次，为在校师生集中授课56课次。通过综合整治，交通事故起数同比下降13%、死亡人数同比下降100%、受伤人数同比下降5%、直接经济损失下降4%。

一法一条例：《道路交通安全法》《河南省道路交通安全管理条例》。

五进：交通安全宣传进学校、进单位、进社区、进家庭、进农村。

【解决企业和群众反映问题750件】 2009年，河南省中原油田公安局找准服务群众的突破口和切入点，开展大走访活动，落实“六必访”工作措施，把为职工群众办实事办好事作为大走访的核心任务。全年走访油气生产单位903家（次），走访家庭2.3万户、群众6.5万余人。征求群众意见6000余份，为企业和群众办实事561件，解决企业和群众反映问题750件。在走访期间，把油田外闯市场企业和改制企业作为走访重点，为华油防腐集团有限公司追回不良投资20万元。河南省政府领导及河南省公安厅领导对河南省中原油田公安局采取的“六必访”工作方法给予肯定。

六必访：上访人员必访，油田特殊群体必访，刑释解教人员必访，流动暂住人口必访，民调对象必访，特困家庭必访。

【执法工作规范化】 2009年，河南省中原油田公安局加强执法制度建设，印发《关于进一步规范劳动教养工作的通知》，修订《涉案物品扣押管理办法》、《执法过错责任追究制度》，与濮阳市检察院和法院机关联合制定《轻微刑事案件快速办理暂行规定》。完善考评机制，将执法质量考评工作纳入民警和单位的绩效考评范围内，年终根据执法质量进行总评排名。规范“一问二看三见面”的审核流程，推行“兼职法制员初审制”、“案件审批一把手负责制”、“案件审核流程跟踪制”和“疑难案件集体议案制”，提高案件审核准确性。同时，开展执法巡查，采取现场巡查、专项巡查、调阅案卷等形式，对各执法单位的执法活动进行巡查、服务和督导，专门组织人员对拘留所、讯问室进行巡查，提出更严格的依法适用侦查措施6项具体工作要求。加强刑事立案检查，自查自纠，并邀请人大代表评议执法工作。河南省公安厅对河南省中原油田公安局执法规范化工作给予肯定，并通过《公安简报》让各地公安部门学习借鉴。

一问二看三见面：一问民警侦办过程，审核办案程序；二看卷宗证据材料，审核实体情况；三见嫌疑人员，审核主观态度。

2009年5月8日，河南省中原油田公安局清理土炼油窝点现场　（马章功）

【引进刑事侦查综合信息系统】 2009年，河南省中原油田公安局投资100多万元，引进刑事侦查综合信息系统，完成指纹自动识别系统扩容升级，十指库、现场勘查库分别扩增到30万人和200万枚。通过指纹技术直接破案17起，认定犯罪嫌疑人22人，比中前科135人。建成覆盖全油田重点区域视频探头3000个，视频信号逐步引入社区警务室、联入派出所，初步实现视频系统二级联网，并利用视频信息为打防犯罪提供技术支持37次。

【杜绝民警违法违纪行为发生】 2009年，河南省中原油田公安局坚持从严治警，完善各项规章制度，严格执行公安部“五条禁令”、河南省公安厅“五项铁规”和内部的规章制度，开展“争当无违法违纪民警、争创无违法违纪单位”的竞赛活动，层层签订民警无重大违法违纪失职渎职承诺书，各级领导干部以身作则，实行一岗双责，杜绝民警违法违纪；运用督察、绩效考评、群众投诉三大约束机制，做好“事前、事中、事后”监督，堵塞执法和管理上的漏洞，将绩效考评引入队伍管理和重点工作的各个环节，激发基层工作活力。同时，进一步畅通、拓宽受理群众举报投诉渠道，运用人大代表、社会监督员参与监督，及时发现问题，督察督办，促进各项工作措施的落实。

【省级标准社区警务室 47 个】 2009 年，河南省中原油田公安局建立警务室网站平台，新建油区流动警务室 11 个，并在油区治理中发挥作用，在河南省公安厅开展的“警务室达标”活动中，达到三级标准的社区警务室 47 个，其中达到二级标准以上的社区警务室 27 个，世纪景苑警务室被河南省公安厅评为十佳社区警务室。

【提升执法民警素质】 2009 年，河南省中原油田公安局坚持执法培训工作，组织民警晋衔培训 183 人次、派出所所长轮训 16 人次，选派民警参加各类公安业务培训班 4 期、培训民警 30 人次。委托河南公安高等专科学校专门为河南省中原油田公安局开办大专函授班，接受再教育民警 153 人；利用视频教学培训，开通“河南公安民警基本功训练平台”，创建网上《法制园地》学习专栏；举办执法规范化建设讲座 45 场次，邀请河南省检察院和河南省公安厅的有关专家来油田公安局授课，进行案例解析。

【落实公安民警生活待遇措施】 2009 年，河南省中原油田公安局为改善办公条件，对南院办公楼进行改建，工程于年底竣工；为民警、协议民警团购住房 800 套；严格落实民警年休假、定期体检等制度；完善特困民警家庭等优抚对象救助抚恤措施，为特困民警、因公牺牲民警等 51 户家庭发放抚恤金 37.93 万元，为 18 名民警和协议民警高考录取的子女发放奖励金 1.8 万元。

【公安民警文体活动】 2009 年，河南省中原油田公安局举办第三届“卫士之光”书法、美术、摄影展，并将获奖作品制作成展板巡回展出；成立篮球、足球、乒乓球、羽毛球 4 个单项体育锻炼俱乐部，并开展篮球、乒乓球等赛事 20 余场次；组织 100 人合唱队参加河南省公安机关“弘扬河南公安精神，庆祝建国 60 周年”合唱比赛获二等奖，代表河南省公安厅参加省直机关庆祝新中国成立 60 周年爱国歌曲大家唱合唱比赛获金奖。

（郭战国）

2009 年 5 月 26 日，河南省中原油田公安局新建油地驻井流动警务室

（马章功）

人民武装

【人民武装工作概况】 中原油田的人民武装工作主要由人民武装部负责，同时加挂“防空办公室”牌子，是中原油田机关处室单位，下设基层武装部 10 个，分别设在 10 个社区管理中心，人员归社区管理中心管理，业务归人民武装部（防空办）管理。截至 2009 年底，全油田有专职武装干部 21 人，其中油田人民武装部（防空办）4 人；兼职武装干部 53 人；民兵团 10 个、民兵 2.04 万人，其中基干民兵 1842 人；预备役警卫通信连 1 个、预备役运输连 1 个、基干民兵分队 29 个。2009 年，中原油田民兵预备役工作遵循新时期军事战略方针，以提高民兵应急能力为中心，围绕油田生产建设开展工作，完成了各项工作任务。第八社区人民武装部被濮阳军分区评为先进基层武装部；第一社区民兵应急连被濮阳军分区评为先进民兵连；供电管理处民兵营被濮阳军分区评为先进民兵营；第二社区武装部唐玉龙被河南省军区人民武装学校和濮阳军分区评为优秀学员。

【人民防空工作】 2009 年，中原油田人民武装部贯彻《中华人民共和国人民防空法》，完善《重要防护目标的防空防护预案》和《防空袭疏散预案》，分别在 4 个防空重要目标区域组建防空综合大队。截至年底，中原油田有防空警报器 13 台，9 月 19 日，全民国防教育日试鸣成功。同时，联合房地产管理处按时完成公共设施防空室清查工作。

【节假日民兵参加巡防 600 人次】 2009 年，中原油田人民武装部围绕“维护社会稳定、创建平安油区”的中心工作，科学制定预案，部署民兵巡防队伍。在元旦、春节、“五一”期间，民兵参加巡防 600 人次，出动值班车 32 台次。“十一”巡防期间选派基干民兵 180 人，配合河南省中原油田公安局、局综治办进行为期 30 多天的治安巡防工作。清查暂住人口 900 余人，盘查进入居民区、重点区域外来人员 1500 余人、车辆 300 余台次，整治治安隐患 75 处，预防各种不法行为。

【拥军优属活动】 2009 年春节期间，中原油田人民武装部贯彻解放军总政治部、国家民政部关于做好双拥工作的通知精神，按照油田党委的要求，以“献爱心、办实事”为目标，采取教育宣传、慰问军烈属及伤残军人家庭、给现役战士寄慰问信、走访驻军等方式，严格落实拥军优属政策，维护军人及军属的合法权益。春节、“八一”期间，慰问军属200多户；慰问伤残军人、烈属85户，每户发放慰问金500元；“十一”前夕，又为伤残军人、烈属每人每户发放慰问金1000元；为入伍新兵家庭赠送“军属光荣”匾133块。同时，为密切军民关系，油田领导带领有关部门负责人分别到解放军162师、濮阳军分区、濮阳市武警支队、濮阳市公安消防支队进行走访慰问。

【参加濮阳军分区民兵点验4次】 2009年，中原油田人民武装部根据上级军事机关的有关要求，结合油田的战备任务，研究制定《民兵整组工作方案》，按照有利于组织、有利于提高质量、有利于执行任务和“五优先”的组队原则，完成编组任务。3月26—29日，濮阳军分区司令部对油田10个社区的4个种类、29个民兵专业分队（连）进行分批点验，队伍参点到位率、人册相符率、官兵相识率100%。3月27日，濮阳军分区领导抽点2个单位6支基干民兵专业分队，合格率100%。4月2日，濮阳军分区在清丰县举行民兵重点分队拉动点验大会，中原油田民兵应急分队128人，携带防暴装备，按时到达指定地点参加点验。4月23日，在中原文化宫广场召开民兵重点分队集中点验大会，濮阳军分区领导对油田7支重点民兵分队的485名队员进行点验，队伍参点到位率、人册相符率100%，官兵相识率98%，受到濮阳军分区领导的好评。

五优先：工作稳定、较少外出、易于抽调、年龄适当、文化素质高。

【民兵政治教育到位率100%】 2009年，中原油田人民武装部落实《国防教育法》、中央13号文件、河南省《关于加强和改进新形势下民兵预备役政治工作的意见》通知精神，利用民兵整组、民兵军事训练、员工培训、军事日活动、学生军训等机会，开展民兵政治教育活动，保证民兵队伍政治上的合格，政治教育到位率100%。

【应征入伍青年119人】 2009年，中原油田人民武装部根据濮阳市人民政府、濮阳军分区关于士官招收和冬季征兵工作的指示精神，进行士官招收和征兵工作。经报名选拔，中原油田有符合士官招收条件11人，经濮阳市征兵办公室统一组织的体检、政审、学历及专业审核，招收入伍士官3人。5月10日，进行兵役登记，截至11月5日，中原油田报名参军青年327人。此次征兵本着高学历优先的原则，对具有大专以上学历的青年被选定预征对象181人（含黄河南18人）；11月5—6日，中原油田聘请武警山东边防总医院军医14名，按照国防部新修订的《应征公民体格检查标准》、《应征公民体格检查办法》，并采用《河南省征兵体检系统》，保证体检的公正性，对163名应征入伍青年进行封闭式体格检查，预征对象体检合格人员130人；11月10日，对130名预征对象进行征兵心理检测，全部达标；学历审核小组对130名预征对象进行学历复核（学历审核小组由濮阳市油田教育中心、局纪委和油田人民武装部组成），学历不符14人，并取消预征资格。经接兵部队干部进行家庭走访和油田征兵领导小组研究确定，应征入伍青年109人（含黄河南11人）。年内，中原油田应征入伍青年119人，其中士官3人、河南省军区和濮阳军分区应征入伍女青年7人。

2009年4月22日，中原油田在第九社区召开基干民兵点验大会　（张　伟）

【安置退役士兵132人】 2009年，中原油田人民武装部审查退役士兵档案123份，对不符合安置条件的档案，及时与部队和本人联系，保证档案资料规范和完整。9月8日，濮阳市民政局对退役士兵档案123份进行终审，全部符合安置条件。5—9月，免费为132名（含黄河南9名）油田退役士兵进行为期5个月的电工和电焊工技能培训。12月25日，安置退役士兵132人，均充实到消防、采油等一线工作岗位。同时，根据国防部、总参谋部的指示，对安置到油田的全部退役男性士兵进行预备役登记。

【民兵军事训练】 2009年，中原油田武装部根据濮阳军分区民兵军事训练的指示，围绕“练为战、训为用”的工作思路，落实年度各项训练任务。4月8—15日，为提升武装干部军事技能和组织指挥能力，举办武装干部业务培训班1期、培训武装干部60人；4月20日—5月19日，各社区管理中心武装部分别抽调基干民兵30人，以队列、擒敌拳、警棍盾牌术为训练内容，进行为期30天的军事训练；5月20日，组织油田8个社区的基干民兵260人，进行军事比武考核。油田领导、濮阳军分区领导观看比武，并给予高度评价；6月14—19日，中原油田选派6名专职武装干部参加濮阳军分区组织的专职武装干部集训，同时被濮阳军分区评为训练标兵。

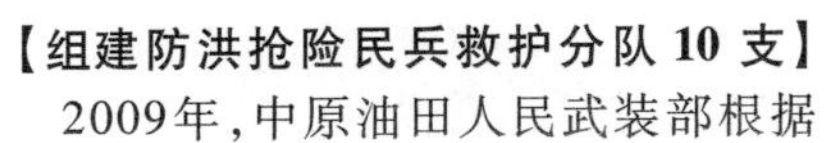

【组建防洪抢险民兵救护分队10支】 2009年，中原油田人民武装部根据

2009年7月17日，中原油田组建防洪抢险民兵救护小分队10支　（师发祥）

防汛指挥部的要求和濮阳军分区的指示，组建防洪抢险民兵救护分队10支、500人。7月14—18日，由各社区武装部进行防洪共同课目训练；7月21—24日，组织骨干民兵160人，参加在濮阳市濮上园组织的水上项目训练。训练内容：冲锋舟（船）的操作、排涝泵的使用等，并对每位队员进行考核，合格率100%。

【庆“八一”座谈会】　2009年7月28日，中原油田人民武装部在油田宾馆举办庆“八一”座谈会，油田领导沙启军、孔凡群、王亚钧、孙清德、黄艾华，濮阳军分区领导李举亮、刘贵新、蔡海、沈运田、刘耀华、曹效训、王高升以及油田有关部门负责人出席座谈会。双方领导就部队和油田的建设与发展进行座谈。

2004—2009年中原油田应征入伍人数及退役士兵安置情况

年份	应征入伍人数	退役士兵安置人数
2009	119	132
2008	133	115
2007	112	113
2006	129	112
2005	112	113
2004	114	121

说明：1.2008年以前应征入伍人数不含从河南省军区和濮阳军分区入伍的油田女兵。

2.2009年应征入伍人数不含油田子女从外地高校入伍的士兵和士官。

（师发祥）

消防工作

【消防支队概况】　消防支队地处河南省濮阳市五一路东段，是中原油田消防工作的专业部门，主要担负油田防火监督、火灾扑救、应急救援和作业施工现场防火监护。截至2009年底，消防支队有专职消防人员572人（正式员工456人、劳务用工116人），其中专业技术人员76人，具有高级职称6人、中级职称14人、初级职称56人；机构下设机关科室10个、小车队1个、消防执勤中队12个。拥有各类机动车辆97台，其中消防车66台；固定资产原值5896.07万元、净值1412.84万元。2009年，消防支队结合油田整体工作部署和安全生产要求，贯彻“预防为主、防消结合”的工作方针，建立消防安全监管队伍正规化、监管责任明晰化、监管业务信息化、监管工作经常化、监管考评动态化和监管服务优质化的工作机制，抓好消防监管、防雷检测、宣传培训和建筑审核工作。全年开展火灾隐患排查854次，专项整治行动5次，检查一般消防安全隐患1320处，督促整改1229处，隐患整改率93.12%；对136家生产单位的6324处防雷防静电接地电阻点进行检测，发现不合格接地电阻点15处，下发“防雷隐患通知书”4份，对合格的防雷防静电接地装置全部实现挂牌管理。组织开展消防进单位、进社区、进学校、进家庭和“消防法宣传月”、“119”消防安全宣传周等活动，广泛宣传消防知识，普及消防文化理念，提高油田全员消防安全意识；举办义务消防队员、重点岗位（要害部位）操作人员等培训班314期、培训消防志愿队员1.24万人；受理油田工程审核项目17个，参与改造项目论证8个，参与工程验收项目5个，对12个在建项目进行现场跟踪检查21次，从源头上遏制火灾事故发生，实现油田全年无工业火灾和公共场所火灾的工作目标。

【执行现场监护任务654次】　2009年，消防支队先后选送155名业务骨干赴普光分公司执勤备战，参与普光气田应急救援体系建设，协助普光应急救援中心组建消防站、气防站和重点单位守护队；建立和完善普光气田应急救援基础信息数据库和规章制度。年内，普光气田应急救援中心执行酸压放喷作业和酸气联调试运等高危险现场监护任务654次，出动车辆3304台次，出动人员6852人次，保证普光气田每年20亿立方米产能建设工作的正常进行。

【消防志愿者2.2万人】　2009年，消防支队结合消防工作全员化、社会化特点和油田点多面广线长、消防安全管理难度大等实际情况，健全油田消防志愿者行动指导中心和服务中心，将义务消防队和消防志愿者行动有机结合，明确志愿者队伍的主要任务、基本职责及组织机构，统一徽标、标识、誓词及队旗样式，健全招募、注册、培训、建队、服务等环节的工作制度，制定下发《消防志愿队伍培训大纲》，以提高发现、判断、处置初起火灾为目标，有组织、有计划、分批次地进行消防知识和消防技能培训，使义务消防员、消防志愿者达到“懂消防法规、懂防火常识、懂灭火知识、懂逃生方法，会报火警、会疏散人员、会使用灭火器材、会扑救初起火灾；遭遇火灾具备良好的身体、心理素质”的“4懂4会1具备”标准。同时，会同培训中心开展关键装置、要害岗位员工消防安全培训，开展钻井系统“四小证”中的消防认证培训，开展消防控制室和消防泵房操作人员培训。截至年底，中原油田有消防志愿者2.2万人，分布在油田的各条战线、各个岗位，形成强大的火灾防控力量。

四小证：硫化氢防护证、急救证、井控操作证、消防救护证。

2009年11月19日，消防支队在河南省范县濮城镇南关石蜡化工厂进行灭火救援　（黄开升）

【灭火救援162起】　2009年，消防支队坚持从难、从严、从实战需要出发，规范队伍建设，开展全员岗位练兵，深化区域联防协作机制，提升队伍整体素质和联合实战能力，完成中国石化集团公司打造石油工程铁军经验交流会、中国石化集团公司第二届职工文艺汇演、全国产业（行业）系统歌咏比赛颁奖晚会等重大消防安保任务；成功处置“12·1”河南中原绿能高科有限责任公司液化天然气槽车泄漏事故、“12·10”采油四厂79-平1井井喷事故、“11·20”清华苑住宅小区燃气爆炸事故和范县濮城镇南关陈庄石蜡化工厂火灾事故。全年灭火救援162起，灭火救援成功率100%。年内，消防支队被濮阳市委、市政府评为文明单位。

【建国60周年消防安保工作】　2009年，消防支队坚持做好建国60周年消防安全保卫工作，采取分片包干、“三不”抽查、签订安保工作责任状、纳入消防工作目标责任制考核等办法，形成“消防主导、部门联动、单位主动、全面推动”的工作格局。（1）做好消防宣传工作，通过悬挂标语横幅、设立宣传展板和咨询站点、印发宣传资料、开放消防中队等形式，宣传消防法律法规，普及消防安全知识。举办消防宣传活动12次、消防志愿者活动16次，参与群众近千人次，发放消防宣传资料1000余份、悬挂消防宣传条幅标语200多条，开放消防中队3个，接待群众300多人次；举办消防安全培训班8期、培训人员138人次。（2）结合重大危险源火灾风险及危害评估工作，严格落实灭火救援处置程序，保持油、水、电、气及灭火药剂充足，完善各类灭火救援预案，开展火灾扑救、抢险救援、跨区域紧急拉动、社会应急联动等实战演练，尤其是对高层建筑和大型公众聚集场所逐一进行供水对比性测试和拉动演练。（3）抓火灾隐患排查整治。采取自查与抽查、日查与夜查、重点查与反复查等相结合的方式，突出对易燃易爆化学物品生产、经营、储存场所的火灾防范，抓好宾馆、饭店、超市、商场、公共娱乐场所等人员密集的消防安全整治；抓好新建、改建、扩建工程的消防审核备案以及各类重要会议、庆典活动的消防安全监护。年内，消防支队检查火灾隐患306处，现场整改256处，督促整改50处。执行消防安全监护任务48次，出动人员1024人次、车辆496台次，确保建国60周年期间火灾事故为零、油田政治稳定的工作目标。

【“119”消防宣传活动】　2009年11月9日，是全国第19个“119”消防安全宣传日，消防支队本着“贴近工作、贴近生活、贴近群众”的原则，开展“人人参与消防，共享平安生活”为主题的系列宣传活动，举办“119”消防宣传周启动仪式暨“消防志愿者”技能比赛、消防车宣传巡游、消防宣传板报展评、消防知识咨询、消防安全签名承诺和消防警营开放日等活动，全方位、多层次地宣传火灾扑救、火场逃生等消防常识，营造“关注消防、重视消防”氛围。

2004—2009年火警出动情况

出警情况 年份	出警次数 （次）	出动车辆 （台）	出动警力 （人次）	保护价值 （万元）
2009	268	728	3854	9200
2008	219	536	3268	8600
2007	275	527	3025	8800
2006	230	280	1840	8000
2005	280	340	2620	9000
2004	260	320	2560	8500

（李凤举　黄开升）

计划生育

【计划生育工作概况】 2009年，中原油田计划生育工作以“稳定低生育水平、统筹解决人口问题、促进人的全面发展”为中心，进行计划生育宣传教育，提升服务能力，严格依法管理，全面实现计划生育工作目标。截至年底，中原油田有本地常住人口21.92万人，其中已婚育龄妇女4.8万人、独生子女4.17万人。全年新出生婴儿1230人，其中一胎生育1139人、二胎生育91人，出生人口性别比100（女性）:107（男性），符合政策生育率99.91%，人口出生率5.61‰，自然增长率3.76‰，年度人口控制指标和计划生育各项指标位居河南省之首。

【发放生育证1246个】 2009年，中原油田计划生育管理工作根据计划生育目标管理责任书，结合单位实际，对目标任务进行分解和量化，层层签订目标管理责任书，形成计划生育工作责任横向到边、纵向到底的计划生育管理体系。各单位按照党政一把手亲自抓、负总责的要求，定期召开专题会议，研究解决计划生育工作存在的问题，落实计划生育工作机构、人员、经费等问题。在征求基层意见的基础上，优化人口统计、生育证办理等业务流程，从现管理岗位人员中选聘生育证发放业务监督员，使油田生育证发放工作更加规范。截至年底，中原油田发放生育证1246个，其中一胎生育证1191个、二胎生育证55个。

【计划生育信息核查】 2009年，中原油田计划生育管理部门按照国家、河南省人口计划生育委员会的统一安排，开展油田人口和计划生育信息核查工作。按时完成人口和计划生育信息的采集、核对、网上录入等工作，对油田2000—2009年出生的1.97万名新生儿信息，与医疗、托幼单位进行详细比对，使人口管理情况更加清晰、准确。

【育龄妇女孕检及健康体检11万人次】 2009年，中原油田计划生育管理部门定期组织育龄妇女孕检、健康体检，检查人员11万人次，发现意外早孕161人，及时采取补救措施；发现患有妇科疾病2887人、早期癌症患者2人，并进行及时诊治。

【落实育龄女工计划生育优惠金1200万元】 2009年，中原油田计划生育管理部门落实计划生育优惠政策，为育龄女工报销生育费、4项节育手术费、独生子女父母奖励费等1200万元；协调地方政府，为独生子女伤亡家庭申请办理特别扶助金25户、3万元。同时，为外闯市场职工家庭上门服务，帮扶困难家庭办理计划生育等证件700余户。

【实名登记计划生育协会会员2.38万人】 2009年，中原油田各级计划生育协会坚持“向群众宣传，为群众服务”的工作理念，采取集中宣传服务与日常工作相结合的方式，开展宣传服务活动。在“5·29”中国计划生育协会成立纪念日期间，油田各基层协会组织宣传活动144场次，协会志愿者上门帮扶慰问计划生育困难家庭1074户，开展独生子女趣味活动93场次，发放计划生育宣传品4.16万册。计划生育管理部门按照河南省计划生育协会的统一安排，对2.38万名计划生育协会会员进行实名登记。

【签订流动人口计划生育合同书627份】 2009年，中原油田计划生育管理部门按照河南省人口计划生育委员会的要求，开展流动人口计划生育清查治理活动，查出漏管的出租门面房计划生育16处，为3403人建立流动人口资料台账，完善流动人口信息档案，实现流动人口计划生育信息共享、统筹管理的工作目标。办理流动人口婚育证明、计划生育纳入管理证明信2925份，签订流动人口计划生育合同书627份，为流动人口已婚育龄妇女提供健康查体服务1650人次，实现流动人口和常住人口“同宣传、同服务、同管理”的计划生育工作目标。 （胡珍珍）

【流动人口计划生育属地管理达标率96%】 2009年，房产租赁中心符合流动人口计划生育管理人员289人，其中已婚育龄妇女116人。在流动人口计划生育管理方面，该中心及时掌握流动人口婚育状况，并规定所有个体商户在签订《房屋租赁合同》前，必须签订《流动人口计划生育责任书》。在该中心每年2次的综合检查中，将流动人口婚育证明的开具情况作为重要内容，进行专项检查，未开具证明的，限期办理。年内，289名流动人口计划生育管理对象全部办理婚育证明，流动人口计划生育属地管理达标率96%。 （张舜然）

【移交濮阳市计划生育管理人口6500人】 2009年1月12日，中原油田计划生育管理部门根据濮阳市人民政府指示精神，将濮阳市油田教育中心计划生育工作移交濮阳市人口计划生育委员会直接管理，移交计划生育管理人口6500人，这也是2005年5月27日濮阳市人民政府与中原油田中小学移交协议内容之一。

【举办计划生育干部专题讲座2期】 2009年10月25—31日，中原油田计划生育管理部门分别在上海、大连举办2期、66人参加的计划生育干部专题讲座。专题讲座邀请国家计划生育委员会机关服务中心主任助理曲庭文、南京人口管理干部学院教授周长洪，为油田计划生育干部作人口理论、人口形势、计划生育政策等知识的讲解。

2004—2009年中原油田计划生育人口情况

年　份	常住人口数（万人）	流动人口数（人）	已婚育龄妇女人数（人）	领独生子女证人数（人）	出生人数（人）	死亡人数（人）
2009	21.92	1300	48162	25919	1230	405
2008	24.20	1389	48957	27285	1334	341

续表

年　份	常住人口数（万人）	流动人口数（人）	已婚育龄妇女人数（人）	领独生子女证人数（人）	出生人数（人）	死亡人数（人）
2007	21.70	1378	48015	28082	1696	262
2006	21.65	1214	48266	30091	1533	322
2005	23.55	1562	58133	27881	1688	301
2004	23.30	1550	48644	27931	1937	266

（胡珍珍）

医疗卫生

【医疗卫生工作概况】　中原油田医疗卫生管理工作由卫生处负责，卫生处和社会化服务管理办公室1个机构2个牌子，主要负责油田所属医疗机构的医疗、预防保健、疾病防控、计划免疫、妇幼保健、爱国卫生、科研教育以及社区卫生工作等行政管理。遇有重大卫生突发事件和自然疾病灾害时，组织濮阳市油田总医院（含分院）及油田卫生技术人员，协助濮阳市政府和油田有关部门抢救伤员，防止疾病的发生和流行。同时，还承办油田交办的其他医疗工作任务。截至2009年底，中原油田有卫生人员972人，其中医生324人、护理人员296人、医技人员86人、药剂人员80人、其他人员21人、行政管理人员88人、后勤管理人员77人，具有高级职称61人、中级职称415人、初级职称350人；卫生机构下设医疗机构15个（社区医院13个、妇幼保健院1个、卫生防疫站1个），其中二级医院4家、一级医院6家、未授予等级医院5家（妇幼保健院、卫生防疫站隶属公共事业管理处管理）；医疗机构有床位876张，实际开放床位761张。2009年，15家医疗机构门诊诊疗39.8万人次，检验27.6万人次，收治住院病人3443人次，收治观察病人6.21万人次，健康检查8.4万人次，抢救危重病人441人次；入出院诊断符合率97%，急危重病人抢救成功率98%，基础护理质量合格率90%，处方合格率95%，法定传染病报告率98%，院内感染率0.1%。同时，在中原油田承办的大型会议及重大活动期间，做好医疗卫生保健工作，安排医护人员、卫生防疫人员45人驻点服务，保证各项会议和各项活动的正常开展。

【审核药品采购合同1230份】　2009年，中原油田卫生管理部门完善《药品管理办法》和配套的监督、考核实施细则，采取不定期抽查和专项检查相结合的方式，开展药品监督管理和考核，药品质量合格率100%。按照河南省药品集中招标采购结果，编制完成《中原油田医疗机构2009年度基本用药目录》。8月，卫生处组织油田相关处室和医院专业人员开展药品再次选择工作，确定临床所需药品1320种，中标配送企业11个，对临床所需的所有药品实行捆绑集中配送。健全药品采购合同业务审核制度，规范药款结算行为，审核药品采购合同1230份、采购金额4925.23万元。

（宋光临　李卫江）

【卫生防疫工作】　中原油田的卫生防疫工作由卫生防疫站负责，是油田唯一一家卫生防疫专业机构，行政管理归属公共事业管理处。该站主要负责中原油田的疾病预防控制、卫生监督、免疫规划、职业病危害因素监测与评价、职业健康检查、职业病防治等工作。截至2009年底，卫生防疫站有员工61人，其中高级职称10人、中级职称37人、初级职称14人；机构下设科室6个。2009年，卫生防疫站指导社区医院开展免疫规划工作，按照《疫苗流通和预防接种管理条例》和《濮阳市扩大国家免疫规划疫苗接种方案》要求，在开展一类（国家免费疫苗）疫苗接种的同时，推广二类疫苗接种，指导濮阳市油田总医院开展新生儿乙肝疫苗、脊灰糖丸、卡介苗、百白破、麻疹、乙脑疫苗等各类疫苗接种，接种各类疫苗9.7万人次，其中乙肝疫苗接种率99.31%、脊灰糖丸服用率98.89%、卡介疫苗接种率99.7%、百白破疫苗接种率99.07%、麻疹疫苗接种率99.46%、乙脑疫苗接种率95.06%、流脑疫苗接种率95.09%。卫生防疫站坚持24小时值班，门诊疫苗接种1.41万人次，其中接种狂犬疫苗3400人次，及时处置犬咬伤人员860人次。同时，食品经营单位许可证办证率100%，食品从业人员健康证办证率98.9%，从业人员“五病”调离率100%。全年未发生食源性疾病和集体性食物中毒事件。

（张连峰　李富冉）

五病：痢疾、伤寒、病毒性肝炎、活动性肺结核、化脓性及渗油性皮肤病。

【甲型H1N1流感病例20例】　自2009年3月，世界各地相继发生甲型H1N1流感疫情。疫情期间，中原油田对2259名归国人员和密切接触者进行医学观察。对濮阳市油田总医院报告的疑似甲型H1N1流感病例和濮阳市油田教育中心8所学校报告的51例聚集性流感样病例，进行流行病学调查。为职工家属免费接种甲型H1N1流感疫苗2100人。油田区域确诊甲型H1N1流感病例20例，其中地方学生16例、油田学生3例、油田员工1例。全部得到救治，无重症和死亡病例发生。

【控制手足口病疫情】　2009年1月，河南省商丘地区、山东省菏泽地区出现手足口病疫情蔓延，中原油田迅速启动防控工作，先后进行手足口病防治技术培训，培训人员470人；组织流行病学调查人员对252例（门诊227例，住院25例）患儿及时开展流行病学调查，对住院患者全程跟踪管理，对密切接触者做好医学观察，确保手足口病做到早发现、早诊断、早报告、早隔离、早治疗。

（宋光临　李卫江）

【脊灰炎病例5例】　2009年，中原油田卫生防疫部门组织各医院开展脊灰炎（AFP）病例监测，实行零病例报告制度。坚持每旬对濮阳市油田总医院进行脊灰炎病例搜索、查询和调查，对发现的5例脊灰炎病例进行个案调查，并采集双份合格大便标本送河南省疾病预防与控制脊灰实验室进行检测，排除脊灰野病毒导致麻痹病例。针对高危人群继续开展2008—2009年第2轮脊灰炎疫苗查漏补种工作，服苗800余人，服苗率98%以上。

【麻疹病例和风疹病例17例】　2009年，中原油田卫生防疫部门对麻疹预防控制工作进行动员和安排，各医院门诊双休日、节假日不休息，为2150名0～6岁儿童和3260名5～7岁学龄儿童及时接种或补种麻疹疫苗，2岁以上儿童接种2剂麻疹疫苗覆盖率保持在95%以上。根据油田麻疹疑似病例主要发生在大年龄组的特点，卫生防疫部门与教育部门沟通，加强对各中学进行现场流行病学调查和防控工作督导，保证各项防控工作落实到位。濮阳市油田总医院进行麻疹监测36次，收集各社区医院报表2160份，对油田报告的80例疑似麻疹病例进行个案调查，采集血标本74份送濮阳市疾病预防与控制麻疹实验室进行检测，其中确诊麻疹病例7例、风疹病例10例。

【疾病监测】　2009年，中原油田卫生防疫部门加强艾滋病病毒检测工作，1—10月，组织指导油田各医疗单位进行HIV检测3.25万人次，未发现初筛阳性人员，对已有的HIV阳性者、艾滋病患者定期进行随访和网络直报。组织各医院开展新生儿破伤风、乙肝、流脑、乙脑监测，未发生相应病例。加强霍乱等夏季传染病防控工作，指导各医院建立肠道传染病门诊，做到早发现、早报告、早诊断、早治疗，使各种传染病得到有效控制。

【职业病防治】　2009年4月24日—5月1日，中原油田卫生防疫部门在《职业病防治法》宣传周期间，制作宣传展板4块、大型气球4个，悬挂气球标语4幅、横标1幅，接受咨询435人次，测量血压170余人次。按照卫生部《职业健康监护技术规范》和中国石化集团公司《职业卫生技术规范》的要求，开展员工职业健康体检工作，对51个单位11.23万名从事有毒有害的作业人员进行健康体检，对异常人员及时安排复查，并根据复查结果，提出处理建议。在工作场所职业病危害因素检测评价工作中，严格执行有关技术标准，加强全程质量控制管理，保证各项数据的科学性和可溯源性。全年对42家单位、657个作业场所、470个岗位进行检测，设置监测点1445个，岗位覆盖率98.1%，监测点合格率92.1%，并及时出具检测评价报告。各医院门诊接诊各种职业病和工伤患者2908余人次，开处方2619张，为符合条件的50位病人办理转诊手续。

【食品及公共场所卫生】　2009年，中原油田卫生防疫部门完善食品保障预案，坚持日常监督与专项监督检查相结合工作方针，加大卫生监督检查力度。开展从业人员健康体检1695人次，对体检合格人员办理健康证。配合濮阳市卫生监督局对12家餐饮单位进行换发新证的初审工作，对32家学校及幼儿园食堂进行卫生许可证年度复审工作。会同濮阳市卫生监督局对油田基地6个供水管理站和黄河水源进行专项监督检查4次；对末稍水检测12次、对水源水监测4次。全年出动卫生监督人员240人次，监督检查食品卫生从业单位490户次，发放卫生宣传资料720份，现场书写卫生监督执法文书56余份，限期整改11户次，没收“三无”及过期、变质食品12千克。同时，在中国石化集团公司打造石油工程铁军现场会、中国石化集团公司“庆祝新中国成立60周年暨第二届职工文艺汇演”、“全国产业（行业）系统文艺汇演颁奖晚会”期间，采取24小时定人定点监督，完成食品卫生监督任务。

三无：无生产厂家、无生产日期、无保质期。

【妇幼保健】　中原油田的妇幼保健工作由妇幼保健院负责，行政管理归属公共事业管理处。该院主要负责油田妇女卫生保健工作和育龄妇女围产期保健、产前诊断、优生等工作，以及幼儿园卫生保健的业务指导工作。截至2009年底，妇幼保健院有员工50人，其中高级职称3人、中级职称27人、初级职称16人；机构下设科室6个。2009年，妇幼保健院接待门诊病例2.02万人次、检验1.06万人次、心电图检查3016人次、B超检查1.16万人次、X光检查4592人次、乳腺扫描8675人次；对病人临时观察2889人次；理疗1386人次；门诊手术780人次；病理检查1.12万人次；住院14人次；预防接种2518人次。同时，进行婚前检查120人，其中男性60人、女性60人，婚检质量100%。

【建立孕产妇女围产期保健手册率100%】　2009年，妇幼保健站为孕产妇女建立围产期保健手册，定期进行产前检查，并为孕产期妇女提供卫生、营养、心理等方面的医学指导与咨询；对高危孕妇进行重点监护、随访和医疗保健服务；对产妇定期进行产后访视，指导产妇科学喂养婴儿，提高母乳喂养率；对产妇及其家属进行生殖健康教育和科学育儿知识教育。年内，为孕产妇女建立围产期保健手册率100%，怀孕12周建卡率83.7%，怀孕20周建卡率100%，孕产妇女住院分娩率100%，高危妊娠专案管理率100%，高危孕产妇女住院分娩率100%。全年无孕产妇女死亡事件发生。

（张连峰　亢爱国）

【省级卫生先进单位12个】　2009年，中原油田卫生处在环境卫生综合治理和第21个“爱国卫生月”活动期间，出板报、更新宣传栏241块，悬挂横幅110条，各社区管理中心及各单位参加义务劳动1.5万人次，清运各类垃圾2.25万立方米，清掏污雨水沟4.83万米，治理卫生死角586个。10月，河南省卫生厅对中原油田2007年度、2008年度省级卫生先进单位进行复查并通过。同时，评选出本年度省级卫生先进单位12个。

【第一医院病历书写获濮阳市二级医院第一名】　2009年，中原油田卫生系统开展以“医疗质量安全、病例书写、医疗核心制度落实”等为主要内容的7项专题活动。按照卫生部的要求，对油田所属医疗机构318名住院医师进行年度考核，合格率100%。第七社区管理中心第一医院在濮阳市“医疗质量万里行”活动评比中，病历书写获濮阳市二级医院第一名。

【培训医务人员1022人次】　2009年，中原油田卫生处根据甲型H1N1流感、手足口病疫情，邀请河南省疾病控制中心有关专家举办有关防控知识培训班4期、培训医务人员512人；开展医学继续教育工作，组织参加学术培训班19期、培训医务人员510人次。

（宋光临　李卫江）

幼教工作

【幼教工作概况】　中原油田的幼儿教育工作由培训中心负责。2009年，中原油田在园幼儿8106人，幼儿入园率100%，健康合格率98%，出勤率90.5%；幼儿教育人员1216人，其中幼儿教师409人，其他工作人员807人。有幼儿园30所，其中省级示范幼儿园6所、“爱国启蒙教育示范园”10所、“礼仪品格教育实验园”10所、“科技教育实验园”3所、“民间游戏实验幼儿园”1所。2009年，幼儿教育继续以增强办园特色为核心，贯彻落实《幼儿园教育指导纲要》和《幼儿园工作规程》精神，围绕健康、语言、社会、科学、艺术和爱国启蒙、礼仪品格、科技等特色教育开展教育工作，将6个主课题、24个子课题和157节教学活动纳入中央教科所礼仪品格教育教材体系，并在全国推广使用；组织编写的《中原油田幼儿爱国启蒙教育教师用书》得到中华爱国工程联合会高度评价。年内，培训中心被全国教育学会、中华爱国工程联合会、全国关心下一代工作委员会授予“道德教育全国先进集体”。幼儿绘画作品获全国“太空娃娃杯”少儿书画大赛奖615幅，其中金奖77幅、银奖121幅、铜奖134幅、优秀奖283幅。

【幼儿体能锻炼】　2007年9月—2008年6月，中原油田培训中心率先在国内制定1套适合油田幼儿身心发展特点的体格锻炼项目标准。2009年10月，培训中心抽出立定跳远、脚跟顶着脚尖走、左右手交替拍球、投沙包、穿珠、剪纸、折纸、夹花生米8个项目，在各幼儿园进行达标测试，金萌幼儿园和采油一幼大班、中班、小班的幼儿拍球达标率、运球率均达到100%。12月，培训中心针对达标测试过程中发现的幼儿平衡发展不良现象制定矫正计划，开展强化训练，通过1个月的练习，20%的幼儿动作协调性、平衡感良好，80%的幼儿动作协调性、平衡感较训练前有明显进步。

【签订幼儿安全管理协议8106份】　2009年，中原油田从3个方面加强和规范幼儿安全管理。（1）进一步明确幼儿园与幼儿家长的责任和义务，从幼儿出入园安全、室内外活动安全、饮食安全、午睡安全及传染病防控等6个方面起草《幼儿园安全管理协议》，并与在园幼儿的家长签订幼儿安全管理协议8106份。签订协议后，幼儿在园内发生意外伤害事故4起，在园外发生意外伤害事故34起，培训中心针对38起意外伤害事故，召开专题分析会，逐个分析原因，制定防范措施。各个幼儿园又分别召开教职工大会和幼儿家长会，通报幼儿意外伤害案例，提醒职工和幼儿家长从中吸取教训，落实各项防范措施，加强幼儿安全保护。（2）做好幼儿意外伤害投保工作，先后多次与濮阳市人民健康保险公司协商，将幼儿安全管理基金、提供法律援助、举办健康知识讲座等服务条款纳入幼儿安全保险合同之中。（3）加强食品卫生安全管理，不定期到各幼儿园进行食品卫生安全督导检查，全年30所幼儿园未发生食物中毒事件。

【制定幼儿带量食谱46期】　2009年，中原油田为保证幼儿膳食结构科学、合理，每月组织骨干保健医，按照主副食搭配、荤素搭配、粗细粮搭配、甜咸搭配、干稀搭配，以及每天进食不少于24种食物的原则，根据不同年龄段幼儿7大营养素需求量的不同，为幼儿制定营养均衡的带量食谱46期。并不定期指导幼儿园规范食品采购渠道，合理替代采购不到的食品，科学加工制作食品，实现每季度幼儿查体健康率95%以上、幼儿贫血发病率0.3%以下的健康目标。

【举办幼儿庆祝建国60周年汇报演出】　2009年9月27日，中原油田为培养幼儿的爱国主义情感，激发幼儿的爱国主义热情，在党校报告厅举办“伴随共和国脚步”大型文艺节目汇报演出。节目分解放区的天、火红年代娃娃情、新生活变奏曲、春天的故事和我爱我国家5个主题，主要以孩子们的游戏表演为表现形式，反映共和国

2009年9月27日，培训中心举办油娃庆“国庆”文艺演出　（刘建华）

60 年的发展历程。

【幼儿教学课题研究获省部级以上奖 3 项】 2009 年，中原油田的幼儿教学主要从健康、语言、社会、科学、艺术、爱国启蒙、礼仪品格、科技等特色教育方面开展教育教学，完成《幼儿爱国启蒙教育教师用书》编印工作，并发放到各所幼儿园，作为幼教系统自主研发的第 2 套教材在教学中推广应用，幼儿教学课题研究获省部级以上奖 4 项。其中，礼仪课题“中原油田幼儿礼仪品格教育实践和探索”获全国儿童礼仪、品格教育科研成果优秀奖，并先后在北京、南京、郑州等地进行宣讲；民间游戏课题“幼儿园民间儿童游戏开发与应用的研究”获河南省幼儿教学评比一等奖；语言课题“在文学活动中，幼儿主动学习的策略研究”获河南省幼儿教学评比二等奖。

【幼儿教育交流活动获奖 23 个】 2009 年，中原油田由 10 所“礼仪品格教育实验园”参与创编的自律、独立、勇敢等 6 节幼儿礼仪品格教育课入选全国示范课；在河南省幼儿教育交流评比中，获河南省幼儿教师自制玩教具一等奖 1 名、幼儿园创造性游戏一等奖 1 名、幼儿教师基本功大赛二等奖 1 名；8 节优质课分获河南省幼儿教育交流评比一、二、三等奖；10 篇优秀论文分获河南省幼儿教育交流评比一、二、三等奖；225 篇幼儿教师教育随笔分获全国第一届幼儿教师教育随笔征文一、二、三等奖，1 所幼儿园获“河南省校讯通书香班级”、1 名教师获“河南省校讯通书香班级优秀辅导教师”称号。

【幼儿流行性疾病防控】 2009 年是手足口病和甲型 H1N1 流感等传染病的高发年。中原油田培训中心从“控制传染源、切断传播途径、保护易感人群”等方面入手，采取措施防止和控制传染病疫情的发生。一是先后组织召开 10 次防控工作专题会议，及时总结经验、查找问题，有针对性的指导幼儿园开展防控工作，先后印发文件 37 份，起草文件及预案 22 份；二是针对疫情较重的幼儿园，组织召开由园领导、教职工、驻园医生参加的疫情分析会，消除疑虑，科学应对疫情，杜绝疫情的蔓延和暴发；三是成立由培训中心领导、机关部室负责人、幼儿园园长和驻园医生组成的“一对一”幼儿园甲流防控工作责任承包小组，指导 30 所幼儿园进行落实；四是举办手足病及甲型 H1N1 流感培训班 4 期、培训人员 1200 余人，各幼儿园每周对幼儿和幼儿家长进行一次手足口病及甲型 H1N1 流感防控知识主题教育，印发预防手足口病、甲型 H1N1 流感注意事项等宣传资料 29 种、5 万多份，创编手足口病和甲型流感防控儿歌 160 首、设计防控知识教育活动 72 节、健康游戏 57 个、健康课间操 30 套，创设主题墙面 120 幅，指导帮助家长及时掌握手足口病及甲型 H1N1 流感防控知识，提高防控意识和防控能力。年内，中原油田发生手足口病例 2 例，甲型 H1N1 流感病例为零。

（陈雪丽）

【庆“六一”活动】 2009 年“六一”期间，中原油田针对手足口病疫情多发期和高发期的实际情况，起草下发《关于开展好“六一”庆祝活动的通知》，要求各幼儿园在开展不同形式的庆祝活动的同时，要做好手足口病防控工作，保障幼儿的身体健康。（1）关心下一代工作委员会的领导为油田基地 7 所幼儿园 13 名“6 月 1 日”出生的幼儿送生日蛋糕；（2）油田基地第九幼儿园、第十一幼儿园等 9 所幼儿园采取分班进行或集中表演的形式，举办庆“六一”幼儿文艺汇演；（3）油田基地中心幼儿园、登月幼儿园等 5 所幼儿园举办“我要健康、我要安全”大型手抄报展览活动；（4）第三幼儿园、钻井三公司幼儿园等 7 所幼儿园分别邀请所属社区、主业单位、关心下一代工作委员会的领导参加座谈；（5）油田基地中心幼儿园结合实际和幼儿特点，开展“幼儿体育游戏展示”、“小电影”、“百优家长”评选等庆祝活动。

【幼儿保健 4663 人】 2009 年，中原油田妇幼保健部门对 6 岁以下幼儿建立保健手册，定期进行健康检查，提供有关预防疾病、合理膳食、促进智力发育等科学知识，做好幼儿常见病、多发病防治等医疗保健服务。集体幼儿保健 3065 人，保健覆盖率 99.52%，系统管理率 92.5%；散居幼儿保健 1598 人，保健覆盖率 65%，系统管理率 68.2%；体弱儿及生长发育偏离幼儿专案管理率 98.8%；5 岁以下幼儿死亡报告评审制度落实率 100%。对 2570 名入托幼儿进行健康体检，未检查出异常，无暂缓入托幼儿。同时，定期为 1222 名托幼工作人员进行健康体检，办理健康证 1221 人，对 1 名体检不合格的托幼工作人员建议调离工作岗位，同时把体检结果及时反馈到被检单位。

（张连峰）

2009 年 5 月 27 日，金萌幼儿园的小朋友在欢庆“六一” （李 美）

【保教人员业务培训 957 人】 2009 年，中原油田为提升保教人员业务素质，暑假期间，发放培训需求调查表 30 份，分期分批组织保教人员参加蒙氏教学、开心数学、奥乐夫音乐等培训 274 人，组织业务园长、骨干教师参加幼儿礼仪品格教育培训 176 人；业务园长、骨干教师参加小星星英语培训 157 人；幼儿教师、保健医参加手足口病等传染病防治知识培训 350 人。 （陈雪丽）

保险统筹

【社会保险统筹中心概况】 中原油田的社会保险统筹工作主要由社会保险统筹中心负责。社会保险统筹中心地处河南省濮阳市文明路 7 号，主要负责中原油田职工家属（包括协议解除劳动合同人员、失业集体工）的养老、医疗、工伤、生育、失业保险管理等服务工作。截至 2009 年底，社会保险统筹中心有员工 195 人，其中正式员工 193 人、劳务用工 2 人，具有高级职称 13 人、中级职称 124 人、初级职称 39 人；机构下设职能科室 10 个，按区域化管理设立保险管理科 24 个，普光社会保险项目部 1 个。固定资产原值 326.17 万元、净值 137.05 万元。2009 年，社会保险统筹中心坚持精细管理，加强服务职能，全面完成各项承包服务考核指标，维护企业利益，保障员工权益。年内，社会保险统筹中心被河南省劳动和社会保障厅、河南省财政厅评为河南省省直统筹养老保险工作先进单位；被河南省工伤保险中心评为河南省工伤保险经办工作先进单位；被濮阳市社会医疗保险中心评为濮阳市城镇居民基本医疗保险经办工作先进单位。

【养老保险】 2009 年，社会保险统筹中心办理审批退休人员手续 2221 人，其中正式员工退休人员 1143 人、失业集体工退休人员 394 人、协议解除劳动合同退休人员 684 人。发放正式员工离退休职工养老保险金 28.51 万人次、金额 7.79 亿元，发放非正式员工退休人员养老保险金 28.20 万人次、金额 2.18 亿元。审批计算新退休人员补充养老保险待遇 740 人，发放补充养老金 879.46 万元，企业补贴 1.35 亿元。同时，打印发放养老保险个人账户对账单 9.99 万份。

【医疗保险】 2009 年，中原油田门诊医疗费刷卡 114 万人次，门诊报销 6.4 万人次，住院报销 2.21 万人次，其中个人账户支出 9347.55 万元，社会保险统筹中心报销 1.65 亿元；大病困难救助 522 人次、补助金额 168.7 万元。

【工伤保险】 2009 年，社会保险统筹中心办理工伤医疗费报批手续 4495 人次，工伤医疗费支出 486 万元；享受长期工伤待遇 6689 人次，工伤待遇支出 702.99 万元；登记上报河南省人力资源和社会保障厅新工伤事故 19 起，工伤伤残等级鉴定 101 人。

【生育保险】 2009 年，社会保险统筹中心审核发放女工产假工资 2240 人次、金额 345.3 万元；发放独生子女保健费 2.18 万人次、金额 341.35 万元。

【失业保险】 2009 年，社会保险统筹中心办理失业保险报批手续 96 人次，审批失业人员待遇 2619 人次、发放失业救济金 149.26 万元；审批失业人员住院医疗费 2 人、金额 7200 元。为从事个体经营和灵活就业的油田职工子女办理养老保险续接手续 163 人。

【降低失业保险缴费比例】 2009 年，社会保险统筹中心与河南省失业保险主管部门、濮阳市失业保险主管部门协商，降低油田失业保险缴费比例。失业保险缴费比例由 3% 降至 1.5%，其中单位缴费比例由 2% 降至 1%、个人缴费比例由 1% 降至 0.5%，执行期限为 2009 年 1 月 1 日—12 月 31 日。仅此 1 项中原油田节约资金 4612.17 万元。

【调整医疗保险支付标准】 2009 年 7 月 1 日，濮阳市劳动和社会保障局下发《关于调整城镇职工基本医疗保险支付标准的通知》，对城镇职工基本医疗保险支付标准进行调整。调整内容：（1）降低使用乙类药品个人自付比例，将个人首付由 10% 调至 5%。（2）经批准转外地诊治的医疗费用，由统筹基金支付的比例是支付线 ~ 8000 元，在职人员报销由 70% 调至 75%；8001 元 ~ 16000 元，在职人员报销由 75% 调至 80%；16001 元 ~ 最高支付限额，在职人员报销由 80% 调至 85%。退休人员报销比例比在职人员增加 5%。（3）提高参保人员住院床位费报销标准，由原来的每日每床 25 元调至 30 元。（4）确因病情需要进行器官、组织移植，其购买器官或组织的费用由个人负担，移植过程的住院费用由统筹基金按规定的住院比例支付。确因病情需要，经定点医疗机构出具证明并经社会保险经办机构审核批准安装的人工器官（如心脏起搏器、人工关节等）、内置支架及内置（或一次性）导管所需费用执行限价，其费用由统筹基金支付 80%，安装过程前后的住院医疗费用，由统筹基金按规定的住院比例支付。（5）输血费用的个人首付比例由原来的 30% 调至 20%。

【支付居民医疗保险费用 513.17 万元】 2009 年 7 月 31 日，濮阳市劳动和社会保障局印发《关于调整城镇居民基本医疗保险支付限额的通知》，决定自 9 月 1 日起，对城镇居民基本医疗保险的年最高支付限额、大额补充医疗保险年支付限额进行调整，调整内容：将城镇居民基本医疗保险统筹金年最高支付限额由 2 万元调至 4 万元；将城镇居民大额补充医疗保险年支付限额由 4 万元和 8 万元统一调至 12 万元。年内，中原油田支付居民医疗保险人数 2846 人次、医疗保险费用 513.17 万元。

【新增登记参保人员 4799 人】 2009 年 10 月 1 日起，中原油田各单位及时召开补充医疗保险及城镇居民基本医疗保险缴费工作会议，安排续保及缴费工作事宜，并以明传电报的形式要求各单位、各社区给予配合，拟定下发《濮阳市城镇居民基本医疗保险续保及中原油田补充医疗保险缴费告知书》，由各单位人事劳资工作人员将《告知书》发放到每位员工手中，做到家喻户晓，人人皆知。年内，中原油田新增登记参保人员 4799 人，续保缴费 5.34 万人（含独生子女整体缴费 3.5 万人）。

【办理协解人员和集体工人员续保手续 1.22 万人次】 2009 年，社会保险统筹中心办理协议解除劳动合同人员养老保险续接手续6223人、医疗保险续接手续5936人，办理集体工人员养老保险续接手续3574人。

【增加退休人员养老金金额646.7万元】 2009年1月，社会保险统筹中心根据河南省劳动和社会保障厅、河南省财政厅联合下发的《关于调整企业退休人员基本养老金的通知》精神，调整正式员工退休人员2.42万人、非正式员工退休人员2.37万人、协议解除劳动合同退休人员1536人，增加养老金金额646.7万元。

【社会保险基金征集率99%】 2009年，社会保险统筹中心对9.15万人进行社会保险登记，征集社会保险基金14.26亿元，征集率达到99%。

2009年中原油田员工参保基本情况

单位：人

人员类别＼险种类别	基本养老保险	基本医疗保险	工伤保险	生育保险	失业保险	补充养老保险	补充医疗保险	城镇居民医疗保险
在职员工	62830	64582	62830	62830	62830	62757	64582	
劳务合同工	25572	28419	25572	25572	25572		28419	
在职集体工	2664	2727	2664	2664	2664		2727	
离退休职工		26089					26089	
退休集体工		23682					23682	
独生子女		37235					10899	40215
协议解除劳动关系人员	5936	5959					2002	
家　属		13573					4973	16115
城镇居民								10318
合　计	97002	202266	97002	97002	97002	62757	163373	66648

（杨笑琴）

公共事业

【公共事业管理处概况】 中原油田的公共事业管理工作主要由公共事业管理处承担。公共事业管理处地处河南省濮阳市茂名路7号，主要负责城建监察、卫生防疫、妇幼保健工作；负责油田基地市政工程建设与改造、市政设施的维护与管理；负责油田基地防洪排涝、生活污水处理、生活垃圾外运与处理；负责油田基地主次干道、公共场所的园林绿化管护及环境卫生管理；负责油田办公楼、机关公寓、局长大院、总工程师楼房等物业服务与管理；负责新蕾公园、未名园、昆吾园管理等工作。截至2009年底，公共事业管理处有员工1011人，其中正式员工557人、劳务用工249、再就业人员205人，具有高级职称26人、中级职称126人、初级职称52人；机构下设机关科室7个、事业单位2个、基层单位9个。拥有设备540台套，其中运输设备45台套、机器设备87台、其他设备408台套。固定资产原值2.61亿元、净值1.89亿元，其中房屋及建筑物固定资产原值1.95亿元，占总资产原值的74.94%；净值1.51亿元，占总净值的79.84%。2009年，公共事业管理处完成公共设施维护与管理任务，发现问题及时整改，加大城建监察力度，处理污水1140.38万立方米，清运各类垃圾2.25万立方米。8月，中国文联、中华全国总工会、中央电视台、中国音乐家协会联合主办“向祖国汇报——庆祝新中国成立60周年全国产业（行业）系统职工歌咏比赛”，中原油田公共事业管理处组成100余人的合唱队代表中国石化集团公司参加歌咏比赛，并获金奖。

【绿化美化】 2009年春季，公共事业管理处完成苏北路桥头、中原路桥头、新蕾公园、马颊河沿线、局办公楼周围等区域的绿化任务，种植乔木1600多棵、花灌木5.38万棵；宿根花卉3.49万墩；藤本植物4100多棵、水生植物2.2万多株，计50多个品种。对中原文化宫绿地、局长大院、总工程师楼等重点区域进行草花点缀，种植郁金香1.08万棵，更换草花10万盆。9月，对新建的文化路两侧3600平方米绿化带进行绿化，栽植樱花树461棵。加大病虫害防治工作力度，成立“美国白蛾”防控领导小组，设立监测点45个，使“美国白蛾”疫情得到控制。2次对公共事业管理处辖区的427棵杨树和马颊河沿岸731棵柳树注射“抑花一号”，控制了杨柳飘絮。

（张连峰）

【城建监察】 2009年，公共事业管理处修订《城建监察大队监察管理和队伍建设考核办法》、《城建监察大队请销假制度》等管理制度，坚持半军事化管理模式，并以中队为单位进行早巡逻。取缔和规范油田基地公共场所、主次干道违章占道经营摊点，清理店外经营、占道经营840余处（家），清除店外乱摆放杂物1150余处；没收、清除小广告2.3万余张，清除交通护栏上的破损广告110余块，清除办证广告760余处，没收广告条幅100余条，规范沿街店牌、路牌、门前设施及户外广告，督促整改车站牌21块、广告牌19块、落地橱窗宣传栏25块、破损店牌38个，清理一店多牌20个；督促13家洗车等商户修建沉淀池，硬化地面。对公共场所、主次干道区域内随地吐痰、乱扔废弃物、践踏草坪等不文明行为进行查处和通报360人次，查处机动车辆占压人行道70辆；查处挖掘城市道路行为5起、破坏公共设施2起、各类私搭乱建行为15起，强制拆除各类建筑物、构筑物8起，拆除违章建筑面积180余平方米。与濮阳市油田教育中心协作，对濮阳市油田一中、濮阳市机关一小和第一幼儿院等院校周边区域内乱摆摊设点、占道经营的违章行为进行集中整治和规范管理。同时，合理安排值班人员，采取定点和巡逻相结合的执法方式，协助文化体育活动管理中心做好周末文化广场活动。

（张连峰　苟立峰）

【处理局机关处室日常求助240项】 2009年，公共事业管理处加强服务意识，提高服务水平，对局机关承办的1394场次会议，做到会务服务周到快捷；清除消防报警40次，避免火灾事故3起；2个车棚实行24小时值班，自行车存放量保持在600辆以上，未发生纠纷或投诉事件；利用设备停机期间对局办公楼中央空调进行维修，并实行全过程监督，保证维修质量和安全；在保安管理方面，推行军事化的管理，严格门岗值班、保安值勤、电子监控等管理制度，发现上访或其他异常情况及时处理，疏导各类上访人员5000余人次。为局机关处室处理各类日常求助240项，处结率100%，并定期征求局机关处室意见，对意见和建议及时改进，保证局机关行政服务质量。（张连峰　李　瑞）

【新蕾公园管理】 2009年，公共事业管理处投资26万元，对新蕾公园公共设施进行改造，制作指示标志牌24块，其中疏散示意平面图2块、公园内道路指示标志17块，建应急厕所2座、化粪池2座，维修排水管线70米。改造工程于11月2开工，12月1日完工。在新蕾公园补栽玉簪、红花杂酱草1000平方米；对公共设施坚持每日全面巡查、发现问题及时维修，春节、国庆节前夕，组织力量维修和安装射灯和音响，实行24小时看护。园内新增加健身器材14套，安装金鱼池、猴山安全防护栏2个，公园出口安装隔离墩27个。园内保安人员加强重点区域的防范工作，杜绝治安事件发生，在禁止各种不文明行为过程中，做到语言文明。

【提高2个住宅区的物业服务水平】 兴原小区、总工程师楼的物业管理工作由公共事业管理处负责。2009年，公共事业管理处为提高2个小区的物业服务水平，一是种植更换各种草花2万余盆；二是2个住宅区保安人员与基地派出所建立联动机制，确保2个住宅小区居民的财产安全；三是对2个住宅区污雨水井全部进行清理；四是为兴原小区各业主大门刷漆，帮助孤寡老人打扫庭院、修剪树木、清理积雪等，并上门维修下水道15次。

【公共设施管理与维护】 2009年，公共事业管理处坚持每天对油田基地主次干道、公共场所进行巡视，发现问题及时整改。更换水阀门34个，检修水泵51台次；修复污水厂高架水罐1个，更换油田基地主次干道污雨水井盖210个，加固污雨水井盖146个，清掏雨水口、污水井3855个；检修各类电机、配电柜、配电箱等设施320台次，检修电葫芦10台次，维修路灯856盏次，检修垃圾站电路40处，焊制垃圾箱2个，清理外运垃圾2.25万立方米。

【公共设施改造】 2009年，公共事业管理处围绕“质量、工期、投资和安全”工作，坚持全过程旁站监督，完成建设路东延（2008年开工的跨年度工程）、文化路贯通，兴业路、长春路及兴业桥改造维修等工程；完成任丘路、五一路雨水提升站改造工程，五一路与长庆路交叉口污雨水分流等改造工程，改造油田基地污雨水管网系统，解决部分路段污雨水混排等问题。

【处理污水1140.38万立方米】 2009年，公共事业管理处及时掌握污水处理厂泵站运行、水位升降和管线流水情况，落实设备管理责任制、巡回检查责任制、维护保养责任制，杜绝设备故障发生，保证污水提升和雨水及时排放。各污雨水泵年累计运行6.2万小时，其中开启马颊河配套工程泵3308小时，提升污雨水18.25万立方米，抽马颊河水224万立方米。全年处理污水1140.38万立方米，处理污泥5446吨。污水处理厂接受上级部门检查27次，提取监测水样19次。

（张连峰）

【完成污水处理厂设备及设施改造工程80%】 2009年，公共事业管理处投资538万元，对污水处理厂设备及设施进行改造。工程由工程建设总公司承建，3月28日开工建设，主要工作量：（1）更新污泥干化车间带式压滤机2台、配电柜2台，更换部分管线；（2）更新改造3号污水提升泵站排污泵4台，更换启动控制柜2台；（3）更换一体氧化沟曝气转刷二级主动齿轮10个、内外联齿轮10个、45千瓦电机轴1台、细格栅传动部分25套、潜水搅拌机1台及部分刷片，维修潜水搅拌机5台、水下推进器9台、潜污泵1台，改造刮沫机2台等。（4）污水处理厂中心控制系统；（5）更换热镀锌格栅及盖板325平方米，制作安装热镀锌钢栏杆3193米、钢爬梯41米，更换复合材料盖板399平方米，制作安装不锈钢配电箱68套，更换路灯15盏。截至年底，完成工作量的80%。

【完成油田基地道路维修工程】 2009年，公共事业管理处投资2700万元，对扶余路、大庆路、胜利路、盘锦路、五一路、任丘路、中原路、兴业路、长春路及中原文化宫周围等道路进行修补；对兴业桥进行大修。该工程由建设集团公司施工，工程于8月24日开工，12月1日完工。其中，兴业路、长春路、兴业桥维修工程于11月18日开工，截至年底，完成工作量的70%。

【文化路全线贯通】 文化路是中原油田基地规划的城市次干道，位于油田基地文明路与盘锦路之间，与五一路和黄河路南北相连。文化路（任丘路—中原路—五一路段）全长863米，由建设集团公司承建。中原路—五一路段于2006年10月开工建设，2007年4月竣工；任丘路—中原路段于

2009年6月10日开工，9月26日完工并通车。至此，文化路全线贯通。该工程分项工程一次合格率100%，分部工程优良率92%。建成后的文化路，车行道宽20米，双向4车道，为沥青砼路面；人行道每侧宽5米，为荷兰步道砖；绿化带宽5米。

（周彩霞 张连峰）

【胜利路维修工程完工】 胜利路是中原油田基地规划的城市次干道，也是油田和濮阳市的一个主要交通干道，由于车流量多，路面出现坑洼现象。2009年，中原油田对胜利路进行维修，该工程由建设集团公司负责施工，9月10日开工，10月30日完工。维修路段西至京开大道、东至大庆路与胜利路交叉口，全长7300米。

（汪中华）

【完成道路污水管线工程2项】 2009年，公共事业管理处投资942万元，完成站前路与大庆路污水管线工程，工程由建设集团公司承建，9月20日开工，12月26日竣工。主要工作量：站前路污水管线工程——穿越河道及铁路钢筋砼顶管38米、内径250毫米HDPE管2550米。大庆路污水管线工程——钢筋砼排水管750米，内径315毫米HDPE管600米，穿越河道及铁路钢筋砼顶管34米，内径355毫米HDPE管1350米，跨越建设路钢筋砼管66米，砖砌直径1800毫米圆形阀门井1座、直径1200毫米圆形阀门井4座、直径1000毫米圆形排泥井2座、直径1000毫米圆形检查井15座、竖槽式跌水井1座。

【完成2条道路雨水提升站改造工程90%】 2009年，公共事业管理处投资245万元对任丘路及五一路雨水提升站进行改造，改造工程由建设集团公司承建，11月14日开工建设。主要工作包括更换及改造潜水泵5台，安装配套控制柜，铺设工艺管线等。截至年底，完成工作量的90%。

【胜利路污雨水系统工程完工】 2009年，公共事业管理处投资784万元，对胜利路污雨水系统进行改造维修，工程由建设集团公司施工，11月26日开工，12月31日完工。工程内容：维修及疏通钢筋砼管26千米，对全部污水井及雨水口进行清淤，更换污雨水井盖435套、雨水篦子568套。

【4个路口红绿灯改造工程完工】 2009年11月10日，公共事业管理处投资28万元，对油田基地任丘路与玉门路、长庆路与南海路、长庆路与江汉路、文明路与苏北路路口改造安装LDE400×400三色单屏红绿灯各4组，12月15日完工。

【公共事业管理处第四届工人技术比赛】 2009年3月19日，公共事业管理处举办第四届工人技术比赛，比赛内容包括绿化花卉工、保洁员、保安员、污水处理工、汽车驾驶员、维修电工等9个工种，有178名选手参赛，15名选手获奖，公共事业管理处对第1名获奖选手进行奖励。

（张连峰）

房产管理

【房产管理处概况】 中原油田房产管理工作主要由房产管理处负责。房产管理处地处河南省濮阳市中原路128号，主要负责中原油田员工住宅建设、改造、维修计划编制及批准后的组织实施；负责房改政策研究及组织实施；负责住房出售、出租、调整、分配的组织实施等工作。截至2009年底，房产管理处有员工109人，其中正式员工101人、劳务用工8人，具有高级职称14人、中级职称52人；机构下设机关职能科室5个、直属单位8个。2009年，房产管理处围绕加快住房建设与房产管理中心工作，统筹协调，完成年度各项工作任务。建设盟东小区住宅楼3栋、濮水花园住宅楼4栋，12月交房；世纪景苑住宅楼6栋进行单体楼外墙涂料粉刷、木门油漆等施工；滨河小区二期工程15栋多层住宅楼主体分户验收完毕，5栋小高层住宅楼填充墙施工完毕；盟城新区、添运新区、建设新村3个新建住宅小区于9月陆续开工建设；玉兰花园二期工程31栋楼主体封顶，进入内外墙粉刷阶段，三期工程开工2栋，10月完成主体工程。跨年度建设的住宅楼13栋验收交工。

【督促整改工程质量问题120余项】 2009年，房产管理处围绕“深入现场抓管理，全力以赴保交工”工作目标，统筹工程协调工作，编制《工程进度周报》，对施工进度进行量化考核。针对建设区域分散、施工现场复杂、协调难度大等情况，工程管理人员盯驻工地现场，实行分片管理、责任到人，并每天召开1次施工现场碰头会，每周召开2次工程协调例会，确保施工过程中各类技术、质量、安全等问题的及时妥善解决。开展施工质量、施工资料和安全文明施工检查活动，现场督促整改各类问题120余项，协调解决现场技术问题20余项。年内，组织供应钢材8065吨，水泥1.91万吨，支付住房建设工程款和材料款218项、金额5506.66万元。

【玉兰花园商品房项目建设】 中原油田玉兰花园商品房住宅楼项目计划分三期建设，其中一期工程36栋住宅楼1518户，建筑面积16万平方米，2008年5月竣工。2009年，完成二期工程31栋1634户，建筑面积15万平方米，主体工程封顶，进入内外墙粉刷阶段；三期工程31栋1384户，建筑面积12万平方米，完成主体工程2栋，另29栋住宅楼因孟轲乡政府家属院未拆迁，截至年底未开工建设。

【归集住房资金1.06亿元】 2009年，房产管理处做好竣工住房的结算准备工作，核对已分住房人员信息库和收款信息库，进行逐一检索，统计出未交款人员名单及住房明细资料，办理更正手续和补办遗失手续100余份。对腾空的旧房源进行检索、核对，分区域、分房型统计汇总，将核实结果作出明细，有疑问房源返回各个社区进行落实，做到数据库信息资料真实、准确。与有关单位针对添运五区拆迁户提出的各种问题，反复进行政策宣传和耐心解释，截至年底，80%的拆迁户进行选房。调整房款结算方案，采取与银行、社区房产管理科联合办公、流水线作业的方式进行房款结算，做好与银行、社区房产管理科、财务资产处、结算中心等部门的协调工作，合理安排时间，保证人员及时到位。年内，房产管理处结算住户房款1069户，归集住房资金1.06万余元。

【完成住宅维修费用 1941.33 万元】 2009 年，房产管理处承担 500 万平方米住宅楼的维修工作，根据各个社区管辖房屋面积和住房新旧完损状况，合理分解下达维修费用指标，平衡大中小修和零星维修的比例关系，做到“4 个严格”。严格维修项目审查和现场工作量审核，对各个社区上报的维修项目，逐一进行现场测量、现场计算、现场核实，避免虚报项目与维修量不符；严格维修结算审核，开展维修项目和维修费用效能监察，实现维修效益最大化；严格维修质量验收关，落实维修质量目标管理措施，推广使用新型防水质材，坚持现场检验和取样鉴定，对每一个施工工序严格把关，维修施工抽检率 83% 以上。年内，房产管理处支付住宅维修费用 1941.33 万元，完成住宅安全鉴定项目 38 项，报修加固项目 20 项。

【调查低收入家庭住房状况及廉租住房】 2009 年 3 月，房产管理处制定下发《关于做好低收入家庭住房状况调查工作的通知》和《关于开展申请廉租住房工作的通知》，协调各个社区通过张贴公告、书面通知、发宣传单、悬挂标语、出墙报专刊、发布网络通告等方式进行宣传，并组织咨询活动，现场解答群众疑问。截至 6 月底，调查工作完成，中原油田收入低于 612 元的家庭住户 1471 户，向濮阳市华龙区房产局申报廉租住房住户 225 户，审核通过 174 户。

【住房普查 11 万人】 2009 年，房产管理处根据中国石化集团公司《关于开展职工住房普查工作的通知》精神，起草下发《职工住房普查工作实施意见》，设住房普查联合办公室，分 14 个办公窗口进行集中办公。协调召开职工住房普查工作动员会，编印各类有关普查表格，编发 3 期填写说明及问题答疑，编制中原油田住房普查计算机信息管理系统。针对普查工作涉及人数多、时间跨度长和企业改制分流、社会化移交、协议解除劳动关系合同、内部退休以及职工购房上市交易等复杂问题，经 2 个月审核整理，完成近 11 万人的住房普查工作，取得第一手职工住房资料。

（姜坤裕）

【住房公积金管理工作概况】 中原油田的住房公积金管理工作主要由住房公积金管理中心负责。住房公积金管理中心地处河南省濮阳市任丘路 140 号昆吾园院内，是中原油田住房公积金管理委员会的常设办事机构，负责油田及油田改制企业职工住房公积金归集、支取、贷款与核算管理工作，负责编制住房公积金的归集、使用计划和报告；负责审批住房公积金的提取、使用；负责记载职工住房公积金的缴存、提取、使用等情况；负责住房公积金的保值、归还和核算；负责拟定住房公积金增值收益分配方案；承办油田住房公积金管理委员会决定的其他事项等工作。截至 2009 年底，住房公积金管理中心有员工 22 人，其中具有高级职称人员 4 人、中级职称 10 人、初级职称 3 人；机构下设业务科室 4 个。2009 年，住房公积金管理中心贯彻国家有关政策，不断健全内部各项工作制度，加大政策宣传力度，严格支取住房公积金和住房贷款审核把关。全年实现住房公积金归集缴存额 5.92 亿元，同比增加 1.1 亿元；为购房员工审批发放住房公积金贷款 1086 户、金额近 1.20 亿元，同比增加 50% 以上；为员工办理住房公积金支取 1.23 万人次、金额 2.92 亿元。年内，住房公积金管理中心被河南省住房和城乡建设厅评为住房公积金管理先进单位。

【住房公积金缴存归集率 100%】 2009 年，中原油田纳入统一管理的住房公积金缴存单位 172 个，包括勘探局、分公司所属单位 94 个及改制单位 78 个，缴存人数 8.6 万人，归集住房公积金 5.92 亿元，完成年归集计划的 105.57%，同比增加 1.1 亿元。住房公积金归集程序：各缴存单位按单位、个人缴存比例各占 10% 的规定，油田所属各二级单位上报缴存数，由住房公积金管理中心从人力资源处的当月工资数据库获取各单位住房公积金应上缴数据，进行核对后形成归集数据，再将数据收缴合并计入个人账户；改制单位根据提供的归集明细形成归集数据，汇总核实后将收缴合并计入个人账户。在住房公积金归集管理方面，完善归集缴存台账，坚持周核对、月分析，做到每月归集情况提前掌握，并重点加强对改制企业、与油田分离单位住房公积金的催缴工作，确保住房公积金归集及时率、准确率 100%。

【支取住房公积金 2.92 亿元】 2009 年，住房公积金管理中心审批住房公积金支取 1.23 万人、金额 2.92 亿元，同比增加 4731.62 万元，支取金额占年归集总额的 49.49%。其中，因购房和偿还购房贷款支取 2.37 亿元，占年支取总额的 81.28%；因离退休等原因销户支取 5140.31 万元，占年支取总额的 17.60%。同时，住房公积金管理中心在保证住房公积金专款专用的前提下，出台《关于规范住房公积金支取和贷款的补充规定》，为 118 户因患 9 种大病及遇突发事件导致家庭生活特别困难的员工办理住房公积金支取 328.47 万元，占年支取总额的 1.12%。

【利用住房公积金贷款 1.2 亿元】 2009 年，住房公积金管理中心下发《关于规范住房公积金支取和贷款的补充规定》中，将住房公积金贷款人的资格由原来的“连续足额缴存住房公积金 12 个月”更改“6 个月”。根据新规定，全年审批发放利用住房公积金贷款 1086 户、金额 1.2 亿元，完成年计划的 136.3%，比年计划增加审批发放利用住房公积金贷款 3194.7 万元，同比增加 4075.1 万元，贷款金额占年归集总额的 20.33%。回收贷款本金 5828.42 万元、贷款利息 1043.36 万元。

【住房公积金监督管理】 2009 年，住房公积金管理中心进一步完善监管和监督体系。（1）将住房公积金管理工作纳入河南省建设厅公积金监管处统一监督管理，按时上报业务运营情况报表，接受地方政府主管部门的统一监管。（2）根据中国石化集团公司和油田内部有关表外资金管理的要求，由财务资产处将住房公积金作为表外资金账户，通过网上银行监管。（3）制定《中原油田住房公积金管理业务监督办法》、《业务监督工作实施方案》，设置住房公积金缴存基数核定、货币资金管理、投资管理、贷款管理 4 个监督环节和 14 个业务监控点，配备业务监督员 13 人，每周上报各监控点的日常监督情况，定期上报重点监督环节的监督报告，保证监督到位。（4）坚持以业务公开促进业务监督，重点选取年度住房公积金归集、使用计划及计划执行情况、年度住房公积金增值收益分配方案、年度住房公积金制度执行情况等作为公开内容，明确公开形式、时间、程序等要素，每年通过《中原石油报》等媒体向社会公布公积金年度财务收支情况，每年向职代会作住房公积金制度执行情况报告。

【住房公积金专项自查工作】　2009年，住房公积金管理中心根据国家住房和城乡建设部等7个部委下发的《关于对部分地区住房公积金管理专项治理工作进行检查的通知》精神及河南省主管部门有关文件要求，协同局纪检监察处、财务资产处、审计中心等部门组成专项治理工作小组，对照文件所列的检查内容，逐条逐项进行自查梳理。特别针对2007年以来国家审计署审计决定事项的落实情况，以及完善决策和监督机制、防范资金风险、推进管理规范、提高服务质量等方面进行自查自纠，促进住房公积金管理工作规范化。

【调整住房公积金缴存比例】　2009年3月19日，中原油田召开住房公积金管理委员会第二次会议。会上，住房公积金管理中心依据国家有关政策规定，提出关于提高油田员工住房公积金缴存比例至12%的建议，报河南省住房和城乡建设厅批复同意后；8月7日，住房公积金管理委员会召开第三次会议，讨论审议如何执行新的住房公积金缴存比例标准，根据河南省建设厅复函意见，会议确定：参照中国石化集团公司其他油田做法，将单位负担部分按12%的缴存比例执行，个人缴存比例不变（10%）。住房公积金管理委员会研究意见，提请职代会审议通过，决定于2010年7月1日起执行。

【住房公积金政策宣传】　2009年8—9月，住房公积金管理中心组织开展集中宣传月活动。到油田基地及外围各个社区的36个生活住宅小区，进行面对面宣传和现场咨询，制作和发放宣传彩页及政策问答册1万余份，现场接待群众咨询数千人次，利用宣传栏张贴宣传材料100多份。同时，油田广播电视中心作现场报道，《中原石油报》（服务周刊）作公积金政策问答连载宣传6期。　（赵　东）

【房产租赁工作概况】　中原油田的房产租赁工作主要由房产租赁中心负责。房产租赁中心地处河南省濮阳市中原路与九鼎路交叉口商贸中心东侧，主要负责部分单位办公、生产用房的租赁管理；负责油田基地沿街商业用房和改制企业承租房屋的租赁经营工作；负责承租房屋的安全消防、房屋维修、装饰装修、流动人口计划生育管理；承担房产保值增值责任；负责油田交通总站的运营管理等工作。管辖的房屋总面积58.8万平方米，其中勘探局使用房屋单位56家、房屋面积9.6万平方米；分公司使用房屋单位33家、房屋面积20.5万平方米；个体商户租用房屋1666家、租用房屋面积16.9万平方米；改制企业使用房屋86家、租用房屋面积11.8万平方米。截至2009年底，房产租赁中心有员工176人，其中正式员工152人、劳务用工24人，具有高级职称11人、中级职称38人、初级职称46人；机构下设业务科室4个、租赁管理区8个、基层单位2个。拥有各类设备163台套，其中机械设备10台、运输设备3台、其他设备150台套；固定资产原值3.97亿元、净值2.31亿元。2009年，房产租赁中心完成经营收入5775.63万元，超计划完成经营利润36.37万元。年内，房产租赁中心所管辖的商贸中心连续7年被河南省工商行政管理局评为文明诚信市场。

【签订房屋租赁合同841份】　2009年，房产租赁中心开发建设商业用房2498.13平方米，改建、扩建商业用房1.7万平方米，并将个体商户自建房统一纳入合同管理。对房屋租赁价格重新确认和测算，调整同地段房屋租金价格，按照勘探局有关规定和收费标准，统计各辖区房屋管理情况和房屋使用现状，按照上年度合同约定金额测算全年租金收入指标进行承包，重新修订房屋租赁合同文本，签订房屋租赁合同1841份，收缴租金5774.7万元。

【收回房屋6080平方米】　2009年，房产租赁中心开展房屋清查活动，及时掌握房屋资产动态。并通过法律途径，收回油田改制企业万邦服务中心和商务宾馆使用房屋3400平方米；收回友谊宾馆个体商户占用房屋2680平方米。

【承租商户安全消防责任书签订率100%】　2009年，房产租赁中心加强房屋租赁用户安全管理，实施房屋租赁中心领导分区负责、基层单位逐级承包的管理制度，并与承租商户签订《安全消防责任书》，签订率100%，消防器材配备率98%，消防设施检查合格率达到95%以上。实行各租赁管理区每月自查、租赁中心每季度普查、以及租赁中心每年2次的安全检查管理制度。年内，检查安全隐患800余处，下发限期整改通知单200余份，现场整改500余处，复查整改率100%，对施工现场进行监督，与施工单位签订《施工安全协议书》120份，查处违章操作10起、不规范现场6处；全年安全责任事故率为零。

【实施租赁房屋维修项目256项】　2009年，房产租赁中心维修管理人员经常到用房单位进行房屋漏雨排查，及时上报计划、组织施工，对施工过程进行全程监督。严格控制维修成本和施工质量，审核具备有施工资质且有良好施工业绩的施工队伍进入房屋维修市场，并通过召开招标会，实行公开竞标，降低工程价格。全年实施房屋维修项目256项，其中一类工程108项、二类工程148项，工程质量合格率100%，屋面防水5.71万平方米。

【商贸中心安装监控摄像设备22台】　2009年，房产租赁中心投资16万元，为商贸中心安装固定摄像头8个、监控摄像设备14台，监控范围覆盖商贸中心的要道、重点部位和重要出口，同时为商贸中心300多家商户安装自动报警装置。年内，商贸中心向公安部门提供有价值线索20余条，发现并抓获现场盗窃分子3人，治安案件发生率同比下降20%。

【交通总站概况】　中原油田交通总站成立于1983年。2005年12月，原运输处改制后，交通总站业务划归生产管理处。2007年3月16日，交通总站解体，所属的国有车辆调拨到油田其他单位，剩余人员和资产划归房产租赁中心管理，名称保留，主要负责收取社会车辆进站费。截至2009年底，交通总站有员工30人；拥有进站社会车辆123台，运行采油一厂、采油二厂、采油三厂、采油四厂、采油六厂、井下特种作业处、钻井三公司线路7条，日发车400余次，日均载客量8000余人。与濮阳市华龙区社会客运站联营进站车辆25台，运行北京、上海、西安、潜江、东营、济南、威海、日照等长途线路8条。2009年，交通总站班车发至采油一厂运行车辆30辆、单程35千米、班次90次/日；班车发至采油二厂运行车辆27辆、单程48千米、班次81次/日；班车发至采油三厂运行车辆21辆、单程45千米、班次63次/日；班车发至采油四厂运行车辆16辆、单程48千米、班次48次/日；班车发至采油六厂运行车辆5辆、单程60千米、班次5次/日；班车发至井下特种作业处运行车辆14辆、单程25千米、班次56次/日；班车发至钻井三公司运行车辆10辆、单程120千米、班次10次/日。实现收入66.6万元。（张舜然）

供水管理

【供水管理处概况】 中原油田的供水管理工作主要由供水管理处承担。供水管理处地处河南省濮阳市盘锦路26号，担负着中原油田黄河以北地区除采油注水以外的社区8个、居民小区55个、居民7.9万户及工业场所637个、公共设施和商业用户1569个的供水管理工作，是集供用水生产管理、纯净水生产、水文地质勘探、凿井、水质化验、水井修理、水表校验安装、供水工程施工、计量收费、水政监察为一体的专业化生产经营单位。截至2009年底，供水管理处有员工1096人，各类专业技术人员145人，其中高级职称26人、中级职称99人、初级职称20人；机构下设机关科室11个、供水管理区15个、纯净水厂1个、辅助生产单位6个；拥有各类水源井308口、主要设备1080台套，设备新度系数0.45，设备综合利用率89.58%；拥有黄河水源和地下水供水系统2个，日供水能力10万立方米。固定资产原值2.2亿元、净值0.92亿元，2009年，供水管理处黄河水源系统有水厂11个，地下水系统有油田基地联网对置水厂4个和外围社区水厂10个，完成供水量2409万立方米，商品水水量2044万立方米，实际日供水量7万立方米左右。

【第一社区黄河饮用水工程投产】 2009年，中原油田投资2955万元，对第一社区黄河饮用水工程进行建设，设计日输水能力8500立方米。管线北起李拐转输站，经文留供水站，南至文南供水站，全长25.6千米，跨濮阳县、范县所辖的文留、梁庄、濮城、辛庄等乡镇8个，经采油一厂、采油二厂、采油四厂、天然气产销厂等单位，沿途穿越沟渠35条、道路42处，改造增压泵房4处。工程于4月25日开工，11月4日竣工投产，该工程通过中国石化集团公司质量监督总站中原油田分站的质量验收。

【供水运行做到3个保证】 2009年，供水管理处加强住宅小区供水管网改造，保证供水时间稳定；改造、更换供水管线9897米，补漏2612次，更换供水阀门3331个，自5月5日起，各个住宅小区保证24小时稳压供水。严格落实“4项常规”化验，加强水质监测与设施管理，通过水质检测新设备、新仪器的投产应用，供水管理处中心化验室检测水质指标57项，水质检测水平跨入全国中型自来水企业先进行列，保证供水水质。

4项常规：余氯、浊度、细菌总数、总大肠菌群常规。

【完成供水改造项目344项】 2009年，供水管理处完成供水改造投资6122万元，完成安全防护、水源井治理、管线维修、计量完善等供水项目344项。其中，供水管理处内部投资1382万元，对盟城住宅小区、丽苑住宅小区进行供水管网的整体改造。

【黄河水源运行时间240天】 2009年，供水管理处通过加强黄河水源日常运行管理，合理调整、优化运行工艺，水源运行时间达到240天，处理外输水量达到1200万立方米。

【供水管理处HSE管理经验受河南省安委会通报表扬】 2009年，供水管理处投入安全技术措施资金95万元，完善安全监控系统；对水质消毒设备进行改造；配备各类消防器材，开展液氯泄漏应急演练、水质污染应急演练、消防演练等，提高突发事件应急处理能力。完善职业卫生档案和健康监护档案，配发防毒面具、耳塞、防化服等防护用品，对254名特殊工种人员、化验员进行职业健康检查；为

2009年6月9日，建设集团公司为确保居民早日喝上黄河水正在紧张施工
（陈恢祥）

280名涉水水质处理人员办理健康证。在剧毒化学品的管理上，推行“1254”工作制度和“三道防线”管理，此项管理经验得到河南省安全委员会的通报表扬，并在河南省安全监督局网站上推广。 （常 健）

“1254”工作制度：坚持每年对氯气相关装置进行1次安全现状评价；坚持每年对员工进行1次氯气安全知识培训；坚持每年举行1次氯气泄露演练；进入加氯间必须测量空气中的氯气含量、必须戴防毒面具、加氯工必须双人上岗、氯气瓶进厂必须严格检验、氯瓶—水射器的管路1年必须更换1次；加氯机及其附属设施1小时检查1次，泄露吸收装置、氯气报警探头每天测试1次，氯气相关防护用品（防毒面具、空气呼吸器、防化服）每周检查1次，氯气吸收液浓度和容量每月化验1次。

三道防线：一是将氯气发生泄露全厂报警作为第一道防线；二是将氯气泄露吸收系统作为第二道防线；三是将修建氯气沉降池作为第三道防线。

【实现黄河流域水质信息共享】 2009年3月9日，供水管理处与黄河流域水环境监测中心签订“黄河流域水质信息共享”协议，建立供水水质预警机制。水质信息共享后，黄河流域水环境监测中心每日按时把郑州花园口水质自动检测的水量、流量、pH值等7项指标信息及时传给供水管理处。黄河流域水环境监测中心还定期对黄河取水口以上各断面水质进行取样检测，并把检测结果第一时间反馈到供水管理处。如黄河上游发生突发性水污染或发生投毒事件等，供水管理处根据信息能提前启用微污染水质处理预案。 （汪中华）

2009年3月19日，供电管理处工作人员在黄庄变电站维护设备 （路 娟）

供电管理

【供电管理处概况】 中原油田的供电管理工作主要由供电管理处承担。供电管理处地处河南省濮阳市盘锦路26号，负责黄河以北油田电网维护管理、输电、变电、配电作业；负责油田油气生产、居民、商业的电量计量及电费回收等工作。截至2009年底，供电管理处有员工1689人，其中正式员工1553人、劳务用工和集体工136人，具有副高级职称29人、中级职称123人、初级职称83人；机构下设机关职能科室14个、基层单位19个。拥有35千伏及以上变电站（所）31座，输配电架空线路93条、长579.37千米，电力电缆455条、长110千米。其中，110千伏输电线路13条、长209.31千米；35千伏输配电线路43条、长283.14千米；6千伏线路37条、长87.04千米；35千伏电缆9条、长5千米；6千伏电缆446条、长105千米。固定资产资产原值4.56亿元、净值2.02亿元。2009年，供电管理处制定各项承包指标及《责任目标绩效考核办法》，围绕5300万千瓦·时节电目标，加强转供电管理、控制电量增长、降低电力成本管理等。年电网功率因数0.9，冲减力率电费530万元，办理主变压器停运手续14台次，节约主变压器容量费用支出1505万元。油农电网分离转供电量282.61万千瓦·时，同比减少4227.03万千瓦·时。全年实现收入8.87亿元，实现利润35万元。3月，供电管理处被河南省体育局、河南省文明办、河南省农业厅联合授予“‘促和谐、奔小康’全民健身活动先进单位”称号。

【普光供电项目部实现收入2308.91万元】 2007年11月28日，供电管理处成立普光供电项目部，主要负责普光气田变电站（所）及发电机组的日常运行、维护、检修、管理工作；负责普光气田高压设备试验工作；负责普光气田6千伏及以上线路的巡视、缺陷处理、事故处理工作；负责普光气田电网运行情况的监控、调整和电网运行数据的统计上报；负责生产指挥中心、应急救援中心等办公生活的低压配电的维护、管理；负责普光气田供电计量的抄表签认、维修等工作。截至2009年底，普光供电项目部有员工124人，其中管理人员6人、专业技术人员14人、操作人员104人。担负4种不同千伏架空线路14条、长177.48千米及输电电缆14条、长17.88千米的运行、维护；管理变电站（所）4座、发电机组1套、配电变压器58台、应急发电机2台；管理西南工作委员会、生产指挥中心等11处办公生活和临时施工用电设施及85处计量点的运行维护工作。2009年，普光供电项目部创经营收入2308.91万元，实现利润55万元。

【电源分配情况】 2009年，中原油田电源来自濮阳市供电公司110千伏变电站、220千伏变电站以及山东省莘县华祥热电有限公司。濮阳供电公司110千伏变电站总容量415兆伏安，供电电源分别来自岳村变电站、濮阳变电站、澶都变电站。220千伏变电站有变电站7个：其中，金堤变电站主变总容量为5.15万千伏安，担负采油一厂油区的油气生产、生活用电；李拐变电站、黄庄变电站、郭村变电站主变总容量均为6.3万千伏安，分别担负采油二厂、采油三厂、采油四厂、采油五厂油区的油气生产、生活用电；柳屯变电站、呼沱变电站主变容量均为4万千伏安，分别担负油田炼油化工、气体处理、油气集输、马寨油区及辖区居民生活用电等；赵村变电站主变容量6.3万千伏安，担负油田基地办公场所、居民生活、辖区工商业用户的供电任务。供电管理处还管辖油田基地6千伏开闭所5座，低压配变电器388台，服务居民用户7.7万户、工商业用户3675户。35千伏变电站总容量194.25兆伏安，供电电源是由油田内部7座110千伏变电站提供，部分来自山东华祥电厂提供，其中卫一变电站、卫三变电站担负采油三厂部分油区的供电任务。皇甫变电站电源由濮阳市供电公司110千伏化北变电站提供，担负皇甫地区居民生活用电任务。

【外购电量14.61亿千瓦·时】 2009年，中原油田根据河南省发展和改革委员会《关于2009年电价调整通知》文件精神，外购电量14.61亿千瓦·时，同比减少1.04亿千瓦·时，电量下降6.84%。其中，濮阳供电公司年度综合电价0.58元/（千瓦·时），购电量13.41亿千瓦·时，同比减少1.32亿千瓦·时；山东省莘县华祥热电有限公司电价0.56元（千瓦·时），购电量7866.76万千瓦·时，同比增加3396.49万千瓦·时。

【电价执行情况】 2009年，中原油田执行峰谷分时电价（不含税）。分35千伏及以上电压和6千伏及以下电压收费，其中4个等级（平段、尖峰、高峰、低谷）：35千伏及以上电压平段0.65元/（千瓦·时）、尖峰1.07元/（千瓦·时）、高峰0.95元/（千瓦·时）、低谷0.35元/（千瓦·时）；6千伏及以下电压平段0.69元/（千瓦·时）、尖峰1.14元/（千瓦·时）、高峰1.02元/（千瓦·时）、低谷0.37元/（千瓦·时）。勘探局及油田改制单位执行中国石化关联交易电价0.678元（/千瓦·时）（不含税）其中学校和居民用电0.56元/（千瓦·时）（含税）、一般工商业及其他用户0.78元/（千瓦·时）（含税）。

【争取优惠电量5.5亿千瓦·时】 2009年，供电管理处根据国家发展改革委员会、能源办公室《关于加快关停小火电机组若干意见的通知》精神，反复查阅大量档案资料，到现场核实情况，并与濮阳市发展改革委员会、财政局等部门沟通，及时报审有关数据，淘汰机组容量11.48万千瓦，中原油田获容量补偿2543.5万元，争取优惠电量5.5亿千瓦·时，创效8100余万元。

2009年11月19日，供电管理处工作人员在赵村变电站检查设备　（路　娟）

【电网更新改造】 2009年，供电管理处针对电网老化状况，进行电网更新改造，制定改造技术方案124个，完成勘探局与该处2级投资改造维修项目183项。更新改造电调模拟屏；对呼沱变电站、金堤变电站、李拐变电站和黄庄变电所进行综合自动化改造；对皇甫变电所进行增容改造；更换改造2号、4号开闭所6千伏设备和黄庄变电所隔离刀闸；加高改造黄河路东延和濮范高速公路10条高压线路；更换配电室设备（153面配电屏）22座；改造维修科技新村等11个住宅小区低压线路，敷设高压电缆7145米、低压电缆3.09万米，更换计量箱2043台，安装动力柜375个，开关箱50台，高压负荷开关21台；改造维修菊苑等8个住宅小区路灯，更换路灯电缆2.6万米；完成世纪景苑第二期电源电缆敷设工程。

【电网检修】 2009年，供电管理处开展春秋季电网检修工作，成立检修领导小组，制定检修方案，明确职责分工，全程跟踪检查验收，确保电网安全、经济、平稳、可靠运行。完成16座变电站（开闭所）检修任务，其中110千伏变电站2座、35千伏变电站11座、6千伏开闭所1座、濮一变电站1座、濮二变电站1座；检修输配电线路54条、配电室123座、配电变压器284台、箱式变电器75台。消除设备缺陷200余处。

【完成巡视线路169条次】 2009年，供电管理处完成巡视线路169条次、全长2024.43千米，事故巡线37条次、长376千米，线路事故抢修22次，其中夜间抢修处理9次。

【供用电效能监察】 2009年，供电管理处坚持日常检查和集中抽查相结合，做好供用电督察工作，先后到基层督察150人次，针对电能计量管理、收费管理、发票管理、用户报装管理、供用电协议等进行全方位的检查，检查用电户1260户，发现问题35个，及时提出整改意见，督促用户和相关单位进行整改，整改率100%。

【推广应用电网新技术】 2009年，供电管理处运用电网新技术、新工艺、新设备，增强电网抵御自然灾害能力，降低网损，提高供电可靠率。(1) 在李拐变电站、黄庄变电所等安装防污型隔离刀闸、防污型复合硅橡胶支持绝缘子和穿墙套管，提高电网设备的绝缘性能和抗污秽能力；(2) 6座110千伏变电所实施综合自动化改造，实现对变电站（所）的主要设备和输配电线路的自动监视、测量、自动控制和微机保护，以及与调度通信等综合性的自动化功能；(3) 将油田基地7座35千伏变电所12组油式电压互感器更换为干式电压互感器、配电变压器更换为S11节能变压器；(4) 在变电所和低压配电室推广应用无功补偿技术，提高电网功率因数，降低电网损耗；(5) 在35千伏输电线路上安装预放电避雷针和氧化锌避雷器，提高输电线路的避雷水平；(6) 在110千伏和35千伏输电线路推广应用多种线路驱鸟器，减少鸟类在杆塔上搭窝引起的线路跳闸停电事故。

2009年3月4日，供电管理处工作人员在李拐变电站检修电路 （路 娟）

【供电管理处获中国石化集团公司星级站2座】 2009年，供电管理处继续开展创“金银牌队、星级站”和“五项劳动竞赛”活动，使基层管理工作步入标准化、规范化和科学化。在中国石化集团公司星级站评比中，供电管理处获五星级变电站1座、四星级变电站1座，同时供电管理处被评为优秀组织单位。年内，在中原油田“金银牌队、星级站”评比中，被评为五星级变电站6座、四星级变电站5座，金牌队7个、银牌队7个。

【供电管理处11年安全生产无事故】 2009年，供电管理处制定“6个避免、1个达标”和“4个转变、1个落实”的HSE工作目标，修订《供电管理处HSE管理体系》、《供电管理处重大事件应急预案》、《员工岗位安全职责》，制定下发《生产安全事故管理与责任追究规定》、《安全环保监督管理考核规定》、《应急管理规定》等安全管理制度12项；编辑《安全技术管理工作督察》通报49期；开展HSE岗位危害识别和风险评价，编制运行、检修、线路和低压配电4个系统的电力作业岗位危害因素评价表，HSE作业更加规范；将《安全环保目标责任》层层分解到基层，人人签订《安全生产承诺书》；开展交通安全专项整治活动，加强车辆管理集中化，严格审批派放程序，实现交通安全无事故目标；按照油田开展的“查隐患、抓治理、反三违、达三标、保安全”和“我要安全”活动要求，供电管理处制定活动实施方案，开展安全主题教育和宣传活动，编排情景剧、快板、朗诵、合唱等文艺节目进行宣传《安全生产禁令》，收到很好的效果，实现连续11年安全生产无事故。

6个避免：避免发生责任性工业伤亡事故；避免发生重特大电网责任事故；避免发生重特大设备责任事故；避免发生重大生产火灾事故；避免发生负主要责任的重大交通事故；避免发生性质恶劣、社会影响较大的责任事故。

1个达标：污染物达标排放。

4个转变：思想认识由“要我安全”向“我要安全、我会安全、我能安全”转变；基础管理由“粗放管理”向“精细管理”转变；安全监管由“人管人”向“制度管人”转变；事故防范由“被动防范”向“源头治理”转变。

1个落实：落实岗位安全责任制。

【实现计算机化管理变电站8座】 变电站综合自动化系统是对变电站控制以内的设备功能进行优化设计、重新组合；对变电站全部设备的运行情况执行监视、测量、控制和协调的一种综合性的自动化系统。2009年，供电管理处对赵村变电站、呼坨变电站、郭村变电站、金堤变电站、李拐变电站、黄庄变电站6座110千伏变电站和2座开闭所（2号、4号开闭所）进行综合自动化系统改造。10月，8座110千伏变电站（所）计算机综合自动化系统改造完工，实现计算机管理的变电站（所），不但能提高继电保护动作的可靠性，还能够进一步满足电力系统安全运行的要求。

【健全供电内部控制制度】 2009年，供电管理处根据油田下发的《内控手册》，结合工作实际，制定供电管理《内控手册》实施细则；重新修订《经营管理制度汇编》，包括合同管理办法、财务管理规定、干部管理规定等38项；制定《内控制度审批表》21项，为降本节支打下基础，全年供电管理处节约开支25万元。

（韩红丽）

供热管理

【供热管理处概况】 中原油田黄河以北各个社区供热服务工作主要由供热管理处承担，是油田供热专业化管理单位、中国城镇供热协会会员单位。供热管理处地处河南省濮阳市大庆路

338号，不仅承担黄河以北各个社区供热任务，还承担供热设施改造和油田新建房屋的供热配套设施建设，供热面积634万平方米，供热用户7万余户。截至2009年底，供热管理处有员工1290人，其中正式员工1081人、劳务用工209人，具有高级职称14人、中级职称119人、初级职称157人；机构下设机关科室11个、供热大队5个、热能环保设备制造厂1个、直属科级供热站9个。拥有锅炉房16座，其中油田基地燃煤锅炉房2座、外围燃煤和燃气锅炉房各7座，在用锅炉41台，其中燃煤锅炉22台、燃气锅炉19台，换热站23座，其他专用设备1365台套，供热管网460千米；固定资产原值3.18亿元、净值1.59亿元，设备新度系数0.49。油田基地集中住宅小区采用集中锅炉房供热，供热源3个、集中供热锅炉房2座、热电联产1座，供热面积407万平方米，属燃煤供热；油田基地外围分别采用区域供热锅炉房直接供热，燃煤锅炉房7座、燃气锅炉房7座，供热面积约227万平方米。供热管理处具有国家建设部颁发的《城市集中供热企业资质证书》、《建筑企业资质证书》以及河南省颁发的《锅炉安装许可证》、《压力管道安装许可证》、《市政公用工程施工总承包贰级资质证书》等企业资质。2009年，供热管理处完成勘探局下达的经营承包指标，实现各种收入2.75亿元，费用支出2.92亿元，其中上缴勘探局资产折旧费、社区服务费、上级管理费等费用2763万元，经勘探局考核，实现内部利润160万元。年内，供电管理处通过濮阳市文明单位复查验收，并连续2年被中原油田评为精神文明建设先进单位。

【调整采暖收费价格】 2009年，供热管理处根据国家发展和改革委员会、住房和城乡建设部、财政部《关于做好供热采暖工作有关问题的指导意见的通知》精神，进行成本监审和依法听证，本着同城同价、居民采暖价格低于成本、工商业用户接近成本的原则，供热价格由2008年的29.38元/平方米上调至34元/平方米，其中居民个人承担部分不超过19元/平方米。9月，中原油田向濮阳市价格管理办公室上报《关于中原油田供热价格调整的请示》文件，10月15日，濮阳市价格管理办公室对此进行批复，新的采暖收费价格自10月16日起执行。

【完成供热设施改造项目251项】 2009年，供热管理处完成供热设施改造和维修项目投资4189万元，其中勘探局投资2969万元、供热管理处成本支出1220万元，完成供热设施改造和维修项目251项。供热管理处搜集汇总2006—2009年的供热运行记录、用户回访记录、督察测温记录，通过系统整理分析进行论证，制定供热设施改造计划，维修锅炉16台、锅炉清洗19台，维修改造锅炉辅助机械设备78台套，更换油田基地高温管网补偿器34只、修补分支8处，改造各种管径的供热管道1万米，更换地沟管线85栋、用户卫生间立管和散热片76栋。完成低温用户专项治理126项，调整和平衡治理管网36处。

【完成锅炉房改造2座】 2009年，勘探局投资498万元，对马庄桥锅炉房进行改造，将原2号旧型流化床锅炉改造为新型N型链条锅炉，并加装脱硫除尘塔，采用等压风仓配风、膜式壁受热面等新技术，锅炉的热效率由75%提高到85%，辅机耗电量降低，一个供暖期可节电23万千瓦·时。马庄桥锅炉房改造项目通过国家环保局、河南省环保厅、濮阳市环保局验收，验收合格率100%，各项排放指标均低于河南省最新标准，并作为河南省重点在线监测点。勘探局投资300万元，对井下锅炉房进行改造，将1台老式7兆瓦水管锅炉改造为10.5兆瓦的新型水火管锅炉，并配套改造该台锅炉的脱硫除尘塔。改造后，锅炉的热效率提高10%～12%。井下锅炉房改造项目通过濮阳市环保局验收，验收合格率100%。

【建设新村锅炉房改造】 2009年，勘探局投资450万元，对建设新村锅炉房进行改造，并取消采油五厂锅炉房，采油五厂居民住宅区及办公区域供热由建设新村锅炉房提供。完成改造工作量：安装直径300毫米螺旋管128米、直径350毫米蝶阀2个、直径350毫米闸阀4个、直径350毫米聚氨酯保温外护管4600米、套管直径529毫米管158米，支架制安装，地面障碍物拆除及恢复，管沟挖填及阀井砌筑等。改造后，建设新村锅炉房供热面积将达到47.52万平方米，供暖用户将达到5654户，截至年底，建设新村锅炉房改造工程量完成90%。

【供暖应急措施】 2009年，濮阳地区遭遇60年未遇的大雪天气，中原油田所有锅炉房、换热站把供暖时间提前6天进行供热，供热出水温度比2008年平均提高8℃～9℃，回水温度提高6℃～7℃。在供热服务工作中，成立供热应急巡查组100个，负责居民用户暖气排气、检修等工作；成立供热设施抢修组50个，及时处理各种供热故障；成立供热效能督察组5个，对供热质量和服务质量进行专项督导检查。全年实现零事故、零伤害，零污染工作目标，做到安全生产、清洁生产。

【成立采暖收费管理站】 2009年11月3日，供热管理处成立采暖收费管理站，是该处直属科级单位，定员8人。主要负责采暖收费政策制定及解释、协调基层单位采暖费收缴；负责中原油田内部及外部采暖费的结算管理、采暖费发票管理；负责该处采暖费收缴工作的统计和业务分析等工作。

（李晓军）

通信管理

【通信管理处概况】 中原油田的通信管理工作主要由通信管理处承担。通信管理处地处河南省濮阳市中原油田兴业路15号，负责中原油田通信信息网的建设和管理，服务范围覆盖5500平方千米油区、普光气田及内蒙古探区。截至2009年底，通信管理处有员工678人，其中正式员工618人、劳务用工60人，具有高级职称21人、中级职称78人、初级职称55人；机构下设机关科室8个、基层单位26个。拥有各类设备550台套，资产1.17亿元，固定资产原值2.13亿元、净值8091.7万元。2009年，通信管理处加强基础管理，提升服务质量，超额完成勘探局下达的工作任务。全年固定电话用户保持在8.5万部，因特网宽带实际净增用户4381户，全网宽带用户3.3万户；无线合作业务开户

1583户，总数达到9000余户；新开发网络电话、GPS卫星定位等新业务32个，实现收入1.17亿元，实现内部利润179.71万元。年内，通信管理处继续保持河南省“卫生先进单位”称号和濮阳市“文明窗口”称号。

（马洪卜）

【通信网络建设】 2009年，中原油田通信网由16个通信站（含外部市场通信信息服务部）组成，市话容量12.9万门，实装用户8.5万门，宽带上网用户3.3万余户，光缆线路总皮长305.3千米，其中市话配套主干电缆1918.52条千米。（1）程控交换网。有4种机型、5个独立局、24个模块局、4个投入网，用户总容量12.9万余线，中继电路239条，互联电路89条，其中长途电路32条，联网信令方式采用中国7号。（2）传输网。采用中兴通讯公司的Unitrans ZXSM－10G SDH光纤同步数字复用设备，建设油田统一的宽带多业务传输网络，接口丰富，可满足话音、各种数据、图像、专线及多媒体通信业务等传输的需要，承载油田通信、计算机网络和电视信号等多种业务。宽带多业务城域传输网由1个10G主环、2个2.5G分支和1个2.5G基地环组成，主环采用SDH10Gb/s光同步传输系统；基地环采用SDH2.5Gb/s光同步传输系统。（3）宽带接入网。接入层覆盖油田所有站点（含外部市场通信信息服务部），核心层由核心交换机与路由器实现万兆互联，外部与中国联合网络通信集团有限公司（简称中国联通）实现互联网出口万兆互联，新增IPv4地址3.2万个，实现集中式BAS统一进行用户接入管理。各通信站全部设置汇聚交换机，接入设备实现千兆上联，设备采用华为公司的MA5300、中兴公司的8210、8220、9210及港湾网络的hammer10000，端口容量3.8万线，上网宽带用户达到3.3万余户。截至年底，5.8GHZ无线宽带接入网有基站11个，分别位于油田基地、柳屯、文留、濮城、徐镇、东明、兰考和马厂，设备采用加拿大的REDLIAN的AN－50无线网桥设备。（4）模拟800兆集群移动系统。采用美国MOTOROLA公司的智慧网型模拟800兆集群移动系统，是油田唯一的集车载台、固定台和电话手机为一体的移动通信设备。该系统安装大区制基站2个、直放站4个、中继直放站1个，可容纳2000个用户，截至年底，通信管理处拥有车台用户14部、固定台用户56部、单工手机用户143部、双工手机用户11部，是油田钻井、采油、输油等单位生产调度主要的移动通信使用工具。（5）多媒体卫星传输系统。卫星通信建成C波段地球站1座，是连接中国石化集团公司数据和会议电视通道。路由方式：中国石化集团公司卫星通信网控中心—中原油田卫星通信地球站—中原油田视频会议室。

2009年8月26日，通信管理处数据业务管理技术人员正在进行设备维护

（刘红红）

【新签数据专线业务合同23项】 2009年，通信管理处围绕油气主业信息化、数字化需求，全方位、多角度开发和推广综合信息业务，新签数据专线业务合同23项，开发应用网络电话、GPS车辆管理等业务，并在油田部分单位推广实施；加强号码百事通导航、168信息服务、121天气预报等新业务应用。同时，签订油田内部电路、杆路租用合同及各类服务协议80余份。

【处理通信网络突发故障110起】 2009年，通信管理处建成网络监控管理中心并投入运行，实现全网主要网络及设备的集中监控与维护；坚持开展春秋季检修及运行维护星级季度考核工作，提升维护处理效率；加强居民住宅区电子监控系统的维护管理，建立通信管理处、社区和基层通信站的2层3级维护体制，规范日常维护、障碍受理等各个环节；提高突发事件处理能力，全年处理各类通信突发故障110起，确保通信网络安全运行。

（李小滨）

【完成中国石化集团公司通信网低压电源隐患治理改造项目】 2009年，通信管理处完成中国石化集团公司通信网低压电源隐患治理改造项目，总投资205.1万元，改造项目于9月开工，12月完工。改造涉及通信站13个、通信模块局3个以及电源系统升级改造等，采用北京动力源设备，包括开关电源、交流配电柜、直流配电柜、电源管理系统、蓄电池组等50台套。工程由中原油田勘察设计研究院进行初步验收，并投入试运行。系统改造后，消除通信电源系统的安全隐患，提升通信电源系统的容量、能力和可靠性。

【粗波分系统升级】 粗波分系统作为中原油田骨干传输网的补充，主要用于油田通信本地城域网4个宽带接入网点的千兆上联。2009年9月，通信管理处完成粗波分系统升级改造，采用中兴公司新版本的ZXDSL M600设备，完成中心站机房、徐镇、卫城、文留、徐镇5个站点ZXMP M600设备的硬件安装和割接调试工作。利用系统改造后完善的保护机制和成熟的电信级应用，解决原网络中存在的问题，满足生产一线宽带上网用户可靠性。

【引进无源光网络技术】 2009年11—12月，通信管理处根据玉兰花园等住宅区通信配套建设情况，引进无源光网络（PON）技术。采用中兴公司设备，局端OLT为ZXA10 C220（GE板1块、EPON板3块，均为4口），远端ONU为ZXA10 F820（240台8口、80台16口），计3200线，计划2010年5月投产使用。

【宽带数据核心网改造】 2009年，通信管理处完成宽带数据核心网改造。（1）1月，新增核心路由器1台、核心交换机1台，并投产运行。设备选用中兴公司的ZXR10 T1200电信级高端路由器和ZXR10 8912万兆MPLS路由交换机。改造后，提升核心骨干网平台设备性能和网络平台承载能力，实现核心骨干网设备万兆链路互联，增强网络的安全性。（2）6—10月，完成文化路（中原路—任丘路路段）道路通信线路改造。（3）新增中兴ZXR10 8912核心交换机1台、Hillstone SA－5020防火墙2台，实施认证计费系统软件改造、向中国互联网络信息中心（CNNIC）新申请3.6万个互联网IP地址，IP地址总数达到4.8万个，互联网出口带宽联通2.5G、电信1G。扩容中兴公司ZXDSL9210设备2880线、2826网络交换机30台。

【普光气田通信工程建设】 2009年，通信管理处实施普光气田达州基地会议室及培训教室音视频系统、普光气田视频监控联网、大湾区块临时紧急疏散广播、生产管理中心至达州基地光缆、天然气净化厂新办公点通信配套等工程7项，为普光分公司、西南钻井公司等32家参建单位提供固定电话、计算机网络、移动通信等服务，为普光气田联合演练、试气运行及大型会议提供通信网络保障。

【内蒙采油事业部办公网络及电话视频会议系统建设】 2009年12月，通信管理处实施内蒙采油事业部办公网络及电话视频会议系统建设，在乌拉特中旗为内蒙采油事业部、八音杭盖前线指挥部及3个采油区的外部队伍搭建通信信息网络平台，利用多条区际2M和2条2M省际长途专线电路，开通中原油田网络电话、视频会议和局域网，实现ERP办公，为油田生产建设提供保障。

2009年5月14日，通信管理处在玉兰花园住宅小区进行通信配套建设施工
（刘红红）

【川气东送通信系统运行保障技术服务项目中交验收】 2008年11月，通信管理处中标川气东送管道工程通信系统运行保障技术服务项目。2009年，通信管理处在川渝、鄂西、鄂东、安徽、苏浙沪区段设置5个维护服务区域，服务范围涉及武汉调控中心1个、管理处5个、站场25座及RTU阀室17座，光缆线路长2340千米，站点44个。完成工业电视监控、软交换、视频会议等通信系统的建设。配合川气东送管道分公司进行通信工程监管、施工协调和中交验收等各项工作，做到查设计漏项、查工程质量及隐患、查未完工程量，对检查出来的问题，定任务、定人员、定时间、定措施整改完成。8月26日进行中交，该项目由中国石化集团公司天然气川气东送管道分公司进行验收。

【建成GPS车辆管理系统】 2009年8月，通信管理处建成GPS车辆管理系统。该系统利用先进的GPS全球定位系统、GIS地理信息技术与GSM无线通信网络，实现车辆实时监控，为油田各单位加强车辆安全管理，推进节能降耗，提供有效的支撑。

（曹　峰　李小滨）

社区管理

【第一社区管理中心概况】 第一社区管理中心（简称第一社区）地处河南省濮阳市濮阳县境内，负责所辖区域住宅居民医疗卫生、计划生育、房产维修、武装保卫、征兵、文化体育以及社会就业等管理、服务、协调等工作。区域内有居民5788户、2.58万人，管理花园、腾飞居民住宅区2个；辖区总面积216.3万平方米，绿化养护面积34.88万平方米，环卫清扫面积82.71万平方米，管理居民楼179栋、平房105栋。截至2009年底，第一社区有员工958人，机构下设机关科室7个、基层单位16个。拥有各类设备170台套；固定资产原值6947万元、净值3650万元。2009年，第一社区加强资金、预算、内控、招投标、项目合同和物资管理，实现收入6669万元，费用支出6645.47万元，赢利23.53万元，居民满意率98%以上。

【第一社区承揽技术服务项目创产值330万元】 2009年，第一社区主动到主业单位承揽技术服务项目，创产值330万元，其中，为钻井一公司前线指挥部提供零星维修；为采油一厂提供单井电缆、屋面防水、泥浆固化、井场挖沟等服务项；为钻采处提供电气焊维修，创产值130万元；为采油四厂打抽油机基础、维修计量站和泵站等，创产值200多万元。

【第一社区设施维修投资956万元】 2009年，第一社区投资956万元，对2个住宅区的基础设施进行维修与改造。(1) 对花园小区投资320.5万元，主要用于西三角楼改造，第一医院供应室、化验室维修，老年活动室维修，排水沟、人行步道等基础设施维修。(2) 对腾飞小区总投资235.5万元，主要用于俱乐部维修改造，第二医院供应室、化验室维修，排污水系统、路面修补等。(3) 投资400万元，主要用于更换路灯杆、灯泡、电力计量箱，入户线路改造，增加楼道灯。

【第一社区发放救助帮扶金25.47万元】 2009年，第一社区做好低保、特困、大病、应急等救助帮扶工作。申报勘探局特困（困难）户84户、发放低保金7.8万元，同时发放季度粮油实物补贴2.62万元，为特困（困难）户子女发放金秋助学金2.23万元，为特殊困难群体发放衣物97件；审查办理扶危济困救助金手续108人次、发放扶危济困救助金5.05万元，春节期间发放慰问金2.15万元；办理大病和死亡救助手续30人次、发放救助金3.77万元；发放死亡职工供养直系亲属定期生活补助费、退养职工供养直系亲属丧葬补助费、退养职工丧葬抚恤金1.85万元。

【第一社区清洁率100%】 2009年，第一社区坚持一日两扫，全天保洁，清扫保洁率100%，清运垃圾4991立方米，清运率100%。新增草坪8693平方米，栽种草花4.35万盆，种苗木3490棵，移栽各种苗木1309棵。

【第一社区治安综合治理】 2009年，第一社区组建200名基干民兵参加“千人大巡防”活动，完善综合治理制度和台账，并签订目标责任书，与派出所、退休老职工、主业治保大队、楼栋长组成的“四位一体”治安防范体系，加强午间和夜间值班巡逻，制止闲杂人员进入住宅区，落实车辆出入登记制度，严格电子监控，确保居民安全。协助公安机关擒获各类犯罪分子5人，平息斗殴事件8次，为公安机关提供线索23条；为小区居民消除各类不安全隐患192个，收交私拉乱接电线1200米，拆除违章建筑2处，禁止乱搭乱建9处、乱停乱放1525车次，乱贴乱画396处、乱种菜300平方米、养鸡38户；规范小摊点12处，清理广告1.86万张、垃圾56处。

【第一社区医疗技能合格率100%】 2009年，第一社区2所医院制定《医疗质量管理方案》、《护理质量管理方案》等制度和医务人员行为规范、护理质量评价标准。以“基础理论、基本知识、基本技能”为主要内容，全方位开展岗位训练，经考核，合格率100%。在国家级期刊发表医学论文9篇，外出进修培训医护人员11人。同时，2所医院做好传染病的防治工作，专门设立手足口病、甲型流感防治科室，加强预防知识的宣传，保证社区居民的身体健康。

【第一社区文化建设】 2009年，第一社区加强基层文化建设，先后举办豫剧演唱会、秧歌表演以及长跑、社火表演，拔河、象棋、地掷球、羽毛球等文化体育活动，做到月月有安排，天天有活动。参加油田举办的乒乓球、趣味运动会、健美操、《江山如画》大型舞蹈、反邪教演讲比赛，其中乒乓球项目获一等奖，健美操项目获二等奖、《江山如画》大型舞蹈获三等奖。

【第一社区义务奉献活动】 2009年，第一社区青年志愿者服务队与老弱病残和困难家庭结对子15户，定期上门服务。每月26日，社区义工奉献服务队为居民提供无偿服务，服务项目有修理自行车、焊盆子、磨刀、理发、医疗咨询等16项，参加人员2000多人次，服务居民2万多人次。组织104名退休职工做义务执勤，督察巡逻，制止违规摩托车961台次，劝阻不文明行为640人次。 （杨祝山）

【第二社区管理中心概况】 第二社区管理中心（以下简称第二社区）地处河南省濮阳市范县与濮阳县户部寨乡交界处，负责所辖区域住宅居民医疗卫生、计划生育、房产维修、武装保卫、征兵、文化体育以及社会就业等管理、服务、协调工作。区域内有居民4750户、1.45万人，管理生产、生活区5个，居民住宅区13个；社区占地面积156万平方米，环卫清扫面积117万平方米，绿化养护面积62万平方米。截至2009年底，第二社区有员工678人，机构下设机关科室7个、基层单位9个、基层小队10个。拥有各类设备195台套；资产4233.8万元，固定资产原值4948.31万元、净值2671.38万元。2009年，第二社区，严格执行月度生产经营计划，加强成本全过程管理，严格审批各项支出、控制非生产性开支，实现收入1786.8万元，实现收支平衡的经营目标。

【第二社区环境建设】 2009年，第二社区加强环境工程建设，针对辖区内工业区和生活区交织混杂情况，在经一路—经三路、纬二路—纬五路设置护栏，逐步把工业区与居民生活区分开。一是投资200万元，维修辖区医院建筑面积3300平方米，维修文化宫建筑面积4050平方米。二是投资100万元，对休闲场地及部分公共设施进行维修。三是投资47.08万元，完成居民住宅屋面防雨维修1.74万平方米。自筹资金16.9万元，在小区安装电子监控系统，设置监控摄像头10个，新建智能化监控系统值班室1座。

【第二社区绿化特色】 2009年，第二社区结合社区实际，设计绿化改造方案，根据气候特点和植物的造型、色彩，布局草坪、花池，更新树种，形成“一路一景、一区一景”绿化格局。在种植和日常管理上，适时适量浇水施肥，修剪防病，科学养护，绿化成活率90.5%。种植花卉2.5万盆、草坪8340平方米、树木850棵、物模纹800余平方米，清理杂草1.48万平方米，施肥3.18万平方米。

【第二社区完成污雨水排放系统改造172.5万元】 2009年，第二社区投资172.5万元，对污雨水排放系统进行维修改造。更新无堵塞全自动潜水排污泵10台，更换阀门77套，铺设双壁波纹管3900米，边沟清淤600米。铺设住宅区—蔚林化工厂排污管线1500米，实现污雨水达标排放。同时，更换污水井盖160套，疏通污水管线4.63万米，清掏检查井1734个，更换破损检查井盖102块，检修污水泵28台次、配电柜15次。

【第二社区社会化服务质量居民满意率99%以上】 2009年，第二社区树立"为主业服务、为居民服务、建设和谐油田"的服务理念，改进服务方式，规范服务行为，提高服务水平。"440"服务热线24小时畅通，接到政策咨询、求助电话464件次，群众来电回复率100%，问题处置率90%以上。在油田组织的社会化服务质量考核中，得分94.02分，居民满意率99%以上。

【第二社区医院就诊人员3.5万人次】 2009年，第二社区医院完善医疗服务考核体系，规范医疗行为，按照油田定员标准，将医院医务人员由2008年的89人减至67人；更新医疗设备，维修改造医疗设施和办公设施；理顺药品采购渠道，保证临床药品和卫生耗材供应及时、安全；加强手足口病、甲型H1N1疫情防控。全年门诊就诊人员3.5万余人次，各类手术79人次。

【第二社区完成计划生育5项指标】 2009年，第二社区加强计划生育政策和优生、优育知识的宣传，开展"送健康、送知识、送技术"、"阳光计生工程"等多种形式的服务活动，落实计划生育管理"3到位"、"4把关"工作制度，完善流动人口计划生育管理制度，建立流动人口数据库，计划生育政策生育率100%、出生统计准确率100%、避孕措施落实率100%、已婚育龄妇女健康检查率99.5%、流动人口管理率95%的计划生育5项指标。

3到位：计划生育工作责任到位、措施落实到位、经费投入到位。

4把关：户籍部门严把户口迁入关、人事部门严把职工调入关、房产部门严把房屋租赁关、社区和单位之间严把进出人员交接关。

【第二社区送温暖153户】 2009年，第二社区开展送温暖活动，为特困家庭、特殊人群解决生活困难。节日期间慰问困难家庭、特殊人群家庭76户，发放慰问金1.64万元，为15名困难（特困）家庭子女发放金秋助学金1.3万多元，扶危济困73人次、发放救助金5万元。（林　征）

【第三社区管理中心概况】 第三社区管理中心（简称第三社区）地处河南省和山东省交界处，负责所辖区域住宅居民医疗卫生、计划生育、房产维修、武装保卫、文化体育以及社会就业等管理、服务、协调工作。辖区内有居民5307户、2.27万人；辖区面积210万平方米，环卫清扫面积113.3万平方米，绿化养护面积50.4万平方米，公园面积6.2万平方米，水面绿化面积1.12万平方米，住房面积19.58万平方米。截至2009年底，第三社区有员工304人，机构下设机关科室6个、机关直属单位2个、基层单位11个。拥有各类设备245台套；固定资产原值5287.84万元、净值2612.51万元。2009年，第三社区完成主业维修服务项目161项，实现收入6831.17万元，成本支出7085.81万元，赢利21.64万元，实现"收支平衡、略有盈余"的工作目标。年内，第三社区继续保持濮阳市"文明单位"称号。

【第三社区献爱心开支18.78万元】 2009年，第三社区开展"送温暖、献爱心"活动，送温暖开支15万元，组织163名党员干部为困难群体捐款3.78万元。年内，第三社区被油田评为送温暖先进单位和稳定工作先进单位。

【第三社区获文化活动奖2项】 2009年，第三社区开辟早晚文体活动场所8处，有各类健身器材208套，满足居民锻炼身体、文化活动需求。举办夏季广场文化活动4场次、"三三四和谐共进"趣味运动会2场，与采油三厂联合举办"新春新跨越"千人长跑、"三三四"公路自行车比赛；成立"三三四"合唱团参加油田"为祖国放歌"歌咏比赛，并获第一名；组建老年人合唱团参加油田"庆七一、迎国庆"歌咏比赛，获二等奖。开展女职工大众创编才艺比赛，组织离退休职工秧歌队、腰鼓队、舞蹈队在节日期间巡回表演。

三三四：采油三厂、第三社区、钻井四公司。

三三四和谐共进：采油三厂、第三社区、钻井四公司和谐共进。

【第三社区实施环境改造项目15项】 2009年，中原油田对第三社区实施环境改造项目15项，总投资797.22万元。（1）投资21.4万元，维修同乐园设施；（2）投资132.79万元，硬化小区裸露地10处；（3）投资13.95万

2009年9月5日，第三社区维修改造同乐园设施工程完工　（李洪祥）

元，维修卫城小区人行道；（4）投资6万元，改造小区内百姓量贩场地绿化；（5）投资8万元，平整文卫小区中学门前场地；（6）投资5.32万元，维修基层单位办公场所；（7）投资5万元，修建文卫小区健身场地；（8）投资45.7万元，改造文卫小区垃圾场；（9）投资8万元，改造原采油三厂小学设施；（10）投资16万元，维修改造自行车棚7个；（11）投资4.3万元，维修职工医院超声室；（12）投资43.27万元，维修小区居民住房及办公用房；（13）投资33.29万元，维修小区破损路面106处；（14）投资36.2万元，完成新建污水处理厂前期工程；（15）勘探局投资418万元，修建山东省聊城市公安局聊南分局办公楼。同时，对小区公共设施进行维修。

【第三社区实施“2710”绿化美化改造方案】 2009年，第三社区开展绿化美化改造工程，实施“2710”绿化美化改造方案：种植绿化带2条、改造草坪7处、新植绿地10块。社区内绿化覆盖率61.56%，人均绿化面积40平方米。

【第三社区治安案件发案率同比下降12%】 2009年，第三社区完善公安、保安、民兵、治安积极分子“四位一体”的治安联防网络，实行全天候保安看护、民兵巡逻、离退休职工巡查联防机制，形成“电子监控、警亭值班、日夜巡逻”治安防范体系。组织140名离退休职工开展“我爱我家、我护我家”等形式的群防群治活动。年内，小区治安案件发案率同比下降12%。

【第三社区医院开展巡诊和义诊活动】 2009年，第三社区加强社区医疗卫生服务工作，为主业单位提供健康保健和医疗服务，开展“送医、送药、送健康进计量站，巡诊、义诊到井场”活动，先后举办急救知识讲座10场次，为采油一线员工3000多名和外闯市场钻井工人2000多名开展巡回医疗，为5500多名员工进行体检，并建立健康档案。2所医院门诊就医人员2.9万余人次。

【第三社区获国庆花展一等奖】 2009年10月，中原油田在中原文化宫举办庆国庆第九届花卉展。第三社区花卉参展面积875平方米，花展以“振兴中华、团结奋斗、万众一心”3个主题组成，以延安宝塔、南京长江大桥、东方之冠、万众一心花坛、钻塔、采油树和小桥流水人家、华表8个造型为主体，经第九届花卉展组委会评比，获一等奖。

【承办油田关心下一代工作委员会理论研讨会】 2009年11月27日，第三社区承办中原油田关心下一代工作委员会理论研讨会，参加研讨会单位18个，代表40人。会议主要对油田关心下一代工作进行总结及研讨、对下一步工作进行部署。油田关心下一代工作委员会常务副主任任宗声出席会议并讲话。会上，收到论文12篇，经评比，一等奖2篇、二等奖3篇、三等奖7篇。

（孙明学　季洪祥　邹忠信）

【第四社区管理中心概况】 第四社区管理中心（简称第四社区）地处山东省东明县境内，负责所辖区域住宅居民医疗卫生、计划生育、房产维修、武装保卫、征兵、文化体育以及社会就业等管理、服务、协调工作。辖区内有居民2434户、8630万人，辖区面积89万平方米，环卫清扫面积22万平方米，绿化养护面积4.1万平方米，住房面积15万平方米。截至2009年底，第四社区有员工331人，机构下设机关职能科室6个、业务科室5个、科级单位5个、基层单位7个。拥有各类设备270台套；资产4723.1万元，固定资产原值5886.36万元、净值3250.75万元。2009年，第四社区坚持“建设求精、管理求细、服务求优”的原则，抓好经营管理、安全管理和生产管理，保证服务费用应收尽收，水费、电费、气费、暖气费、物业收费率均达到96%以上。实现收入6062.86万元，成本支出5954.86万元，赢利108万元，实现“收支平衡、略有盈余”的工作目标。在油田组织的社会化服务质量考核中，上半年考核排名第一、下半年考核排名第三，并在中国石化集团公司社区管理会议上作典型经验发言。

【第四社区受理“440”服务电话2019个】 2009年，第四社区把落实“440”热线服务作为帮助居民排忧解难的“好帮手”，利用服务手册、橱窗等形式将“440”服务内容和考核标准公开，接受监督。成立以青年技术骨干为主要成员的水电、维修、液化气、房产、绿化、卫生等服务小分队6个，实行“接到电话15分钟赶到现场，一般问题即到即解、小型维修不过班、大型维修不过夜”的承诺服务，全年受理夜间出诊、电路维修、下水道疏通、楼道灯更换等“440”服务电话2019个，办结率100%。

【第四社区加强环境治理】 2009年，第四社区对锅炉除尘系统、输煤系统、炉拱等进行改造，减少环境污染，除灰率达到98%；开展环境卫生综合整治，确保清扫保洁、垃圾外运、污水排放、公厕管理、蚊蝇消杀等工作的落实，垃圾外运8900立方米；加强对2个早餐专营区和餐馆集中经营区的规范化管理，执行门前“三包”责任制；注重对垃圾房、垃圾点、果皮箱、公厕等重点部位进行消杀和日常管理，提高公共环境卫生的防疫能力；针对菏泽市是山东省多发手足口病和甲型H1N1流感地区，第四社区制定和落实突发事件应急预案，组织救治工作，防控工作受到当地政府好评和奖励；定期听取居民对社区环境质量的意见和建议，下设轮值督导督察组4个，每天对小区环境质量进行督导，每周以《督察简报》的形式进行通报，一月一汇总，奖惩兑现。年内，通报卫生保洁、绿化美化等方面问题576项，奖惩兑现相关单位及责任人绩效工资2.8万元。

三包：包门前卫生、包门前秩序、包门前容貌。

【第四社区开展绿化管护评比检查】 2009年，第四社区完善绿化管护承包责任制，做到目标明确，标准统一，任务切块，责任到人，坚持每周进行管护评比检查，检查结果与职工奖金挂钩。新建坡地景点2处；对社区主干道和多个小区景点进行重新规划，栽种石楠、法桐、广玉兰、海棠、百日红等树种及花灌木20余种1200棵，补栽绿篱2万余棵。

【第四社区为主业单位免费发放常用药品】 2009年，第四社区医院门诊诊治患者3.96万人次，收治住院患者450人次，开展健康检查3500人次。同时，做好服务主业单位医疗工作，每周组织2次巡回医疗，为生产一线员工配备小药箱14个，免费发放常用药品1.8万元。

【第四社区居委会调解民事纠纷13起】 2009年，第四社区居委会加强《公民道德实施纲要》宣传，利用板报、橱窗宣传“精神文明、反腐倡廉、科普知识、计划生育、消防知识、法律法规”等知识；举办反邪教黑板展和演讲比赛，印发“崇尚科学，反对邪教”倡议书500份、反邪教警示宣传材料1000份；引导居民讲究个人卫生、家庭卫生，组织楼栋长进行房前屋后及楼道卫生检查5次，调解民事纠纷13起，其中邻里纠纷9起、家庭纠纷4起，调解率100%。

（郭艳秋）

【第五社区管理中心概况】 第五社区管理中心（简称第五社区）地处河南省清丰县马庄桥镇，负责所辖区域住宅居民医疗卫生、计划生育、房产维修、武装保卫、征兵、文化体育以及社会就业等管理、服务、协调工作。辖区内有居民4785户、1.8万人，占地面积135.55万平方米；有主业单位3个、规范改制企业3个、社会化服务单位9个。截至2009年底，第五社区有员工418人，机构下设职能科室6个、科级单位10个、基层单位3个。拥有各类设备130台；资产3510.25万元，固定资产原值3286.59万元、净值1481.54万元。2009年，第五社区完成产值5974.71万元，发生费用5971.95万元，实现赢利2.76万元。

【第五社区建标准式花园小区示范点2个】 2009年4—5月，第五社区实施花园式小区建设规划，对树木、花草进行布局及种植，完成新增绿地5000平方米，种植草坪1.1万平方米、苗木4000余棵，栽植花卉10万余盆；铺设步砖1000平方米。建标准式花园小区示范点2个。

【第五社区4项基础设施维修项目开工】 2009年，勘探局投资521万元，对第五社区医院、住宅小区北区同兴路、小区污雨水管道、社区花园基础设施进行维修改造，工程于10月10日开工，计划2010年5月底交付使用。截至年底，第五社区完成4项基础设施维修项目工作量的55%。

【第五社区综合治理工作见成效】 2009年，第五社区针对综合治理难度大等问题，由派出所、保安大队、民兵分队和离退休职工的“四位一体”的治安防范网络，采取设岗值班和定时关门等措施，进行规范管理。成立民兵应急小分队，执行夜间巡逻任务，安装启用监控装置。年内，清理外来车辆600余辆次，治理车辆乱停乱放1000余辆次；禁止乱摆摊点占道经营6000人次；收缴、清除各类小广告1万余张；拆除违章建筑5处、禁止违章施工2处，督促各施工点办理施工手续22份。

【第五社区接待群众来访28起】 2009年，第五社区加强对信访和反邪教工作的组织领导，健全领导干部接访、下访、矛盾纠纷排查等工作制度16项；完善来信来访登记、承办、转办等工作制度7项以及各种职责等16项。对来信来访事件，采取“首办负责制”，重大疑难信访问题实行“一个问题、一个领导、一套方案、一查到底”的工作机制，全年接待群众来访28起，召开专题会议21次，包案处理疑难信访问题8个，上访率为零。

【第五社区整改消防安全隐患44处】 2009年5月1日，第五社区结合新《消防法》宣传贯彻工作，开展各类消防宣传活动。6月11日，组织80余人参加火灾应急疏散救援演练。与消防七中队结合开展消防安全检查2次，查出并整改隐患28处、电气线路隐患16处，维修和配置灭火器材27具，保证社区消防安全。

【第五社区连续5年获河南省关工委优秀组织奖】 2009年，在河南省关心下一代工作委员会、河南省教育厅关心下一代工作委员会开展的中小学及幼儿园征文、书画活动中，第五社区关心下一代工作委员会被评为优秀组织奖，这是连续5年在此项活动中获奖。5年来，选送参赛作品707件，获奖作品147件，其中幼儿作品获特等奖4件，46人次获“优秀辅导老师”称号。

【第五社区创作“颂祖国”60米长卷书画】 2009年9月25日，在第五社区广场开展“浓墨重彩颂祖国”60米长卷书画创作活动，优选离退休职工、在职员工、中小学生和幼儿园的孩子60人，在60米长卷上用书法、绘画作品庆祝祖国60华诞。油田关工委常务

2009年11月6日，第五社区举行使用消防灭火器演练　（刘　伟）

副主任任宗声在60米长卷之首写下“祖国万岁”4个大字。

【第五社区加强医德医风整治活动】 2009年，第五社区加强医德医风整治活动，重新制定《关于加强劳动纪律的若干规定》，坚持不定期、不定时检查，查出问题按照规定要求进行处理、及时通报；根据《关于进一步加强医疗保险管理工作的有关规定》，每月进行1次行政大查房、每月召开1次质量安全会，实行医疗安全一票否决制，并针对具体问题，研究和落实整改措施，通报检查结果，与科室的绩效工资挂钩；每月发放1次患者满意度调查表，患者为医护人员打分；每月组织1次患者座谈会，了解患者对医疗过程中的意见和建议，公示服务标准，设立举报箱，接受患者的监督。严格执行《病历书写规范》，开展甲级病历评选，对优秀病历进行奖励，不达标的病历进行通报批评。组织医护人员学习《医疗法律法规文件汇编》、《医疗事故处理条例》、《执业医师法》等医疗卫生相关法律、法规和各类人员职责与工作制度，每季度组织1次心肺复苏、清创缝合、静脉输液、口腔护理、无菌技术基本操作、单人床更换床单等项目的岗位训练，医护人员专业技术水平和综合素质得到提高。 （张伟莉）

【第六社区管理中心概况】 第六社区管理中心（简称第六社区）地处河南省兰考县城北，主要负责所辖区域住宅居民医疗卫生、计划生育、房产维修、武装保卫、征兵、文化体育以及社会就业等管理、服务、协调工作。辖区有居民3636户、1.3万人，占地面积180万平方米，环卫面积39万平方米，绿化面积18万平方米。截至2009年底，第六社区有员工543人，机构下设机关科室6个、基层单位13个。拥有各类设备361台套，资产3449.81万元，固定资产原值6989.52万元、净值3251.73万元。2009年，第六社区中心落实经营承包考核制度，加强降本压费，实现收入5195.18万元。3月18日，第六社区被开封市人民政府授予“花园式小区”称号。

【第六社区组织“祖国放歌”歌咏比赛】 2009年9月21日，第六社区管理中心为庆祝新中国建国60周年，组织“祖国放歌”歌咏比赛。参赛单位13个，参赛人员256人，观众3000多人，评出一等奖1个、二等奖1个、三等奖1个、优秀奖1个。 （耿红运）

2009年9月21日，第六社区举办庆建国60周年“祖国放歌”歌咏比赛 （耿红运）

【第六社区年节水3万立方米】 2009年，第六社区水厂新装PLC智能仪表系统，完成水厂变频自控系统设备升级，用分时段分压力变压供水设备取代原来的恒压供水设备，实现全天候供水；对公厕水箱进行节水装置技术更新，水箱供水做到智能控制，年节水3万立方米。年内，水箱供水智能控制项目被油田评为“五小成果”一等奖。

【第六社区实现平稳供电】 2009年，第六社区先后完成供电线路施工工程5项，并对其他老化线路及供配电设施进行改造，敷设新电缆680米，更换观灯16套。5月，为提高供电设备运转性能，对变电所一次设备进行专项检修、清洁防腐，处理主变及断路器渗油安全隐患2处；对27面高压开关柜进行除尘检查；对高压设备进行预防性试验和保护定值定检。排查供电安全治理隐患，在负荷高峰期对110千伏供电线路设备保护区内的树障进行清理，保证了平稳供电。

【第六社区获油田环境建设称号2个】 2009年，第六社区优化居住环境，先后在钻井三公司、社区办公场所、西院防风林带以及北区，种植石楠、女贞、月季、桂花等苗木10万余株；对3条主干道进行环境改造，移栽绿篱860株，清掏雨水沟380米，铺设步砖2700平方米，种植麦冬5600平方米。同时，完成环卫清扫面积5.2亿平方米，清运生活垃圾1.26万立方米。10月，第六社区被油田精神文明建设委员会评为环境工程建设优胜小区和优秀示范小区。

【第六社区“440”服务热线满意率99.8%】 2009年，第六社区履行服务承诺，创新服务方式，把“440”服务纳入安全生产督察范围，重点强化信息反馈的及时性和准确性，将不及时反馈服务信息与生产管理问题进行合并考核。年内，“440”热线受理各类问题513项，处结率100%，服务满意率99.8%。

【第六社区医院治愈率98.5%】 2009年，第六社区医院执行医疗质量管理方案、医疗卫生检查考核制度，对接诊病人从开具处方、记录病历到病人痊愈，实行全过程监管。在手足口病和甲型H1N1流感防控期间，及时成立防控工作领导小组，制定工作预案，对5岁以下儿童每天进行晨检，发放和收回晨检表1万余张、晨检3万余人次，对疫情实行一日一报，做到早发现、早报告、早诊断、早隔离、早治疗，治愈率100%。年内，第六社区医院发放宣传材料7000余份，组织义诊6次，完成门诊工作量2.85万人次，门诊观察室收治病人9960人次，各种辅助检查3.1万余人次，为钻井三公司井队巡回医疗及周边群众义诊8次；收治入院病人312人，治愈好转率98.5%。

【第六社区安全工作做到4个加强】 2009年，第六社区在安全管理上做到4个加强：一是加强天然气管网安全巡查及入户测漏检查；二是加强车辆行驶和交通安全管理，严禁酒后驾驶，全年安全行驶43万余千米；三是加强承包商安全管理，对承包商的资质、安全培训、作业许可证进行严格审核，对作业现场进行严格监督；四是加强职业卫生管理，为要害岗位人员配发及更换安全护具，为121名从事有毒有害作业人员进行职业健康体检，维护职工健康权益。年内，开展安全隐患排查，查隐患64个，当场整改29个，限期整改35个，整改合格率100%。

【第六社区查处治安案件20起】 2009年，第六社区坚持人防、物防、技防相结合，为3个要害部门安装红外线电子报警设备，坚持日常防范与重点打击相结合，开展夜间巡逻、蹲坑守候专项整治，检查整改各类治安隐患90余处，查处治安案件20起，打架斗殴案件8起，治安拘留5人。

（史家勇）

【第七社区管理中心概况】 第七社区管理中心（简称第七社区）地处河南省濮阳县柳屯镇西北侧，主要负责所辖区域住宅居民医疗卫生、计划生育、房产维修、武装保卫、征兵、文化体育以及社会就业等管理、服务、协调工作。辖区有居民5864户、2.3万余人；有居民住宅楼157栋、平房65栋。社区有主业单位6个，社会化服务单位及地方事业单位19个；社区占地面积164.27万平方米，环卫清扫面积51.13万平方米，绿化面积27.53万平方米。截至2009年底，第七社区有员工936人，机构下设机关职能科室7个、机关事业单位4个、基层单位11个。拥有各类设备247台套，其中机动车辆44台、园林机械60台、医疗器械52台套、办公机具91台；资产4273.41万元，固定资产原值4883.91万元、净值2047.49万元。2009年，第七社区发挥管理、服务、协调、稳定工作职能，按照“绿化、硬化、净化、亮化、美化”工作目标，自育月季等花木2万余株，栽种乔木4600棵、花灌木1.5万棵，补栽草坪1.3万平方米，清运垃圾1.75万立方米，实现收入3370万元，成本支出7600万元，完成勘探局下达的收支平衡的生产经营指标。年内，第七社区被油田精神文明建设办公室评为文明单位、信访稳定先进单位、送温暖工作先进单位、广场文化活动先进单位以及HSE示范单位、安全生产先进单位、环境保护先进单位、职业卫生示范单位。

【第七社区完善小区基础设施】 2009年，第七社区争取勘探局投资50余万元，对向阳小区基础设施进行维修完善；自筹资金360多万元，改造常青中区，维修社区医院部分设施，并购置先进的生化设备；投资40多万元，维修改造天然小区文体活动中心；投资150余万元，完成屋面防水、补漏以及零星工程维修。

【第七社区利用监控系统破获盗窃案件10起】 2009年，第七社区发挥电子监控系统作用，小区电子监控系统控制面达到100%，30多个摄像头覆盖整个小区，24小时严密监控，并利用监控系统破获盗窃案件10起。

【第七社区处理热点难点问题490个】 2009年，第七社区发挥“440”热线服务作用，坚持24小时值班，接到电话497个，其中热点问题435个、难点问题62个，并按问题进行分类，处理问题490个，处结率98%以上。

【第七社区整改安全隐患132个】 2009年，第七社区推行《岗位危害识别隐患报告卡》和《岗前5分钟风险评价表》，明确现场安全负责人、监护人，对作业人员进行现场安全教育、现场危害识别，采取相应消减措施。印制《十大禁令》和《危害识别手册》1960册，下发到员工手中；开展演讲比赛和反事故演习15次；制作安全警示标牌176个；整改安全事故隐患132个；安全教育培训2300人次；制定《检查井、下水道、化粪池、污水站清掏作业安全管理制度》和应急防范预案。11月，油田在第七社区召开下水道清掏标准化现场会，第七社区员工在关键流程的梳理、制度建设、现场实施方面进行实践演练，受到油田领导和同行们的好评。

（田传朝）

【第八社区管理中心概况】 第八社区管理中心（简称第八社区）地处河南省濮阳市胜利路181号，主要负责马颊河以西、京开路以东、黄河路以南油田区域内的房屋维修与管理、绿化管护、环境卫生、社会治安综合治理、劳动就业、居民管理服务等工作。辖区有居民1.79万户、6.33万人，社区占地面积约702万平方米，环卫面积110.06万平方米，绿化面积50.13万平方米；有居民住宅楼504栋、平房128栋；社区辖区内有主业单位4个、改制单位4个、社会化服务单位18个。截至2009年底，第八社区有员工1059人，机构下设机关科室8个、机关直属单位5个、基层单位16个。拥有各类设备58台套；资产5554.53万元，固定资产原值5761.35万元、净值511.18万元。2009年，第八社区围绕“保障生产，服务生活，维护稳定”中心工作，严格执行内控管理制度，对170项业务流程、管理制度和工作标准进行梳理和完善，使各项费用控制在年度预算之内，落实经营承包责任制，严考核、硬兑现，完成创收1224万元。

【第八社区完成基础设施改造】 2009年，第八社区自筹资金200余万元，新建老年活动健身广场1个；对3个住宅小区进行基础设施改造；对2个住宅小区灯光球场和对临河小区1400平方米的活动广场进行维修；对胜利住宅小区的污雨水管网进行改造；完成老年活动室2200平方米、办公室372平方米的维修工作。

【第八社区绿化美化】 2009年，第八社区在绿化管理上，各个物业区按照新的绿化方案和绿化标准，重新调整住宅小区的绿化布局，调整树木1156棵，大月季2000棵，种植乔木164棵、花灌木5万余棵，对8万平方米草坪进行更新和合理改造，新种植草坪5.6万平方米。

【第八社区改善离退休职工活动条件】2009年，第八社区落实离退休职工生活待遇和政治待遇，每月定期召开工作例会，进行工作学习交流。足额发放离退休职工养老金和水电气补贴；做好为老人过集体生日、组织离休干部进行健康体检、慰问生病住院的离退休职工等服务工作。改善离退休职工的活动条件，维修6个居民站的老年活动室175间，配备桌椅100余套，补充活动器材32台套、增添图书1万余册。对部分住宅小区安置健身器材32套，为部分老年活动室更换防盗门，为老年豫剧团购买演出服装和道具，各个居民点做到老年活动室、阅览室全天候开放。

【第八社区安全隐患整改率100%】2009年，第八社区完善《安全岗位职责汇编》、《安全管理制度汇编》和HSE管理体系，制定“我要安全”和“查隐患、抓治理、反三违、达三标、保安全”等主题活动方案，做到“4个到位”。加强安全生产宣传培训，印发安全生产应知应会宣传资料2700份，组织2650人次参加岗位安全培训和HSE管理知识培训，组织245人次分3期参加特殊工种的岗位危害识别培训，建立6个岗位的风险评价，对要害部位进行4次地毯式检查，查出安全隐患32项，并全部进行整改，整改率100%。

4个到位：机构人员落实到位、宣传发动到位、活动开展落实到位、督察考核落实到位。

【第八社区文化活动】2009年，第八社区围绕“庆祝建党88周年和建国60周年”，举办“祝福祖国、放歌社区”消夏广场文艺晚会9场。国庆节期间，举办庆祝建国60周年辉煌成就展及书法、美术、摄影展等活动。同时，开展离退休职工迎国庆健步走、八里方队唱红歌、百人象棋赛、太极拳展示、老年豫剧团演出、庆“七一”木兰扇邀请赛以及居民包饺子大赛、百人勾技大赛、家庭厨艺大比拼、趣味运动会等特色文化活动。

【第八社区完善送温暖帮扶联系责任网络】2009年，第八社区对14个基层工会组织进行改选，完善送温暖帮扶联系责任网络，定期进行走访慰问。审查上报特困（困难）家庭232户，发放低保金8.4万元，为118名困难家庭的在校子女发放助学金14.58万元，为526名员工办理大病救助金、抚恤金及丧葬补助，发放金额74.92万元。同时，为残疾人康复室配备饮水机、桌椅、血压计等物品，申办残疾评定390人，申领第二代《中华人民共和国残疾人证》390个。

【第八社区建立居民健康档案1.26万份】2009年，第八社区联合辖区卫生服务机构为居民提供基本医疗、预防、保健、康复、健康教育“五位一体”的健康服务，组织健康知识讲座、义诊、咨询等活动36场次，聘请专职医疗服务保健咨询医生，开展健康促进交流会6场次，建立居民健康信息档案1.26万份。3月11日，开展居民健康信息采集工作，入户发放《居民健康信息采集（家庭）表》7779份、《居民健康档案信息采集表》2.75万份，经整理将居民健康档案分组管理，并根据居民健康情况在小区内开展各种疾病求医问药等系列知识讲座。同时，在防控手足口病期间，安排20名医护人员到小区、幼儿园、小学举办手足口病防治专题讲座24场，为儿童查体6000余人次。

【第八社区拓宽“440”服务项目】2009年4月，第八社区组织由供电、供水、医院等单位参加的服务项目咨询会，让居民了解各单位的服务内容，并把联系方式印制成便民卡，发放到居民手中。并针对鳏寡、子女不在身边的老人生活不便等特殊情况，拓宽“440”服务项目，开展“关爱一线、情暖孤寡人”帮扶活动，通过1天1个亲情问候、1周1次情感聊天、1月1次健康咨询、1季1次爱心帮扶，使60位鳏寡、子女不在身边的老人生活得到妥善照顾。

【第八社区核查计划生育管理人数2.18万人】2009年3—6月，第八社区组织召开计划生育管理人群核查工作专项工作动员会，对核查工作进行安排。核查住宅小区10个、1.78万户，核查人数3.21万人次，归属第八社区管理的计划生育人数2.18万人，归属管理的已婚育龄妇女2643人。并及时更新流动人口计划生育数据库，清查流动人口152人，归属濮阳市5个县2个区计划生育管理人员216人。

【第八社区普查基础设施1440项】2009年，第八社区成立基础设施普查

2009年4月28日，第八社区举办“我要安全”职工演讲比赛 （赵晓英）

办公室及普查小组6个，对10个生活住宅小区所有地面建筑设施、污雨水系统的地面设施及地下设施进行普查，进行绘图、照像、台账登记、电子录入、资料汇总，做到普查内容不重不漏不错登。年内，普查基础设施1440项，小区内道路94条、污雨水口检查井2881座，拍摄数码照片5760张，绘制基础设施现状分布图23张，电子版污雨水设施现状图10张。

【第八社区建立日常工作督察机制】 2009年3月，第八社区启用处级干部调研员9人、退二线科级干部35人，成立督查办公室及督察小组7个，对社区安全环保、环卫绿化、综合治理进行督察。督察员采取不定期、不通知的方式，随时到各基层单位检查物业管理、居民服务、安全生产等工作内容，将查出的问题填写在《督察整改通知单》上，由责任单位领导签字确认，督促整改。

【第八社区落实防汛排涝抗灾措施5项】 2009年6月，第八社区根据油田防汛排涝抗灾指挥部的部署，制定防汛排涝抗灾工作应急预案，落实辖区责任单位和防汛排涝抗灾工作职责。（1）对小区污雨水泵房进行全面检修，对小区污雨水管网、化粪池、污水井、雨水口等进行检查和清掏；（2）组建防洪排涝抗灾人员1700人，成立由37人组成的防汛排涝抗灾应急小分队和10人应急医疗小分队；（3）储备塑料编织袋、铁锹、水龙带、排涝泵和配套电机等防汛排涝抗灾专项物资10.6万元，（4）对各种型号的排涝泵和配套的电机、胶管、提升排涝泵的电机规格、型号进行登记造册；（5）建立防汛排涝抗灾信息网络，除“440”服务电话（11部）坚持24小时值班外，辖区单位也分别实行24小时值班制，做到随时掌握信息，随时调动力量，做好防汛排涝抗灾工作。

【第八社区举行青少年远离网吧签名仪式】 2009年12月5日，第八社区关心下一代工作委员会联合辖区内的3所中学、胜利石油派出所举行“杜绝手机上网　集中精力学习”签名仪式。关心下一代工作委员会向青少年发倡仪书1800份，有450名同学在“杜绝手机上网　集中精力学习”条幅上签名。

2009年9月11日，第八社区开展员工技术比武（保安项目表演）（赵晓英）

【第八社区办理“互助基金会会员证”1.55万个】 2009年11月，第八社区在社区范围内办理油田“互助基金会会员证”换证工作。各小区设立服务窗口3个，办理“互助基金会会员证”1.55万个，其中换证1.17万个、补证842个、新会员领证2934人。

【第八社区员工技术比武】 2009年9月，第八社区开展员工技术比武活动，比赛项目有保安、汽车驾驶、绿化花卉、油漆防水、护理5个工种，采取理论知识笔试和技能实际操作2种比武形式，参加员工387人，其中取得名次27人。（赵晓英）

【第九社区管理中心概况】 第九社区管理中心（简称第九社区）地处河南省中原路东段37号，负责南到采油五厂的东环居民生活区，北至北环路世纪景苑居民生活区，西起马颊河支流，东到安厦居民生活区的物业管理、居民管理、房产管理、劳动就业、武装保卫、计划生育、国防教育、文化体育和稳定等工作。辖区内有居民1.9万户、7万多人，社区有居民生活小区19个；有住宅楼577栋、平房80栋。截至2009年底，第九社区有员工2553人。拥有各类设备420台，固定设备352台；资产5293.21万元，固定资产原值6694.49万元、净值3319.98万元。2009年，第九社区严抓细管，优质服务，实现收入1000万余元；房屋出租实现收益400万余元，降本减费60万元，完成勘探局下达的经营指标。

【第九社区环境治理措施到位】 2009年，第九社区坚持“高起点规划、高标准建设、高水平管理”的环境建设思路，制定科学绿化方案，提升绿化美化效果。种植树木58个品种12万余株，美人蕉1万多棵，新植草坪、地被植物10万平方米，新增喷灌设施3200米，培育草花24个品种80多万盆；治理杨、柳树飞絮1000多棵。开展“认养一片绿地”和“我和小草同成长”活动，实现20个居民小区绿化有图形、美化有造型、亮化有特点。在油田环境工程大检查中，安厦小区被评为环境工程建设优秀示范小区，师苑小区、登峰小区被评为优胜小区。

【第九社区综合治理】 2009年，第九社区逐级签订《平安建设目标管理责任书》，完善小区昼夜巡逻、门岗、停车场人员工作管理制度和岗位职责，开展“六乱”专项治理和“查隐患、抓防范、保平安、迎国庆”、“千人大巡防”、“冬季综合治理”等系列综合治理活动。调查常住居民1.75万户、出租房屋住户326户，做到人员底数清、基本情况清；结合“六乱”治理活动和考核标准，清理“十乱”现象1200余处。

六乱：乱停乱放、乱扯乱挂、乱贴乱画、乱堆乱放、乱搭乱建、乱叫乱卖。

十乱："六乱"的基础上再增加乱砍乱伐、乱挖乱种、乱养禽畜、乱摆摊点。

【第九社区安全工作经验在油田推广】 2009年，第九社区建立安全技能培训基地，设立安全警示教育室，举办"我要安全"演讲比赛、"我要安全"宣誓承诺、"向不安全行为告别"签字仪式以及安全知识竞赛、"安全与我同行"趣味竞赛、"生命的承诺"安全文艺演出等活动。在装备管理上，完善装备管理体系，做到设备运行检修彻底，保养到位；安全生产实现全年无事故，在油田组织的安全工作会议上作典型发言，勘探局组织社会化服务系统单位到第九社区学习。

【第九社区完善基础设施97项】 2009年，第九社区先后完成辖区设施维修工作，改造光明小区、碧云小区环卫绿化站办公场所以及康乐小区、安厦小区停车场2个；修建绿景小区、世纪景苑小区游园4个；维修安厦小区大门及楼道设施14栋；楼房防水维修80多栋5万平方米；为康辉小区、科技新村居民站搭建彩钢活动场所等工程97项。

【第九社区拓宽就业渠道】 2009年，第九社区在各个小区内召开外部就业宣传动员会，鼓励待业子女及家长转变就业观念，提供电子、化工、计算机、机电一体化、电子操作工、缝纫工等就业岗位175个，发放就业信息150余份，接待来访人员60余人次，有就业意向并进行求职登记16人，其中实现社会就业7人。同时，开展"访百家企业、进千户家庭"就业服务援助活动，访问改制企业和商户131家，开发就业岗位375个，实现就业帮扶62人，安排再就业人员289人。

【第九社区实施"4进家庭"凝心工程】 2009年，第九社区实施谈心服务进家庭、医疗保健进家庭、网络指导进家庭、助老服务进家庭"4进家庭"凝心工程。通过完善"离退休职工基本情况信息"、"职工服务需求"和"重点人员服务信息台账"，做到离退休职工情况清、需求清、重点服务对象清；为637名70岁以上的离退休职工建立健康档案，定期提供健康体检和咨询服务；组建由36人组成的助老志愿服务队，定期到需要服务的离退休职工家中嘘寒问暖、买面送菜。

【第九社区开展"三送"帮扶服务】 2009年，第九社区加强"三送"帮扶服务：送技能帮扶，针对性地开办保健、厨艺、缝纫等培训班6期、培训人员150人次；送资金帮扶，发放慰问金、助学金、低保金、救助金等80余万元；送实物帮扶，每季度为油田240户困难家庭发放米面油等食物，价值14.6万元。

【第九社区受理来信来访147起件】 2009年，第九社区加强信访稳定工作，受理群众来信来访147起件，其中来信17件、来访130余起，来信同比下降11.7%，来访同比上升1.2%。处理率100%，办结率98%，稳定率100%。

（赵　新）

【第十社区管理中心概况】 第十社区管理中心（简称第十社区）地处河南省濮阳市苏北路与长庆路交界处，主要负责油田基地黄河路以北、马颊河支流以西（不包括五一路以南，任丘路以北区域）至皇甫基地范围内的干城、滨河、庆北、庆西、庆龙、凌云、康平、登月、皇甫和林海花园10个生活住宅区的物业管理、居民管理、离退休职工管理、房产管理、劳动就业、武装保卫、国防教育、文化体育活动和稳定等工作。辖区有居民1.04万户、3.6万余人；有居民住宅楼房347栋；社区辖区有主业单位20多个；总面积523万平方米，社区占地面积303万平方米，环卫面积66平方米，绿化面积47万平方米。截至2009年底，第十社区有员工1636人，机构下设机关职能科室7个、机关直属科室单位5个、直属科级单位12个。拥有设备294台套；固定资产原值3486.57万元、净值2263.96万元。2009年，第十社区实现收入6890万元，实现赢利293万元，完成收支平衡、略有盈余的经营任务。

【第十社区为离退休职工办实事】 2009年，第十社区投资6万元，对皇甫离退休职工活动场所进行改造；在春节和重阳节期间，看望住院的离退休职工256多人次，慰问60岁以上离退休职工，为4787户离退休职工安装数字电视机顶盒。在油田举办的"祝新中国成立60周年"文艺比赛中，自编自导自演的舞蹈《春天物语》获第一名，在油田举办的"颂歌献给党"

2009年6月25日，第十社区参加油田举办的"颂歌献给党"大型歌咏比赛并获一等奖

（吴晓新）

大型歌咏比赛中，获一等奖；在油田举办的“和谐社区杯”乒乓球比赛中，获老年组团体冠军。

【第十社区人文和谐建设】 2009年，第十社区先后开展“送温暖、献爱心”助困现场会和“送实物进小区”活动。为289户特困家庭发放衣物等生活用品876件，为200余户困难家庭发放粮油补助10.47万元；帮扶残疾人家庭、孤寡老人家庭60多户；为19户残疾人特困家庭、11名残疾在校生、130余户特困家庭、113名特困学生、22户遗属发放救助金、助学金、慰问金等83万余元；对辖区内的离退休（养）、协议解除劳动关系、失（待）业及寡孤独特殊困难家庭给予救助，发放救助金17.32万元。组织开展“扶危济困献爱心”捐款活动，389名党员干部、职工群众捐款2.84万元。

【第十社区实现再就业1158人】 2009年，第十社区加强就业人员基础数据管理，建立就业登记制度和各项资料台账，完善各类人员信息库。4月，举办“访百家企业，进千户家庭”就业服务活动，摸清社区内失待业人员情况，对58户困难家庭进行跟踪服务。有针对性地开办家政服务、计算机应用等培训班3期、培训人员103人，举办创业培训班2期、培训人员60人，帮助创业人员申请小额担保贷款63万元。与辖区内油田企业、改制企业和私营企业联系，安置困难家庭的失待业人员98人；参加油田公益性岗位劳动，安置协议解除劳动关系人员、失业集体工、零就业家庭275人，实现再就业1158人，灵活就业485人。

【第十社区完成基础设施普查1483个】 2009年，第十社区普查、登记属于油田资产的基础设施1483个，其中居民住宅421座、办公用房270座、生产用房261座、商业用房127座、公共设施246座、系统设施101座、教育设施18座、培训设施3座、文体活动设施11座、其他设施25座，普查、标注不属于油田资产基础设施2000多个。普查、统计了11个生活小区道路、污雨水情况。

【第十社区138名环卫工作人员受表彰】 2009年，第十社区结合濮阳市卫生城市复查工作，彻底治理小区“十乱”现象，清理建筑垃圾1500多立方米、生活垃圾3600多立方米，清掏污雨水沟4600米、污雨水井28个、粪泥1200多立方米，拆除违章建筑3处，治理卫生死角10个。在油田环境工程建设检查中，受表彰环卫工作者138人。

【第十社区发放《平安建设宣传手册》1400本】 2009年，第十社区重视平安建设工作，把“工作优先考虑、问题优先解决、经费优先安排、先进优先考虑”的“4个优先”作为平安建设工作重点。投资5万余元，为4个保安中队14个门岗房进行墙壁粉刷、门窗更换，配备办公用品5套，制作社会治安综合治理和“平安之星”板面29块。在各个生活小区发放《平安建设宣传手册》1400本，设置平安建设宣传专栏，更换内容4期，悬挂平安建设宣传横幅20条，制作展板及巡展16块，观展人数1万余人。

【登月小区获“优秀示范小区”和“平安之星小区”称号】 2009年，登月小区培育树苗10余种、花草2.8万棵，在小区内种植花木3390株、栽种浆草332平方米、修剪树木6700余株，清理树枝杂物20翻斗车次，平整花池、裸露土地2.5万平方米；修复路面塌陷600平方米，修复污水井口20个，清掏化粪池150个、污雨水井602个，疏通下水道246次。10月，在油田组织的环境工程大检查中，登月小区被评为环境工程建设优秀示范小区和平安之星达标小区。

（黄雪梅）

2009年中原油田住宅小区分布情况

所属社区	小区名称	户　数	建筑面积（平方米）
第一社区管理中心	花园村小区	3420	203384.49
	腾飞小区	2366	143591.73
第二社区管理中心	丽苑小区	4136	248228.28
第三社区管理中心	文卫小区	3136	195127
	卫城小区	2613	153822.58
第四社区管理中心	明苑小区	975	59297.5
	祥苑小区	1155	69796.4
第五社区管理中心	菊园小区	3747	225786.07
	钻前小区	470	28046.25
	供应小区	520	50231.68
第六社区管理中心	兰考石油基地	3636	219455.25
第七社区管理中心	常青小区	2760	186418.84
	向阳小区	926	58250.41

续表

所属社区	小区名称	户　　数	建筑面积（平方米）
第七社区管理中心	柳香小区	842	56895.36
	天然小区	1215	80009.35
	天祥小区	121	7097.93
第八社区管理中心	添运小区	2963	259564.51
	临河小区	728	43501.34
	天桥小区	1480	99971.16
	兴隆小区	1462	90223.90
	建设小区	2188	204209.16
	建业小区	686	40796.67
	建安小区	784	45089.86
	胜利小区	1566	93906.25
	盟东小区	1860	183981.83
	盟北小区	204	28478.98
	濮水花园	646	80918.20
	盟城小区	3266	254119.42
第九社区管理中心	超越小区	1722	120762.76
	石油学校	592	37990.67
	师苑小区	538	41894.91
	光明小区	1523	104044.73
	康辉小区	1488	101096.73
	乐锦小区	151	10873.58
	紫波小区	88	5692.70
	康乐小区	923	77132
	碧云小区	282	18813.93
	安厦小区	1206	91007.01
	东日小区	338	26727.49
	蓝盾小区	310	23164.98
	河东小区	938	65177.74
	绿景小区	1256	82449.43
	科技新村小区	1666	101062.64
	登峰小区	968	63500.65
	育苑小区	238	15204.85
	兴原小区	55	7831.88
	世纪景苑	2664	378762.77
	东环小区	2007	120537.07

续表

所属社区	小区名称	户　数	建筑面积（平方米）
第十社区管理中心	干城小区	2578	152404.42
	庆北小区	1278	72870.25
	庆西小区	790	66598.42
	二高小区	120	7960.23
	滨河花园	432	53581.18
	华龙小区	18	1069.95
	登月新村	1510	117995.17
	凌云小区	744	40986.04
	康平小区	875	60628.19
	皇甫小区	431	25598.64
	林海花园	1968	233732.44
总　计		79568	5737353.85

（姜坤裕）

离退休职工管理

【离退休职工管理处概况】 离退休职工管理处（中心）地处河南省濮阳市五一路133号，主要负责油田离退休职工的管理服务工作；负责《石化老年》杂志的编辑、老年大学和老年敬托院的管理等工作。离退休职工管理处有离退休（养）人员48061人，其中离休干部108人、局级干部32人、处级干部673人、科级以下退休职工23668人、退休集体工22407人、退养职工1173人。截至2009年底，离退休职工管理处有员工120人，具有高级职称13人、中级职称40人、初级职称20人；机构下设机关职能科室2个、业务科室3个、基层单位6个、社区设立离退休职工管理服务站32个、离退休职工管理服务区538个。离退休职工管理处拥有各类设备105台套，其中车辆13台；资产362.21万元，固定资产原值589.62万元、净值229.4万元。2009年，离退休职工管理处建立完善走访慰问制度、包户服务制度，上门慰问年满60周岁的离退休职工3200人，发放慰问金447.4万元；集中为离退休职工办理老年优待证3265个，上门办理公交IC卡4500张。为改善办公和服务条件，投资80多万元，对敬托院和部分基层站活动室进行更新改造，配备部分办公和活动机具，为离退休管理站党员活动室、党支部家庭活动示范点配发学习资料和活动器材。全年举办红歌合唱、老年骑游等比赛活动50多次，定期举办各种保健养生知识讲座70多场次。委托中国石化集团公司管理干部学院举办为期10天的基层离退休工作负责人培训班、培训人员45人；参加油田举办的系统业务骨干培训班2期、培训人员72人；参加油田举办的离退休职工党支部书记培训班18期、培训党支部书记534人。

【老年大学管理】 截至2009年底，老年大学有在校学员5000多人，下设总校1所、分校4所，开设计算机、书画、器乐、声乐、戏曲、舞蹈、丝网艺术、秦腔等专业23个，教学班86个。2009年，离退休职工管理处聘任

2009年5月2日，第五社区离退休管理站举办插花比赛　（刘　伟）

教师30人，分配总校和分校任教，并对各老年大学分校的教学进行定期督导，老年大学坚持课堂教学和课外实践活动相结合，5月，老年大学在新蕾公园举行“庆五一，迎国庆”文化展示活动，有书画、舞蹈、戏曲、声乐、器乐5大类，参加学员1000余名；7月，老年大学师生参加全国第二届“重阳书画展”，9幅作品入选，中原油田获优秀组织奖；9月，老年大学参加油田组织的庆祝共和国60华诞“为祖国放歌”歌咏比赛，参加学员100多名，获三等奖和优秀组织奖；12月，离退休职工管理处派代表参加中国老年大学协会在上海宝钢举办的第四届会员代表大会，并作经验交流发言。同时，编印《老年大学学报》2期、7万字。

【敬托院老人满意率99%以上】 老人敬托院地处河南省濮阳市任丘路昆吾园内，始建于1997年，1998年1月1日投产，建筑面积7600平方米，老人住室159间，配备专职医师3人、护士6人。2009年1月21日，中原油田将老年敬托院更名为中国石化集团中原油田敬托院。年内，离退休职工管理处投资15万元，建立集图书阅览、书画才艺展示、健身理疗、棋牌娱乐等于一体的多功能活动室200平方米；改造暖气管线；更换太阳能洗澡器、接入宽带。坚持以机制创“新”、服务创“优”、管理创“严”和“奉若父母、情同亲生”为管理服务理念，让入住老年人实现老有所养、老有所医、老有所为、老有所学、老有所乐，全年入住老人达到200人次以上，入住量保持在105人左右，入住老人满意率达到99%以上。

【举办老年文体活动50余场次】 截至2009年底，中原油田有老年活动中心36个、建筑面积4.4万平方米，室外建有门球场34个、地掷球场29个，晨晚练活动点127个；建立门球、地掷球、太极拳等文体协会18个（分会454个），协会会员1.1万名，各类活动队伍200余支，参加文体活动的离退休职工2万人以上。2009年，离退休职工管理处继续开展“老年活动示范站”创建活动，投资50多万元，为各老年活动室配发电视、DVD、空调、桌椅等。在庆祝建党88周年、建国60周年期间，举办书画展览、大合唱和文艺演出活动25余次，举办台球、门球、乒乓球比赛等25余场次。

【获中国石化集团公司第二届文艺比赛奖项4个】 2009年8月27日，中国石化集团公司为庆祝中华人民共和国成立60周年，举办离退休职工第二届文艺比赛，中原油田精选节目5个，刻录成DVD光盘，报送到中国石化集团公司参加评比，其中舞蹈《红色娘子军》获一等奖，合唱《祝福祖国》获二等奖，快板舞《和谐石化如朝阳》获三等奖，中原油田获优秀组织奖。

【《石化老年》杂志发行35.7万册】 《石化老年》杂志编辑工作由中国石化集团公司离退休工作部主办、中原石油勘探局承办，是面向中国石化集团公司离退休系统发行的内部刊物，创刊于1998年12月，杂志规格大16开本，彩色四封，内文64页，双月刊。2009年，中国石化集团公司直属单位80家订阅《石化老年》杂志，杂志订阅量5.95万份，发行6期、35.7万册。内容涉及中国石化集团公司老年工作、学习娱乐、医疗保健、往事回忆、海外老年及各单位离退休工作动态等。10月，中国石化集团公司《石化老年》杂志宣传发行工作会议在云南石油分公司召开，中国石化集团公司离退休工作部李存计副主任出席会议并讲话。

【关心下一代工作】 中原油田关心下一代工作委员会（简称关工委）是以离退休职工为主体开展关心、教育下一代工作的群众性组织。截至2009年底，关工委下设基层关工委20个、离退休职工管理站设分会27个、关工委小组597个，关工委工作人员1.1万人。2009年，10个社区管理中心党委与油田党委签订目标责任书，成立现代家庭教育指导委员会、青年教育分会；开办各种类型家长学校66个，接受培训学习1.4万多人。组成老领导、老专家15人的“青年教育讲师团”，先后到社区和濮阳市等单位进行调研考察，撰写调研报告17余篇，到基层演讲8次，青年接受教育870多人。关心弱势群体，对经济困难、双腿残疾的学生进行救助，为家庭困难的学生免除学杂费；与油田工会、团委、河南省中原油田公安局共同组织“关爱工作团”，到焦作市监狱、内黄县监狱，实地帮教油田服刑子女，并送去学习、生活用品，组织第八社区文艺宣传队到内黄监狱进行帮教演出。截至年底，中原油田服刑子女减刑10人，提前释放6人。

（臧　勇　赵未娜）

接待服务

【北京办事处概况】 北京办事处地处北京市东城区和平里东街民旺园甲10号，主要负责承接中原油田内外工作会议、培训以及人员住宿、餐饮、旅游等接待服务工作，占地面积3047平方米，建筑面积6402平方米。截至2009年底，北京办事处有员工105人，其中正式员工29人、劳务用工37人、聘用临时协议工39人；机构下设置机关职能科室3个、基层单位4个；拥有客房83间、床位160个，资产3883万元。2009年，北京办事处接待宾客2.6万人次，其中接待油田和地方的局级领导382人次、副总师及处级领导2160人次、帮助油田干部职工就医服务1150人次，接待团体26批，完成委托代办事物520余件。接待服务综合满意率98%，实现收入2178.67万元，同比增长22.4%，其中餐饮部对外收入449.56万元，同比增长83.6%；客房部对外收入452.74万元，同比增长3.7%；小车队对外收入144.83万元，同比增长81%。

（贺志刚）

【河南金桥宾馆概况】 河南金桥宾馆（亦称中原油田驻郑州办事处）地处河南省郑州市金水区金水路43号，主要负责中原油田对外联络及住宿、餐饮、娱乐、旅游等接待服务工作。截至2009年底，河南金桥宾馆有员工89人，具有高级职称3人、中级职称29人、初级职称32人；机构下设机关科室4个、基层单位12个。拥有豪华套房5套、商务套房25套、标准间108间、单间31间、床位300个，有大型宴会厅1个、自助餐厅1个、中小型豪华中餐包房18个，餐位650个；有中、小型会议室9个，同时有容纳380人的多功能会议厅，配备先进的会议音响、数字系统，可提供4种语言的同声传译系统和同步会议摄像系统；有大型歌舞厅、室内游泳池、健身房、棋牌室、商场等配套服务设施和大型停车场2万平方米。资产1.03亿元，固定资产原值1.27亿元、净值7995.43万元。2009年，河南金桥宾馆接待各类会议433个，销售客房3.19万间，客房利用率51.7%，接待婚宴88家、2379席，其他各类宴会6186席，实现营业收入5800万元。

【河南金桥宾馆获“金叶级绿色旅游饭店”证书和牌匾】　金叶级绿色旅游饭店是全国旅游星级饭店评定委员评定的级别。2009年年初，河南金桥宾馆参加河南省旅游局开展的“创建绿色旅游饭店”达标活动，4月，一次性通过河南省旅游局达标验收；12月，获全国旅游星级饭店评定委员会颁发的“金叶级绿色旅游饭店”证书和牌匾。　（樊许辉）

【威海职工教育培训中心概况】　威海教育培训中心（亦称中原油田威海绿岛宾馆）地处山东省威海市环海路3号，主要负责承接中原油田内外工作会议、培训以及人员住宿、餐饮、旅游等接待服务工作，是三星级旅游饭店。截至2009年底，威海教育培训中心有员工43人，其中正式员工29人、劳务用工14人；机构下设机关职能科室2个和直属正科级单位2个。拥有接待服务楼11栋，其中普通套房5间、豪华套房7间、标准间102间、单间6间、三人间9间，床位249张；有宴会厅2个、中餐包间8个，可同时容纳300人就餐；拥有中小型会议室5个和分散停车场3000平方米。资产2412万元，固定资产原值3813万元、净值1761万元。2009年，威海职工教育培训中心接待旅游团队1445个，承办会议8个、各种培训班21个，总人数2.69万人次。其中，接待油田内部职工疗养团18个、576人次，承办油田内部一级培训班12个、二级培训班9个，培训人数1112人次。实现收入1294万元，利润3万元。

【威海职工教育培训中心降本减费13万元】　2009年，威海职工教育培训中心加强成本管理，减少外聘用工8人，劳务费用支出同比降低15%；减少外委维修项目，自主维修路灯32个、粉刷墙面540平方米、更换器具194件。截至年底，降本减费13万元。　（王新燕）

【中原油田宾馆概况】　中原油田宾馆地处河南省濮阳市兴业路7号，主要负责油田内部接待及餐饮、会议、旅游等服务工作。截至2009年底，中原油田宾馆有员工387人，具有高级职称3人、中级职称14人、初级职称9人；机构下设部室13个、外部项目服务部2个。拥有接待楼2栋，包括标准单人间、标准双人间、标准套房、豪华套房76间套、床位118个；有各式餐厅24个、餐位500个；有大小会议室12个；设有网球场、乒乓球室、棋牌室等娱乐健身设施。资产2725.11万元，固定资产原值2458.63万元、净值1098.13万元。2009年，中原油田宾馆接待宾客约15.3万人次、大小型会议900余次、旅游服务约5200人次；苏丹项目服务部接待宾客约2.1万人次；普光项目服务部接待宾客约147.8万人次。全年实现营业收入6977.4万元，经营赢利135万元。

【中原油田宾馆获全国烹饪技能竞赛金奖】　2009年1月18日，中原油田宾馆在全国烹饪技能竞赛河南赛区比赛中，获团体金奖。其中，4名厨师分获冷拼、中式烹调、中式面点项目金奖和银奖。

（古巧红）

2009年4月25日，第八社区开展“440”服务热线宣传活动　（赵晓英）

人物·先进集体

中原油田党政领导班子成员

沙启军　男，回族，1950年10月出生，山东省曹县人，1970年11月参加工作，1973年12月加入中国共产党，1993年7月河南省委党校政治管理专业毕业，大专学历，教授级高级政工师。1970年11月在胜利油田钻井第一指挥部修保厂参加工作，1976年4月起历任东濮石油会战指挥部机修厂加工车间指导员、钻井指挥部团委副书记、运输处修保厂副政治教导员、第一中学党支部书记兼副校长，中原石油勘探局教育培训中心办公室副科级干部、副主任（正科级）。1985年9月起在华北石油财经学校学习政工专业，1987年8月任中原石油勘探局高级中学党支部书记，1990年6月任第一中学党总支书记（副处级），1993年8月任教育培训中心党委书记兼第一中学党总支书记，1994年4月任教育培训中心副主任、党委副书记（正处级），1997年4月任教育中心主任（教育处处长）、党委副书记。2001年12月任中原石油勘探局党委副书记、工会主席，同时兼任勘探局直属机关党委书记、分公司直属机关党委书记，2004年6月任中原石油勘探局党委书记、中原油田协调委员会委员，2007年10月任中原石油勘探局党委书记、中原油田分公司代表、中原石油勘探局副局长、政协第十届河南省委员会常务委员。

孔凡群　男，汉族，1962年11月出生，山东省五莲县人，1983年7月华东石油学院地质专业毕业并参加工作，1987年10月加入中国共产党，1997年1月山东省委党校政治学专业硕士研究生毕业，2002年8月中国科学院地质与地球物理所地质学博士研究生毕业，教授级高级工程师。1983年7月大学本科毕业后分配到胜利油田胜采指挥部工作，先后在作业二大队作业34队、采油二大队采油十队实习。1984年3月起历任胜采指挥部地质所地质室助理工程师、油田开发室副主任、地质室主任，胜利采油厂地质所开发室主任、地质所副所长。1994年2月任胜利采油厂副厂长、总地质师、党委委员，1998年8月任东辛采油厂厂长、党委副书记，2001年1月任胜利油田有限公司副总地质师。2001年12月任胜利油田有限公司董事、副总经理，2003年6月兼任胜利油田大明（集团）股份有限公司董事长，2004年6月任中原油田分公司经理、中原油田协调委员会委员、中原石油勘探局党委常委，同年10月兼任中原油气高新股份有限公司董事长，2007年10月任中原石油勘探局局长、中原油田分公司经理、中原石油勘探局党委副书记，2008年2月兼任普光分公司经理，2008年12月任中原石油勘探局局长、中原油田分公司总经理、中原石油勘探局党委副书记兼普光分公司经理、第十一届全国人民代表大会代表。

王亚钧　男，汉族，1956年11月出生，江苏省大丰县人，1975年6月参加工作，1980年1月加入中国共产党，1998年12月西南石油学院企业管理专业毕业，大学学历，教授级高级政工师。1975年6月起在长庆油田三分部农场、3210钻井队工作，1977年8月起在长庆桥“721”工人大学学习，1978年10月起历任长庆油田三分部钻井处3210钻井队技术员、人事处技术员、钻井工程处技术员、钻井三部32648钻井队技术员，1980年11月—1981年1月在长庆油田干校学习，1981年4月—1982年1月在大庆石油学院第五期钻井工程师进修班学习。1982年6月任中原石油勘探局钻井指挥部二大队技术员，1983年1月起历任局党委组织部技术干部管理科干事、干部管理科干事、工程师，1984年8月—1986年7月在西南石油学院石油管理工程专业学习，1993年6月任勘探局人事劳资处行政干部管理科科长。1994年8月任勘探局人事劳资处副处长，1997年4月任局党委组织部副部长、人事处副处长，2000年3月任局党委组织部部长，同年5月兼任局纪委常委。2004年6月任中原石油勘探局党委副书记、纪委书记、工会主席，10月兼任中原油气高新股份有限公司监事会主席、12月兼任中原油田直属机关党委书记，2005年6月兼任中原油田党校校长，2006年9月兼任西南工作委员会党委书记，2008年2月兼任普光分公司党委书记。

孙清德 男，汉族，1962年1月出生，河南省方城县人，1991年1月加入中国共产党，1983年7月江汉石油学院钻井工程专业毕业并参加工作，2006年7月石油大学（北京）油气井工程专业博士研究生毕业，教授级高级工程师。1983年7月大学本科毕业后分配到中原石油勘探局钻井一公司32434钻井队实习。1984年8月起历任钻井一公司技术科技术员、工程师，工程技术大队副大队长、副总工程师，1994年3月任钻井工程服务二公司总工程师，10月任钻井总公司（钻井事业部）副总工程师（副处级），12月任钻井总公司（钻井事业部）副总经理。1995年7月任阿根廷中原公司经理（副处级），1996年2月任钻井三公司副经理，2000年3月任钻井二公司经理、党委副书记。2001年12月任中原石油勘探局副局长，2002年4月—2003年4月兼任对外经济贸易总公司总经理，2004年6月任中原石油勘探局副局长、党委常委，同年12月兼任西部工作委员会主任、党委书记。

杜广义 男，汉族，1965年9月出生，河南省范县人，1988年6月加入中国共产党，1988年7月西安交通大学金属材料与热处理专业毕业并参加工作，2000年6月西安交通大学工商管理专业硕士研究生毕业，2004年7月西南石油大学机械设计专业博士研究生毕业，教授级高级工程师。1988年7月大学本科毕业后分配到中原石油勘探局油建公司管道预制厂实习。1989年7月起历任油建公司予制厂助理工程师、机动科助理工程师、技术监督科助理工程师、副科长，技术监督站副站长、站长兼党支部书记。1995年4月任特种车辆修造总厂副厂长，1999年3月任特种车辆修造总厂厂长兼党委副书记。2001年12月任中原石油勘探局副局长，2002年3月—2004年9月兼任上海三高石油设备有限责任公司董事长，2003年3月—2007年2月兼任河南中原绿能高科有限责任公司董事长，2008年6月任中原石油勘探局党委常委、副局长。

王寿平 男，汉族，1962年11月出生，湖北省仙桃市人，1986年6月加入中国共产党，1982年7月西南石油学院采油工程专业毕业并参加工作，2002年6月西南石油学院石油与天然气工程专业博士研究生毕业，教授级高级工程师。1982年7月大学本科毕业后分配到中原石油勘探局采油二厂采油七队实习。1983年起历任采油二厂采油七队技术员、地质大队工艺仪修室助理工程师、副主任、开发室副主任、副大队长、副总地质师兼地质大队大队长。1993年3月任采油二厂总地质师，1994年4月任采油二厂副厂长、总地质师，1997年4月任开发事业部经理，2000年4月任中原油田分公司副总地质师。2003年1月任中原油田分公司副经理，2004年10月兼任中原油气高新股份有限公司董事，2008年2月兼任西南工作委员会主任、党委副书记、普光分公司副经理、党委副书记，同年6月任中原石油勘探局党委常委、中原油田分公司副经理兼西南工作委员会主任、党委副书记、普光分公司副经理、党委副书记，2008年12月任中原石油勘探局党委常委、中原油田分公司副总经理兼西南工作委员会主任、党委副书记、普光分公司副经理、党委副书记。

黄艾华 男，汉族，1954年9月出生，山东省寿光县人，1972年12月参加工作，1976年11月加入中国共产党，1990年7月河南省委党校政治管理专业毕业，大专学历，高级经济师。1972年12月起在胜利油田临盘指挥部32454钻井队工作，历任32454钻井队代理副政治指导员、钻井大队团委副书记，1979年9月起历任东濮石油会战指挥部钻井指挥部团委干事、副书记，1983年5月起历任中原石油勘探局钻井二公司宣传科副科长、科长、组织科科长、副总经济师兼人事劳资科科长。1994年3月任钻井二公司党委副书记，1994年11月任钻井工程三公司党委书记，1996年1月任第十四矿区管理委员会主任，1997年4月任局长办公室（政策研究室）主任，2000年12月兼任中原油田分公司经理办公室主任，2001年3月兼任中原油田分公司专家办公室主任，2002年4月任中原石油勘探局局长助理兼局长办公室（政策研究室）主任、中原油田分公司经理办公室主任、专家办公室主任，2004年6月任中原石油勘探局副局长，2008年6月任中原石油勘探局党委常委、副局长。

焦大庆 男，汉族，1959年7月出生，辽宁省鞍山市人，1996年1月加入中国共产党，1982年2月西北大学石油地质专业毕业并参加工作，2003年7月石油大学（北京）矿物岩石矿床学专业博士研究生毕业，教授级高级工程师。1982年2月大学本科毕业后分配到中原石油勘探局勘探开发研究院工作，历任勘探室助理工程师、勘探二室工程师、主任，勘探室主任、副总地质师。1997年4月任勘探开发科学研究院副院长、总地质师、党委委员，1998年8月任中国石化集团公司油田管理部综合处处长，2000年2月任中国石化股份公司油田勘探开发事业部勘探处处长，2005年4月任中原油田分公司副经理，2008年6月任中原石油勘探局党委委员，同年12月任中原石油勘探局党委委员、中原油田分公司副总经理。

吕新华 男，汉族，1963年11月出生，广西壮族自治区宾阳县人，1986年6月加入中国共产党，1987年6月中国地质大学石油地质专业毕业并参加工作，2005年6月中国地质大学矿产普查与勘探专业博士研究生毕

业，教授级高级工程师。1987年6月大学本科毕业后分配到中原石油勘探局采油五厂工作，分别在作业一队、采油二队见习。1988年7月起历任采油五厂地质大队动态组组长、综合组组长、副大队长、副总地质师，1994年8月任采油五厂总地质师，1999年5月任采油五厂副厂长、总地质师，同年9月任党委委员。2004年4月任采油五厂厂长、党委副书记，2006年9月任中原油田分公司副总地质师，2007年3月兼任采油二厂厂长、党委副书记，2008年1月任中原油田分公司副经理，6月任中原石油勘探局党委委员，12月任中原石油勘探局党委委员、中原油田分公司副总经理。

王红晨 男，汉族，1963年11月出生，陕西省渭南市人，1991年8月加入中国共产党，1985年7月辽宁财经学院财政专业毕业并参加工作，高级经济师。1985年7月大学本科毕业后分配到财政部工交司工作，任中央工业一处科员，1989年5月起任财政部工交司中央工业一处副主任科员、主任科员，1994年9月任国有资产管理局企业司改革处副处长，1997年4月任国有资产管理局企业司改革处处长，1998年9月任中国石化集团公司财务部油田企业财务处正处级干部，同年12月任中国石化集团公司财务部油田企业财务处处长，2000年2月任中国石化股份公司油田事业部财务处处长，2002年2月任中国石化股份公司油田勘探开发事业部财务处处长，2006年9月兼任中国石化川气东送建设工程指挥部计划财务部主任，2008年1月任中原油田分公司总会计师，同年6月任中原石油勘探局党委委员、中原油田分公司总会计师。

（沈中锋）

全国五一巾帼奖

邵均克 女，汉族，1964年11月生，山东省成武县人，中专学历，1988年7月参加工作，2004年6月加入中国共产党，政工师。时任中原油田第一社区管理中心副主任、华苑公司总支书记兼针织二厂厂长。邵均克六年如一日情系民生，爱残助残，解决了辖区一大批失待业人员的就业难题，不仅实现了本社区残疾人100%就业，还为其他社区的100余名残疾人提供了就业岗位。2002年创办拖把厂，2003年创办手套厂，2004年创办羊绒羊毛加工项目，2005年她所办的华苑公司针织二厂员工达到230人。2007年，她又在失待业人员比较集中的第七社区，建起针织二厂分车间，新增就业岗位40个。他们生产的“均克牌”劳保产品，除满足油田需要外，还远销到金陵石化、燕山石化等企业。为了解决残疾员工的食宿问题，她把自家的生活用品全部拉到厂里办起了食堂，还利用厂区空地种菜养殖，改善员工的伙食。先后为厂里5对大龄残疾青年牵线搭桥，使他们喜结良缘。邵均克曾在中国石化系统巡回报告15场，成为中国石化廉洁勤政的突出典型。新华社、《光明日报》、《工人日报》、《中国妇女报》、《中国青年报》、《中国人事报》等10余家媒体报道她的事迹，称赞她是“平凡的岗位，光彩的事业；普通的工作，特别的贡献。”2008年，中共河南省委下发《关于向邵均克同志学习活动的决定》，邵均克获“河南省2008年感动中原人物”、“全国‘五一’劳动奖章”、“河南省五好党员”、“三八红旗手”、“五好家庭”、“优秀创业女性”，以及中国石化集团公司“劳动模范”、“廉洁勤政优秀领导人员先进典型”、“优秀共产党员”等称号。2009年2月24日，邵均克在中华全国总工会第五届女职工委员会第一次会议中，获“全国五一巾帼奖”，并受到中共中央政治局委员、全国人大常委会副委员长、中华全国总工会主席王兆国等国家领导人的接见。

（孙 林）

全国优秀工会工作者

左文平 男，汉族，1969年11月出生，甘肃省庆阳市人，中共党员，高级政工师，时任局工会组织民管部部长。1996年工作以来，他主要负责油田工会组织建设和民主管理工作，他自觉履行职责，以强烈的事业心和责任感，全力推动油田工会组织建设和民主管理工作的开展。他工作勤奋刻苦，不断强化工会业务和有关法律法规的学习，先后建立完善工会组织建设和民主管理制度19项，在油田所属单位变动较大的情况下，指导建立工会组织，健全职工代表大会制度，完善工会组织体系和民主管理机制，先后起草省部级经验交流材料23份，理论文章17篇。其中《厂务公开与职代会制度建设的思考》等4篇文章，分别获河南省工运研究会论文一、二等奖。他注重工作经验交流和共享，主动为基层工会干部和职工代表授课80多场次，培训工会干部和职工代表4300余名。油田组织民主管理工作先后被评为“全国模范职工之家”、“全国工会干部教育培训先进单位”、“全国厂务公开先进单位”等称号。多年来，在参与组织筹备油田职代会、工代会、厂务公开经验交流会、开展职工之家考核验收和厂务公开检查考核等大型会议和重要活动中，他周密安排，精心操作，确保了各项工作的圆满完成。他还主持完善厂务公开责任制考核相关内容和标准，推行建立油田厂务公开网和职代会无记名投票表决制，将检查结果列入精神文明建设和职工之家考核，落实了职代会职权，维护了职工的合法权益。他不断创新工会工作方法，善于调查研究，在河南省率先创建厂务公开“三制”、“三书”制度，借鉴ISO 9000标准，建立厂务公开民主管理质量体系，推行职工代表述职、职工代表巡视检查、职工代表提案表彰等制度。提出理顺油田劳务用工会员管理办法，解决近2万名劳务工、集体工的入会发展和会员管理问题，做到解决问题上门，指导工作上门，培养典型上门，树立了工会干部的良好形象，为维护油田和谐稳定作出贡献。2009年9月，左文平被评为全国优秀工会工作者。

（吕学军）

中央企业劳动模范

邵均克　2009年5月，邵均克被人力资源和社会保障部、国务院国有资产监督管理委员会授予“中央企业劳动模范”称号。（参见“全国五一巾帼奖”获得者）

李雪峰　男，汉族，1971年10月出生，河南省范县人，中共党员，时任钻井三公司内蒙古项目部副经理。工作中他坚持高标准、严要求，大力实施精细化管理，制定一整套规章制度和操作规程，并具体到每个现场管理细节，提高了队伍的管理水平，在冀东油田甲方历次标准化检查中名列前茅，甲方树他率领的钻进队为“标杆队”。该队在他的带领下，不断强化人员设备管理知识、技能培训，设备正常运转率100%，修理时效为零。施工中，他常常认真分析每一口井的经验，优化钻井参数、钻头选型、钻具结构，几年来，没出现过一次井下事故，生产时效100%，甲方指令执行率100%。2005年，他带队成功完成中国大陆科钻1井任务后，参加冀东南堡油田会战，先后完成南堡2－11井等10余口高难度井，为南堡油田产能建设作出了贡献。他曾获得“中国石化集团公司劳动模范”称号，他所在的钻井队先后被授予“全国青年文明号”、“全国学习型先进班组”、“中央企业先进集体”等称号，2009年5月，李雪峰被人力资源和社会保障部、国务院国有资产监督管理委员会授予“中央企业劳动模范”称号。

张　硕　女，汉族，1961年5月出生，浙江省临安市人，中共党员，时任采油五厂地质研究所胡五断块开发室主任。张硕以增储上产为己任，扎根胡庆油田，潜心钻研地下，责任区块每年为油田生产原油12万吨。张硕所在项目室开发的油藏是管理极复杂的断块油藏，储层变化快，认知难度大，对此，她努力寻找适合胡庆油田地质特点的提高采收率办法，不放过任何一个疑点和空白区。2006年，她组织开展的“胡五断块未解储层研究”项目收集数据上万个，部署新井10口、老井利用4口，累计增油1.3万吨，在管理的3个区块中有2个区块超额完成配产任务。张硕先后完成“胡五断块未解储层研究”、“胡状集北部沙三下低渗难采储量提高采收率配套技术”等10余个立项课题，分别获局科技进步一、二、三等奖。2009年5月，张硕被人力资源社会保障部、国务院国有资产监督管理委员会授予“中央企业劳动模范”称号。

（孙　林）

全国能源化学系统女职工建功立业标兵

岳玉红　女，汉族，1970年12月出生，河南省清丰县人，大专学历，工程师，时任采油二厂地质研究所副所长。近年来，她5次参加“中国石化濮城油田南区技术改造方案十条龙”项目的编制、实施、汇报工作；5次参与中原油田科技项目的制定、推广；她先后编制油藏注采调整、综合治理、技术改造方案等40余项，获省部级、油田科技进步奖16项。她负责的科研项目先后获油田科技进步成果一等奖一项、二等奖二项、三等奖4项，累积增产原油5.2万吨，增产天然气1780万立方米，创产值1亿元，投入产出比1∶3.4。2008年，她带领技术人员先后编制《南区沙二下濮12块注采调整方案》、《南区沙二$^{2+3}$油藏微生物调驱方案》，通过对南区沙二上^{1}及濮南沙三上油藏2个停产区块的恢复治理，共计恢复控制储量57.5万吨，可采储量15.2万吨，日增原油40吨，年增产原油能力1.5万吨。同时，她还积极参与技术革新及职工经济技术创新活动，获多项油田、厂级创新创效成果，创经济效益3618万元。曾获“河南省巾帼建功标兵”、“河南省劳动模范”、中原油田“优秀毕业生导师”等称号。2009年，她立足3个“精细”深入开展油藏调查研究工作，提出油藏分类治理的开发思路，围绕降低2个递减积极开展以文51油藏、西区沙二下$^{1-8}$、西区沙二上$^{2+3}$、沙三中$^{6-10}$、卫68块5个重点治理单元为重点的调整治理工作；完成低效井储层再评价和以沉积微相研究、构造精细研究、低阻储层的再认识3项基础研究为重点的老区基础研究工作，油田递减得到减缓，油田水驱控制和水驱动用程度得到提高，油田可采储量得到增长，开发形势得到进一步好转。2009年11月，岳玉红被中国能源化学工会全国委员会授予“全国能源化学系统女职工建功立业标兵”称号。

王银玲　女，汉族，1969年9月出生，河南省濮阳市人，中共党员，高级工程师，时任地球物理勘探公司国际工程部副经理。多年来，她凭借过硬的外语功底和多年的外闯市场工作经验，多次参与国外地震勘探市场的招投标工作。截至2009年，经她参与制作的投标书共76份，不仅技术指标把握准确，其格式编排规范、美观，图文并茂，成为中原油田地球物理勘探公司国际市场上的“标书王”。2006年8月，由于市场需要，王银玲作为项目部副经理奔赴埃塞俄比亚，使埃塞项目地震施工效率由最初的月平均放炮3700余炮升至8000余炮。她先后在《物探装备》、《中国区域经济》等核心期刊杂志发表文章5篇，参与的科研项目多次获局科技进步奖。她个人先后多次获“河南省巾帼建功先进个人”、“中原油田巾帼建功标兵”、公司“先进个人”等称号。2009年11月，王银玲被中国能源化学工会全国委员会授予“全国能源化学系统女职工建功立业标兵”称号。

（程丽霞　李　哲）

中国石化突出贡献专家

赵化廷 男，1960年12月出生，辽宁省朝阳县人，中共党员，博士研究生。1984年7月大庆石油学院开发专业毕业并参加工作。2005年6月西南石油大学油气田开发专业毕业，教授级高级工程师，时任中原油田分公司总经理助理、油气技术管理部主任。他主持的文明寨、卫城、马寨、古云集油田滚动勘探评价工作，先后落实动用断块6个，增储536万吨，取得中生界勘探的突破，使采油三厂驶上发展的“快车道”；围绕“提高采收率和降本增效”，他强化技术创新、注重技术集成，形成适合文明寨、卫城、马寨油田高含水开发期的“六套集成技术”，获省部级科技进步奖4项、专利6项。他还承担老油田挖潜治理项目，提高了难采储量的动用程度，自然递减率降至13.37%。他积极研究探索应用水平井钻井完井技术，利用水平井，开发低丰度，单一薄油层油藏，发展完善了薄差层压裂、深井大修、井组细分注水立体挖潜等技术，使高含水油藏精细挖潜技术逐步配套；先后组织优化并实施文南等4个集输系统、文25东等5个注水系统、胡二污等7个污水系统优化改造工程，提高了地面工程技术和管理水平，实现了节能降耗，油田注水、集输系统效率分别达到48%和49%，为中原油田的可持续发展作出重要贡献。2009年12月10日，赵化廷被中国石化集团公司授予“中国石化突出贡献专家”称号。

舒尚文 男，1962年7月出生，湖北省孝感市人，中共党员，大学文化程度，教授级高级工程师。1983年4月华东石油学院石油钻井工程专业毕业并参加工作，在中原油田钻井二公司4517队见习，时任中原石油勘探局副总工程师兼钻井工程技术研究院院长、党委副书记。多年来，累计开展钻井工程技术研究项目100余项，取得科研成果53项，成果推广创效年均创产值8000余万元。先后主持、参与12个省部级科研项目。其中，他利用国际前沿理论主持的“中原油田特殊工艺井钻井液技术研究”项目，研究成果已达到国内领先水平，2005年获中国石化集团公司科技进步三等奖。他主持的“十五”后三年科技攻关项目“中原油田钻井工程综合配套技术”，使中原钻井工程综合配套技术得到全面提升，为中原油田的勘探开发和油增气升提供技术支持。他主持开展的“中短半径侧钻水平井钻井技术研究”项目通过河南省成果鉴定，该项目通过研究形成5½″套管井中短半径侧钻水平井钻井配套技术，该成果对老井改造、老油田挖潜增效具有重要意义。他承担的中国石化“十条龙”项目专题“提高普光气田开发井钻井速度技术研究”等项目，有效提高了普光气田的钻井速度，为普光气田的快速勘探开发作出贡献。2009年12月10日，舒尚文被中国石化集团公司授予“中国石化突出贡献专家”称号。

陈惟国 男，1963年3月出生，安徽省怀宁县人，中共党员，大学文化程度，教授级高级工程师。1983年6月华东石油学院采油工程专业毕业并参加工作，时任中原油田分公司副总工程师、西南工作委员会副主任、党委委员，普光分公司副经理、党委委员，兼任普光分公司应急救援中心主任。他主持的濮城油田东区开发项目，解决了低产井抽油机调平衡困难、东区沙三段高含水油田稳产高产开发、电泵井深抽、低产井深抽等难题，实现了濮城油田东区连续5年的稳产高产。他主持的油田杜桥白地区复合酸压技术，有效解决油田低渗储层的开发难题，得到中国石化集团公司的高度评价。他认真钻研试采知识，积极应用DST、MFE等深井测试试油工艺技术，先后在征1井和排206井获工业油气流，为西部勘探开发作出贡献。应用新技术，创川东北施工作业新纪录。面对高含硫气田开发尚无经验可供借鉴的实际，他大胆探索，开拓创新，首次推广空气钻井、氮气钻井技术，创造了“单井空气钻最高日进尺441米”、“开发井最短钻井周期105天”等多项钻井生产新纪录。应用多级分段延时引爆射孔、作业暂堵等技术，创出川东北地区试气射孔、酸压施工等多项新指标，开创性地完成普光气田一期20亿立方米/年产能建设任务，为普光气田后续投产积累了宝贵经验。2009年12月10日，陈惟国被中国石化集团公司授予“中国石化突出贡献专家”称号。

周明非 男，1963年4月出生，河南省孟津县人，中共党员，大学文化程度，教授级高级工程师。1983年7月武汉地质学院石油物探专业毕业并参加工作，时任地球物理勘探公司经理、党委副书记。他长期从事地球物理勘探工作，在国内率先实施高精度三维地震采集技术，获得马厂地区“里程碑”式的高精度采集资料，取得解决复杂断块油气田勘探开发难题的突破，成为中国石化集团公司东部油田增储稳产的推广技术。他完成的中国石化集团公司“三分量数字检波器地震采集技术及其应用研究”项目，首次将三分量检波器投入使用，开创了三分量检波器使用的先河。他组织开展的“三维观测系统设计分析评价技术研究”等中国石化集团公司项目，均取得突破性成果。他探索并形成的沙漠、黄土塬以及苏丹5区沼泽、厄瓜多尔热带丛林、埃塞沼泽、也门山地等多种复杂地区的地震采集特色技术，为拓展国际市场奠定了技术基础。2009年12月10日，周明非被中国石化集团公司授予“中国石化突出贡献专家”称号。 （华承金）

河南省劳动模范

陈惟国 2009年4月，被河南省人民政府授予河南省劳动模范称号。（参见“中国石化突出贡献专家”）

曹彦杰　男，汉族，1967年1月出生，河南省漯河市人，中共党员，时任钻井一公司塔海项目部经理。面对塔海市场异常激烈的市场竞争，曹彦杰不畏艰难，带头实干，经常深入井队给职工讲形势，谈思路，鼓士气。为寻找更多的工作量，在生产中，他注重抓技术管理，实行项目领导和工程技术人员分片包井，科学制定技术措施，优选钻井参数，优化钻具组合，做到安全、优质、快速生产。40451、40490钻井队4天进尺上"双千"；40586钻井队在51－57井中以14天时间顺利完成2820米进尺，创出区块最快钻井纪录；40587、40586、32623三支钻井队进尺相继突破3万米大关，实现历史性突破。塔海项目仅2008年就开钻100口井，交井100口，完成钻井进尺27.44万米，实现产值4亿元，井身质量和固井质量合格率100%，做到安全生产无事故，多次受到甲方的通报表扬。2009年4月，曹彦杰被河南省人民政府授予"河南省劳动模范"称号。

刘明国　男，汉族，1965年8月出生，四川省资中县人，高级工程师，时任钻井工程技术院副总工程师兼定向井中心党支部书记。多年来，他以攻克钻井瓶颈技术为己任，先后组织开展"水平井钻井技术应用研究"等多项课题研究，刷新了裸眼和水平段长度2项纪录，达到单井控制可采储量大、采收率高的效果，该项技术被列为局级重点推广项目。5年来，他先后主持了高难度定向井、丛式井、水平井、煤层气连通水平井等特殊工艺井技术研究，完成21项局级以上科研项目，发表论文13篇，9次获局级科技进步奖。在云2－平3井施工中，面对首次在造斜段进行大小井眼转换、施工难度加大的实际情况，大胆采用地质导向技术，顺利穿越油层。他先后完成普204－2H井、玉西平1井等70余口油田重点部署的水平井施工任务，多次刷新技术指标，有的达到国际先进水平。2009年4月，刘明国被河南省人民政府授予"河南省劳动模范"称号。

艾华英　男，汉族，1971年11月出生，山东省广饶县人，中共党员，时任对外经济贸易总公司项目管理部HSE科科长、沙特SINO－5钻井队平台经理。多年来，他不断树立主人翁意识，建立干部与职工沟通制度，经常开展征集合理化建议活动。他关心职工，使大家感受到井队大家庭的温暖，凝聚了职工队伍。2008年，沙特SINO－5钻井队日费率保持99.9%以上，创产值近600万美元。他规范设备操作，提高设备完好率。2004—2008年，他所在钻井队月度消耗均处于公司最低行列。他不断创新"工作前安全会议制度"，制作"安全防范卡"，详细记录当天工作程序、工作环境、危险程度、如何规避危险等内容，时常提醒职工严加防范，进行经常性安全教育。多年来，他所带的井队从未发生任何事故。严格实施例行保养制度，井队设备完好率始终保持100%。2009年4月，艾华英被河南省人民政府授予"河南省劳动模范"称号。

岳玉红　2009年4月，被河南省人民政府授予"河南省劳动模范"称号。（参见全国能源化学系统女职工建功立业标兵）

金　华　女，汉族，1960年3月出生，山东省胶南县人，中共党员，时任第四社区管理中心水电管理站站长、党支部书记。在为社区居民提供一流的水电供应服务的同时，她立足站上已有的技术力量，主动承揽采油六厂油井电机维修任务。2006年以来，她率领技术人员为采油六厂维修各种型号电机530余台，在"急、难、险、重"任务面前，为员工做出榜样。工作不讲条件，不分分内分外，全力以赴，全面完成任务。每年春节前夕，她都带领全站员工主动承担社区每条道路，居民楼所有楼道及辖区公共场所各种彩灯的维修、除尘、擦洗任务，确保社区居民过一个干净、整洁、明亮、舒心的节日。作为一站之长，她时刻关注员工的冷暖疾苦，员工谁家有困难，她总是想方设法帮助解决。针对社区弱势群体，金华组织员工开展了为社区特殊家庭提供定期上门帮扶，其工作得到大家的一致肯定。2009年4月，金华被河南省人民政府授予"河南省劳动模范"称号。

（孙　林）

闵恩泽青年科技人才奖

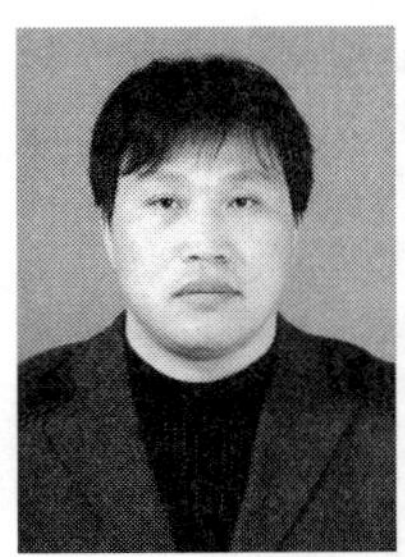

贾瑞忠　男，1974年11月出生，山东省鄄城县人，中共党员，大学文化程度，工程师。1997年7月毕业于大庆石油学院石油地质勘查专业并参加工作，先后任勘探开发科学研究院文留开发室实习员、助理工程师，时任文留地区油藏评价及产能建设研究项目副项目长。他先后主持和参加完成科研生产项目30余项，编制各类方案18个，发表学术论文12篇，部署各类井位56口，探明石油地质储量2100余万吨，新建原油生产能力32.6万吨。他主持设计的文留地区第一口水平井文92－平1井，在中原油田水平井设计中保持多项纪录之最。他针对文西地区复杂的地质特征，组织开展地质攻关研究，累计探明石油地质储量1184万吨，动用石油地质储量950万吨，使文西地区摆脱"贫油论"的束缚，重新焕发出生机与活力。他提出断层分期分段发育的论点，重建文留地区南部文西—文东断层切割模式，使该区成为勘探开发热点。2009年12月10日，贾瑞忠被中国石化集团公司授予"闵恩泽青年科技人才奖"称号。

宿亚仙　女，1974年2月出生，山东省莱州市人，中共党员，大学文

化程度，工程师。1996年7月毕业于大庆石油学院油藏工程专业并参加工作，时任普光气田开发研究项目副项目长。她主持完成“2009年东濮及普光气田开发部署”、“中原油田2008年可采储量及产能标定”、“中原油田‘十二五’天然气开发规划”等重大规划项目，提出的规划部署思路为中国石化集团公司和中原油田分公司制定发展方针提供了依据。她主持的“普光气田开发方案”、“普光气田调整优化方案”及“普光气田测试方法及产能评价”等项目，完成普光气田初步方案、调整优化方案的编制，保障了普光气田产能建设顺利进行；她完成的12口井产能预测，为普光气田气井测试和气井产能预测提供方法和依据。主要参加国家重大专项“高含硫气藏地质及气藏工程技术研究”，着重解决高含硫气藏气井测试方法、厚层合采井产能评价及预测方法等关键技术研究，尚属国内首次，可解决高含硫气藏开发国际性难题，为普光气田投产测试及产能变化规律研究提供理论基础，同时为类似气藏的开发提供借鉴。2009年12月10日，宿亚仙被中国石化集团公司授予“闵恩泽青年科技人才奖”称号。

罗周亮 男，1980年3月出生，河南省临颍县人，中共党员，大学文化程度，工程师。2002年7月毕业于长安大学地球探测信息专业并参加工作，先后任勘探开发科学研究院构造研究室实习员、东濮区域勘探研究室助理工程师、工程师，时任濮卫勘探研究项目三级师。多年来，他始终从事石油地质勘探工作，面对东濮凹陷勘探难度及增储上产压力大的形势，潜心研究，不断创新，对东濮凹陷周边10余个大小不等的凹陷精细解释地震剖面，经过对濮城断裂带构造的精细解剖，大胆提出该地区构造样式的新认识，部署钻探的濮154井在沙三中电解油层4层21.8米，在濮城构造濮84断块区新增探明石油地质储量113万吨；完成的“东濮凹陷构造演化与油气聚集规律研究”等项目，探索出东濮凹陷的增储领域和成藏规律，运用现代构造地质学理论，在构造研究上取得突破性认识，在濮城构造主体北翼部署钻探的濮1-400井获高产工业油流，并在沙一上段发现新的含油层系，提升了该区勘探开发价值。先后参与完成局级及以上科研项目15项，部署探井35口，实现探明石油地质储量2628.8万吨、天然气地质储量118.76亿立方米。2009年12月10日，罗周亮被中国石化集团公司授予“闵恩泽青年科技人才奖”称号。

陈永浩 男，1978年11月出生，山东省平原县人，中共党员，大学文化程度，工程师。2002年7月毕业于中国石油大学（华东）石油工程专业并参加工作，时任中高渗油藏研究所工程师。主要参加的新型超强吸水树脂深部调驱剂研究，开发性能优良的调驱剂，耐温110℃、抗盐大于25万毫克/升，吸水膨胀能力高、抗剪切能力强，在中原油田、大庆油田现场实施9井次，措施有效率100%，累计增产原油4179吨，降水2.99万立方米，创经济效益508.04万元；他研制的空气/泡沫调驱提高采收率技术，在中原油田胡12块进行4个井组的现场试验，安全注入空气370万立方米，增加可采储量4.44万吨，增产原油2960吨，阶段采收率提高3.97%。该项目通过中国石化集团公司专家组鉴定，为提高油田高温高盐、高含水、严重非均质油藏的采收率作出新探索，整体技术达到国内领先水平。其中泡沫体系指标、注空气安全控制技术填补国内空白，为中原油田“十二五”注气提高采收率提供了技术储备。2009年12月10日，陈永浩被中国石化集团公司授予“闵恩泽青年科技人才奖”称号。

魏瑞玲 女，1975年10月出生，河南省南乐县人，大学文化程度，高级工程师。1996年7月毕业于西安石油学院石油工程专业并参加工作，时任采油工程技术研究院天然气所采气项目组组长。她主持完成“阿尔及利亚438b采油工程方案”的编制和“特殊结构井气举排液采气技术”中4″套管气举井配套小直径气举阀和内置式偏心气举工作筒的设计研究工作，并申报国家专利；2008年，她完成白庙气田工程方案设计、井下工具调试以及现场技术服务工作10井次，实施有效率98.2%，该技术的有效应用解决白庙气田深层低压气井井筒积液难题，并有效减缓气田的自然递减，取得显著效果；她主持的文东气举智能配气优化，提高气体利用效率，解决气举采油领域关键性技术难题，应用生产后气举效率提高18%，增产原油4.36万吨，创效7156万元，使中原油田气举技术达到国际先进水平，填补多项国内空白。她参与国家重大科技专项“四川盆地普光大型高含硫气田开发示范工程”、深层凝析气藏闭式气举技术等研究，为油田建设作出积极贡献。2009年12月10日，魏瑞玲被中国石化集团公司授予“闵恩泽青年科技人才奖”称号。

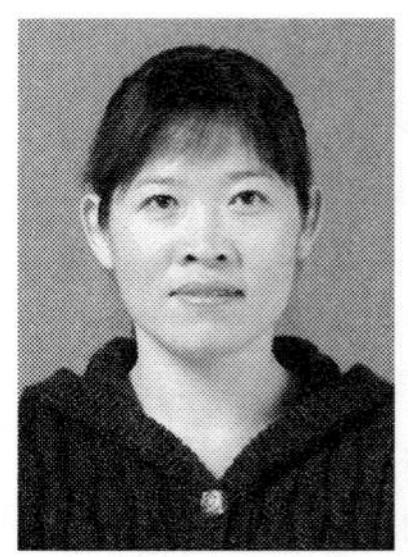

龙利平 男，1974年12月出生，四川省蓬溪县人，中共党员，硕士研究生，高级工程师。1997年7月毕业于西南石油学院应用地球物理专业并参加工作，2006年6月毕业于俄罗斯国立石油天然气大学勘探地质与地球物理专业，时任勘探新区地震地质研究项目副项目长。他主持完成局级科研项目“AVO技术在陕北天然气勘探中的应用”研究工作，提出并解决叠前地震资料信噪比的横向不稳定性对保幅处理存在严重影响问题，在陕北富县探区发现3个天然气勘探有利目标区。他主持并参加中国石化集团公司科研项目“地震资料处理系统集成软件研制”的研究，独立完成项目总体设计，首次提出数据桥构架，成功构建了实现CGG和GRISys2个主流地震资料处理系统之间优势互补的集

成处理平台，整体达到国际先进水平。2006年，他从俄罗斯公派留学回国，开始从事地震资料解释与综合地质研究工作，先后参加完成5个项目的研究任务，并协助在站博士后开展科研工作。在碳酸盐岩溶储层研究方面，他独创了模拟真实垂向地层序列基础上的岩溶地震模拟技术和岩溶地震反射特征识别方法，在国内首次提出与深大断裂火成岩活动有关的大型热液溶蚀带塌陷成藏的地质理论，为碳酸盐岩地区油气勘探领域的拓展提供了新的思路和依据。2009年12月10日，龙利平被中国石化集团公司授予“闵恩泽青年科技人才奖”称号。

熊健聪　男，1976年3月出生，四川省渠县人，大学文化程度，高级工程师。1998年7月毕业于西北大学电子学与信息系统专业并参加工作，时任物探公司应用软件开发项目组项目长。2001年，他承担“北京世纪互联网络有限公司”网络安全监控系统的研发项目，获甲方肯定，为油田取得良好的社会效益和经济效益；2005年，他作为主要研制人员参与中国石化集团公司项目“地震数据处理系统集成（PSI）及其推广应用”的研究开发工作，开发跨操作系统平台的并行计算系统，该成果减少了对昂贵大型计算设备的投资需求；他积极进取，努力学习国际贸易等技能，在2007年中国石油化工集团公司第三届青年职工英语风采大赛中获第一名；2006年，在激烈竞争的非洲苏丹石油服务市场，他2个月签下3份长期合作合同，为国外市场的持续发展作出突出贡献。2009年12月10日，熊健聪被中国石化集团公司授予“闵恩泽青年科技人才奖”称号。

（华承金）

2008年度中国石化青年岗位能手

程凤莲　女，1974年9月出生，湖北省浠水县人，大学学历，高级工程师，动态分析岗主任师。1997年毕业于西安石油学院石油工程专业并参加工作，时任中原油田采油四厂地质研究所开发二室主任。面对中原油田油气产量任务日益沉重、油田开发难度越来越大的严峻形势，程凤莲以高度的责任感和强烈的事业心，辛勤耕耘在开发科研第一线，解决文33块沙三上深层高压低渗多油层油藏产能低，注水低，开发难度大等诸多困难，使该油藏由原来的储量基本不动用，上升到储量控制程度90%，采油速度由0.27%提至接近3%左右，采收率由17.93%提至39.13%，开发效果得到较大改善，成为中国石化集团公司和中原油田低渗油藏注水开发的成功典范，具有很高的推广应用价值，受到中国石化集团公司、中原油田有关领导的高度赞扬。程凤莲多次承担油田文33块沙三上、文33块沙二下、文95块沙三中、文88块沙三中等老区油藏重点方案的编制，其精益求精的工作态度和勤奋务实的工作作风，得到中国石化集团公司专家领导的高度赞许。2009年，程凤莲获中国石油化工集团公司2008年度“青年岗位能手”称号。

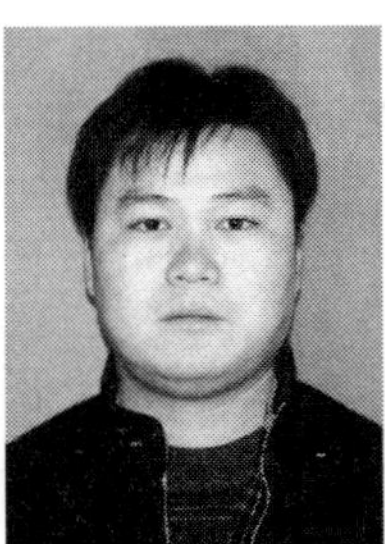

秦景峰　男，1981年1月出生，湖北省罗田县人，中共预备党员，大专学历，助理工程师，时任中原钻井四公司沙特中国8号钻井队平台经理。2005年2月，秦景峰赴沙特中国1号钻井队实习过程中，凭着高度的责任心和认真负责的精神，仅用一年的时间把一支新组建的队伍带成沙特市场上的名牌队。2007年以来，中国8号钻井队在他的带领下，连续2年年产值、利润在沙特公司排名首位，连续3年获钻井四公司名牌基层队。2009年，他所在的中国8号钻井队开钻13口，完井13口，钻井进尺累计9238米，日费率维持在99.9%以上，全年停工时间不足10小时。在石油价格急剧下降、钻井市场萎缩、沙特市场大量终止钻井合同的情况下，中国8号钻井队在3年合同到期后又顺利续签一年的钻修井合同。2009年，秦景峰获中国石油化工集团公司2008年度“青年岗位能手”称号。

张忠乾　男，1973年出生，河南省范县人，大专学历，中共党员。1991年参加工作，时任中原油田采油二厂油藏经营管理三区采油测试班班长。张忠乾自参加工作以来，怀着对石油事业的满腔热情，立足本职岗位，始终扎根生产一线，刻苦学习专业知识，潜心钻研采油技术，逐步从一名普通的采油测试小班工成长为优秀的测试技师。工作中他善于观察、勤于钻研、敢于实践。从他取得中原油田第七届工人技术比赛采油测试工第一名以来，技术学习就从未间断。2007年以来，张忠乾与维修班工人面对产量与成本的双重压力，积极开展修旧利废、降耗节支活动，利用工余时间对回收的250闸门、方卡子、抽油机配件等损耗大的工具设备，重新修旧利用200余件，节约成本10万元。同时，他积极提合理化建议，被单位采纳的21条合理化建议创经济效益8万余元。针对不法分子偷油窃气，造成原油被窃抽油机被迫停产、阀组被关、管线穿孔等现象，他结合实际，研制成功“密码锁式阀门”、“抽油机多功能悬绳器”、“抽油机自锁式安全卸载器”等成果，解决了不法分子盗油窃气的难题，获国家专利，其研制的11项成果，为单位创经济效益100余万元。2009年，张忠乾获中国石化集团公司2008年度“青年岗位能手”称号。

“河南省青年五四奖章”获得者

罗周亮　2009年4月，获共青团河南省委、河南省青年联合会授予的“河南省青年五四奖章”称号。（参见“闵恩泽青年科技人才奖”）

河南省优秀青年

贾瑞忠 2009年2月，获共青团河南省委、河南省青年联合会等部门授予的“河南省优秀青年”称号。(参见“闵恩泽青年科技人才奖”)

(王小刚)

中华慈善突出贡献企业

中原油田 中原油田是中国石化集团公司下属企业，地处河南省濮阳市，主要从事油气田勘探开发、炼油与天然气深加工、石油工程技术服务等业务。勘探开发区域主要包括东濮凹陷、普光气田、内蒙古探区，职工家属24万人，用工总量8.6万人。长期以来，中原油田及广大干部职工群众十分关心支持社会慈善公益事业，开展经常性社会捐助活动，特别是在2009年中国南方地区出现雨雪冰冻灾害以及汶川大地震中，中原油田干部职工弘扬“一方有难，八方支援”的优良传统，发扬团结、友爱、互助精神，分别向南方受灾地区捐款209.09万元，向四川地震灾区捐款849.6万元，油田党员缴纳特殊党费464.42万元。自濮阳市慈善总会2005年成立以来，中原油田积极支持当地慈善事业发展，共向该会捐款118.25万元。同时，中原油田本着“不让一户困难家庭生活过不去，不让一个困难家庭子女上不起学，不让一名患大病职工看不起病”的工作目标，2005—2009年底，油田职工互助资金及扶危济困金共救助23016人次，发放救助金额2229.1万元。1998年5月，油田先后成立残疾人联合会、濮阳中原华苑实业有限公司，共安置残疾人539人，油田高度重视和支持残疾人事业的发展，残疾人就业比例高于国家规定的1.5%，为油田、地方的和谐稳定发展作出了突出贡献。2009年7月16日，在北京人民大会堂召开的中华慈善总会成立15周年纪念大会暨中华慈善事业突出贡献奖表彰大会上，中原石油勘探局被中华慈善总会授予“中华慈善突出贡献企业”称号。

(杨海峰 吕学军)

“全国五一劳动奖状”获得单位

钻井三公司 钻井三公司位于河南省兰考县城北关，主要从事钻井、修井等技术服务工作，有员工3470人，各类专业技术人员587人，技师、高级技师140人。2009年，公司拥有各类钻机60余套，施工队伍分布在中原、四川、新疆、陕北、内蒙古、青海、冀东、东北，以及国外的沙特阿拉伯、印度尼西亚、厄瓜多尔等市场。公司坚持理念创新，培育以“永葆创业激情”、“团体争第一，单队夺冠军”为主要内容的企业价值观，把施工质量和安全作为重点，在企业经营工作中实施“八个统一”，统一标准、统一考核，杜绝了责任事故的发生；坚持管理创新，健全HSE体系，建立责任明确、措施到位、考核严格的安全生产运行机制，为各井队配备GPRS无线上网设备，强化信息管理，推广和利用远程传输技术；实施人才战略，加强经营管理、专业技术、岗位操作“三支”人才队伍建设，完善人才选拔、培养、使用和激励等措施，在加快公司发展的同时，努力解决安排好职工子女就业问题，不断提高职工收入。2006年，实现产值19亿元；2007年，实现产值23.26亿元；2008年，实现产值25.93亿元，该公司连续3年产值逐年上台阶。2009年4月，钻井三公司被中华全国总工会授予“五一劳动奖状”称号。 (孙 林)

全国能源化学系统女职工建功立业标兵岗

采油四厂油藏经营管理四区17号计量站 采油四厂油藏经营管理四区17号计量站地处河南省濮阳县徐镇中原油田文82块南部，管理着6口油井、4口注水井。5名职工，全部为女职工，大专以上学历3人，高级工3人、中级工2人。2009年，该站坚持以爱站如家、巾帼建功为工作导向，以心系油井、爱岗敬业为工作准则，以争创“巾帼建功示范岗”为主线，抓一流管理、创一流业绩，实现了管理零躺井、安全零隐患、上岗零违纪、操作零失误，连年超额完成油气生产任务，为企业生产建设作出了积极贡献。该站参与完成创新成果5项，获国家级创新成果1项、局级创新成果2项，累计创效400余万元。其中，由该站女工杨忠玉、万德莲参与完成的“高压注水站安全监控系统”创新成果，获石油工业质量协会QC成果一等奖，年创效120余万元，被纳入国家安全监管总局安全生产科技发展计划。2009年11月，采油四厂油藏经营管理四区17号计量站被中国能源化学工会全国委员会授予“全国能源化学系统女职工建功立业标兵岗”称号。 (程丽霞 李 哲)

处级以上干部退休人员

1. 正处级退休干部（12人）：

姜福耀 勘探局机关正处级调研员

李成文 局工会正处级调研员

孙现勤 文化体育活动管理中心正处级调研员

张新民 供热管理处正处级调研员

付大成 采油四厂正处级调研员

吴佩芳 内蒙采油事业部正处级调研员

郑鸿稳 勘探管理部正处级调研员

陈光明 油气技术管理部正处级调研员

刘谦峰 勘探局机关正处级调研员

李元江 通信管理处正处级调研员（离岗调研）

葛国建 第三社区管理中心正处级调研员（离岗调研）

周玉才 行业服务中心正处级调研员

2. 副处级退休干部（12人）：

徐海珍 安全环保处副处级调研员

王德云 钻井三公司副处级调研员

李匡时 地质录井处副处级调研员

安利庆 第八社区管理中心副处级调研员

李才猛　中原油田广播电视中心副处级调研员（离岗调研）
陈润苗　油气储运管理处副处级调研员
常洪才　供电管理处副处级调研员
付双有　财务结算中心副处级调研员
周翔传　概预算中心副处级调研员（离岗调研）
孙华荣　财务结算中心副处级调研员（离岗调研）
王光来　公共事业管理处副处级调研员
娄焕荣　井下特种作业处副处级调研员
赵吉汉　第五社区管理中心副处级调研员（离岗调研）
李夜明　供水管理处副处级调研员（离岗调研）

逝世人物

付谨礼　男，汉族，1930年10月出生，河南省平舆县人，1961年7月加入中国共产党，1950年5月参加中国人民解放军，先后在中南军区暂四团九连、十四连当战士，炮十一团八连当炮手，1956年3月转业到玉门油田钻井公司一大队贝乌七队当司机助手，1958年4月起先后任四川石油管理局1205钻井队柴油司机，大庆油田钻井一大队柴油司机，四川石油管理局机械化筑路处柴油司机、作业二中队副中队长，内拖厂二车间副主任。1975年8月任四川石油管理局内拖厂革委会副主任，1977年5月任江汉石油管理局川汉输气管道指挥部机修厂副厂长，1982年7月转战中原油田，任机械修理厂副处级领导干部，1983年3月任机械修理厂工会主席，1990年10月退休。2009年8月30日18点11分因病医治无效，在濮阳市油田总医院逝世，享年79岁。

马有功　男，汉族，1942年6月出生，河南省开封县人，1964年7月加入中国共产党，1960年7月参加中国人民解放军，历任工程兵建筑115团一营二连战士，四连副班长、排长，十三连副政治指导员，二连政治指导员，轮训队政治指导员，六四一一工厂铸造车间党支部书记，1981年1月任工程兵后勤部汽车修理营政治委员（副团职），1985年12月转业到中原石油勘探局，先后任建筑工程公司供应站党支部书记、总务科科长、劳动服务公司党总支书记，1995年11月退休。2009年5月18日5点28分因病逝世，享年67岁。

潘振基　男，汉族，1946年9月出生，山东省曹县人，1975年9月加入中国共产党，1967年7月大庆石油财经学校会计专业毕业并参加工作，历任青海油田冷湖炼油厂成本员、西部指挥部政治处通讯干事、试油一队指导员，试采指挥部办公室秘书、副主任，井下作业公司试油大队党总支副书记，1984年4月任井下作业公司党委副书记，同年12月任井下作业公司副经理，1990年6月转战中原油田，任采油三厂总会计师；1994年4月任采油工程研究院总会计师；1996年1月任会计核算中心会计十三处处长，2001年5月任分公司会计核算中心会计七处处长，2005年6月任分公司会计核算中心副处级调研员，同年12月任财务结算中心副处级调研员，2006年10月退休。2009年8月25日15时45分因病突发，在濮阳市油田总医院逝世，享年63岁。

屈毓华　男，汉族，1941年4月出生，陕西省华县人，1972年8月加入中国共产党。1964年8月西安石油学院中专部采油专业毕业并参加工作，历任胜利油田试采指挥部采油一队实习员、房建队技术员、政治处团委干事，胜利采油指挥部采油三大队政工组干事、四队政治指导员、副政治教导员，滨采指挥部机修厂副教导员，资产科副科长，采油二大队副政治教导员，1983年2月起任中原油田钻采工艺研究所采油二室副科级干部、采油四室主任，1984年8月任器材供应处党委副书记，1990年10月任运销处工会主席，1991年7月任油气集输公司工会副主席（副处级），1994年1月任油气集输公司中原石化新产品开发总公司党总支书记，1994年7月任大朋集团公司隆通实业公司工会主席，1996年4月任供水管理处盟城供水站党支部书记，1997年11月退休（享受副处级干部政治、生活待遇）。2009年9月8日13时40分因病逝世，享年68岁。

孙德宽　男，汉族，1935年3月出生，江苏省建湖县人，1960年10月加入中国共产党，1950年7月参加工作，在上海市祥芝袜厂当工人，1953年3月起在玉门油田地调处地震队当工人，地球物理处地震队当机长，吐鲁番矿务局1290钻井队当司钻，1960年8月起任玉门油田采油厂修井一队副队长、试油大队1027队队长，1971年10月任长庆油田一分部调度处副处长，1979年4月任长庆油田试采一部指挥，1982年1月任长庆油田采油二部副指挥，1984年4月任长庆油田采油二厂工会主席，1985年10月任中原油田地球物理勘探公司副经理，1993年8月退休。2009年6月30日18时45分因病医治无效，在濮阳市油田总医院逝世，享年74岁。

王志升　男，汉族，1932年6月出生，河北省盐山县人，1948年8月参加中国人民解放军，1950年4月加入中国共产党。历任渤海军区卫校学员、直属医院护士、直属科外科护士班副班长，山东军区第三军院八室护士班副班长、直属所八室护士副班长，中国人民解放军第九零医院内一科护士副班长，济南军医总医院内一科组织委员，公安军边防十团二营十二连助理军医，守备25旅卫生营护士长，1961年3月起在第七军医大学学习，其间先后被二十六军政治部授予副连级军衔、济南军区政治部授予行政十九级军衔，1966年7月起任守备二十五师后勤部、守备41团后勤处卫生科军医、济南军区第十团后勤部卫生队军医，1971年5月部队转业到胜利油田孤岛医院任内科医生，1978年3月调东濮油田职工医院内科医生，1980年12月任东濮油田职工医院内科副主任，1986年12月任油田职工中心医院传染科主任。1992年6月离休，享受处（县）级待遇。王志升因突发疾病，于2009年11月28日12时20分在家中逝世，享年77岁。

辛久长　男，汉族，1938年2月出生，陕西省长安县人，1971年12月加入中国共产党。1964年9月北京石油学院采油专业毕业并参加工作，历任胜利油田胜采指挥部实习员、技术员、调度室技术员、四大队副大队长、调度室副调度长，临盘指挥部二大队大队长，胜采指挥部注采科科长、工程师，1982年5月起任中原油田柳屯计量站负责人、销售处副主任工程师、试油处副主任工程师，1984年1月任计量处副处长，1984年3月任采油一厂副厂长，1985年7月任运销处副处长，1986年7月任采油三厂副厂长，1986年10月任总调度室副总调度长，1993年5月任技术安全监督处处长，1994年5月任技术安全监督处副处级干部，1994年11月任炼化总公司副总经理，1995年9月任炼油化工总厂副厂长，1998年5月退休。2009年9月18日凌晨4时7分因病突发，在濮阳市油田总医院逝世，享年72岁。

云大铭 男，汉族，1939年12月出生于马来西亚冷甲阜，海南省文昌县人，1973年9月加入中国共产党。1964年8月北京石油学院开发系油井工程专业毕业并参加工作，曾任胜利油田钻井指挥部固井大队实习员、生产办公室技术员、固井大队技术员、工程师等职，1976年4月起任东濮油田钻井指挥部钻井大队固井队工程师、固井大队工程师，1983年4月任钻井工程服务公司副主任工程师，1985年9月任钻井工程服务公司主任工程师，1988年6月任钻井工程服务公司总工程师，1994年3月任钻井工程服务一公司总工程师，1995年10月任固井工程一处副处级干部、教授级高级工程师，1997年8月退休。因病医治无效，于2009年10月23日7时20分在家中逝世，享年70岁。

张平希 男，汉族，1936年3月出生，陕西长安人，1958年11月加入中国共产党，1955年4月参加工作，在玉门油田运输处汽修厂当油料工、材料工，1959年12月起任玉门油田运输处修理厂党总支宣传干事、人事员、党委宣传干事、一区队代理指导员、一连党支部书记、生产办公室主任，1973年7月任运输处党委副书记，1978年10月任运输处处长，1979年12月任内燃机修造厂厂长、党委副书记，1983年4月任修理厂厂长，1984年11月任中原油田采油四厂正处级干部，1986年8月任采油四厂副厂长（正处级），1990年8月任采油四厂调研员（正处级），1993年7月退休。2009年9月12日17时因病突发逝世，享年73岁。

赵吉元 男，汉族，1933年6月出生，四川资中县人，1978年7月加入中国共产党，1953年9月西南石油工业专科学校钻井专业毕业并参加工作。历任玉门油田酒泉钻探处钻探队实习员、技术员、生产技术科技术员，1957年9月起任银川石油勘探局勘探处吴忠勘探大队技术员、工程师、调度室工程师，1970年4月起任长庆油田一分部二团生产处工程师、生产办公室工程师、生产调度安全处工程师、副主任工程师、主任工程师、一分部调度处钻井主任工程师，1980年6月任长庆油田总调度室副总调度长，1983年7月任中原油田钻井二公司副经理，1985年7月任钻井处主任工程师，1987年7月任钻探工程处主任工程师，1988年2月任调度室副总调度长，1993年6月退休。2009年2月9日凌晨因病突发逝世，享年76岁。

郑庆兰 男，汉族，1938年4月出生，福建省莆田县人，1967年9月参加工作，1965年8月加入中国共产党，1965年9月毕业于北京石油学院机械系矿机专业，大学文化程度，高级工程师。历任胜利油田仪表厂金工车间见习员，钻井二大队32549钻井队司助、供应站计划员、保养站技术员，1976年3月起任东濮石油会战指挥部保养站技术员、工程师，1981年5月任中原油田党委组织部技术干部管理科干事、副科长，1985年9月任钻井工艺研究所党委副书记，1987年2月任局党委统战部副部长，1987年7月任局工会副处级干部，1989年7月任局工会图书馆馆长，1993年8月退休。2009年7月9日晚20时2分因病医治无效逝世，享年72岁。

（沈中锋）

附　录

统计资料

2009 年中原石油勘探局基本情况

序号	指　标　项　目	计算单位	年末实际或历年累计
一	年末企业用工总量	人	49406
	其中：正式员工	人	32893
	其他从业人员	人	16513
二	企业用工工资总额	万元	123549
	其中：正式员工工资总额	万元	123357
三	年末企业党员人数	人	47039
	年末基层党组织数量	个	2785
	其中：基层党委	个	77
	党总支	个	187
	党支部	个	2521
四	年末企业共青团员人数	人	6253
	年末基层团组织数量	个	756
	其中：基层团委	个	52
	团总支	个	72
	团支部	个	632
五	年末主要石油专用设备		3324
	1. 钻采特车	台	368
	2. 注采设备	台	1
	3. 运输车辆（不包括辅助专用车）	台	269
	其中：货运车	台	202
	大客运车	台	38
	4. 辅助专用车辆	台	156
	5. 金属切削机床	台	10
	6. 锻压设备	台	43
	7. 工程施工机械	台	298

续表

序号	指　标　项　目	计算单位	年末实际或历年累计
六	年末主要生产能力		
	1. 原油生产能力	万吨/年	3.5
	2. 油井口数	口	287
	3. 油田生活及生产供水能力	万立方米/日	18.38
七	1. 累计完成工业总产值（现价）	万元	951050
	2. 累计完成企业增加值	万元	506419
	3. 累计完成原油产量	吨	26843
八	1. 基本建设投资		
	2. 累计完成勘探、开发建设投资合计	万元	60624
	（1）勘探投资	万元	0
	其中：探井工程	万元	0
	（2）开发投资	万元	0
	其中：开发井工程	万元	0
	（3）炼油投资	万元	0
	（4）其他投资	万元	60624
	其中：非安装设备购置	万元	45585
九	年末企业全部固定资产原值	万元	988261.44
	年末企业全部固定资产净值	万元	571132.57
十	累计实现利税总额	万元	60075.35
	累计实现利润总额	万元	-20517.63
十一	物资供应		
	1. 全年钢材消耗量	吨	126213.3
	年末库存量	吨	33594.39
	2. 全年木材消耗量	立方米	2887.5
	年末库存量	立方米	0
	3. 全年水泥消耗量	吨	134335.93
	年末库存量	吨	1371.66
	4. 年末器材库存资金额	万元	29888.69

（吴　凯　李　健　尹绍顺　张喜海　周　辉　吕学军　王小刚）

2009年中原油田分公司基本情况

序号	指标项目	计算单位	年末实际或历年累计	其　中	
				中原本部	普光气田
一	年末企业全部占地面积	平方千米	53.61	51.29	2.32
二	年末企业用工总量	人	37618	36303	1315
	其中：正式员工	人	30055	28740	1315

续表

序号	指标项目	计算单位	年末实际或历年累计	其中	
				中原本部	普光气田
二	其他从业人员	人	7563	7563	
三	企业用工工资总额	万元	164390	152182	12208
	其中：正式员工工资总额	万元	133378	121170	12208
四	年末企业党员人数	人	12932	12379	553
	年末基层党组织数量	个	930	894	36
	其中：基层党委	个	30	26	4
	党总支	个	94	93	1
	党支部	个	806	775	31
五	年末企业共青团员人数	人	2275	2051	224
	年末基层团组织数量	个	251	245	6
	其中：基层团委	个	14	13	1
	团总支	个	23	18	5
	团支部	个	214	214	
六	年末企业工会会员人数（包括劳务用工）	人	35756	34441	1315
	年末基层工会组织数量	个	761	725	36
	其中：二级工会组织	个	19	18	1
	三级工会组织	个	349	345	4
	四级工会组织	个	405	374	31
七	年末油田直属单位	个			1
	1. 采油、采气	个/人	9/27564（正式员工 21393）	8/27249	1/1315
	2. 油气集输	个/人	2/2653（正式员工 1713）	2/2653	
	3. 科研单位	个/人	3/1738（正式员工 1715）	3/1738	
	4. 原油炼制	个/人	1/1224（正式员工 1007）	1/1224	
	5. 物资供应	个/人	1/950（正式员工 900）	1/950	
	6. 其他单位	个/人	11/3477（正式员工 3327）	11/3477	
八	年末主要石油专业队数及人数				
	1. 采油队	队数/人数	45/8414	45/8414	
	2. 采气队	队数/人数	9/1146	6/838	3/308
	3. 试井队	队数/人数	12/418	12/418	
	4. 输油（气）队	队数/人数	42/2717	41/2636	1/81
	5. 井下作业队	队数/人数	95/3016	95/3016	

续表

序号	指标项目	计算单位	年末实际或历年累计	其中	
				中原本部	普光气田
九	年末主要石油专用设备总台数	台	14320	13405	915
	1. 钻采特车	台	403	403	
	2. 注采设备	台	4467	4467	
	3. 运输车辆（不包括辅助专用车）	台	2450	2299	151
	其中：货运车	台	1280	1245	35
	大客运车	台	92	90	2
	4. 辅助专用车辆	台	116	33	83
	5. 金属切削机床	台	79	78	1
	6. 锻压设备	台		0	
	7. 工程施工机械	台	271	270	1
十	年末主要生产能力				
	1. 原油生产能力	万吨/年	273.56	273.56	
	油井口数	口	3992	3992	
	2. 气层气综合配套能力	亿立方米/年	21.1	1.1	20
	气井口数	口	281	241	40
	3. 油田注水生产能力	万立方米/日	16.62	16.6	0.02
	注水井口数	口	3003	3001	2
	4. 原油脱水（电脱盐）生产能力	万吨/年	950	950	
	5. 油田生活及生产供水能力	万立方米/日	11.51	6.23	5.28
	6. 油田生活及生产污水处理能力	万立方米/日	15.41	15.2	0.21
	7. 各种原油、成品油罐总容量	万立方米	64.1	64.1	
	其中：原油罐	万立方米	55.2	55.2	
	8. 发电设备总容量	万千瓦	2.77	0.77	2
十一	油气勘探				
	1. 年末已累计探明石油含油面积	平方千米	455.3	468.05	
	地质储量	万吨	58433.84	59364.5	
	2. 年末已累计探明天然气含气面积	平方千米	281.64	151.6	130.04
	地质储量	亿立方米	5441.34	1319.6	4121.74
	3. 年末动用剩余可采储量：原油	万吨	4029.47	4029.47	
	天然气	亿立方米	99.06	99.06	
	4. 累计完成二维地震工作量	千米	58959	58959	
	三维地震工作量	平方千米	6515	6515	
	5. 累计完成钻井进尺及完成口数	万米/口	1466.58/4672	1431.29/4608	35.29/64
	其中：探　井	万米/口	545.77/1700	536.75/1676	9.02/24
	开发井	万米/口	920.81/2972	894.54/2932	26.27/40

续表

序号	指标项目	计算单位	年末实际或历年累计	其中	
				中原本部	普光气田
十二	油气田生产及原油加工				
	1. 累计完成工业总产值（现价）	万元	17491831	8062553	
	2. 累计完成企业增加值	万元	9748556	4045207	
	3. 累计完成原油产量	吨	126372703	25746233	
	其中：凝析油（轻油销量）	吨	2474317	502310	
	4. 累计完成原油外输量（交管道局）	吨	101665547		
	5. 累计完成油田液化气产量	吨	1113275	17645	
	6. 累计完成乙烷产量	吨	300158	20690	
	7. 累计完成天然气工业产量	万立方米	3274754	578237	10406
	其中：外供量	万立方米	1926400		
	其中：沧州化肥厂	万立方米	445964		
	8. 累计完成原油加工量	吨	9703938	8803896	
	汽油产量	吨	2705109	2467455	
	柴油产量	吨	4116570	3715966	
十三	基本建设投资				
	累计完成勘探、开发建设投资合计	万元	9335368	6445078	2890290
	勘探投资	万元	1388535	1150334	238201
	其中：探井工程	万元	1022999	810220	212779
	开发投资	万元	5585379	4591194	994185
	其中：开发井工程	万元	3808618	3092373	716245
	炼油投资	万元	58350	58350	
	其他投资	万元	2303104	645200	1657904
	其中：非安装设备购置	万元	82298	80637	1661
十四	年末企业全部固定资产原值	万元	5585550. 37	5585550. 37	
	年末企业全部固定资产净值	万元	2088800. 43	2088800. 43	
十五	累计实现利税总额	万元	31182326. 8	1357667. 8	
	累计实现利润总额	万元	871878	280038	
十六	本年企业增加值全员劳动生产率	元/人年			
十七	物资供应				
	1. 全年钢材消耗量	吨		88425	
	年末库存量	吨		33594	
	2. 全年木材消耗量	立方米		139	
	年末库存量	立方米		0	
	3. 全年水泥消耗量	吨		2726	

续表

序号	指标项目	计算单位	年末实际或历年累计	其中	
				中原本部	普光气田
十七	年末库存量	吨		1372	
	4. 年末器材库存资金额	万元		29889	

注：普光天然气产量从2008年开始累加，2008年产量334万立方米，2009年产量10072万立方米。

（李军英）

2009年中原石油勘探局主要经营指标

单位：元

项目	行次	上年数	本年数
一、利税总额	1	415129176.70	600753542.95
1. 利润总额	2	-363623225.28	-205176328.63
2. 税金及附加	3	778752401.98	805929871.58
其中：增值税	4	479026351.15	525795406.96
消费税	5		
营业税	6	82740488.63	107526340.36
资源税	7	1006899.38	780800.29
城建税	8	46692520.19	43738494.01
“四小”税	9	142353671.60	103504707.62
教育费附加	10	23075736.68	22586900.33
石油特别收益金	11	3856734.35	1997222.01
二、炼油专业主要考核指标	12		
1. 炼油单位加工费（元/吨）	13		
2. 含期间费用的炼油单位加工费（元/吨）	14		
3. 炼油加工费（不含期间费用）	15		
4. 炼油加工费及期间费用	16		
5. 外购原料油加工量（吨）	17		
6. 原油加工量（吨）	18		
其中：国内陆上加工量	19		
进口原油加工量	20		
海洋原油加工量	21		
7. 炼油现金操作总成本	22		
8. 单位现金操作成本（元/吨）	23		
三、施工产值	24	16714630196.21	13230197629.70
四、设计投资额	25		
五、固定资产计提折旧情况：	26		
1. 计提折旧的全年平均固定资产原价	27	9409476879.60	9602061743.11
其中：房屋、建筑物	28	1664916678.57	1627400128.93
机器设备	29	6324960894.54	6504724435.13

续表

项　目	行次	上年数	本年数
运输工具	30	580072803.45	606026750.75
其他	31	839526503.04	863910428.30
2. 本年提取的累计折旧	32	458219928.90	438428087.72
其中：房屋、建筑物	33	36725404.66	37408497.18
机器设备	34	339195733.82	320048557.82
运输工具	35	37497306.29	38128120.37
其他	36	44801484.13	42842912.35
3. 综合折旧率	37	0.05	0.43
4. 企业母公司及全资子公司折旧及摊销情况（含油气资产、不含临时设施）	38		
1. 计提折旧的全年固定（油气）资产平均值	39	8989062657.47	9858657938.42
2. 本年提取的累计折旧及摊销额	40	435520423.01	466266295.87
3. 综合折旧率	41	0.05	0.05
六、当年固定资产投资总额	42	1110385201.76	647560000.00
1. 购置固定资产	43	1061955201.76	612560000.00
2. 基建投资	44	48430000.00	35000000.00
3. 其他投资	45		
七、企业外拓市场收入	46	3462509524.44	3368331443.64
其中：出口产品及劳务收入	47		
海外机构收入	48	3462509524.44	3368331443.64

（张蕊红）

2009 年中原油田分公司主要经营指标

项　目	行次	上年同期数	本期累计数
一、利税总额	1	6280671072.58	1128858833.32
1. 利润总额	2	2411642600.59	-3067308428.76
2. 税金及附加	3	3869028471.99	4196167262.08
其中：增值税	4	572352204.98	2622254420.23
消费税	5	120826610.16	649241347.53
资源税	6	79064087.78	74453878.15
营业税	7	16025449.99	19060945.40
城建税	8	113058411.92	97687774.37
房产税、车船使用税、土地使用税、印花税	9	8373827.71	10793885.71
石油特别收益金	10	2906108531.67	677846610.01
教育费附加	11	53219347.78	44828400.68
二、综合折旧率（%）	12		
1. 合并综合折旧率（%）	13	8.59	9.89

续表

项　　目	行次	上年同期数	本期累计数
（1）本期提取的折旧（耗）累计数	14	2463688911.87	3246387135.10
其中：机器设备	15	33291516.98	100971718.97
房屋建筑物	16	95270594.59	35358955.73
（2）计提折旧的固定（油气）资产平均总值	17	28689898020.03	32832757002.59
其中：机器设备	18	1397588045.74	1644147245.23
房屋建筑物	19	864484252.69	947751892.16
2. 母公司综合折旧率（%）	20	8.59	9.89
（1）本期提取的折旧（耗）累计数	21	2463688911.87	3246387135.10
（2）计提折旧的固定（油气）资产平均总值	22	28689898020.03	32832757002.59
三、修理费列支数	23	169651238.50	226270062.28
四、期末预提费用	24		
其中：预提借款利息	25		
五、存货	26	982275245.77	1452755295.51
其中：原材料	27	718220661.67	958676164.69
库存商品	28	254155006.98	477220713.01
在产品及自制半成品	29	9214655.22	16210731.29
委托加工物资	30	675370.00	638328.02
六、工程物资	31		
1. 专用材料	32		
2. 专用设备	33		
3. 为生产准备的工具及器具	34		
七、1. 油气单位完全成本（元/吨）	35	2112.73	3006.87
2. 油气单位现金操作成本（元/桶）	36	162.48	189.96
3. 原油商品量（吨）	37	2778430.84	2696454.24
4. 原油产量（吨）	38	2839393.00	2757070.00
5. 天然气商品量（千立方米）	39	822391.63	624170.87
6. 天然气产量（千立方米）	40	1057830.00	824970.00
八、1. 炼油单位完全费用（元/吨）	41	240.11	304.38
2. 炼油单位现金操作费用（元/吨）	42	199.24	263.34
3. 原油加工量（吨）	43	900042.00	772138.40
其中：国内陆上加工量	44	900042.00	772138.40
进口原油加工量	45		
海洋原油加工量	46		
4. 外购原料油加工量（吨）	47	59062.50	51877.73

（李军英）

2004—2009 年中原油田主要经济技术指标

单位：亿元

指标名称 \ 年份	2009	2008	2007	2006	2005	2004
工业总产值	218.94	308.76	264.3	248.27	200.50	145.08
工业增加值	94.63	116.76	99.81	120.36	79.93	70.54
资产总计	594.15	548.33	424.37	332.07	316.08	286.04
流动资产	64.86	70.92	76.02	92.83	87.77	69.57
固定资产原值	657.38	579.26	538.97	455.45	430.66	409.12
固定资产净值	265.99	220.71	208.17	199.34	194.51	180.31
销售收入	277.61	327.16	258.97	267.24	220.97	181.05
实现利税	2.28	75.28	39.80	56.68	35.05	12.01
税金	34.38	54.79	27.03	29.72	17.48	8.40
综合能耗（吨标煤 · 万元$^{-1}$）（中原石油勘探局）	0.65	0.65	0.66	0.68	0.74	2.98
综合能耗（吨标煤 · 万元$^{-1}$）（中原油田分公司）	0.59	0.64	0.69	0.85	0.86	

注：中原油田的万元产值综合能耗在2004年以前执行的是2000年不变价，2005年以后执行的是2005年不变价。

（李新亚　张国庆　李军英　秦留华　王长枫　马　珺　黄　琥）

2004—2009 年中原油田主要生产建设指标

单位：亿元

指标名称 \ 年份	2009	2008	2007	2006	2005	2004
原油产量（万吨）	289.19	300.3	305	310.57	320.01	335.11
天然气产量（亿立方米）	9.26	10.61	14.8	16.40	16.61	17.51
新增原油生产能力（万吨）	25.3	28	28.91	28.70	29.48	43.60
新增天然气生产能力（亿立方米）	0.81	1.25	1.43	1.60	1.60	1.88
新增探明石油地质储量（万吨）	930.65	1153.12	1039.28	961.69	1723	1344
新增探明天然气地质储量（亿立方米）	11.8	6.88	0	4.47	3.09	38.82
二维地震（千米）	4896	7565.62	6571	10984	8847	7435
三维地震（平方千米）	1662	549.88	911	1589	1081	1050
石油钻井（口，不含侧钻）	856	1096	1183	1444	1553	1422
探井（口）	205	82	105	140	148	106
开发井（口）	651	1014	1078	1304	1405	1316
钻井进尺（万米）	230.90	313.4	323.28	340.14	343.78	294.08
勘探投资（亿元）	7.98	6.81	5.76	4.10	5.14	5.21
开发投资（亿元）	25.23	25.42	23.37	33.71	21.23	31.22

（李新亚　张国庆　李军英　黄　琥）

2007—2009 年中原油田普光气田勘探开发建设主要经济指标（一）

项目 / 年份	新增探明油气地质储量（万吨）	石油（万吨）	天然气（亿立方米）	每增亿吨石油、天然气储量需					
				地震工作量		探井工作量		建设投资（万元）	
				二维（千米）	三维（平方千米）	探井（口）	探井进尺（万米）	勘探综合投资	探井投资
2009	709.4	–	70.9	–	–	28	5.75	232224	203440
2008	2382.0	–	238.2	–	–	59	10.9	252896	226841
2007	2519.0	–	251.9	–	–	32	23.88	641183	572996

（孙令锁 商云霞）

2007—2009 年中原油田普光气田勘探开发建设主要经济指标（二）

项目 / 年份	本年新增探明石油		累计已探明石油		本年新增探明天然气		累计已探明天然气		本年新增可采储量	
	含油面积（平方千米）	地质储量（万吨）	含油面积（平方千米）	地质储量（万吨）	含气面积（平方千米）	地质储量（亿立方米）	含气面积（平方千米）	地质储量（亿立方米）	原油（万吨）	天然气（亿立方米）
2009	–	–	–	–	27.1	70.9	130.0	4121.7	0.0	47.5
2008	–	–	–	–	18.0	238.2	102.9	4050.8	0.0	154.8
2007	–	–	–	–	7.5	251.9	94.3	3812.6	0.0	188.9

（孔令锁 商云霞）

2005—2009 年中原油田普光气田钻井工作量及单位进尺投资

项目 / 年份	完井口数			钻井进尺（米）			平均井深（米）		单位进尺投资（元/米）		
	合计	探井	开发井	合计	探井	开发井	探井	开发井	合计	探井	开发井
2009	9	2	7	34497	4075.87	30421	5083	6090	36953	20716	16237
2008	31	14	17	105011	25954	79057	5889	6375	17923	20821	16839
2007	22	8	14	166977	60151	106826	5960	7630	18158	23991	14874
2006	2	0	2	46588	0	46588	0	6500	0	0	19098
2005	0	0	0	0	0	0	0	0	0	0	0

（孙令锁 商云霞）

2004—2009 年中原油田天然气工业产量

单位：万立方米

项目 / 年份	工业产气量合计	气井气	分公司产气量		按单位分								
				气井气	天然气产销厂	采油一厂	采油二厂	采油三厂	采油四厂	采油五厂	采油六厂	普光分公司	边远井产量
2009	92569	63141	82497	53069	34550	5950	10778	5405	11860	890	5466	10072	–
2008	106117	70392	105783	70392	57827	6910	11987	6432	15247	850	6530	334	–
2007	148000	93034	46451	15122	77912	12195	15755	9290	23637	1320	7891	–	–
2006	164006	109215	66092	32937	76278	12890	16002	9534	21636	2905	9583	–	15178
2005	166082	115251	64061	33018	82233	13600	15477	9752	19788	3493	14973	–	6766
2004	175128	116552	70862	33887	82665	16702	16639	11754	21601	3447	18020	–	4300

（李军英）

2004—2009 年中原油田炼油生产情况

项目/年份	原油加工量（吨）	产量（吨）				汽油、柴油收率（%）
		汽油	柴油	燃料油	液化气	
2009	772138	217589	332928	13837	56945	71.30%
2008	900042	237654	400604	17466	72935	70.91
2007	855832	224405	384918	20389	63140	71.20
2006	735411	179970	330127	34185	52919	69.36
2005	742273	167701	334872	17208	54392	67.71
2004	693566	150730	314090	19778	47784	67.02

2004—2009 年中原油田油气田开发数据

项目/年份	原油开发成本（美元/桶）	天然气开发成本（元/千立方米）	综合含水率（%）	综合油气比（立方米/吨）	注采比	地质采液速度（%）	油田老井综合递减率（%）	油田老井自然递减率（%）	动用地质储量		老井措施增产（吨/年）	平均生产百吨原油需注水量（立方米）
									采油速度（%）	采出程度（%）		
2009	16.36	553	89.58	125	1.22	5.09	10.65	17.73	0.54	23.74	208865	1177.77
2008	13.11	460	89.31	120	1.22	5.41	10.2	17.3	0.57	23.93	213456	1183.67
2007			89.16	144	1.21	5.45	10.44	17.68	0.6	24.02	221155	1171.84
2006			89.13	156	1.21	5.93	11.42	19.66	0.64	24.18	263710	1194.36
2005			89.42	156	1.21	6.58	11.15	20.06	0.71	25.55	297738	1123.79
2004			89.13	180	1.20	6.87	15.52	23.74	0.76	25.3	298085	1153.16

注：2004—2007 年的原油开发成本、天然气开发成本未核算。

2004—2009 年中原油田供电情况

单位：万千瓦 · 时

项目/年份	总供电量	自发电量				外购电量						用电量		
		合计	黎明电厂	油田基地	黄河南①	合计	中原本部	濮阳电网	黄河南②	地方电业局	内蒙古	勘探局	分公司	中原油气
2009	155350	212.96	0	0	213	155137	154430	143272	8504	2655	707	32635	122715	0
2008	163367	301.03	0	0	301	163066	162458	152021	9403	1034	607	37422	125944	0
2007	169872	818	537	0	281	169054	169054	159746	9308	0	0	37168	115870	16385
2006	189323	288	0	0	288	189035	189035	179767	9268	0	0	43593	127653	18077
2005	198654	3897	3587	0	310	194757	194757	185879	8878	0	0	43560	137298	17796
2004	208595	6322	6020	1	301	202273	202273	193899	8374			33433	156440	18722

注：黄河南①代表第四社区和第六社区；黄河南②代表第四社区、第六社区和采油六厂油区。

（李军英）

2009年中原石油勘探局正式员工年龄、学历分布情况

单位:人

项目	编号	总数			年龄									学历								
			女	中共党员	25岁及以下	26~30岁	31~35岁	36~40岁	41~45岁	46~50岁	51~54岁	55~69岁	60岁及以上	博士研究生	硕士研究生	大学本科	全日制	大学专科	中专	技校	高中	初中及以下
甲		1	2	3	4	5	6	7	8	9	10	11	12	13	14	15	16	17	18	19	20	21
合计	1	32893	9696	12704	984	1933	4240	7861	8075	4271	2506	2854	169	20	206	6335	3589	6125	2621	4468	8244	4874
其中:女性	2	9696	9696	2095	161	555	1820	3007	2642	1061	411	38	1	1	53	1652	762	2640	1234	1245	2156	715
其中:全部在岗	3	31233	9245	12404	984	1931	4239	7856	8050	4053	2096	1990	34	20	204	6299	3570	6046	2580	4446	8105	3533
经营管理人员	4	10081	2725	6889	52	408	1220	2430	2663	1685	779	823	21	10	101	3124	1225	3126	943	741	1698	338
党组领导	5																					
现职	6																					
党组管理的高层领导及相当者	7	5		5					1	1	1	2		1	3	1	1					
现职	8	5		5					1	1	1	2		1	3	1	1					
中层领导及相当者	9	465	12	456			4	48	122	126	77	83	5	6	28	303	100	99	16	1	9	3
现职	10	363	9	355			4	47	120	117	67	8		6	27	243	86	64	12	1	7	3
按科级管理的人员	11																					
基层领导及相当者	12	3232	454	2802		31	278	729	1126	797	217	53	1	2	43	1491	526	995	306	99	261	35
一般管理人员	13	6379	2259	3626	52	377	938	1653	1414	761	484	685	15	1	27	1329	598	2032	621	641	1428	300
专业技术人员	14	5487	2228	1636	552	984	1211	1069	959	478	141	92	1	10	92	2674	2116	1343	942	149	230	47
正高级	15	2	1	1					2							2	1					
副高级	16	339	121	153			12	79	157	58	22	11			13	293	225	27	3	2		1
中级	17	2535	1179	835		158	714	694	586	280	67	36		5	22	931	576	883	647	11	33	3
初级	18	1773	762	415	135	676	448	209	131	99	41	33	1		13	907	809	388	281	36	125	23
无	19	838	165	232	417	150	37	87	83	41	11	12		5	44	541	505	45	11	100	72	20
技能操作人员	20	14679	3824	3776	376	515	1696	4019	4027	1839	1152	1043	12		11	461	208	1466	616	3426	5914	2785
高级技师	21	207	11	94			4	25	82	38	26	32				7		21	7	57	83	32
技师	22	674	62	273			13	133	255	129	82	61	1			6		45	25	201	297	100
高级工	23	7603	1850	1996	2	27	624	1925	2436	1124	768	691	6			83	6	598	202	1922	2963	1835
中级工	24	2328	742	366	6	98	532	947	474	160	67	42	2			51	5	251	112	675	971	268
初级工	25	1916	680	450	136	245	310	553	359	183	68	61	1		7	100	48	271	137	313	885	203
无级别或未鉴定	26	1951	479	597	232	145	213	436	421	205	141	156	2		4	214	149	280	133	258	715	347
服务人员	27	986	468	103	4	24	112	338	401	51	24	32				40	21	111	79	130	263	363

注:不在岗正式员工中包括内部退养1446人、长期病伤产假6人、其他208人。

2009年中原油田分公司正式员工年龄、学历分布情况

单位:人

项目	编号	总数	女	中共党员	年龄									学历								
					25岁及以下	26~30岁	31~35岁	36~40岁	41~45岁	46~50岁	51~54岁	55~59岁	60岁及以上	博士研究生	硕士研究生	大学本科	全日制	大学专科	中专	技校	高中	初中及以下
甲		1	2	3	4	5	6	7	8	9	10	11	12	13	14	15	16	17	18	19	20	21
合计	1	30055	8147	11960	1248	1609	5089	9265	7130	2981	1323	1386	24	38	227	5416	3020	5448	2548	7093	6597	2688
其中:女性	2	8147	8147	1527	203	553	1673	2847	2146	688	35	2		1	63	1347	752	1863	1151	2088	1327	307
其中:全部在岗	3	30049	8146	11959	1248	1607	5088	9265	7128	2980	1323	1386	24	38	227	5412	3017	5448	2547	7093	6597	2687
经营管理人员	4	6938	1505	5268	43	257	1070	2007	1898	997	337	323	6	25	101	2470	912	2187	691	574	715	175
党组领导	5																					
现职	6																					
党组管理的高层领导及相当者	7	5		5						5				3		2	1					
现职	8	5		5						5				3		2	1					
中层领导及相当者	9	263	9	261			4	24	92	83	34	23	3	15	27	173	82	36	9		1	2
现职	10	234	8	233			3	22	89	83	32	5		15	26	164	81	20	7			2
按科级管理的人员	11																					
基层领导及相当者	12	2349	186	2146		25	258	658	858	456	72	22		7	53	1299	459	663	181	47	80	19
一般管理人员	13	4321	1310	2856	43	232	808	1325	948	453	231	278	3		21	996	370	1488	501	527	634	154
专业技术人员	14	4257	1717	1596	510	641	952	1044	761	234	68	46	1	13	115	2208	1717	970	689	117	121	24
正高级	15																					
副高级	16	421	148	177			28	99	195	56	23	19	1	3	29	370	318	14	5			
中级	17	1846	866	759		71	539	684	383	120	32	17		9	19	750	423	625	406	14	21	2
初级	18	1446	570	466	176	482	363	205	154	50	9	7			26	700	594	312	270	60	70	8
无	19	544	133	194	334	88	22	56	29	8	4	3		1	41	388	382	19	8	43	30	14
技能操作人员	20	18534	4889	5083	695	699	3051	6056	4336	1745	918	1017	17		11	722	378	2281	1153	6377	5517	2473
高级技师	21	302	38	158			24	97	94	48	17	21	1			13		63	8	137	60	21
技师	22	981	172	402	1	1	74	315	381	107	45	57				20		153	41	447	235	85
高级工	23	9238	2698	2444	2	34	1270	3157	2448	1057	594	665	11			135	11	1025	453	3694	2375	1556
中级工	24	3456	971	720	48	177	847	1369	635	199	89	91	1		2	146	72	481	278	1167	1045	337
初级工	25	2921	689	825	200	341	637	742	536	232	115	115	3		1	122	69	357	242	694	1176	329
无级别或未鉴定	26	1636	321	534	444	146	199	376	242	102	58	68	1		8	286	226	202	131	238	626	145
服务人员	27	320	35	12		10	15	158	133	4						12	10	10	14	25	244	15

注:不在岗正式员工中包括长期学习3人、长期病伤产假1人、其他2人。

（刘海涛）

2009年中原石油勘探局正式员工人才资源分布情况

单位：人

项目	编号	总数	女	在岗员工	经营管理人员	专业技术人员	科技人员	技能操作人员	服务人员	年龄：30岁及以下	31~35岁	36~40岁	41~45岁	46~50岁	51~54岁	55~59岁	60岁及以上	学历：博士研究生	硕士研究生	大学本科	大学专科	中专	高中及以下
甲		1	2	3	4	5	6	7	8	9	10	11	12	13	14	15	16	17	18	19	20	21	22
正式员工总数	1	32893	9696	31233	10081	5487	3034	14679	986	2917	4240	7861	8075	4271	2506	2854	169	20	206	6335	6125	2621	17586
各类专家人数	2	54	2	54	41	4		9			1	2	28	23				3	2	31	5	1	12
两院院士	3																						
国家有突出贡献专家	4																						
享受政府特殊津贴人员	5	2		2	2								1	1						2			
“百千万人才工程”国家级人选	6																						
中国石化集团公司（省部级）突出贡献专家	7	6		6	6								1	5					1	5			
中国石化集团公司三个层次学术技术带头人	8	16		16	16								9	7				1		15			
中国石化集团公司优秀青年知识分子	9	10		10	10						1		5	4				2		7		1	
各类拔尖技能人才人数	10	36	3	36	13	7	6	16		5	7	10	6	6	2				1	10	9	2	14
中华技能大奖	11																						
国家技术能手	12	7		7	3	1	1	3		1	3	3								3	4		
中国石化集团公司（省部级）技术能手	13	29	3	29	8	6	5	15		4	4	8	5	6	2				1	8	7	2	11
技能大师	14																						
国际化经营人员	15																						
具有专业技术资格人数	16	13779	4923	13582	7849	4649	2953	984	100	1458	2459	3124	3182	2010	797	730	19	15	153	5417	4481	2064	1649
正高级	17	54	2	53	51	2	1						12	24	9	9		6	4	42	1	1	
副高级	18	1635	282	1628	1273	339	241	14	2		57	273	651	394	146	109	5	4	84	1306	189	26	26
中级	19	6926	2690	6828	3912	2535	1526	337	44	253	1382	1886	1742	1045	353	261	4	5	46	2557	2713	1323	282
初级	20	5164	1949	5073	2613	1773	1185	633	54	1205	1020	965	777	547	289	351	10		19	1512	1578	714	1341
职业技能鉴定取证人数	21	14324	3656	14091	892	282	116	12728	189	559	1688	4082	3995	1874	1099	1017	10		8	346	1475	587	11908
高级技师	22	268	12	266	41	18	1	207		1	6	31	114	53	29	34				9	34	7	218
技师	23	850	64	837	127	34	5	674	2	1	20	167	322	166	98	75	1			19	78	31	722
高级工	24	8349	1935	8207	456	109	34	7603	39	31	684	2150	2638	1248	816	776	6			121	699	218	7311
中级工	25	2610	800	2586	182	58	32	2328	18	111	593	1079	513	183	73	56	2			67	325	142	2076
初级工	26	2247	845	2195	86	63	44	1916	130	415	385	655	408	224	83	76	1		8	130	339	189	1581

（刘海涛）

2009年中原油田分公司正式员工人才资源分布情况

单位：人

项目	编号	总数								年龄								学历					
			女	在岗员工	经营管理人员	专业技术人员	科技人员	技能操作人员	服务人员	30岁及以下	31~35岁	36~40岁	41~45岁	46~50岁	51~54岁	55~59岁	60岁及以上	博士研究生	硕士研究生	大学本科	大学专科	中专	高中及以下
甲		1	2	3	4	5	6	7	8	9	10	11	12	13	14	15	16	17	18	19	20	21	22
正式员工总数	1	30055	8147	30049	6938	4257	3293	18534	320	2857	5089	9265	7130	2981	1323	1386	24	38	227	5416	5448	2548	16378
各类专家人数	2	57	6	57	45	10	10	2		1	8	4	12	26	4	2		13	8	33		1	2
两院院士	3																						
国家有突出贡献专家	4																						
享受政府特殊津贴人员	5	7		7	5			2					1	3	1	2		4		1			2
“百千万人才工程”国家级人选	6																						
中国石化集团公司（省部级）突出贡献专家	7	5		5	5								1	4				3	1	1			
中国石化集团公司三个层次学术技术带头人	8	38	3	38	37	1	1						10	24	4			12	4	21		1	
中国石化集团公司优秀青年知识分子	9	16	3	16	9	7	7			1	8	1	2	4				2	5	9			
各类拔尖技能人才人数	10	46	10	46	7	4	3	35		4	14	21	1	3	1	2				6	14	4	22
中华技能大奖	11	1		1				1								1							1
国家技术能手	12	6		6	1			5			1	3				2					2		4
中国石化集团公司（省部级）技术能手	13	39	10	39	7	4	3	28		4	12	17	1	3	1	1				6	10	4	19
技能大师	14																						
国际化经营人员	15																						
具有专业技术资格人数	16	11470	3719	11465	5752	3713	3284	1989	11	1363	2514	3051	2599	1170	399	367	7	37	175	4630	3529	1970	1129
正高级	17	58	4	58	58							2	18	29	6	1	2	15	9	32	2		
副高级	18	1424	245	1423	999	421	407	3			53	307	648	275	78	60	3	13	97	1172	120	19	3
中级	19	5040	1766	5039	2844	1846	1555	345	4	107	1136	1715	1209	562	162	148	1	9	37	1999	1882	927	186
初级	20	4948	1704	4945	1851	1446	1322	1641	7	1256	1325	1027	724	304	153	158	1		32	1427	1525	1024	940
职业技能鉴定取证人数	21	18094	4879	18094	576	349	313	16898	271	919	3149	6124	4370	1695	866	955	16		4	631	2381	1175	13903
高级技师	22	315	42	315	9	3	1	302	1		27	102	96	50	18	21	1			13	66	8	228
技师	23	1058	185	1058	53	24	23	981		3	76	351	403	120	47	58				24	177	48	809
高级工	24	9621	2820	9621	251	120	106	9238	12	42	1371	3313	2542	1078	596	668	11			175	1169	505	7772
中级工	25	3926	1064	3926	117	117	103	3456	236	267	947	1552	770	208	90	91	1		2	200	555	324	2845
初级工	26	3174	768	3174	146	85	80	2921	22	607	728	806	559	239	115	117	3		2	219	414	290	2249

（刘海涛）

2009年中原油田劳动用工和报酬情况

单位：人、元，保留整数

项目	年末人数								劳动报酬和生活费						
	正式员工	在岗人员	离开本岗位仍保留劳动关系人员	劳务用工	直接使用的非全日制用工	安置性非全日制用工	其他从业人员	聘用的离退休人员	单位从业人员劳动报酬总额	在岗正式员工工资总额	其他从业人员劳动报酬	聘用的离退休人员劳动报酬	离开本岗位仍保留劳动关系人员	劳务用工劳务费	全日制劳务用工劳务费
甲	1	2	3	4	5	6	7	8	9	10	11	12	13	14	15
合计	62948	61282	1666	23941	5970	5690	135	135	2548224052	2546068903	2155149	2155149	26161097	801433077	767783077
分公司	30055	30049	6	7551			12	12	1334023736	1333789736	234000	234000	4870264	309883077	309883077
勘探局	32893	31233	1660	16390	5970	5690	123	123	1214200316	1212279167	1921149	1921149	21290833	491550000	457900000

（刘海涛）

2009 年中原油田获中国石化集团公司科技进步奖项目

序号	项目编号	项目名称	授奖等级	主要完成单位	主要完成者
1	2009－J－03－17－D1	濮城油田沙二上[1]油藏特高含水期提高采收率技术	三等奖	采油二厂	刘　伟　余传谋　程东风　吕新华　岳玉红　耿秋红　夏宝华　晋喜林　赵凤华
2	2009－J－03－02－D1	东濮凹陷浅层油气成藏条件及分布规律	三等奖	勘探开发科学研究院	焦大庆　程秀申　王秀林　张清正　许书堂　高　平　何　锋　刘红跃　邓明霞
3	2009－J－03－01－D1	查干凹陷储层评价与油气的关系	三等奖	勘探开发科学研究院	谈玉明　马维民　欧阳睿　张丽霞　王德仁　陈清棠　靳广兴　范迎风　管　涛
4	2009－J－03－13－D1	文 23 气田结盐机理及防治技术	三等奖	天然气产销厂	张中伟　赵先进　汪　海　欧天雄　耿新中　黄雪松　苏月琦　刘军善　栾艳春

（汪　平）

2009 年获中原油田科技进步奖项目

序号	项目编号	项目名称	主要完成单位	主要完成者
		一等奖（25 项）		
1	20091001	基于叠前成像的地震观测系统优化设计与软件开发	物探研究院	秦广胜　喻洪春　张建章　高爱荣　张树海　张学锋　张玉祥　常正时　党建国　何　玲
2	20091002	桥口—新霍地区油气聚集规律与勘探目标评价	勘探开发科学研究院	李继东　谢秀祥　林　燕　谢书琴　张琛琛　徐艳萍　贺艳梅　王翠英　崔　鸣　马练军
3	20091003	查干凹陷石油地质特征及勘探目标优选	勘探开发科学研究院	陈清棠　王世坤　何　锋　史大海　李建国　徐深谋　王亚红　刘军飞　王亚明　李新海
4	20091004	水平井地质设计规范及井身结构优化研究	勘探开发科学研究院	王　军　李敬忠　孙书贞　刘秋杰　付丽丽　张炎山　高玉峰　王庚祥　张　瑜　苑晓荣
5	20091005	濮城沙一下油藏二氧化碳驱先导试验方案	勘探开发科学研究院 采油二厂 采油工程技术研究院	李中超　张学仓　邵双林　王进安　王红芹　王正坤　杨昌华　赵　磊　何　东　许世锋
6	20091006	深层高压低渗薄储层油藏开发技术研究	勘探开发科学研究院 采油四厂	邓瑞健　国殿斌　程凤莲　张　鑫　刘云华　张惠芳　魏　丽　窦焕成　毛永强　张艳辉
7	20091007	分类油藏井组层间精细调整方案研究及应用	采油三厂	张晓萍　李良华　黄　兵　刘　辉　李宝连　郭明安　刘继霞　郭欢迎　景永红　周雪峰
8	20091008	明一西立体开发研究与实践	采油三厂	王全红　吴旭光　马生宝　夏朝晖　潘远基　唐志明　唐明远　李如冰　冯彦丽　王志敏
9	20091009	文 23 气藏精细描述及剩余气挖潜	天然气产销厂	张中伟　杜远宗　王茂文　李兴业　孙宏伟　李科社　宋东勇　王永科　姜青梅　何晓云
10	20091010	东濮凹陷复杂断块区断鼻油藏油气富集规律及开发技术研究	勘探开发科学研究院	国殿斌　马改正　杨广林　熊运斌　赵其磊　杜　利　张英华　王金志　胡立军　刘国旗
11	20091011	水平井完井投产配套技术研究	采油工程技术研究院	杨立昌　马祥凤　杨有林　李　英　张寿根　李洪春　郭　辉　吕长容　崔长国　崔绍江
12	20091012	注水井分层启动压力测试新方法研究	采油工程技术研究院	邓小伟　夏幼红　李　倩　翟中军　王红丽　邹　霞　金　平　万晓玲　赵奇祥　崔绍江
13	20091013	套管修复配套技术推广应用	采油三厂　采油二厂 采油四厂　采油五厂 采油一厂　采油六厂	何云章　朱德智　黄　强　范锡彦　陈宗林　卢文涛　李传乐　李秀竹　孙红兵　陈丁才

续表

序号	项目编号	项目名称	主要完成单位	主要完成者
14	20091014	细分层系开发配套技术应用	采油四厂 采油三厂 采油一厂 采油五厂 采油二厂 采油六厂	王飞 范志毅 陈宗林 范锡彦 朱德智 卢文涛 石军 祝明华 刘荆山 田保权
15	20091015	防砂控躺配套技术推广应用	采油三厂 采油五厂 采油一厂 采油二厂	易建锋 韩芳 黄学宾 史长平 户贵华 贾中 董涛 宋顺杰 王晓莉 崔长国
16	20091016	新疆塔河油田超深井提速钻井技术应用研究	塔里木钻井公司 钻井工程技术研究院	马永安 蒋金宝 赵国顺 王兴武 王德成 王成岭 杜文军 王甲昌 马升武 孙雪
17	20091017	川东北防漏堵漏技术研究	钻井工程技术研究院	郭建华 刘文堂 杨建 樊相生 李旭东 郝纪双 耿晓慧 窦斌 刘云飞 刘昱彤
18	20091018	川东北气体钻井雾化技术研究与应用	钻井工程技术研究院	孙举 陶现林 郭建 马文英 刘光成 王依健 杨海 周亚贤 宋亚静 魏兰
19	20091019	川东北深井固井技术研究	固井工程处	石凤岐 张启运 王桂生 马自伟 刘秀成 王时成 李刚 曾艳军 常博 赵洪涛
20	20091020	山区大型覆土库施工技术研究	工程建设总公司	刘大恕 陈彦平 梁明贵 张国卿 孟旭星 李秀芹 李立威 任方惠 王军 彭江
21	20091021	炼油加热设备节能减排配套技术应用研究	石油化工总厂	李乃义 闫德兴 赵玉泉 陈宝宏 李廷刚 司艳霞 高登山 韩林海 王新元 王汉玺
22	20091022	普光气田礁滩相储层展布及含气性预测研究	勘探开发科学研究院	刘红磊 毕建霞 张雪松 万晓伟 张世民 梁梅生 邹丽 郭海霞 杨祖贵 卓色强
23	20091023	普光地区储层精细研究及储层建模	勘探开发科学研究院 普光分公司	曾大乾 靳秀菊 姜贻伟 刘志远 郭海霞 曾正清 周胜利 万晓伟 张雪松 张纪喜
24	20091024	普光气田主体套管变形井投产技术研究与应用	普光分公司 采油工程技术研究院	李顺林 石俊生 耿波 李春燕 姚爱国 吴燕茹 邓方彬 王相景 孔令锁
25	20091025	普光气田高含硫净化装置投产技术研究与应用	普光分公司	商剑峰 吴基荣 曹英斌 于艳秋 刘炜 兰宦勤 张立胜 潘涛 李红军 周子平
		二等奖（53项）		
1	20092001	胡庆地区油气运移与聚集规律研究	勘探开发科学研究院	刘亚洲 宋治霞 徐炳文 蔡德燕 刘渝娟 王萍霞 乔朝泽
2	20092002	文东斜坡带沙三段构造—岩性油气藏勘探	勘探开发科学研究院	彭君 李桂霞 石秀华 杨启明 袁波 倪军锋 邓君
3	20092003	东濮凹陷复杂断块群油气成藏规律及勘探关键技术研究	勘探开发科学研究院	李素珍 吴莉芝 张东霞 万晶 魏新源 许书堂 靳广兴
4	20092004	柳屯洼陷油气成藏特征及井位部署	勘探开发科学研究院	刘亚洲 徐炳文 王金萍 曾照荣 乔朝泽 宋治霞 蔡德燕
5	20092005	中原油田2009年度勘探项目评估及2010年度勘探部署研究	勘探开发科学研究院	苏惠 张金报 贾艳珺 范迎风 桂立炀 李令喜 吴光兴
6	20092006	复杂障碍区三维采集现场快捷变观设计技术	地球物理勘探公司	碗学俭 温俊凤 李莉 于冬梅 任初云 巩卫 马双斌
7	20092007	三叠系砂岩裂缝油藏注水开发技术研究	勘探开发科学研究院	胡晓辉 杨广林 杨承林 袁杰 王永钢 冯英 张天增
8	20092008	白55块难动用储量精细描述及技术对策研究	勘探开发科学研究院	王乐之 孙艾敏 蒋森堡 陈天钢 周艳娜 马练军 王伟
9	20092009	文96储气库气藏工程可行性研究	勘探开发科学研究院	吴凡 李银花 陈清华 张雪梅 徐艳萍 周游 赵军玲
10	20092010	文东构造带油藏评价研究	勘探开发科学研究院	陈新平 张京波 宋冬梅 赵文辉 马练军 王惠玲 严秋芬

续表

序号	项目编号	项目名称	主要完成单位	主要完成者
11	20092011	文13东块油藏精细描述及剩余油分布规律研究	勘探开发科学研究院	戴厚柱　胡列侠　杨　鹏　刘云华　黄新文　崔英琢　史淑芳
12	20092012	中渗油藏监测资料综合研究剩余油技术	勘探开发科学研究院	赵伟新　刘军飞　王艺景　房　倩　李风玲　陈　彬　翟芳芳
13	20092013	濮城中渗油藏层间精细调整研究与应用	采油二厂	刘　伟　余传谋　程东风　薛承洲　岳玉红　彭清华　李　艳
14	20092014	卫2块气顶油藏综合挖潜研究应用	采油三厂	王世红　陈俊革　黄博爱　吴淑华　孟翠萍　徐仁起　孟建华
15	20092015	庆祖集构造极复杂小断块油藏改善开发效果对策	采油五厂	贾云超　朱彦群　郝文民　钟飞翔　李爱萍　刘素芹　鞠秀叶
16	20092016	中渗油田水平井射孔技术研究	地球物理测井公司	王培禹　孙兴宇　苟　娜　施兴建　宋　宁　王玉滨　郭建光
17	20092017	文南地区成藏规律研究与目标评价	采油四厂	窦焕成　毛永强　马喜斌　李佃福　徐　静　张　燕　吴　超
18	20092018	提高多轮次调剖效果工艺技术研究	采油工程技术研究院	刘代娥　陈永浩　刘明霞　刘淑芳　蒋玉华　祁小玲　蔡彩霞
19	20092019	空气泡沫驱油工艺注入系统腐蚀与防治研究	采油工程技术研究院	陈秀玲　安思彤　汪沈阳　刘　浩　刘爱双　傅良佳　岳　明
20	20092020	砂岩裂缝性储层压裂工艺技术研究	采油工程技术研究院	王安培　兑爱玲　李传乐　扈殿奇　李东艳　李健萍　孙雪霞
21	20092021	抽油机井管杆偏磨预测与防治技术	采油工程技术研究院	刘汝福　石　军　黎文才　赵泾栋　张胭脂　孙瑞杰　王跃华
22	20092022	分层工艺技术研究	采油工程技术研究院　采油一厂	邓小伟　兑爱玲　赵奇祥　刘桂平　刘中兴　王安培　杨保华
23	20092023	找窜、封窜配套工艺技术推广应用	采油四厂　采油三厂　采油二厂　采油五厂　采油一厂	王　飞　王　超　王丰君　向绪金　李在训　石　军　赵长权
24	20092024	不同类型油藏监测技术配套应用	采油三厂　采油五厂　天然气产销厂　采油四厂　采油一厂　采油六厂　采油二厂	郎惠杰　贾云超　刘唯贤　窦焕成　袁文芳　李才学　余传谋
25	20092025	高压分层注水、增注工艺技术推广应用	采油一厂　采油四厂	石明杰　吴　静　尹　明　谷同杰　王瑞杰　韩兴温　韦汉春
26	20092026	排液采气配套技术推广应用	采油六厂　天然气产销厂	卢文涛　陈元强　李泉美　王宏宾　赵平文　党延磊　孔令善
27	20092027	川东北地区深井水平井钻井技术应用研究	钻井工程技术研究院	李少海　刘匡晓　晁文学　兰　凯　刘明国　孙成龙　王志远
28	20092028	数字化钻井参数仪研究	钻井工程技术研究院	李海波　白汉栋　薛高峰　袁志辉　王会永　李鹰峰　夏晓峰
29	20092029	Φ73S135直连型钻杆的研制与应用	钻井管具工程处	李　飞　胡记生　李玉民　王　晓　陈绪祥　韩家强　乔　旺
30	20092030	东北地区井壁稳定技术研究与应用	钻井三公司　钻井一公司	李午辰　姚永辉　李庆铎　高小芃　高旭初　孟宪波　张永成
31	20092031	哈萨克斯坦国希望油田优快钻井综合配套技术研究及应用	钻井四公司	何启贤　黄松伟　张献丰　闫道斌　刘自广　许　云　丁向京
32	20092032	元坝地区钻井液技术研究与应用	西南钻井公司	曾　李　陶现林　龙大清　樊相生　王蒙昌　母亚军　董成林

续表

序号	项目编号	项目名称	主要完成单位	主要完成者
33	20092033	7000米系列钻机网电改造技术推广与应用	西南钻井公司	董成林 张 怀 宋祥生 高 岩 何希庚 姬未来 吕 军
34	20092034	渤海湾地区钻井液体系优选与应用	钻井三公司	亢青岭 王长勤 牛永建 高艳飞 杨遵国 雷建宗 李午辰
35	20092035	RSD/QW5—2250型气动卡瓦技术推广应用	钻井管具工程处	李玉民 胡记生 李卫刚 张 达 王 晓 张建伟 程秀文
36	20092036	榆济输气管道工程黄土湿陷性处理及灾害预防技术研究	勘察设计研究院	叶 健 薛道才 张建强 安 剑 赵振堂 莫 琼 杨精伟
37	20092037	文23气田地面集输系统优化技术研究	勘察设计研究院 天然气产销厂	李德选 石立敏 张 云 刘晓红 刘德绪 耿新中 李存峰
38	20092038	中原油田油区电网节能优化运行技术研究	勘察设计研究院	尚德彬 刘华伟 魏清洁 刘桂兰 刘金亮 王振玉 穆学礼
39	20092039	黄河水微污染应急处理工艺技术研究	供水管理处	付效东 刘凤艳 尚红超 段保旭 陆继国 赵 敏 孙忠良
40	20092040	大口径长输管道特殊地段施工关键技术研究	工程建设总公司	王建国 孙代荣 许再胜 刘泳明 李 冬 张会爽 郭 涛
41	20092041	普光气田水平井投产改造技术研究	普光分公司 采油工程技术研究院	刘均令 李春燕 李海凤 张社朝 朱公顺 刘 斌 盛建明
42	20092042	普光气田一期20亿/年产能建设安全投产方案实施	普光分公司	张分电 刘方检 陈 广 肖永发 苏国丰 王贵波 李丹峰
43	20092043	普光气田试气投产施工工艺技术	井下特种作业处	银本才 何元东 宋居濮 唐永槐 陈现义 刘永宏 张仕和
44	20092044	试气、酸压废液无害化处理技术研究	钻井工程技术研究院	何焕杰 马雅雅 张淑侠 詹适新 杨云鹏 王爱华 吕宁超
45	20092045	普光气田主体陆相滚动勘探目标评价及井位优选	勘探开发科学研究院 普光分公司	曾正清 周 凯 魏立新 李 力 胡明姣 薛 京 谭国华
46	20092046	普光气田主体投产试气产能跟踪评价	勘探开发科学研究院	宿亚仙 李继强 孔令飞 姜淑霞 马小原 姚胜华 赖月连
47	20092047	企地应急三级联动模式研究与应用	普光分公司	熊良淦 邵理云 廖家汉 时冲锋 朱向丽 李国平 朱文江
48	20092048	普光气田应急管理研究与应用	普光分公司	熊良淦 廖家汉 朱向丽 时冲锋 李国平 赵 军 马红星
49	20092049	普光气田集输系统安全控制集成技术	勘察设计研究院 普光分公司	龚金海 邵理云 王 勇 古小红 邱海滨 徐 明 张 群
50	20092050	普光气田高含硫净化厂安全联锁技术研究与应用	普光分公司	焦玉清 苗立民 于艳秋 崔吉宏 潘 涛 张晓刚 卞莲芳
51	20092051	资金集中管理信息系统推广应用	财务资产处	王红晨 杨祥彬 吴玉玲 刘作庆 吕庆武 许广森 陈 鸣
52	20092052	ERP项目在普光气田的推广应用	财务资产部	王红晨 王立新 刘建军 郑 涛 刘国华 王英华 李 蕾
53	20092053	财务数据仓库系统在油田的推广应用	财务资产部	吴玉玲 相婧坤 刘国华 孙福莉 魏 华 高 燕 杜春蕾

三等奖（65项）

序号	项目编号	项目名称	主要完成单位	主要完成者
1	20093001	白音查干锡林好来地区地震地质综合研究及目标评价	物探研究院	陈发亮 郑 玲 陈 君 朱美荣 崔丽君

续表

序号	项目编号	项目名称	主要完成单位	主要完成者
2	20093002	濮卫地区高精度岩性目标处理与砂体预测技术研究	物探研究院	李洪波　张学良　陈丽娟　许　芳　申守广
3	20093003	东濮凹陷岩性油气藏预测技术及评价	物探研究院	韩福民　邓明霞　刘光蕊　朱宝兵　张华国
4	20093004	濮卫—文北高精度三维地震资料高保真处理技术研究	物探研究院	马建波　李绍康　凌彩香　银燕慧　张学锋
5	20093005	白庙气田水平井设计中的储层预测研究	物探研究院	郝加良　于延玲　宋　萍　刘赵峰　涂志强
6	20093006	马厂构造圈闭特征及成藏规律研究	勘探开发科学研究院	雷利安　贾斌峰　张光斌　解　晨　尹　哲
7	20093007	白音查干凹陷油气成藏机制研究	勘探开发科学研究院	张振亮　吕小理　刘新刚　尚雅珍　冯小琴
8	20093008	冀北地区构造特征及演化研究	勘探开发科学研究院	欧阳睿　程　峰　杨克敏　杨青岭　何建国
9	20093009	固井质量扇区成像评价技术	地球物理测井公司	肖坤德　沈建国　苏克晓　王　强　赵希军
10	20093010	中渗复杂断块油藏精细描述及注采调整研究	勘探开发科学研究院	郑宇霞　李建荣　苏爱芹　魏广仁　崔　鸣
11	20093011	卫 22 块油藏精细描述及注采调整研究	勘探开发科学研究院	陈松潜　闫静华　付丽丽　高玉峰　葛元霞
12	20093012	桑合油田油藏描述及注水开发研究	勘探开发科学研究院	熊运斌　杨建成　张俊彩　李慧莉　闫育英
13	20093013	文东高压低渗油藏提高二、三类层水驱动用程度调整	采油一厂 勘探开发科学研究院	张宝团　刘桂平　何汉坤　马防修　杜振惠
14	20093014	中原油田 2009 年油气开发部署执行评价	勘探开发科学研究院	陈林媛　宿亚仙　樊继宗　姜淑霞　王秋梅
15	20093015	文 220 断块区油气富集规律再认识	勘探开发科学研究院	付明世　王惠玲　宋冬梅　赵文辉　张　戈
16	20093016	文 13 西块高含水期油藏精细挖潜研究	采油一厂	李　剑　李绍兵　陈红伟　何汉坤　郝振宪
17	20093017	濮城油田沙三上$^{5-10}$油藏精细挖潜技术研究	采油二厂	张　平　史运芳　王红芹　刘峰刚　张艳萍
18	20093018	文 95 块层间精细调整	采油四厂	窦焕成　王　曼　魏　丽　毛永强　陈荣辉
19	20093019	文 79 断块区相控剩余油研究与精细挖潜	采油四厂	马艳艳　薛国刚　苏　俊　张继腾　李　鸷
20	20093020	胡状集油田分流河道砂体剩余油研究及挖潜	采油五厂	秦凌嵩　李　彬　陈凤仙　张　凯　朱利君
21	20093021	胡五断块油藏高含水期注采优化调整及挖潜	采油五厂	张　硕　陈　勇　王军锋　张应刚　陈宪梅
22	20093022	三春集地区滚动勘探开发研究及应用	采油六厂	唐顺卿　龚厚琼　陈　峰　宋　明　简楚雄
23	20093023	达尔其滚动增储技术研究	内蒙采油事业部	孙玉生　光兴毅　李玉生　彭　妥　廖俊臣
24	20093024	胡 12 块、19 块稠油油藏提高采收率技术研究	采油工程技术研究院 采油五厂	史江恒　吴发英　郭东方　黄丽仙　李雪峰
25	20093025	砂岩裂缝油藏试井解释与应用	采油工程技术研究院	袁铁群　潘远基　耿丽萍　岳丽娟　郎惠杰

续表

序号	项目编号	项目名称	主要完成单位	主要完成者
26	20093026	薄夹层挤堵封窜管柱研究	采油工程技术研究院	冯　波　王隆慧　杨建斌　王维星　石爱华
27	20093027	精细注水条件下暂堵酸化工艺技术研究	采油工程技术研究院	周生武　范志毅　成立平　尹启业　郭明安
28	20093028	文东油田深层事故井修复技术研究	采油工程技术研究院	韩　进　石明杰　陈书庆　宋胜利　李俊海
29	20093029	油藏连通性、污染状况分析评价技术	采油工程技术研究院	齐庆元　王双建　党向前　庞开江　胡庆霞
30	20093030	哈里巴顿2000型主压车整体液力端的研制	井下特种作业处	赵正龙　李　立　胡承波　徐申林　林军良
31	20093031	5½″套管内钻杆解卡配套工艺技术研究	井下特种作业处	黄全斌　陈庆民　许建国　华宇鹏　姚文忠
32	20093032	气井作业过程中储层保护技术的推广应用	天然气产销厂　采油六厂	陈元强　李泉美　耿新中　王艳领　王振华
33	20093033	胡庆油田油井增效工艺技术集成应用	采油五厂	孙祥显　韩　芳　贾　中　郭良栋　崔长国
34	20093034	深层小井眼钻井配套技术研究	钻井工程技术研究院	贾振尧　郑卫建　李茂生　卢国林　徐彦彦
35	20093035	空气钻井防燃爆安全钻井技术研究	钻井工程技术研究院	侯树刚　刘东峰　聂　军　兰　凯　王爱玲
36	20093036	旋转防喷器试验装置的研制	钻井管具工程处	杨文冉　韩　霖　李卫刚　李永辉　李诚弟
37	20093037	短齿偏梯形双级圆柱螺纹套铣管系列设计制造	钻井管具工程处	李　飞　韩　霖　李玉民　刘淑英　周亚峰
38	20093038	塔木察格地区钻井提速技术应用研究	钻井一公司	王自民　王爱宽　韩风雷　马玉斌　王克林
39	20093039	海拉尔贝区提高钻井液电阻率的研究应用	钻井一公司	郭明贤　胡晓津　魏学敬　严　明　王玉海
40	20093040	松辽盆地腰英台气田水平井钻井技术研究与应用	钻井二公司	王坤明　刘炳运　杜明军　赵润琦　任杭州
41	20093041	科索1井堵漏技术研究与应用	钻井四公司	张献丰　严光权　高兴万　丁向京　杨　军
42	20093042	水平井固井技术应用研究	固井工程处	乐振好　任文亮　周战云　马小龙　王秀玲
43	20093043	低温油气井固井技术研究	固井工程处	李韶利　陈道元　刘高军　朱永杰　周亚军
44	20093044	5½″套管开窗侧钻井故障复杂预防技术应用	钻井一公司	刘春林　苏纪文　方立志　翟群林　王红卫
45	20093045	中原油田探井钻井配套技术的应用	钻井三公司	李伟廷　李午辰　廖扬强　赵昌强　郭明玉
46	20093046	新型钻具螺纹的研究与应用	钻井管具工程处	李玉民　胡记生　王　晓　李卫刚　周亚峰
47	20093047	文三污水站水质专项治理工程	勘察设计研究院 采油一厂	燕　红　张国华　郑红傲　黄　巍　于红莉
48	20093048	超深穿江隧道内高强钢厚壁管道施工技术研究	建设集团公司	魏广起　曾九令　毕彩玉　孙玉军　吴　勇
49	20093049	99.9%的高纯异丁烷产品的研制与开发	天然气处理厂	魏忠昕　张世誉　田保松　杨　燕　王　举

续表

序号	项目编号	项目名称	主要完成单位	主要完成者
50	20093050	工艺模拟在天然气处理及轻烃深加工装置中的应用	天然气处理厂	程振华　张修申　马慧明　惠学先　宋　强
51	20093051	常压及催化装置加工含硫含酸原油适应性研究	石油化工总厂	赵增强　李克见　司艳霞　王汉玺　张卫东
52	20093052	硫氢化钠生产工艺在硫化氢治理中的开发应用	石油化工总厂	李乃义　闫德兴　周广文　陆景浩　冉志强
53	20093053	网络视频监控技术在中原油田安防系统中的应用	通信管理处	王占峰　张水堂　田红卫　魏　庆　李宏伟
54	20093054	普光气田南部海相地质综合研究	勘探开发科学研究院	苌　衡　胡明姣　薛　京　彭鑫岭　朱文江
55	20093055	普光气田储层沉积相、成岩作用及储层特征研究	勘探开发科学研究院	刘志远　杨祖贵　谭国华　卓色强　王小彩
56	20093056	普光气田主体取芯井综合地质研究	普光分公司	黄德明　秦余福　梁梅生　李国平　何建锋
57	20093057	嵌入式人工裂缝实时监测技术在普光地区的应用研究	普光分公司	梁梅生　黄德明　胡　杰　刘　欣　秦冬林
58	20093058	普光气田水平井钻杆传输测井技术应用研究	普光分公司 地球物理测井公司	周嵩锴　于世建　孙耀庭　袁春华　刘　森
59	20093059	普光气田地面集输系统调试及试车技术	普光分公司	张分电　李代柏　冯　逍　苏国丰　王贵波
60	20093060	管道智能检测技术在普光气田的应用研究	普光分公司	韩玉坤　陈　广　王洪松　刘国洞　安　剑
61	20093061	普光气田生产调度指挥系统开发及应用	普光分公司	廖今朝　陈　虎　王和琴　周玉超　向育全
62	20093062	普光气田应急处理预案及技术研究	勘察设计研究院 普光分公司	赵保才　刘德绪　赵　军　杨永钦　张南松
63	20093063	普光气田取水工程设计优化研究应用	普光分公司	吴维德　李远兵　刘冬林　李　伟　胡　明
64	20093064	普光气田高含硫净化厂集散控制系统研究和应用	普光分公司	卞莲芳　卢克超　裴爱霞　王校东　许辽辉
65	20093065	大型石化企业设备润滑管理系统开发与应用	普光分公司	朱德华　尹琦岭　兰宦勤　陈俊智　程艳会

（汪　平）

2009 年中原石油报社文字类获奖新闻作品

获奖类型	篇目名称	体裁	作者	编者	获奖等次
河南省企业报新闻奖	中原油田二氧化碳驱为碳减排开渠铺路	消息	王新顺　仇国强　王海洋		一等奖
	张永刚：愿将心血化虹霓	通讯	张松才		一等奖
	为新中国石油事业增辉系列	系列报道	仇国强　王海洋　赵红蓉 张松才　于银花　邹　超		一等奖
	“安全不妨”“零存整取”	言论	朱艳艳		一等奖
	5 月 18 日二版	版面	孟祥波		一等奖
	向着石油的远方	副刊	尹红玲		一等奖
	论新闻的人文关杯	论文	于银花		一等奖

续表

获奖类型	篇目名称	体裁	作者	编者	获奖等次
河南省企业报新闻奖	油田年节能8万吨标准煤	消息	仇国强 王海洋 樊长荣		二等奖
	苏丹雇员热学中文	消息	赵红蓉 任二军		二等奖
	有一种精神叫执著	通讯	祝广影 武 英		二等奖
	金融危机系列	系列报道	赵红蓉 乔建朋 何伯洋		二等奖
	用知识增强信心	言论	岳彩凤		二等奖
	10月12日四版	版面	岳彩凤		二等奖
	博弈，在石油奥林匹克赛场	通讯	孟祥波 孙 明		二等奖
	似水流年	副刊	翟文尚		二等奖
	黄花黄	副刊	梅 强		二等奖
	浅谈新闻报道对企业的作用	论文	杨君旺		二等奖
中国石化新闻奖	普光气田开发突出生态文明建设	消息	李忠宇 张红照		一等奖
	咱山村建起了大气田	通讯	李忠宇 史艳争		一等奖
	油田脸谱	专栏	岳彩凤		一等奖
	苏丹“钻井杯”花落中原井队	消息	赵红蓉 任二军		二等奖
	风雨中，擎起我们的旗	通讯	尹红玲		二等奖
	“我要安全活动”系列谈	言论	王新顺 李忠宇 林信胜		二等奖
	11月11日一版	版面	尹红玲		二等奖
	宛如一棵树的坚守	副刊	尹红玲		二等奖
石油系统新闻奖	院落办“党校”家庭设课堂	消息	薛相才 张志刚		一等奖
	孤岛上的中原奇迹	通讯	尹红玲		一等奖
	学习实践	言论	岳彩凤 郭富晓 王海洋 刘伟民		一等奖
	节点控制：“庖丁解牛”实现降本增效	专题报道	张晓燕 梁建超		一等奖
	12月19日一版	版面		尹红玲	一等奖
	本期关注	专栏	贺国强		一等奖
	优秀成果以职工名字命名	消息	王海洋 刘贵荣		二等奖
	天然气驱先导试验剑指三采难题	消息	王海洋 于金峰		二等奖
	黄河滩区，爱写诗的守井人	通讯	高利明 郭富晓 国 力 翠 霞		二等奖
河南省新闻奖	中原油田二氧化碳驱油为碳减排开源铺道	消息	王新顺 王海洋 仇国强	杨君旺	一等奖
	安全不好“零存整取”	言论	朱艳艳	孟祥波	二等奖
	12月16日一版	版面		尹红玲	二等奖
河南省副刊	红门中，那一抹绿	散文	岳彩凤		二等奖
	向着石油的远方	副刊	尹红玲		二等奖
全国企业报奖	巴山作证	通讯	李忠宇 刘伟民 张怀发		一等奖
	尼罗河从我们菜园旁流过	通讯	杨 君		一等奖

续表

获奖类型	篇目名称	体裁	作者	编者	获奖等次
全国企业报奖	安全生产系列评论员文章	言论	王新顺　郭富晓		二等奖
	大气田给我们带来幸福生活	消息	李忠宇　史艳争		二等奖
	油田 3000 名外籍雇员“寒冬”不失岗	消息	尹红玲		二等奖
	爱的回响	通讯	于银花		二等奖

（宋治波）

2009 年中原石油报社图片类获奖新闻作品

获奖类型	篇目名称	作　者	获奖等次
中国石油新闻奖	感谢中石化的关爱	马洪山	二等奖
	空中大跨越	贺德良	二等奖
	老物件教育新一代	祝广影	二等奖
河南省企业报新闻奖	真爱有痕	赵奕松　祝广影	一等奖
	“小舢板”搏击国际大市场	仝　江	二等奖
	用双手撑起一片天	赵奕松　贺德良	二等奖
	老物件教育新一代	祝广影	二秀奖
	“来，再干一杯”（漫画）	宋文涛	二等奖
全国企业报奖	感谢中石化的关爱	马洪山	一等奖
	真爱有痕	赵奕松　祝广影	二等奖
	藏北高原石化情	马洪山	二等奖
	水甜瓜甜	白国强	三等奖
	昔日上天成害　今朝入地变宝	贺德良	三等奖
中国石化新闻奖	安全重如山	马洪山	一等奖
全国产业、专业奖	生命的奇迹	贺德良　祝广影	二等奖

（宋治波）

2009 年广播电视中心对外宣传报道播出情况

播发单位	作品题目	播出频道	主创人员
中央电视台（5 件）	中原油田：支持抗旱　责无旁贷	新闻频道	孟庆江
	河南各地开展多种活动缅怀先烈　寄托哀思	综合频道	王　浩　王丽娜
	河南各地重点工程建设者坚守岗位　创造光荣	新闻频道	王　浩
	榆济输气管线工程率先向河南供气	新闻频道	王　浩
	孔雀雾中迷路　油田职工送回家	综合频道	王　浩
河南电视台（25 件）	中原油田圆满完成 2008 年油气勘探开发生产任务	河南一套	张斯均
	中原油田积极开展送温暖活动	公共频道	杨善勇
	中原油田再次荣获“全国文明单位”荣誉称号	都市频道	陈　伟
	中原油田：支持抗旱　责无旁贷	河南卫视	孟庆江
	“平安建设”构建“平安油田”	河南卫视	杨善勇

续表

播发单位	作品题目	播出频道	主创人员
河南电视台（25件）	邵均克荣获全国“五一巾帼奖”	公共频道	高忠民
	植树节里植树忙	河南卫视	王　浩
	河南各地开展多种活动缅怀先烈　寄托哀思	河南卫视	王　浩　王丽娜
	中原油田继续荣获全国对外承包企业30强称号	公共频道	王　浩
	国家“863”项目压裂井首次试验成功	河南卫视	吴金秋
	河南各地重点工程建设者坚守岗位　创造光荣	河南卫视	王　浩
	中原油田钻井三公司荣获全国“五一劳动奖状”	河南一套	张新宏
	中原油田“四查”行动争当践行表率	河南卫视	张斯均　陈　伟
	河南各界踊跃参与“双评”活动	河南卫视	王　浩
	中原油田警方破获“借金”团伙诈骗案	公共频道	王　浩
	中原油田提前4个月完成全年勘探工作任务	都市频道	孙　杰
	盛事迎盛典：中原油田广大干部职工收看《盛典》	河南一套	赵　伟
	燃气管理亲情服务受欢迎	公共频道	王　浩
	全国产业（行业）系统职工歌咏比赛在中原油田举行	公共频道	张新宏
	中原油田苏丹市场逆势而上创佳绩	都市频道	杨善勇
	中原油田上下全力以赴抗风雪保上产	河南一套	孙　杰　韩卫东
	榆济输气管线工程率先向河南供气	河南卫视	王　浩
	河南：一批民生工程项目建成投用	河南卫视	高忠民
	孔雀雾中迷路　油田职工送回家	河南一套	王　浩
	中原油田开展“梦想中原”创业项目征集评选活动	河南卫视	吴金秋
中国石化电视新闻（146件）	略		
中国石化专题报道（12件）	略		

2009年广播电视中心新闻作品获奖情况

获奖类型	作品题目	作品类别	主创人员	获奖等级
2008年度中组部党员教育专题片	红烛	专题	赵　伟　陈　伟　张军伟　贾隽陶	一等奖
河南省电视文艺“牡丹奖”	我和我父亲的油田	电视文学	韩伟东　周德新　贾隽陶	二等奖
2008年度中国石化优秀电视专题节目	征程（20集）	系列报道	赵　伟　张斯钧　杜庆育	一等奖
	河南石油：三夏供油的绿色通道	特写	孙金生（联合）	二等奖
	亚马孙丛林纪事	专题	杨红敏　谌卫权　王　倩　李　玲	一等奖
中国电视艺术家协会企业电视分会	劳动赞歌	电视文艺片	集体创作	一等奖
	1个人和15年	电视专题片	林晓英　张军伟　李　玲　王　倩	一等奖
	婚礼变迁30年	电视专题片	李小红　张军伟　王　倩　李　玲	二等奖

续表

获奖类型	作品题目	作品类别	主创人员	获奖等级
中国电视艺术家协会企业电视分会	实践科学发展观　破解文南注水难题	电视新闻片	张斯钧　孟庆江	二等奖
	邱传俊：走出去成就发展梦	电视新闻片	杨善勇　王小羽	二等奖
中国广播电视协会	风雨巴山	电视专题片	刘建林　裴　刚　朱凌云	二等奖
中国电视艺术家协会行业电视委员会	婚礼变迁 30 年	专题片	李小红　张军伟　付长华　林晓英	二等奖
	婚礼变迁 30 年	电视专题片	付长华　林晓英	最佳创意奖

（李孝成）

2009 年中原油田文联及所属专业协会领导机构

单位		名誉主席（会长）	顾　问	主　席	副主席	秘书长
油田文联		沙启军	孙现勤　张兴华　解建国　张新民	王亚钧	张明功　王　东　冷　潜　张瑞民　谢德林　吕　杰　王明亮　杜继平　魏永军　陈辉才　范　锐　高绍智　王　俭　李智信　李　强　李忠良　林　滨　田崇亮　杨　跃　李保生　韩　明	韩　明（兼）
专业协会	作家协会	张明功　高绍智	易希高　李学忠　韩原仁　张新民	韩　明	丛小桦　李广科　李炳坤　苏照林　张建国　肖保全　范孟广　郭成金	郭成金（兼）
	书法家协会		李延斌　张玉忠　殷开甲　冯哲武　王则敬　张宗杰　杨崇礼	仝相和	王育红　牛玉彬　刘光升　刘存铭　刘改成　张瑞民　张克鹏　张学成　常振岭　魏生瑞	王育红（兼）
	美术家协会		李延斌　胡启瑞　徐志国　白建义　牛玉彬　谭群升　尹燕坤	马献之	丁相如　王其中　王铁山　刘存铭　刘晓晨　侯宝泉　宿青松	王其中（兼）
	摄影家协会	张明功	王福顺　任宗声　徐志国	刘洪军	丛小桦　邢卫民　刘作庆　李广科　胡庆明　段清华　章大庆	马洪芳
	音乐家协会	杜继平　刘怀忠　白建义	王　森　王东风　刘宗英　胡兴华	冯建科	王　颖　刘丰琴　刘建林　许金星　吴　阳　金　键　陶　红	刘　伟
	舞蹈家协会	杜继平　李子山	王福林　温　葆　鹿丽红	陶益民	王可金　李培滋　扈明磊　朱朝霞　吕培英　汪晓梅　王学礼　彭淑英	王可金（兼）
	集邮协会	王亚钧	殷定江	孙现勤	闵　学　韩　明　王加山　刘洪斌　王宇红　张景智　赵益春	张景智（兼）
	电视（戏曲、曲艺）协会	林　滨	韩　明　汪豫生　姜利平　陶益民　冯建科	张路平	杨　跃　李　鹏　郭成金　周德新　黄新民　王可金　程富贵	李培滋

（张景智）

2009 年中原油田文化艺术作品对外参赛获奖情况

序号	姓名	单位	活动名称	作品名称	类别	获奖等级	获奖时间	等级
1	集体舞	文化体育活动管理中心	中国石化第三届职工文艺录像调演评比	和谐新中原	舞蹈	一等奖	1 月 6 日	部级
2	集体舞			清风荷影	舞蹈	一等奖	1 月 6 日	部级
3	王晓楠			那场雪	舞蹈	二等奖	1 月 6 日	部级
4	张 静 程莉莉 郭莹莹			邵多丽	舞蹈	二等奖	1 月 6 日	部级
5	管先利			春闺梦	舞蹈	二等奖	1 月 6 日	部级
6	鹿 瑶			风筝	舞蹈	二等奖	1 月 6 日	部级
7	杨 超 王晓楠			送别	舞蹈	二等奖	1 月 6 日	部级
8	王利嵩			祖国慈祥的母亲	声乐	二等奖	1 月 6 日	部级
9	戴小梅			红旗颂	声乐	二等奖	1 月 6 日	部级
10	杨莎莎			红旗飘飘	声乐	二等奖	1 月 6 日	部级
11	陈少林			萨克斯风，嘟嘟	器乐	二等奖	1 月 6 日	部级
12	黄振标			《李双双》选段“洼洼地里好庄稼”	豫剧	二等奖	1 月 6 日	部级
13	边 遥	采油一厂	首届中国书画小精品创作大赛	祝福中国	篆刻	金奖	1 月 25 日	省级
14	范孟广	钻井一公司	《中国石化报》纪念改革开放 30 周年征文	摇曳在岁月深处的灯盏	文学	二等奖	2 月 6 日	部级
15	翟文尚	西南钻井公司	《中国石化报》“天津石化杯”人物写真征文	蜀道踏歌行	文学	一等奖	3 月 16 日	部级
16	刘 伟	文化体育活动管理中心	中国大众音乐协会“2009 中国杯”共和国 60 周年优秀词曲大赛	中国祝福你	作曲	银奖	4 月 19 日	部级
17	宋剑挺	固井工程处	中国石化首届朝阳文学奖	高客	中篇小说	朝阳文学奖	5 月 4 日	部级
18	林 因 韩 明 李 舒	文化体育活动管理中心		幸福的荒漠	报告文学	朝阳文学奖	5 月 4 日	部级
19	尹红玲	中原石油报社		心在荒村听雨	散文	朝阳文学奖	5 月 4 日	部级
20	张建国	文化体育活动管理中心		漂泊的心情	诗歌	朝阳文学奖	5 月 4 日	部级
21	宋剑挺	固井工程处	第二届中国石化小说大赛	啼血莲	小说	二等奖	5 月 6 日	部级
22	娄文成	档案管理处	2008 感动中国诗词文宝典	5·12 大地震	诗词	一等奖	5 月 12 日	省级

续表

序号	姓　名	单　位	活动名称	作品名称	类别	获奖等级	获奖时间	等级
23	翟文尚	西南钻井公司	川气东送建设工程党工委指挥部报告文学评比	远方的河	报告文学	一等奖	6月11日	部级
24	白　天	钻井一公司		161式的震撼	报告文学	二等奖	6月11日	部级
25	李广科 翟文尚	钻井三公司 西南钻井公司		普光功勋井	报告文学	二等奖	6月11日	部级
26	张永宏 吕元仓 刘新卫	中原石油报社 钻井四公司		大湾102	报告文学	二等奖	6月11月	部级
27	钱爱军	钻井管具工程处		洞穿地层的奇迹	报告文学	二等奖	6月11日	部级
28	张建国 王立国	文化体育活动管理中心 地球物理勘探公司		刚与柔的汉子	报告文学	二等奖	6月11日	部级
29	张明功	油田机关	第三届“中华铁人文学奖”	普光九章	长篇报告文学	“铁人文学奖”	6月12日	国家级
30	林　因 韩　明 李　晓	文化体育活动管理中心		太阳灼伤的土地	中篇小说	“铁人文学奖”	6月12日	国家级
31	李广科	钻井三公司		风凌石	报告文学集	“铁人文学奖”提名奖	6月12日	国家级
32	尹红玲	中原石油报社		没有人比我更爱你	长篇小说	“铁人文学奖”提名奖	6月12日	国家级
33	王世录	技术监测中心		相依	长篇小说	“铁人文学奖”提名奖	6月12日	国家级
34	毅　剑	文化体育活动管理中心		寻找一匹远去的马	散文集	“铁人文学奖”提名奖	6月12日	国家级
35	韩　明	文化体育活动管理中心		石油情	剧本	“铁人文学奖”提名奖	6月12日	国家级
36	郭康健	文化体育活动管理中心	全国青少年艺术教育成果展河南选区	王小西看电	山东快书表演	金奖	6月25日	省级
37	汪豫生	第九社区管理中心		曲艺	辅导老师	一等奖	6月25日	省级
38	陈风兰	第九社区管理中心	“南浔杯”全国老年书画展	行书斗方	书法	入展	6月29日	国家级
39	范孟广	钻井一公司		麦子黄了	小说	优秀奖	7月2日	国家级
40	高海燕	中原石油报社	中国石油新闻奖评选	傻些，离幸福更近些	文学	二等奖	7月6日	部级
41	庞俊英	第九社区管理中心	第七届“中华颂”全国老少文学艺术大赛	山水	绘画	二等奖	7月12日	国家级
42	马　兰	第九社区管理中心		春来话柳	文学	二等奖	7月12日	国家级
43	郭康健	文化体育活动管理中心	第四届全国青少年艺术教育成果展示总决赛	天安门广场升国旗	快板	金奖	7月31日	国家级
44	郗晓光	文化体育活动管理中心		你爷爷，我爷爷	相声	金奖	7月31日	国家级
45	汪豫生	第九社区管理中心			曲艺	园丁奖	7月31日	国家级

续表

序号	姓　名	单　位	活动名称	作品名称	类别	获奖等级	获奖时间	等级
46	冯哲武	第九社区管理中心	第二届中国重阳书画展		书法	入展	8月24日	国家级
47	程凌霄	第十社区管理中心			书法	入展	8月24日	国家级
48	张彩霞	第九社区管理中心			书法	入展	8月24日	国家级
49	郭耀西	离退休职工管理处			书法	入展	8月24日	国家级
50	章　华 董　星	地球物理测井公司文化体育活动管理中心	中国石化"我要安全"展　评	安全帽	剧本创作	一等奖	8月31日	部级
51	高海燕	中原石油报社	河南省报刊副刊评选	万里远足	文学	一等奖	9月1日	省级
52	张建国	文化体育活动管理中心	全国石油电视文学作品评选	我和我父亲的油田	电视散文	一等奖	9月3日	部级
53	张建国	文化体育活动管理中心	全国行业企业电视文学作品评选	大漠瀚海石油魂	电视散文	一等奖	9月5日	部级
54	韩　明 董　星 张玉东	文化体育活动管理中心 采油五厂	河南省纪委公益广告创作评选	选择	动漫	一等奖	9月9日	省级
55	李培滋	广播电视中心		一句话一辈子	视频	二等奖	9月9日	省级
56	仝相和	第九社区管理中心	《兰亭撷英·中国书法名家册页》评选	章草五言长联	书法	优秀书法艺术家	9月10日	国家级
57	王金魁	油田书协	全国第六届楹联书法展	篆书对联	书法	入展	9月12日	国家级
58	王铁山	文化体育活动管理中心		行书对联	书法	入展	9月12日	国家级
59	王英丽	培训中心	中国书画名家大展	中华腾飞	篆刻	金奖	9月17日	国家级
60	集体舞	文化体育活动管理中心	中国石化第二届职工文艺汇演	石油铁军	舞蹈	金奖	9月22日	部级
61	集体舞	文化体育活动管理中心		大山的太阳	舞蹈	银奖	9月22日	部级
62	刘丰琴	文化体育活动管理中心		母亲河，我喊你一声妈妈	歌唱	金奖	9月22日	部级
63	冯哲武	第九社区管理中心	中国千名书家写经书法大展	楷书条幅	书法	入展	10月7日	国家级
64	集体舞	文化体育活动管理中心	庆祝新中国成立60周年全国产业（行业）系统舞蹈展演	石油铁军	舞蹈	金奖	10月10日	部级
65	大合唱	公共事业管理处		在灿烂阳光下	歌咏	金奖	10月10日	部级
66	王利嵩 黄振标 李　辉 李　勇	文化体育活动管理中心		石油男子汉	歌咏	银奖	10月10日	部级
67	冯建科	文化体育活动管理中心		石油男子汉	歌曲创作	一等奖	10月10日	部级

续表

序号	姓　名	单　位	活动名称	作品名称	类别	获奖等级	获奖时间	等级
68	齐海霞	老年敬托院	全国散文家论坛征文	夕阳无限好	报告文学	三等奖	10 月 12 日	国家级
69	仝相和	第九社区管理中心	“平复帖”杯国际书法大赛	章草斗方	书法	二等奖	10 月 28 日	省级
70	丁相如	离退休职工管理处	河南省第八届国画展	开心事	国画	银奖	12 月 28 日	省级

（张景智）

2009 年中原油田体育项目对外参赛获奖情况

序号	姓　名	单　位	参赛项目	获奖名次	获奖时间
1	晁桂金	文化体育活动管理中心	全国掷球锦标赛	小金属球准确抛击第三名	4 月 20 日
2	高　娜	文化体育活动管理中心	全国掷球精英赛	塑质球双打第一名	10 月 30 日
3	晁桂金			小金属球准确抛击第二名	10 月 30 日
4	杜　明	文化体育活动管理中心	全国历史文化名城乒乓球赛	单打第三名	7 月 4 日
5	郭保民			单打第三名	7 月 4 日
6	郑秋霞	中原油田体育协会		单打第一名	7 月 4 日
7	许云长	离退休职工管理处	第三届全国指弹球锦标赛	单打第二名	12 月 16 日
8	耿玉恒	离退休职工管理处		单打第一名、双打第三名	12 月 16 日
9	赖宗尧	离退休职工管理处	第三届全国指弹球锦标赛	双打第三名	12 月 16 日
10	耿玉恒	离退休职工管理处	全国“菏泽牡丹杯”台球比赛	第二名	5 月 13 日
11	李怀国	采油五厂	中国石化第三届职工游泳比赛	50 米蛙泳第一名、100 米蛙泳第二名	8 月 8 日
12	孙一鸣	中原油田体育协会		50 米自由泳第一名、100 米自由泳第二名、50 米混合泳接力第二名、100 米自由泳接力第三名	8 月 8 日
13	王玉龙			100 米蝶泳第一名、50 米蝶泳第三名、50 米混合泳接力第二名、100 米自由泳接力第三名	8 月 8 日
14	刘　政			200 米蛙泳第二名、100 米自游泳第二名、50 米混合泳接力第二名、100 米自由泳接力第三名	8 月 8 日
15	王思楠			50 米蛙泳第二名、100 米蛙泳第一名	8 月 8 日
16	田　震			50 米混合泳接力第二名、100 米自由泳接力第三名	8 月 8 日
17	刘恒福	濮阳市中原石油华苑实业有限公司	河南省第五届残疾人运动会	男子 S9 级 50 米自由泳第二名、男子 S9 级 100 米自由泳第二名、男子 S9 级 100 米自由泳第二名	10 月 2 日
18	石明国			男子 67.5 公斤级举重第三名	10 月 12 日
19	刘佃民			男子 82.5 公斤级举重第二名	10 月 12 日
20	石　磊			男子 F45/46 跳高第三名	10 月 12 日
21	李凤霞			女子 LC2 级自行车 1 千米第一名、女子 LC2 级自行车 5 千米第二名、女子 LC2 级自行车 10 千米第一名	10 月 12 日

续表

序号	姓　名	单　位	参赛项目	获奖名次	获奖时间
22	武线荣	濮阳市中原石油华苑实业有限公司	河南省第五届残疾人运动会	女子LC2级自行车1千米第三名、女子LC2级自行车5千米第一名、女子LC2级自行车10千米第二名	12月13日
23	齐明明			男子乒乓球TT8级单打第三名	10月12日
24	李　敏			女子听力组羽毛球单打第二名	10月12日
25	张　敏			女子听力组羽毛球单打第三名	10月12日

（高　娜）

2009 年中原油田成立、调整的专业委员会及领导小组

中原油田国家科技重大专项项目领导小组

一、中原油田国家科技重大专项项目领导小组

组　长：孔凡群

副组长：孙清德　王寿平　焦大庆　王红晨

成　员：曾大乾　谈玉明　陈惟国　盛兆顺
　　　　胡群爱　韩保清　闫光庆　邓瑞健
　　　　王生朗　徐卫东　王召民　吴玉玲
　　　　段文胜　韩玉柱

二、成立中原油田国家科技重大专项项目管理办公室，项目管理办公室设在科技部，定员 3 人

三、国家科技重大专项项目组组成

1. “高含硫气藏安全高效开发技术研究” 项目

项 目 长：孔凡群

技术首席：刘一江

副项目长：刘一江　曾大乾

（1）高含硫气田气藏地质及气藏工程技术

课题长：姜贻伟

课题办公室设在勘探开发科学研究院

（2）高含硫气藏安全钻井与完井技术

课题长：胡群爱

课题办公室设在钻井工程技术研究院

（3）高含硫气藏采气工程技术

课题长：陈惟国

课题办公室设在采油工程技术研究院

（4）高含硫气田集输工艺与安全控制技术

课题长：王召民　副课题长：刘德绪

课题办公室设在勘察设计研究院

（5）硫沉积腐蚀防治及高酸性气体现场试验室建设

课题长：李明志

课题办公室设在采油工程技术研究院

（6）高含硫气田开发关键装备及材料研制

课题长：吴信荣

课题办公室设在采油工程技术研究院

2. “四川盆地普光大型高含硫气田开发示范工程” 项目

项 目 长：王寿平

技术首席：沈　琛

副项目长：沈　琛　陈惟国

（1）普光气田气藏描述及开发技术政策优化技术

课题长：张世民

课题办公室设在勘探开发科学研究院

（2）普光气田安全优快钻井工艺配套技术

课题长：闫光庆

课题办公室设在钻井工程技术研究院

（3）普光气田采气工程配套技术

课题长：张庆生

课题办公室设在采油工程技术研究院

（4）普光气田集输工程配套技术

课题长：杨发平

课题办公室设在勘察设计研究院

（5）普光气田天然气净化配套技术

课题长：盛兆顺

课题办公室设在天然气处理厂

（6）普光气田开发技术规范

课题长：曾大乾

课题办公室设在普光分公司开发管理部

3. “渤海湾盆地南部精细勘探关键技术” 项目

项 目 长：焦大庆

技术首席：谈玉明

副项目长：谈玉明　韩保清

项目协调办公室设在勘探管理部，负责落实配套资金、计划和相应的支撑条件，组织检查项目进展情况，协调解决项目出现的问题。

（1）断陷盆地精细地质模型研究

课题长：王德仁

（2）油气资源潜力再认识

课题长：慕小水

（3）油气成藏机制与富集规律

课题长：苏　惠

（4）油气增储领域与精细勘探实践

课题长：王秀林

（5）高精度地震勘探技术

课题长：蔡其新

（6）精细勘探井筒关键技术

课题长：王生朗

四、项目实施工作组

1. 气藏工程实施工作组：

组　长：曾大乾

副组长：张世民　姜贻伟

参加单位：勘探开发科学研究院、采油工程技术研究院、普光分公司。

2. 钻井工程实施工作组

组　长：胡群爱

副组长：闫光庆　周祥林　舒尚文　李铁成

参加单位：钻井工程技术研究院、西南钻井公司、固井工程处、钻井管具工程处、普光分公司。

3. 采气工程实施工作组

组　长：陈惟国

副组长：吴信荣　张庆生

参加单位：采油工程技术研究院、井下特种作业处、地球物理测井公司、普光分公司。

4. 集输工程实施工作组

组　长：王召民

副组长：杨发平　刘德绪

参加单位：勘察设计研究院、工程建设总公司、普光分公司。

5. 天然气净化实施工作组

组　长：盛兆顺

副组长：朱德华

参加单位：勘察设计研究院、天然气处理厂、普光分公司。

6. 硫沉积及腐蚀防治实施工作组

组　长：李明志

副组长：刘德绪

参加单位：采油工程技术研究院、勘探开发科学研究院、勘察设计研究院、普光分公司。

7. 装备及管材实施工作组

组　长：吴信荣

参加单位：采油工程技术研究院、钻井管具工程处、普光分公司。

8. 东濮精细勘探实施工作组

组　长：韩保清

副组长：王生朗

参加单位：勘探管理部、勘探开发科学研究院、物探研究院、采油工程研究院、钻井工程技术研究院、地球物理测井公司、地质录井处。

9. 经费预算审计组

组　长：段文胜

副组长：韩玉柱　于连俊　刘建军

参加单位：普光分公司计划财务部、概预算中心、审计中心、财务资产部、财务资产处、规划计划部、规划计划处、装备处。

（成立，中油局科技〔2009〕21号，2009年1月21日）

中原油田空气—泡沫驱提高采收率技术项目领导小组

组　长：吕新华

副组长：赵化廷　邓瑞健

成　员：徐卫东　吴信荣　裴　辉　刘建军
曹天生　周和平　黄　强　马改正
侯天江　朱德智　吕清河　范锡彦
赵良金　林伟民

领导小组下设项目组，吕新华任项目长，邓瑞健任技术首席。项目组成立4个工作小组：

1. 油藏工程研究小组

赵良金任组长，成员由勘探开发科学研究院有关科研人员组成。

2. 工艺技术研究小组

林伟民任组长，成员由采油工程技术研究院有关科研人员组成。

3. 矿场试验实施小组

侯天江任组长，成员由油气技术部、装备处、采油工程技术研究院及采油厂有关技术人员组成。

4. 项目协调小组

徐卫东任组长，成员由科技部有关人员组成。

（成立，中油组〔2009〕20号，2009年2月20日）

中原油田分公司资金集中管理试点工作领导小组

组　长：孔凡群

副组长：王红晨

成　员：吴玉玲　王立新　邹本国

领导小组下设项目运行组和项目支持组，各工作组成员及职责如下：

1. 项目运行组：

组　长：吴玉玲

成　员：李　彬　郑　涛　王长枫　陈希伟
闫利东　张汉玲　徐晓霞　张传英
战　青　刘梅青

2. 项目支持组：

组　长：王自国

成　员：李　蕾　李锦宪　吕　强

（成立，中油组〔2009〕89号，2009年2月20日）

中原油田密码工作领导小组

组　长：王亚钧

副组长：王　东

成　员：张明功　冷　潜　庄　铭　唐立永
郝景喜　杨祥彬　吴玉玲　林　滨
刘宪伟　李向阳

密码工作领导小组下设办公室，办公室设在局党委办公室，刘宪伟兼任办公室主任。（调整，中油局发〔2009〕23号，2009年3月5日）

中原油田效能监察领导小组

组　长：沙启军　孔凡群

副组长：王亚钧　孙清德　王红晨

成　员：张明功　渠继铎　李恩洲　王来喜
王承来　庄　铭　唐立永　杨祥彬
吴玉玲　张超平　韩玉柱

油田效能监察领导小组下设办公室，办公室设在监察处，王来喜兼任办公室主任。（调整，中油局组〔2009〕92号，2009年3月6日）

中原油田手足口病防治工作领导小组

组　长：沙启军　孔凡群

副组长：黄艾华

成　员：张明功　齐秀芳　王　东　庄　铭
郝景喜　杨祥彬　冷　潜　张瑞民
王来喜　蔺义洲　刘怀忠　邓战强
石庆泉　孙培山　郗庆国

领导小组下设办公室，主要负责手足口病的日常防治工作。办公室设在卫生处，邓战强兼任办公室主任，郗庆国兼任办公室副主任。（成立，中油局组〔2009〕142号，2009年4月11日）

中原油田国防动员委员会

1. 中原油田国防动员委员会的组成

主　任：沙启军　孔凡群

副主任：刘耀华　王亚钧　孙清德　黄艾华　吕新华

委　员：张明功　王　东　郝景喜　杨祥彬　吴玉玲　黄泽贵　冷　潜　张瑞民　王明亮　魏永军　于　卫　张和平　邓战强　王朝英

2. 中原油田国防动员委员会的办事机构

中原油田国防动员委员会下设 5 个办公室：

（1）中原油田国防动员委员会综合办公室，设在油田人民武装部，王朝英兼任办公室主任；

（2）中原油田国防动员委员会人民武装动员办公室，简称“中原油田人民武装动员办公室”，设在油田人民武装部，王朝英兼任办公室主任；

（3）中原油田国防动员委员会国民经济动员办公室，简称“中原油田国民经济动员办公室”，设在生产管理处，黄泽贵兼任办公室主任；

（4）中原油田国防动员委员会人民防空办公室，简称“中原油田人民防空办公室”，设在油田人民武装部，王朝英兼任办公室主任；

（5）中原油田国防动员委员会交通战备办公室，简称“中原油田交通战备办公室”，设在局长（总经理）办公室，张明功兼任办公室主任。（调整，中油局发〔2009〕33 号，2009 年 4 月 15 日）

中原油田民兵团成员

1. 中原油田民兵第一团建在第一社区管理中心

团　　长：李　强

政治委员：林家贺

副 团 长：温佐元

副政治委员：莫言起

参 谋 长：孙晓明

2. 中原油田民兵第二团建在第二社区管理中心

团　　长：白建义

政治委员：黄文森

副 团 长：聂兴斌

副政治委员：吴庆东

参 谋 长：蔡建平

3. 中原油田民兵第三团建在第三社区管理中心

团　　长：郝志华

政治委员：徐业华

副 团 长：苏　青

副政治委员：田立华

参 谋 长：高藏俭

4. 中原油田民兵第四团建在第四社区管理中心

团　　长：董明顺

政治委员：张学昌

副 团 长：王相国

副政治委员：杨永春

参 谋 长：高月亭

5. 中原油田民兵第五团建在第五社区管理中心

团　　长：朱廷珍

政治委员：李子山

副 团 长：姚泉河　王　森

副政治委员：王荣亭

参 谋 长：张全胜

6. 中原油田民兵第六团建在第六社区管理中心

团　　长：张恒军

政治委员：韩苏宁

副 团 长：王秉胜

副政治委员：杨子宏

参 谋 长：岳远忠

7. 中原油田民兵第七团建在第七社区管理中心

团　　长：李兆申

政治委员：宋立国

副 团 长：刘　生　魏忠昕

副政治委员：赵统永

参 谋 长：刘培勤

8. 中原油田民兵第八团建在第八社区管理中心

团　　长：李洪斌

政治委员：于西任

副 团 长：刘洪福　王建利　陈彦平

副政治委员：孔令奇　柴继锋

参 谋 长：杨建西

9. 中原油田民兵第九团建在第九社区管理中心

团　　长：王金德

政治委员：梁新义

副 团 长：盖　峰　张文广　郭庆彤

副政治委员：王延年　张玉科

参 谋 长：姜　泳

10. 中原油田民兵第十团建在第十社区管理中心

团　　长：杨　业

政治委员：薛儒明

副 团 长：王坤明　张水堂

副政治委员：李　杰　赵运章

参 谋 长：秦成温

（调整，中油局发〔2009〕34 号，2009 年 4 月 15 日）

中原油田安全生产、环境保护、职业卫生（HSE）委员会

主　任：沙启军　孔凡群

副主任：王亚钧　孙清德　杜广义　王寿平　黄艾华　焦大庆　吕新华　王红晨　酒尚利

委　员：曾大乾　谈玉明　张明功　赵培兰　王中华　陈惟国　甄维胜　齐秀芳　渠继铎　盛兆顺　胡群爱　韩保清　赵化廷　闫光庆　李恩洲　王　东　呼舜兴　邓瑞健　史学东　杨　波　王承来　庄　铭　唐立永　郝景喜

杨祥彬 吴玉玲 黄泽贵 杜树林
周文耀 王召民 张超平 徐卫东
王生朗 杨焕文 左代容 韩玉柱
于 卫 冷 潜 张瑞民 王来喜
王明亮 魏永军 周 振 刘远青
周松景 王家印 熊良淦 唐安全
栗明选 赵荣峰 武少英

油田安全生产、环境保护、职业卫生（HSE）委员会下设办公室，办公室设在安全环保处，酒尚利兼任办公室主任。（调整，中油局组〔2009〕153号，2009年4月24日）

中原油田油气田开发关键配套技术领导小组

1. 领导小组

组 长：吕新华
副组长：赵化廷 胡群爱 韩保清 呼舜兴
邓瑞健
成 员：徐卫东 唐立永 吴玉玲 左代容
杨世刚 吴信荣 蔡其新 舒尚文
杜卫平 田素月 赵良金

领导小组下设办公室，办公室设在科技部，徐卫东兼任办公室主任，赵良金兼任办公室副主任。

2. 项目组

为保障油（气）田开发关键配套技术组织运行，油气田开发关键配套技术领导小组，下设14个项目组：

（1）油气藏精细描述技术项目组
项目长：国殿斌
（2）层间动用状况监测技术项目组
项目长：杨世刚
（3）高精度三维地震应用技术项目组
项目长：蔡其新
（4）高分辨率测井技术项目组
项目长：田素月
（5）找水找窜卡堵水技术项目组
项目长：韩 进
（6）中渗油藏精细注水开发技术项目组
项目长：杨世刚
（7）低渗油藏逐层上返注水开发技术项目组
项目长：马改正
（8）复杂井况修复技术项目组
项目长：刘祖林
（9）分层压裂技术项目组
项目长：刘祖林
（10）小井眼开窗侧钻技术项目组
项目长：张克勤
（11）水平井、侧钻水平井技术项目组
项目长：张建华
（12）不压井作业技术项目组
项目长：阚庆山
（13）水平井油层改造技术项目组
项目长：吴信荣
（14）油水井防砂、固砂技术项目组
项目长：林伟民

（成立，中油局组〔2009〕174号，2009年5月8日）

中原油田企业文化建设委员会

主 任：沙启军 孔凡群
副主任：王亚钧 孙清德 杜广义 王寿平
黄艾华
焦大庆：吕新华 王红晨
委 员：张明功 王 东 王承来 庄 铭
唐立永 郝景喜 杨祥彬 吴玉玲
黄泽贵 杜树林 酒尚利 周文耀
徐卫东 冷 潜 张瑞民 王来喜
王明亮 魏永军 陈辉才 于 卫
李忠良 林 滨 刘怀忠 杜继平
田崇亮 张宏伟

中原油田企业文化建设委员会下设办公室，王亚钧兼任办公室主任，张瑞民兼任办公室副主任。（调整，中油局发〔2009〕42号，2009年5月22日）

中原油田全面质量管理委员会

主 任：沙启军 孔凡群
副主任：王亚钧 孙清德 杜广义 王寿平
黄艾华 焦大庆 吕新华 王红晨
委 员：赵化廷 张明功 陈惟国 渠继铎
胡群爱 李恩洲 王 东 呼舜兴
王承来 庄 铭 唐立永 郝景喜
杨祥彬 吴玉玲 黄泽贵 杜树林
周文耀 酒尚利 王召民 张超平
徐卫东 王生朗 杨焕文 左代容
韩玉柱 于 卫 冷 潜 张瑞民
王明亮 魏永军 黄学锋 曹天生

油田全面质量管理委员会下设办公室，办公室设在技术监督处，周文耀兼任办公室主任。（调整，中油局组〔2009〕200号，2009年5月31日）

中原油田节约能源委员会

主 任：沙启军 孔凡群
副主任：王亚钧 孙清德 杜广义 王寿平
黄艾华 焦大庆 吕新华 王红晨
委 员：赵化廷 张明功 陈惟国 渠继铎
胡群爱 李恩洲 王 东 呼舜兴
王承来 庄 铭 唐立永 郝景喜
杨祥彬 吴玉玲 黄泽贵 杜树林
周文耀 酒尚利 王召民 张超平
徐卫东 王生朗 杨焕文 左代容
韩玉柱 于 卫 冷 潜 张瑞民
王明亮 魏永军 黄学锋 曹天生

油田节约能源委员会下设办公室，办公室设在技术监督处，周文耀兼任办公室主任。（调整，中油局组〔2009〕201号，2009年5月31日）

中原油田标准化委员会

主　　任：沙启军　孔凡群
副 主 任：孙清德　杜广义　王寿平　黄艾华
　　　　　焦大庆　吕新华　王红晨
委　　员：赵化廷　谈玉明　王中华　胡群爱
　　　　　呼舜兴　王承来　郝景喜　周文耀
　　　　　酒尚利　王召民　张超平　左新华
　　　　　于连俊　田素月　黄学锋　曹天生
　　　　　曲书堂　朱惠骧
秘 书 长：周文耀
副秘书长：黄学锋　曹天生　曲书堂　朱惠骧
秘书处设在技术监督处。
标准化委员会下设14个专业标准化委员会：
1. 地质勘探专业标准化委员会
主　任：谈玉明
副主任：王生朗
委　员：马维民　李赣勤　王广平　朱世海
　　　　王秀林　汪功怀　郝加良　孙源冰
　　　　汤金华　张金报　李令喜
秘书长：李令喜
秘书处设在勘探管理部。
2. 钻井工程专业标准化委员会
主　任：胡群爱
副主任：舒尚文
委　员：陈付立　谢慧华　张克勤　王自民
　　　　尹洪生　李伟廷　何启贤　张革新
　　　　陶现林　张启运　白俊成　李玉民
　　　　叶海超
秘书长：叶海超
秘书处设在钻井工程处。
3. 油田开发专业标准化委员会
主　任：呼舜兴
副主任：国殿斌
委　员：杨世刚　马改正　陈爱仁　窦让林
　　　　吴旭光　李才学　贾云超　苏月琦
　　　　孙玉生　薛国刚　余传谋　高惠民
秘书长：高惠民
秘书处设在开发管理部。
4. 采油采气专业标准化委员会
主　任：赵化廷
副主任：阚庆山　刘祖林
委　员：王　海　李明志　王青涛　陈宗林
　　　　朱德智　吕青河　王　飞　范锡彦
　　　　王铁林　赵先进　韩　进　张光平
　　　　刘长松
秘书长：刘长松
秘书处设在油气技术管理部。
5. 测井专业标准化委员会
主　任：田素月
副主任：黄奇源
委　员：黄宏才　李建华　田永敏　余　丹
　　　　熊庭柱　陈汉林　吴永清　游佳雄
　　　　吴玉贤　王勤华　王士震　郑志雄
秘书长：郑志雄
秘书处设在地球物理测井公司。
6. 施工、设计专业标准化委员会
主　任：王召民
副主任：王西平
委　员：陈彦平　李金林　银永明　付效东
　　　　尹才发　杨建森　杨建芹　魏献岭
　　　　杨德景　李凤春　张桂霞
秘书长：张桂霞
秘书处设在基建处。
7. 机、电、信专业标准化委员会
主　任：张超平
副主任：苏安平　周和平
委　员：尹琦岭　郝新领　赵金献　张水堂
　　　　牛跃进　唐　波　吴会年　赵岩民
　　　　王怀庆　李文星　朱文琪
秘书长：朱文琪
秘书处设在装备处。
8. 石油化工油田化学专业标准化委员会
主　任：王中华
副主任：侯天江
委　员：闫德兴　焦玉清　林伟民　范青玉
　　　　叶海超　郭明贤　甄建武　周生武
　　　　张国萍　曲书堂
秘书长：曲书堂
秘书处设在技术监督处。
9. 安全环保专业标准化委员会
主　任：酒尚利
副主任：周松景　王家印
委　员：熊良淦　栗明选　王坤明　徐　泓
　　　　张振顺　宋清明　苏凯元　闫德兴
　　　　赵统永　张同国　付明文
秘书长：付明文
秘书处设在安全环保处。
10. 油田信息专业标准化委员会
主　任：王立新
副主任：郭晓明　耿师江
委　员：黄　强　张庆生　肖　斌　吴旭光
　　　　张　云　魏忠昕　朱世海　冯宗祥
　　　　李会祥　张亚莎　崔体江　余传谋
　　　　梁国胜　钱振贤　张　勇　吕清林
　　　　龙　飞
秘书长：龙　飞
秘书处设在信息中心。
11. 工程定额专业标准化委员会
主　任：于连俊
副主任：郭建民
委　员：王青涛　郭延山　崔玉宝　赵祥春
　　　　韦　斌　马兆民　郑　涛　易国民
　　　　宋　涛　李　明　王　刚　张丙华
秘书长：张丙华

秘书处设在概预算中心。

12. 劳动定额专业标准化委员会

主　任：郝景喜

副主任：刘　兴　宋先明　杭广社

委　员：牛金强　蒋亚兵　刘长青　钟　伟
　　　　张贵远　昔豫川　杨仕培　闫继江
　　　　刘　灿　季资桐　王志国　恽青松
　　　　耿连河　黄伯毅　赵晓斌　张建华

秘书长：张建华

秘书处设在人力资源处。

13. 节能专业标准化委员会

主　任：周文耀

副主任：王　海　曹天生

委　员：温佐元　林国华　陈宾雁　李克见
　　　　陈国才　刘　飞　郭文军　林龟年
　　　　朱　利　张继伟　孟祥涛　马　珺

秘书长：张继伟

秘书处设在技术监督处。

14. 经统会专业标准化委员会

主　任：王承来

副主任：杨祥彬　吴玉玲　吴全顺

委　员：李洪珍　石书灿　朱景川　苌薪宇
　　　　裴　辉　刘作庆　陈金良　陈光普
　　　　秦光春　丁国林　束绍俊

秘书长：束绍俊

秘书处设在企业管理处。

（调整，中油局组〔2009〕202号，2009年5月31日）

中原油田防汛排涝抗灾总指挥部

政　　委：沙启军

总指挥长：孔凡群

副 政 委：王亚钧

副总指挥长：孙清德　杜广义　王寿平　黄艾华
　　　　　　焦大庆　吕新华　王红晨

委　　员：赵化廷　曾大乾　谈玉明　张明功
　　　　　赵培兰　甄维胜　齐秀芳　胡群爱
　　　　　呼舜兴　杨祥彬　吴玉玲　黄泽贵
　　　　　杜树林　酒尚利　王召民　张超平
　　　　　于　卫　张瑞民　王明亮　魏永军
　　　　　史增洪　李　卫　周　振　邓战强
　　　　　刘育江　石庆泉　柴继锋　刘远青
　　　　　范智海　杨灵信　明柱平　刘金亮
　　　　　王朝英　郗庆国　李炳文

油田防汛排涝抗灾总指挥部下设办公室。办公室设在生产管理处，孙清德兼任办公室主任，黄泽贵兼任办公室副主任。（调整，中油局组〔2009〕242号，2009年6月27日）

中原油田石油工程技术配套攻关领导小组

1. 石油工程技术配套攻关领导小组

组　长：孙清德

副组长：王中华　胡群爱　闫光庆　史学东
　　　　杨　波　舒尚文

成　员：徐卫东　华学理　卓景军　魏风勇
　　　　高绍智　黄松伟　周祥林　郭宝玉
　　　　李　飞　石凤岐　周明非　田素月
　　　　陶国强　杜卫平　张建华　黄　强

领导小组下设办公室，办公室设在科技部，徐卫东兼任办公室主任，黄强兼任办公室副主任。

2. 石油工程集成配套技术项目组

（1）东濮断块油气藏及新区精细勘探技术项目组

项 目 长：周明非

副项目长：田素月　陶国强

（2）东濮复杂断块油藏及新区开发技术项目组

项 目 长：舒尚文

副项目长：张建华　张克勤

（3）川东北地区安全高效勘探与开发技术项目组

项 目 长：闫光庆

副项目长：周祥林　陈付立

（4）安全、环保节能降耗技术项目组

项 目 长：王中华

副项目长：周松景　曹天生　牛建新

（5）提升竞争能力技术项目组

项 目 长：胡群爱

副项目长：史学东　杨　波　华学理

3. 现场实施工作组

组　长：胡群爱

成　员：张建华　黄　强　王自民　尹洪生
　　　　李伟廷　何启贤　陶现林　张革新
　　　　张克勤　张启运　沈万杰　黄奇源
　　　　赵铁锁　刘东波　银本才　李玉民
　　　　叶海超

现场实施工作组下设办公室，办公室设在钻井工程处，张建华兼任办公室主任，叶海超兼任办公室副主任。（成立，中油局组〔2009〕281号，2009年7月28日）

中原油田信息化建设工作领导小组

组　长：沙启军　孔凡群

副组长：王亚钧　孙清德　杜广义　王寿平
　　　　黄艾华　焦大庆　吕新华　王红晨

成　员：赵化廷　曾大乾　谈玉明　张明功
　　　　赵培兰　王中华　陈惟国　甄维胜
　　　　齐秀芳　渠继铎　盛兆顺　胡群爱
　　　　韩保清　闫光庆　李恩洲　王　东
　　　　呼舜兴　邓瑞健　史学东　杨　波
　　　　冷　潜　黄泽贵　酒尚利　李振智
　　　　杨焕文　杨祥彬　韩玉柱　舒尚文
　　　　王承来　庄　铭　唐立永　郝景喜
　　　　吴玉玲　王召民　张超平　徐卫东
　　　　王生朗　左代容　王立新　郭晓明
　　　　刘育江　吴信荣　蔡其新　李　卫

油田信息化建设工作领导小组下设办公室，焦大庆兼任办公室主任，赵化廷、齐秀芳、胡群爱、呼舜兴、黄泽贵、王召民、王生朗、王立新、刘育江兼任办公室副主任，成员由王西平、明柱平、陈付立、马维民、马改正、谢慧华、杨琼、龙飞、张水堂等组成。信息中心是领导小组的日常办事机构。

1. 勘探信息化管理小组

组　长：焦大庆

副组长：谈玉明　韩保清

成　员：王生朗　王立新　田素月　周明非
陶国强　蔡其新　马维民　庞尚明
王秀林　苏　惠　郝加良

勘探信息化管理小组负责油田勘探信息化专业应用及推广管理工作。管理小组下设办公室，办公室设在勘探管理部，王生朗兼任办公室主任，马维民兼任办公室副主任。

2. 开发信息化管理小组

组　长：吕新华

副组长：赵化廷　曾大乾　呼舜兴　邓瑞健

成　员：左代容　陈宗林　刘　伟　张强德
李存贵　周延军　耿师江　吴信荣
马改正　谢慧华　龙　飞　孙玉生
银本才　窦让林　马青印　朱德智
吕清河　吴旭光　王　飞　范锡彦
贾云超　王铁林　李才学　苏月琦
杨发平　闫德兴　魏忠昕　姜贻伟
林伟民　薛国刚　余传谋

开发信息化管理小组负责油田开发、油气工程技术信息化专业应用及推广管理工作。管理小组下设办公室，办公室设在油气技术管理部和开发管理部，赵化廷、呼舜兴兼任办公室主任，谢慧华、马改正兼任办公室副主任。

3. 钻井工程信息化管理小组

组　长：孙清德

副组长：王中华　胡群爱　史学东　杨　波
舒尚文

成　员：卓景军　魏风勇　高绍智　黄松伟
郭宝玉　周祥林　李　飞　石凤岐
田素月　周明非　陶国强　陈付立
王自国　钱振贤　张亚莎

钻井工程信息化管理小组负责钻井工程和国外工程信息化专业应用及推广管理工作。管理小组下设办公室，办公室设在钻井工程处，陈付立兼任办公室主任，张亚莎兼任办公室副主任。

4. 地面工程信息化管理小组

组　长：杜广义

成　员：王召民　刘大恕　程家富　郭晓明
贾宗贤　王　海　王西平　刘金亮
龙　飞　陈四庚　李金林　银永明
付效东　张水堂　赵统永　张承林

地面工程信息化管理小组负责地面工程设计与建设信息化专业应用及推广管理工作。管理小组下设办公室，办公室设在基建处，王召民兼任办公室主任，王西平兼任办公室副主任。

5. 社会化系统信息化管理小组

组　长：黄艾华

副组长：齐秀芳

成　员：蔺义洲　李　惠　吴海宁　刘育江
陈延进　林　荷　林　滨　邓战强
李　强　白建义　郝志华　董明顺
朱廷珍　张恒军　李兆申　李洪斌
王金德　杨　业　史增洪　苏永杰
杨　琼　石立铭　董和春

社会化系统信息化管理小组负责社会化服务系统信息化专业应用及推广管理工作。管理小组下设办公室，办公室设在社会化服务管理办公室，樊启春兼任办公室主任，杨琼兼任办公室副主任。

6. 生产运行系统信息化管理小组

组　长：吕新华

副组长：黄泽贵

成　员：陈宗林　刘　伟　张强德　李存贵
周延军　耿师江　张中伟　李乃义
程振华　杜卫平　杨福成　明柱平
叶传中　孙玉生　马青印　张振顺
吕清河　王　飞　范锡彦　王铁林
赵先进　闫德兴　魏忠昕　银本才

生产运行系统信息化管理小组负责油气生产运行信息化专业应用及推广管理工作。管理小组下设办公室，办公室设在生产管理处，黄泽贵兼任办公室主任，明柱平兼任办公室副主任。

7. 经营管理系统（ERP）信息化管理小组

组　长：王红晨

副组长：渠继铎　冷　潜　杨焕文　杨祥彬
韩玉柱

成　员：王承来　庄　铭　唐立永　郝景喜
吴玉玲　张超平　王立新　李　卫
苌新宇　裴　辉　刘　兴　刘作庆
刘建军　周和平　张东方　马传友
徐永贵　康永华　李树全　王自国
刘国华　蒙玉平　李光辉

经营管理系统（ERP）信息化管理小组负责油田经营管理系统（ERP）信息化专业应用及推广管理工作。管理小组下设办公室，办公室设在信息中心，王立新兼任办公室主任，王自国兼任办公室副主任。（成立，中油局组〔2009〕316号，2009年8月28日）

中原油田职工住房普查工作领导小组

组　长：沙启军　孔凡群

副组长：黄艾华

成　员：齐秀芳　渠继铎　王　东　郝景喜
王来喜　王明亮　魏国良　林　荷
李　强　白建义　郝志华　董明顺
朱廷珍　张恒军　李兆申　李洪斌
王金德　杨　业　薄其成　田崇亮
乔守忠

领导小组下设办公室，办公室设在房产管理处，林荷兼任办公室主任。（成立，中油局组〔2009〕329号，2009年9月9日）

中原油田党员教育培训工作领导小组

组　长：王亚钧
副组长：冷　潜
成　员：张瑞民　王来喜　郝景喜　刘怀忠
　　　　陈增明　林　滨　王立新　常振岭

领导小组下设联络办公室，各成员部门（单位）明确1名联络员，潘智明担任联络办公室主任。（成立，中油局发〔2009〕42号，2009年10月17日）

中原油田征兵领导小组

组　长：王亚钧
成　员：张明功　齐秀芳　李恩洲　王　东
　　　　冷　潜　杨祥彬　郝景喜　吴玉玲
　　　　张瑞民　王来喜　邓战强　刘怀忠
　　　　张和平　任鲁军　王朝英

油田征兵领导小组办公室设在人民武装部，王朝英兼任办公室主任。（调整，中油局发〔2009〕85号，2009年10月19日）

中原油田关联交易结算领导小组

一、油田关联交易结算领导小组
（一）油田关联交易项目管理领导小组
组　长：孔凡群
副组长：孙清德　杜广义　吕新华　王红晨
成　员：赵化廷　渠继铎　胡群爱　呼舜兴
　　　　黄泽贵　杨祥彬　韩玉柱　唐立永
　　　　吴玉玲　杜树林　王西平　王生朗
　　　　于连俊　王立新　许广森　李　卫

领导小组下设协调管理办公室，办公室设在财务结算中心，许广森兼任办公室主任，成员由勘探局和分公司有关部门成员组成。

（二）油田关联交易结算项目运行小组
组　长：王红晨
副组长：杨祥彬　吴玉玲　于连俊　王立新
　　　　许广森　裴　辉　张东方　王友明

项目运行小组下设综合协调组、规章制度拟定组、软件开发组等3个工作组，具体负责组织项目日常工作，安排项目资源，控制工作进度，执行领导小组决定的方案和计划，定期向关联交易结算领导小组汇报项目进展情况。

1. 综合协调组
组　长：许广森
副组长：邹本国　陈　鸣
成　员：由财务结算中心有关人员组成

2. 规章制度制订组
组　长：吴玉玲
副组长：于连俊　裴　辉　刘作庆　刘建军
　　　　张东方　邹本国　王友明
成　员：由规划计划部、财务资产处、财务资产部、法律事务处、概预算中心、
财务结算中心、物资供应处等部门有关人员组成

3. 软件开发组
组　长：王立新
成　员：由信息中心有关人员组成

（成立，中油局组〔2009〕365号，2009年10月27日）

（沈中锋）

索　　引

说明：

一、本索引对年鉴刊登的专文、条目、表格，均采用主题分析索引的方法编制。

二、篇目、分目、专文标题用黑体字，条目名称用宋体字，表格名称用楷体字。

三、本索引基本上按汉语拼音音序排列。具体如下：以数字开头的，排在最前面；以英文字母开头的，列于其次；汉字标目则按首字的音序、音调依次排列，首字相同时，则以第二个字排序，并依次类推。

四、索引标目后的阿拉伯数字表示主题内容所在正文的页码；英文字母 a、b、c 分别表示左、中、右 3 个栏别。

1 ~ 9

A ~ Z

A

B

C

D

E

F

G

H

J

K

L

M

N

P

Q

R

S

T

W

X

Y

Z

（吴宝英 黄 琥 李 丽 汪中华 编制）

撰稿及提供材料人员名单

局长（总经理）办公室 许永胜 崔 波 吴 峰 李建中 郭素芬
局党委办公室 牛秋彬 党 勇 邓胜民 司开国 李向阳 王艳莅
局工会机关 吕学军 卢秀丽 孙 林 熊 伟 杨海峰 赵则阳 杨 跃 程丽霞 席 斌 郭 彬 李 哲
企业管理处 刘宗儒 束绍俊 李燕敏 黎仕强 吴作工 朱于清 吴心东 杨爱军 朱 琳 刘世恩 王峭松 孙顺敏
局党委组织部 沈中锋 华承金 孟国兵 王安来 朱 霞 王海涛 代万波 邓 勇 许 伟 杨海宁
档案管理处 孙安业 邵志山 孙丽萍
勘探管理部 曹延军
内蒙探区勘探开发指挥部 仝利洲
开发管理部 高 平
油气技术管理部 刘长松 刘香敏
油藏经营管理办公室 侯保华
采油一厂 姜洪洁 王荣军 白 虎 秦贵丞 李华照 吴 佩 陈 丽
采油二厂 梁铁强 苗大军 彭清华 宋运武 宋顺杰 许少永 马香丽 王宪良 黄增长 王秀英 房晓军
采油三厂 单晓伟 符喜德
采油四厂 刘明镜 朱斯明
采油五厂 张彦林 崔士霆 杨 鲁 徐安书 程如铁 李艳峰 杨晓勇 彭志渊 朱彦群 田保权 白彦岭 杜文权 魏 敏 谷 磊 徐 鹏
采油六厂 李兵华
内蒙采油事业部 侯平舒 李 伟
钻采处 崔连秀
西南工作委员会 李长江
普光分公司 程启超 张剑峰 郭香梅 刘 欣
基建处 吴春雨 何跃武 蒋小燕 黄全荣 姚永生 王 顺
西南工程技术项目管理部 杜先玉
西南钻井公司 孙志华 董温杰
石油化工总厂 华静宇
天然气处理厂 王 刚 钱宏春 彭少辉
油气储运管理处 周 静
天然气产销厂 李 冬 李青海 杨富生 魏玉鑫
油气销售管理部 刘金湘 张庆海 沈 静 李宝连 李 岩
燃气管理处 张新军 李家俊

地球物理勘探公司 刘宗志
钻井工程处 田其中 张亚莎
钻井一公司 郝增森 张文斌 蒋作焰 孙山峰 苏前荣 高初碧
钻井二公司 高英强
钻井三公司 周生荣
钻井四公司 李学朋
西部工作委员会 尹民生
塔里木钻井公司 何伯阳
钻井管具工程处 钱爱军
固井工程处 王瑞刚 李卫国 鞠 玲
地质录井处 高瑞香 赵仁燕
地球物理测井公司 郑逢仁 李春凤 罗建英 王勤华 陈建华 赵 莉 郑志雄 璩晓东
井下特种作业处 屈万成
建设集团公司 陈恢祥
工程建设总公司 乔建朋 张雪莲 郝敏芳 多培轩 李俊国 程 琼 高 丽 周秋萍 杨春勤
矿区建设工程部 苏新生
石油化工工程质量监督总站中原石油分站 童吕成
勘察设计研究院 申祥波
对外经济贸易总公司 刘 海 胡胜春 刁仁宇 蒲 军 林卫卫 王世英 詹建峰 王文胜 严春明 陈保轩
外事办公室 游志明 毛芙蓉 吴现华 杨 东
物探研究院 陈 杰 王亚琦 李胜利
安全环保处 黄 刚 王俊安 李小蓉 李文进 赵玉强 魏向军 刘再庄 张联合 徐建良 杜拥军 魏冬钢 杨淑芹 陈长增
技术监测中心 乔 齐
技术监督处 张继伟 马 珺 孟祥涛 尚春芳 曲书堂 孙秋献
人力资源处 吴 凯 杨汝艳 张建华 咎昭名 田宗锋 王好文 段连民 程玉坤 张居震 刘海涛
生产管理处 王振军
就业服务中心 张 新
中友劳务公司 耿海兵
中原劳务公司 李克山
培训中心 高 辉 陈雪丽
规划计划处 李 健 李新亚
规划计划部 黄秋强 周继安 李军英 张国庆

孔令锁　商云霞
财务资产处　秦留华　张喜海　佗劲涛　李明和
李占杰　赵玉新　张蕊红
财务资产部　王长枫　刘宗炜　郑　涛　李　彬
张　勇　孙福莉　邢星发
财务结算中心　施志华
债权债务清理处　游海滨
概预算中心　张丙华
投资管理中心　路春霞　田江勇　刘　静
白宝孺　张晓玲　张　娜
行业服务中心　周　利
物资供应处　周　辉
生产物资调剂中心　曹遵海　毛　钰
装备处　尹绍顺　朱文琪　刁伟东　孙树军　赵　军
机关车辆管理中心　荣新福
审计中心　冉红霞
法律事务处　王文英　曹　辉
信息中心　余惠军
对外关系处　鲁利民　宋国强　晁建磊　杨佩花
科技部　汪　平　万　龙
采油工程技术研究院　王伯洪
钻井工程技术研究院　侯婷婷
勘探开发科学研究院　向曰忠　高秀田
局党委宣传部　密德英　张向东
局纪委监察处　刘　啸
直属机关党委机关　高宗文
局团委机关　王小刚
濮阳市中原石油华苑实业有限公司　徐振良
中原石油报社　宋治波
广播电视中心　李孝成　刘玉民　毛海燕
文化体育活动管理中心　牛宏涛　张景智　娄　强
高　娜
社会化服务管理办公室　唐于俊　田海霞　李奇彦
张正军　胡珍珍
公共事业管理处　张连峰　宋光临　李卫江　李富冉
亢爱国　苟立峰　李　瑞　周彩霞
社会治安综合治理委员会办公室　孙翼环　李钦威
河南省中原油田公安局　郭战国
人民武装部　师发祥
消防支队　李凤举　黄开升
社会保险统筹中心　杨笑琴
房产管理处　姜坤裕
住房公积金管理中心　赵　东
房产租赁中心　张舜然
供水管理处　常　健
供电管理处　韩红丽
供热管理处　李晓军
通信管理处　马洪卜　李小滨　曹　峰
第一社区管理中心　杨祝山
第二社区管理中心　林　征
第三社区管理中心　孙明学　季洪祥　邹忠信
第四社区管理中心　郭艳秋
第五社区管理中心　张伟莉
第六社区管理中心　耿红运　史家勇
第七社区管理中心　田传朝
第八社区管理中心　赵晓英
第九社区管理中心　赵　新
第十社区管理中心　黄雪梅
离退休职工管理处　臧　勇　赵未娜
北京办事处　贺志刚
河南金桥宾馆　樊许辉
威海职工教育培训中心　王新燕
中原油田宾馆　古巧红
史志办公室　吴宝英　崔红伟　黄　琥
李　丽　汪中华

图片摄影：

中原石油报社　马洪山　仝　江　于银花　赵奕松
陈　峰　贺德良　马洪芳　马　军
胡庆明　白国强
钻井三公司　周生荣　李广科
对外经济贸易总公司　林卫卫
采油一厂　雷　茜
局工会机关　吕学军
地球物理勘探公司　张国军　何新平　刘宗志
勘察设计研究院　王念兵　李巧鸽
钻井一公司　王智敏
物探研究院　褚　铁
采油五厂　张义海　梁建超　崔士霆
普光分公司　成新亮
广播电视中心　郭继辉　张军伟
采油二厂　宋运武　叶显军
采油三厂　杨官武　李　英
采油四厂　张国力
采油六厂　尹瑞璞
天然气产销厂　岳耀仲　杨兴阔
钻井二公司　王洪伟
钻井四公司　李学朋
塔里木钻井公司　何伯阳　张　凯
钻井管具工程处　宋立新　李　飞
固井工程处　王胜忠
地质录井处　赵仁燕
井下特种作业处　谷幽兰
建设集团公司　许海军　陈恢祥
工程建设总公司　郝敏芳　贺　敬　张雪莲
外事办公室　吴现华
技术监测中心　石冬升
培训中心　郝振华　刘建华　李　美
物资供应处　杨华泉　冯庆丽
审计中心　彭建军

人力资源处 周海军
信息中心 何成彦
档案管理处 张晓敏
对外关系处 鲁利民
钻井工程技术研究院 孙善刚
局党委组织部 孟国兵
局纪委监察处 刘 啸
局党委宣传部 刘贤彬
局团委机关 王小刚
濮阳市中原石油华苑实业有限公司 岳建华
文化体育活动管理中心 曹广平
史志办公室 冯文孝 吴宝英
社会治安综合治理委员会办公室 孙翼环
河南省中原油田公安局 修立东 马章功
人民武装部 张 伟 师发祥
消防支队 黄开升
供电管理处 路 娟
通信管理处 刘红红
第三社区管理中心 季洪祥
第五社区管理中心 刘 伟
第六社区管理中心 耿红运
第八社区管理中心 赵晓英
第十社区管理中心 吴晓新

封面：内蒙探区 贺德良
封底：沙海测量 陈 峰（提供）
中原油田位置图 邵珂华

英文翻译：
外事办公室 周宇哲